NEXT STEP

임상심리사

2급 | 기출이 답이다

1차 [필기합격]

끝까지 책임진다! 시대에듀!
QR코드를 통해 도서 출간 이후 발견된 오류나 개정법령, 변경된 시험 정보, 최신기출문제, 도서 업데이트 자료 등이 있는지 확인해 보세요!
시대에듀 합격 스마트 앱을 통해서도 알려 드리고 있으니 구글 플레이나 앱 스토어에서 다운받아 사용하세요.
또한, 파본 도서인 경우에는 구입하신 곳에서 교환해 드립니다.

편집진행 장민영 · 김연지 | **표지디자인** 박종우 | **본문디자인** 신지연 · 김휘주

2026 시대에듀 기출이 답이다 임상심리사 2급 1차 필기합격 한권으로 끝내기

Always **with you**

사람의 인연은 길에서 우연하게 만나거나 함께 살아가는 것만을 의미하지는 않습니다.
책을 펴내는 출판사와 그 책을 읽는 독자의 만남도 소중한 인연입니다.
시대에듀는 항상 독자의 마음을 헤아리기 위해 노력하고 있습니다. 늘 독자와 함께하겠습니다.

자격증・공무원・금융/보험・면허증・언어/외국어・검정고시/독학사・기업체/취업
이 시대의 모든 합격! 시대에듀에서 합격하세요!
www.youtube.com ➜ 시대에듀 ➜ 구독

머리말 PREFACE

임상심리사란 개인이나 집단이 경험하는 심리·생리적 문제나 정신건강과 관련된 다양한 영역의 문제를 이해·평가·치료하는 전문인력입니다.

임상심리사는 정신적 문제를 예방하기 위한 활동과 정신적 어려움을 겪은 사람이 사회에 적응할 수 있도록 돕는 재활활동을 중심으로, 정신건강 분야의 관계자나 기타 산업체 및 정부기관 관계자 등에게 필요한 심리상담 자문을 제공하기도 하며 우리 사회 곳곳에 공헌하고 있습니다.

최근에는 정신건강에 대한 개인·사회적 관심이 높아지면서 관련 분야의 자격시험 응시인원 역시 증가하였고, 그중에서도 임상심리사 자격시험은 매년 수많은 응시자들이 도전하는 인기 종목으로 자리매김했습니다.

현대에는 정신질환이 아니어도 학교폭력 등의 사회적 문제로 인하여 극심한 스트레스를 경험하거나 심리적 고통을 호소하는 사람이 점차 증가하고 있으며, 이에 따른 심리상담 전문인력에 대한 사회적 요구 역시 급증하고 있습니다. 이러한 흐름 속에서 임상심리 분야의 시장은 더욱 성장할 것으로 보이며, 고용 규모 역시 더욱 확대될 것으로 전망됩니다.

특히 임상심리사는 자격 취득 후 다양한 진로 확장이 가능하여, 상대적으로 연령 등의 제한 없이 오래 종사할 수 있는 직군입니다. 최근에는 다양한 심리 관련 지식을 알려주는 임상심리사들의 유튜브 채널이 많은 구독자의 관심을 얻으며, 그 활동 범위를 점점 더 넓혀가고 있기도 합니다.

이처럼 새로운 가능성으로 떠오른 임상심리사 자격시험을 준비하는 수험생분들을 위해, 본 교재에서는 그동안 축적된 임상심리사 2급 필기시험에서 다루어진 기출문제를 체계적으로 분석하였습니다. 이를 기반으로 충실한 기초학습이 가능한 과목별 핵심이론과 핵심예제, 실전을 대비할 수 있는 기출복원문제, 그리고 각 문항에 대한 명쾌한 해설을 수록하였고, 이 교재만으로도 수험생 여러분이 임상심리사 2급 필기시험에 관한 내용을 충실히 학습하실 수 있도록 구성하였습니다.

본 교재를 선택하여 주신 여러분이 꼭 합격하기를 기원합니다.

편저자 일동

시험안내 INFORMATION

● 임상심리사 개요

임상심리사는 인간의 심리적 건강 및 효과적인 적응을 다루어 궁극적으로는 심신의 건강 증진을 돕고, 심리적 장애가 있는 사람에게 심리평가와 심리검사, 개인 및 집단 심리상담, 심리재활 프로그램의 개발과 실시, 심리학적 교육, 심리학적 지식을 응용해 자문을 한다.

임상심리사는 주로 심리상담에서 인지, 정서, 행동적인 심리상담을 하지만 정신과 의사들이 행하는 약물치료는 하지 않는다.

정신과병원, 심리상담기관, 사회복귀시설 및 재활센터에서 주로 근무하며 개인이 혹은 여러 명이 모여 심리상담센터를 개업하거나 운영할 수 있다. 이 외에도 사회복지기관, 학교, 병원의 재활의학과나 신경과, 심리건강 관련 연구소 등 다양한 사회기관에 진출할 수 있다.

● 시험일정

구 분	제1회	제2회	제3회
1차 필기	2월 7일~3월 4일	5월 10일~5월 30일	8월 9일~9월 1일
2차 실기	4월 19일~5월 9일	7월 19일~8월 6일	11월 1일~11월 21일

※ 2026년 시험일정은 아직 발표되지 않아 2025년 시험일정을 수록하였습니다.
※ 자세한 내용은 큐넷 홈페이지(www.q-net.or.kr)를 확인해주세요.

● 시험형식

구 분	시험과목	문항수	시험방법	시험시간
1차 필기	• 심리학개론 • 이상심리학 • 심리검사 • 임상심리학 • 심리상담	100문항 (각 20문항)	객관식	2시간 30분
2차 실기	• 기초심리평가 • 기초심리상담 • 심리치료 • 자문 · 교육 · 심리재활	18 ~ 20문항	필답형	3시간

○ 합격기준

구 분	합격기준
1차 필기	100점을 만점으로 하여 과목당 40점 이상 / 전과목 평균 60점 이상
2차 실기	100점을 만점으로 하여 60점 이상

○ 응시현황

연 도	필 기			실 기		
	응시(명)	합격(명)	합격률(%)	응시(명)	합격(명)	합격률(%)
2024	8,975	5,794	64.6	7,634	3,028	39.7
2023	7,941	5,833	73.5	7,521	2,965	39.4
2022	5,915	4,574	77.3	6,792	2,054	30.2
2021	6,469	5,465	84.5	6,461	2,614	40.5
2020	5,032	3,948	78.5	6,081	1,220	20.1
2019	6,016	3,947	65.6	5,858	1,375	23.5
2018	5,621	3,885	69.1	6,189	1,141	18.4

○ 필기 출제기준

1과목 심리학개론	• 심리학의 역사와 개관 • 학습 및 인지 심리학 • 동기와 정서	• 발달심리학 • 심리학의 연구 방법론	• 성격심리학 • 사회심리학
2과목 이상심리학	• 이상심리학의 기본개념	• 이상행동의 유형	
3과목 심리검사	• 심리검사의 기본개념 • 신경심리검사	• 지능검사 • 기타 심리검사	• 표준화된 성격검사
4과목 임상심리학	• 임상심리학의 역사와 개관 • 임상심리학의 자문, 교육, 윤리	• 심리평가 기초 • 임상 특수분야	• 심리치료의 기초
5과목 심리상담	• 상담의 기초 • 중독상담	• 심리상담의 주요 이론 • 특수문제별 상담유형	• 심리상담의 실제

※ 2025년부터 출제기준이 일부 변경되었습니다.
※ 자세한 내용은 큐넷 홈페이지(www.q-net.or.kr)를 확인해주세요.

구성과 특징 STRUCTURES

제1과목 심리학개론

핵심이론 01 프로이트(Freud)의 정신분석이론 Ⅰ

◆ 프로이트 정신분석이론의 특징
- 정신적 결정론
- 무의식의 강조
- 심리성적 욕구의 강조
- 내적 갈등의 역동
- 투쟁적 인간

◆ 정신의 3요소
의식(Consciousness), 전의식(Preconsciousness), 무의식(Unconsciousness)

◆ 성격의 3요소
원초아(Id), 자아(Ego), 초자아(Superego)

핵심이론 02 프로이트(Freud)의 정신분석이론 Ⅱ

◆ 프로이트의 인간발달단계
- 구강기 또는 구순기(0~1세)
- 항문기(1~3세)
- 남근기 또는 성기기(3~6세)
- 잠복기 또는 잠재기(6~12세)
- 생식기(12세 이후)

◆ 불안의 종류
현실 불안(Reality Anxiety), 신경증적 불안(Neurotic Anxiety),

합격을 앞당기는 핵심이론 빨간키

- 방대한 핵심이론을 정리한 '**빨**리 보는 **간**단한 **키**워드'를 수록하였습니다.
- 필요한 개념 위주로 선별하여 부족한 부분을 단기간에 보완할 수 있습니다.

제5과목 심리상담

핵심이론 01 정신분석 상담 Ⅰ

◆ 정신분석 상담의 과정
- 제1단계 – 초기 단계
- 제2단계 – 전이 단계
- 제3단계 – 통찰 단계
- 제4단계 – 훈습 단계

◆ 상담 과정에서의 전이(Transference)
과거에 충족되지 못한 욕구를 현재의 상담자를 통해 해결하고자 하는 일종의 투사현상이다.

◆ 상담 과정에서의 역전이(Counter Transference)
내담자의 태도 및 외형적 행동에 대한 상담자의 개인적인 정서적 반응이자 투사이다.

핵심이론 02 정신분석 상담 Ⅱ

◆ 자유연상(Free Association)
내담자에게 무의식적 감정과 동기에 대해 통찰하도록 하기 위해 마음속에 떠오르는 것을 의식의 검열을 거치지 않은 채 표현하도록 격려하는 것이다.

◆ 해석(Interpretation)
상담자가 내담자의 자유연상 · 정신 작용 중 명확하지 않은 부분에 대해 추리하여 이를 내담자에게 설명하는 것이다.

◆ 저항의 분석(Resistance Analysis)
저항(Resistance)은 상담의 진행을 방해하고 현재 상태를 유지하려는 내담자의 의식적 또는 무의식적 사고와 감정으로, 저항의 분석은 저항에 대한 거론(Addressing), 저항의 명료화(Clarification), 저항의 원인에 대한 해석(Interpretation), 반복적 실행에 따른 저항의 훈습(Working-through)의 과정으로 전개된다.

▶ 최신기출해설
무료 동영상 강의 제공

5개년, 총 10회분 기출문제 수록

- 2021년부터 2025년까지의 필기시험 기출(복원)문제를 수록하였습니다.
- 풍부한 기출문제를 통해 출제패턴을 익히고, 실제 시험에 대비한 실전 감각을 키울 수 있습니다.

명쾌하고 상세한 해설로 빈틈없는 대비

- 틀린 이유까지 알 수 있는 명쾌한 해설로 기출문제를 완벽하게 습득할 수 있습니다.
- 관련 개념까지 확장 정리해, 새로운 유형의 문제에도 대응할 수 있습니다.

학습전략 STRATEGY

제1과목

심리학개론

심리학개론 과목은 심리상담 분야의 여러 용어와 기본개념을 정확히 이해하고 있는지를 묻는 문제 위주로 출제됩니다. 학문의 기초와 전체적인 구조를 파악한다는 생각으로 학습한다면, 이후 이어지는 과목의 학습에도 큰 도움이 될 것입니다. 키워드 위주의 효율적인 학습이 필요한 과목이니, 전체적으로 충분히 회독하며 다양한 이론과 낯선 용어에 익숙해지도록 노력해야 합니다.

특히 올해부터 출제기준에 심리학의 역사가 포함되었기 때문에, 실전에서 새로운 유형의 문제를 만나더라도 당황하지 않도록 심리학의 기본 정의와 성장 과정, 그리고 최근 동향에 대해 반드시 살펴보시길 바랍니다. 또한 대표 학자들에 관한 문제를 대비하여 프로이트를 필두로 성격심리학 학자들의 이론을 꼼꼼히 학습하시길 권장합니다.

제2과목

이상심리학

이상심리학 과목은 매년 이상행동 관련 이론이 큰 비중으로 출제되고 있습니다. DSM-5 정신장애 하위유형과 유형별 진단기준을 정확히 알아야 풀 수 있는 문제가 다수 출제되며, 그만큼 기본개념 영역이 차지하는 비중이 적기 때문에 전략적인 학습이 필요합니다.

우울장애, 해리장애, 조현병, 성격장애, 섭식장애, 성 관련 장애, 지적 장애, 자폐스펙트럼장애, 주의력결핍 및 과잉행동장애, 틱장애 등 다양한 정신적 장애의 주요 증상 및 진단기준, 치료법 등을 정확히 암기해야 풀 수 있는 문제가 다수 출제되고 있기 때문에 꼼꼼한 암기가 필수적인 과목입니다.

제3과목

심리검사

심리검사 과목은 심리검사의 각 영역에서 고르게 문제가 출제되고 있습니다. 그만큼 기본개념을 묻는 문제도 매년 빠짐없이 출제되고 있으므로, 심리검사 시행자의 기본윤리 등 이미 알고 있는 기본개념도 여러 번 회독하시기를 권해드립니다.

다양한 심리검사를 묻는 문제가 큰 비중으로 출제되고 있으므로 각 검사의 시행방법, 원리 등을 헷갈리지 않도록 암기하는 것이 중요합니다. 그중에서도 웩슬러지능검사, MMPI 등 자주 등장하는 검사는 필수적으로 알아두어야 합니다. 특히 웩슬러지능검사는 성인용, 아동용으로 분류되어 있기 때문에 정확하게 구분하고 암기하여야 실전에서 빠르게 문제를 해결할 수 있습니다. MMPI 관련 문제로는 상승척도쌍을 묻는 문제도 매년 출제되고 있으므로, 각 코드 쌍이 어떤 현상을 의미하는지 확실하게 숙지해야 합니다.

제4과목

임상심리학

임상심리학 과목은 심리치료의 기초 영역에서 가장 많은 문제가 출제되고 있습니다. 다양한 심리치료기법과 이론을 숙지하는 것은 물론, 임상심리학의 학문적 역사와 임상심리학자의 윤리적 책임 및 의무를 묻는 문제도 자주 출제되고 있으므로 개념학습에 특히 주의가 필요합니다.

최근에는 가족상담 및 가족치료 영역에서도 문제가 출제되고 있습니다. 따라서 관련 이론들을 유기적으로 연결해 학습해 두시면 효과적일 것입니다. 아울러 임상심리학 과목은 신출유형 문제의 비중이 컸던 과목이므로, 심리평가 방법 및 해석 방법 영역 역시 빠짐없이 학습해 두어야 합니다. 이렇게 준비한다면 실전에서 새로운 유형의 문제를 만나더라도 큰 어려움 없이 대응할 수 있을 것입니다.

제5과목

심리상담

심리상담 과목은 심리상담의 주요 이론 영역과 특수문제별 상담유형 영역에서 매번 많은 문제가 출제되고 있습니다. 각 영역의 내용이 세분화되어 완벽한 암기가 어렵기 때문에 더욱 꼼꼼한 학습이 필요합니다.

특히 상담 영역에서는 정신분석상담, 게슈탈트상담, 인지·정서·행동적 상담, 집단상담, 사이버상담, 청소년상담, 성폭력상담 등 다양한 상담이론과 접근법이 다뤄지고 있으므로, 특정 이론에만 치우치지 말고 폭넓게 학습하는 것이 필요합니다. 또한 올해부터 출제기준에 장노년 상담이 포함되었기 때문에, 실전에서 새로운 유형의 문제를 만나더라도 당황하지 않도록 장노년 상담의 의미 및 기본지침에 대해 반드시 살펴보시길 바랍니다.

선행 과목의 심리학 이론들이 상담 영역에서 어떻게 확장되고 적용되었는지 전체적인 구조를 그리면서 학습한다면, 교재에 수록된 이론 모두를 이해하고 암기하는 것도 어렵지 않을 것입니다.

최신 빈출키워드 KEYWORD

제1과목 심리학개론

#전망이론 #기억의 인출과정 #단기기억 #사회심리학적 태도와 행동 #성격 5요인
#귀인이론 #성격구조 #실험연구(실험법) #심리사회적 발달이론 #심리학 연구방법
#인지학습이론 #조건형성의 원리 #로저스 #타당도 #통계분석 #투사 #회피조건형성
#표준편차 #프로이트 #현상학적 이론

제2과목 이상심리학

#DSM-5 #성격장애 #공황장애 #과잉행동장애(ADHD) #노출장애 #분리불안장애
#사회불안장애 #성격장애 #신경발달장애 #실존주의 #알츠하이머(치매) #알코올중독
#양극성장애 #우울장애 #이상행동 #소인-스트레스이론 #조현병 #지적 장애
#품행장애 #섬망

제3과목 심리검사

#BSID-Ⅱ #MBTI #K-WAIS-Ⅳ #K-WISC-Ⅳ #MMPI-2 코드쌍 #MMPI-2
#타당성 척도 #검사자의 윤리적 의무 #노년기 인지발달 #뇌손상 #로샤검사
#신경심리검사 #실어증 #표본조사 #웩슬러 #자기보고 검사(객관적 검사) #스피어만
#지능 #집-나무-사람(HTP) 검사 #카텔

제4과목 임상심리학

#강화와 처벌 #기저핵 #지역사회 심리학 #라포형성 #로저스 #성격평가질문지
#심리평가 도구 #유관학습 #인간중심치료 #인지치료 #임상심리학의 역사
#임상심리학자의 윤리원칙 #임상적 면접 #행동의학 #전이와 역전이 #건강심리학
#정신분석적 접근 #체계적 둔감법 #유사관찰법 #대뇌피질

제5과목 심리상담

#키츠너 #REBT #가족상담 #게슈탈트상담(형태주의상담) #경청 #약물중독
#도박중독 #상담의 윤리원칙 #집단치료 #성상담 #심리치료의 역사 #의사결정과정
#작업동맹 #학업상담 #인간중심상담 #상담의 구조화 #진로상담 #집단상담
#청소년비행 #행동주의상담

합격수기 REVIEW

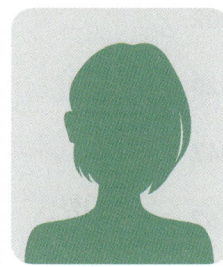

합격자 이○○

2025년 제1회 시험

안녕하세요. 저는 시대에듀 교재와 동영상 강의로 공부하여, 2025년 제1회 임상심리사 2급 필기시험과 실기시험에서 동차 합격을 했습니다.

시대에듀를 선택한 이유?

임상심리사 시험 준비를 결심하고 여러 사이트를 찾아보던 중, 교재와 강의 구성이 탄탄한 시대에듀를 알게 되어 선택하게 되었습니다. 저는 필기와 실기를 함께 대비할 수 있는 '임상심리사 2급 종합반'을 수강했습니다.

학습전략은?

오랜만에 공부를 시작하다 보니 처음에는 막막했지만, 강사님들의 강의를 들으며 기출문제 위주로 암기했고, 핵심 키워드와 암기방법을 함께 익히면서 필기는 2주간의 학습으로 합격할 수 있었습니다. 실기는 서술형 시험이라 기출문제 위주로 약 한 달 동안 공부하며 정리 노트를 직접 작성했습니다. 강의는 반복해서 들으며 내용을 암기했고, 저만의 방식으로 오답노트를 만들어 시험장에는 그 한 권만 가지고 가서 최종 점검을 했습니다.

시험을 치르며 느낀 점?

공부를 해보니 기출문제를 중심으로 암기하되, 반드시 자신의 정리노트를 만드는 것이 중요하다고 느꼈습니다. 퇴근 후 남편에게 아이들을 맡기고 스터디카페에서 공부한 시간이 합격으로 이어졌던 것 같습니다. 그리고 합격 후에는 직장에서 자부심을 가지고 일할 수 있게 되었습니다.

마지막 한마디?

시대에듀를 선택하여 공부한 것은 정말 탁월한 선택이었다고 생각합니다. 유능하신 강사님들의 강의 덕분에 지루하지 않게 학습할 수 있었고, 끝까지 도전한 결과 좋은 성과를 얻을 수 있었습니다. 준비하시는 분들도 강사님을 믿고, 무엇보다 자신을 믿고 도전하시길 바랍니다. 여러분도 반드시 합격하실 수 있습니다!

※ 해당 후기는 시대에듀 합격후기 게시판에 남겨주신 내용을 재구성하였습니다.
※ 합격수기는 개인정보 보호를 위해 가명으로 작성되었습니다.

이 책의 목차 CONTENTS

빨간키

제1과목	심리학개론	002
제2과목	이상심리학	020
제3과목	심리검사	047
제4과목	임상심리학	067
제5과목	심리상담	086

2025년

제1회	기출복원문제 및 해설	003
제2회	기출복원문제 및 해설	050

2024년

제1회	기출복원문제 및 해설	099
제2회	기출복원문제 및 해설	150

2023년

제1회	기출복원문제 및 해설	203
제2회	기출복원문제 및 해설	251

2022년

제1회	기출문제 및 해설	301
제3회	기출복원문제 및 해설	353

2021년

제1회	기출문제 및 해설	401
제3회	기출문제 및 해설	452

빨리보는 간단한 키워드

제1과목	심리학개론
제2과목	이상심리학
제3과목	심리검사
제4과목	임상심리학
제5과목	심리상담

제1과목 심리학개론

핵심이론 01 프로이트(Freud)의 정신분석이론 Ⅰ

◆ 프로이트 정신분석이론의 특징
- 정신적 결정론
- 무의식의 강조
- 심리성적 욕구의 강조
- 내적 갈등의 역동
- 투쟁적 인간

◆ 정신의 3요소
의식(Consciousness), 전의식(Preconsciousness), 무의식(Unconsciousness)

◆ 성격의 3요소
원초아(Id), 자아(Ego), 초자아(Superego)

핵심이론 02 프로이트(Freud)의 정신분석이론 Ⅱ

◆ 프로이트의 인간발달단계
- 구강기 또는 구순기(0~1세)
- 항문기(1~3세)
- 남근기 또는 성기기(3~6세)
- 잠복기 또는 잠재기(6~12세)
- 생식기(12세 이후)

◆ 불안의 종류
현실 불안(Reality Anxiety), 신경증적 불안(Neurotic Anxiety), 도덕적 불안(Moral Anxiety)

핵심이론 03 에릭슨(Erikson)의 심리사회이론

◆ **에릭슨 심리사회이론의 특징**
- 인간의 전 생애에 걸친 발달과 변화를 강조하였다.
- 인간을 합리적인 존재이자 창조적인 존재로 보았다.
- 인간의 행동이 자아에 의해 동기화된다고 보았다.
- 인간의 행동이 개인의 심리적 요인과 사회문화적 영향의 상호작용에 의해 형성된다고 보았다.
- 기존의 정신분석적 방법과 달리 인간에 대해 정상적인 측면에서 접근하였다.
- 창조성과 자아정체감의 확립을 강조하였다.
- 문화적·역사적 요인과 성격구조의 관련성을 중시하였다.

◆ **에릭슨 심리사회이론의 주요 개념**
- 자아(Ego) : 성격의 자율적 구조로서 원초아(Id)로부터 분화된 것이 아닌 그 자체로 형성된 것이다.
- 자아정체감(Ego Identity) : 시간적 동일성과 자기연속성을 인식함으로써 시간의 흐름에 따른 변화 속에서도 자기 존재의 동일성과 독특성을 지속·고양하는 자아의 자질을 말한다.
- 점성원리(Epigenetic Principle) : 성장하는 모든 것은 기초안(Ground Plan)을 가지며, 각 단계는 특별히 우세해지는 결정적인 시기가 있다.
- 위기(Crisis) : 인간의 발달단계마다 사회가 개인에게 심리적인 요구를 하는 것이다.

핵심이론 04 에릭슨(Erikson)의 성격발달단계

- 유아기(기본적 신뢰감 대 불신감 - 희망 대 공포)
- 초기아동기(자율성 대 수치심·회의 - 의지력 대 의심)
- 학령전기 또는 유희기(주도성 대 죄의식 - 목적의식 대 목적의식 상실)
- 학령기(근면성 대 열등감 - 능력감 대 무능력감)
- 청소년기(자아정체감 대 정체감 혼란 - 성실성 대 불확실성)
- 성인 초기 또는 청년기(친밀감 대 고립감 - 사랑 대 난잡함)
- 성인기 또는 중년기(생산성 대 침체 - 배려 대 이기주의)
- 노년기(자아통합 대 절망 - 지혜 대 인생의 무의미함)

핵심이론 05 아들러(Adler)의 개인심리이론

♦ 아들러 개인심리이론의 특징
- 무의식이 아닌 의식을 성격의 중심으로 본다.
- 인간을 전체적·통합적으로 본다.
- 생애 초기(대략 4~6세)의 경험이 성인의 삶을 크게 좌우한다.
- 인간은 창조적이고 책임감 있는 존재이다.
- 인간은 성적 동기보다 사회적 동기에 의해 동기화된다.

♦ 아들러 개인심리이론의 주요 개념
- 열등감과 보상(Inferiority and Compensation)
- 우월성의 추구 또는 우월을 향한 노력(Striving for Superiority)
- 사회적 관심(Social Interest)
- 생활양식(Style of Life) : 지배형/획득형/회피형/사회적 유용형
- 창조적 자기(Creative Self)
- 가상적 목표(Fictional Finalism)
- 출생순서(Birth Order)

핵심이론 06 융(Jung)의 분석심리이론

♦ 융 분석심리이론의 특징
- 철학, 고고학, 종교학, 신화, 점성술 등 광범위한 영역을 반영하고 있다.
- 전체적인 성격을 '정신(Psyche)'으로 보았으며, 성격의 발달을 '자기(Self)'실현의 과정으로 보았다.
- 정신을 크게 의식(Consciousness)과 무의식(Unconscious)의 두 측면으로 구분하며, 무의식을 다시 개인무의식(Personal Unconscious)과 집단무의식(Collective Unconscious)으로 구분한다.
- 인간은 의식과 무의식의 대립을 극복하여 하나의 통일된 전체적 존재가 된다.
- 개인은 독립된 존재가 아닌 역사를 통해 연결된 존재이며, 사회적 규범이나 문화적 요구에 적응하는 동시에 자기실현의 과정을 수행함으로써 사회의 발전에 기여한다.

♦ 융 분석심리이론의 주요 개념
- 집단무의식(Collective Unconscious)
- 원형(Archetype)
- 자기(Self)
- 콤플렉스(Complex)
- 페르소나(Persona)
- 음영(Shadow)

- 아니마(Anima)와 아니무스(Animus)
- 성격유형 : 외향적 사고형/외향적 감정형/외향적 감각형/외향적 직관형, 내향적 사고형/내향적 감정형/내향적 감각형/내향적 직관형

♦ 융 인간발달단계

- 제1단계 - 아동기
- 제2단계 - 청년 및 성인초기
- 제3단계 - 중년기
- 제4단계 - 노년기

핵심이론 07 피아제(Piaget)의 인지발달이론 Ⅰ

♦ 피아제 인지발달이론의 특징

- 인간이 외부세계를 이해하고 파악하는 토대로서 인지적 구조가 형성되는 과정을 설명한다.
- 인지는 사고, 지각, 기억, 언어, 지능 등의 능력과 연관된 것으로서, 지식, 학습, 추론, 상상, 분류, 개념화 등의 정신 과정을 포괄한다.
- 각 개인의 정서·행동·사고는 개인이 현실세계를 구성하는 방식에 따라 다르다.
- 인간은 주관적인 존재로서 나름대로 의미를 부여하는 주관적인 현실만이 존재한다.
- 인간은 변화하고 성장하는 존재로서, 인간의 의지 또한 환경과 능동적으로 상호작용하면서 변화하고 발달한다.

♦ 피아제 인지발달이론의 주요 개념

- 도식(Schema)
- 적응(Adaptation)
- 조직화(Organization)
- 보존(Conservation)
- 자아중심성 또는 자기중심성(Egocentrism)

♦ 적응의 과정

동화(Assimilation) → 조절(Accommodation) → 평형상태(Equilibrium)

핵심이론 08 피아제(Piaget)의 인지발달이론 Ⅱ

♦ 피아제의 인지발달단계

- 감각운동기 또는 감각적 동작기(Sensorimotor Stage, 0~2세)
- 전조작기(Preoperational Stage, 2~7세)
- 구체적 조작기(Concrete Operational Stage, 7~12세)
- 형식적 조작기(Formal Operational Stage, 12세 이상)

♦ 감각운동기(0~2세)의 발달과정
- 반사활동(0~1개월)
- 1차 순환반응(1~4개월)
- 2차 순환반응(4~10개월)
- 2차 도식협응(10~12개월)
- 3차 순환반응(12~18개월)
- 정신적 표상 또는 사고의 시작(18~24개월)

♦ 보존개념의 적용원리(보존개념 획득의 전제요소)
동일성(Identity)의 원리, 보상성(Compensation)의 원리, 역조작(Inversion)의 원리

♦ 피아제의 도덕성발달단계
- 제1단계 - 전도덕성의 단계(Premoral Stage)
- 제2단계 - 타율적 도덕성의 단계(Heteronomous Morality)
- 제3단계 - 자율적 도덕성의 단계(Autonomous Morality)

핵심이론 09 콜버그(Kohlberg)의 도덕성발달이론

♦ 콜버그(Kohlberg) 도덕성발달이론의 특징
- 도덕은 사회집단이 가지는 행동규범을 말하며, 도덕성은 개인의 주관적·자율적 도덕의식을 의미한다.
- 도덕적 문제상황에 대한 개인의 반응을 분석하여, 그러한 반응을 이끌어낸 개인의 사고방식을 발달적 관점에서 고찰하였다.
- 인간의 도덕성 추론 능력의 발달이 인지적 발달과 연관되며, 발달의 순서는 모든 사람과 모든 문화에서 동일하게 나타난다고 보았다.
- 피아제의 도덕성 발달에 관한 이론을 청소년기와 성인기까지 확장하였다.
- 인지발달 수준 및 도덕적 판단능력에 따라 도덕성 발달 수준을 3가지 수준의 총 6단계로 구분하였다.

♦ 콜버그의 도덕성발달단계
전인습적 수준(4~10세) → 인습적 수준(10~13세) → 후인습적 수준(13세 이상)

핵심이론 10 매슬로우(Maslow)의 인본주의성격이론

◆ **매슬로우 인본주의성격이론의 특징**
- 인간의 신경증적인 행동을 병리학적 측면에서 파악한 정신분석이론과, 인간을 관찰 가능한 단순한 행동체계로만 취급한 행동주의이론에 대한 반발에서 비롯되었다.
- 인간에 대한 전체적·통합적인 관점에서 개인의 지각과 내부적인 욕구에의 반응에 관심을 가진다.
- 유전은 개인의 성격발달에 중요한 역할을 하며, 바로 그러한 유전적 토대가 개인의 심리적 성장 및 자아실현 가능성과 연결된다. 다만, 유전적 토대 위에서 자기실현은 환경에 의해 결정된다.

◆ **인간욕구의 위계와 특징**

단 계	욕구 5단계	욕구 7단계	구 분
1단계	생리적 욕구	생리적 욕구	결핍욕구
2단계	안전(안정)에 대한 욕구	안전(안정)에 대한 욕구	
3단계	애정과 소속에 대한 욕구	애정과 소속에 대한 욕구	
4단계	자기존중 또는 존경의 욕구	자기존중 또는 존경의 욕구	
5단계	자아실현의 욕구	인지적 욕구	성장욕구 (존재욕구)
6단계	–	심미적 욕구	
7단계	–	자아실현의 욕구	

◆ **인간욕구의 특징**
- 하위에 있는 욕구가 더 강하고 우선적이다.
- 상위의 욕구는 전 생애 발달과정에서 후반에 점차적으로 나타난다.
- 상위의 욕구의 만족은 지연될 수 있다.
- 욕구를 충족하기 위한 행동은 선천적인 것이 아닌 학습에 의한 것이며, 사람마다 차이가 있다.
- 제1형태의 욕구로서 '결핍욕구'는 생존적인 경향이 강한 욕구인 반면, 제2형태의 욕구로서 '성장욕구'는 잠재능력, 기능, 재능을 발휘하려는 경향이 강한 욕구이다.

핵심이론 11 로저스(Rogers)의 현상학이론

♦ 로저스 현상학이론의 특징
- 모든 인간에게 있어서 객관적 현실세계란 존재하지 않으며 주관적 현실세계만이 존재한다.
- 인간은 자신의 사적 경험체계 또는 내적 준거체계와 일치하는 방향으로 객관적 현실을 재구성한다.
- 인간은 유목적적인 존재인 동시에 합리적이고 건설적인 방향으로 지속적으로 성장해나가는 미래지향적 존재이다.
- 한 개인이 생각하고 느끼고 행동하는 고유한 방법을 이해하기 위해서는 그가 객관적 현실을 어떻게 지각하고 해석하는지 그 내적 준거체계를 명확히 파악해야 한다.
- 인간이 지닌 기본적 자유는 그에 따른 책임을 전제로 한다.

♦ 로저스 현상학이론의 주요 개념
- 자기(Self)
- 자기실현 경향(Self-actualizing Tendency)
- 현상학적 장(Phenomenal Field)
- 가치조건(Conditions of Worth)

핵심이론 12 고전적 조건형성

♦ 파블로프(Pavlov)의 실험

조건형성 전
종소리(NS : 중성자극) → 자극과 무관한 반응 먹이(UCS : 무조건자극) → 침(UCR : 무조건반응)

조건형성의 과정
먹이(UCS : 무조건자극) + 종소리(NS : 중성자극) → 침(UCR : 무조건반응)

조건형성 후
종소리(CS : 조건자극) → 침(CR : 조건반응)

♦ 고전적 조건형성의 주요 개념
- 획득 또는 습득(Acquisition)
- 2차적 조건형성(Second-order Conditioning)
- 자극일반화(Stimulus Generalization)
- 자극변별(Stimulus Discrimination)

♦ **고전적 조건형성의 기본원리**
- 시간의 원리(근접의 원리)
- 강도의 원리
- 일관성의 원리
- 계속성의 원리

핵심이론 13 조작적 조건형성

♦ **조작적 조건형성(Operant Conditioning)의 의의 및 특징**

조작적 조건형성 또는 도구적 조건형성은 스키너(Skinner)가 고전적 조건형성을 확장한 것으로서, 자신이 고안한 '스키너 상자(Skinner Box)'에서의 쥐 실험을 통해 구체화되었다. 상자 내부에 지렛대를 누르면 먹이가 나오는 장치에서, 먹이는 무조건자극, 먹이를 먹는 것은 무조건반응, 지렛대는 조건자극, 지렛대를 누르는 것은 조건반응에 해당한다.

♦ **조작적 조건형성의 기본원리**
- 강화(Reinforcement)의 원리
- 소거(Extinction)의 원리
- 조형(Shaping)의 원리
- 자발적 회복(Spontaneous Recovery)의 원리
- 변별(Discrimination)의 원리

♦ **고전적 조건형성과 조작적 조건형성의 비교**

구 분	고전적 조건형성	조작적 조건형성
자극-반응계열	자극이 반응의 앞에 온다.	반응이 효과나 보상 앞에 온다.
자극의 역할	반응은 추출된다.	반응은 방출된다.
자극의 자명성	특수반응은 특수자극을 일으킨다.	특수반응을 일으키는 특수자극은 없다.
조건형성 과정	한 자극이 다른 자극을 대치한다.	자극의 대치는 일어나지 않는다.
내 용	정서적·불수의적 행동이 학습된다.	목적지향적·수의적 행동이 학습된다.

핵심이론 14 조건형성의 실험

♦ 왓슨(Watson)의 쥐 실험

행동주의자 왓슨은 유명한 쥐 실험을 통해 고전적 조건형성에 의한 공포 반응을 확립하고자 하였다. 쥐 실험에서 금속성 파열음(무조건자극, UCS)은 쥐의 출현(조건자극, CS)과 짝지어졌으며, 이후 쥐를 보는 것만으로도 공포반응(무조건반응, UCR)이 나타난 것이다. 알버트가 쥐가 아닌 다른 털짐승이나 솜뭉치를 보고도 놀란 것은 자극 일반화(Stimulus Generalization)를 의미한다.

♦ 손다이크(Thorndike)의 고양이 실험

손다이크는 학습이 추상적인 지적 활동에 의해 이루어지기보다 시행착오의 과정과 결과에 의해 나타난다는 '시행착오설'을 제시하였다. 내부에서 페달을 누를 경우 문이 열리도록 고안된 문제상자(Problem Box)를 통해 고양이 실험을 하였다. 문제상자 속 굶주린 고양이는 상자를 탈출하기 위해 할퀴고 물어뜯고 매달리는 등의 시행착오적인 행동을 하다가 빗장을 건드리게 됨으로써 상자를 탈출하였다. 여기서 문제상자는 '자극', 할퀴고 물어뜯는 등의 시행착오적 행동은 '반응', 빗장을 건드려 탈출에 성공하는 것은 '보상'에 해당한다.

핵심이론 15 강화와 처벌

♦ 강화와 처벌의 유형

- 정적 강화 : 유쾌 자극을 부여하여 바람직한 반응의 확률을 높인다.
- 부적 강화 : 불쾌 자극을 제거하여 바람직한 반응의 확률을 높인다.
- 정적 처벌 : 불쾌 자극을 부여하여 바람직하지 못한 반응의 확률을 감소시킨다.
- 부적 처벌 : 유쾌 자극을 제거하여 바람직하지 못한 반응의 학률을 감소시킨다.

♦ 강화의 원칙

- 바람직한 행동 변화를 이끌어낼 수 있을 만큼 적절히 부여해야 한다.
- 일관성 있게 체계적 · 점증적인 단계들로 이루어져야 한다.
- 사람마다 강화자극의 영향력이 다르므로 적절한 강화자극을 선정해야 한다.
- 즉시 이루어져야 하며, 지난 행동에 대한 강화는 그 효과를 기대할 수 없다.
- 바람직한 목표행동과 직접적으로 연관된 것에 부여해야 한다.

◆ 처벌의 원칙
- 바람직하지 못한 행동을 중단시킬 수 있을 만큼 최소화해야 한다.
- 일관성 있게 이루어져야 한다.
- 짧고 간결하게 해야 한다.
- 즉시 이루어져야 하며, 지난 행동에 대한 처벌은 삼가야 한다.
- 처벌의 부작용에 대해 고려해야 한다.
- 반복적인 처벌에도 불구하고 효과가 없는 경우 다른 방법을 강구해야 한다.

핵심이론 16 강화계획(강화스케줄)

◆ 강화계획 또는 강화스케줄(Reinforcement Schedule)의 유형
- 계속적 강화계획(Continuous Reinforcement Schedule)
- 간헐적 강화계획(Intermittent Reinforcement Schedule)
- 고정간격강화계획(Fixed-interval Schedule)
- 가변(변동)간격강화계획(Variable-interval Schedule)
- 고정비율강화계획(Fixed-ratio Schedule)
- 가변(변동)비율강화계획(Variable-ratio Schedule)

◆ 강화물의 유형
- 일차적 강화물(Primary Reinforcer) : 물이나 음식, 과자, 장난감, 성행위와 같이 일반적으로 귀중한 것으로 간주되는 대상 또는 활동에 해당한다.
- 이차적 강화물(Secondary Reinforcer) : 돈은 그 자체로 종이에 불과하나 돈을 사용하여 음식 등의 필요한 물건을 구입할 수 있어 이차적 강화물에 해당한다. 특히 사회적 자극으로서 미소, 칭찬, 토큰, 점수 등은 이차적 강화물에 해당한다.

핵심이론 17 합리적 행위이론과 계획된 행위이론

♦ 합리적 행위이론(TRA ; Theory of Reasoned Action)

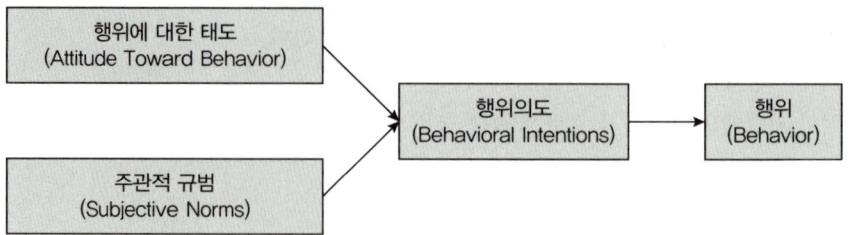

♦ 계획된 행위이론(TPB ; Theory of Planned Behavior)

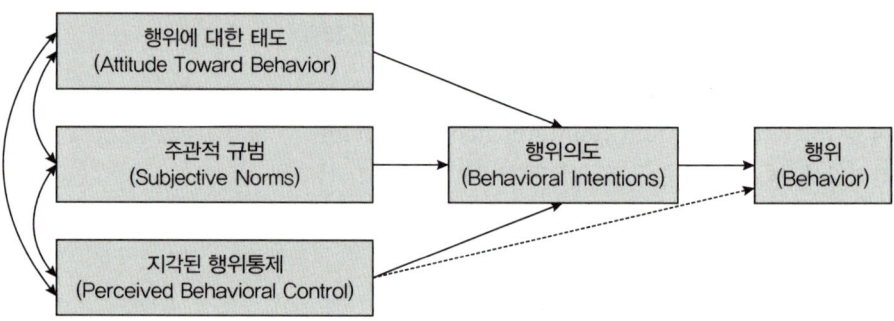

핵심이론 18 귀인이론 Ⅰ

♦ 귀인이론(Attribution Theory)의 의의 및 특징
- 성공이나 실패에 대해 자신의 행동에 대한 원인을 귀속하는 경향성에 대한 이론이다.
- 와이너(Weiner)가 체계화한 인지주의적 학습이론으로서, 인간행동의 원인이 개인의 특성 및 환경이 아닌 자신이 어떻게 생각하느냐에 따라 달라진다는 관점에서 출발한다.

♦ 귀인의 방향
- 내부 귀인 : 결과에 대한 책임을 자기 자신의 동기, 성격, 노력, 능력으로 돌린다.
- 외부 귀인 : 결과에 대한 책임을 과제의 난이도나 운으로 돌린다.

♦ 귀인 과정에서의 주요 오류
- 근본 귀인오류 : 사람들은 대체로 외부요인보다는 내부요인으로 귀인하는 경향이 있다.
- 행위자-관찰자 편향 : 사람들은 자신의 행동에 대해서는 외부요인으로, 타인의 행동에 대해서는 내부요인으로 귀인하는 경향이 있다.
- 자아고양 편파 또는 자기위주 편향 : 사람들은 성공 시 내부요인으로, 실패 시 외부요인으로 귀인하는 경향이 있다.

핵심이론 19 귀인이론 II

♦ 귀인의 원인에 대한 3가지 차원

원인의 소재(Locus of Control), 안정성(Stability), 통제가능성(Controllability)

♦ 귀인과 각 차원의 관계

귀인 요소	원인 소재	안정성 여부	통제가능성 여부
능력	내적	안정적	통제불가능
노력	내적	불안정적	통제가능
과제 난이도	외적	안정적	통제불가능
운	외적	불안정적	통제불가능

♦ 귀인에 영향을 미치는 요인

다른 사람과의 비교 정도, 일관성, 과거의 성패 경험, 성별의 차이, 연령의 차이, 개인적 성향, 사회적·문화적 원인, 교사의 태도, 행동의 독특성 등

♦ 귀인 과정에서의 공변원리(Kelley)

- 원인의 독특성 또는 특이성(Distinctiveness)
- 시간적·상황적 일관성(Consistency)
- 원인의 일치성 또는 동의성(Consensus)

핵심이론 20 기억의 과정 및 측정

♦ 기억의 4단계 과정

- 제1단계 - 기명(Memorizing)
- 제2단계 - 파지(Retention)
- 제3단계 - 재생(Reproduction)
- 제4단계 - 재인(Recognition)

♦ 정보처리적 관점에 의한 기억의 3단계 과정

- 제1단계 - 입력(Registration) 또는 부호화(Encoding)
- 제2단계 - 저장(Storage) 또는 응고화(Consolidation)
- 제3단계 - 인출(Retrieval)

◆ 기억의 측정

- 회상(Recall) : 50개 단어로 이루어진 단어목록을 학습하도록 한 후 기억하고 있는 단어들을 기록해 보도록 한다.
- 재인(Recognition) : 사지선다형 시험문제, 줄잇기 등
- 재학습(Relearning) : 단어목록을 처음 학습하는 데 10분이 소요되었고, 3일 후에 재학습을 통해 3분이 소요되었다면, 기억 파지율이 70%임을 확인할 수 있다.

핵심이론 21 기억의 단계

◆ 기억의 3단계 구분

- 제1단계 – 감각기억(Sensory Memory) 또는 감각등록기(Sensory Register)
- 제2단계 – 단기기억(Short-term Memory) 또는 작동기억(Working Memory)
- 제3단계 – 장기기억(Long-term Memory)

◆ 단기기억과 장기기억의 비교

구분	입력	용량	지속시간	내용	인출
단기기억	매우 빠름	제한적	매우 짧음 (10~20초 정도)	단어, 심상, 아이디어, 문장	즉각적
장기기억	비교적 느림	무제한적	사실상 무제한적	명제망, 도식, 산출, 일화	표상과 조직에 따라 다름

핵심이론 22 기억에 관한 연구와 기억술

◆ 기억의 의미망 모형(Semantic Network Model)

하나의 개념을 '마디(Node)', 여러 개념들을 서로 연결하는 일종의 고리를 '연결로(Link)', 개념들 간의 의미상 관계를 '호(Edges)'로 제시하며, 의미망을 이들로 구성된 방향성 그래프로 표현한다.

◆ 메타인지(Meta-cognition)

- 개인이 자신의 인식을 보다 높은 차원에서 객관적으로 검토할 수 있는 능력을 말한다.
- '계획 → 수행 → 평가 → 수정'의 과정을 거쳐 사고 상태에 대한 이해 및 문제해결을 도모한다.

◆ 단기기억의 청킹(Chunking)

기억 대상인 자극이나 정보를 서로 의미 있게 연결하거나, 분리되어 있는 항목을 보다 큰 묶음으로 조합함으로써 기억의 효율성을 도모하는 방법이다.

◆ 기억력 향상을 위한 조건

- 직전경험의 내용은 '소급금지'가 없으므로 효과적으로 기억할 수 있다.
- 반복연습을 하는 경우 기억력은 향상된다.
- 기억 내용을 청킹 등의 합리적인 방법으로 자신의 지식체계와 연결하는 경우 효과적으로 기억할 수 있다.
- 학습이나 경험에 대한 흥미가 부주의를 방지하므로 기억력 향상에 효과적이다.
- 학습이나 경험에 대한 흥미가 없더라도 이해관계가 존재하는 경우 지속적으로 주의를 기울이게 되므로 기억력 향상에 효과적이다.
- 학습자가 학습과 관련하여 책임감을 가지고 있는 경우 기억력 향상에 효과적이다.

핵심이론 23 형태재인과 측면분석 과정

◆ 형태재인과 측면분석 과정

형태재인 (Pattern Recognition)	과거의 경험을 토대로 현재 주어진 자극의 형태에서 의미를 끌어내는 것, 즉 외부의 표상들을 내부에 저장되어 있는 기존의 표상 또는 기억과 대조하는 과정이다.
측면분석 (Feature Analysis) 과정	감각수용기관에 도달하는 자극의 측면들을 분석하는 과정으로서, 이들을 유의미한 전체의 형태로서 확인하기 위한 것이다. 측면분석에 의한 형태재인이 이루어지려면 자료주도적 처리(Data-driven Processing)와 개념주도적 처리(Concept-driven Processing)의 과정이 있어야 한다.

◆ 형태재인에 관한 이론

- 판형이론(Template Theory)
- 원형대조이론(Prototype Matching Theory)
- 특징분석이론(Feature Analysis Theory)

핵심이론 24 망 각

◆ 망각의 원인

- 흔적쇠퇴이론(소멸이론)
- 간섭이론
- 단서-의존 망각이론
- 응고이론

♦ 망각을 방지하는 방법

- 학습내용을 의미 있게 논리적인 지식체계로 유도하여 학습한다.
- 동기화된 학습 자료를 활용한다.
- 학습은 처음부터 완전히 습득한 후에 다음 학습으로 이행한다.
- 복습의 시기는 최초학습에 가까울수록 기명과 파지에 효과적이다.
- 분산학습이 집중학습보다 파지에 효과적이다.
- 기억된 자료 간의 간섭은 파지를 저해한다.
- 초과학습은 망각을 방지한다.

핵심이론 25 조사연구의 분류

♦ 조사연구의 연구목적에 따른 분류

탐색적 조사	연구의 우선순위를 정하고 문제의 중요 부분에 대한 실태를 파악하기 위해 실시하며, 수정이 가능하다. 문헌조사, 경험자조사, 특례분석조사 등이 해당된다.
기술적 조사	어떠한 사건이나 현상의 크기, 비율, 수준 등에 대한 단순 통계적인 자료를 수집하여 문제에 대한 답을 구한다. 횡단적 연구와 종단적 연구로 분류된다.
설명적 조사	기술적 조사연구 결과의 축적을 토대로 어떤 사실과의 관계를 파악하여 인과관계를 규명하거나 미래를 예측하는 것으로 '왜(Why)'에 대한 대답을 제공하는 조사이다.

♦ 횡단적 연구와 종단적 연구의 비교

횡단적 연구	종단적 연구
표본조사이며 정태적이다.	현장조사이며 동태적이다.
모집단을 대표할 수 있는 자료를 제공한다.	조사마다 새롭게 표집된 표본에 관한 자료를 제공한다.
측정이 한 번 이루어진다.	측정이 반복적으로 이루어진다.
일정 시점의 특정 표본이 가지고 있는 특성을 파악한다.	일정 기간 변화하는 상황에 대한 조사를 한다.
조사대상의 특성에 따라 집단을 분류하여 비교분석하므로 표본의 크기가 클수록 좋다.	유형에 따라 서로 다른 시점에서 동일 대상자를 추적해 조사하므로 표본의 크기가 작을수록 좋다.

핵심이론 26 집단비교를 위한 주요 통계방법

♦ Z 검증

- 모수통계로 어떤 집단의 특성이 특정 수치와 동일한지 또는 집단 간 차이가 있는지를 검증한다.
- 일반적인 연구에서 모집단의 분산을 아는 경우가 드물어 자주 사용되지는 않지만, 전국단위의 학력고사나 지능검사와 같이 표준화 검사가 개발되어 전체 모집단의 평균과 분산을 아는 경우 사용한다.

♦ t 검증

- 주로 표본의 크기가 30개 미만인 경우, 정규모집단의 분산을 모르고 표본분산을 사용하는 경우 적용한다.
- 두 집단 간의 평균 차이를 분석하고자 하는 경우에 이용하는 분석방법이다.
- t 검증과 Z 검증의 차이점은 t 검증이 Z 검증과 달리 모집단의 분산을 알지 못한다는 데 있다.

♦ F 검증(분산분석)

- Z 검증과 t 검증이 두 개 집단의 비교를 다루는 데 비해, F 검증은 두 개 이상의 집단(실제적으로 세 집단 이상)을 비교하는 데 사용되는 분석방법이다.
- F 검증을 실시하기 위해서는 연구의 종속변수가 양적변수여야 하며, 각 모집단의 분포가 정규분포여야 한다. 또한 모집단의 분산이 같아야 한다.

♦ 카이제곱 검증(x^2 검증, 카이자승 검증)

- Z 검증이나 t 검증의 경우, 집단비교 시 종속변수가 양적변수일 때 사용하지만, 카이제곱 검증은 종속변수가 질적변수 또는 범주변수인 경우에 사용한다.
- 한 변수의 속성이 다른 변수의 속성에 대해 독립적인지, 두 개의 독립적인 표본이 몇 개의 같은 범주로 분류되어 있는 경우 각 표본에서 어느 특정 범주에 속할 비율이 동일한지를 검증한다.

핵심이론 27 인간발달의 원리와 특징

♦ 인간발달의 원리

일정한 순서와 방향성, 연속성, 유전과 환경의 상호작용, 개인차의 존재, 분화와 통합의 과정, 점성원리, 결정적 시기의 존재

♦ 인간발달의 특징

적기성, 기초성, 불가역성, 누적성, 상호관련성

♦ 발달 및 그와 유사한 개념

발달 (Development)	출생에서부터 사망에 이르기까지 전 생애에 걸쳐 계속적으로 일어나는 변화의 양상 과정으로서, 신체적·지적·정서적·사회적 측면 등 전인적인 측면에서 변화하는 것
성장 (Growth)	성장은 신체 크기의 증대, 근력의 증가 등과 같은 양적인 확대, 특히 신체적 부분에 국한된 변화를 설명할 때 주로 사용
성숙 (Maturation)	경험이나 훈련에 관계없이 인간의 내적 또는 유전적 기제의 작용에 의해 체계적이고 규칙적으로 진행되는 신체 및 심리의 변화
학습 (Learning)	후천적 변화의 과정으로서 특수한 경험이나 훈련 또는 연습과 같은 외부자극이나 조건, 즉 환경에 의해 개인이 내적으로 변하는 것

핵심이론 28 청소년기의 발달

♦ 신체발달
- 청소년기를 지칭하는 연령은 학자에 따라 달리 구분하지만 보통 12~19세로 간주한다.
- 급격한 신장의 증가와 함께 뼈와 근육의 성장이 이루어지므로 '제2의 성장급등기'라고 한다.
- 사춘기를 경험하며, 2차 성징과 함께 생식기관의 성숙이 뚜렷이 나타난다.
- 11~13세에는 여자가 남자보다 키와 몸무게에서 우세하지만, 이후에는 남자가 여자보다 우세해진다.
- 신체변화에 대한 심리적인 반응으로서 '신체상(Body Image)'을 가지게 된다.

♦ 인지발달
- 프로이트의 생식기, 에릭슨의 청소년기, 피아제의 형식적 조작기 초기에 해당하는 시기이다.
- 추상적 사고, 가설적·연역적 사고, 체계적·조합적 사고, 논리적 추론, 미래사건 예측 등이 가능하다. 아동에서 성인으로 발달하는 과도기의 단계로서, 이성문제, 진학문제 등의 다양한 선택과 결정을 내리는 과정에서 자아정체감을 형성해 나간다.
- 자기중심적 성향으로서 '상상적 청중(Imaginary Audience)'과 '개인적 우화(Personal Fable)'가 나타난다.

♦ 청소년기의 자아정체감 범주(Marcia)

구 분	특 징
정체감 성취	정체성 위기와 함께 정체감 성취에 도달하기 위한 격렬한 결정과정을 경험한다.
정체감 유예	정체성 위기로 격렬한 불안을 경험하지만 아직 명확한 역할에 전념하지 못한다.
정체감 유실	정체성 위기를 경험하지 않았음에도 사회나 부모의 요구와 결정에 따라 행동한다.
정체감 혼란	정체성 위기를 경험하지 않았으며 명확한 역할에 대한 노력도 없다.

핵심이론 29 노년기의 발달

♦ 신체적 변화
노년기의 연령 구분은 보통 65세 이후로 간주한다. 건강하고 자립적인 활동이 가능한 노년 전기(65~74세)와 신체적 기능 약화로 일상생활을 타인에게 전적으로 의존할 수밖에 없는 노년 후기(75세 이후)로 구분하기도 한다.

♦ 인지적·성격적 변화
노인의 지적 능력의 쇠퇴는 다양한 측면에서 일어나며, 단기기억이 장기기억보다 더욱 심하게 쇠퇴한다. 인지적 능력이 감소하는 경향이 있으나 추론 능력 등 경험의 축적을 통해 습득된 능력은 비교적 유지된다.

♦ **사회적 변화**

직업적 역할의 상실로 인해 경제적 능력이 약화되며, 사회적 지위도 저하된다. 조부모로서의 역할을 통해 어느 정도 자신의 존재가치를 회복하며, 상실감을 극복한다. 배우자의 상실로 인해 슬픔과 우울을 경험한다.

♦ **노년기 죽음에 대한 태도(Kubler-Ross)**

- 제1단계 : 부정단계
- 제2단계 : 분노단계
- 제3단계 : 타협단계
- 제4단계 : 우울단계
- 제5단계 : 수용단계

핵심이론 30 주요 심리적 효과

초두효과	순서상 먼저 제시된 정보가 나중에 제시된 정보보다 인상형성에 더 큰 영향을 미치는 것
최신효과	마지막에 제시된 정보가 먼저 제시된 정보보다 인상형성에 더 큰 영향을 미치는 것
점화효과	순서상 먼저 제시된 정보가 나중에 제시된 정보에 영향을 미치는 것
맥락효과	순서상 먼저 제시된 정보가 나중에 제시된 정보들에 대해 처리지침을 만들며, 전반적인 맥락을 제공하는 것
후광효과	어떤 사람에 대한 부분적인 긍정적 인상을 통해 그 사람의 전체적인 면을 높이 평가하는 것
악마효과	후광효과와 반대되는 것으로서, 어떤 사람의 부분적인 부정적 인상을 통해 그 사람의 전체적인 면을 낮게 평가하는 것
방사효과	매력이 있는 상대와 함께 있는 경우 자신의 지위나 자존심도 고양되는 것
대비효과	매력이 있는 상대와 함께 있는 경우 자신의 매력이 그 사람과의 비교로 인해 평가절하되는 것
빈발효과	반복해서 제시되는 정보들이 먼저 제시된 정보들에 영향을 미치는 것
위약효과 (플라시보효과)	가짜 약을 진짜 약으로 가장하여 환자에게 복용하도록 하였을 때 환자의 병세가 호전되는 것
노시보효과	위약효과와는 반대되는 것으로서, 환자가 자신에게 진짜 약이 아닌 가짜 약이 투약되었다는 사실을 알게 되었을 때 오히려 병세가 더욱 악화되는 것
잠재효과	지금은 표현되고 있지 않지만 어떤 조건이 충족되는 경우 가시화될 수 있는 효과
가르시아효과 (미각혐오효과)	어떤 음식물을 섭취한 후 복통 등의 이상증상을 경험한 경우 그 이후부터 동일 음식물에 대해 전혀 식욕을 느끼지 않는 것
낙인효과	어떤 사람이 전과라든가 정신병력을 가지고 있는 경우 그 사람에 대해 색안경을 끼고 보는 것
소크라테스효과	소크라테스가 제자들을 대상으로 문답법을 통해 점차 구체적이고 명확한 결론에 이르렀던 것과 같이, 처음에 불명료하였던 태도가 점차 논리적이고 일관적으로 변화하는 것

제2과목 이상심리학

핵심이론 01 정신장애의 진단 및 통계 편람 DSM-5

◆ DSM-5의 개정 배경

- 정신장애에 대한 최신 연구결과의 반영
  정신병리, 평가 및 진단, 치료 연구결과 등의 축적에 따라 정신장애에 대한 최신 의견들을 반영할 필요가 있었다. 특히 임상 분야에서 신경생물학(Neurobiology)의 중요성이 확대되었다.
- 범주적 진단체계의 한계
  범주적 분류는 이상행동과 정상행동을 명확히 구분하면서 이들 간의 질적인 차이를 가정하는 한계를 가지고 있었다. 그로 인해 몇 가지 증상들을 공유하는 공존질환(Comorbidity)에 대해 더욱 정확하고 효율적인 진단의 필요성이 제기되었다.
- 사용자 접근성 및 임상적 유용성의 고려
  진단분류의 신뢰도 및 타당도를 제고하기 위해 다양한 경험적 연구결과들에 근거하되, 이전 버전들과의 연속성을 유지함으로써 실제 임상 현장에서 유효하게 사용될 수 있는 진단체계가 요구되었다.

◆ DSM-5에 포함된 정신장애의 주요 범주

- 신경발달장애(Neurodevelopmental Disorders)
- 조현병 스펙트럼 및 기타 정신병적 장애(Schizophrenia Spectrum and Other Psychotic Disorders)
- 양극성 및 관련 장애(Bipolar and Related Disorders)
- 우울장애(Depressive Disorders)
- 불안장애(Anxiety Disorders)
- 강박 및 관련 장애(Obsessive-Compulsive and Related Disorders)
- 외상-및 스트레스-관련 장애(Trauma-and Stressor-Related Disorders)
- 해리장애(Dissociative Disorders)
- 신체증상 및 관련 장애(Somatic Symptom and Related Disorders)
- 급식 및 섭식장애(Feeding and Eating Disorders)
- 배설장애(Elimination Disorders)
- 수면-각성장애(Sleep-Wake Disorders)
- 성기능부전(Sexual Dysfunctions)
- 성별불쾌감(Gender Dysphoria)
- 파괴적, 충동조절 및 품행장애(Disruptive, Impulse-Control, and Conduct Disorders)
- 물질-관련 및 중독장애(Substance-Related and Addictive Disorders)

- 신경인지장애(Neurocognitive Disorders)
- 성격장애(Personality Disorders)
- 변태성욕장애(Paraphilic Disorders)
- 기타 정신질환(Other Mental Disorders)

핵심이론 02 신경발달장애

◆ 자폐스펙트럼장애(Autism Spectrum Disorder)

1. **주요 진단 기준**
   ① 다양한 맥락에 걸쳐 사회적 의사소통 및 사회적 상호작용에 지속적인 결함을 보이며, 이는 현재 또는 과거에 다음과 같이 나타난다.

   - 사회적-정서적 상호작용 시 결함을 나타낸다.
   - 사회적 상호작용을 위해 사용되는 비언어적 의사소통 행동 시 결함을 나타낸다.
   - 대인관계의 발전, 유지, 이해 시 결함을 나타낸다.

   ② 행동, 흥미 또는 활동에서 제한적이고 반복적인 패턴을 보이며, 이는 현재 또는 과거에 다음 중 최소 2가지 이상으로 나타난다.

   - 운동 동작, 물체 사용 또는 언어 사용 시 정형화된 또는 반복적인 패턴을 나타낸다.
   - 동일성에 대한 고집, 일상적인 것에의 완고한 집착 또는 언어적 혹은 비언어적 행동의 의식화된 패턴을 나타낸다.
   - 매우 제한적이고 고정된 흥미를 보이는데, 그 강도나 초점이 비정상적이다.
   - 감각적 자극에 대해 과도한 또는 과소한 반응을 나타내 보이거나, 주변 환경의 감각적 측면에 대해 비정상적인 흥미를 보인다.

2. **원 인**
   ① 주로 생물학적 원인에 의해 발병
   ② 뇌의 신경학적 손상(기질적 뇌의 결함)

3. **치 료**
   ① **행동치료** : 조작적 조건형성이나 모델링을 통한 말하기, 다른 아이들과 놀기, 다른 사람의 말에 주의를 기울이기 등의 학습
   ② **정신역동치료** : 음악, 미술, 놀이 등의 다양한 표현매체를 활용한 언어적 기술 및 상상적 활동 증진
   ③ **발달놀이치료** : 치료적 놀이 과정에서 치료자와의 신체적 접촉 및 상호작용을 통한 사회성 향상
   ④ **약물치료** : 공격적·파괴적인 행동이나 발작 등의 완화

♦ 주의력결핍 및 과잉행동장애(Attention-Deficit/Hyperactivity Disorder)

1. 주요 진단 기준
부주의 및(혹은) 과잉행동-충동성의 지속적인 패턴이 개인의 기능 또는 발달을 저해하며, 이는 다음의 특징적 양상을 나타내 보인다.

① 부주의 : 다음 중 6가지 이상의 증상들이 최소 6개월 이상 지속된다. 그와 같은 증상들은 발달 수준에 적합하지 않으며, 사회적·학업적·직업적 활동에 직접적으로 부정적인 영향을 미친다.

- 종종 세밀하게 주의를 기울이지 못하거나 학업, 직업 또는 다른 활동에서 빈번히 실수를 저지른다.
- 종종 과제를 하거나 놀이를 할 때 지속적으로 주의를 집중하지 못한다.
- 종종 다른 사람이 직접 말을 할 때 경청하지 않는 것처럼 보인다.
- 종종 주어진 지시를 수행하지 못하며, 학업, 잡일, 작업장에서의 임무들을 완수하지 못한다.
- 종종 과업과 활동을 체계화하지 못한다.
- 종종 지속적인 정신적 노력을 요구하는 과업들에 참여하기를 회피하거나 싫어하거나 혹은 마지못해 한다.
- 종종 과제나 활동을 하는 데 필요한 물건들을 잃어버린다.
- 종종 외부 자극에 의해 쉽게 산만해진다.
- 종종 일상적인 활동을 잊어버린다.

② 과잉행동 및 충동성 : 다음 중 6가지 이상의 증상들이 최소 6개월 이상 지속된다. 그와 같은 증상들은 발달 수준에 적합하지 않으며, 사회적·학업적·직업적 활동에 직접적으로 부정적인 영향을 미친다.

- 종종 손발을 가만히 두지 못하거나 의자에 앉아서도 몸을 꼼지락거린다.
- 종종 가만히 앉아 있어야 할 상황에서 자리를 떠나 돌아다닌다.
- 종종 상황에 부적절하게 뛰어다니거나 높은 곳을 기어오른다(※ 청소년이나 성인의 경우 좌불안석을 경험하는 것으로 제한될 수 있음).
- 종종 조용한 여가활동에 참여하거나 놀지 못한다.
- 종종 끊임없이 활동하거나 자동차에 쫓기는 것처럼 행동한다.
- 종종 지나칠 정도로 수다스럽게 말을 한다.
- 종종 질문이 채 끝나기도 전에 성급히 대답한다.
- 종종 줄서기 상황에서 자신의 차례를 기다리지 못한다.
- 종종 다른 사람의 활동을 방해하거나 간섭한다.

2. 원인
① 유전적 요인
② 뇌 손상, 중추신경계 손상, 신경전달물질인 도파민과 노르에피네프린의 이상
③ 부모의 성격이나 양육방식 등의 심리적 요인 등

3. 치료
① **약물치료** : 리탈린(Ritalin), 덱세드린(Dexedrine), 콘서타(Concerta), 페몰린(Pemoline) 등의 중추신경계 자극제 사용
② **행동치료** : 타임아웃, 토큰경제, 반응대가, 과잉교정, 조건부 계약 등
③ **인지행동치료** : 자기관찰, 자기강화, 자기지시 등
④ 그 밖에 사회기술훈련, 부모훈련 등

♦ 틱장애(Tic Disorder)

1. 주요 진단 기준
    ① 뚜렛장애(Tourette's Disorder)
        - 여러 가지 운동성 틱과 한 가지 이상의 음성 틱이 장애의 경과 중 일부 기간 동안 나타난다. 다만, 이 두 가지가 반드시 동시에 나타날 필요는 없다.
        - 틱은 빈번히 악화와 완화를 반복하지만, 처음 틱이 나타난 시점으로부터 1년 이상 지속된다.
        - 18세 이전에 발병한다.
    ② 지속성(만성적) 운동 또는 음성 틱장애[Persistent(Chronic) Motor or Vocal Tic Disorder]
        - 한 가지 또는 여러 가지의 운동성 틱 혹은 음성 틱이 장애의 경과 중 일부 기간 동안 나타난다. 다만, 운동성 틱과 음성 틱이 모두 나타나지는 않는다.
        - 틱은 빈번히 악화와 완화를 반복하지만, 처음 틱이 나타난 시점으로부터 1년 이상 지속된다.
        - 18세 이전에 발병한다.
    ③ 일시성 틱장애(Provisional Tic Disorder)
        - 한 가지 또는 여러 가지의 운동성 틱 및(혹은) 음성 틱이 나타난다.
        - 틱은 처음 틱이 나타난 시점으로부터 1년 미만으로 나타난다.
        - 18세 이전에 발병한다.

2. 원인
    ① 유전적 요인 : ADHD와 함께 공통적인 유전적 요인이 관여하는 것으로 추정
    ② 신경화학적·신경해부학적 요인 : 도파민(Dopamine)의 과잉 활동, 기저핵의 손상 등
    ③ 심리적 원인 : 특히 일시성 틱장애의 경우 스트레스나 불안 등에 의해 일시적으로 틱 증상이 나타날 수 있음

3. 치료
    ① 약물치료 : 할로페리돌(Haloperidol), 피모자이드(Pimozide), 클로니딘(Clonidine) 등의 도파민 억제제 사용
    ② 행동치료 : 습관반전법(틱을 일으키는 긴장운동을 다른 대안적인 긴장운동으로 대체) 등
    ③ 심리치료 : 주변 환경으로부터 주어지는 긴장이나 불안감을 제거해 주기 위한 지지적 심리치료 혹은 가족치료 등

핵심이론 03 조현병 스펙트럼 및 기타 정신병적 장애

♦ 망상장애(Delusional Disorder)

1. **주요 진단 기준**
   ① 한 가지 이상의 망상이 최소 1개월 이상 지속적으로 나타난다.
   ② 정신분열증(조현병)의 주요 진단 기준(Criterion A)에 부합하지 않는다.
   ③ 망상의 영향 혹은 그 파생 결과들을 제외하면 기능상 별다른 손상을 보이지 않으며, 행동상에서도 명백히 기이하거나 이상하지 않다.
   ④ 조증이나 주요 우울증 삽화가 나타나더라도, 이는 망상기의 지속기간에 비해 상대적으로 짧다.
   ⑤ 이러한 장해는 물질이나 다른 의학적 상태의 생리적 효과에 기인한 것이 아니며, 신체변형장애(신체이형장애), 강박장애와 같은 다른 정신장애에 의해 더 잘 설명되지 않는다.

   > **다음 중 하나를 명시할 것**
   > - 색정형(Erotomanic Type)
   > - 질투형(Jealous Type)
   > - 신체형(Somatic Type)
   > - 불특정형(Unspecified Type)
   > - 과대형(Grandiose Type)
   > - 피해형(Persecutory Type)
   > - 혼합형(Mixed Type)

2. **원 인**
   ① 정신분석적 입장 : 혼란스러운 감정의 결과로 설명하며, 특히 동성애적 충동, 타인에 대한 증오, 자존감의 상실 등을 원인으로 주장하기도 함
   ② 인지적 입장

논리적 추론의 결함	동일성의 원리(주어가 두 개이면서 하나의 술어를 공유함)
비정상적 경험의 의미추론	비정상적 지각경험에 대한 왜곡된 해석
외부귀인	현실적 자기와 이상적 자기 간의 괴리를 최소화하기 위한 부정적인 생활사건의 외부귀인
정보처리의 편향	자신의 망상을 입증하는 정보에 대한 선택적 주의(망상의 지속 및 강화 유발)

   ③ 생물학적 입장 : 뇌의 구조적 손상, 신경전달물질의 이상 등

3. **치 료**
   ① 다른 정신장애에 비해 치료가 어려움. 특히 신뢰할 수 있는 치료관계형성이 가장 중요함
   ② 환자의 망상에 직접 도전하는 것은 환자의 분노, 적대감, 의심을 유발할 수 있음
   ③ 망상 자체보다는 그에 수반되는 불안이나 우울을 주된 치료대상으로 삼는 것이 바람직함

♦ 조현병 또는 정신분열증(Schizophrenia)

1. 주요 진단 기준

다음 중 2가지 이상이 1개월의 기간(또는 성공적으로 치료된 경우 그 이하의 기간) 동안 상당 부분의 시간에 나타난다. 다만, 이들 중 하나는 망상, 환각 또는 와해된 언어이어야 한다.

- 망상
- 환각
- 와해된 언어
- 심하게 와해된 행동 또는 긴장증적 행동
- 음성증상들

2. 원인

① 생물학적 요인 : 유전적 요인, 뇌의 구조적 혹은 기능적 결함, 신경전달물질의 이상(도파민 가설), 출생 전후의 생물학적 환경 등
② 심리적 요인 : 지적 활동을 위한 주의 기능의 손상, 정보의 과다에 의한 심리적 혼란, 인지적 기능의 결함, 작업기억의 손상 등
③ 정신분석적 입장

갈등 모델	자아 기능의 발달적 퇴행
결손 모델	리비도(Libido) 에너지의 내부로의 철수
자아경계의 붕괴	자아경계에 투여되는 에너지의 감소, 외부적 자아경계의 손상 및 내부적 자아경계의 약화
대상관계이론	유년기 어머니에 대한 공격적 충동 및 피해의식적 불안에 따른 외부세계로부터의 철수, 분리

④ 가족관계 및 사회환경적 요인 : 부모의 부적절한 양육태도, 부모의 상반된 의사전달, 즉 상반된 지시 또는 설명(이중구속이론), 가족 내 불분명하거나 비논리적인 의사소통, 부부관계의 편향적 혹은 분열적 양상 등

3. 치료

① 입원치료 및 약물치료 : 자신 및 타인에게 피해를 줄 우려가 있는 경우 입원치료와 함께 항정신병 약물 처방(진정성 항정신병 약물, 항결핍성 항정신병 약물, 항생산성 항정신병 약물)
② 심리치료 : 지지적 관계형성을 통한 자아기능 강화에 초점
③ 행동치료 : 적응적 행동의 증가 및 부적응적 행동의 감소를 위한 토큰경제, 불안 감소를 위한 체계적 둔감법 등
④ 그 밖에 사회기술훈련, 자기지시훈련, 집단치료 및 가족치료 등

핵심이론 04 양극성 및 관련장애

♦ 양극성장애(Bipolar Disorder)

1. **주요 진단 기준**
   ① 제1형 양극성장애(Bipolar I Disorder)
   - 최소 1회 이상 조증 삽화의 기준을 충족한다.
   - 조증과 주요우울증 삽화의 발생이 분열정동장애(조현정동장애), 정신분열증(조현병), 정신분열형 장애(조현양상장애), 망상장애, 달리 분류된 혹은 분류되지 않는 정신분열 스펙트럼 및 기타 정신증적 장애로 더 잘 설명되지 않는다.

   ② 제2형 양극성장애(Bipolar II Disorder)
   - 최소 1회 이상 경조증 삽화의 기준과 함께 최소 1회 이상 주요 우울증 삽화의 기준을 충족한다.
   - 조증 삽화는 단 1회도 없어야 한다.
   - 경조증 삽화와 주요우울증 삽화의 발생이 분열정동장애(조현정동장애), 정신분열증(조현병), 정신분열형 장애(조현양상장애), 망상장애, 달리 분류된 혹은 분류되지 않는 정신분열 스펙트럼 및 기타 정신증적 장애로 더 잘 설명되지 않는다.

2. **원인**
   ① 생물학적 입장
   - 유전적 요인 : 제1형 양극성장애의 경우 환자의 약 50%가 부모 중 적어도 한 사람으로부터 유전된 것이라는 보고가 있음
   - 신경전달물질 및 신경내분비 기능상의 이상 : 카테콜라민(Catecholamine) 가설
   - 수면생리적 요인 : 불면 또는 과다수면에 따른 생체리듬의 이상

   ② 정신분석적 입장
   - 무의식적 상실 혹은 자존감 손상에 대한 방어 또는 보상 반응
   - 카메론(Cameron) : 조증 환자가 부인(부정)의 방어기제를 사용한다고 강조
   - 클라인(Klein) : 아동기에 선한 내적 대상을 자기 마음속에 표상하는 데 실패함

   ③ 인지적 입장
   - 현실 해석에서의 인지적 왜곡(획득과 성공을 주제로 하는 자동적 사고)
   - 과잉일반화, 선택적 추상화, 개인화 등의 인지적 오류

3. **치료**
   ① 입원치료 및 약물치료
   - 자신 및 타인에게 피해를 줄 우려가 있는 경우 입원치료와 함께 항조증 약물을 처방
   - 리튬(Lithium), 카바마제핀(Carbamazepine) 등의 항조증제 사용

   ② 심리치료
   - 약물치료를 받은 환자의 경우 약 50~70%가 재발하므로 심리치료를 병행
   - 인지행동치료 : 일상생활 속에서 경험하는 부정적 경험의 인지적 재구성
   - 대인관계 및 사회적 리듬 치료 : 대인관계의 안정성 유지에 초점

핵심이론 05 우울장애

♦ 주요우울장애(Major Depressive Disorder)

1. **주요 진단 기준**

    다음의 증상들 중 5가지 이상이 2주 연속으로 지속되며, 그러한 상태가 이전의 기능상태와 비교할 때 변화를 보인다. 다만, 해당 증상들 중 우울한 기분이나 흥미 또는 즐거움의 상실을 반드시 하나 이상 포함해야 한다.

    - 우울한 기분이 거의 매일, 하루 중 대부분의 시간에 주관적인 보고(슬픈 느낌, 공허감 또는 절망감 등)나 객관적인 관찰(울 것 같은 표정 등)에 의해 나타난다.
    - 모든 또는 거의 모든 일상 활동에서 거의 매일, 하루 중 대부분, 흥미나 즐거움이 현저히 저하되어 있다.
    - 체중조절을 하지 않음에도 불구하고 체중에 의미 있는 감소(1개월 이내에 신체의 5% 이상 체중 변화)가 나타나거나, 거의 매일 식욕 감소 또는 증가를 느낀다.
    - 거의 매일 불면에 시달리거나 과도한 수면을 한다.
    - 거의 매일 정신운동성의 초조나 지체가 나타난다(이는 객관적으로 관찰 가능하며, 단지 주관적인 좌불안석이나 침체감이 아님).
    - 거의 매일 피로를 느끼며 활력을 상실한다.
    - 거의 매일 자신이 무가치하다고 느끼거나 부적절한 죄책감(이는 망상적일 수 있음)을 느낀다(단지 병에 걸린 것에 대한 자책이나 죄책감이 아님).
    - 거의 매일 사고력이나 집중력이 감소되거나 우유부단함을 보인다(주관적인 호소나 객관적인 관찰로도 가능함).
    - 죽음에 대한 반복적인 생각(단지 죽음에 대한 공포가 아님), 구체적인 계획 없이 반복되는 자살 생각, 자살 시도나 자살 수행을 위한 구체적인 계획을 떠올린다.

2. **원인**

    ① 부정적인 환경적 요인
    - 주요한 생활사건
    - 사소한 생활사건
    - 사회적 지지 부족

    ② 정신분석적 입장
    - 분노의 내향화에 따른 자기가치감 손상, 자아기능 약화
    - 특히 어린 시절 어머니에 대한 양가적 태도 및 어머니가 자신을 버렸다는 분노감정

    ③ 행동주의적 입장
    - 사회환경으로부터 긍정적강화의 약화
    - 셀리그먼(Seligman)
    - 아브람슨(Abramson)

    ④ 인지적 입장
    - 인지삼제
    - 인지적 오류

3. 치 료

① **인지치료** : 내면적 사고의 관찰 및 조절 능력 향상, 역기능적 신념을 현실적 신념으로 대체(소크라테스식 질문의 활용)

② **정신역동적 치료** : 무의식적 좌절과 대인관계방식에 대한 이해, 중요 인물에 대해 억압하고 있던 분노 감정의 자각 등

③ **약물치료** : 삼환식 항우울제, 모노아민산화효소 억제제(MAOI ; Monoamine Oxidase Inhibitor), 세로토닌(Serotonin) 재흡수 억제제 등

◆ 지속성 우울장애(Persistent Depressive Disorder) 또는 기분부전증(Dysthymia)

1. 주요 진단 기준

① 최소 2년 동안 하루의 대부분 우울한 기분을 가지며, 우울한 기분이 있는 날이 그렇지 않은 날보다 더 많다. 이는 주관적인 보고나 객관적인 관찰에 의해 나타난다.

② 우울 기간 동안 다음 중 2가지 이상의 양상이 나타난다.

- 식욕 부진 또는 과식
- 불면 또는 수면 과다
- 기력 저하 또는 피로감
- 자존감 저하
- 집중력 감소 또는 결정의 어려움
- 절망감

2. 원 인

① 유전적 요인

② 기질적 취약성 요인 : 신경증 성향 또는 부정 정서성

③ 감정표현불능증(Alexithymia) : 자신의 감정에의 둔감함, 자신의 감정을 표현하는 능력의 부족

3. 치 료

① 약물치료 : 항우울제 사용

② 인지행동치료

③ 신체운동과 수면패턴의 개선

핵심이론 06 불안장애

◆ 분리불안장애(Separation Anxiety Disorder)

1. **주요 진단 기준**

   애착대상으로부터의 분리에 대한 공포나 불안이 발달상 부적절하고 과도하며, 그와 같은 양상이 다음 중 최소 3가지 이상 나타난다.

   - 집이나 주요 애착대상으로부터 분리를 경험하거나 이를 예상할 때 반복적으로 심한 고통을 느낀다.
   - 주요 애착대상을 잃는 것 혹은 그들에게 질병, 부상, 재난, 사망과 같은 해로운 일이 일어나지 않을까 지속적이고 과도하게 근심한다.
   - 애착대상과의 분리를 야기하는 사건에 대해 지속적이고 과도하게 근심한다.
   - 분리에 대한 공포로 인해 집으로부터 멀리 떠나거나 집, 학교, 직장 등에 가는 것을 지속적으로 꺼리거나 거부한다.
   - 혼자 있는 것 혹은 주요 애착대상 없이 집이나 다른 장소에 있는 것에 대해 지속적으로 꺼리거나 과도한 공포를 느낀다.
   - 집으로부터 멀리 떠나 잠을 자는 것 혹은 주요 애착대상이 가까이 없이 잠을 자는 것에 대해 지속적으로 꺼리거나 거부한다.
   - 분리의 주제를 포함하는 악몽을 반복적으로 꾼다.
   - 주요 애착대상으로부터 분리되거나 이를 예상하게 될 때 신체증상을 반복적으로 호소한다.

2. **원인**

   ① 유전적 요인 : 아동의 유전적 특성으로서 행동억제 기질
   ② 가정적 요인

부모의 부적절한 양육행동	과잉보호적 양육태도에 의한 의존성 강화
밀착된 가족	부모가 무의식적으로 아이와 떨어지는 것을 두려워함
불안유발사건	부모의 질병, 동생의 출생, 이사, 전학 등

   ③ 인지행동적 입장 : 애착대상에 대한 인지적 왜곡(주요 애착대상의 급작스러운 상실에 대한 강한 불안, 자신의 대처능력에 대한 과소평가)

3. **치료**

   ① 행동치료 : 체계적 둔감법, 정서적 심상법, 모델링, 행동강화법 등
   ② 인지행동치료 : 불안유발 상황의 비현실성에 대한 인식, 불안유발 상황에 효과적으로 대처할 수 있는 방법의 모색 등
   ③ 놀이치료 : 놀이 과정을 통한 불안의 표출 및 문제의 해결, 부모와의 정서적 의사소통 증진 등

♦ 사회불안장애 또는 사회공포증(Social Anxiety Disorder or Social Phobia)

1. 주요 진단 기준
① 타인에 의해 면밀히 관찰될 수 있는 한 가지 이상의 사회적 상황에 노출되는 것에 대해 극도의 공포나 불안을 느낀다. 그 예로 사회적 상호작용 상황, 관찰을 당하는 상황, 다른 사람 앞에서의 수행 상황이 포함된다.
② 타인에게서 부정적인 평가를 받는 방향으로 행동을 하거나 불안 증상을 드러내 보이는 것에 대해 두려워한다.
③ 이러한 사회적 상황은 거의 항상 공포나 불안을 야기한다.
④ 이러한 사회적 상황을 회피하거나 공포 혹은 불안을 맹렬히 견디어내려는 모습을 보인다.
⑤ 공포나 불안은 사회적 상황과 사회문화적 맥락에서 볼 때 실제 위험에 비해 비정상적으로 심한 양상을 보인다.
⑥ 공포나 불안 혹은 회피는 보통 6개월 이상 지속된다.
⑦ 공포나 불안 혹은 회피는 사회적·직업적 기능 또는 다른 중요한 기능 영역에서 임상적으로 유의미한 고통이나 손상을 초래한다.
⑧ 공포나 불안 혹은 회피는 물질이나 다른 의학적 상태의 생리적 효과에 기인한 것이 아니다.
⑨ 공포나 불안 혹은 회피는 공황장애, 신체변형장애(신체이형장애) 혹은 자폐스펙트럼장애와 같은 다른 정신장애의 증상들에 의해 더 잘 설명되지 않는다.
⑩ 다른 의학적 상태가 있는 경우에도, 공포나 불안 혹은 회피는 명백히 그와 무관하거나 지나칠 정도이다.

2. 원인
① 정신분석적 입장
- 무의식적 갈등이 사회적 상황에 대치되어 투사됨
- 의식적으로 수용하기 어려운 공격적 충동을 타인에게 투사하여 타인이 자신을 공격할 것이라 두려워함
- 어린 시절 어머니와의 불안정하거나 거부적인 관계의 경험이 부적절한 자기상과 비판적인 타인상을 형성함

② 인지적 입장
- 사회적 수행에 대한 과도한 기준의 신념 : "나는 모든 사람으로부터 인정을 받아야 한다" 등
- 사회적 평가에 대한 조건적 신념 : "실수를 하면 다른 사람이 나를 무시할 것이다" 등
- 자기와 관련된 부정적 신념 : "나는 다른 사람들보다 열등하다" 등

3. 치료
① 인지행동치료
- 사회적 상황에서의 부정적 사고에 대한 인지재구성
- 두려운 사회적 상황에의 반복적 노출
- 발표자와 청중의 역할을 번갈아 하는 역할연습
- 불안을 이완시키기 위한 긴장이완훈련 등

② **약물치료** : 삼환식 항우울제, 모노아민산화효소 억제제(MAOI ; Monoamine Oxidase Inhibitor) 등

♦ 공황장애(Panic Disorder)

1. 주요 진단 기준

① 예상치 못한 공황발작이 반복적으로 엄습한다. 공황발작으로 극심한 공포나 불편이 급작스럽게 발생하여 수분 이내에 최고조에 이르며, 그 시간 동안 다음의 증상들 중 4가지 이상이 나타난다.

- 가슴이 두근거리거나 심장박동이 강렬하거나 또는 급작스럽게 빨라짐
- 땀 흘림
- 몸 떨림 또는 손발 떨림
- 숨이 가쁘거나 막히는 느낌
- 질식할 것 같은 느낌
- 가슴 통증 또는 답답함
- 구토감 또는 복부통증
- 현기증, 비틀거림, 몽롱함, 기절 상태의 느낌
- 몸에 한기나 열기를 느낌
- 감각 이상(마비감이나 저린 느낌)
- 비현실감 또는 이인감(자기 자신으로부터 분리된 느낌)
- 자기통제를 상실하거나 미칠 것 같은 두려움
- 죽을 것 같은 두려움

② 최소 1회 이상의 발작 이후 1개월 이상 다음 중 1가지 혹은 2가지 모두의 양상이 나타난다.

- 추가적인 공황발작이나 그로 인한 결과들(통제 상실, 심장발작, 미쳐감 등)에 대한 지속적인 염려나 걱정
- 공황발작과 관련된 행동에서의 유의미한 부적응적 변화(공황발작을 피하기 위해 운동을 삼가거나 낯선 상황을 피하는 등의 행동 등)

2. 원인

① 생물학적 입장
- 과잉호흡이론 : 호흡기능과 관련된 자율신경계의 생물학적 결함
- 질식오경보이론 : 혈액 속 이산화탄소(CO_2) 수준에 과도하게 예민한 반응을 보이는 생화학적 취약성

② 정신분석적 입장
- 불안을 야기하는 충동에 대한 방어기제 작동 실패
- 유아기의 분리불안의 재현
- 무의식적 상실 경험(부모 상실 등)

③ 인지적 입장 : 클라크(Clark)의 이론(신체 감각에 대한 파국적 오해석)

3. 치료

① **약물치료** : 세로토닌(Serotonin) 재흡수 억제제, 삼환식 항우울제, 벤조디아제핀(Benzodiazepine)계 약물 등

② **인지행동치료** : 불안 조절을 위한 복식호흡훈련, 긴장이완훈련, 신체 감각에 대한 파국적 오해석의 인지적 수정, 공포 상황에의 점진적 노출(공황통제치료) 등

♦ 광장공포증(Agoraphobia)

1. 주요 진단 기준
다음의 5가지 상황 중 2가지 이상에서 공포나 불안이 현저히 나타난다.

- 대중교통수단을 이용하는 상황(자동차, 버스, 기차, 배, 비행기 등)
- 개방된 공간에 있는 상황(주차장, 시장, 다리 등)
- 폐쇄된 공간에 있는 상황(쇼핑몰, 극장, 영화관 등)
- 줄을 서 있거나 군중 속에 있는 상황
- 집 밖에 혼자 있는 상황

2. 원 인
① 정신분석적 입장
- 여성의 매춘부에 대한 부러움을 억압한 결과
- 유아기의 분리불안의 재현
- 애정 결핍 또는 안전한 거처로부터의 일시적인 공간적 분리를 참아내는 능력의 부족

② 인지행동적 입장
- 공포에 대한 공포
- 불안을 유발하는 선행사건에 대한 오해석
- 자신에 대한 신뢰감 및 통제감 부족, 대인관계 등에서의 심리적 갈등

③ 통합적 입장
- 생물학적·심리적 취약성을 동시에 가짐으로써 쉽게 불안을 경험함
- 반복적인 상황에의 회피, 신체 감각에 대한 두려움의 지속, 그와 같은 감각이 정말로 해로울 것이라는 믿음의 강화 등이 악순환됨

3. 치 료
① 인지행동치료
- 신체 감각에 대한 민감성 둔화, 회피행동의 완화
- 공포를 강화하는 잘못된 인지 과정의 수정
- 불안 조절을 위한 복식호흡훈련, 긴장이완훈련
- 공포 상황에의 점진적 노출, 공포유발 상황에 대한 실제적 노출 등

② **약물치료** : 세로토닌(Serotonin) 재흡수 억제제, 삼환식 항우울제, 모노아민산화효소 억제제(MAOI ; Monoamine Oxidase Inhibitor) 등

♦ 범불안장애(Generalized Anxiety Disorder)

1. 주요 진단 기준
① 여러 사건이나 활동(일 또는 학업)에 대해 과도한 불안과 걱정을 하며, 최소 6개월 동안 그렇지 않은 날보다 그런 날이 더 많다.
② 자기 스스로 걱정을 통제하는 것이 어렵다고 느낀다.
③ 불안과 걱정은 다음의 6가지 증상 중 3개 이상과 연관된다(지난 6개월 동안 몇몇 증상들이 있는 날이 그렇지 않은 날보다 더 많다).

- 안절부절못함 또는 긴장이 고조되거나 가장자리에 선 듯한 느낌
- 쉽게 피로해짐
- 주의집중이 어렵거나 정신이 멍한 듯한 느낌
- 과민한 기분상태
- 근육 긴장
- 수면 장해(잠들기 어렵거나 수면상태를 유지하기 어렵거나 또는 밤새 뒤척이거나 만족스럽지 못한 수면상태)

2. 원인
① **생물학적 입장** : 억제신경전달물질인 감마 아미노뷰테릴산(GABA ; Gamma-aminobutyric Acid)의 이상
② **정신분석적 입장** : 성격구조 간의 역동적 불균형 상태에서의 부동불안(무의식적으로 억압된 원초아의 충동을 자아가 통제하기 어려운 상태에서 나타나는 심리적 반응)
③ **행동주의적 입장** : 불안 반응의 잘못된 학습
④ **인지적 입장**
- 잠재적 위험에의 예민한 반응
- 실제 위험발생 확률에 대한 높은 평가
- 위험한 사건의 결과에 대한 파국적 사고
- 자신의 대처능력에 대한 과소평가 등

3. 치료
① **약물치료** : 벤조디아제핀(Benzodiazepine)계 약물 사용
② **인지행동치료**
- 내면적 사고 과정에 대한 자각적 관찰
- 과도한 불안이나 걱정의 비현실성과 비효율성에 대한 인식 및 부적응적 신념의 수정
③ **기 타** : 불안 조절을 위한 복식호흡, 긴장이완법, 정서적 심상법, 명상 등

핵심이론 07 강박 및 관련 장애

♦ 강박장애(Obsessive-Compulsive Disorder)

1. 주요 진단 기준
① 강박사고 혹은 강박행동 중 어느 하나가 존재하거나 둘 다 존재한다.
   강박사고(Obsessions)는 다음과 같이 정의된다.

> - 반복적이고 지속적인 사고, 충동 또는 심상이 장해가 진행되는 어느 순간에 침입적이고 원치 않게 경험되며, 대다수에게 현저한 불안과 고통을 유발한다.
> - 개인은 그와 같은 사고, 충동 또는 심상을 무시 또는 억압하려고 하거나 다른 사고 또는 행동(즉, 강박행동의 수행)으로써 이를 중화하려고 한다.

② 강박행동(Compulsions)은 다음과 같이 정의된다.

> - 반복적인 행동 또는 정신적인 활동으로서, 개인은 그와 같은 행동이 강박사고에 대한 반응으로 혹은 엄격히 적용되어야 하는 규칙에 따라 수행해야만 하는 것으로 느낀다.
> - 그와 같은 행동이나 정신적 활동은 불안이나 고통을 예방 또는 감소시키고, 어떤 두려운 사건이나 상황을 방지하기 위한 것이다. 그러나 그러한 행동이나 정신적 활동은 중화하거나 방지하려는 것과 실제적으로 연결되어 있지 않거나 혹은 명백히 지나친 것이다.

2. 원인
① 인지행동적 입장
   - 침투적 사고(우연히 의식 속에 떠오르는 원치 않는 불쾌한 생각)의 속성을 왜곡하는 자동적 사고의 작동
   - 사고-행위 융합 : 사고한 바의 것이 직접적인 행위와 다르지 않다고 믿는 경향
   - 추론융합 : 현실의 직접적 증거보다 상상한 가능성에 따라 행동
   - 사고억제의 역설적 효과 : 침투적 사고를 억제하려는 시도가 오히려 침투적 사고를 더욱 빈번하게 떠오르도록 함
② 정신분석적 입장 : 항문기의 억압된 욕구나 충동의 재활성화에 따른 격리, 반동형성, 대치, 취소 등의 방어기제 사용
③ 생물학적 및 생화학적 입장 : 뇌의 구조적 결함으로 인한 기능 이상(예 전두엽 또는 기저핵의 기능 손상), 세로토닌(Serotonin) 이상 등

3. 치료
① 인지행동치료
   - 노출 및 반응방지법(ERP)
   - 역설적 의도
   - 사고중지
   - 자기주장훈련
② 약물치료
   - 항우울제인 클로미프라민(Clomipramine)
   - 세로토닌(Serotonin) 재흡수 억제제 등

핵심이론 08 외상- 및 스트레스-관련 장애

◆ 반응성애착장애(Reactive Attachment Disorder)

1. 주요 진단 기준

① 성인 양육자에 대해 시종일관 정서적으로 억제되고 위축된 행동이 다음의 2가지 양상으로 나타난다.

> • 아동이 스트레스를 느낄 때 거의 위안을 구하지 않거나 최소한의 위안만을 구한다.
> • 아동이 스트레스를 느낄 때 위안에 거의 반응하지 않거나 최소한의 반응만을 나타낸다.

② 지속적인 사회적·정서적 장해가 다음의 사항들 중 최소 2가지 이상으로 나타난다.

> • 다른 사람에 대해 최소한의 사회적·정서적 반응만을 보인다.
> • 긍정적인 정서가 제한적으로 나타난다.
> • 성인 양육자와의 비위협적인 상호작용 중에도 이유 없이 짜증이나 슬픔 혹은 두려움을 나타낸다.

③ 아동의 불충분한 양육으로 인한 극단적인 형태의 경험이 다음의 사항들 중 최소 1가지 이상으로 나타난다.

> • 위안, 자극, 애정에 대한 기본적인 욕구가 성인 양육자에 의해 지속적으로 결핍되어 사회적 방임이나 박탈의 형태로 나타난다.
> • 주된 양육자의 반복된 변경으로 인해 안정적인 애착을 형성할 기회가 극히 제한된다.
> • 비정상적인 환경에서 선택적인 애착을 형성할 기회가 극히 제한된다(보육자 수에 비해 아동의 수가 많은 기관).

④ 진단 기준 ③(불충분한 양육)이 진단 기준 ①의 장해 행동(위축된 행동)을 초래한 것으로 추정된다.
⑤ 진단 기준이 자폐스펙트럼장애에 해당하지 않는다.
⑥ 이러한 장해가 5세 이전에 현저히 나타난다.
⑦ 아동의 발달연령은 최소 9개월 이상이다.

2. 원 인

① **환경적 요인** : 애착 외상, 즉 양육자에게서 충분한 애정을 받지 못하거나 학대 혹은 방임 상태로 양육됨
② **정신분석적 입장**

상실 경험	어린 시절 양육자와의 충분한 신뢰관계가 형성되지 못하여 명료한 분화가 이루어지지 못함
대상관계이론	부모와 탈애착된 상태에서 다시 거부당하는 것에 대한 두려움, 부모에 대한 접근 욕구와 회피 욕구 간의 갈등에서 벗어나기 위한 관심 전환

③ **애착이론** : 부모의 일관성 없는 혹은 학대적인 양육태도에서 비롯된 초기 애착의 문제

3. 치 료

① 아동과 양육자 간의 애착관계 개선에 초점
② 양육자의 정서적 감수성 및 반응성 증진을 통한 아동과의 긍정적 상호작용 유도(놀이치료 등의 활용)
③ 아동을 있는 그대로 수용하고 존중하도록 하는 부모양육기술의 습득 유도

♦ 외상후스트레스장애(Post-traumatic Stress Disorder)

1. 주요 진단 기준

① 실제적 혹은 위협에 의한 죽음에의 노출, 심각한 상해 또는 성폭력에의 노출을 다음의 어느 한 가지 이상의 방식으로 경험한다.

> - 외상 사건을 직접 경험한다.
> - 외상 사건이 다른 사람에게서 일어나는 것을 목격한다.
> - 외상 사건이 가까운 가족성원이나 친구에게 일어난 것을 알게 된다. 실제적 혹은 위협에 의한 죽음에의 노출의 경우 그 외상 사건은 폭력적이거나 불의의 사고에 의한 것이어야 한다.
> - 외상 사건의 혐오스러운 세부 내용에 반복적 혹은 극단적으로 노출된다(※ 전자매체, TV, 영화 또는 사진을 통한 노출에 대해서는 이 기준이 적용되지 않는다).

② 외상 사건이 일어난 이후 외상 사건과 관련된 침투 증상이 다음 중 한 가지 이상으로 나타난다.

> - 외상 사건의 고통스러운 기억을 자신의 의지와 상관없이 반복적이고 침투적으로 경험한다.
> - 외상 사건과 관련된 내용 및 정서가 포함된 고통스러운 꿈들을 반복적으로 경험한다.
> - 외상 사건이 마치 되살아나는 듯한 행동이나 느낌이 포함된 해리 반응을 경험한다(그와 같은 반응은 극단적인 표현과 함께 현재 상황에 대한 인식의 완전한 상실로 나타날 수 있다).
> - 외상 사건의 특징과 유사하거나 이를 상징화한 내적 혹은 외적 단서에 노출되는 경우 강렬한 혹은 장기적인 심리적 고통을 경험한다.
> - 외상 사건의 특징과 유사하거나 이를 상징화한 내적 혹은 외적 단서에 대해 현저한 생리적 반응을 나타낸다.

③ 외상 사건이 일어난 이후 외상 사건과 관련된 지속적인 자극 회피가 다음 중 한 가지 이상의 방식으로 나타난다.

> - 외상 사건에 대한 혹은 그것과 밀접하게 연관된 고통스러운 기억, 생각, 감정을 회피하거나 이를 회피하려고 노력한다.
> - 외상 사건에 대한 혹은 그것과 밀접하게 연관된 고통스러운 기억, 생각, 감정을 유발하는 외적인 단서들(사람, 장소, 대화, 활동, 대상, 상황)을 회피하거나 이를 회피하려고 노력한다.

④ 외상 사건이 일어난 이후 혹은 악화된 이후 외상 사건과 관련된 인지와 기분의 부정적인 변화가 다음 중 2가지 이상으로 나타난다.

> - 외상 사건의 중요한 측면을 기억하지 못한다(전형적으로 해리성 기억상실에 기인하며, 두부 외상이나 알코올 또는 약물과 같은 다른 요인들에 기인하지 않는다).
> - 자기 자신, 타인 혹은 세상에 대한 과장된 부정적 신념이나 기대를 지속적으로 나타낸다.
> - 외상 사건의 원인이나 결과에 대한 왜곡된 인지를 지속적으로 나타내며, 이러한 인지가 그 자신이나 타인을 책망하도록 이끈다.
> - 부정적인 정서 상태를 지속적으로 나타낸다.
> - 중요한 활동에 대한 관심이나 참여가 현저히 감소한다.
> - 다른 사람으로부터 거리감 혹은 소외감을 느낀다.
> - 긍정적인 감정을 지속적으로 느끼지 못한다.

⑤ 외상 사건이 일어난 이후 혹은 악화된 이후 외상 사건과 관련된 각성 및 반응성에서의 현저한 변화가 다음 중 2가지 이상으로 나타난다.

> - 사람이나 사물에의 언어적 혹은 물리적 공격으로 나타나는 짜증스러운 행동과 분노 폭발
> - 무모한 행동 혹은 자기파괴적 행동
> - 과도한 경계
> - 과도한 놀람 반응
> - 주의집중 곤란
> - 수면 장해

⑥ 위에 제시된 장해(②, ③, ④, ⑤의 진단 기준)가 1개월 이상 나타난다.
⑦ 이러한 장해가 사회적·직업적 기능 또는 다른 중요한 기능 영역에서 임상적으로 유의미한 고통이나 손상을 초래한다.
⑧ 위의 진단기준은 성인, 청소년, 만 6세 이상 아동에게 적용된다. 만 6세 미만의 아동에 대해서는 별도의 진단기준을 적용한다.

2. 원인

① **외상 사건** : 가장 분명한 촉발요인으로서, 외상 전 요인(가족력, 아동기의 외상 경험 등), 외상 중 요인(외상 경험 자체), 외상 후 요인(사회적 지지체계 부족, 추가적인 생활 스트레스 등)으로 구분
② **생물학적 입장** : 외상후스트레스장애에 대한 취약성, 신경전달물질의 이상
③ **정신분석적 입장** : 유아기의 미해결된 무의식적 갈등, 억압·부인(부정)·취소의 방어기제 동원
④ **행동주의적 입장** : 외상 사건은 무조건자극이 되고 외상과 관련된 단서들이 조건자극이 됨으로써 불안반응이 조건형성됨
⑤ **스트레스 반응 이론** : 외상 사건을 경험한 사람이 '절규 → 회피 → 동요 → 전이 → 통합'의 단계를 거침
⑥ **인지적 입장** : 박살난 가정 이론(세상과 자신에 대한 가정 혹은 신념의 파괴)

3. 치료

① **정신역동적 치료** : 카타르시스를 통한 외상 사건의 재구성 및 심리 내적 갈등의 해소
② **약물치료** : 세로토닌(Serotonin) 재흡수 억제제, 삼환식 항우울제 등
③ **지속적 노출법** : 외상 사건의 불안한 기억에 대한 단계적·반복적 노출, 외상과 관련된 공포의 둔감화
④ **인지처리치료(CPT)** : 외상 사건에 대한 보다 정교한 재평가, 외상 사건에 부여한 부정적 의미의 수정
⑤ **안구운동 둔감화 및 재처리 치료** : 외상 사건의 괴로운 기억 내용을 떠올리도록 하는 동시에 치료자의 손가락 움직임을 눈으로 따라가게 함

핵심이론 09 해리성장애 또는 해리장애

♦ 해리성정체감장애(Dissociative Identity Disorder)

1. **주요 진단 기준**
   ① 둘 또는 그 이상의 구분되는 성격 상태를 특징적으로 나타내는 정체감의 분열로, 이는 일부 문화권에서는 빙의 경험으로 기술되기도 한다. 정체감의 분열은 자기감 및 행위주체감의 현저한 비연속성을 포함하며, 여기에 정서, 행동, 의식, 기억, 지각, 인지 및(혹은) 감각-운동 기능이 수반된다. 이러한 징후 및 증상들은 객관적인 관찰이나 주관적인 보고로 나타날 수 있다.
   ② 일상의 사건, 중요한 개인정보 그리고(혹은) 외상적 사건의 회상 시 반복적인 공백이 통상적인 망각과 일치하지 않는다.
   ③ 이러한 증상들은 사회적·직업적 기능 또는 다른 중요한 기능 영역에서 임상적으로 유의미한 고통이나 손상을 초래한다.
   ④ 이러한 장해는 널리 받아들여지는 문화적 혹은 종교적 관습의 정상적인 부분이 아니다.
   ⑤ 이러한 증상들은 물질의 생리적 효과 혹은 다른 의학적 상태의 생리적 효과에 기인한 것이 아니다.

2. **원인**
   ① 아동기의 외상 경험 : 아동기의 신체적·성적 학대 경험, 폭력에 의한 죽음의 목격 등
   ② 외상 모델(Trauma Model) : 아동기의 고통스러운 외상 경험을 회피하기 위한 방어로서 나타난 해리 현상이 발달과정을 거치면서 해리성정체감장애로 발전됨
   ③ 클러프트(Kluft)의 4요인 모델

해리 능력	외상에 직면하였을 때 현실로부터 해리될 수 있는 내적 능력
외상 경험	신체적·성적 학대 등 압도적 외상 경험
응집력 있는 자아 획득 실패	하나의 응집력 있는 자아를 형성할 수 있는 능력의 부재
진정 경험의 결핍	위로와 진정 기능을 해줄 수 있는 타인의 부재

   ④ 힐가드(Hilgard)의 신해리이론(Neodissociation Theory)
   ⑤ 행동주의적 입장 : 스트레스 상황에서 새로운 역할 수행의 결과가 보상적일 때 그와 유사한 상황에서 그 역할의 행동을 하게 됨

3. **치료**
   ① 심리치료
   - 여러 인격들 간의 통합에 의한 적응 기능 향상에 초점
   - 중심적 인격으로의 통합이 어려운 경우 여러 인격들의 적응적 기능 향상 및 각 인격들 간의 조화로운 협력 촉진
   ② 클러프트(Kluft)의 3단계 치료지침 : 치료적 관계형성 → 과거 외상 경험의 정화 촉진 → 인격들 간의 원활한 협동 유도

핵심이론 10 신체증상 및 관련장애

♦ 신체증상장애(Somatic Symptom Disorder)

1. 주요 진단 기준
   ① 한 가지 이상의 신체 증상이 고통을 유발하거나 일상생활에서 유의미한 지장을 초래한다.
   ② 신체 증상 혹은 건강염려와 관련된 과도한 사고, 감정 또는 행동이 다음 중 최소 1가지 이상의 방식으로 나타난다.

   - 자신의 증상의 심각성에 대한 부적합하고 지속적인 생각
   - 건강이나 증상에 대한 지속적으로 높은 수준의 불안
   - 이와 같은 증상이나 건강염려에 대해 과도한 시간과 에너지를 소모함

   ③ 어느 하나의 신체 증상이 계속적으로 나타나지 않더라도 증상이 있는 상태가 지속된다(보통 6개월 이상).

   현재의 심각도를 명시할 것
   - 경도(Mild) : 진단 기준 ②의 구체적인 증상들 중 단 한 가지만 충족된다.
   - 중(등)도(Moderate) : 진단 기준 ②의 구체적인 증상들 중 2가지 이상 충족된다.
   - 고도 또는 중증도(Severe) : 진단 기준 ②의 구체적인 증상들 중 2가지 이상 충족되며, 그와 함께 다양한 신체부조들(혹은 하나의 매우 심한 신체 증상)이 있다.

2. 원 인
   ① 생물학적 입장 : 스트레스나 부정적 감정이 생리적 기능에 영향을 주어 교감신경계를 활성화시킴으로써 신체적 변화와 증상을 유발함
   ② 정신분석적 입장
      - 감정표현 불능증(Alexithymia) : 억압된 감정이 신체적 통로를 통해 표출됨
      - 재신체화(Resomatization) : 심리적 갈등에 의한 어린 시절 익숙하였던 신체적 반응으로의 퇴행
   ③ 행동주의적 입장
      - 신체적 증상의 외부 환경에 의한 강화
      - 이차적 이득 : 증상을 통해 얻게 되는 부수적인 이득(심리적 불쾌감의 회피, 자기처벌을 통한 죄책감 해소, 의무나 책임의 면제 등)
   ④ 인지적 입장
      - 신체적 혹은 감각적 변화에 대한 예민한 주의 반응
      - 건강에 대한 경직된 신념
      - 신체적 감각이나 증상을 증폭시켜 지각하는 경향
      - 신체적 감각이나 증상의 원인을 심각한 신체적 질병으로 잘못 귀인하는 경향

3. 치료
① **심리치료** : 신뢰관계 형성, 자기주장훈련
② **인지치료** : 신체 증상에 대한 과장되고 왜곡된 해석을 삼가도록 하며, 대안적인 해석방법을 제안함
③ **가족교육** : 환자의 증상 호소에 대해 의무나 책임을 면제해 주는 등의 행동을 통해 환자의 증상을 강화하지 않도록 요청

핵심이론 11 급식 및 섭식장애

♦ 신경성식욕부진증(Anorexia Nervosa)

1. 주요 진단 기준
① 필요한 양에 비해 영양분 섭취를 제한함으로써 나이, 성별, 발달수준, 신체건강의 맥락에서 현저한 저체중을 초래한다. '현저한 저체중'은 정상의 최저수준보다 체중이 덜 나가는 것으로 정의되며, 아동 및 청소년의 경우 기대치의 최저수준보다 체중이 덜 나가는 것을 의미한다.
② 현저한 저체중 상태임에도 불구하고, 체중이 증가하거나 비만이 되는 것에 대한 극심한 두려움, 혹은 체중 증가를 막기 위한 지속적인 행동을 보인다.
③ 체중이나 체형의 경험 방식에서의 장해, 자기평가 시 체중이나 체형의 지나친 영향, 혹은 현재의 체중미달의 심각성에 대한 지속적인 인식 부족을 표현한다.

> **다음 중 하나를 명시할 것**
> - **제한형(Restricting Type)** : 지난 3개월 동안 폭식이나 제거 행동(즉, 스스로 구토를 유도하거나 하제, 이뇨제, 관장제를 사용함)이 반복적으로 나타나지 않는다. 이러한 하위유형은 체중미달이 주로 체중관리, 단식 그리고(혹은) 과도한 운동에 의해 이루어진 것임을 나타낸다.
> - **폭식/제거형(Binge-eating/Purging Type)** : 지난 3개월 동안 폭식이나 제거 행동(즉, 스스로 구토를 유도하거나 하제, 이뇨제, 관장제를 사용함)이 반복적으로 나타났다.

2. 원 인
① 정신분석적 입장
  - 성적인 욕구에 대한 방어적 행동(성적 욕구를 부인하기 위해 음식을 거부)
  - 어머니의 모성적 특성을 소유하려는 소망의 좌절감에 대한 우회적 표현으로서 음식에 대한 거부
② 가족치료적 입장
  - 가족성원들 간의 과도한 관여에 따른 자기정체감 미형성
  - 자신의 신체 속에 내재된 간섭적 · 적대적 어머니상이 자라는 것을 멈추게 하려는 시도
  - 부모-자녀관계에서의 자율성 쟁취를 위한 시도

③ 행동주의적 입장
- 날씬함에 대한 사회적 강화, 뚱뚱함에 대한 사회적 처벌에서 비롯된 날씬한 몸매를 위한 과도한 음식섭취에의 공포
- 음식을 먹지 않는 것의 부적강화에 따른 음식거부행동의 극단적 양상
- 음식에 대한 접근-회피 갈등(특히 음식 회피행동이 압도적으로 우세)

④ 인지적 입장
- 자신의 신체에 대한 왜곡된 지각
- 자신의 실제 몸매와 이상적인 몸매 사이의 심한 괴리감

⑤ 생물학적 입장
- 시상하부의 이상 : 적정한 체중 수준의 저하, 식욕을 느끼지 못함
- 자가중독이론 : 과도한 운동 후 엔도르핀(Endorphin) 수준 상승에 따른 식욕억제 및 긍정적 정서경험이 의존성을 형성함

3. 치 료
① 인지행동치료 및 가족치료 : 신체상에 대한 둔감화, 비합리적 신념 및 인지적 왜곡의 수정
② 입원치료 : 정상 체중의 30% 이상 체중이 감소된 경우, 절식행동이 심각한 경우
③ 외래치료 : 신체상에 대한 왜곡, 음식섭취의 억제, 사회적 적응문제에 초점
④ 약물치료 : 식욕자극제, 항우울제 등

◆ 신경성폭식증(Bulimia Nervosa)

1. 주요 진단 기준
폭식 삽화가 반복적으로 나타난다. 이러한 폭식 삽화는 다음의 2가지 양상으로 특징지어진다.

- 일정한 시간 동안 대부분의 사람이 유사한 상황에서 유사한 시간 동안 먹는 양보다 명백히 많은 양의 음식을 먹는다.
- 폭식 삽화 중에 음식 섭취의 조절 능력이 결여되어 있음을 느낀다.

2. 원 인
① 정신분석적 입장
- 억압과 부인(부정) 등의 방어기제들이 강렬한 폭식 욕구에 의해 기능을 상실할 때 식욕부진증에서 폭식증으로 전환
- 부모에 대한 무의식적 공격성의 표출
- 대인관계에서의 갈등에 대한 공격성의 표출
- 어린 시절 부모와의 분리에서 비롯되는 무의식적 두려움에 대한 방어

② 행동주의적 입장
- 음식에 대한 접근-회피 갈등(음식에 대한 접근행동과 회피행동의 반복)
- 폭식 후 보상행동을 통한 불안 완화에 따라 불안 감소가 보상행동을 강화(폭식-배출 행동의 반복)

3. 치 료
① 외래치료와 입원치료 : 심각한 체중 감소가 없으므로 보통 외래치료를 수행
② 인지행동치료 : 음식 섭취 후 배출 행동의 통제, 인지적 재구성을 통한 음식과 체중의 비합리적 신념에의 도전, 신체상의 둔감화, 자신의 몸에 대한 긍정적 평가기법
③ 건강하고 균형 있는 섭식행동 유도, 식이요법 및 운동프로그램 지속 등
④ 표현적-지지적 정신역동치료, 가족치료 등

핵심이론 12 성불편증 또는 성별불쾌감

♦ 아동의 성불편증(성별불쾌감)

1. 주요 진단 기준

자신의 경험된/표현된 성별과 할당된 성별 사이의 현저한 불일치가 최소 6개월 동안 다음 중 적어도 6가지 이상 나타난다(그중 기준 ㉠을 반드시 포함해야 함).

> ㉠ 반대 성이기를 강렬히 열망하거나 자신이 반대 성이라고 주장한다.
> ㉡ 남아(할당된 성별)의 경우 여성복으로 옷을 바꿔 입거나 여성복장으로 가장하는 것을 매우 선호한다. 여아(할당된 성별)의 경우 전형적인 남성복만을 입기를 매우 선호하는 반면, 전형적인 여성복을 입는 것에 강렬히 저항한다.
> ㉢ 소꿉놀이나 환상극에서 반대 성 역할을 강렬히 선호한다.
> ㉣ 전형적으로 반대 성에 의해 사용되는 장난감이나 게임, 반대 성에 의해 참여되는 활동을 강렬히 선호한다.
> ㉤ 반대 성의 놀이상대가 되기를 강렬히 선호한다.
> ㉥ 남아(할당된 성별)의 경우 전형적인 남성 장난감, 게임, 활동에 대해 강한 거부 반응을 보인다. 여아(할당된 성별)의 경우 전형적인 여성 장난감, 게임, 활동에 대해 강한 거부 반응을 보인다.
> ㉦ 자신의 해부학적 성별에 대해 강한 혐오감을 나타낸다.
> ㉧ 자신이 경험한 성별의 일차 성징 및(혹은) 이차 성징에 일치하는 것을 강렬히 선호한다.

♦ 청소년 및 성인의 성불편증(성별불쾌감)

1. 주요 진단 기준

자신의 경험된/표현된 성별과 할당된 성별 사이의 현저한 불일치가 최소 6개월 동안 다음 중 적어도 2가지 이상 나타난다.

> • 자신의 경험된/표현된 성별과 일차 성징 및(혹은) 이차 성징 사이에 현저한 불일치를 나타낸다.
> • 자신의 경험된/표현된 성별과의 현저한 불일치로 인해 자신의 일차 성징 및(혹은) 이차 성징을 제거하기를 강렬히 열망한다.
> • 반대 성의 일차 성징 및(혹은) 이차 성징을 강렬히 열망한다.
> • 반대 성(혹은 자신의 할당된 성별과 다른 어떤 대체 성별)이기를 강렬히 열망한다.
> • 반대 성으로 대우받기를 강렬히 열망한다.
> • 자신이 반대 성의 전형적인 감정과 반응을 지니고 있다는 강한 확신을 가지고 있다.

2. 원인
  ① 생물학적 요인 : 태아의 유전적 결함, 어머니의 약물복용에 의한 태내기 호르몬 이상 등
  ② 후천적 경험 및 학습 : 반대 성의 부모에 대한 과도한 동일시, 같은 성의 부모가 소극적이거나 존재하지 않는 반면 반대 성의 부모가 지배적인 경우 아동이 반대 성의 부모를 모델로 삼음

3. 치료
  ① 성전환수술 : 반대 성에 대한 동일시가 확고하고 성전환수술을 강력히 원하므로 수술이 주요 치료 방법이 됨
  ② 심리치료 : 성정체성 문제에 수반되는 우울이나 불안 등의 심리적 문제를 다룸

핵심이론 13 파괴적, 충동조절 및 품행장애

◆ 반항성장애 또는 적대적 반항장애(Oppositional Defiant Disorder)

1. 주요 진단 기준

분노/과민한 기분, 논쟁적/반항적 행동 혹은 복수심의 행동패턴이 최소 6개월 이상 지속되며, 다음의 범주들 중 적어도 4가지 증상으로 나타난다. 이러한 증상들은 형제 또는 자매가 아닌 적어도 한 명 이상의 다른 사람과 상호작용을 하는 동안 표출된다.

분노/과민한 기분	• 종종 화를 참지 못하고 터뜨린다. • 종종 과민하게 반응하거나 쉽게 짜증을 낸다. • 종종 화를 내면서 분개한다.
논쟁적/반항적 행동	• 권위자와 논쟁이 잦다. 혹은 아동 및 청소년의 경우 성인과 논쟁이 잦다. • 종종 권위자의 요구나 규칙에 따르는 것에 적극적으로 반항하거나 거절한다. • 종종 일부러 타인을 괴롭힌다. • 종종 자신의 실수나 부정한 행동에 대한 책임을 다른 사람의 탓으로 돌린다.
복수심	지난 6개월 안에 최소 2차례 이상 악의나 앙심을 품고 있다.

2. 원인
  ① 부모와 자녀 간의 갈등 : 부모가 아동의 행동을 힘이나 권위로 과도하게 억압하려는 경우
  ② 정신분석적 입장 : 항문기적 문제(부모와 자녀 간 힘겨루기)
  ③ 행동주의적 입장 : 부적절한 모방학습 및 조작적 조건형성을 통한 강화

3. 치료
  ① 개인 심리치료를 통한 아동과의 치료적 관계형성 및 아동의 욕구불만과 분노감의 적절한 수용
  ② 적응적 행동의 습득 및 강화
  ③ 부모-자녀 간 효과적인 의사소통 및 관계 개선

핵심이론 14 물질-관련 및 중독장애

♦ 알코올 사용장애(Alcohol Use Disorder)

1. 주요 진단 기준

임상적으로 유의미한 손상이나 고통을 유발하는 알코올 사용의 부적응적 패턴이 지난 12개월 이내에 다음 중 최소 2가지 이상으로 나타난다.

- 알코올을 종종 의도하였던 것보다 더 많은 양 혹은 더 오랜 기간 사용한다.
- 알코올 사용을 줄이거나 통제하려고 지속적으로 노력하지만 매번 실패한다.
- 알코올의 획득, 사용 혹은 그 영향으로부터의 회복 과정에 상당히 많은 시간을 보낸다.
- 알코올 사용에의 갈망, 강한 욕구 혹은 충동을 느낀다.
- 반복적인 알코올 사용이 직장, 학교 혹은 가정에서의 주된 역할의무 수행에서 실패를 야기한다.
- 알코올의 효과에 의해 야기되거나 악화되는 사회적 혹은 대인관계상의 문제가 지속 또는 반복됨에도 불구하고 알코올 사용을 계속한다.
- 알코올 사용으로 인해 중요한 사회적, 직업적 혹은 여가 활동이 포기되거나 감소된다.
- 신체적인 위험이 존재하는 상황에서도 알코올 사용을 반복한다.
- 알코올에 의해 야기되거나 악화될 수 있는 반복적인 신체적 혹은 심리적 문제가 있음을 알면서도 알코올 사용을 계속한다.
- 내성(Tolerance)이 다음 중 어느 하나의 양상으로 나타난다.
  - 중독 혹은 원하는 효과에 이르기 위해 현저히 증가된 양의 알코올이 요구된다.
  - 같은 양의 알코올 사용을 계속함에도 불구하고 그 효과는 현저히 감소된다.
- 금단(Withdrawal)이 다음 중 어느 하나의 양상으로 나타난다.
  - 알코올의 특징적인 금단 증후군(Withdrawal Syndrome)이 나타난다.
  - 금단 증상을 경감하거나 피하기 위해 알코올[혹은 벤조디아제핀(Benzodiazepine) 등의 관련 물질]을 사용한다.

현재의 심각도를 명시할 것
- 경도(Mild) : 2~3가지의 증상이 있다.
- 중(등)도(Moderate) : 4~5가지의 증상이 있다.
- 고도 또는 중증도(Severe) : 6가지 이상의 증상이 있다.

♦ 도박장애(Gambling Disorder)

1. 주요 진단 기준

   ① 지속적이고 반복적인 문제적 도박 행동이 임상적으로 유의미한 손상이나 고통을 야기하며, 지난 12개월 동안 다음 중 4가지 이상의 양상이 나타난다.

   > • 원하는 흥분을 얻기 위해 판돈의 액수를 늘리면서 도박을 하려는 욕구를 가진다.
   > • 도박의 감소 혹은 중지를 시도할 때 안절부절못하거나 신경이 예민해진다.
   > • 도박의 통제, 감소, 혹은 중지에의 노력이 반복적으로 실패한다.
   > • 종종 도박에 집착한다.
   > • 종종 고통스러운 감정을 느낄 때 도박을 한다.
   > • 도박으로 돈을 잃은 후 종종 이를 만회하기 위해 후일 도박판으로 되돌아간다.
   > • 도박에 빠져있는 상태를 숨기기 위해 거짓말을 한다.
   > • 도박으로 인해 유의미한 대인관계, 직업 혹은 교육적·직업적 기회를 위태롭게 하거나 잃게 된다.
   > • 도박에 의해 야기된 절망적인 경제적 상황에서 벗어나기 위한 자금 조달을 다른 사람에게 의존한다.

   ② 도박 행동은 조증 삽화에 의해 더 잘 설명되지 않는다.

   > **현재의 심각도를 명시할 것**
   > • 경도(Mild) : 4~5개의 진단 기준을 충족한다.
   > • 중(등)도(Moderate) : 6~7개의 진단 기준을 충족한다.
   > • 고도 또는 중증도(Severe) : 8~9개의 진단 기준을 충족한다.

핵심이론 15 신경인지장애

♦ 주요 및 경도신경인지장애(Major and Mild Neurocognitive Disorders)

1. 주요 진단 기준

   ① 주요신경인지장애(Major Neurocognitive Disorder)
   - 한 가지 이상의 인지 영역(복합주의력, 실행기능, 학습 및 기억력, 언어능력, 지각-운동기능 또는 사회인지)에서 이전의 수행 수준보다 현저한 인지기능상의 저하가 다음에 근거하여 명백히 나타난다.

     > • 인지기능상의 현저한 저하가 나타난 것에 대한 자기 자신, 정보제공자, 임상가의 관심
     > • 표준화된 신경심리검사도구 혹은 그것이 없는 경우 정량적인 임상 사정도구에 의해 입증된 인지수행상의 실질적인 손상

   - 인지적 결함이 일상 활동의 독립성을 방해한다.
   - 인지적 결함이 섬망의 맥락에 한정하여 발생하지 않는다.
   - 인지적 결함이 다른 정신장애로 더 잘 설명되지 않는다.

> **병인에 따라 다음 중 하나를 명시할 것**
> - 알츠하이머병(Alzheimer's Disease)
> - 전측두엽퇴행증(Frontotemporal Lobar Degeneration)
> - 루이체병(Lewy Body Disease)
> - 혈관 질환(Vascular Disease)
> - 외상성 뇌 손상(Traumatic Brain Injury)
> - 물질/약물 사용(Substance/Medication Use)
> - HIV 감염(HIV Infection)
> - 프리온병(Prion Disease)
> - 파킨슨병(Parkinson's Disease)
> - 헌팅턴병(Huntington's Disease)
> - 다른 의학적 상태(Another Medical Condition)
> - 다중적 병인(Multiple Etiologies)
> - 명시되지 않음(Unspecified)

② 경도신경인지장애(Mild Neurocognitive Disorder)

한 가지 이상의 인지 영역(복합주의력, 실행기능, 학습 및 기억력, 언어능력, 지각-운동기능 또는 사회 인지)에서 이전의 수행 수준보다 경미한 인지기능상의 저하가 다음에 근거하여 명백히 나타난다.

> - 인지기능상의 경미한 저하가 나타난 것에 대한 자기 자신, 정보제공자, 임상가의 관심
> - 표준화된 신경심리검사도구 혹은 그것이 없는 경우 정량적인 임상 사정도구에 의해 입증된 인지수행상의 약화된 손상

2. 원인

① 알츠하이머병, 전측두엽퇴행증, 루이체병, 혈관 질환, 외상성 뇌 손상, 물질/약물 사용, HIV 감염, 프리온병, 파킨슨병, 헌팅턴병 등 다양한 질환에 의해 유발됨
② 특히 알츠하이머병으로 인한 신경인지장애의 경우 연령 요인 외에 유전, 스트레스, 환경오염 등에 의해 생성되는 뇌의 독소물질인 베타 아밀로이드(β-Amyloid)가 거론되고 있음

3. 치료

① **약물치료 및 유전자치료**: 베타 아밀로이드(β-Amyloid)의 생성 억제 혹은 제거를 위한 치료약물 사용 혹은 잘못된 유전자의 교정
② **지적 활동 프로그램**: 일상생활의 중요 정보에 대한 반복암기, 지적인 과제 혹은 게임, 과거경험 기억하기 등에 의한 증상 완화
③ **치매가족교육 및 지지모임**: 치매가족의 부양역할 수행능력 및 부양부담 관리능력 증진, 지지모임 조직화 및 연계 강화

제 3 과목 심리검사

핵심이론 01 심리검사의 이해

◆ 심리검사의 의의 및 특징

지능, 성격, 적성, 흥미 등 인간의 지적 능력이나 심리적 특성을 파악하기 위해 양적 또는 질적으로 측정 및 평가를 수행하는 일련의 절차를 말한다.

◆ 심리검사의 시행과정

- 제1단계 – 심리검사의 선택
- 제2단계 – 검사요강에 대한 이해
- 제3단계 – 검사에 대한 동기화
- 제4단계 – 검사의 실시
- 제5단계 – 검사의 채점
- 제6단계 – 검사 결과에 대한 해석

◆ 심리검사의 장점(Rapaport)

- 개인에 관한 자료수집 과정에서 주관적 판단을 방지하도록 해 준다.
- 양적 측정을 통해 개인 간 행동을 비교할 수 있도록 해 준다.
- 수검자의 검사 반응을 비교함으로써 개인 내 비교를 가능하도록 해 준다.
- 일회적이거나 횡단적인 시행을 통해 개인의 행동을 부분적으로 혹은 전체적으로 평가할 수 있도록 해 준다.
- 장기적인 면담이나 행동관찰을 통해 발견할 수 있는 내용을 일회의 심리검사 시행으로 평가할 수 있도록 해 준다.

핵심이론 02 심리검사의 종류

◆ 지능검사

개인의 지적인 능력 수준을 평가할 수 있으며, 인지 기능의 특성을 파악할 수 있다.

예 스탠포드–비네 지능검사(Stanford-Binet Intelligence Scale), 웩슬러 지능검사(The Wechsler Scales), 카우프만 지능검사(The Kaufman Scales) 등

♦ **적성검사**

인지적 검사로서 개인의 특수한 능력 또는 잠재력을 발견하도록 하여 학업이나 취업 등의 진로를 결정하는 데 정보를 제공하며, 이를 통한 미래의 성공 가능성을 예측한다.

> 예 차이적성검사(DAT ; The Differential Aptitude Test), 일반 직업적성검사(GATB ; The General Aptitude Test Battery) 등

♦ **성격검사**

개인의 선천적 요소와 후천적 요소의 상호작용에 의해 나타나는 일관된 특징으로서의 성격을 측정 대상으로 하는 정서적 검사이다.

> 예 성격유형검사(MBTI ; Myers-Briggs Type Indicator), 미네소타 다면적 인성검사(MMPI ; Minnesota Multiphasic Personality Inventory), 로샤검사(Rorschach Test), 16성격 요인검사(16PF ; Sixteen Personality Factor Questionnaire) 등

♦ **성취도검사**

훈련(Training)이나 수업(Instruction) 등의 체계화된 교수를 통해 학습된 기술 및 지식을 측정하는 표준화된 검사이다.

> 예 우드콕-존슨 학습능력평가 심리학적 배터리(WJPB ; Woodcock-Johnson Psychoeducational Battery), 광범위 성과 테스트(WRAT ; Wide-Range Achievement Tests), 스탠포드 성취도검사(SAT ; Stanford Achievement Tests) 등

♦ **태도검사**

특정한 종류의 자극에 대한 개인의 정서적 반응이나 가치 판단 등을 나타내는 태도를 측정 대상으로 한다.

> 예 견해조사 : 부모양육 태도검사(PAT ; Parenting Attitude Test), 직무만족도검사(JSS ; Job Satisfaction Survey), 자아태도 검사(Self-attitudes Inventory) 등
>
> 예 태도척도 : 서스톤척도(Thurstone Scale), 리커트척도(Likert Scale), 거트만척도(Guttman Scale) 등

핵심이론 03 검사의 표준화

♦ **검사 표준화의 의의 및 특징**

검사의 표준화는 검사의 제반 과정에 대한 일관성을 확보하기 위한 노력이다. '표준화 검사(Standardized Test)'는 검사의 실시에서부터 채점 및 해석에 이르기까지의 과정을 단일화·조건화하여 검사의 제반 과정에서 검사자의 주관적인 의도나 해석이 개입될 수 없도록 하는 것이다.

◆ 표준화검사의 제작 과정

- 제1단계 – 검사 목적 정의
- 제2단계 – 사전 검사설계
- 제3단계 – 문항 준비
- 제4단계 – 문항 분석
- 제5단계 – 표준화 및 규준 작성
- 제6단계 – 최종 검사준비 및 출판

◆ 표준화검사 활용 시 유의사항

- 동일한 목적이라도 그 종류가 매우 다양하므로, 검사의 양호도, 즉 타당성, 신뢰성, 객관성, 경제성, 실용성 등을 고려하여 선택되어야 한다.
- 그 시행 이유와 필요성에 대한 명확한 목적의식을 가지고 실행되어야 한다.
- 수검자의 행동 특성에 대한 참고자료로서 유효할 뿐, 그 결과 자체가 절대적인 것은 아니다.
- 유효하게 활용하기 위해서는 검사의 시행·채점·해석에 대한 전문적인 식견과 소양이 필요하다.

핵심이론 04 심리검사의 규준

◆ 발달규준

정신연령규준, 학년규준, 서열규준, 추적규준

◆ 집단 내 규준

- 백분위점수 : 원점수의 분포에서 100개의 동일한 구간으로 점수들을 분포하여 변환점수를 부여한 것이다.
- 표준점수 : 표준편차 및 평균에 기초한다.

Z점수	• 원점수를 평균이 0, 표준편차가 1인 Z분포상의 점수로 변환한 점수이다. • Z점수 = (원점수 − 평균) ÷ 표준편차
T점수	• 평균이 50, 표준편차가 10이 되도록 Z점수를 변환한 점수이다. • T점수 = 10 × Z점수 + 50
H점수	• T점수를 변형한 것으로서 평균이 50, 표준편차가 14인 표준점수이다. • H점수 = 14 × Z점수 + 50

- 표준등급(Stanine) : 원점수를 백분위점수로 변환한 다음 비율에 따라 1~9까지의 구간으로 구분하여 각각의 구간에 일정한 점수나 등급을 부여한 것이다. 이때 평균은 5점이며, 최저점수 1점과 최고점수 9점을 제외하여 계산하는 경우 표준편차는 2점이다.

핵심이론 05 신뢰도의 이해

♦ **신뢰도에 영향을 미치는 요인**
- 신뢰도 추정방법(검증방법)
- 검사 길이
- 집단의 이질성
- 속도요인
- 검사 제작 및 실시
- 수검자 요인

♦ **신뢰도 제고를 위한 기본원리(Maxmincon Principle)**
- 체계적 분산의 극대화(Maximization of Systemic Variance)
- 오차분산의 극소화(Minimization of Error Variance)
- 외부변수의 통제(Control of Extraneous Variable)

♦ **신뢰도 제고를 위한 구체적인 방법**
- 항목의 명확한 구성
- 측정상황의 분석·일관성 유지
- 항목의 추가적 사용
- 대조적인 항목들의 비교·분석
- 표준화된 지시와 설명

핵심이론 06 신뢰도의 추정방법

♦ **검사-재검사 신뢰도(Test-retest Reliability)**

가장 기초적인 신뢰도 추정방법으로서, 동일한 대상에 동일한 측정도구를 서로 상이한 시간에 두 번 측정한 다음 그 결과를 비교하는 것이다. 두 검사의 실시 간격에 따라 크게 영향을 받는다.

♦ **동형검사 신뢰도(Equivalent-form Reliability)**

두 개 이상의 유사한 측정도구를 사용하여 동일한 표본에 적용한 결과를 서로 비교하여 신뢰도를 추정하는 방법으로서, '대안법, 유사양식법, 평행양식법'이라고도 한다.

♦ **반분신뢰도(Split-half Reliability)**

반분신뢰도 또는 반분법은 검사를 한 번 실시한 후 이를 적절한 방법에 의해 두 부분의 점수로 분할하여 그 각각을 독립된 두 개의 척도로 사용함으로써 신뢰도를 추정하는 방법이다.

◆ 문항내적합치도(Item Internal Consistency)
단일의 신뢰도 계수를 계산할 수 없는 반분법의 문제점을 고려하여, 가능한 한 모든 반분신뢰도를 구한 다음 그 평균값을 신뢰도로 추정하는 방법이다.

◆ 관찰자 신뢰도(Observer Reliability)
관찰자 신뢰도 또는 채점자 신뢰도는 관찰의 안정성을 기초로 한 신뢰도 측정방법으로서, '재검사적 관찰자 신뢰도'와 '대안적 관찰자 신뢰도'로 구분된다.

핵심이론 07 타당도의 이해

◆ 타당도(Validity)의 의의 및 특징
측정의 타당도는 조사자가 측정하고자 한 것을 실제로 정확히 측정하였는가의 문제이다. 타당도는 실증적 수단인 조작적 정의나 지표가 측정하고자 하는 개념을 제대로 반영하는 정도를 의미한다.

◆ 내적 타당도를 저해하는 요인
성숙요인(시간의 경과), 역사요인(우연한 사건), 선별요인(선택요인), 상실요인(실험대상의 탈락), 통계적 회귀요인, 검사요인(테스트 효과), 도구요인, 모방(개입의 확산), 인과적 시간-순서(인과관계 방향의 모호성)

◆ 외적 타당도를 저해하는 요인
연구표본의 대표성, 조사반응성(반응효과)

◆ 타당도의 제고방법
- 내적 타당도의 제고방법 : 무작위할당(Random Assignment), 배합(Matching), 통계적 통제(Statistical Control)
- 외적 타당도의 제고방법 : 모집단에 대한 타당성(Population Validity), 환경에 의한 타당성(Ecological Validity)

핵심이론 08 타당도의 추정방법

◆ 내용타당도(Content Validity)
'논리적 타당도(Logical Validity)'라고도 하며, 측정항목이 연구자가 의도한 내용대로 실제로 측정되고 있는가 하는 문제이다. 논리적 사고에 입각한 논리적인 분석과정으로 판단하는 주관적인 타당도로서, 객관적인 자료에 근거하지 않는다.

♦ 기준(준거)타당도(Criterion Validity)

동시타당도 (공인타당도)	새로 제작한 검사의 타당도를 위해 기존에 타당도를 보장받고 있는 검사와의 유사성 혹은 연관성에 의해 타당도를 검증하는 방법이다.
예측타당도 (예언타당도)	어떠한 행위가 일어날 것이라고 예측한 것과 실제 대상자 또는 집단이 나타낸 행위 간의 관계를 측정하는 것이다.

♦ 개념타당도(Construct Validity)

수렴타당도 (집중타당도)	검사 결과가 이론적으로 해당 속성과 관련 있는 변수들과 어느 정도 높은 상관관계를 맺고 있는지를 측정한다.
변별타당도 (판별타당도)	검사 결과가 이론적으로 해당 속성과 관련 없는 변수들과 어느 정도 낮은 상관관계를 맺고 있는지를 측정한다.
요인분석	검사를 구성하는 문항들의 상관관계를 분석하여 그 정도가 높은 문항들을 묶어주는 통계적 방법이다.

핵심이론 09 객관적 검사와 투사적 검사

구 분	객관적 검사	투사적 검사
장 점	• 신뢰도와 타당도 수준이 비교적 높음 • 검사의 시행 · 채점 · 해석이 용이함 • 검사자나 상황변인의 영향을 덜 받음 • 검사자의 주관성이 배제되어 객관성이 보장	• 수검자의 독특한 반응을 이끌어냄 • 수검자의 방어적 반응이 어려우므로 솔직한 응답이 유도됨 • 수검자의 풍부한 심리적 특성 및 무의식적 요인 반영
단 점	• 사회적 바람직성, 반응 경향성, 묵종 경향성에 영향을 받음 • 수검자의 감정이나 신념, 무의식적 요인을 다루는 데 한계가 있음 • 문항 내용 및 응답의 범위가 제한됨	• 신뢰도와 타당도의 검증이 어려움 • 검사의 채점 및 해석 시 고도의 전문성이 요구됨 • 검사자나 상황변인의 영향을 받아 객관성이 결여됨
예	• 한국판 성인용 웩슬러 지능검사(K-WAIS) • 한국판 웩슬러 아동용 지능검사(K-WISC-Ⅲ) 등의 지능검사와 미네소타 다면적 인성검사(MMPI) • 마이어스-브릭스 성격유형검사(MBTI) • 기질 및 성격검사(TCI) • 16성격 요인검사(16PF) 등의 성격검사	• 로샤검사(Rorschach Test) • 주제통각검사(TAT) • 집-나무-사람검사(HTP) • 문장완성검사(SCT) • 인물화 검사(Draw-A-Person) 등

핵심이론 10 표본추출(표집)

◆ 표본추출 또는 표집(Sampling)의 과정

- 제1단계 – 모집단 확정
- 제2단계 – 표집틀 선정
- 제3단계 – 표집방법 결정
- 제4단계 – 표집크기 결정
- 제5단계 – 표본추출

◆ 확률표본추출방법

- 단순무작위표집(Simple Random Sampling)
- 계통표집 또는 체계적 표집(Systematic Sampling)
- 층화표집 또는 유층표집(Stratified Sampling)
- 집락표집 또는 군집표집(Cluster Sampling)

◆ 비확률표본추출방법

- 할당표집(Quota Sampling)
- 유의표집 또는 판단표집(Purposive Sampling)
- 임의표집 또는 편의표집(Convenient Sampling)
- 누적표집 또는 눈덩이표집(Snowball Sampling)

핵심이론 11 지 능

◆ 개인용 지능검사와 집단용 지능검사

개인용 지능검사	• 수검자 한 사람을 대상으로 검사를 실시하도록 되어 있는 검사를 말한다. • 수검자의 행동을 빠짐없이 관찰할 수 있으므로 수검자의 심리상태나 결함 혹은 장점을 파악하는 데 도움이 된다. • 상대적으로 높은 신뢰성과 타당성, 임상적인 유용성을 기대할 수 있다.
집단용 지능검사	• 한 번에 여러 사람에게 동시에 실시할 수 있도록 구성되어 있는 검사를 말한다. • 검사의 실시와 채점·해석이 간편하며, 상대적으로 시간 및 비용을 절감할 수 있다. • 선별검사(Screening Test)로 사용하기에 적합하다.

핵심이론 12 지능에 대한 연구

♦ 스피어만(Spearman)의 2요인설

일반요인 (G Factor)	생득적인 것으로서, 모든 유형의 지적 활동에 공통적으로 작용한다. 예 이해력, 관계추출능력, 상관추출능력 등
특수요인 (S Factor)	일반요인만으로 해결하기 어려운 특수한 과제를 수행하기 위해 작용한다. 예 언어능력, 수리능력, 정신적 속도, 상상력 등

♦ 서스톤(Thurstone)의 다요인설

지능은 언어이해(Verbal Comprehension), 수(Numerical), 공간시각(Spatial Visualization), 지각속도(Perceptual Speed), 기억(Memory), 추리(Reasoning), 단어유창성(Word Fluency) 등 7가지 요인으로 구성된다.

♦ 길포드(Guilford)의 복합요인설(입체모형설)

내용 차원(사고의 대상)	시각, 청각, 상징, 의미, 행동
조작 차원(사고의 과정)	평가, 수렴적 조작, 확산적 조작, 기억파지, 기억저장, 인지
결과 차원(사고의 결과)	단위, 분류, 관계, 체계, 전환, 함축

♦ 카텔과 혼(Cattell & Horn)의 위계적 요인설

유동성지능	• 유전적·신경생리적 영향에 의해 발달이 이루어지는 반면 경험이나 학습의 영향을 거의 받지 않는다. • 웩슬러(Wechsler) 지능검사의 소검사 중 '빠진 곳 찾기, 차례 맞추기, 토막짜기, 모양 맞추기, 공통성 문제, 숫자 외우기' 등이 유동성지능을 반영한다.
결정성지능	• 경험적·환경적·문화적 영향의 누적에 의해 발달이 이루어지며, 교육 및 가정환경 등에 의해 영향을 받는다. • 웩슬러 지능검사의 소검사 중 '기본지식, 어휘문제, 공통성 문제, 이해문제' 등이 결정성지능을 반영한다.

♦ 가드너(Gardner)의 다중지능이론

지능을 언어지능(Linguistic Intelligence), 논리-수학지능(Logical-Mathematical Intelligence), 공간지능(Spatial Intelligence), 신체-운동지능(Bodily-Kinesthetic Intelligence), 음악지능(Musical Intelligence), 대인관계지능(Interpersonal Intelligence), 개인 내적 지능(Intra Personal Intelligence) 등 7가지의 독립된 지능으로 구분하였다.

핵심이론 13 웩슬러(Wechsler)지능검사의 이해

◆ **웩슬러지능검사의 특징**

- 개인검사이다.
- 객관적 검사이다.
- 편차지능지수를 사용한다.
- 언어성 검사와 동작성 검사로 구성된다.
- 병전 지능수준을 추정한다.
- 문맹자도 검사할 수 있다.

◆ **웩슬러지능검사의 발달**

[웩슬러지능검사의 개발과정]

용도	구분	개발연도	대상연령
범용	W-BⅠ(Wechsler BellevueⅠ)	1939년	7~69세
	W-BⅡ(Wechsler BellevueⅡ)	1946년	10~79세
성인용	WAIS(Wechsler Adult Intelligence Scale)	1955년	16~64세
	WAIS-R(Wechsler Adult Intelligence Scale-Revised)	1981년	16~74세
	WAIS-Ⅲ(Wechsler Adult Intelligence Scale-Ⅲ)	1997년	16~89세
	WAIS-Ⅳ(Wechsler Adult Intelligence Scale-Ⅳ)	2008년	16~90세
아동용	WISC(Wechsler Intelligence Scale for Children)	1949년	5~15세
	WISC-R(Wechsler Intelligence Scale for Children-Revised)	1974년	6~16세
	WISC-Ⅲ(Wechsler Intelligence Scale for Children-Ⅲ)	1991년	6~16세
	WISC-Ⅳ(Wechsler Intelligence Scale for Children-Ⅳ)	2003년	6~16세
	WISC-Ⅴ(Wechsler Intelligence Scale for Children-Ⅴ)	2014년	6~16세
유아용	WPPSI(Wechsler Preschool & Primary Scale of Intelligence)	1967년	4~6.5세
	WPPSI-R(Wechsler Preschool & Primary Scale of Intelligence-Revised)	1989년	3~7.3세
	WPPSI-Ⅲ(Wechsler Preschool & Primary Scale of Intelligence-Ⅲ)	2002년	2.6~7.3세

[한국판 웩슬러지능검사의 개발과정]

용 도	구 분	개발연도	대상연령
성인용 (청소년)	KWIS(Korean Wechsler Intelligence Scale)	1963년	12~64세
	K-WAIS(Korean Wechsler Adult Intelligence Scale)	1992년	16~64세
	K-WAIS-IV(Korean Wechsler Adult Intelligence Scale-IV)	2012년	16~69세
아동용	K-WISC(Korean Wechsler Intelligence Scale for Children)	1974년	5~16세
	KEDI-WISC(Korean Educational Developmental Institute-Wechsler Intelligence Scale for Children)	1987년	5~15세
	K-WISC-III(Korean Wechsler Intelligence Scale for Children-III)	2001년	6~16세
	K-WISC-IV(Korean Wechsler Intelligence Scale for Children-IV)	2011년	6~16세
	K-WISC-V(Korean Wechsler Intelligence Scale for Children-V)	2019년	6~16세
유아용	K-WPPSI(Korean Wechsler Preschool & Primary Scale of Intelligence)	1995년	3~7.3세
	K-WPPSI-IV(Korean Wechsler Preschool & Primary Scale of Intelligence-IV)	2016년	2.5~7.6세

◆ **지능지수 산출**

$$지능지수(IQ) = 15 \times \frac{개인점수 - 해당연령규준의 \; 평균}{해당연령규준의 \; 표준편차} + 100$$

핵심이론 14 웩슬러(Wechsler)지능검사의 언어성(Verbal) 검사

구 분	문항 수	측정내용
기본지식 (Information)	29	개인이 소유한 일반적인 지식의 정도
숫자 외우기 (Digit Span)	14	주어진 숫자를 바로 따라 외우기 7문항, 거꾸로 따라 외우기 7문항
어휘문제 (Vocabulary)	35	제시되는 여러 낱말의 뜻
산수문제 (Arithmetic)	16	간단한 계산문제를 암산으로 푸는 과제
이해문제 (Comprehension)	16	일상생활에서의 사회적 상황과 관련된 여러 가지 문항들에 대해 답하는 과제
공통성 문제 (Similarity)	14	제시된 두 단어의 공통점에 대해 말하도록 하는 과제

핵심이론 15 웩슬러(Wechsler) 지능검사의 동작성(Performance) 검사

구 분	문항 수	측정내용
빠진 곳 찾기 (Picture Completion)	20	제시된 그림카드에서 생략된 부분을 찾아내도록 하는 과제
차례 맞추기 (Picture Arrangement)	10	10벌의 그림카드 세트를 도구로 사용하여 수검자가 각각의 그림들을 순서대로 맞추어 줄거리를 꾸미도록 하는 과제
토막짜기 (Block Design)	9	모형이 그려진 9장의 카드와 함께 빨간색과 흰색이 칠해진 9개의 나무토막을 도구로 사용하여 이를 맞추도록 하는 과제
모양 맞추기 (Object Assembly)	4	4개의 상자에 들어있는 모양 맞추기 조각들을 도구로 해당 조각들을 특정 모양이 되도록 하는 과제로 구성되어 있다.
바꿔쓰기 (Digit Symbol)	93	7개의 연습문항과 93개의 본 문항으로 이루어져 있으며, 검사는 연필과 지우개를 사용하여 검사용지에 실시한다.

핵심이론 16 한국판 웩슬러성인용지능검사(K-WAIS)의 시행, 채점, 해석

◆ 검사의 시행순서

언어성 검사	동작성 검사
1. 기본지식(Information) 3. 숫자 외우기(Digit Span) 5. 어휘문제(Vocabulary) 7. 산수문제(Arithmetic) 9. 이해문제(Comprehension) 11. 공통성 문제(Similarity)	2. 빠진 곳 찾기(Picture Completion) 4. 차례 맞추기(Picture Arrangement) 6. 토막짜기(Block Design) 8. 모양 맞추기(Object Assembly) 10. 바꿔쓰기(Digit Symbol)

핵심이론 17 한국판 웩슬러성인용지능검사(K-WAIS)의 분석

♦ 언어성 IQ > 동작성 IQ

주요 원인	• 수검자가 고학력인 경우 • 언어적 자극을 처리하는 뇌의 좌반구가 발달한 경우 • 시·공간적 자극을 처리하는 뇌의 우반구가 손상된 경우 • 우울증, 신경학적 장애, 강박장애 등을 가진 경우
특 징	• 청각적-언어적 정보처리 능력이 상대적으로 발달함 • 시각-운동 협응능력이 상대적으로 저조함 • 즉각적인 문제해결 능력이 저조함 • 실용적인 과제를 다루는 데 어려움이 있음 • 시간제한이 있는 과제를 수행하는 데 어려움이 있음

♦ 언어성 IQ < 동작성 IQ

주요 원인	• 수검자가 저학력인 경우 • 시·공간적 자극을 처리하는 뇌의 우반구가 발달한 경우 • 언어적 자극을 처리하는 뇌의 좌반구가 손상된 경우 • 자폐증, 정신지체, 학습장애, 반사회적 성격장애 등을 가진 경우
특 징	• 시각-운동 협응능력이 상대적으로 발달함 • 청각적-언어적 정보처리 능력이 상대적으로 저조함 • 축적된 경험을 통한 문제해결 능력이 저조함 • 언어능력, 읽기능력이 저조하며, 학업수행에 어려움이 있음 • 시간제한이 없는 과제에서도 이를 효율적으로 수행하는 데 어려움이 있음

핵심이론 18 성격이론

♦ 유형론(Typology)

- 히포크라테스(Hippocrates) : 체액기질설 – 다혈질, 우울질, 담즙질, 점액질
- 셀든(Sheldon) : 체형기질설 – 내배엽형, 중배엽형, 외배엽형
- 딜테이(Dilthey) : 세계관 유형에 따른 성격유형 – 감성적 인간, 영웅적 인간, 사색적 인간
- 융(Jung) : 양향설 – 내향성, 외향성

♦ 특질론(Trait Theory)

- 올포트(Allport) : 특질(Traits)을 환경의 자극에 반응하는 일관적이고 지속적인 방식으로 보았다.
- 카텔(Cattell) : 특질차원을 찾아내는 방법으로서 요인분석의 통계학적 분석방법을 사용하였다.
- 아이젱크(Eysenck) : 히포크라테스의 4대 기질설에 관심을 가지고 이를 현대 경험적 성격이론과 결합하여 인간의 성격차원을 분류하였다.

핵심이론 19　미네소타 다면적 인성검사(MMPI)의 이해

◆ MMPI(Minnesota Multiphastic Personality Inventory)의 의의
- 세계적으로 가장 널리 쓰이고 가장 많이 연구되어 있는 객관적 성격검사이다.
- 1943년 미국 미네소타 대학의 하더웨이와 매킨리(Hathaway & McKinley)가 처음 발표하였으며, 진단적 도구로서의 유용성과 다양한 장면에서의 활용 가능성을 인정받고 있다.
- 임상장면의 규준집단을 사용하여 개발된 것으로서, 비정상적인 행동과 증상을 객관적으로 측정하여 임상 진단에 관한 정보를 제공해 주는 것이 주목적이다.
- 본래 일반적 성격특성을 측정하기 위한 것이 아니었으나, 진단적·병리적 분류의 개념이 정상인의 행동을 설명하는 데 어느 정도 유효하다는 전제하에 일반적 성격특성을 유추하기 위한 용도로도 사용되고 있다.

◆ 검사 실시상의 유의사항
- 수검자가 MMPI에 제대로 응답할 수 있는가의 여부를 결정해야 하며, 수검자의 독해력, 연령, 지능수준, 임상적인 상태 등을 고려해야 한다.
- 검사 소요시간은 보통 60~90분 정도이다.
- 검사는 가급적 검사자가 지정하는 곳에서 검사자의 감독하에 실시하는 것이 바람직하다.
- 검사 실시 전 검사의 목적, 결과의 용도, 누가 이 결과를 보게 되는가, 그리고 결과의 비밀보장 등에 대해 솔직하고 성실하게 설명해 준다.
- 수검자의 검사에 대한 제반 질문에 친절하게 답변함으로써 수검자의 협조를 얻도록 노력한다.
- 검사 도중 검사자는 수검자에게 방해되지 않도록 한두 번 정도 검사진행을 확인할 필요가 있다.
- 검사 실시와 함께 보호자나 주변인물과의 면접을 실시함으로써 수검자에 대한 생활사적 정보와 수검자의 현 상태에 대한 객관적인 정보를 얻는 것이 필요하다.
- 마지막으로 실시한 검사를 채점한 후에 다시 수검자와 면접을 실시해야 한다.

핵심이론 20　미네소타 다면적 인성검사(MMPI)의 타당도 척도

◆ ?척도(Cannot Say, 무응답 척도)
응답하지 않은 문항 또는 '예/아니오' 모두에 응답한 문항들의 총합이다.

◆ L척도(Lie, 부인 척도) - 15문항
사회적으로 찬양할 만하나 실제로는 극도의 양심적인 사람에게서 발견되는 태도나 행동을 측정한다.

♦ **F척도(Infrequency, 비전형 척도) - 60문항**

비전형적인 방식으로 응답하는 사람들을 탐지하기 위한 것이다.

♦ **K척도(Correction, 교정 척도) - 30문항**

분명한 정신적인 장애를 지니면서도 정상적인 프로파일을 보이는 사람들을 식별하기 위한 것이다.

핵심이론 21 미네소타 다면적 인성검사(MMPI)의 임상척도 I

♦ **척도 1 Hs(Hypochondriasis, 건강염려증) - 33문항**

심기증(Hypochondria) 척도로서 수검자의 신체적 기능 및 건강에 대한 과도하고 병적인 관심을 반영한다.

♦ **척도 2 D(Depression, 우울증) - 60문항**

검사 수행 당시 수검자의 우울한 기분, 즉 상대적인 기분 상태를 알아보기 위한 척도이다.

♦ **척도 3 Hy(Hysteria, 히스테리) - 60문항**

현실적 어려움이나 갈등을 회피하는 방법으로 부인기제를 사용하는 성향 및 정도를 반영한다.

♦ **척도 4 Pd(Psychopathic Deviate, 반사회성) - 50문항**

가정이나 권위적 대상 일반에 대한 불만, 자신 및 사회와의 괴리, 권태, 반항, 충동성, 학업이나 진로문제, 범법행위, 알코올이나 약물 남용 등을 반영한다.

♦ **척도 5 Mf(Masculinity-Femininity, 남성성-여성성) - 60문항**

흥미 양상이 남성적 성향에 가까운지 여성적 성향에 가까운지를 나타내는 지표로서, 남성용과 여성용 두 개의 척도가 있으며, 그 해석은 별개이다.

핵심이론 22 미네소타 다면적 인성검사(MMPI)의 임상척도 II

♦ **척도 6 Pa(Paranoia, 편집증) - 40문항**

대인관계에서의 민감성, 의심증, 집착증, 피해의식, 자기 정당성 등을 반영한다.

♦ **척도 7 Pt(Psychasthenia, 강박증) - 48문항**

심리적 고통이나 불안, 공포, 강박관념의 정도를 반영하는 지표로 활용된다.

♦ **척도 8 Sc(Schizophrenia, 정신분열증) - 78문항**

정신적 혼란과 불안정 상태, 자폐적 사고와 왜곡된 행동을 반영하는 지표로 활용된다.

♦ 척도 9 Ma(Hypomania, 경조증) - 46문항
심리적·정신적 에너지의 수준을 반영하며, 사고나 행동에 대한 효율적 통제의 지표로 활용된다.

♦ 척도 0 Si(Social Introversion, 내향성) - 70문항
사회적 활동 및 사회에 대한 흥미 정도를 나타내는 지표로 활용된다.

핵심이론 23 미네소타 다면적 인성검사(MMPI)의 주요 상승척도쌍

♦ 1-2 또는 2-1코드 (Hs & D)
신체 기능에 몰두함으로써 수반되는 다양한 신체적 증상에 대한 호소와 염려를 보인다. 신체형 장애(Somatoform Disorders), 불안장애(Anxiety Disorders)의 진단이 가능하다.

♦ 1-3 또는 3-1코드 (Hs & Hy)
심리적인 문제가 신체적인 증상으로 전환되어 나타난다. 전환장애(Conversion Disorder)의 가능성이 있다.

♦ 2-6 또는 6-2코드 (D & Pa)
심각한 정서적 어려움을 겪고 있는 정신병 초기의 환자에게서 종종 나타난다.

♦ 3-8 또는 8-3코드 (Hy & Sc)
심각한 불안과 긴장, 우울감과 무기력감을 호소한다. 정신분열증(Schizophrenia), 신체형 장애(Somatoform Disorders)의 진단이 가능하다.

♦ 4-9 또는 9-4코드 (Pd & Ma)
재범 우려가 있는 범죄자나 신체노출, 강간 등의 성적 행동화를 보이는 사람, 결혼문제나 법적 문제 등에 연루된 사람에게서 종종 나타난다. 반사회성 성격장애(Antisocial Personality Disorder)의 진단이 가능하다.

♦ 6-8 또는 8-6코드 (Pa & Sc)
편집증적 경향과 사고장애 등으로 편집증적 정신분열병이 의심되는 사람에게서 종종 나타난다. 편집형 정신분열증(Paranoid Schizophrenia), 분열성 성격장애(Schizoid Personality Disorder)의 가능성이 있다.

♦ 7-8 또는 8-7코드 (Pt & Sc)
우울장애(Depressive Disorder), 불안장애(Anxiety Disorder), 분열성 성격장애(Schizoid Personality Disorder), 분열형 성격장애(Schizotypal Personality Disorder)의 가능성이 있다.

핵심이론 24 MMPI-2

♦ MMPI-2에 포함된 내용척도, 보충척도, PSY-5 척도

구 분	특 징
내용척도	• 불안(ANX, 23문항) • 강박성(OBS, 16문항) • 건강염려(HEA, 36문항) • 분노(ANG, 16문항) • 반사회적 특성(ASP, 22문항) • 낮은 자존감(LSE, 24문항) • 가정 문제(FAM, 25문항) • 부정적 치료 지표(TRT, 26문항) • 공포(FRS, 23문항) • 우울(DEP, 33문항) • 기태적 정신상태(BIZ, 24문항) • 냉소적 태도(CYN, 23문항) • A유형 행동(TPA, 19문항) • 사회적 불편감(SOD, 24문항) • 직업적 곤란(WRK, 33문항)
보충척도	• 불안(A, 39문항) • 자아 강도(Es, 52문항) • 사회적 책임감(Re, 30문항) • 적대감(Ho, 50문항) • 중독 인정(AAS, 13문항) • 남성적 성역할(GM, 47문항) • 결혼생활 부적응(MDS, 14문항) • MacAndrew의 알코올 중독(MAC-R, 49문항) • 억압(R, 37문항) • 지배성(Do, 25문항) • 대학생활 부적응(Mt, 41문항) • 적대감 과잉통제(O-H, 28문항) • 중독 가능성(APS, 39문항) • 여성적 성역할(GF, 46문항) • 외상 후 스트레스장애(PK, 46문항)
PSY-5 척도	• 공격성(AGGR, 18문항) • 통제 결여(DISC, 29문항) • 내향성/낮은 긍정적 정서성(INTR, 34문항) • 정신증(PSYC, 25문항) • 부정적 정서성/신경증(NEGE, 33문항)

핵심이론 25 마이어스-브릭스 성격유형검사(MBTI)

♦ 마이어스-브릭스 성격유형검사(MBTI)의 의의 및 특징

융(C. G. Jung)의 심리유형이론을 토대로 마이어스와 브릭스(Myers & Briggs)가 제작한 객관적 검사이다. 개인의 성격을 4개의 양극 차원에 따라 분류하고 각 차원별로 2개의 선호 중 하나를 선택하도록 함으로써 총 16가지의 성격유형으로 구분한다. 총 95개의 문항으로 구성되어 있으며, 검사에만 약 30분 정도의 시간이 소요된다.

♦ MBTI의 선호지표에 따른 성격유형

- 에너지의 방향 : "에너지의 방향은 어느 쪽인가?"
- 인식기능 : "무엇을 인식하는가?"
- 판단기능 : "어떻게 결정하는가?"
- 생활양식 또는 이행양식 : "어떤 생활양식을 채택하는가?"

핵심이론 26 로샤검사와 주제통각검사

♦ 로샤검사(Rorschach Test)의 특징

- 대표적인 투사적·비구조적 검사로서, 지각과 성격의 관계를 상정한다.
- 해석자의 판단에서 옳고 그름을 판단하는 정답은 없다.
- 우울증상이 있는 사람은 보통 음영차원과 무채색 반응의 빈도가 높게 나타난다.
- 로샤검사는 주관적 검사로서 신뢰도 및 타당도가 검증되지 못하였으므로 객관적·심리측정적 측면에서는 부적합하다.

♦ 주제통각검사(TAT)의 특징

- TAT는 투사적 검사로서, 자아와 환경관계 및 대인관계의 역동적 측면 등을 평가한다.
- 정신분석이론을 토대로 수검자 자신의 과거 경험 및 꿈에서 비롯되는 투사와 상징을 기초로 한다.
- 수검자가 동일시할 수 있는 인물과 상황을 그림으로 제시하여 수검자의 반응양상을 분석·해석한다.
- 수검자는 그림들을 보면서 현재의 상황과 그림 속 인물들의 생각 및 느낌과 행동, 그리고 과거와 미래의 상황들을 상상력을 발휘하여 이야기한다.
- 수검자의 그림에 대한 반응을 통해 현재 수검자의 성격 및 정서, 갈등, 콤플렉스 등을 이해하는 동시에 수검자 개인의 내적 동기와 상황에 대한 지각 방식 등에 대한 정보를 얻을 수 있다.

핵심이론 27 벤더게슈탈트 검사와 문장완성검사

◆ 벤더게슈탈트 검사(BGT)
- 검사자는 수검자에게 약 '11cm × 10cm' 크기의 카드 9장으로 구성된 도형들을 제시한다.
- 카드는 도형 A를 포함하여 도형 1~8까지로 구성된다.
- 언어표현이 아닌 단순한 도형그림 작성방식이므로, 언어능력이나 언어표현이 제한적인 사람, 언어적인 방어가 심한 환자에게 효과적으로 적용할 수 있다.

◆ 문장완성검사(SCT)
- 문장완성검사(SCT ; Sentence Completion Test)는 단어연상검사의 변형·발전된 형태로서, 다수의 미완성 문장들에 대해 수검자가 자신의 생각대로 문장을 완성하도록 하는 검사이다.
- 자유연상을 토대로 하므로 수검자의 내적 갈등이나 욕구, 환상, 주관적 감정, 가치관, 자아구조, 정서적 성숙도 등을 효과적으로 파악할 수 있다.

핵심이론 28 일반직업적성검사(The General Aptitude Test Battery)

측정방식	하위검사명	검출되는 적성
지필검사	기구대조검사	형태지각(P)
	형태대조검사	
	명칭비교검사	사무지각(Q)
	타점속도검사	운동반응(K)
	표식검사	
	종선기입검사	
	평면도판단검사	공간적성(S)
	입체공간검사	공간적성(S), 지능(G)
	어휘검사	언어능력(V), 지능(G)
	산수추리검사	수리능력(N), 지능(G)
	계수검사	수리능력(N)
수행검사	환치검사	손의 재치(M)
	회전검사	
	조립검사	손가락 재치(F)
	분해검사	

핵심이론 29 신경심리평가

♦ 신경심리평가의 의의 및 특징

- 환자의 행동 변화를 야기하는 뇌 손상의 유무 여부, 손상의 위치 및 그로 인한 신체적·인지적 기능의 변화 등을 진단한다.
- 환자의 신경심리 상태에 대한 과학적·체계적인 검사를 실시함으로써 환자의 행동장애를 평가하고 정신적 기능을 설명한다.
- 환자의 변화된 욕구와 능력, 심리상태에 부합하는 정확한 정보를 수집함으로써 보다 적절한 프로그램과 치료 계획을 수립하도록 한다.
- 환자에 대한 병리적 진단은 물론 환자의 강점 및 약점을 사정하고 향후 직업능력에 대해 평가하며, 법의학적 관점에서 유효한 자료를 제공한다.

♦ 신경심리평가 결과에 대한 해석 시 고려사항

- 환자 및 환자가족의 사회력
- 생활환경
- 의학적 상태
- 평가상의 문제

핵심이론 30 발달검사

♦ 베일리 유아발달척도(BSID ; Bayley Scale of Infant Development)

하위척도	검사 내용
정신척도 (Mental Scale)	• 인지발달 : 기억력, 문제해결능력, 분류 및 변별능력 등 • 언어발달 : 어휘 및 발성, 수용언어 및 표현언어 등 • 개인/사회성 발달 : 언어적 의사소통 등
운동척도 (Motor Scale)	• 소근육 발달 : 쓰기 및 잡기, 손 운동 따라하기, 도구 사용하기 등 • 대근육 발달 : 앉기 및 서기, 걷기 및 뛰기, 균형잡기 등
행동평정척도 (Behavior Rating Scale)	• 주의 및 각성 상태 • 과제 및 검사에의 참여 정도 • 정서 조절 • 운동의 질

◆ **덴버 발달선별검사(DDST ; Denver Developmental Screening Test)**
  미국 콜로라도(Colorado) 의과대학에서 고안한 선별검사로서, 생후 1개월에서 6세까지의 아동을 대상으로 한다. 주로 발달지체가 의심되는 아동을 발견하기 위한 목적으로 사용된다.

◆ **시각-운동 통합발달검사(VMI ; Developmental Test of Visual-Motor Integration)**
  3~18세의 아동 및 청소년을 대상으로 시지각 및 운동 협응을 평가하기 위한 발달검사이다. 아동의 연령과 과제 난이도에 따라 시지각-운동 협응능력을 측정함으로써 초기 선별을 통해 아동의 학습 및 행동상의 문제를 예방할 수 있도록 한다.

제 4 과목 임상심리학

핵심이론 01 외국의 임상심리학 역사

- 1879년 – 분트(Wundt)가 독일 라이프치히에 심리학 연구를 위해 실험실을 개설함
- 1883년 – 갈튼(Galton)이 『인간의 능력과 그 발달에 관한 탐구(Inquiries into Human Faculty and Its Development)』를 저술함
- 1890년 – 카텔(Cattell)이 '정신검사(Mental Tests)'라는 용어를 처음으로 제안함
- 1892년 – 미국심리학회(APA ; American Psychological Association)가 창설됨
- 1896년 – 위트머(Witmer)가 미국 펜실베니아(Pennsylvania) 대학에 세계 최초의 심리진료소(Psychological Clinic)를 개설함
- 1903년 – 비네(Binet)가 자신의 딸들을 대상으로 기억, 상상, 의지 등에 대해 연구한 〈지능의 실험적 연구〉를 발표함
- 1904년 – 위트머가 펜실베니아 대학에서 최초로 임상심리학 강좌를 개설함
- 1905년 – 비네가 시몽(Simon)과 함께 초등학교 입학시 정신박약아를 식별하기 위한 검사법, 즉 '비네-시몽 검사(Binet-Simon Test)'를 개발함
- 1907년 – 최초의 임상심리학 학술지인 ≪The Psychological Clinic≫이 간행됨
- 1916년 – 터만(Terman)이 비네-시몽 검사를 발전시켜 지능검사 도구인 '스탠포드-비네 검사(Stanford-Binet Intelligence Scale)'를 개발함
- 1917년 – 미국의 제1차 세계대전 개입과 함께 집단 심리검사도구인 '군대 알파(Army α)'와 '군대 베타(Army β)'가 개발됨
- 1921년 – '로샤검사(Rorschach Test)'가 개발됨
- 1927년 – 프린스(Prince)가 하버드 심리진료소(Harvard Psychological Clinic)를 개설함
- 1935년 – 머레이와 모건(Murray & Morgan)이 '주제통각검사(TAT ; Thematic Apperception Test)'를 개발함
- 1939년 – '웩슬러-벨류브(Wechsler-Bellevue) 성인용 지능척도'가 개발됨
- 1943년 – '미네소타 다면적 인성검사(MMPI ; Minnesota Multiphastic Personality Inventory)'가 개발됨
- 1946년 – 미국 재향군인회와 공중위생국에 의해 심리훈련 프로그램이 도입됨
- 1946년 – 라파포트(Rapaport), 길(Gill), 섀퍼(Schafer)가 심리검사에 의해 측정되는 특정 심리기능을 구체화하고 이를 임상적·정신병리적 관점에서 제시한 『진단적 심리검사(Diagnostic Psychological Testing)』를 저술함
- 1948년 – 국제연합(UN)의 특별기구로서 세계보건기구(WHO ; World Health Organization)가 설립됨
- 1949년 – '16성격 요인검사(16PF ; Sixteen Personality Factor Questionnaire)'가 개발됨

- 1955년 – '웩슬러 성인용 지능검사(WAIS ; Wechsler Adult Intelligence Scale)'가 표준화됨
- 1957년 – '마이어스-브릭스 성격유형검사(MBTI ; Myers-Briggs Type Indicator)'가 개발됨
- 1963년 – 미국 케네디 대통령에 의해 '지역사회 정신건강법'이 제정됨
- 1973년 – 미국 콜로라도의 베일(Vail) 회의에서 심리학 박사학위를 인정함
- 1974년 – 엑스너(Exner)가 여러 학자들의 로샤검사에 대한 연구를 종합하여 '로샤 종합체계'를 고안함

핵심이론 02 우리나라의 임상심리학 역사

여명기 (1907~1945)	• 서구학문의 유입에 따라 심리학이 도입됨 • 박사 2명, 석사 1명이 배출됨
태동기 (1946~1960)	• 1946년 – 조선심리학회가 창설됨(1953년 '한국심리학회'로 개칭) • 1946~1948년 – 재미교포 심리학자 염광섭 박사와 미국인 임상심리장교 존스(Jones)에 의해 임상심리학이 소개됨 • 1946년 – 서울대학교에 심리학과가 개설됨 • 1958~1959년 – 성균관대학교에 임상심리학 강의가 개설됨
개척기 (1961~1973)	• 1960년대 초 – 심리학자들이 고려대, 연세대, 가톨릭대 등 의과대학 부속병원에서 신경정신과 활동을 시작함 • 1964년 – 한국심리학회 산하 임상심리분과회가 설립됨 • 1967년 – 학술지 '임상심리학보'가 간행됨 • 1971년 – 한국심리학회에서 '임상 및 상담심리전문가 자격규정'을 공표함 • 1972년 – 고려대에 박사과정이 개설됨 • 1973년 – 한국심리학회에서 임상 및 상담심리전문가가 배출됨
정착기 (1974~1986)	• 1975년 – 한양대병원에 1년제 수련과정이 개설됨 • 1981년 – 서울대병원에 3년제 임상심리연수원이 개설됨
발전기 (1987년 이후)	• 1987년 – 임상심리학회가 한국심리학회에서 독립됨 • 1997년 – 정신보건법 발효와 함께 학회 공인 전문가가 보건복지부의 국가자격 정신보건임상심리사 1급·2급으로 변경됨 • 2002년 – 전문사무 분야로서 임상심리사 1급·2급이 국가기술자격으로 인정됨

핵심이론 03 임상심리학자의 역할

♦ **임상심리학자의 역할**

- 진단 및 평가
- 치 료
- 심리재활
- 교육 및 훈련
- 자 문
- 행정 및 지도
- 연 구

◆ 과학자-전문가 모델(Scientist-practitioner Model)에 따른 임상심리학자의 역할

- 일명 '보울더 모델'이라고도 하며, 임상심리학자의 수련 및 학자 간 관계 형성을 통한 진단 · 평가 · 연구 · 치료에 중점을 둔 심리학적 영역이 부각되었다.
- 기본적으로 과학과 임상실습의 통합적 접근을 통해 임상심리학자가 과학자이자 서비스제공자로서의 역할을 동시에 수행할 것을 강조하며, 이와 관련하여 대학원 과정에서 두 가지 역할에 대한 결합을 주장하였다.
- 과학자와 전문가로서의 역할을 동시에 훈련받음으로써, 이론적 · 학문적 · 응용적 · 임상적인 역량을 강화할 수 있다.
- 임상장면에 적용 가능한 연구방법론을 개발하고, 그 기술과 기법에 능숙한 임상가가 되어야 한다.
- 인간행동을 이해하기 위해 연구자로서 끊임없이 연구하는 동시에 전문가로서 그 과정을 통해 발견한 지식을 인간행동의 변화를 위해 실천한다.

핵심이론 04 임상심리학자 윤리강령의 주요 내용(출처 : 한국임상심리학회)

◆ 서 문

심리학자는 언제나 최대한의 윤리적 책임을 지는 행동을 하도록 노력할 의무가 있다. 심리학자는 전문적이고 과학적인 기초 위에서 활동함으로써 자신의 지식과 능력의 범위를 인식할 의무가 있으며, 또 이를 남용하거나 악용하게 하는 개인적, 사회적, 경제적, 정치적 영향으로부터 벗어나도록 노력해야 할 의무가 있다.

◆ 심리학자의 기본적 책무(제9조)

- 심리학자는 인간의 정신 및 신체건강의 향상을 위해 노력하여야 한다.
- 심리학자는 개인과 사회의 발전을 위해 노력하여야 한다.
- 심리학자는 학문연구, 교육, 평가 및 치료의 제 분야에서 정확하고 정직하며, 진실되게 업무를 수행하여야 한다.
- 심리학자는 자신의 업무가 사회와 인류에 영향을 미칠 수 있음을 자각하여, 신뢰를 바탕으로 전문가로서의 책임을 다한다.
- 심리학자는 심리학적 연구결과와 서비스가 필요한 모든 사람에게 공정하게 제공될 수 있도록 최선의 노력을 기울여야 한다.
- 심리학자는 인간의 가치와 존엄성을 존중하며, 아울러 사생활을 침해받지 않을 개인의 권리와 자기결정권을 존중한다.

핵심이론 05 임상심리학자의 윤리원칙

◆ 유능성
임상심리학자는 자신의 강점과 약점, 자신이 가지고 있는 기술과 그것의 한계에 대해 충분히 자각하여야 한다.

◆ 성실성
임상심리학자는 성실하고 정직한 자세로 내담자에게 자신의 서비스로부터 기대할 수 있는 바를 설명하며, 자신의 작업과 관련하여 스스로의 욕구 및 가치가 어떠한 영향을 미치는지 알고 있어야 한다.

◆ 전문적·과학적인 책임
임상심리학자는 전문적이고 과학적인 기초 위에서 활동함으로써 자신의 지식과 능력의 범위를 인식할 의무가 있다.

◆ 인간의 권리와 존엄에 대한 존중
임상심리학자는 각 개인의 개성과 문화의 차이에 민감해야 하며, 자신의 일방적인 지식과 편견을 지양해야 한다.

◆ 타인의 복지에 대한 관심
임상심리학자는 자신이 제공하는 서비스를 통해 타인의 삶의 질이 개선될 수 있도록 노력해야 한다.

◆ 사회적 책임
임상심리학자는 타인을 돕고, 인간의 행동과 심리에 모순되거나 부당한 착취의 우려가 있는 정책에 대해 반대하여야 한다.

핵심이론 06 건강심리학

◆ 건강심리학의 영역(출처 : 건강심리학회)
- 스트레스에 대한 관리 및 대처
- 만성질환을 포함한 신체 질병(심혈관계 질환, 면역계 질환, 암, 당뇨, 소화기 질환 등)
- 물질 및 행위 중독(알코올 중독, 흡연 중독, 도박 중독, 인터넷 중독 등)
- 섭식 문제(비만, 다이어트, 폭식, 섭식장애 등)
- 건강관리 및 증진(성행위 등에서의 위험행동 감소 전략, 운동, 수면 및 섭식 습관 개선 등)
- 개입 및 치료기법(행동수정, 인지치료, 명상, 이완법, 마음 챙김과 수용에 기반한 인지행동적 치료기법, 바이오피드백 기법 등)
- 통증 관리, 수술환자의 스트레스 관리, 임종 관리

- 분노를 포함한 다양한 정서 관리
- 삶의 질, 웰빙(Well-being)
- 건강 커뮤니케이션, 건강 정책 등

핵심이론 07 지역사회지지체계

♦ 정신건강 지역사회지지체계의 형성 배경
- 기존의 정신보건 프로그램은 서비스 체계의 목적이 명확히 규정되어 있지 않았다.
- 기존의 정신보건 프로그램은 책임소재가 불분명하며 분산되어 있었다.
- 지역사회서비스에 대한 체계적인 재정지원이 결여되었다.
- 정신장애인들에 대한 사회복지서비스가 제대로 활용되지 못하였다.
- 효과적인 지역사회 조직활동과 옹호활동이 결여되었다.
- 중앙정부와 지방정부의 체계적인 리더십이 결여되었다.
- 서비스 수급의 권리성, 소비자로서의 주체의식이 대두되었다.

♦ 지역사회지지체계의 주요 구성요소
- 기본적 욕구해결의 지원
- 위기 대처 및 지원
- 신체적 · 정신적 건강 보호
- 상호 지지체계 구축
- 클라이언트 권리보호
- 자문 및 옹호
- 대면상담 및 아웃리치(Outreach)
- 지지적 환경 및 주거
- 심리사회서비스 및 직업재활서비스
- 통합적 사례관리 지원

핵심이론 08 상호억제원리

♦ 볼프(Wolpe)의 상호억제원리(Principle of Reciprocal Inhibition)
- 파블로프(Pavlov)의 고전적 조건형성의 원리에 입각하여 볼프가 확립한 이론으로서 '상호제지이론' 또는 '역제지이론'이라고도 한다.
- 볼프는 신경계의 특징으로서 이완과 흥분(불안 반응)이 동시에 작동할 수 없음을 관찰하였다.
- 불안이나 공포 등의 신경증적 반응은 그것과 대립된 강력한 반응에 의해 제지 또는 억제될 수 있다고 본다.

- 상호제지 또는 상호교호적 억제(Reciprocal Inhibition)는 제거 대상 반응(불안)과 양립할 수 없는 반응(이완)을 함께 제시함으로써 이들 간의 상호 방해로 인해 두 가지 연상 중 하나를 기억할 수 없도록 하는 것이다.
- 신경증적 행동은 학습에 의해 비롯된 것이므로, 이를 소거하기 위해 이미 학습된 것을 억제·제지할 수 있는 다른 행동이 필요하다.
- 불안 자극에 대해 체계적인 이완을 통한 심리적인 직면을 시도하는 '체계적 둔감법 또는 체계적 탈감화(Systematic Desensitization)'로 구체화하였다.

♦ 상호억제원리를 기초로 한 주요 치료기법
- 체계적 둔감화(Systematic Desensitization)
- 혐오치료(Aversion Therapy)
- 주장 훈련(Assertive Training)

핵심이론 09 지속노출치료

♦ 지속노출치료의 특징
- 외상을 경험한 사람은 공통적으로 심한 공포감, 무력감, 우울감을 호소하며, 대부분 시간의 경과와 함께 외상을 극복해나가는 반면, 일부는 신체적·정신적 어려움을 호소하기도 한다.
- 외상후스트레스장애에 의한 증상은 고통스러운 회상이나 반복적인 꿈으로 나타나는 외상의 재경험, 외상과 연관된 사람이나 장소, 상황 등 외상 관련 자극에 대한 회피반응, 과민한 성격이나 과도한 경계심으로 나타나는 각성반응의 증상으로 나타난다.
- 지속노출치료는 외상 후 스트레스를 경험하는 환자에게 공포자극을 활성화시킴으로써 기억의 병리적인 측면에 직접적으로 접근한다.
- 환자는 노출치료를 통해 자신이 두려워하는 생각이나 느낌, 상황 등에 직면하더라도 자신이 우려하던 혐오스러운 결과가 나타나지 않는다는 것을 경험하게 된다.
- 정상적인 회복의 양상을 보이는 환자는 한동안 자신의 피해 상황에 대한 기억으로 인해 극도의 무력감과 두려움을 느끼지만 이후 점차적으로 자신의 경험을 다른 사람에게 노출함으로써 외상 사건을 과거의 사태로 돌리게 된다. 반면 회복에 어려움을 보이는 환자는 경우 외상 사건에 대한 기억과 연관된 자극 단서들을 지속적으로 회피함으로써 자신의 부적응적인 사고와 행동을 수정하지 못한 채 무력감과 두려움에서 벗어나지 못한다.

핵심이론 10 애착이론

♦ 보울비(Bowlby)의 애착이론

- 보울비는 애착을 인간에게서 나타나는 종 특유의 행동으로 보았으며, 유아가 자신의 어머니에게 애착을 형성하는 과정을 이론적으로 제시하였다. 애착은 어떠한 위험으로부터 아동을 보호하기 위한 기능은 물론 성인으로 발달할 수 있도록 유도하는 기능을 한다. 생애 초기를 그 후의 발달에서 결정적인 역할을 하는 민감한 시기로 보았다.
- 에인즈워스(Ainsworth)는 보울비의 애착이론을 기초로 유아에 대한 낯선 상황 실험을 통해 유아의 반응을 다음과 같이 척도화하였다.

안정 애착		· 어머니에 대해 안정 애착이 형성된 유아는 낯선 상황에서 낯선 사람과 남아있는 경우 당황해 하고 불안감을 느끼다가, 어머니가 돌아오면 곧 안정을 찾는다. · 어머니가 유아의 요구에 적절히 반응하여 이를 충족시켜주는 경우 유아는 어머니에게 신뢰를 가지며, 이는 곧 성장기 아동의 친구관계 형성, 자신감, 리더십과 연결된다.
불안정 애착	회피 애착	· 낯선 상황에서도 어머니를 찾는 행동을 보이지 않으며, 어머니가 돌아와도 다가가려고 하지 않는다. · 어머니에게 신뢰를 가지고 있지 않으며, 어머니를 낯선 사람과 유사하게 생각한다.
	저항 애착	· 낯선 상황에 대해 민감한 반응을 보이며, 낯선 사람과의 접촉을 피한다. · 어머니의 반응을 이끌어 내기 위해 과잉 애착행동을 보인다.
	혼란 애착	· 어머니가 안정된 존재인지 혼란스러워한다. · 유아의 부모가 스트레스나 우울증 등의 상황에 처한 경우 많이 나타나며, 유아는 대인관계에서 적대적이고 사회성이 부족한 양상을 보인다.

핵심이론 11 반두라(Bandura)의 사회학습이론

♦ 반두라 사회학습이론의 주요 개념

- 모델링(Modeling) : 다른 사람의 행동을 보고 들으며 그 행동을 따라하는 것으로서, 관찰학습을 의미한다.
- 자기조절(Self-regulation) : 자신의 행동을 스스로 평가·감독하는 것을 말하는 것으로서, 자기평가적 반응과 연관된다.
- 자기강화(Self-reinforcement) : 자신이 통제할 수 있는 보상을 스스로에게 주어서 자신의 행동을 유지하거나 변화시키는 과정을 말한다.
- 자기효율성 또는 자기효능감(Self-efficacy) : 내적표준과 자기강화에 의해 형성되는 것으로서, 어떤 행동을 성공적으로 수행할 수 있다는 신념이다.

♦ 관찰학습의 과정

- 주의집중과정
- 보존과정(기억과정, 파지과정)
- 운동재생과정
- 동기화과정(자기강화과정)

핵심이론 12 크롬볼츠(Krumboltz)의 사회학습이론

♦ 크롬볼츠 사회학습이론의 의의 및 특징
- 학습이론의 원리를 직업선택의 문제에 적용하여 행동주의 방법을 통해 진로선택을 도와야 한다고 주장한다.
- 개인의 교육적·직업적 선호 및 기술이 어떻게 획득되며, 교육프로그램·직업·현장의 일들이 어떻게 선택되는지 설명하고자 한다.

♦ 개인의 진로결정에 영향을 미치는 요인
- 유전적 요인과 특별한 능력(Genetic Endowment and Special Abilities)
- 환경조건과 사건(Environmental Conditions and Events)
- 학습 경험(Learning Experiences)
- 과제접근기술(Task Approach Skills)

♦ 진로결정 요인들의 상호작용에 따른 결과
- 자기관찰 일반화(Self-observation Generalizations)
- 세계관 일반화(World-view Generalizations)
- 과제접근기술 및 진로결정(Task Approach Skills and Career Decision Making)

핵심이론 13 저 항

♦ 내담자의 저항

침 묵	상담자의 질문에 아무런 대답을 하지 않거나 생각이 떠오르지 않는다며 대답을 회피한다.
말을 많이 함	자신의 감정을 회피하기 위해 또는 상담자의 개입을 방해하기 위해 말들을 사용한다.
검열·편집	자신의 핵심 감정이 드러나는 것을 막기 위해 생각을 가려 말하거나 적절하게 편집한다.
일반화	자신의 감정이나 자신이 처한 상황에 대해 자세하게 밝히는 것을 피하기 위해 일반적인 용어로 표현한다.
지식화	상담자에게 어떠한 영향을 주기 위해 또는 상담자가 원하는 답변을 하기 위해 의도적으로 말을 선택한다.
핑 계	다양한 이유를 제시하며 약속시간을 자주 변경하거나 상담 회기를 다음으로 미룬다.

♦ 심리치료 과정에서 저항의 이유
- 자신의 익숙한 행동을 변화시키는 데 대해 불안과 위압감을 느낀다.
- 문제 증상으로 인해 주변의 도움을 받으며 자신의 행동에 제지를 덜 받는 등의 이차적 이득을 포기하기 어렵다.
- 자신의 변화로 인해 주변 사람들의 시선이나 태도가 부정적으로 변할 수 있다는 생각에 두려움을 느낀다.
- 변화를 원하더라도 주변의 중요 인물들이 현 상태를 유지하기를 원한다.

핵심이론 14 침 묵

♦ 침묵의 발생원인
- 내담자가 상담 초기 관계형성에서 두려움을 느끼는 경우
- 상담 중 논의된 것에 대해 내담자가 이를 음미하고 평가하며 정리해 보고자 하는 경우
- 내담자가 상담자에게 적대감을 가지고 저항하는 경우
- 내담자가 자신의 말에 대한 상담자의 확인이나 해석을 기대하고 있는 경우
- 내담자가 자신의 감정 표현으로 인한 피로에서 회복하고 있는 경우
- 내담자가 다음에 무엇을 논의할 것인지 상담자로 하여금 결정해 주기를 기다리고 있는 경우
- 내담자가 할 말이 더 이상 생각나지 않거나 무슨 말을 해야 할지 모르는 경우
- 내담자가 자신의 생각이나 느낌을 표현하고자 노력하고 있음에도 불구하고 적절한 표현이 떠오르지 않는 경우

♦ 침묵의 처리방법
- 제1단계 : 내담자에게 말하지 않은 생각에 대해 질문하기
- 제2단계 : 침묵의 내용과 다른 직접적인 질문하기
- 제3단계 : 내담자가 다시 이야기를 할 때까지 기다리기
- 제4단계 : 침묵 뒤에 숨어 있는 의미에 대해 헤아리기

핵심이론 15 해 석

♦ 해석의 제시 형태
- 잠정적 표현 : 상담자가 판단한 내용을 단정적으로 해석해 주기보다는 암시적이거나 잠정적인 표현을 사용한다.
- 점진적 진행 : 상담자의 해석은 내담자의 생각보다 뒤늦어서도 안 되고 너무 앞서서도 안 된다. 내담자가 생각하거나 느낀다고 믿는 방향으로 점차적으로 진행하여야 한다.
- 반복적 제시 : 내담자가 해석된 내용을 이해하지 못하거나 저항을 하는 경우, 상담자는 적절한 때에 부수적인 경험적 증거를 제시하면서 해석을 반복해야 한다.
- 질문형태의 제시 : 해석은 내담자를 관찰하여 얻은 예감이나 가설을 토대로 하므로 가능한 한 질문형태로 제시하여 내담자 스스로 해석하도록 돕는다.
- 감정몰입을 위한 해석 : 지적인 차원보다는 감정적 차원에 초점을 맞추는 것이 좋다.

♦ 해석의 표출의 예

- 직접적인 진술 : "당신은 평소 아버지의 독선적이고 권위적인 태도에 대해 반감을 가지고 있습니다. 그래서 다른 사람들도 당신을 이해하기는커녕 당신에게 일방적으로 어떤 지시를 내리고 있다고 생각하고 있고요."
- 가설의 사용 : "내가 당신의 아버지를 기억나게 하는 것은 아닌지 의문스럽군요. 당신은 아버지가 모든 것을 아는 것처럼 행동한다고 말하였는데요, 혹시 그와 같은 생각이 평소 아버지에 대해 가지고 있던 부정적인 감정과 연관이 있는지 궁금하군요."
- 질문의 사용 : "당신의 아버지와의 좋지 못한 관계 때문에 다른 사람들에 대해서도 신뢰감을 가질 수 없다고 생각하고 있는 건 아닌가요?"

핵심이론 16 임상장면의 초기면담

♦ 임상장면의 초기면담 과정에서 내담자에 대한 행동관찰

- 말과 표현 : 목소리의 강도와 고저, 말의 속도와 반응시간, 말하기의 용이성, 말투 등
- 신체 동작 : 불안반응에 의한 동작(손이나 발의 무의미한 움직임), 상동증적 행위 등
- 면담 태도 : 경직되거나 움크린 자세, 다리를 꼬고 비스듬히 앉는 자세, 시선의 회피 등
- 용모 및 외모 : 화려하거나 부적절한 복장 상태, 불결하거나 깔끔한 위생 상태, 키, 몸무게, 안색 등
- 정서적 반응 : 말이나 행동에서 나타나는 불안이나 긴장의 표출, 감정의 억제, 부적절한 감정적 표현 등
- 이해력 : 사고력·논리력·추리력, 상황판단능력, 지남력 등
- 의사소통능력 : 언어적·비언어적 의사소통능력, 일탈된 언어, 자폐적 언어 등

♦ 임상적 면접의 내용

환자에 대한 신상정보(Identifying Information), 주호소문제(Chief Complaint), 현재병력(History of Present Illness), 과거병력(Past Health History), 병전성격(Premorbid Personality), 개인력(Personal History), 가족력(Family History), 정신상태검사(Mental Status Examination), 권고사항(Recommendation)

♦ 면담 시 고려해야 할 생활상황(Garfield)

가족(부모, 형제, 자매 등), 주거환경, 직업 및 작업 상황, 경제적 문제, 현재 상황에 대한 개인적 판단, 긴장, 스트레스, 특수한 사건 등

핵심이론 17 가족치료의 이해

♦ 가족치료의 이론적 근거
- 순환의 사고
- 관계와 체제의 생각
- 비합산의 원칙
- 구성에 의한 현실
- 가족심리와 관계심리

♦ 가족치료의 목표
- 치료자가 전 가족체계를 치료의 대상으로 여기고 실시하는 모든 형태의 치료이다.
- 가족 내에 존재하는 역기능적인 요소를 수정 또는 변화시킴으로써 가족기능을 회복시킨다.
- 가족집단을 기초로 하여 그 가족이 지닌 제 장애요소를 완화시키고 사회적 부적응 현상을 변화시킨다.
- 개인을 가족이라는 보다 큰 체계의 일원으로 보며, 가족구조의 변화를 초래함으로써 개인의 위치, 행동 및 정신내적 과정의 변화를 유도한다.
- 가족치료는 정신의학, 심리학, 사회사업에서 각기 접근을 하고 있으며, 아동, 청소년, 노인, 부부 간의 상담 등 폭이 넓다.

핵심이론 18 가족치료의 모델

♦ 정신분석적 가족치료모델
동일시, 통찰, 자기노출, 전이 등의 방법을 사용하여 가족성원들의 내적·심리적 갈등을 해결하고 가족성원들 간의 무의식적인 대상관계를 분석함으로써 통찰과 이해, 성장의 촉진, 합리적인 역할분배를 강조한다.

♦ 다세대적 가족치료모델
보웬(Bowen)이 제안한 것으로서, 개인이 가족자아로부터 분화되어 확고한 자신의 자아를 수립할 수 있도록 가족성원의 정서체계에 대한 합리적인 조정을 강조한다.

♦ 구조적 가족치료모델
미누친(Minuchin)이 제안한 것으로서, 가족구조를 재구조화하여 가족이 적절한 기능을 수행할 수 있도록 돕는 방법으로 개인을 생태체계 또는 환경과의 관계에서 이해한다.

♦ 의사소통 가족치료모델
가족성원들에게 명확한 의사소통 규칙을 알려주고 가족이 사용하고 있는 의사소통 유형을 분석 및 설명함으로써 가족 의사소통의 상호작용을 조절한다.

◆ 행동학적 가족치료모델
정적 강화행동 등의 학습이론의 원리를 이용하여 가족성원들 사이에 부적응 행동이 어떻게 발달하는지를 설명하여 가족들에게 강화행동을 변경하도록 지도한다.

◆ 경험적 가족치료모델
사티어(Satir)가 제안한 것으로서, 가족관계의 병리적 측면보다는 긍정적 측면에 초점을 둔다. 특정 시기의 정서적인 가족관계를 사람이나 다른 대상물의 배열을 통해 나타내 가족조각(Family Sculpture), 가족성원 각자에게 가족이 어떻게 조직되어 있는지 생각나는 대로 그리도록 하는 가족그림(Family Drawing) 등의 기법을 사용한다.

◆ 전략적 가족치료모델
헤일리(Haley)가 의사소통 가족치료의 전통을 계승하여 제안한 것으로서, 인간행동의 원인에는 관심이 없으며 단지 문제행동의 변화를 위한 해결방법에 초점을 둔다.

핵심이론 19 가족체계와 맥매스터 모델(McMaster Model)

◆ 가족체계의 주요 개념
- 가족체계의 순환적 인과성(Circular Causality) : 가족체계를 원인에 따른 결과 또는 자극에 따른 반응과 같은 선형적 유형으로 보는 것이 아닌 가족체계의 상호작용 패턴에 초점을 두는 순환적 반응으로 보는 것이다.
- 다중종결성 : 체계를 구성하는 요소들의 상호작용 성격에 따라 유사한 조건이라도 각기 다른 결과를 초래하는 경우
- 동등종결성 : 서로 다른 조건이라도 유사한 결과를 초래하는 경우

◆ 가족기능의 6가지 측면
문제해결, 의사소통, 역할, 정서적 반응성, 정서적 관여, 행동통제

◆ 맥매스터 모델(McMaster Model)
체계이론을 기초로 하여 만들어진 가족기능에 대한 개념적 모델로, 가족기능을 6가지 측면과 함께 '전반적 기능'까지 포함하여 총 7개의 하위범주로 구성하고 있다.

핵심이론 20 가족사정의 도구

◆ 가계도(Genogram)
보웬(Bowen)이 고안한 것으로서, 내담자의 3세대 이상에 걸친 가족관계를 도표로 제시하여 현재 제시된 문제의 근원을 찾는 도구이다. 가족의 구조, 가족 및 구성원의 관계, 동거가족현황, 세대 간의 반복유형, 과거의 결혼관계 등에 대한 상세한 정보를 제공한다.

◆ 생태도(Ecomap)
하트만(Hartman)이 고안한 것으로서, 가족 및 가족성원들과 환경 간의 상호작용을 그림으로 나타낸 것이다. 내담자의 상황에서 의미 있는 체계들과의 관계를 표현함으로써 특정 문제에 대한 개입 계획을 세우는 데 유용하다.

◆ 가족조각(Family Sculpture)
특정 시기의 정서적인 가족관계를 극적으로 나타내는 것으로서, 가족의 상호작용에 따른 친밀감 또는 거리감, 가족성원 간의 연합 또는 세력 구조, 비언어적인 의사소통 유형 등의 관계 유형을 살펴볼 수 있다.

◆ 생활력표(Life History Grid)
중요한 사건이나 시기를 중심으로 작성한 도표를 연대기적으로 작성함으로써 현재 역기능적인 문제 등을 특정 시기의 어려움이나 경험 등과 연관시켜 이해할 수 있도록 해준다.

◆ 사회적 관계망 격자(Social Network Grid)
'사회관계망표'라고도 하며, 내담자 개인이나 가족의 사회적 지지체계를 사정하기 위한 도구이다.

핵심이론 21 사회복귀시설

◆ 사회복귀시설의 종류
정신질환자 생활시설, 정신질환자 지역사회재활시설, 정신질환자 직업재활시설, 중독자 재활시설, 정신질환자 생산품판매시설, 정신질환자 종합시설

핵심이론 22 주요 특수목적 상담소의 업무

◆ **가정폭력 관련 상담소의 업무**
- 가정폭력을 신고받거나 이에 관한 상담에 응하는 일
- 가정폭력으로 정상적인 가정생활과 사회생활이 어렵거나 그 밖에 긴급히 보호를 필요로 하는 피해자 및 피해자가 동반한 가정구성원을 임시로 보호하거나 의료기관 또는 가정폭력피해자 보호시설로 인도하는 일
- 행위자에 대한 고발 등 법률적 사항에 관하여 자문하기 위한 대한변호사협회 또는 지방변호사회 및 「법률구조법」에 따른 법률 구조법인 등에 대한 필요한 협조와 지원의 요청
- 경찰관서 등으로부터 인도받은 피해자 등의 임시보호
- 가정폭력의 예방과 방지에 관한 홍보
- 그 밖에 가정폭력과 그 피해에 관한 조사·연구

◆ **성폭력피해상담소의 업무**
- 성폭력피해의 신고접수와 이에 관한 상담
- 성폭력피해로 인하여 정상적인 가정생활 또는 사회생활이 곤란하거나 그 밖의 사정으로 긴급히 보호할 필요가 있는 사람과 성폭력피해자보호시설 등의 연계
- 피해자 등의 질병치료와 건강관리를 위하여 의료기관에 인도하는 등의 의료 지원
- 피해자에 대한 수사기관의 조사와 법원의 증인신문에 동행
- 성폭력행위자에 대한 고소와 피해배상청구 등 사법처리 절차에 관하여 「법률구조법」에 따른 대한법률구조공단 등 관계 기관에 필요한 협조 및 지원 요청
- 성폭력 예방을 위한 홍보 및 교육
- 그 밖에 성폭력 및 성폭력피해에 관한 조사·연구

◆ **성매매피해상담소의 업무**
- 상담 및 현장 방문
- 지원시설 이용에 관한 고지 및 지원시설에의 인도 또는 연계
- 성매매피해자의 구조
- 질병치료와 건강관리를 위하여 의료기관에 인도하는 등의 의료 지원
- 수사기관의 조사와 법원의 증인신문에 동행
- 법률구조기관 등에 필요한 협조와 지원 요청
- 다른 법률에서 상담소에 위탁한 사항
- 성매매피해자 등의 보호를 위한 조치로서 여성가족부령으로 정하는 사항

핵심이론 23 위기와 위기개입

♦ 위기의 형태(Brammer)

구 분	내 용
상황적 위기	전혀 예측하지 못하였던 충격의 사건이 발생할 때 느끼는 위기로 질병, 실업, 사고, 이혼, 가까운 사람의 죽음, 궁극적으로 자신에게 발생된 여러 가지 생명의 위협 등
발달적 위기	일생을 살아가면서 누구나 겪고 넘어가야 하는 삶의 단계에서 일어나는 위기로 청소년의 정체성 위기, 중년의 위기, 노년의 위기 등으로 인한 심리적 고통, 재산이라든가 사랑하는 사람, 자유나 명예 같은 추상적인 개념의 어떤 것들을 빼앗기거나 상실하였을 때 느끼는 상처 등
실존적 위기	자유와 책임, 독립성, 의무, 목적 등 삶의 의미에 대한 반성이나 어떤 중요한 이슈를 동반하는 내적 갈등, 정신적 방황, 불안과 관련된 위기로 자신이 집단이나 조직에서 무의미한 존재임을 인식하는 경우, 노년기에 접어들어 자신의 인생이 허무하다고 느끼는 경우 등
사회·문화적 위기	사회가 오랜 세월 동안 형성해 온 전통과 문화에 의해서 초래되는 위기로 성(性) 개방 풍조, 가족기능의 약화, 이데올로기 갈등 등에 의한 위기

♦ 위기개입의 원리

- 신속한 개입
- 적극적인 행동
- 제한된 목표
- 긍정적 희망과 기대
- 클라이언트 자기상의 이해
- 자립성 촉진
- 현실적 지지에 초점을 둔 문제해결

핵심이론 24 관 찰

♦ 관찰의 유형

- 참여관찰 : 관찰자가 관찰 대상 집단 내부로 침투하여 구성원의 하나가 되어 그들과 함께 생활하거나 활동하면서 관찰하는 것이다.
- 비참여관찰 : 관찰자가 관찰 대상 집단의 구성원으로서 역할을 수행하지 않은 채 제3자의 입장에서 관찰하는 방법이다.
- 준참여관찰 : 관찰 대상 집단에 부분적으로 참여하는 방법이다.

♦ 관찰에서 발생하는 오류의 근거

- 지각 과정상의 오류 : 관찰 대상에 대한 통제에도 불구하고, 각각의 관찰자가 지각하는 현상 자체의 강도 및 질적 양상에 차이가 나타난다.
- 인식 과정상의 오류 : 관찰자들이 사실을 인식하는 데 준거틀의 차이에 의해 오류가 발생한다.

핵심이론 25 관찰법

◆ **관찰법의 유형**
- 자연관찰법(직접관찰법)
- 유사관찰법(통제관찰법 또는 실험적 관찰법)
- 참여관찰법
- 자기관찰법

◆ **관찰법 시행 시 유의사항**
- 관찰대상 및 관찰 장면을 명확히 한정해야 한다.
- 관찰대상 및 관찰 장면의 선정이 어느 정도 전체를 대표할 수 있어야 한다.
- 체계적이고 과학적인 방법으로 관찰해야 한다.
- 관찰 계획 및 방법을 사전에 세밀하게 수립해야 한다.
- 관찰 당시의 환경적 조건을 기록하는 것이 필요하다.
- 관찰자는 객관적이고 일관적인 태도를 유지해야 한다.
- 관찰대상을 신속하고 빠짐없이 기록해야 한다.
- 관찰대상에게 관찰을 전후하여 관찰자가 영향을 미치지 않도록 해야 한다.

핵심이론 26 자문 Ⅰ

◆ **자문의 유형**

구 분	특 징
비공식적 동료집단 자문	• 임상가나 심리학자가 동료집단 내 다른 전문인에게 비공식적인 자문을 할 수 있다. • 도전적인 임상사례에 대한 보다 효과적인 치료전략의 수립을 위해 이루어진다.
내담자 중심 사례자문	• 임상가나 심리학자가 환자의 치료 및 보호에 대한 책임감을 가지고 환자의 특별한 요구를 효과적으로 충족하기 위해 자문을 할 수 있다. • 자문가는 다른 분야의 전문가나 치료자로부터 환자의 치료를 위한 자문을 요청받기도 하며, 치료의 책임을 부여받기도 한다.
피자문자 중심 사례자문	• 내담자나 환자의 임상적인 문제보다는 피자문자의 관심사가 주요 요인으로 작용한다. • 피자문자의 경험부족이나 정보부족, 오류나 실수 등이 토론의 주제가 된다.
프로그램 중심 행정자문	• 내담자나 환자 중심의 개인 사례보다는 프로그램 자체에 중점을 둔 자문에 해당한다. • 임상가나 심리학자는 내담자나 환자를 위한 집단치료프로그램의 구성 및 진행과정에 대해 자문할 수 있다.
피자문자 중심 행정자문	• 어떤 조직 내에 소속되어 있는 피자문자가 조직의 행정이나 인사 등의 행정적인 업무에 대해 자문을 할 수 있다. • 자문가는 특정 조직의 효율적인 행정업무가 이루어지도록 지도 및 훈련을 제공하며, 경우에 따라 변호인으로서의 역할을 수행하기도 한다.

핵심이론 27 자문 II

♦ 자문의 일반적인 과정
- 제1단계 – 질문의 이해
- 제2단계 – 평가
- 제3단계 – 중재
- 제4단계 – 종결
- 제5단계 – 추적

♦ 전문적 자문의 과정
- 제1단계 – 개시의 단계
- 제2단계 – 문제 정의의 단계
- 제3단계 – 대안분석의 단계
- 제4단계 – 장애물 제거의 단계
- 제5단계 – 종료 단계

♦ 자문가의 역할
- 전문가로서의 자문가
- 협력자로서의 자문가
- 진상조사자로서의 자문
- 교육자로서의 자문가
- 옹호자로서의 자문가
- 과정-전문가로서의 자문가

♦ 효과적인 자문을 위한 기술(Dougherty)
- 감정이입
- 진솔성
- 사회적 기술
- 다른 사람과 일하는 것에 대한 편안한 느낌

핵심이론 28 정신건강의 관점에 따른 성격유형 및 자기개념

◆ **성격에 따른 행동유형(Friedman & Rosenman)**
- A형 성격 : 능동적이고 공격적인 성향을 가지고 있다.
- B형 성격 : 수동적이고 방어적인 성향을 가지고 있다.
- C형 성격 : 필요 이상으로 다른 사람에게 협력적이며, 지나칠 정도로 인내심을 발휘한다.

◆ **자기개념의 구성요소(James)**
- 물질적 자기(Material Self) : '나'를 이루고 있으며, '나'와 관계된 가시적인 동시에 물질적인 측면을 말한다.
- 사회적 자기(Social Self) : 타인과의 관계 속에서 나타나는 '나'의 지위나 신분, 위치를 말한다.
- 심리적·영적 자기(Psychic or Spiritual Self) : '나'의 가치관이나 도덕적 기준과 연관된 내면적 특성 및 자기반성적 사고를 말한다.

핵심이론 29 신경계

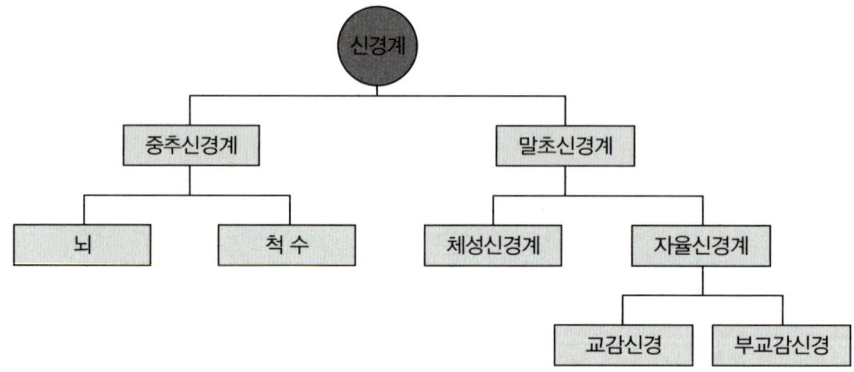

◆ **중추신경계**
- 뇌 - 대뇌, 소뇌, 간뇌(사이뇌), 중뇌, 연수(숨뇌)
- 척수 - 전근(前根), 후근(後根)

◆ **말초신경계**
- 체성신경계 - 감각신경, 운동신경
- 자율신경계 - 교감신경, 부교감신경

핵심이론 30 주의력결핍 및 과잉행동장애(ADHD)

◆ ADHD의 주요 증상

주의력결핍 또는 부주의, 과잉행동, 충동성

◆ ADHD의 병인

구 분	내 용
뇌 손상 및 기능결함	• 운동기능 및 활동수준의 통제를 담당하는 대뇌의 전두엽 손상 • 신경전달물질인 도파민(Dopamine)과 노르에피네프린(Norepinephrine)의 이상 • 뇌의 대사율 및 혈류량의 감소
유 전	• 부모가 ADHD에 해당하는 경우(자녀의 57% 정도가 증상을 보임) • 형제가 ADHD에 해당하는 경우(정상 대조군에 비해 발병률이 2~3배) • 아동의 부모나 친척 중 품행장애, 우울장애, 약물 남용 등을 가진 경우 • 일란성 쌍생아가 이란성 쌍생아보다 발병률이 높음
임신과 출산	• 임신 중 흡연 또는 음주 • 임신 중 질병의 감염 • 체중 미달 및 미숙아
섭 식	• 음식 첨가물 또는 인공 색소 • 음식 알레르기 또는 특정 음식물에 대한 예민한 반응 • 과도한 당분 섭취, 비타민 결핍
환 경	• 체내 납 성분 농도 또는 납 중독 • 고압전류지역에서의 거주 • 과도한 TV 시청
심리적 요인	• 부모의 잦은 다툼에 의한 불안정한 정서 상태 • 부모와의 원만하지 못한 관계 • 부모의 자녀에 대한 비판, 무관심 • 부모의 권위적·일방적 태도

제 5 과목 | 심리상담

핵심이론 01 정신분석 상담 Ⅰ

◆ 정신분석 상담의 과정
- 제1단계 – 초기 단계
- 제2단계 – 전이 단계
- 제3단계 – 통찰 단계
- 제4단계 – 훈습 단계

◆ 상담 과정에서의 전이(Transference)
과거에 충족되지 못한 욕구를 현재의 상담자를 통해 해결하고자 하는 일종의 투사현상이다.

◆ 상담 과정에서의 역전이(Counter Transference)
내담자의 태도 및 외형적 행동에 대한 상담자의 개인적인 정서적 반응이자 투사이다.

핵심이론 02 정신분석 상담 Ⅱ

◆ 자유연상(Free Association)
내담자에게 무의식적 감정과 동기에 대해 통찰하도록 하기 위해 마음속에 떠오르는 것을 의식의 검열을 거치지 않은 채 표현하도록 격려하는 것이다.

◆ 해석(Interpretation)
상담자가 내담자의 자유연상·정신 작용 중 명확하지 않은 부분에 대해 추리하여 이를 내담자에게 설명하는 것이다.

◆ 저항의 분석(Resistance Analysis)
저항(Resistance)은 상담의 진행을 방해하고 현재 상태를 유지하려는 내담자의 의식적 또는 무의식적 사고와 감정으로, 저항의 분석은 저항에 대한 거론(Addressing), 저항의 명료화(Clarification), 저항의 원인에 대한 해석(Interpretation), 반복적 실행에 따른 저항의 훈습(Working-through)의 과정으로 전개된다.

◆ **꿈의 분석(Dream Analysis)**

내담자의 꿈속에 내재된 억압된 감정과 무의식적인 욕구를 꿈의 내용을 분석함으로써 통찰하도록 하는 것이다.

◆ **훈습(Working-through)**

상담 과정에서 내담자의 통찰이 현실 생활에 실제로 적용되어 내담자에게 변화가 일어나는 것이다.

◆ **버텨주기(Holding)**

내담자가 막연하게 느끼지만 스스로는 직면할 수 없는 불안과 두려움에 대해 상담자의 이해를 적절한 순간에 적합한 방법으로 전해주면서, 내담자에게 의지가 되어주고 따뜻한 배려로 마음을 녹여주는 것이다.

핵심이론 03 방어기제

◆ **적응적인 방어기제**

이타주의(Altruism), 승화(Sublimation), 유머(Humor), 억제(Suppression)

◆ **부적응적인 방어기제**

구 분	내 용
억 압	죄의식이나 괴로운 경험, 수치스러운 생각을 의식에서 무의식으로 밀어내는 것으로서 선택적인 망각을 의미한다.
반동형성	자신이 가지고 있는 무의식적 소망이나 충동을 본래의 의도와 달리 반대되는 방향으로 바꾸는 것이다.
투 사	사회적으로 인정받을 수 없는 자신의 행동과 생각을 마치 다른 사람의 것인 양 생각하고 남을 탓하는 것이다.
전치 또는 치환	자신이 어떤 대상에 대해 느낀 감정을 보다 덜 위협적인 다른 대상에게 표출하는 것이다.
주지화	위협적이거나 고통스러운 정서적 문제를 피하기 위해 또는 그것을 둔화시키기 위해 사고, 추론, 분석 등의 지적 능력을 사용하는 것이다.
해 리	괴로움이나 갈등상태에 놓인 인격의 일부를 다른 부분과 분리하는 것이다.
행동화	무의식적 욕구나 충동이 즉각적으로 충족되지 않은 채 연기됨으로써 발생하는 내적 갈등을 피하기 위한 목적으로 그와 같은 욕구나 충동을 보다 직접적으로 표출하는 것이다.

핵심이론 04 형태주의 상담(게슈탈트 상담) Ⅰ

♦ 형태주의 상담의 인간관
- 인간은 완성을 추구하는 경향이 있다.
- 인간은 자신의 현재 욕구에 따라 게슈탈트를 완성한다.
- 인간의 행동은 그것을 구성하는 구성요소인 부분의 합보다 큰 전체이다.
- 인간의 행동은 행동이 일어난 상황과 관련하여 의미 있게 이해될 수 있다.
- 인간은 전경과 배경의 원리에 따라 세상을 경험한다.

♦ 형태주의 상담의 주요 개념
- 게슈탈트(Gestalt) : 개체에 의해 지각된 유기체 욕구나 감정 즉, 개체가 자신의 욕구나 감정을 하나의 의미 있는 전체로 조직화하여 지각한 것을 의미한다. 개체는 자신의 욕구나 감정을 유의미한 행동으로 만들고 이를 실행하여 완결 짓기 위해 게슈탈트를 형성한다.
- 미해결 과제(Unfinished Business) : 완결되지 않은 게슈탈트를 의미하는 것으로서, 분노·원망·고통·슬픔·불안·죄의식 등과 같이 명확히 표현되지 못한 감정을 포함한다.
- 전경과 배경(Figure & Ground) : '전경'은 관심의 초점으로 부각되는 부분인 반면, '배경'은 관심 밖으로 밀려나는 부분이다.

핵심이론 05 형태주의 상담(게슈탈트 상담) Ⅱ

♦ 형태주의 상담의 기술
- 욕구와 감정의 자각
- 신체 자각
- 환경 자각
- 언어 자각
- 과장하기
- 반대로 하기(반전기법)
- 머물러 있기(느낌에 머무르기)
- 빈 의자 기법
- 자기 부분들 간의 대화
- 꿈을 통한 통합(꿈 작업)
- 대화실험

♦ 개인과 환경 간의 접촉장애 유형

- 내사(Introjection)
- 투사(Projection)
- 반전(Retroflection)
- 융합(Confluence)
- 편향(Deflection)

핵심이론 06 인지·정서·행동적 상담 Ⅰ

♦ 인지·정서·행동적 상담의 기본원리

- 인지는 인간 정서의 가장 중요한 핵심적 요소이다.
- 역기능적 사고는 정서적 장애의 중요한 결정요인이다.
- 인지·정서·행동적 상담은 사고와 감정의 연관성을 기초로 사고의 분석에서부터 시작한다.
- 비합리적 사고와 정신병리를 유도하는 원인적 요인들은 유전적·환경적 영향을 포함하는 중다요소로 되어 있다.
- 인지·정서·행동적 상담은 행동에 대한 과거의 영향보다 현재의 상태에 초점을 둔다.
- 인간은 본래 비합리적으로 생각을 하지만, 그러한 비합리적인 사고를 바꿀 수 있는 힘이 있다고 믿는다.

♦ 인지·정서·행동적 상담의 주요 상담기법

- 비합리적 사고 논박하기
- 내담자의 언어 변화시키기
- 유머 사용하기
- 인지적 과제 부여하기
- 합리적 상상하기
- 행동적 기법 사용하기

핵심이론 07 인지·정서·행동적 상담 II

♦ 합리적·정서적 행동치료에서 비합리적 신념의 유형
완전주의, 당위성, 과잉 일반화, 부정적 예언, 무력감

♦ 엘리스(Ellis) 합리적·정서적 행동치료의 구체적인 목표
- 자기에 대한 관심(Self-interest)
- 사회에 대한 관심(Social-interest)
- 자기 지시(Self-direction)
- 관용(Tolerance)
- 유연성(Flexibility)
- 불확실성의 수용(Acceptance of Uncertainty)
- 몰입(Commitment)
- 과학적 사고(Scientific Thinking)
- 자기 수용(Self-acceptance)
- 모험 실행(Risk Taking)
- 반유토피아주의(Non-utopianism)

♦ ABCDE 모델(Ellis)
- 선행사건(Activating Event)
- 비합리적 신념체계(Belief System)
- 결과(Consequence)
- 논박(Dispute)
- 효과(Effect)

핵심이론 08 인지치료 I

♦ 인지치료의 주요 원칙
- 인지용어로써 내담자의 문제를 공식화하며, 이를 토대로 치료를 진행한다.
- 치료자와 내담자 간의 건강한 치료적 동맹과 상호협조를 강조한다.
- 내담자의 자발적이고 적극적인 참여를 강조한다.
- 목표 지향적인 동시에 문제 중심적인 치료이다.
- '여기-지금(Here & Now)'을 강조한다.
- 내담자 스스로 치료자가 될 수 있도록 교육하며, 특히 재발방지를 위해 노력하는 과정이다.
- 구조화된 치료이자 단기적·한시적 치료이다.

- 내담자로 하여금 자신의 역기능적인 사고와 신념을 평가하도록 하며, 그에 대해 적절히 반응하도록 교육한다.
- 내담자의 부적응적 사고, 감정, 행동을 변화시키기 위해 다양한 기법을 사용한다.

♦ 자동적 사고(Automatic Thinking)

자동적 사고의 특징	자동적 사고의 식별방법
• 구체적이며, 축약되어 있고 흔히 당위적인 말로 표현 • 축약된 언어나 이미지 또는 두 가지가 혼합된 형태 • 비합리적인 내용이라도 거의 의심 없이 받아들여짐 • 자발적으로 경험 • 일을 극단적으로 보려는 경향 • 개인에 따라 독특한 방식으로 나타남 • 중단하기가 쉽지 않고 학습되는 경향	• 감정변화 인식하기(감정변화 즉시 질문하기) • 심리교육하기 • 안내에 따른 발견 • 사고기록지 작성하기 • 심상(Imagery) 활용하기(생활사건 생생하게 떠올리기) • 역할극 활용하기 • 체크리스트 활용하기

핵심이론 09 인지치료 II

♦ 인지적 오류(Beck)

- 임의적 추론(Arbitrary Inference)
- 과도한 일반화(Overgeneralization)
- 이분법적 사고(Dichotomous Thinking)
- 정서적 추론(Emotional Reasoning)
- 재앙화(Catastrophizing)
- 선택적 추상화(Selective Abstraction)
- 개인화(Personalization)
- 과장/축소(Magnification/Minimization)
- 긍정 격하(Disqualifying the Positive)
- 잘못된 명명(Mislabelling)

♦ 인지적 치료기술

- 재귀인(Reattribution)
- 재정의(Redefining)
- 탈중심화(Decentering)

핵심이론 10 인간중심 상담

♦ 인간중심 상담에서 상담자가 갖추어야 할 바람직한 태도
- 일치성과 진실성
- 공감적 이해와 경청
- 무조건적인 긍정적 관심 또는 존중

♦ 충분히 기능하는 사람(Fully Functioning Person)의 특성
- 경험에 대해 개방적이다.
- 실존적인 삶을 사는 사람이다.
- '자신'이라는 유기체에 대해 신뢰한다.
- 경험적인 자유를 지니고 있다.
- 창조적으로 살아간다.

핵심이론 11 실존주의 상담

♦ 실존주의 상담에서 내담자의 궁극적 관심사와 관련된 주요 주제
- 자유와 책임
- 죽음과 비존재
- 삶의 의미
- 진실성

♦ 실존주의 상담의 원리
- 비도구성의 원리
- 만남의 원리
- 자아중심성의 원리
- 치료할 수 없는 위기의 원리

♦ 의미요법(Logotherapy)
- '의미요법' 또는 '의미치료'는 프랭클(Frankl)이 '의미에 대한 의지(Will to Meaning)'를 강조하면서 기존의 심리학적 이론에 실존철학을 도입한 치료법이다.
- 인간은 의미를 추구하기 위해 초월적인 가치를 탐구하며, 이러한 초월적인 가치는 인간의 잠재능력을 구현하는 동시에 인간이 스스로의 삶을 책임지면서 살도록 해준다.
- 의미요법은 인생의 의미, 죽음과 고통의 의미, 일과 사랑의 의미 등 철학적이고 영혼적인 양상의 문제가 있는 내담자들을 대상으로 한다.

핵심이론 12 현실주의 상담

♦ 현실주의 상담(현실치료)의 의의 및 특징
- 1950년대에 글래서(Glasser)가 정신분석의 결정론적 입장에 반대하여 그에 반대되는 치료적 접근방법을 개발한 것이다.
- 인간은 자신의 욕구를 충족하기 위해 행동하며 인간은 생존의 욕구, 사랑과 소속의 욕구, 권력과 성취의 욕구, 자유의 욕구, 즐거움과 재미의 욕구 등 5가지의 기본적인 욕구를 가지고 있으며, 위계는 없다.

♦ 현실주의 상담의 8단계 원리(Glasser)
- 제1단계 – 관계형성 단계
- 제2단계 – 현재 행동에의 초점화 단계
- 제3단계 – 자기행동 평가를 위한 내담자 초청 단계
- 제4단계 – 내담자의 행동계획 발달을 위한 원조 단계
- 제5단계 – 내담자의 의무수행 단계
- 제6단계 – 변명 거부 단계
- 제7단계 – 처벌 금지 단계
- 제8단계 – 포기 거절 단계

♦ 현실주의 상담의 주요 기술
유머, 역설적 기법, 직면

핵심이론 13 상담의 구조화

♦ 상담 구조화의 방법
- 시간의 제한
- 행동의 제한
- 상담자 역할의 구조화
- 내담자 역할의 구조화
- 상담 과정 및 목표의 구조화
- 비밀보호의 원칙 및 한계

♦ 상담 구조화의 원칙
- 상담자는 내담자가 편안한 느낌을 가질 수 있도록 구조화를 최소한으로 줄이는 것이 바람직하다.
- 상담시간 및 장소, 상담자와 내담자의 역할관계 및 행동규범 등을 구체적으로 규정해야 한다.
- 구조화는 결코 내담자에게 일방적으로 지시를 내리거나 처벌하는 방식으로 이루어져서는 안 된다.
- 구조화는 공감적인 분위기 속에서 상담자와 내담자 간의 자연스러운 합의로 전개되어야 한다.
- 구조화는 상담 첫 회기에 한 번만 이루어지는 것이 아닌 상담의 전 과정에서 필요에 따라 진행될 수 있다.

핵심이론 14 상담장면의 초기면담과 관계형성

♦ 초기면담의 주요 요소
- 관계형성(Rapport)
- 언어적 · 비언어적 행동
- 즉시성
- 직 면
- 리허설
- 감정이입
- 상담자 노출하기
- 유 머
- 계 약

♦ 초기면담 수행 시 상담자가 유의해야 할 사항
- 면담 시작 전에 가능한 한 모든 사례자료들을 검토한다.
- 내담자와의 만남을 통해 태도, 표정, 억양, 눈 맞춤 등을 살핀다.
- 내담자의 초기목표를 명확히 한다.
- 내담자의 상담에 대한 기대를 결정한다.
- 내담자가 상담자의 기대를 어느 정도 잘 수용하는지 살펴본다.
- 내담자에게 비밀유지에 대해 설명한다.
- 상담 과정에 대해 전반적으로 요약한다.
- 상담시 반드시 짚고 넘어가야 할 필수질문들을 확인한다.
- 내담자에게 상담 과정에서 활용될 과제물을 부여한다.

핵심이론 15 명료화, 반영, 직면

♦ 명료화(Clarification)
내담자의 말 중에서 모호한 점이나 모순된 점이 발견될 때, 이를 명확히 이해하고 넘어가기 위해 다시 그 점을 상담자 또는 면접자가 질문함으로써 내담자로 하여금 그 의미를 명백하게 하는 기술이다.
예 "~라고 말한 것은 구체적으로 무엇을 뜻합니까?", "~에 대해 자세하게 말해줄 수 있나요?"

♦ 반영(Reflection)
내담자가 전달하고자 하는 의사의 본질을 스스로 볼 수 있도록 내담자의 말과 행동에서 표현되는 감정 · 생각 · 태도를 상담자가 다른 참신한 말로 부연하는 기술을 말한다.
예 상담자 : "당신은 …을 말하는 것 같군요", "당신은 …을 느끼고 있는 거로군요"
　　내담자 : "네, 맞아요", " 정말 그래요"

♦ 직면(Confrontation)

내담자의 말이나 행동이 일치하지 않는 경우 또는 내담자의 말에 모순점이 있는 경우 상담자가 그것을 지적해 주는 것이다.

> 예 "○○씨는 아무렇지 않다고 말하지만, 지금 얼굴이 아주 굳어있고 목소리도 떨리는군요. 내적으로 지금 어떤 불편한 감정이 있는 것 같은데, ○○씨의 반응이 궁금하군요."

핵심이론 16 경 청

♦ 경청을 방해하는 요인
- 비교하기
- 말할 내용 준비하기
- 미리 판단하기
- 공상하기
- 언쟁하기
- 자기만 옳다고 주장하기
- 마음읽기
- 걸러서 듣기
- 충고하기
- 자기경험과 관련짓기
- 주제 이탈하기
- 비위 맞추기

♦ 생산적인 경청자로서 상담자의 바람직한 면담행동
- 상담자는 반응하기에 앞서 내담자로 하여금 자신에 대해 말할 충분한 시간을 제공한다.
- 내담자의 말이 대수롭지 않은 것이라고 생각되더라도, 내담자가 심각하게 말하는 내용에 대해 주의를 기울인다.
- 내담자의 말에 충분한 주의를 기울인다.
- 내담자가 충분히 알아들을 수 있도록 이해하기 쉽고 명료한 말을 사용한다.
- 내담자의 변화를 위해 필요한 질문 또는 그와 관련된 개방적 질문을 하며, 불필요한 질문을 삼간다.
- 내담자에 대한 시선을 유지하며, 시계를 보는 등의 행위를 삼간다.
- 내담자가 문제를 피력할 때 이를 가로막지 않으며, 그에 대한 논쟁을 회피하지 않는다.
- 주제를 바꾸는 등 내담자의 문제를 회피하지 않는다.
- 말하기 전에 생각하며, 즉각적인 충고를 삼간다.

핵심이론 17 질 문

◆ 개방형 질문과 폐쇄형 질문

개방형 질문	폐쇄형 질문
질문의 범위가 포괄적이다.	질문의 범위가 매우 좁고 한정되어 있다.
내담자에게 가능한 한 많은 대답을 선택할 기회를 제공한다.	내담자가 대답할 수 있는 범위를 '예/아니요' 또는 다른 단답식 답변으로 제한한다.
내담자로 하여금 시야를 보다 넓히도록 유도한다.	내담자의 시야를 좁게 만든다.
바람직한 촉진 관계를 열어놓는다.	바람직한 촉진 관계를 닫아놓는다.
상담 초기에 유용하게 사용될 수 있으나, 익숙지 않은 내담자에게 답변에 대한 부담감을 줄 수 있다.	위기상황에서 내담자를 위한 신속한 대응에 유리하다.
예 "당신은 현재 상담 진행 중인 상담사에 대해 어떻게 생각합니까?"	예 "당신은 현재 상담 진행 중인 상담사에 대해 만족합니까?"

◆ 상담 시 유용한 질문

- 기적질문 : "잠자는 동안 기적이 일어나, 당신을 여기에 오게 한 그 문제가 극적으로 해결됩니다. 아침에 일어나서 지난 밤 기적이 일어나 모든 문제가 해결되었다는 것을 어떻게 알 수 있을까요?"
- 예외질문 : "문제가 발생하지 않은 때는 언제인가요?"
- 척도질문 : "폭력을 행사하는 아버지가 어느 정도 싫은지 0점에서 10점까지 점수로 표현할 수 있을까요?"
- 대처질문 : "그렇게 힘든 과정에서 어떻게 지금의 상태를 유지할 수 있었나요?"
- 관계성질문 : "만약 당신의 아버지가 지금 여기에 있다고 가정할 때, 당신의 아버지는 당신의 문제가 해결될 경우 무엇이 달라질 거라 말씀하실까요?"

핵심이론 18 집단상담의 이해

◆ 집단상담의 목표

- 자신과 타인에 대한 신뢰감 형성, 자신과 타인에 대한 주도성·자율성·책임감 증진
- 자신에 대한 지식습득과 정체성 발달, 자신의 결정에 대한 자각과 지혜로운 결정능력 증진
- 인간의 욕구나 문제들의 공통성과 보편성 인식
- 자기 수용(Self-acceptance)·자신감·자기존중감 증진 및 자신에 대한 시각의 개선
- 정상적인 발달문제와 갈등을 해결하는 새로운 방식 발견, 효과적인 사회적 기술 학습
- 특정행동의 변화를 위한 구체적 계획 수립과 완수, 타인의 욕구와 감정에 대한 민감성 증진
- 타인에 대한 배려와 염려를 바탕으로 한 직면의 기술 습득

♦ **집단상담자의 역할**
- 집단 활동의 시작과 종결을 돕는다.
- 집단의 방향을 제시하고 집단 규준을 발달시킨다.
- 집단 분위기 조성을 돕고 의사소통 및 상호작용을 촉진시킨다.
- 집단성원에게 행동의 모범을 보이며, 집단성원을 보호한다.

핵심이론 19 집단의 구성

♦ **집단의 크기**
- 동질성과 이질성의 장점을 동시에 갖추어 충분한 경험을 토대로 새로운 도전을 시도할 수 있는 집단이 되기 위해서는 집단의 크기가 일정 수준을 유지해야 한다.
- 집단상담의 규모는 보통 5~15명 또는 6~12명 정도이며, 대체로 5~8명 정도가 적당한 것으로 알려져 있다.

♦ **개방집단과 폐쇄집단**

개방집단	폐쇄집단
• 새로운 성원의 아이디어나 자원을 활용할 수 있다. • 새로운 성원의 참여로 집단 전체의 분위기를 조성할 수 있다. • 성원 교체에 따른 안정성이나 집단정체성에 문제가 발생할 수 있다. • 새로운 성원의 참여가 기존 성원의 집단과업 과정에 방해요소가 될 수 있다.	• 같은 성원의 지속적인 유지로 인해 결속력이 매우 높다. • 안정적인 구성으로 집단성원의 역할행동을 예측할 수 있다. • 성원의 결석이나 탈락이 집단에 부정적인 영향을 미친다. • 새로운 정보의 유입이 이루어지지 않으므로 효율성이 떨어질 수 있다. • 소수 의견이 집단의 논리에 의해 무시될 수 있다.

핵심이론 20 집단상담의 효과와 집단응집력

♦ **집단상담의 효과**
- 시간 및 비용의 절감
- 구체적 실천의 경험
- 소속감 및 동료의식
- 지도성의 확대
- 개인상담으로의 연결
- 편안함 및 친밀감
- 현실검증의 기회 제공
- 풍부한 학습 경험
- 관찰 및 경청

♦ 응집력이 높은 집단의 특징

- 자기 자신을 개방하며, 자기 탐색에 집중한다.
- 다른 성원들과 고통을 함께 나누며, 이를 해결해 나간다.
- 자유로운 분위기에서 집단 활동에 적극적으로 동참한다.
- 자신의 생각과 느낌을 즉각적으로 표현한다.
- 서로를 보살피며, 있는 그대로 수용해 준다.
- 보다 진실되고 정직한 피드백을 교환한다.
- 건강한 유머를 통해 친밀감을 느끼며, 기쁨을 함께한다.
- 깊은 인간관계를 맺으므로 중도이탈자가 적다.
- 집단의 규범이나 규칙을 준수하며, 이를 지키지 않는 다른 집단성원을 제지한다.

핵심이론 21 사례관리

♦ 사례관리의 등장배경(Moxley)

- 탈시설화
- 다양한 문제와 욕구를 가진 인구의 증가
- 클라이언트의 삶의 질에 대한 사회적 인식
- 지역사회서비스의 지방분권화
- 서비스의 분산화 · 단편화
- 대인서비스의 비용효과성

♦ 사례관리 실무의 6대 원칙(Moxley)

- 클라이언트 수준에서 활동한다.
- 체계적 관점을 유지하며, 클라이언트로 하여금 자신이 가진 개인자원을 활용할 기회를 보장한다.
- 행정적 과정 및 기술을 활용한다.
- 임상적 과정 및 기술을 활용한다.
- 책임성에 근거하여 활동한다.
- 서비스 전달의 통합을 달성하기 위해 노력한다.

핵심이론 22 사이버(인터넷) 상담

♦ 사이버 상담의 특징

단회성, 신속성, 문자 중심의 상호작용, 익명성, 자발성 · 주도성, 시 · 공간의 초월성, 개방성, 경제성, 자기 성찰의 기회 제공

♦ 사이버 상담의 장·단점

장점	• 개인의 지위, 연령, 신분, 권력 등을 짐작할 수 있는 사회적 단서가 제공되지 않으므로 전달되는 내용 자체에 많은 주의를 기울이고 의미를 부여할 수 있다. • 내담자의 자발적 참여로 상담이 진행되는 경우가 대면 상담에 비해 압도적으로 많으므로 내담자들의 문제해결에 대한 동기가 높다. • 상담자와 직접 얼굴을 마주하지 않기 때문에 자신의 행동이나 감정에 대한 즉각적인 판단이나 비판을 염려하지 않아도 된다. • 대면 상담에 비해 비용면에서 효율적이며, 그로 인해 상담료 또한 저렴한 편이다. • 상담 내용의 저장, 유통, 가공, 검색, 재검토 등이 용이하다.
단점	• 주로 문자 등의 시각적 자료에 의존해야 하므로 대면 상담과 같은 깊이 있는 의사소통을 기대하기 어려우며, 내담자의 복잡한 정서적인 내용을 파악하기 곤란하다. • 상담자의 입장에서 내담자의 신상과 상담 내용을 신뢰하기 어려우며, 내담자와의 라포 형성이 쉽지 않다. • 내담자 자신의 정보를 선택적으로 공개할 수 있으며, 언제든지 상담을 중단해버릴 수 있다. • 기본적으로 컴퓨터 시스템이 필요하며, 네트워크상의 불안정성 등의 문제에 영향을 받는다. • 익명성에 따른 부적절한 대화예절, 노골적인 성적 표현 등의 문제가 제기될 수 있다. • 내담자가 여러 개의 아이디를 사용하여 현재 자신의 문제와 관련 없는 과거의 부정적인 경험 등을 제시함으로써 단순한 역할시험의 장(場)으로 오용될 수 있다. • 자구적인 노력이나 책임감 없이 습관적으로 상담을 요청할 수 있다.

핵심이론 23 장애인 재활

♦ 장애인 재활의 영역

의료재활, 심리재활, 교육재활, 직업재활, 사회재활

♦ 재활의 3단계 모형

- 제1단계 – 손상(Impairment)
- 제2단계 – 장애(Disability)
- 제3단계 – 핸디캡(Handicap)

♦ 장애인의 심리재활을 위한 집단치료

- 장애인을 위한 집단치료는 장애인은 물론 그 가족들에게도 적용된다.
- 집단치료가 타인과의 상호작용에 의한 사회성 향상을 목표로 하는 만큼, 특별한 이유가 없는 한 집단구성원 선발 시 장애의 종류 등을 기준으로 하지 않는다.
- 집단치료를 통해 장애인은 집단 속에서 서로 도움을 주고받음으로써 필요한 존재가 되는 경험을 가진다.
- 장애인은 장애 후 새로운 관계형성을 계기로 효과적인 의사소통 기술을 개발할 수 있는 기회를 가진다.
- 모델링을 통해 비슷한 문제들에 대한 해결방법을 학습하며, 정서적인 지지와 유용한 정보를 얻는다.

핵심이론 24 장애의 적응과 재활

♦ 신체적 장애 발생에 따른 적응 과정

- 제1단계 – 충격
- 제2단계 – 부정
- 제3단계 – 우울반응
- 제4단계 – 독립에 대한 저항
- 제5단계 – 적응

♦ 직업재활의 기본원칙(나운환, 2003)

- 모든 사람은 인간으로서의 기본적인 가치가 있으므로 심신의 결함 범위 내에서 인생의 행복을 추구하도록 한다.
- 모든 사람은 사회성원의 일원으로서, 재활을 통해 장애인들이 사회에서 받아들여질 수 있도록 적응력을 길러야 한다.
- 개인의 자질은 중요시되어야 하고 보호 및 계발되어야 하기 때문에 장애인의 자질도 존중되고 계발되어야 한다.
- 심신의 장애로 인한 결함의 한계성과 환경의 한계성을 인식하면서 현실적으로 대처해 나가도록 도와야 한다.
- 장애인의 신체적 욕구뿐만 아니라 정신적, 사회적, 문화적, 경제적인 욕구를 참작하여 전인적으로 도와야 한다.
- 재활치료는 각 개인의 특성에 맞게 다양하고 융통성이 있어야 한다.
- 문제를 의식하고 해결해야 하는 장애인 자신이 재활에 적극적으로 참여해야 한다.
- 장애의 발생요인을 개인에게 돌리기에는 사회적 책임이 너무 크기 때문에 장애인의 재활은 사회가 책임져야 한다.
- 직업재활은 여러 문제가 복합되어 있으므로 각 영역의 전문가와 전문기관이 서로 협력 및 보완하여야 한다.
- 재활은 도움이 필요할 때까지는 계속 도움을 주는 과정이어야 한다.
- 자신이나 재활프로그램에 대하여 심리적 반응을 나타낼 수 있으므로 항상 장애인의 심리적 상태를 파악해야 한다.
- 재활 과정이란 연속되는 복잡한 과정이므로 반드시 장애인 자신과 재활프로그램에 대해서 계속적으로 평가해야 한다.

핵심이론 25 스트레스

◆ 스트레스의 유형
- 자극으로서의 스트레스
- 반응으로서의 스트레스
- 개인과 환경 간의 상호작용으로서의 스트레스

◆ 스트레스에 대한 3가지 유형의 대처방식(Lazarus & Folkman)
- 문제집중적 대처방식
- 정서집중적 대처방식
- 문제-정서 혼합적 대처방식

◆ 스트레스에 의한 일반적응증후군의 3단계(Selye)
- 제1단계 – 경계단계(경고반응단계)
- 제2단계 – 저항단계(저항반응단계)
- 제3단계 – 탈진단계(소진단계)

핵심이론 26 학습문제

◆ 학습문제의 유형
- 학습부진(Underachievement)
- 학습장애(Learning Disability)
- 학습저성취(Low Achievement)
- 학습지진(Slow Learner)

◆ 학습상담에서 상담자가 갖추어야 할 자질
- 상담자는 학습문제와 연관된 다양한 요인들을 체계적으로 고려해야 한다.
- 상담자는 학습문제의 발생 원인에 대한 정확한 진단과 함께 학습 성취는 물론 학습 과정상의 이해를 토대로 학생 개인 및 그 가족이 학습문제를 어떻게 다루어 왔는지 살펴보아야 한다.
- 상담자는 학생으로 하여금 자발적이고 창의적인 학습 방법을 익히도록 적절한 교육과 훈련을 실시해야 한다.
- 상담자는 아동 및 청소년에 대한 심리적·발달적 전문지식과 함께 이를 적절히 활용할 수 있는 전략을 준비해야 한다.

핵심이론 27 인터넷 중독

♦ 인터넷 중독의 3단계
- 제1단계 – 호기심
- 제2단계 – 대리만족
- 제3단계 – 현실탈출

♦ 인터넷 중독의 증후
- 내성, 금단, 남용 증상이 있다.
- 현실에의 적응 및 일상생활에서의 곤란을 경험한다.
- 신체적·정신적 건강상에 문제가 발생한다.
- 수면장애가 발생한다.
- 과도한 인터넷 사용으로 수업에 집중하기 어려우며, 수업시간에 잠을 자기도 한다.
- 가족이나 또래친구와 소원해지는 등 대인관계에 문제가 발생한다.
- 하루도 빠짐없이 인터넷을 한다.
- 인터넷에 접속하는 경우 시간 가는 줄 모른다.
- 인터넷 사용으로 상당한 시간을 소모한다는 사실을 부인한다.
- 식사시간이 줄어들며, 모니터 앞에서 식사를 하기도 한다.
- 가족이나 주위사람들이 모니터 앞에 너무 오래 앉아있다고 나무란다.
- 가족이 없는 경우 오히려 편안한 마음으로 인터넷을 한다.

핵심이론 28 약물 남용

♦ 약물 오용, 약물 의존, 약물 남용, 약물 중독
- 약물 오용(Misuse) : 의학적인 목적으로 약물을 사용하기는 하지만 이를 의사의 처방에 따르지 않고 임의로 사용하거나 또는 처방된 약을 지시에 따라 제대로 사용하지 않는 것을 말한다.
- 약물 의존(Dependence) : 마약류 및 여타 약물을 지속적·주기적으로 사용한 결과 사용자에게 정신적·신체적 변화가 발생하여 사용자가 마약류 및 약물사용을 중단하거나 조절하는 행위가 어렵게 되는 상태를 말한다.
- 약물 남용(Abuse) : 의학적 상식, 사회적 관습이나 법규로부터 일탈하여 쾌락을 추구하기 위해 약물을 사용하거나 과잉으로 사용하는 행위를 말한다.
- 약물 중독(Addiction) : 중독성 있는 약물에 대한 강박적이고 과도한 집착으로 인해 부작용에도 불구하고 약물 사용을 적절히 통제하거나 조절하는 것이 스스로의 힘으로 도저히 불가능한 상태를 말한다.

♦ **약물 남용 청소년에 대한 상담**
- 상담자는 상담 시작 전 종합적인 진단을 통해 효율적인 치료방법을 선택한다.
- 약물 남용과 관련된 문제에 대한 감정 및 내면의 문제를 적절히 다룬다.
- 상담자는 약물 남용 청소년이 자신의 문제에 직면하도록 도우며, 치료계획을 함께 세우도록 한다.
- 치료프로그램에 가족과 친구들을 포함시키는 것도 고려한다.

핵심이론 29 도박중독

♦ **도박중독의 특징**
- 도박 행동의 조절이나 중지를 위한 노력이 반복적으로 실패한다.
- 도박 행동에 대한 제한을 시도할 때 안절부절못하거나 과민해진다.
- 무기력감이나 우울감, 죄책감 등의 문제에서 벗어나기 위한 수단으로서 도박을 한다.
- 자신의 도박 행동에 대한 사실을 감추기 위해 가족이나 치료자들에게 거짓말을 한다.
- 도박자금을 마련하기 위해 도둑질, 지폐위조, 사기 등 불법행위를 시도한다.
- 도박으로 인해 대인관계에 문제가 발생하거나 직업상·교육상의 기회를 상실한다.
- 도박에 의한 경제적 궁핍, 생계 곤란의 문제로 인해 다른 사람에게 의존한다.

♦ **도박중독의 단계**
- 제1단계 - 승리단계
- 제2단계 - 손실단계
- 제3단계 - 절망단계
- 제4단계 - 포기단계
- 제5단계 - 결심단계
- 제6단계 - 재건단계
- 제7단계 - 성장단계

핵심이론 30 성폭력 상담

♦ **피해 후 피해자의 심리적 단계**
- 제1단계 - 충격과 혼란
- 제2단계 - 부정
- 제3단계 - 우울과 죄책감
- 제4단계 - 공포와 불안
- 제5단계 - 분노
- 제6단계 - 재수용

♦ 성문제 상담의 일반지침

- 성에 관한 상담자 자신의 태도인식
  - 상담자는 내담자의 성문제를 다루기 전에 먼저 자신의 성에 대한 태도를 자각하고 있어야 한다.
  - 이는 가정과 사회의 기대 및 성장과정에서의 학습과 경험을 통해 개개인의 이성관과 성적 욕구에 대한 반응양식이 형성되기 때문이다.
- 개방적인 의사소통
  - 상담자는 내담자의 성 관련 불안이 더 이상 증가하지 않도록 하며, 생각과 언어사용 시 불안을 감소시킬 만큼 충분한 융통성을 가지고 있어야 한다.
  - 효과적인 상담은 개방성, 침착성, 솔직성 등을 필요로 하므로, 상담자는 성 관련 용어 사용에서 전혀 거리낌이 없어야 하고, 개방적인 논의가 바람직하다는 것을 알려주어야 한다.
- 내담자의 성지식에 관한 가정
  - 상담자는 내담자가 성지식이 거의 없다고 가정하는 것이 안전하다. 이는 성에 관한 비상식적이고 왜곡된 지식이 널리 퍼져 있기 때문이다.
- 상담자의 기본적인 성지식
  - 상담자는 성에 대한 올바르고 기본적인 지식을 가지고 있어야 한다.
  - 짧은 시간 내에 의사결정을 내려야 하는 경우 상담자가 미리 정보나 지식을 보유하고 있다면 내담자의 긴장과 불안을 해소하고 보다 유익한 방향으로 행동하도록 도움을 줄 수 있다.
- 전문가에 의뢰
  - 상담자는 성문제 상담과정에서 자신의 한계를 인식하고, 한계를 넘어 상담하지 않도록 해야 한다.
  - 특히 성문제가 상담자의 능력 영역을 넘어설 때 다른 성문제 전문가에게 의뢰한다.

♦ 성폭력 피해자 심리상담의 단계별 유의사항

- 초기단계
  - 상담자는 내담자에게 상담 내용의 주도권을 줌으로써 내담자에게 현재 상황에서 표현할 수 있는 내용에 대해서만 이야기할 수 있도록 배려해야 한다.
  - 상담자는 내담자가 성폭력 피해의 문제가 없다고 부인하는 경우 일단 수용하며, 언제든지 상담의 기회가 있음을 알려주어야 한다.
- 중기단계
  - 상담자는 내담자가 성폭력 피해 사실을 이야기하는 것에 대한 두려움을 인지하며, 내담자로 하여금 자신의 억압된 감정을 표출하도록 유도한다.
  - 상담자는 내담자의 성폭력 피해 사실에 따른 수치심이나 죄책감이 전적으로 가해자로 인한 것임을 확신시킨다.
  - 상담자는 내담자의 잘못된 죄의식을 수정하도록 도우며, 자기존중감을 가질 수 있도록 배려한다.
- 종결단계
  - 내담자가 버림받은 느낌이나 상실감 등을 가지지 않도록 사전에 체계적으로 종결 계획을 세운다.
  - 상담자는 상담 시간 및 기간의 간격을 점차적으로 늘려나간다.
  - 상담자는 종결에 따른 아쉬움과 이별의 감정을 다루며, 상담의 종결이 완전한 결별이 아니므로 언제든 다시 상담할 수 있음을 인식시킨다.

부록 | 한국판 웩슬러 성인용 지능검사 제4판(K-WAIS-Ⅳ)

◆ K-WAIS-Ⅳ의 의의

① 한국판 웩슬러 성인용 지능검사 제4판(K-WAIS-Ⅳ)은 2008년에 개정된 미국의 원판 웩슬러 성인용 지능검사 제4판(WAIS-Ⅳ ; Wechsler Adult Intelligence Scale-Ⅳ)을 번안하여 표준화한 것이다.
② KWIS(Korean Wechsler Intelligence Scale)와 K-WAIS(Korean Wechsler Adult Intelligence Scale)에 이어 웩슬러 지능검사의 3번째 한국판 표준화에 해당한다.
③ 변화하는 시대적 상황과 개인의 지적능력 변화 양상을 반영하기 위한 노력의 일환으로서, 지능의 측정에 관한 다양한 이론적·경험적 연구결과들을 토대로 하고 있다.
④ 개정판은 동시대적 규준을 만들고 심리측정적 속성을 개선하며, 검사도구의 임상적 활용을 개선하고 사용상 편리를 도모하는 것을 목표로 한다.

[한국판 웩슬러지능검사의 개발과정]

용도	구분	개발연도	대상연령
성인용 (청소년)	KWIS(Korean Wechsler Intelligence Scale)	1963년	12~64세
	K-WAIS(Korean Wechsler Adult Intelligence Scale)	1992년	16~64세
	K-WAIS-Ⅳ(Korean Wechsler Adult Intelligence Scale-Ⅳ)	2012년	16~69세
아동용	K-WISC(Korean Wechsler Intelligence Scale for Children)	1974년	5~16세
	KEDI-WISC(Korean Educational Developmental Institute-Wechsler Intelligence Scale for Children)	1987년	5~15세
	K-WISC-Ⅲ(Korean Wechsler Intelligence Scale for Children-Ⅲ)	2001년	6~16세
	K-WISC-Ⅳ(Korean Wechsler Intelligence Scale for Children-Ⅳ)	2011년	6~16세
	K-WISC-Ⅴ(Korean Wechsler Intelligence Scale for Children-Ⅴ)	2019년	6~16세
유아용	K-WPPSI(Korean Wechsler Preschool & Primary Scale of Intelligence)	1995년	3~7.3세
	K-WPPSI-Ⅳ(Korean Wechsler Preschool & Primary Scale of Intelligence-Ⅳ)	2016년	2.5~7.6세

◆ **K-WAIS-Ⅳ의 특징**

① 기존의 K-WAIS가 언어성 IQ(VIQ), 동작성 IQ(PIQ), 전체 IQ(FIQ)를 구분하여 지능지수를 제시한 반면, K-WAIS-Ⅳ는 언어성 IQ와 동작성 IQ에 대한 구분 없이 전체검사 IQ(FSIQ ; Full Scale IQ)를 제시한다.
② 언어이해(Verbal Comprehension), 지각추론(Perceptual Reasoning), 작업기억(Working Memory), 처리속도(Processing Speed) 등 4요인 구조에 대한 측정이 이루어진다.
③ 기존의 K-WAIS의 소검사들 중 차례 맞추기, 모양 맞추기가 제외된 반면, 행렬추론(Matrix Reasoning), 퍼즐(Visual Puzzles), 동형 찾기(Symbol Search) 소검사와 함께 보충검사로서 순서화(Letter-Number Sequencing), 무게비교(Figure Weights), 지우기(Cancellation) 등이 추가되었다.
④ 연령교정 표준점수로서 환산점수(Scaled Scores)와 조합점수(Composite Scores)를 제공한다. 환산점수는 수검자의 수행을 동일연령대와 상대적으로 비교하기 위한 것으로 평균 10, 표준편차 3인 표준점수로 변환한 것이다. 반면, 조합점수는 소검사 환산점수들의 다양한 조합을 토대로 평균 100, 표준편차 15인 표준점수로 변환한 것이다.
⑤ 기존 K-WAIS의 지능지수 범위가 45~150인데 반해, K-WAIS-Ⅳ는 그 범위를 40~160으로 확장하였다.
⑥ 시각적 자극을 부각하고 언어적 지시를 단순화하는 등 수검자의 과제 수행이 용이하게 이루어지도록 배려하였다.
⑦ 미국판 WAIS-Ⅳ가 16~90세를 대상연령으로 하는 데 반해, 한국판 K-WAIS는 16~69세를 대상연령으로 하고 있다.

◆ **K-WAIS-Ⅳ의 척도별 구성**

① 언어이해(Verbal Comprehension)

공통성 (Similarity)	• 총 18문항으로, 쌍으로 짝지어진 낱말들을 제시하여 그들 간의 공통점이 무엇인지 찾도록 한다. • 언어적 이해력 및 개념형성능력, 논리적·추상적 사고력, 연합적 사고력 등을 측정한다.
어휘 (Vocabulary)	• 총 30문항으로, 27개의 어휘문항과 3개의 그림문항으로 구성되어 있으며, 어휘의 의미와 대상의 이름을 말하도록 한다. • 언어적 이해력 및 개념형성능력, 학습능력, 기억력, 언어발달 정도 등을 측정한다.
상식 (Information)	• 총 26문항으로, 개인이 소유한 일반적인 지식의 정도를 측정한다. • 기억의 인출 및 장기기억, 실제적 지식에 대한 학습·파지·재인능력 등을 측정한다.
이해-보충 (Comprehension)	• 총 18문항으로, 일상생활에서의 사회적 상황과 관련된 여러 가지 문항들에 대해 자신의 이해를 토대로 답하도록 한다. • 사회적 지능 및 사회적 이해력, 언어적 이해력 및 개념형성능력, 실제적 정보의 표현 및 실제상황에서의 응용능력 등을 측정한다.

② 지각추론(Perceptual Reasoning)

토막짜기 (Block Design)	• 총 14문항으로, 모형이 그려진 카드를 보고 빨간색과 흰색이 칠해진 나무토막을 도구로 사용하여 이를 맞추어 보도록 한다. • 시각적 자극의 분석 및 통합능력, 시각-운동 협응능력, 지각적 조직화 능력, 시간적 압박하에서의 작업능력 등을 측정한다.
행렬추론 (Matrix Reasoning)	• 총 26문항으로, 일부가 누락된 행렬을 보고 이를 완성할 수 있는 반응선택지를 고르도록 한다. • 공간적 표상능력, 부분과 전체의 관계를 파악하는 능력, 지각적 조직화 능력 등을 측정한다.
퍼즐 (Visual Puzzles)	• 총 26문항으로, 완성된 퍼즐을 모델로 하여 제한된 시간 내에 해당 퍼즐을 만들 수 있는 3개의 조각을 찾도록 한다. • 지각적 조직화 능력, 공간적 표상능력, 부분들을 전체로 통합하는 능력 등을 측정한다.
무게비교-보충 (Figure Weights)	• 총 27문항으로, 양쪽 무게가 달라 불균형 상태에 있는 저울 그림을 보고 균형을 맞추는 데 필요한 반응선택지를 고르도록 한다. • 양적·수학적 추론능력, 유추적 추론능력 등을 측정한다.
빠진 곳 찾기-보충 (Picture Completion)	• 총 24문항으로, 특정 부분이 생략된 그림을 보고 해당 부분을 찾도록 한다. • 시각적·지각적 조직화 능력, 본질과 비본질을 구분하는 능력, 시각적 기억능력 등을 측정한다.

③ 작업기억(Working Memory)

숫자 (Digit Span)	• 바로 따라하기, 거꾸로 따라하기, 순서대로 따라하기의 3가지 과제로 구성되며, 한 문항당 두 번의 시행이 포함된 각 8개의 문항으로 이루어져 있다. • 청각적 단기기억능력, 암기학습능력, 주의력 및 주의집중력, 정신적 조작능력 등을 측정한다.
산수 (Arithmetic)	• 총 22문항으로, 제한된 시간 내에 간단한 계산문제를 암산으로 풀도록 한다. • 청각적 단기기억능력, 주의력 및 주의집중력, 숫자를 다루는 능력 및 계산능력 등을 측정한다.
순서화-보충 (Letter-Number Sequencing)	• 숫자와 요일을 지시에 따라 순서대로 암기하도록 하는 과제로 구성되며, 한 문항당 세 번의 시행이 포함된 10개의 문항으로 이루어져 있다. • 청각적 단기기억능력, 주의력 및 주의집중력, 정신적 조작능력 등을 측정한다.

④ 처리속도(Processing Speed)

동형 찾기 (Symbol Search)	• 총 60문항으로, 쌍으로 이루어진 도형이나 기호들이 표적부분과 반응부분으로 제시되며, 해당 두 부분을 훑어본 후 표적모양이 반응부분에 있는지 여부를 지적하도록 한다. • 시각-운동 협응능력, 청각적 단기기억능력, 시각적 탐색능력 등을 측정한다.
기호쓰기 (Coding)	• 총 135문항으로, 제한된 시간 내에 기호표를 사용하여 숫자와 짝지어진 기호를 그려 넣도록 한다. • 시각-운동 협응능력, 시각적 단기기억능력, 시각적 지각능력 및 탐색능력, 주의력 및 주의집중력 등을 측정한다.
지우기-보충 (Cancellation)	• 제한된 시간 내에 조직적으로 배열된 도형들 속에서 표적대상과 색깔 및 모양이 동일한 도형을 찾도록 한다. • 시각-운동 협응능력, 지각속도 및 처리속도, 선택적 주의력 등을 측정한다.

우리 인생의 가장 큰 영광은
결코 넘어지지 않는 데 있는 것이 아니라
넘어질 때마다 일어서는 데 있다

-넬슨 만델라-

임상심리사 2급

2025년

제1회 기출복원문제 및 해설

제2회 기출복원문제 및 해설

교육은 우리 자신의 무지를 점차 발견해 가는 과정이다.

– 윌 듀란트 –

2025 제1회 기출복원문제 및 해설

심리학개론 | 이상심리학 | 심리검사 | 임상심리학 | 심리상담

제1과목 심리학개론

01 기억정보의 인출에 대한 설명으로 옳은 것은?   19, 23년 기출

① 기억탐색과정은 일반적으로 외부적 자극정보를 부호화하는 과정을 말한다.
② 설단현상은 특정 정보가 저장되어 있지 않다는 증거로 볼 수 있다.
③ 회상과 같은 명시적 인출방법과 대조되는 방법으로 재인과 같은 암묵적 방법이 있다.
④ 인출 시의 맥락과 부호화 시의 맥락이 유사할 때 인출가능성이 클 것이라는 주장을 부호화명세성(특수성)원리라고 한다.

> **해설**
> 부호화명세성원리(Encoding Specificity Principle)
> 어떠한 기억대상을 장기기억에서 인출하는 경우 그와 관련된 단서가 있을 때보다 쉽게 기억해 내는 원리이다.

02 원점수 25(평균 = 20, 표준편차 = 4)를 Z점수로 변환한 값으로 옳은 것은?   18년 기출

① +1.25
② +0.25
③ −0.25
④ −1.25

> **해설**
> • Z점수 = (원점수 − 평균) ÷ 표준편차
> • (25 − 20) ÷ 4 = +1.25

정답 01 ④ 02 ①

03 다음 사례에서 사용하고 있는 방어기제는?

> 아버지의 학대로 대인기피증과 우울증에 걸렸던 아이가 학대에 대한 분노심을 억제하여 아버지에 대한 이야기를 무의식적으로 꺼린다.

① 주지화
② 해 리
③ 합리화
④ 억 압

해설
① 주지화 : 위협적이거나 고통스러운 정서적 문제를 피하기 위해 또는 그것을 둔화시키기 위해 사고, 추론, 분석 등의 지적 능력을 사용한다.
② 해리 : 괴로움이나 갈등상태에 놓인 인격의 일부를 다른 부분과 분리한다.
③ 합리화 : 현실에 더 이상 실망을 느끼지 않기 위해 또는 정당하지 못한 자신의 행동에 그럴듯한 이유를 붙이기 위해 자신의 말이나 행동을 정당화한다.

04 성격의 일반적인 특성과 가장 거리가 먼 것은?

20, 24년 기출

① 독특성
② 안정성
③ 일관성
④ 적응성

해설

성격의 일반적 특성

독특성	성격은 사람들을 구별할 수 있는 개인의 독특성 혹은 개인차를 반영한다. 즉, 성격은 개인들 간의 심리적 차이를 설명하는 개념이라고 할 수 있다.
공통성	성격은 사람들이 보편적으로 공유하는 공통성을 내포한다. 그로 인해 개인의 독특한 행동들을 공통성에 근거하여 통합적으로 설명할 수 있다.
일관성 (안정성)	성격은 비교적 일관되고 안정적인 행동패턴을 반영한다. 성격을 통해 개인의 행동을 이해하고 예언할 수 있는 것도 이와 같은 일관성 혹은 안정성에서 비롯된다.
역동성	성격은 개인 내부의 역동적이고 조직화된 특성을 반영한다. 개인의 다양한 행동은 외부 자극에 대한 반사적 반응이 아닌 내면적 조직체의 심리적 과정을 통해 표출된 것이다.

05 집단 전체의 의사결정이 개인의 의사결정 평균보다 더 극단적으로 나오는 현상은?   18년 기출

① 사회적 촉진
② 사회적 태만
③ 집단극화
④ 집단사고

> **해설**
> ① 개인이 혼자 일할 때보다 타인이 존재할 때 행동수행이 더욱 좋아지는 현상
> ② 개인이 혼자 일할 때보다 집단으로 일할 때 노력을 절감하여 개인당 수행이 저하되는 현상
> ④ 응집력이 강한 집단의 성원들이 집단의사결정 상황에서 만장일치를 이루려고 하는 사고의 경향

06 밤에 등대불을 깜빡이는 이유는 무슨 현상을 방지하기 위해서인가?   15년 기출

① 자동운동착시 현상
② 파이(Phi) 현상
③ 유인운동 현상
④ 양안부등 현상

> **해설**
> 자동운동착시 현상이란 어두운 공간에서 하나의 불빛을 보고 있으면 그 불빛이 움직이는 것처럼 보이는 착각을 하게되는 현상을 말한다. 즉 깜깜한 암실에서 멀리 떨어져 있는 고정된 불빛을 보면, 그 불빛이 정지해 있음에도 불구하고 마치 움직이는 것처럼 보인다. 이에 등대불을 깜박이게 함으로써 착시를 방지하는 것이다.

07 어떤 사람의 행동을 보고 상황이나 외적 요인보다는 사람의 기질이나 내적 요인에 그 원인을 두려고 하는 것은?   16, 22, 23년 기출

① 기본적 귀인오류
② 현실적 왜곡
③ 후광효과
④ 고정관념

> **해설**
> 기본적 귀인오류 또는 근본 귀인오류(Fundamental Attribution Error)
> 어떤 행위가 발생하였을 때, 외부귀인보다 행위자의 기질이나 성향 등 내부적인 요인에 귀인하는 경향을 의미한다.

정답 05 ③ 06 ① 07 ①

08 고전적 조건형성에 관한 설명으로 옳은 것은?   21, 22, 23년 기출

① 중립자극은 무조건자극 직후에 제시되어야 한다.
② 행동변화의 효과를 거두기 위해서는 적절한 반응의 수나 비율에 따라 강화가 이루어져야 한다.
③ 적절한 행동은 즉시 강화하고, 부적절한 행동은 무시함으로써 새로운 행동을 가르칠 수 있다.
④ 대부분의 정서적인 반응들은 고전적 조건형성을 통해 학습될 수 있다.

> **해설**
> ① 고전적 조건형성에서 중립자극은 무조건자극에 선행되어야 한다.
> ② 조작적 조건형성에 대한 내용이다.
> ③ 이미 하고 있는 행동을 강화시킬 수는 있지만 새로운 행동을 가르칠 수는 없다.

09 마리화나가 기억에 미치는 현상을 연구하려고 한다. 선행조건인 마리화나의 양은 무슨 변수인가?   16, 19년 기출

① 독립변수
② 종속변수
③ 가외변수
④ 외생변수

> **해설**
> ① 독립변수 : 효과를 연구하기 위해 사용되는 특정변인
> ② 종속변수 : 독립변수의 조작에 의해 영향을 받는 변인
> ③·④ 가외변수(= 외생변수) : 독립변인과 종속변인 이외의 종속변인에 영향을 미칠 수 있는 다른 변수

10 기억에 관한 설명으로 옳지 않은 것은?   22년 기출

① 기억의 세 단계는 부호화, 저장, 인출이다.
② 감각기억은 매우 큰 용량을 가지고 있지만 순식간에 소멸한다.
③ 외현기억은 무의식적이며, 암묵기억은 의식적이다.
④ 부호화와 인출을 증진시키는 한 가지 방법은 심상을 사용하는 것이다.

> **해설**
> **외현기억(Explicit Memory)과 암묵기억(Implicit Memory)**
> • 외현기억은 자기가 기억하고 있다는 것을 자각할 수 있는 기억으로서, 의도적으로 저장한 기억이다.
> • 암묵기억은 무의식적이고 간접적으로 접근할 수 있는 기억으로서, 우연적이고 비의도적인 기억이다.
> • 외현기억은 의식적이므로 회상검사나 재인검사를 통해 직접 측정할 수 있는 반면, 암묵기억은 무의식적이므로 간접적인 방법으로 측정할 수 있다.
> • 암묵기억은 연령, 약물(예 알코올), 기억상실증, 파지 간격의 길이, 간섭 조작 등의 변인에 의해 영향을 받지 않는 반면, 외현기억은 이들 요인의 영향을 많이 받는다.

11 인지학습이론에 대한 설명으로 틀린 것은? 18, 22, 24년 기출

① 형태주의는 공간적인 관계보다는 시간변인에 주로 관심을 갖는다.
② 톨만(Tolman)은 강화가 무슨 행동을 하면 어떤 결과가 일어날 것이란 기대를 확인시켜준다고 보았다.
③ 통찰은 해결 전에서 해결로 갑자기 일어나며 대개 '아하' 경험을 하게 된다.
④ 인지도는 학습에서 내적 표상이 중요함을 보여준다.

> **해설**
> 형태주의는 시간변인보다는 공간적인 관계에 주로 관심을 갖는다. 그래서 "전체는 부분의 합 이상이다"라는 말이 형태주의의 구호가 되었다.

12 인간성격을 공통특질과 개별특질로 구분한 학자는? 18, 24년 기출

① Cattell
② Eysenck
③ Allport
④ Adler

> **해설**
> 올포트(Allport) 특질이론의 주요개념
> - 특질(Trait) : 성격이론의 핵심개념으로 다양한 종류의 자극에, 같거나 유사한 방식으로 반응할 경향 혹은 사전성향(Predisposition)
> - 공통특질(Common Traits) : 어떤 문화에 속해 있는 많은 사람이 공유
> - 개별특질(Individual Traits) : 개인에게 독특한 것이며 그의 성격을 나타냄

13 기질과 애착에 관한 설명으로 틀린 것은? 21년 기출

① 내적작동모델은 아동의 대인관계에 대한 지표 역할을 한다.
② 불안정-회피애착 아동은 주양육자에게 과도한 집착을 보인다.
③ 기질은 행동 또는 반응의 개인차를 설명해 주는 생물학적 기초를 가지고 있다.
④ 주양육자가 아동의 기질을 고려하여 적절하게 양육한다면 아동의 까다로운 기질이 반드시 불안정애착으로 이어지는 것은 아니다.

> **해설**
> ② 불안정-회피애착 아동은 낯선 상황에서도 양육자를 찾는 행동을 보이지 않으며, 양육자가 떠났다가 돌아와도 다가가려고 하지 않는다.

정답 11 ① 12 ③ 13 ②

14 성격 5요인에서 특질요인과 대표적인 척도가 바르게 연결되지 않은 것은? 18년 기출

① 개방성 : 인습적인-창의적인, 보수적인-자유로운
② 성실성 : 부주의한-조심스러운, 믿을 수 없는-믿을 만한
③ 외향성 : 위축된-사교적인, 무자비한-마음이 따뜻한
④ 신경증 : 안정된-불안정한, 강인한-상처를 잘 입는

해설

성격 5요인 이론(Big 5)의 5가지 성격특성

성격특성	관련되는 표현
개방성 (Openness)	호기심(Curiosity), 상상력(Imagination), 독창성(Originality), 관대함(Broad Mind) 등
성실성 (Conscientiousness)	자기훈련(Self-Discipline), 강한 의지(Strong Will), 신중함(Deliberation), 신뢰(Reliability) 등
외향성 (Extraversion)	사회성(Sociability), 쾌활함(Cheerfulness), 낙관주의(Optimism), 수다스러움(Talkativeness) 등
우호성 (Agreeableness)	정중함(Courtesy), 유동성(Flexibility), 온화함(Good Nature), 협동감(Cooperation) 등
신경증 (Neuroticism)	걱정(Fearfulness), 불안(Anxiety), 비관주의(Pessimism) 등

15 강화계획 중 소거에 대한 저항이 가장 큰 것은?

① 고정간격강화계획
② 변동비율강화계획
③ 고정비율강화계획
④ 변동간격강화계획

해설

변동비율강화계획(Variable-Ratio Schedule)
- 강화물을 받기 위해 요구되는 반응 수가 시행에 따라 변화하는 것이다.
- 강화물을 받기 위해 요구되는 평균반응 수는 항상 일정하나, 정확하게 몇 번째 반응에 대해 강화가 제공되는지는 알 수 없다.
- 반응률이 높게 유지되고, 지속성이 높으며, 소거에 대한 저항이 크다.

16 다음의 설명에 해당하는 연구방법은?

- 기록되지 않은 부분에 대해서는 연구가 어려움
- 가설에 대한 주관적인 해석의 소지가 있음

① 사례분석조사
② 문헌연구법
③ 실험연구
④ 관찰연구

> **해설**
> 문헌연구의 장·단점
>
> | 장 점 | • 연구시행 과정에서 생기는 시행착오를 피할 수 있다.
• 시간과 공간의 제약이 없으며, 시간과 비용을 절감할 수 있다.
• 기존 연구의 동향을 알 수 있다. |
> |---|---|
> | 단 점 | • 연구자의 주관적 판단이 개입될 우려가 있다.
• 문헌의 신뢰도에 문제가 있을 경우 연구가 손상된다.
• 실험을 하지 않기 때문에 평면적이고 서술적인 연구가 되기 쉽다.
• 기록되지 않은 부분에 대해서는 연구가 어렵다.
• 연구내용과 부합하는 문헌자료를 찾기 힘들다. |

17 프로이트(Freud)의 정신분석적 심리치료에 대한 비판을 토대로 발전한 신 프로이트학파의 주요 인물 및 치료접근법에 해당하지 않는 것은?

<small>17, 24년 기출</small>

① 아들러(Adler)의 개인심리학
② 설리번(Sullivan)의 대인관계이론
③ 페어베언(Fairbairn)의 대상관계이론
④ 글래서(Glasser)의 통제이론

> **해설**
> 프로이트(Freud) 사후 정신분석의 2가지 흐름(1939년 이후)
> - 프로이트 사후에 정신분석학파는 크게 2가지 흐름으로 발전하였다.
> - 하나는 프로이트의 이론과 기법을 더 정교하게 발전시킨 것으로, 안나 프로이트(Anna Freud), 하트만(Hartmann)의 자아심리학, 페어베언(Fairbairn)과 위니콧(Winnicott)의 대상관계이론, 코헛(Kohut)의 자기심리학 등이 해당된다.
> - 다른 흐름은 무의식의 존재는 인정하지만 프로이트가 주장한 이론들을 비판하며 독자적인 이론체계를 발전시킨 신 프로이트학파로, 에릭슨(Erikson), 융(Jung), 아들러(Adler), 라캉(Lacan), 설리번(Sullivan), 호나이(Horney), 프롬(Fromm) 등이 이에 해당된다.

18 자신과 타인의 휴대폰 소리를 구별하거나 식용버섯과 독버섯을 구별하는 것은? 04, 17, 21년 기출

① 일반화
② 변 별
③ 행동조형
④ 차별화

> **해설**
> ② 변별(Discrimination) : 둘 이상의 자극을 서로 구별하는 것으로, 조건자극과 유사한 자극에서도 조건반응이 나타나지 않는 것을 말한다.
> ① 일반화(Generalization) : 특정 조건자극에 대해 조건반응이 성립되었을 때 그와 유사한 조건자극에 대해서도 똑같은 조건반응을 보이는 학습현상을 말한다.
> ③ 행동조형(Shaping) : 목표행동에 근접하는 반응들을 강화함으로써 새로운 행동을 가르치는 것을 말한다.
> ④ 차별화(Differentiation) : 차이를 두는 것을 의미한다.

19 그림을 보고 피검사자가 상상해 이야기를 만드는 검사는?

① 주제통각검사(TAT)
② 문장완성검사(SCT)
③ 로샤검사(Rorschach Test)
④ HTP검사

> **해설**
> ② 문장완성검사(SCT) : 미완성 문장을 통해 수검자의 투사를 유도하여 욕구, 감정, 태도를 파악하는 심리검사 방법으로 자유연상을 토대로 하므로 수검자의 내적 갈등이나 욕구, 환상, 주관적 감정 등을 효과적으로 파악할 수 있다.
> ③ 로샤검사(Rorschach Test) : 1921년 스위스의 정신과의사인 로샤(Rorschach)가 만든 것으로 이 검사의 재료는 데칼코마니 양식에 의한 대칭형의 잉크 얼룩으로 이루어진 무채색 카드 5장, 부분 유채색 카드 2장, 전체 유채색 카드 3장으로 이루어진 총 10장의 카드로 구성된다.
> ④ HTP검사 : 집-나무-사람 그림검사(House-Tree-Person)는 1948년 벅(Buck)이 처음 개발한 투사적 그림검사로서, 수검자가 자신의 개인적 발달사와 관련된 경험을 그림에 투사한다는 점에 기초하며 개인의 성격구조를 이해하는 데 효과적이다.

20 표본의 크기에 관한 설명으로 틀린 것은? 21, 24년 기출

① 모집단이 동질적일수록 표본 크기는 작아도 된다.
② 동일한 조건에서 표본의 크기가 클수록 통계적 검증력은 증가한다.
③ 사례수가 작으면 표준오차가 커지므로 작은 크기의 효과를 탐지할 수 있다.
④ 측정도구의 신뢰도가 낮을 경우 대규모 표본을 이용하는 것이 효과적이다.

> **해설**
> 표본의 크기는 표본의 사례수를 의미하며, 이는 표집오차(Sampling Error)와 연관된다[주의 : 표준오차(Standard Error)가 아님]. 동일한 조건에서 표본의 크기가 작을수록 통계적 검증력은 감소하며, 작은 크기의 효과를 탐지하지 못할 가능성이 있다.

제2과목 이상심리학

21 MMPI-2의 각 척도에 대한 해석으로 가장 적합한 것은? 16, 21, 22, 23, 24년 기출

① 6번 척도가 60T 내외로 약간 상승한 것은 대인관계 민감성에 대한 경험을 나타낸다.
② 2번 척도는 반응성 우울증보다는 내인성 우울증과 관련이 높다.
③ 4번 척도의 상승 시 심리치료 동기가 높고 치료의 예후가 좋음을 나타낸다.
④ 7번 척도는 불안 가운데 상태불안 증상과 연관성이 높다.

> **해설**
> ② 2번 척도는 신경증적 혹은 내인성 우울증이라기보다는 반응성 혹은 외인성 우울증을 측정하고, 이에 2번 척도의 점수는 피검자의 기분이 변함에 따라 하루하루 변할 수 있다.
> ③ 4번 척도가 높은 경우 유연한 사회적 기술로 심리치료나 상담에 좋은 반응을 보일 것 같이 보이지만, 이러한 능력은 주로 사람을 착취하는 데 이용된다. 더 괴로운 결과(예 처벌이나 이혼 등)를 면하기 위해 치료에 동의하기는 하나, 자신의 문제에 대한 책임을 수용할 수 없어 되도록 빨리 치료를 종결하려 한다.
> ④ 7번 척도는 강박적인 성향과 특성불안이라고 할 수 있는 만성적 불안, 삶에 대한 전반적인 불만족, 우유부단함, 주의집중 곤란, 자기의심, 자신에 대한 반추와 초조, 걱정 등을 측정(상태불안은 일시적인 불안, 즉 불안한 상태를 가리키는 반면에 특성불안은 그 사람의 성격처럼 언제나 내면에 존재하고 있는 불안을 의미)한다.

22 검사의 종류와 검사구성방법을 짝지은 것으로 가장 옳지 <u>않은</u> 것은?   15, 22, 23, 24년 기출

① 16PF – 요인분석에 따른 검사구성
② CPI – 경험적 준거에 따른 검사구성
③ MMPI – 경험적 준거 방법
④ MBTI – 합리적·경험적 검사구성의 혼용

> **해설**
> 검사구성방법(척도구성방법)
> - 연역적 방법
>
> | 논리적-내용적 방법 | 안면타당도에 근거하여 측정하고자 하는 심리 특성을 가장 잘 나타내 주는 문항을 논리적으로 추론하여 기술하는 방법이다.
예 우드워스(Woodworth)의 개인자료기록지(Personal Data Sheet) 등 |
> |---|---|
> | 이론적 방법 | 특정 심리학적 이론에 근거하여 문항을 선정하는 방법이다.
예 마이어스-브릭스 성격유형검사(MBTI), 에드워즈(Edwards)의 욕구진단검사(EPPS) 등 |
>
> - 경험적 방법
>
> | 준거집단 방법
(경험적 준거 방법) | 어떤 심리 특성을 가진 준거집단과 정상적인 통제집단을 구별해 주는 문항을 선정하는 방법이다.
예 미네소타다면적인성검사(MMPI), 캘리포니아 성격검사(CPI) 등 |
> |---|---|
> | 요인분석 방법 | 요인분석을 통해 검사문항의 의미를 결정하고 이를 보다 단순한 차원으로 축소시키는 방법이다.
예 16성격 요인검사(16PF) 등 |

23 주의력결핍 및 과잉행동장애(ADHD)의 특징이 <u>아닌</u> 것은?   04, 24년 기출

① 수업수행능력의 결핍   ② 또래관계 형성의 어려움
③ 부끄러움   ④ 과잉행동성

> **해설**
> 주의력결핍 및 과잉행동장애(ADHD ; Attention-Deficit/Hyperactivity Disorder)
> - ADHD의 주된 특징은 부주의(주의력결핍), 충동성, 과잉행동이다.
> - 뇌손상 및 기능결함, 유전, 심리적 요인 등에 의해 발병할 수 있다.
> - ADHD 아동은 지능수준에 비해 학업성취도가 저조하고 또래관계에서 거부당하거나 소외될 가능성이 높다. 부모나 교사에게도 꾸중과 처벌을 받기 쉬워서 부정적 자아개념을 형성하고 정서적으로 불안정하며 공격적이고 반항적인 행동을 나타내는 경향이 있다. 이로 인해 ADHD를 지닌 아동의 40~50%가 나중에 품행장애의 진단을 받는다는 보고가 있다.
> - 청소년기에 호전되는 경향이 있으나 성인기까지 지속되는 경우도 있다. 대부분 과잉행동은 개선되지만 부주의와 충동성은 오래 지속되는 경우가 흔하다.
> - ADHD가 청소년기까지 지속되는 경우에는 품행장애가 발생될 가능성이 높으며, 품행장애를 나타내는 청소년의 약 50%는 성인이 되어 반사회적 성격장애를 나타낸다는 보고가 있다.
> - 일반적으로 남자아동이 여자아동에 비하여 높은 발병빈도를 보인다.
> - 주변 신호자극을 각성하는 데 문제가 생겨 발생할 수도 있다.

24 스트레스 호르몬이라고 불리는 코르티솔(Cortisol)이 분비되는 곳은? 〈15, 21, 22년 기출〉

① 부 신
② 변연계
③ 해 마
④ 대뇌피질

> **해설**
> 스트레스를 받으면 시상하부는 2가지 경로를 통해 부신으로 명령을 내린다. 첫 번째로는 자율신경계의 교감신경을 통해 부신으로 하여금 에피네프린을 혈류로 방출하도록 하여 교감신경계의 직접적인 위급반응효과를 보강하고, 두 번째로는 뇌하수체를 통해 부신으로 하여금 스트레스 호르몬인 코티솔 등 여러 가지 호르몬을 신체 전반으로 방출하게 하여 위급 시에 대처할 준비태세를 갖춘다.

25 조현병의 양성증상에 해당하는 것은? 〈21, 23년 기출〉

① 와해된 행동
② 무사회증
③ 무의욕증
④ 감퇴된 정서 표현

> **해설**
> **조현병의 양성증상과 음성증상**
>
> | | |
> |---|---|
> | **양성증상**
(Positive Symptom) | • 정상적, 적응적 기능의 과잉 또는 왜곡을 나타냄
• 도파민 등 신경전달물질의 이상에 의한 것으로 추정됨
• 스트레스사건에 의해 급격히 발생함
• 약물치료에 의해 호전되며, 인지적 손상이 적음
예 망상 또는 피해망상, 환각, 환청, 와해된 언어나 행동 등 |
> | **음성증상**
(Negative Symptom) | • 정상적, 적응적 기능의 결여를 나타냄
• 유전적 소인이나 뇌세포 상실에 의한 것으로 추정됨
• 스트레스사건과의 특별한 연관성 없이 서서히 진행됨
• 약물치료로도 쉽게 호전되지 않으며, 인지적 손상이 큼
예 정서적 둔마, 무논리증 또는 무언어증, 무욕증 등 |

26 다음 중 C군 성격장애가 아닌 것은?

① 회피성성격장애
② 의존성성격장애
③ 경계성성격장애
④ 강박성성격장애

> **해설**
> 경계성성격장애는 B군 성격장애에 속한다.

정답 24 ① 25 ① 26 ③

27 성도착장애에 관한 설명으로 틀린 것은?

17, 21, 24년 기출

① 물품음란장애는 여성보다 남성에게서 훨씬 더 많이 나타난다.
② 동성애를 하위 진단으로 포함한다.
③ 복장도착장애는 강렬한 성적 흥분을 위해 이성의 옷을 입는 것이다.
④ 관음장애는 대부분 15세 이전에 발견되며 지속되는 편이다.

> **해설**
> 성도착장애는 성행위 대상이나 성행위 방식에서 비정상성을 나타내는 다양한 문제행동으로 관음장애, 노출장애, 접촉마찰장애, 성적 피학장애 등의 하위개념을 포함하지만 동성애는 포함하지 않는다. 동성애는 동성인 사람에 대해서 성적인 애정과 흥분을 느끼거나 성적 욕구를 충족하기 위한 성행위를 하는 경향을 말한다. 과거에는 동성애를 정신장애로 여긴 적이 있었으나, 1973년 미국정신의학협회(APA)는 동성애를 정신장애 분류체계에서 삭제하였다.

28 환각제에 해당되는 약물은?

17, 20, 23년 기출

① 카페인
② 대 마
③ 펜시클리딘
④ 오피오이드

> **해설**
> - 흥분제 : 카페인, 코카인, 암페타민(필로폰), 니코틴
> - 진정제 : 알코올, 아편, 모르핀, 헤로인
> - 환각제 : 펜시클리딘, LSD, 메스칼린, 살로사이빈, 암페타민류, 항콜린성 물질

29 치매에 관한 설명으로 가장 적합한 것은?

17, 21, 23년 기출

① 기억 손실이 없다.
② 자신의 무능을 최소화하거나 자각하지 못한다.
③ 증상은 오전에 가장 심해진다.
④ 약물남용의 가능성이 많다.

> **해설**
> **치매의 일반적인 증상**
> - 치매의 주요증상은 기억력의 장애이다.
> - 언어기능의 장애가 나타나 초기에는 적절한 단어를 못찾다가 점차적으로 상대방의 질문에 엉뚱한 대답을 하거나 주제와 연관되지 않은 말을 반복한다.
> - 인지기능의 장애가 나타나 공간지각에 대한 심각한 저하로 왼쪽과 오른쪽을 구별하지 못하거나 자주 다니는 길 또는 집을 찾지 못한다.
> - 성격 및 정서의 변화가 나타나 가족을 의심하거나 항상 불안하고 우울증과 조증의 양상을 보이기도 한다.

30 양극성장애에 대한 설명으로 옳지 <u>않은</u> 것은?   16, 21, 23년 기출

① 조증은 서서히, 우울증은 급격히 나타난다.
② 우울증 상태에서는 자살을 시도하기도 한다.
③ 조증 상태에서는 사고의 비약 등의 사고장애가 나타난다.
④ 조증과 우울증이 반복되는 장애이다.

> **해설**
> **양극성장애**
> - 우울한 기분상태와 고양된 기분상태가 교차되어 나타나는 경우이다.
> - 조증 상태에서는 평소보다 말이 많아지고 빨라지며 행동이 부산해지고 자신감에 넘쳐 여러 가지 일을 벌이며 과대망상적 사고를 나타내며 잠도 잘 자지 않고 활동적으로 일하지만 이루어지는 일은 없고, 결과적으로 현실적응에 부적응적 결과를 초래한다.
> - 제1형 양극성장애는 가장 심한 형태의 양극성장애로서, 한 번 이상의 조증삽화가 나타나는 모든 경우에 해당한다. 비정상적이고 지속적인 의기양양함, 자신만만함, 과민한 기분, 목표 지향적 행동이나 에너지의 지속적인 증가가 최소 일주일간 거의 매일, 하루 중 대부분의 시간에 나타난다.
> - 제2형 양극성장애는 제1형 양극성장애와 유사하나, 조증삽화 증상이 상대적으로 미약한 경조증 삽화를 보인다.
> - 순환감정장애는 기분 삽화에 해당되지 않는 경미한 우울증상과 조증증상이 번갈아 가며 2년 이상(아동과 청소년은 1년 이상) 장기적으로 나타나는 만성적인 기분장애이다.
> - 주요우울장애는 여성에게 많이 나타나는 반면, 제1형 양극성장애는 대체로 남성과 여성에게 비슷하게 나타나지만 남성은 조증 삽화가 먼저, 여성은 주요 우울증 삽화가 먼저 나타나는 경우가 많다.
> - 제1형 양극성장애는 다른 유형에 비해 유전적인 영향을 가장 많이 받는다는 증거들이 보고되고 있다.
> - 양극성장애는 주요우울장애와 더불어 자살 위험성이 가장 높은 장애, 특히 주요 우울증 삽화의 시기에 자살 시도를 많이 하는 경향을 보인다.

31 여성의 알코올중독에 관한 설명으로 옳은 것은?   22년 기출

① 알코올중독의 남녀 비율은 비슷한 수준이다.
② 여성은 유전적으로 남성보다 알코올중독의 가능성이 더 높다.
③ 여성 알코올중독자들은 남성 알코올중독자들보다 우울을 더 많이 경험하고 자살시도 횟수가 더 많다.
④ 여성은 남성보다 체지방이 많기 때문에 술의 효과가 늦게 나타나고 대사가 빠르다.

> **해설**
> ③ 여성 알코올중독자들의 경우 남성에 비해 불안, 우울 등의 심리적인 문제를 가지고 있는 경우가 많으며, 자살시도를 비롯한 정신과적 병력이 있는 경우도 많은 것으로 나타나고 있다.
> ① 남성이 여성에 비해 음주와 관련된 장애를 가지는 비율이 높다. DSM-5에서는 알코올사용장애(Alcohol Use Disorder)의 유병률에서 성인 남성(12.4%)이 성인 여성(4.9%)보다 높다고 보고하고 있다.
> ② 여성의 경우 남성과 마찬가지로 알코올중독에 있어서 유전적 요소가 작용하나, 남성에 비해 결혼유무, 스트레스사건, 성적인 문제 등 개인의 심리적·환경적 요인이 중요하게 작용한다.
> ④ 일반적으로 여성은 남성에 비해 체중이 가볍고, 체지방 비율이 높은 반면 수분의 비율이 낮으며, 식도와 위에서 알코올을 적게 대사하기 때문에 같은 음주량에도 남성보다 높은 혈중 알코올 농도를 보일 수 있다.

정답 30 ① 31 ③

32 DSM-5의 신경발달장애에 해당하지 않는 것은?   21, 23년 기출

① 지적 장애
② 분리불안장애
③ 자폐스펙트럼장애
④ 주의력결핍 과잉행동장애

> **해설**
> ② 분리불안장애(Separation Anxiety Disorder)는 불안장애(Anxiety Disorders)의 하위유형에 해당한다.
>
> DSM-5에 의한 신경발달장애의 주요 하위유형
> - 지적 장애(Intellectual Disabilities)
> - 의사소통장애(Communication Disorders)
> - 자폐스펙트럼장애(Autism Spectrum Disorder)
> - 주의력결핍 및 과잉행동장애(Attention-Deficit/Hyperactivity Disorder)
> - 특정학습장애(Specific Learning Disorder)
> - 운동장애(Motor Disorders) - 틱장애(Tic Disorders) 등

33 우울장애에 대한 치료방법으로 적절하지 않은 것은?   21, 23년 기출

① 대인관계치료(Interpersonal Psychotherapy)
② 기억회복치료(Memory Recovery Therapy)
③ 인지행동치료(Cognitive Behavioral Therapy)
④ 단기정신역동치료(Brief Psychodynamic Therapy)

> **해설**
> ① 대인관계치료는 개인의 사회적, 대인관계적 기능에 초점을 둔 구조화된 심리치료법이다.
> ③ 인지행동치료는 부정적인 사고 개선에 역점을 두는 치료법으로, 내담자의 사고 편견이나 인지 왜곡을 제거하는 것을 목표로 한다.
> ④ 단기정신역동치료는 정신분석이론에 기초를 두고 환자의 문제유발적 정신역동 패턴을 탐색하는 데 초점을 두는 치료법이다.

34 공황장애의 특징에 해당하는 것을 모두 고른 것은?

16, 21년 기출

> ㄱ. 메스꺼움 또는 복부 불편감
> ㄴ. 몸이 떨리고 땀 흘림
> ㄷ. 호흡이 가빠지고 숨이 막힐 것 같은 느낌
> ㄹ. 미쳐버리거나 통제력을 상실할 것 같은 느낌

① ㄷ, ㄹ
② ㄱ, ㄴ, ㄹ
③ ㄴ, ㄷ, ㄹ
④ ㄱ, ㄴ, ㄷ, ㄹ

> **해설**
> 공황발작의 13가지 증상
> - 가슴이 두근거리거나 심장박동이 강렬하거나 또는 급작스럽게 빨라짐
> - 땀 흘림
> - 몸 떨림 또는 손발 떨림
> - 숨이 가쁘거나 막히는 느낌
> - 질식할 것 같은 느낌
> - 가슴 통증 또는 답답함
> - 구토감 또는 복부통증
> - 현기증, 비틀거림, 몽롱함, 기절 상태의 느낌
> - 몸에 한기나 열기를 느낌
> - 감각이상(마비감이나 저린 느낌)
> - 비현실감 또는 이인감(자기 자신으로부터 분리된 느낌)
> - 자기통제를 상실하거나 미칠 것 같은 두려움
> - 죽을 것 같은 두려움

35 광장공포증에 관한 설명으로 가장 적합한 것은?

21년 기출

① 광장공포증의 남녀 간 발병비율은 비슷한 수준이다.
② 아동기에 발병률이 가장 높다.
③ 광장공포증이 있으면 공황장애는 진단할 수 없다.
④ 공포, 불안, 회피 반응은 전형적으로 6개월 이상 지속된다.

> **해설**
> ① 여성 발병률이 더 높다.
> ② 대부분 성인기에 발병한다.
> ③ 광장공포증은 공황장애 출현을 무시하고 개별적으로 진단될 수 있다.

정답 34 ④ 35 ④

36 주요우울장애에 대한 설명으로 옳은 것은?　　　　　　　　　　　　　　　　　　　20년 기출

① 주요우울장애의 유병률은 문화권에 관계없이 비슷하다.
② 주요우울장애의 유병률은 60세 이상에서 가장 높다.
③ 정신증적 증상이 나타나면 주요우울장애로 진단할 수 없다.
④ 생물학적 개입방법으로는 경두개자기자극법, 뇌심부자극 등이 있다.

> **해설**
> ④ 주요우울장애의 일반적인 치료방법으로 약물치료, 유지치료, 심리치료 등이 병행되고 있으며, 미주신경자극(VNS), 경두개자기자극(TMS), 뇌심부자극(DBS) 등의 치료방법도 시행되고 있다.
> ① 다양한 문화권의 주요우울장애 연구들에서 주요우울장애의 1년 유병률이 7배 정도 차이를 나타내는 것으로 보고되고 있다.
> ② 주요우울장애의 유병률은 20대 연령층에서 높게 나타나고 있으며, 미국의 경우 18~29세 연령집단 유병률이 60세 이상 연령집단보다 3배 이상 높은 것으로 보고되고 있다.
> ③ DSM-5 진단 기준에서는 만약 정신병적 양상이 나타나는 경우 삽화의 심각도와 관계없이 "정신병적 양상 동반(With Psychotic Features)"을 명시하도록 하고 있다.

37 행동주의적 견해에 따르면 강박행동은 어떤 원리에 의해 유지되는가?　　　　　20, 24년 기출

① 고전적 조건형성
② 부적강화
③ 소 거
④ 모델링

> **해설**
> 환자의 강박행동은 불안이나 고통을 없애거나 줄이기 위해 강화하는 것이므로, 불쾌자극을 제거하여 반응의 확률을 높이는 것인 부적강화 원리에 해당된다.

38 일반적 성격장애의 DSM-5의 진단 기준에 해당하지 않는 것은?　　　　　　　　20년 기출

① 지속적인 유형이 물질(남용약물 등)의 생리적 효과나 다른 의학적 상태로 인한 것이다.
② 지속적인 유형이 다른 정신질환의 현상이나 결과로 더 잘 설명되지 않는다.
③ 지속적인 유형이 개인의 사회상황의 전 범위에서 경직되어 있고 전반적으로 나타난다.
④ 유형은 안정적이고 오랜 기간 동안 있어 왔으며 최소한 청년기 혹은 성인기 초기부터 시작된다.

> **해설**
> 지속적인 유형이 물질(예 남용약물, 치료약물)의 생리적 효과나 다른 의학적 상태(예 두부외상)로 인한 것이 아니다.

39 아동 A에게 진단할 수 있는 가장 가능성이 높은 장애는? `21년 기출`

> 4세 아동 A는 어머니와 애정적 관계를 형성하지 못하며, 장난감을 가지고 노는 데는 흥미가 없고 사물을 일렬로 배열하거나 자신의 몸을 앞뒤로 흔들면서 알 수 없는 말을 한다.

① 자폐스펙트럼장애
② 의사소통장애
③ 틱장애
④ 특정학습장애

해설

자폐스펙트럼장애의 핵심증상

사회적 상호작용 결함	• 사회적-정서적 상호작용 시 결함 • 사회적 상호작용에서 사용되는 비언어적 의사소통 행동 시 결함 • 대인관계의 발전, 유지, 이해 시 결함
반복적 행동패턴	• 운동, 물체 사용, 언어 사용 시 정형화된 또는 반복적 패턴 • 동일한 것 고집, 일상적인 것 집착, 언어적 비언어적 행동의 의식화된 패턴 • 제한적이고 고정된 흥미를 보이는데, 그 강도나 초점이 비정상적 • 감각자극에 과소 혹은 과대반응 또는 주변 감각적 측면에 비정상적인 흥미

40 대형 화재현장에서 살아남은 남성이 불이 나는 장면에 극심하게 불안증상을 느낄 때 의심할 수 있는 가능성이 가장 높은 장애는? `17, 20, 23년 기출`

① 외상후스트레스장애
② 적응장애
③ 조현병
④ 범불안장애

해설
① 외상후스트레스장애 : 강간, 폭행, 교통사고, 자연재해, 가족이나 친구의 죽음과 같은 충격적인 사건을 경험한 후 불안 상태가 지속적으로 나타나는 장애이다.
② 적응장애 : 주요한 생활사건에 대한 적응실패로 나타나는 정서적 또는 행동적 부적응 증상을 말한다.
③ 조현병 : 뇌의 특별한 기질적 이상 없이 사고나 감정, 언어, 지각, 행동 등에서 부적응적인 장애를 나타내는 정신장애이다.
④ 범불안장애 : '일반화된 불안장애'라고도 하며, 과도한 불안과 긴장을 지속적으로 경험하는 상태를 말한다.

정답 39 ① 40 ①

제3과목 심리검사

41 다음에서 설명하는 검사는?   18, 21, 23, 24년 기출

> 유아 및 학령 전 아동의 발달과정을 체계적으로 측정하기 위한 최초의 검사로서, 표준 놀이기구와 자극 대상에 대한 유아의 반응을 직접 관찰하며, 의학적 평가나 신경학적 원인에 의한 이상을 평가하기 위해 사용된다.

① 베일리(Bayley)의 영아발달 척도
② 게젤(Gesell)의 발달검사
③ 시·지각 발달검사
④ 사회성숙도 검사

해설

- 베일리의 영아발달 척도(BSID-Ⅱ ; Bayley Scale of Infant Development-Ⅱ)
  - 베일리(Bayley)가 1969년 생후 2개월에서 30개월까지의 영유아를 대상으로 한 발달척도(BSID)를 고안한 이후, 1993년 개정판(BSID-Ⅱ)를 통해 생후 1개월에서 42개월까지의 영유아를 대상으로 한 표준화가 이루어졌다.
  - 1969년 초판(BSID-Ⅰ)은 정신척도(Mental Scale)와 운동척도(Motor Scale)로만 구성되었으나, 1993년 개정판(BSID-Ⅱ)은 행동평정척도(Behavior Rating Scale)가 포함되었다.
  - 검사과정은 검사자와 아이가 1:1로 마주앉은 상태로 진행되며, 아이의 연령이나 기질 등의 다양한 요인을 고려하여 융통성 있게 전개된다.
- 시·지각 발달검사(DTVP ; Developmental Test of Visual Perception)
  - 프로스티그(Frostig)가 1966년 개발한 것으로 3~8세의 읽고 쓰기에 문제가 있는 아동의 시·지각능력을 측정하여 시·지각장애를 조기발견하는 데 사용된다.
  - 시각-운동협응검사, 도형-배경지각검사, 형태항상성검사, 공간위치지각검사, 공간관계지각검사의 5개 하위검사로 구성된다.
- 사회성숙도 검사(SMS ; Social Maturity Scales)
  - 사회성이 적응행동에 미치는 영향이 크다는 것을 인식하고, 적응행동을 측정하기 위해 개발되었다.
  - 이 검사는 개인의 성장이나 변화를 측정하면서 정신지체 여부나 그 정도를 판별하는 데 이용될 수 있다.
  - 검사는 부모, 형제나 자매, 수검자를 잘 아는 친척이나 후견인 등이 실시한다(수검자가 자신에 관한 정보를 제공할 수 있을 정도로 성숙해 있어도 직접 수검자를 면접 대상으로 하지 않음).

42 말의 유창성이 떨어지고 더듬거리는 말투, 말을 길게 하지 못하고 어조나 발음이 이상한 현상 등을 보이는 실어증은?   18, 22, 24년 기출

① 브로카 실어증
② 전도성 실어증
③ 초피질성 감각 실어증
④ 베르니케 실어증

> **해설**
> 뇌손상 부위에 따른 실어증
> - 브로카 실어증(Broca's Aphasia)
>   - 브로카영역을 포함한 인근 전두엽영역의 손상에 의함
>   - 대화나 설명 시 표현능력이 저하되며 특히 유창성의 저하
>   - 비정상적으로 단조로운 운율, 속도가 느리며 단어 사이 쉬는 것이 긴 경향
>   - 청각적 이해력은 유지
>   - 읽기는 말하기나 쓰기에 비해 좋은 편
> - 전도성 실어증(Conduction Aphasia)
>   - 브로카영역과 베르니케영역을 연결하는 활모양의 섬유다발의 병변에 의함
>   - 따라 말하기 능력 저하
>   - 청각적 이해력은 유지
>   - 발화는 유창한 편이나 음소착어의 잦은 출현
>   - 이름대기에서 음소착어의 잦은 출현 및 여러 차례에 걸친 자기수정
> - 초피질성 감각 실어증(Transcortical Sensory Aphasia)
>   - 두정엽 및 베르니케영역의 심층부, 후반부의 피질하 부위 병변에 의함
>   - 청각적 이해력이 저하
>   - 따라 말하기 능력 저하
>   - 이름대기 능력 저하

정답 42 ①

43. Rorschach 구조변인 중 형태질에 대한 채점이 아닌 것은?

① u
② −
③ o
④ v

> **해설**
> 'v'는 발달질에 대한 채점으로 모호반응(Vague Response)을 기호화한 것이다.
> **Rorschach 구조변인 중 형태질**
> - 반응이 잉크반점의 특징에 얼마나 부합하는가?
> - 검사자는 수검자가 사용한 반점 영역의 형태가 지각한 대상의 형태와 어느 정도 일치하는지를 평가한다.
> - 우수−정교한(+ ; Superior−Overelaborated), 보통의(o ; Ordinary), 드문(u ; Unusual), 왜곡된(− ; Minus)으로 기호화한다.

44. 지능을 일반요인과 특수요인으로 구분한 학자는?

① 스피어만(C. Spearman)
② 서스톤(L. Thurstone)
③ 카텔(R. Cattell)
④ 길포드(J. Guilford)

> **해설**
> ① 스피어만(Spearman)은 지능은 모든 개인이 공통적으로 가지고 있는 일반요인(General Factor)과 함께 언어나 숫자 등 특정한 부분에 대한 능력으로서 특수요인(Special Factor)으로 구분된다는 2요인설을 제안하였다.
> ② 서스톤(Thurstone)은 지능은 언어이해(Verbal Comprehension), 수(Numerical), 공간시각(Spatial Visualization), 지각속도(Perceptual Speed), 기억(Memory), 추리(Reasoning), 단어유창성(Word Fluency) 등 7가지 요인으로 구성된다는 다요인설을 제안하였다.
> ③ 카텔과 혼(Cattell & Horn)은 지능은 유동성 지능(Fluid Intelligence)과 결정성 지능(Crystallized Intelligence)으로 구분된다는 위계적 요인설을 제안하였다.
> ④ 길포드(Guilford)는 지능의 구조는 내용(Content), 조작(Operation), 결과(Product)의 3차원적 입체모형으로 이루어지며, 이들의 상호작용에 의한 180개의 조작적 지적 능력으로 구성된다는 복합요인설(입체모형설)을 제안하였다.
>
> **참 고**
> 'Thurstone'은 교재에 따라 '서스톤', '써스톤', '썰스톤' 등으로, 'Cattell'은 '카텔', '케텔', '캐텔' 등으로 제시되고 있습니다. 이는 우리말 번역에 의한 발음상 차이일 뿐 동일인물에 해당합니다.

45 다음은 Thurstone이 제안한 지능에 관한 다요인 중 어느 요인을 측정하는 검사인가? 　　13, 24년 기출

> 4분 이내에 "D"로 시작되는 말을 가능한 많이 적어보시오.

① 언 어
② 단어유창성
③ 공 간
④ 기 억

해설

서스톤(Thurstone)의 다요인설에 의한 지능의 7가지 구성요인
- 언어이해(Verbal Comprehension) : 언어의 개념화, 추리 및 활용 등에 대한 능력이다. 어휘력 검사와 독해력 검사로 측정한다.
- 수(Numerical) : 계산 및 추리력, 즉 수를 다루며 계산하는 능력이다. 더하기나 곱하기, 큰 숫자나 작은 숫자 찾기 등의 기초적인 산수문제로 측정한다.
- 공간시각(Spatial Visualization) : 공간을 상상하고 물체를 시각화할 수 있는 능력이다. 상징물이나 기하학적 도형에 대한 정신적 조작을 요하는 검사로 측정한다.
- 지각속도(Perceptual Speed) : 어떤 대상이나 현상을 빠르고 정확하며, 구체적이고 객관적으로 파악하는 능력이다. 상징들의 신속한 재인을 요하는 검사로 측정한다.
- 기억(Memory) : 지각적·개념적 자료들을 명확히 기억하고 재생할 수 있는 능력이다. 단어, 문자 등을 이용한 회상 검사로 측정한다.
- 추리(Reasoning) : 주어진 자료들로써 일반원칙을 밝히며, 목표달성을 위해 생산적으로 적용·추리하는 능력이다. 유추검사나 수열완성형 검사로 측정한다.
- 단어유창성(Word Fluency) : 상황에 부합하는 유효적절한 단어를 빠르게 산출해낼 수 있는 능력이다. 제한시간 내에 특정 문자(예 '가' 또는 'A')로 시작하는 단어를 최대한 많이 제시하도록 요구하는 방식의 검사로 측정한다.

46 신뢰도의 추정방법 중 반분신뢰도의 장점은? 　　13, 18, 24년 기출

① 검사의 문항 수가 적어도 된다.
② 반분된 검사가 동형일 필요가 없다.
③ 단 1회의 시행으로 신뢰도를 구할 수 있다.
④ 속도검사의 신뢰도를 추정하는 데 적합하다.

해설

① 검사를 양분하는 반분신뢰도의 특성상 양분된 각 측정도구의 문항 수는 그 자체가 각각 완전한 척도를 이룰 수 있도록 충분히 많아야 한다.
② 반분신뢰도는 하나의 검사를 두 부분으로 나누어 신뢰도를 추정하는 일종의 축소판 동형검사신뢰도 추정방법으로 볼 수 있다.
④ 속도검사는 제한된 시간 내에 얼마나 빠르고 정확하게 정답에 반응하는가를 측정하는 방식이다. 검사문항이 대체로 획일적이고 난이도수준이 높지 않으므로, 반분신뢰도를 사용하여 신뢰도를 추정하는 데 있어서 부적합하다.

정답 45 ② 46 ③

47. 다음 K-WAIS 검사 결과가 나타내는 정신장애로 가장 적합한 것은?

15, 19, 23, 24년 기출

- 토막짜기, 바꿔쓰기, 차례맞추기, 모양맞추기 점수 낮음
- 숫자외우기 소검사에서 바로 따라 외우기와 거꾸로 따라 외우기 점수 간에 큰 차이를 보임
- 공통성 문제 점수 낮음 : 개념적 사고의 손상
- 어휘, 상식, 이해 소검사의 점수는 비교적 유지되어 있음

① 강박장애
② 기질적 뇌손상
③ 불안장애
④ 반사회성성격장애

해설

K-WAIS 검사 결과에서 나타나는 진단별 반응 특징

강박장애	• 전체 지능지수 110 이상 • 상식·어휘문제 점수가 높음(주지화) • 이해 점수가 낮음(회의적 경향이 원인) • 언어성 지능 > 동작성 지능 : 강박적인 주지화 경향을 반영
불안장애	• 숫자외우기, 산수, 바꿔쓰기, 차례맞추기 점수가 낮음 • 사고의 와해나 혼란은 없음
반사회성성격장애	• 언어성 지능 < 동작성 지능 • 소검사 간 분산이 심한 편 • 사회적 상황에 대한 예민성 • 바꿔쓰기, 차례맞추기 점수가 높음 • 개념형성 점수가 낮음 • 되는대로 노력없이 아무렇게나 대답 • 비사회적 규준 • 지나친 관념화, 주지화, 현학적인 경향을 보일 수 있음

48. MMPI-2 코드 쌍의 해석적 의미로 옳지 않은 것은?

16, 22년 기출

① 4-9 – 행동화적 경향이 높다.
② 1-2 – 다양한 신체적 증상에 대한 호소와 염려를 보인다.
③ 2-6 – 전환증상을 나타낼 경우가 많다.
④ 3-8 – 사고가 본질적으로 망상적일 수 있다.

해설

전환증상을 나타낼 경우가 많은 것은 1-3 상승척도 쌍에 해당된다.

49 시각운동협응 및 시각적 단기기억, 계획성을 측정하며 운동(Motor) 없이 순수하게 정보처리 속도를 측정하는 소검사는?　　　　　　　　　　　　　　　　　20, 22년 기출

① 순서화
② 동형찾기
③ 지우기
④ 어 휘

> **해설**
>
> **동형찾기(Symbol Search)**
> - 총 60문항으로, 쌍으로 이루어진 도형이나 기호들이 표적부분과 반응부분으로 제시되며, 해당 두 부분을 훑어본 후 표적모양이 반응부분에 있는지 여부를 지적하도록 한다.
> - 수검자의 처리속도를 측정하기 위해 고안된 소검사로서, 수검자의 완벽주의적 성향이나 강박적 문제해결양식 등을 반영하기도 한다.
> - 측정되는 주요 내용은 정보처리속도, 시각-운동협응능력, 시각적 단기기억능력, 시각적 변별력, 주의력 및 주의집중력 등이다.

50 다음에서 설명하는 MBTI의 선호지표에 따른 성격유형으로 옳은 것은?　　24년 기출

- 지금, 현재에 초점
- 실제 경험을 강조
- 숲보다는 나무를 보려는 경향
- 세부적·사실적·실리적

① 내향형(Introversion)
② 사고형(Thinking)
③ 감각형(Sensing)
④ 판단형(Judging)

> **해설**
>
> **MBTI 감각형(Sensing)의 특징**
> - 지금, 현재에 초점
> - 실제 경험을 강조
> - 정확함, 철저한 일처리
> - 나무를 보려는 경향
> - 세부적·사실적·실리적
> - 일관성
> - 가꾸고 추수함

정답 49 ② 50 ③

51 MMPI-2의 L척도가 상승했을 때의 해석과 가장 거리가 먼 것은? 15, 24년 기출

① 자신의 동기에 대한 통찰력과는 부적 상관관계가 있다.
② 지능이 높고 교육수준이 높을수록 상승하는 경향이 있다.
③ 이상적으로 자신을 나타내고자 하는 경우 상승한다.
④ 억압이나 부정 방어기제가 높을수록 상승하는 경향이 있다.

> **해설**
> L척도
> - 사회적으로 찬양할 만하나 실제로는 극도의 양심적인 사람에게서 발견되는 태도나 행동을 측정
> - 자신을 좋은 모양으로 나타내 보이려는 다소 고의적이고도 부정직하며 세련되지 못한 시도를 측정하려는 척도
> - 수검자의 지능, 교육수준, 사회경제적 위치 등과 연관이 있으며, 특히 지능 및 교육수준이 높을수록 L척도는 낮게 나옴
> - **예** 때때로 욕설을 퍼붓고 싶어지는 때가 있다(아니다), 가끔 화를 낸다(아니다) 등
> - MMPI의 모든 척도가 경험적 방법으로 도출된 문항으로 구성된 반면, L척도만은 논리적 근거에 의해 선발된 문항으로 구성됨

52 집중력과 정신적 추적능력(Mental Tracking)을 측정하는 데 사용되는 신경심리검사는? 15, 20, 22, 23년 기출

① 벤더게슈탈트검사(Bender Gestalt Test)
② 선로잇기검사(Trail Making Test)
③ 레이복합도형검사(Rey Complex Figure Test)
④ 위스콘신카드분류검사(Wisconsin Card Sorting Test)

> **해설**
> 선로잇기검사(Trail Making Test)
> - 숫자와 문자의 상징적인 의미를 이해하고, 전체 화면을 주시하면서 숫자와 문자를 순서대로 연결하는 능력을 검사하는 것
> - A형은 숫자 잇기, B형은 숫자와 글자를 교대로 잇기
> - 집중력 및 정신적 추적능력을 측정

53 검사자가 지켜야 할 윤리적 의무로 옳지 <u>않은</u> 것은?   14, 18, 22년 기출

① 검사과정에서 피검자에게 얻은 정보에 대해 비밀을 보장할 의무가 있다.
② 자신이 다루기 곤란한 어려움이 있을 때는 적절한 전문가에게 의뢰하여야 한다.
③ 자신이 받은 학문적인 훈련이나 지도받은 경험의 범위를 벗어난 평가를 해서는 안 된다.
④ 피검자가 자해행위를 할 위험성이 있어도 비밀보장의 의무를 지켜야 하므로 누구에게도 알려서는 안 된다.

> **해설**
> ④ 검사자는 내담자(수검자 또는 피검자)의 사생활과 비밀유지에 대한 권리를 최대한 존중해야 할 의무가 있으나, 이는 절대적인 것이 아니며 경우에 따라 내담자의 비밀보장의 권리가 제한될 수도 있다. 예를 들어, 내담자가 자신이나 타인의 신체 또는 재산을 해칠 위험이 있는 경우, 아동학대나 성폭력 등 중대한 범죄에 대한 내용을 상담을 통해 알게 된 경우, 이를 해당 분야의 전문가나 관련 기관에 알려야 한다. 또한 법원의 정보공개 명령이 있는 경우 내담자에 대한 기본적인 정보를 공개하며, 더 많은 사항을 공개해야 하는 경우 사전에 내담자에게 알려줄 필요가 있다.

54 WAIS-Ⅳ의 소검사 중 언어이해 지수 척도의 보충소검사에 해당되는 것은?   21년 기출

① 공통성
② 상식
③ 어휘
④ 이해

> **해설**
> **K-WAIS-Ⅳ의 구성**
>
> | 구 분 | 언어이해 | 지각추론 | 작업기억 | 처리속도 |
> | --- | --- | --- | --- | --- |
> | 핵심소검사 | • 공통성
• 어휘
• 상식 | • 토막짜기
• 행렬추론
• 퍼즐 | • 숫자
• 산수 | • 동형찾기
• 기호쓰기 |
> | 보충소검사 | 이해 | • 무게비교
• 빠진 곳 찾기 | 순서화 | 지우기 |

정답 53 ④ 54 ④

55 심리검사의 윤리에 관한 설명으로 <u>틀린</u> 것은? 21년 기출

① 자격을 갖춘 사람이 심리검사를 실시해야 한다.
② 검사동의를 구할 때에는 비밀유지의 한계에 대해 알려야 한다.
③ 동의할 능력이 없는 사람에게도 평가의 본질과 목적을 알려야 한다.
④ 자동화된 서비스를 사용할 경우 검사자는 평가의 해석에 대한 책임을 지지 않는다.

> **해설**
> 검사자는 자동화된 서비스를 사용할 때에도 철저하게 채점원리를 파악하여 정확한 채점을 할 수 있어야 한다.

56 노인을 대상으로 HTP검사를 실시하는 방법으로 옳은 것은? 19, 22, 24년 기출

① 노인의 보호자가 옆에서 지켜보면서 격려하도록 한다.
② HTP를 실시할 때 각 대상은 별도의 용지를 사용하여 실시한다.
③ 그림을 그린 다음에는 수정하지 못하게 한다.
④ 그림이 완성된 후 보호자에게 사후 질문을 하는 것이 일반적이다.

> **해설**
> ② HTP를 실시할 때 집, 나무, 사람 각각에 대한 별지를 제공하여 대상자에게 그리도록 한다.
> ① HTP를 통해 가정생활이나 가족관계 등이 반영되므로, 검사자는 그림의 내용에 영향을 줄 만한 상황을 최대한 배제하도록 한다.
> ③ 수검자의 수검 태도 또한 해석적 의미를 담고 있다. 예를 들어, 그림의 수정은 지나치게 정확성을 기하려는 수검자의 강박적 성향을 반영하는 것으로 볼 수 있다.
> ④ 그림이 완성된 후 수검자에게 각각의 그림을 보여주면서 수검자의 특성에 맞는 질문을 하는 과정을 거친다.

57 MMPI-2의 재구성 임상척도 중 역기능적 부정 정서를 나타내며, 불안과 짜증 등을 경험하는 경우 상승하는 척도는?　　　　　　　　　　　　　　　　　　　　　　　　　　　　　　　　　　　　　　　20년 기출

① RC4
② RC1
③ RC7
④ RC9

> **해설**
> ① RC4 : 반사회적 행동(asb) → 분노, 공격성, 논쟁 등
> ② RC1 : 신체증상 호소(som) → 신체 건강에 대한 염려와 집착, 신체증상 호소
> ④ RC9 : 경조증적 상태(hpm) → 심신에너지 항진, 과도한 자신감

58 MMPI-2의 타당도척도에 관한 설명으로 **틀린** 것은?　　　　　　　　　　　　　　20년 기출

① ?척도는 응답하지 않은 문항들이나 '예', '아니오' 둘 다에 응답한 문항들의 합계로 채점된다.
② L척도는 자신을 사회적으로 바람직하며 좋은 사람처럼 보이게끔 하려는 태도를 가려내기 위한 척도이다.
③ F척도는 점수가 높을수록 평범 반응 경향을 말해 준다.
④ K척도는 L척도에 의해 포착하기 어려운 은밀한 방어적 태도를 측정하는 문항들로 구성되어 있다.

> **해설**
> **F척도(비전형 척도, Infrequency)**
> - 비전형적인 방식으로 응답하는 사람들을 탐지하기 위한 것으로서, 검사 문항에 대해 정상인들이 응답하는 방식에서 벗어나는 경향성을 측정한다.
> - 측정 결과가 65~80T 정도인 경우 수검자의 신경증이나 정신병, 현실검증력 장애를 시사하며, 측정 결과가 100T 이상인 경우 수검자가 의도적으로 심각한 정신병적 문제를 과장해서 응답한 것으로 짐작할 수 있다.
>
> **참고**
> MMPI 및 MMPI-2의 프로파일 해석과 관련하여 그 구체적인 수치가 교재에 따라 약간씩 다르게 제시되고 있으므로, 이 점 감안하여 학습하시기 바랍니다.

정답 57 ③ 58 ③

59 지능에 대한 설명으로 틀린 것은?

21년 기출

① 아동기의 전반적인 인지발달은 청소년기보다 그 속도가 느리다.
② 발달규준에서는 수검자의 생활연령과 정신연령을 함께 표기한다.
③ 편차 IQ는 집단 내 규준에 속한다.
④ 추적규준은 연령별로 동일한 백분위를 갖는다고 가정한다.

> **해설**
> 아동기에 청소년기보다 많은 인지발달이 이루어지며, 그 속도는 청소년기보다 훨씬 빠르다.

60 교통사고 환자의 신경심리검사에서 꾀병을 의심할 수 있는 경우는?

16, 22, 24년 기출

① 기억과제에서 쉬운 과제에 비해 어려운 과제에서 더 나은 수행을 보일 때
② 즉각 기억과제와 지연 기억과제의 수행에서 모두 저하를 보일 때
③ 뚜렷한 병변이 드러나며 작위적인 반응을 보일 때
④ 단기기억 점수는 정상범위이나 다른 기억점수가 저하를 보일 때

> **해설**
> **신경심리평가 시 위장자(Faker)들을 변별하는 방법(홍경자, 1995)**
> - 일관성 : 위장하는 사람들은 동일한 영역을 측정하는 비슷한 검사로 재검사를 시행했을 때 같은 양상의 장애를 나타내지 않는 경우가 많고, 자신의 증상 및 병력에 대해서는 잘 기억하면서 기억력 검사에 들어가서는 장애를 보일 수 있다.
> - 위장자들은 모든 검사에서 다 못하는 경우가 많은데, 실제 환자는 손상 양상에 따라 어떤 검사는 잘 수행하고 어떤 검사는 대단히 못한다. 만약 위장자가 일부 검사에서 선택적으로 장애를 보이려고 할 때는 주로 감각 및 운동기능의 장애를 보인다고 한다.
> - 난이도를 살펴보면, 일반적으로 환자들은 쉬운 소검사는 잘하고 어려워지면 못하는 데 비해, 위장자들은 난이도가 낮은 소검사부터 못하는 경향이 있다.
> - 위장자들은 검사에서 나타난 장애 정도와 손상으로부터 예측되는 장애 정도 사이에 상당한 차이를 보인다.

제4과목 임상심리학

61 행동주의상담에서 고전적 조건형성의 원리를 이용한 기법에 해당하지 <u>않는</u> 것은?

① 체계적 둔감법(Systematic Desensitization)
② 토큰경제(Token Economy)
③ 주장훈련(Assertive Training)
④ 이완훈련(Relaxation Training)

> **해설**
> 토큰경제(상표제도)는 조작적 조건형성의 기법에 해당한다.

62 내담자의 말과 행동에서 표현된 기본적인 감정, 생각 및 태도를 상담자가 다른 참신한 말로 부연해 주는 것은?   22, 23년 기출

① 해 석
② 직 면
③ 반 영
④ 명료화

> **해설**
> ③ 반영(Reflection) : 내담자가 전달하고자 하는 의사의 본질을 스스로 볼 수 있도록 내담자의 말과 행동에서 표현되는 감정·생각·태도를 상담자가 다른 참신한 말로 부연하는 기술이다. 상담자는 반영을 통해 내담자의 태도를 거울에 비추어 주듯이 보여줌으로써 내담자의 자기 이해를 도와줄 뿐만 아니라 내담자로 하여금 자기가 이해받고 있다는 인식을 주게 된다.
> ① 해석(Interpretation) : 내담자가 새로운 방식으로 자신의 문제를 돌아볼 수 있도록 사건들의 의미를 설정해주고, 그 문제를 새로운 각도에서 이해할 수 있도록 생활경험 및 행동의 의미에 대해 설명하는 기술이다. 내담자의 사고, 행동, 감정의 패턴을 드러내거나 이를 통해 나타나는 문제를 이해할 수 있도록 새로운 틀을 제공한다.
> ② 직면(Confrontation) : 내담자의 말이나 행동이 일치하지 않는 경우 또는 내담자의 말에 모순점이 있는 경우 상담자가 그것을 지적해 주는 기술이다. 내담자의 자기 이해를 돕기 위해 상담자의 눈에 비친 내담자의 행동 특성 또는 사고방식의 스타일을 지적하여, 내담자가 상담자나 외부에 비친 자신의 모습을 되돌아보고 통찰의 순간을 경험하도록 하는 직접적이고 모험적인 자기대면의 방법이다.
> ④ 명료화(Clarification) : 내담자의 말 중에서 모호한 점이나 모순된 점이 발견될 때, 이를 명확히 이해하고 넘어가기 위해 다시 그 점을 상담자 또는 면접자가 질문함으로써 내담자로 하여금 그 의미를 명백하게 하는 기술이다. 이러한 명료화는 상담자가 내담자의 말을 정확히 이해하기 위해서도 필요하고, 내담자가 스스로의 의사와 감정을 구체화하여 재음미하도록 하기 위해서도 필요하다.

63 평가면접에서 면접자의 태도에 대한 설명으로 옳지 않은 것은? 21, 23년 기출

① 수용 – 내담자의 가치에 대한 기본적인 존중과 관련되어 있다.
② 해석 – 면접자가 자신의 내면과 부합하는 심상을 수용하는 것과 관련되어 있다.
③ 이해 – 내담자의 관점에서 세계를 보기 위한 노력과 관련되어 있다.
④ 진실성 – 면접자의 내면과 부합하는 것을 전달하는 정도와 관련되어 있다.

해설
② 면접자가 자신의 내면과 부합하는 타당하고 신뢰할 수 있는 심상을 어느 정도 전달할 수 있는가는 '진실성'과 연관된다. 진실성은 '일치성(Congruence)'이라고도 하는데, 이는 면접자의 일치성, 혹은 면접자가 말하고 있는 것과 실제로 느끼고 있는 것 사이에 존재해야만 하는 조화를 일컫는다.

해석(Interpretation)
- 내담자가 새로운 방식으로 자신의 문제를 돌아볼 수 있도록 사건들의 의미를 설정하고, 그 문제를 새로운 각도에서 이해할 수 있도록 생활경험 및 행동의 의미를 설명하는 것이다.
- 외견상 분리된 내담자의 말 또는 사건들의 관계를 연결하거나 방어, 저항, 전이 등을 설명한다.
- 내담자의 사고, 행동, 감정의 패턴을 드러내거나 이를 통해 나타나는 문제를 이해할 수 있도록 새로운 틀을 제공한다.
- 내담자에게 자신에 대한 통찰을 촉진하고 자기통제력을 향상하도록 한다.
- 내담자에게 자신의 감정을 파악하여 그 원인을 이해하도록 함으로써 좀 더 자유롭게 감정을 인정하고 받아들일 수 있도록 한다.

64 기말고사에서 전 과목 100점을 받은 경희에게 선생님은 최우수상을 주고 친구들 앞에서 칭찬도 해주었다. 선생님이 경희에게 사용한 학습 원리는? 16, 20, 23년 기출

① 성취
② 내적 동기화
③ 조건화
④ 모델링

해설
③ 조건화에는 고전적 조건화와 조작적 조건화가 있고, 위의 사례와 같이 바람직한 행동을 하였을 때 보상을 제공하는 것은 조작적 조건화 가운데 정적강화에 해당한다.
① 성취는 선생님이 사용한 학습 원리가 아니라 경희가 얻은 100점이라는 결과 자체이다.
② 학습자가 본질적으로 가지고 있는 것으로서 흥미나 호기심과 같은 내적 요인들에 의해 유발되는 동기를 말한다. 즉, 스스로 학습에 대한 욕구, 흥미, 호기심, 즐거움 때문에 학습자가 자발적으로 학습하려는 의욕을 갖는 것이다.
④ 다른 사람의 행동을 보고 들으면서 그 행동을 따라하는 것으로 관찰학습을 의미한다.

65 생명유지에 필수적인 기능에서 고차원적 인지기능으로 발달하는 뇌의 발달단계를 순서대로 나열한 것은?

17년 기출

① 후뇌(교 및 소뇌) → 수뇌(연수) → 중뇌 → 간뇌 → 종뇌
② 수뇌(연수) → 후뇌(교 및 소뇌) → 중뇌 → 간뇌 → 종뇌
③ 후뇌(교 및 소뇌) → 중뇌 → 간뇌 → 종뇌 → 수뇌(연수)
④ 수뇌(연수) → 간뇌 → 후뇌(교 및 소뇌) → 중뇌 → 종뇌

> **해설**
>
> **뇌의 주요부분**
> - 생명유지에 관여하는 뇌 : 후뇌로 뇌간(= 연수 + 뇌교로 구성) 및 소뇌로 구성되어 호흡·심박·혈압조절 등 생명유지에 필수적인 기능 담당
> - 감정에 관여하는 뇌 : 중뇌로 감정기능을 담당
> - 간뇌 : 대뇌와 중뇌 사이에 위치
> - 고차원적 인지기능에 관여하는 뇌 : 전뇌의 일부인 종뇌(특히 대뇌피질)
>
> **참고**
>
> 인간의 뇌는 생명유지에 관여하는 뇌, 감정에 관여하는 뇌, 고차원적 인지기능에 관여하는 뇌의 순서로 발달하게 된다.

66 심리상담 및 심리치료의 과정에서 나타나는 현상과 가장 거리가 먼 것은?

22년 기출

① 내담자는 상담자가 아무런 요구 없이 인간으로서의 관심만을 베푼다는 것을 경험한다.
② 상담관계에서 내담자는 처음부터 새로운 방식으로 반응하고 행동하게 된다.
③ 상담장면에서는 일반적이고 추상적인 자료보다는 그 상황에서의 실제행동을 다룬다.
④ 치료유형에 차이가 있음에도 불구하고 심리치료에는 공통요인이 작용한다.

> **해설**
>
> ② 상담관계에서 내담자가 처음부터 적응적인 방식으로 반응하고 행동하는 것은 아니다. 내담자는 생활상의 사건이나 신체적·심리적 문제를 가지고 있으면서도 그러한 문제를 표현하는 데 어려움을 느낄 수 있으며, 자신의 문제가 외부로 노출되는 것에 대해 거부감을 가질 수도 있다.

67 행동의학에서 주로 다루는 주제로 가장 적합한 것은?   16, 22, 24년 기출

① 공황발작
② 외상후스트레스장애
③ 조현병의 음성증상
④ 만성통증 관리

> **해설**
> ④ 행동의학은 신체장애에 대해 행동주의적 치료방법을 응용한 것으로, 특히 최면이나 바이오피드백과 같은 행동요법은 비만, 흡연, 심혈관 장애, 만성통증 관리 등 다양한 문제들에 응용되고 있다.
>
> **행동의학(Behavioral Medicine)**
> - 행동과학적인 접근에 의해서 의학을 파악해 나가려는 입장
> - 건강, 질병 그리고 기타 생리적 부전과 관련된 연구, 교육, 진단, 치료의 영역을 모두 포괄하는 다학제적 학문
> - 건강심리학은 행동의학과 건강관리의 문제 양자를 포함하는 심리학 영역
> - 행동의학은 심신의학보다는 보다 객관적인 행동에 중점을 둠

68 역할–연기에 대한 설명과 가장 거리가 먼 것은?   21년 기출

① 주장훈련과 관련이 있다.
② 사회적 기술을 포함하고 있다.
③ 행동시연을 해야 한다.
④ 이완훈련을 해야 한다.

> **해설**
> ④ 이완훈련(Relaxation Training)이란 행동주의상담기법의 일종으로, 본래 일상생활에서 스트레스에 대처하기 위한 방법이 보편화된 것이다. 조용한 환경에서 근육을 이완하고, 깊고 규칙적인 호흡을 함으로써 긴장과 이완에 따른 차이를 경험하도록 한다. 특히 점진적 이완훈련은 최면, 명상은 물론 체계적 둔감화의 행동기법과 연결된다.

69 미국에서 임상심리학이 비약적으로 발전하게 된 계기가 된 것은? **21년 기출**

① 자원봉사자들의 활동
② 루스벨트 대통령의 후원
③ 제2차 세계대전
④ 매카시즘의 등장

> **해설**
> **제2차 세계대전이 미국 임상심리학의 발전에 미친 영향**
> - 미국은 제2차 세계대전과 함께 신병 평가의 필요성이 절박해짐에 따라 입영대상 군인들이 가진 기술뿐만 아니라 지적·심리적 기능을 효율적으로 평가하는 기술들을 개발하기 위해 위원회를 구성하였다.
> - 위원회는 제1차 세계대전 당시에 개발된 집단 심리검사도구인 '군대 알파(Army α)'와 '군대 베타(Army β)'보다 정교해진 '군대 일반 분류검사(Army General Classification Test)'를 개발한 것은 물론, 군 장교들과 특정 병과 집단을 평가하는 데 다양한 능력검사들을 사용하도록 권고함으로써 제2차 세계대전 동안 무려 2천만 명 이상에 대해 다양한 심리검사를 실시하게 되었다. 또한 이 시기에 MMPI와 같은 새로운 검사들도 개발되었다.
> - 1945년 코네티컷(Connecticut) 주에서는 심리 자격증에 관한 법률을 통과시킴으로써 자격을 갖춘 전문자들에 의해 임상심리학 실무에 대한 체계적인 규정들이 마련되도록 하였다.
> - 1946년 《American Psychologist》의 첫판이 출간되었고, 미국 전문심리학 검사위원회(ABEPP ; American Board of Examiners in Professional Psychology)가 심리학자들에게 자격증을 수여하기 위해 발족되었다.

70 임상심리사로서 전문적인 관계를 유지하는 데 바람직한 지침사항과 가장 거리가 먼 것은? **21, 23년 기출**

① 다른 전문직에 종사하는 동료들의 욕구, 특수한 능력, 그리고 의무에 대하여 적절한 관심을 가져야 한다.
② 동료 전문가와 관련된 단체나 조직의 특권 및 의무를 존중하여 행동하여야 한다.
③ 소비자의 최대이익에 기여하는 모든 자원들을 활용해야 한다.
④ 동료 전문가의 윤리적 위반 가능성을 인지하면 즉시 해당 전문가 단체에 고지해야 한다.

> **해설**
> ④ 전문가는 때로 다른 동료 전문가의 비윤리적 행위나 윤리적 위반 가능성을 인지하게 될 수 있다. 이 경우 우선 그 당사자에게 주의를 환기시켜 윤리적 문제를 비공식적으로 해결하기 위한 시도를 해야 한다. 만약 그와 같은 시도로 문제가 시정되지 않는다면, 해당 윤리위원회에 신고해야 할 의무가 있음을 당사자에게 알리고 윤리강령에 따라 행동을 취해야 한다.
>
> **윤리위반의 해결(한국상담심리학회 윤리강령 中)**
> - 상담심리사는 다른 상담심리사의 윤리강령 위반을 인지한 경우, 그 위반이 심각한 해를 끼치지 않는다면, 우선 해당 상담심리사에게 윤리문제가 있음을 인식시킨다.
> - 명백한 윤리강령의 위반으로 개인이나 조직이 실질적인 해를 입거나 그럴 가능성이 있는 경우, 그리고 개별적인 시도로 해결되지 않는 경우, 상담심리사는 상벌윤리위원회에 신고한다.
> - 소속 기관 및 단체와 본 윤리강령 간에 갈등이 있을 경우, 상담심리사는 갈등의 본질을 명확히 하고, 소속 기관 및 단체에 윤리강령을 알려서 이를 준수하는 방향으로 해결책을 찾도록 한다.

정답 69 ③ 70 ④

71 행동평가에 관한 설명으로 가장 적합한 것은? *17, 21, 22년 기출*

① 자연적인 상황에서 실제 발생한 것만을 대상으로 평가한다.
② 행동표본은 내면심리를 반영한 것으로 해석된다.
③ 특정 표적행동의 조작적 정의가 상이할 수 있음을 고려해야 한다.
④ 관찰 결과는 요구특성이나 피험자의 반응성요인과는 무관하다.

> **해설**
> ③ 연구자들은 같은 변인에 대하여 서로 다른 조작적 정의를 사용할 수 있다.
> ① 자연관찰법에 해당하는 내용이며 행동평가는 관찰법 이외에도 조사법, 실험법 등 다양하다.
> ② 행동표본은 면담이나 심리검사 장면에서 내담자가 드러내 보이는 행동으로 내담자의 일상적인 생활 상황에서의 행동을 반영한다.
> ④ 관찰의 결과는 관찰자의 요구특성, 피험자의 반응편향 등의 영향을 받을 수 있다.

72 임상심리사가 수행하는 역할과 가장 거리가 먼 것은? *15, 21년 기출*

① 심리치료상담
② 심리검사
③ 언어치료
④ 심리재활

> **해설**
> ③ 언어치료는 언어재활사가 수행하는 역할에 해당한다.
>
> **임상심리학자의 역할**
> - 진단 및 평가
> - 치료
> - 심리재활
> - 교육 및 훈련
> - 자문
> - 행정 및 지도
> - 연구

73 합동가족치료에 대한 설명으로 틀린 것은?   **21년 기출**

① 비행청소년들과 그들의 가족들을 위한 개입법으로 개발되었다.
② 한 치료자가 가족 전체를 동시에 본다.
③ 치료자는 상황에 따라 비지시적인 역할을 할 수 있다.
④ 치료자는 가족 구성원에게 과제를 준다.

> **해설**
> ① 비행청소년 및 위기청소년의 정신건강 문제를 다루기 위해 개발된 가족 및 지역사회 중심의 대표적인 치료적 개입으로 다중체계치료(MST ; Multisystemic Therapy)가 있다. 다중체계치료는 생태학적 모형을 토대로 청소년의 심각한 정서 행동상의 문제가 단순히 개인적인 것이 아니라 가정, 학교, 지역사회 등 청소년을 둘러싸고 있는 여러 체계가 상호작용 하여 나타난 결과로 보고, 청소년이 겪는 문제와 관련된 체계 내의 요인들을 변화시키는 것을 치료목표로 삼는다.
>
> **합동가족치료(Conjoint Family Therapy)**
> - 사티어(Satir)가 창안한 것으로, 문제를 겪는 가족원이 희생자, 회유자, 비난자, 구원자 등의 고정된 가족역할에 얽매인 것으로 보고, 가족원 개인의 자기 존중감 형성에서 가족의 역할을 강조한다.
> - 가족의 역기능적 양육패턴을 해소하여 자기 존중감을 지닌 개인이 새로운 도전적 상황에서 유능감과 안정감을 가질 수 있도록 돕는다.

74 잠재적인 학습문제의 확인, 학습실패 위험에 처한 아동에 대한 프로그램 운용, 학교 구성원들에게 다양한 관점 제공, 부모 및 교사에게 특정 문제행동에 대한 대처기술을 제공하는 학교심리학자의 역할은?   **21, 24년 기출**

① 예 방
② 교 육
③ 부모 및 교사훈련
④ 자 문

> **해설**
> **예 방**
> 청소년기의 중도탈락, 비행, 약물 남용, 자살 등의 심각한 문제들을 예방하기 위해 잠재적인 위험이 있는 청소년 및 일반 청소년들에게 위기상황의 극복, 문제해결능력이나 갈등해결기술 등을 가르쳐 줌으로써 문제를 예방한다.

정답 73 ① 74 ①

75 임상심리학자로서 지켜야 할 내담자에 대한 비밀보장에 관한 설명으로 <u>틀린</u> 것은? 17, 21년 기출

① 일반적으로 상담과정에서 내담자에 대해 알게 된 사실을 다른 사람들에게 말하면 안 된다.
② 아동 내담자의 경우에도 아동에 관한 정보를 부모에게 알려서는 안 된다.
③ 자살 우려가 있는 경우 내담자의 비밀을 지키는 것보다는 가족에게 알려 자살예방조치를 취하는 것이 더 중요하다.
④ 상담 도중 알게 된 내담자의 중요한 범죄사실에 대해서는 비밀을 지킬 필요가 없다.

> **해설**
> 비밀보장 예외규정(한국심리학회 윤리강령 규정)
> • 필요한 전문적 서비스를 제공하기 위한 경우
> • 적절한 전문적 자문을 구하기 위한 경우
> • 내담자, 심리학자 또는 그 밖의 사람들을 상해로부터 보호하기 위한 경우
> • 내담자로부터 서비스에 대한 비용을 받기 위한 경우

76 프로그램의 주요 초점은 사회 복귀이며, 직업능력증진부터 내담자의 자기개념 증진에 걸쳐 있는 것은? 20, 23년 기출

① 일차 예방
② 이차 예방
③ 삼차 예방
④ 보편적 예방

> **해설**
> ③ 삼차 예방 : 심리장애 발생 후에 그 지속기간 및 부정적인 영향을 최소화하는 것이다. 심리장애의 악화 및 재발을 방지하고 재활프로그램을 실시하며, 가정과 사회로의 복귀 및 적응을 돕기 위한 지지와 교육을 제공하는 동시에 지역사회 전체를 대상으로 교육을 실시한다.
> ① 일차 예방 : 해로운 환경이 질병을 야기하지 않도록 사전에 이를 제거하는 것이다. 이를 위해 사회적 지지체계를 강화하고 스트레스의 근원을 제거하며, 스트레스에 적절히 대처할 수 있도록 개인의 능력을 함양한다.
> ② 이차 예방 : 정신건강 문제를 조기에 확인하고 장애로 발전하기 이전 초기단계에서 문제를 치료하는 것이다. 심리장애로 발전될 위기에 있는 사람들을 대상으로 조기에 치료를 제공하며, 사고나 재해의 피해자에 대해서는 위기개입을 한다.

77 통제된 관찰에 관한 설명으로 적합하지 <u>않은</u> 것은? *20년 기출*

① 스트레스 면접은 통제된 관찰의 한 유형이다.
② 자기-탐지 기법은 통제된 관찰의 한 유형이다.
③ 역할시연은 가장 일반적으로 사용되는 통제된 관찰 유형이다.
④ 모의실험 방식에서 관심행동이 나타나도록 하는 유형이다.

> **해설**
> ② 자기-탐지 기법은 자기관찰법으로, 관찰자가 자기 자신의 행동을 스스로 관찰하며 자신과 환경 간의 상호작용에 대해 기록하는 방법이다. 관찰자는 자신의 행동에 대한 피드백으로 문제 행동을 통제할 수 있으나 관찰자 자신에 대한 관찰 및 기록을 왜곡할 수도 있다.
>
> **통제된 관찰(Controlled Observation)**
> 유사관찰법(Analogue Observation) 또는 실험적 관찰(Experimental Observation)로도 불리며, 관찰의 효율성을 높이기 위해 제한이 가해진 체계적인 환경에서 관찰하는 방법이다. 즉 관찰자에 의해 미리 계획되고 조성된 상황의 전후 관계에 따라 특정한 환경 및 행동 조건에서 내담자의 행동을 부각하기 위한 방법이다. 예를 들면, 임상심리클리닉에 설치된 일방 거울(One-way Mirror)을 통해 내담자와 관련 인물의 대화나 상호작용을 관찰하는 방법, 역할놀이 상황, 놀이실 관찰, 인위적으로 만들어진 술좌석에서 음주행동 관찰 및 평가 등이 이에 해당된다.

78 로저스(Rogers)의 인간중심 접근에 대한 설명으로 옳지 <u>않은</u> 것은? *17, 22년 기출*

① 자기개념을 확장하도록 돕는 것이 치료의 목표이다.
② 자기-경험의 불일치가 불안의 원인이라고 본다.
③ 부모의 조건적 애정과 가치가 문제의 근원이 될 수 있다.
④ 치료자는 때에 따라 자신의 감정을 숨기거나 왜곡해야 한다.

> **해설**
> **인간중심상담의 기본원리 3가지**
> ① 일치성(진실성) : 상담자의 내적인 경험과 외적인 표현이 일치되는 것으로, 상담자는 자신의 감정을 솔직하게 인정하고 내담자의 진솔한 감정표현을 유도함으로써 상담자가 내담자와의 관계에서 개방적인 표현이 이루어지도록 노력하는 것을 의미한다. 이를 통해 내담자도 진솔한 감정 표현이 용이하며, 이를 통해 의사소통이 촉진된다.
> ② 공감적 이해와 경청 : 내담자가 경험하고 있는 감정들을 상담자가 정확하게 이해하고 내담자의 감정에 동참하는 것을 의미하는 것으로, 동정이나 동일시로써 내담자의 감정에 빠져드는 것이 아닌 객관적인 입장에서 내담자의 내적 참조를을 바탕으로 내담자를 깊이 있게 이해하는 것을 의미한다.
> ③ 무조건적인 긍정적 관심 또는 존중 : 상담자는 내담자의 사고나 감정, 행동에 대해 판단하지 않고, 있는 그대로 조건 없이 수용하며 가치 있는 것으로 존중해야 하는 것이다.

정답 77 ② 78 ④

79 다음 중 뇌반구의 기능에 관한 설명으로 적합하지 <u>않은</u> 것은? `20년 기출`

① 좌반구는 세상의 좌측을 보고, 우반구는 우측을 본다.
② 좌측 대뇌피질의 전두엽 가운데 운동피질 영역의 손상은 언어문제 혹은 실어증을 일으킨다.
③ 대부분의 언어 장애는 좌반구와 관련이 있다.
④ 좌반구는 말, 읽기, 쓰기 및 산수를 통제한다.

> **해설**
> ① 좌반구는 신체 우측을 조정하며, 우반구는 신체 좌측을 조정한다.
>
> **뇌반구의 기능**
> - 일반적으로 좌반구는 언어적·분석적·순차적인 정보, 즉 표현언어, 음운적 부호화, 단락이해, 철자명명, 의도적 운동, 산수문제 등을 우세하게 처리하는 것으로 알려져 있다.
> - 우반구는 비언어적·공간적·통합적·병렬적인 정보, 즉 공간지각, 얼굴지각, 색채, 음계, 정서적 자극 등을 우세하게 처리하는 것으로 알려져 있다.

80 행동평가 방법 중 참여관찰법에 비교할 때 비참여관찰법의 특성과 가장 거리가 <u>먼</u> 것은? `19년 기출`

① 내담자의 외현적 행동을 기록하는 데 유리하다.
② 관찰자훈련에 많은 시간과 비용이 소요된다.
③ 관찰자가 다른 활동 때문에 관찰에 지장을 받아 기록에 오류를 범할 가능성이 높다.
④ 행동에 관한 정밀한 측정이 요구되고, 연구자가 충분한 인적 자원을 갖고 있는 경우 유용하다.

> **해설**
> **비참여관찰(Non-Participant Observation)**
> 관찰자가 관찰 대상 집단의 구성원으로서 역할을 수행하지 않은 채 제3자의 입장에서 관찰하는 방법이다. 관찰 활동에 특별한 제약이 없고 관찰의 객관성을 확보할 수 있으나, 자연스럽고 심도 있는 관찰을 수행하기 어려운 문제가 있다.

제5과목 심리상담

81 학습문제상담의 시간관리전략에서 강조하는 것은?   17, 19, 23년 기출

① 기억하고자 하는 의도를 갖도록 노력한다.
② 학습의 목표를 중요도와 긴급도에 따라 구체적으로 수립한다.
③ 시험이 끝난 후 오답을 점검한다.
④ 처음부터 장시간 공부하기보다는 조금씩 자주 하면서 체계적으로 학습한다.

> **해설**
> 학습문제에 대한 효과적인 시간관리전략
> - 체계적인 시간관리를 통해 제한된 시간을 효율적으로 활용함으로써 최대의 학습효과를 거두기 위한 것이다.
> - 학습목표를 구체적이고 측정 가능하도록 세우며, 중요도에 따라 우선순위를 부여하여 실행한다.

82 상담 진행과정에 관한 설명으로 옳지 않은 것은?   21년 기출

① 초기 - 비자발적 내담자의 경우 상담목표를 설정하지 않음
② 중기 - 내담자가 자신의 문제를 이해하고 반복적인 학습이 일어남
③ 중기 - 문제 해결 과정에서 저항이 나타날 수 있음
④ 종결기 - 상담 목표를 기준으로 상담성과를 평가함

> **해설**
> 상담 초기 단계에서 비자발적 내담자 다루기
> - 대부분의 상담은 내담자가 스스로 도움을 받고자 자발적으로 상담을 요청하는 것을 전제로 하지만, 비자발적으로 의뢰되어 상담자에게 오는 경우도 있다.
> - 비자발적 내담자와 상담할 때 상담자의 주요 과업은 내담자 스스로 자신의 문제를 지각할 수 있는 기회를 늘리면서 자발적으로 상담에 참여할 수 있도록 하는 것이다.
> - 비자발적 내담자는 상담을 받을 준비가 되어 있지 않기 때문에 저항을 하기 마련인데, 따라서 상담자는 먼저 내담자의 동기 수준을 확인하고 동기 수준이 낮다면 상담에 임할 수 있도록 동기화하는 작업을 수행함으로써 내담자의 저항을 완화하고 내담자를 본격적인 상담 과정으로 끌어들이도록 한다.

정답 81 ②   82 ①

83 가족상담의 기본적인 원리와 가장 거리가 먼 것은? 　　　　　　　　　　　14, 20년 기출

① 가족체제의 문제성을 이해하도록 한다.
② 자녀행동과 부모관계를 파악한다.
③ 감정노출보다는 생산적 이해에 초점을 둔다.
④ 현재보다 과거 상황에 초점을 둔다.

> **해설**
> ④ 가족상담은 일반적으로 현재 상황에 초점을 둔다.
>
> **가족상담**
> - 가족을 하나의 체계로 보고 역기능적인 패턴과 관계구조를 변화시켜 문제를 완화하거나 해소하는 치료방법이다.
> - 가족상담은 2차 세계대전 이후 가족의 문제들이 대두되면서 발달하기 시작하였는데 그 역사적 근원은 ㉠ 개인 중심의 전통적 심리치료 영역에서 가족의 영향력에 대한 인식 증가, ㉡ 전체와 부분을 통합적으로 접근하는 체계이론 패러다임 도입, ㉢ 정신분열증 유발 가족에 관한 연구, ㉣ 부부상담과 아동지도 운동, ㉤ 소집단 역동과 집단치료에서의 영향으로 볼 수 있다.
> - 가족상담의 과정은 ㉠ 현재의 증상을 인정하고(심리적 경계선, 돈, 사업 등의 얽힘과 융합 등), ㉡ 개방적, 정서적 의사소통을 통해 개별화와 분화를 이루어, ㉢ 체계를 재구성하여 균형과 통합을 이루고 서로 감사해하며 서로를 인정하도록 하는 것이다.
> - 가족치료에서는 가족의 상호작용, 심리적 경계선, 의사소통과 대처방식, 자녀의 욕구와 부모의 욕구, 가족규칙 및 가족기대, 가족비밀과 가족신화, 가족권력과 역할, 감정수준과 감정표현, 가족형태, 가족의 발달주기에 의한 가족의 중요사건, 가족의 주호소문제, 가족의 자원 및 장점, 사회적 관계망 등을 보아야 한다.
> - 가족상담에서는 개인의 문제는 그 개인의 내적인 문제로서만이 아니라, 그를 둘러싼 전체로서의 가족이라는 맥락 속에서 이해하여 개인과 가족 전체 사이에 존재하는 고정된 상호작용의 양상을 변화시키려고 노력한다. 다시 말해, 악순환의 고리를 끊고 가족 자체가 가진 회복력에 의해서 가족과 개인의 기능을 회복하고자 시도한 것이다.

84 트라우마 체계 치료(TST)의 원리에 대한 설명으로 옳지 않은 것은? 　　　　20, 22년 기출

① 현실에 맞추기
② 강점으로 시작하기
③ 최대한의 자원으로 작업하기
④ 무너진 체계를 조정하고 복원하기

> **해설**
> ③ 최소한의 자원으로 작업한다. 제한된 자원으로 제한된 시간 안에 보다 많은 대상자가 서비스를 받을 수 있어야 하므로, 어떻게 해야 최소한의 비용으로 최대의 해결책을 얻을 수 있을지 결정해야 한다.
>
> **트라우마 체계 치료(TST)**
> 과거뿐 아니라 가난, 가정폭력, 약물남용, 부모의 정신질환 등 매일의 삶 속에서 진행되고 있는 트라우마를 가진 아동과 가족을 위해 설계되었다.

85 부부치료 접근법으로 옳은 것은? 　　　　　　　　　　　　　　　12년 기출

① 행동심리학적 치료에서는 부부간에 교환하는 정적 자극과 부적 자극을 중요시 여긴다.
② 의사소통기술의 연습은 인지적 부부치료에서 사용하는 기법이다.
③ 구조적 부부치료는 커뮤니케이션 이론에 근거한다.
④ 전략적 부부치료는 세대 간의 경계를 중요시 여긴다.

> **해설**
> ② 의사소통기술의 연습은 행동주의적 부부치료에서 강조되는 기법에 해당한다.
> ③ 커뮤니케이션 이론, 즉 의사소통이론에 근거한 부부치료(가족치료) 모델은 사티어(Satir)의 경험적 부부치료(가족치료) 모델에 해당한다.
> ④ 세대 간의 경계를 중요시 여긴 것은 미누친(Minuchin)의 구조적 부부치료(가족치료) 모델에 해당한다.

86 상담의 구조화에 대한 설명으로 틀린 것은? 　　　　　　　　　　　17, 24년 기출

① 상담의 다음 진행과정에 대한 내담자의 두려움이나 궁금증을 줄일 수 있다.
② 구조화는 상담 초기뿐만 아니라 전체 과정에서 진행될 수 있다.
③ 상담의 효과를 최대한으로 높이기 위해 행해진다.
④ 상담에서 다루려는 내용을 구체적으로 정의하는 작업이다.

> **해설**
> **상담의 구조화**
> - 구조화는 상담과정의 본질, 제한조건과 방향에 대해 상담자가 내담자에게 정의를 내려주는 것이다. 즉, 상담자가 내담자에게 상담과정의 바람직한 체계와 방향을 알려주는 것을 말한다.
> - 구조화는 그 자체가 상담의 목적이 아니라 상담관계를 바람직한 방향으로 안정시키는 중요한 수단으로 기능한다.
> - 구조화는 필요에 따라 상담과정 중에 언제나 일어날 수 있지만, 특히 상담 초기에 적절한 구조화가 이루어지는 것이 필요하다.
> - 구조화를 통해 상담시간, 내담자의 행동, 상담자의 역할, 내담자의 역할 및 과정목표, 비밀유지, 상담회기의 길이와 빈도, 상담의 계획된 지속기간, 내담자와 상담자의 책임, 가능한 상담 성과 및 상담 시의 행동제한 등을 설정한다.

정답 85 ① 86 ④

87 Holland 이론에서 개인이 자신의 인성유형과 동일하거나 유사한 환경에서 생활하고 일한다는 개념은?

14, 18년 기출

① 일관성
② 정체성
③ 일치성
④ 계측성

> **해설**
> 홀랜드(Holland) 인성이론의 5가지 가정
> - 일관성(Consistency) : 홀랜드 코드의 2개의 첫 문자가 육각형에 인접할 때 일관성이 높다.
> - 차별성(Differentiation) : 하나의 유형에는 유사성이 많지만 다른 유형에는 유사성이 별로 없다.
> - 정체성(Identity) : 개인의 정체성은 분명하고 안정된 인생의 목표, 흥미, 재능을 가짐으로써 얻어지고, 환경적 정체성은 환경이나 조직이 분명하고 통합된 목표, 일, 보상이 일관되게 주어질 때 형성된다.
> - 일치성(Congruence) : 사람은 자신의 유형과 비슷하거나 정체성 있는 환경에서 일하거나 생활할 때 일치성이 높다.
> - 계측성(Calculus) : 육각형 모형에서 유형 간의 거리는 그 사이의 이론적 관계에 반비례한다.

88 정신분석상담의 4단계에 해당하지 않는 것은?

① 훈습단계
② 학습단계
③ 전이단계
④ 통찰단계

> **해설**
> 정신분석상담은 초기단계 → 전이단계 → 통찰단계 → 훈습단계로 진행된다.

89 집단상담에 대한 설명으로 가장 적합한 것은?

16, 24년 기출

① 집단크기, 기간, 집단성격, 프로그램 등을 미리 결정해야 한다.
② 집단상담에서는 개인상담에 있는 접수면접과 같은 단계는 생략된다.
③ 집단상담에서 상담자는 조언을 사용해서는 안 된다.
④ 만성적 우울증을 가진 내담자로 이루어진 집단은 자조집단에 어울린다.

> **해설**
> 집단상담의 특징
> - 집단상담은 집단성원들로 하여금 자기이해 및 자기수용, 발달과업의 성취 등을 실현할 수 있도록 돕는 과정이다.
> - 집단을 시작하기 전에 집단의 목적 및 성격, 그에 따른 프로그램과 크기, 기간 등을 결정하는 것이 바람직하다.
> - 일반적으로 만성적 우울증을 가진 내담자는 치료집단이 좀 더 바람직하다.

90 청소년비행의 원인을 사회학적 관점에서 설명하는 이론이 <u>아닌</u> 것은? `17, 21, 23, 24년 기출`

① 아노미이론
② 사회통제이론
③ 욕구실현이론
④ 하위문화이론

> **해설**
>
> | 아노미이론 | 문화적 가치를 획득할 합법적인 수단이 없다고 판단될 때 아노미 상태(혼란, 무규범)가 일어나고 범죄로 이어진다는 이론 |
> |---|---|
> | 사회통제이론 | 사회통제력이 약화되어 범죄로 이어진다는 이론(사회적 연대를 중요시 여김) |
> | 비행하위문화이론 | 비행을 하위문화를 형성하고 있는 집단의 관습적 문제로 보는 이론 |

91 게슈탈트 상담에 대한 설명으로 옳지 <u>않은</u> 것은? `19년 기출`

① 알아차림(Awareness)과 접촉(Contact)을 방해하는 한 요인인 융합(Confluence)은 자신과 타인의 경계가 불분명한 지점에서 타인의 의견에 동의하는 것이다.
② 알아차림은 개체가 자신의 유기체적 욕구나 감정을 지각한 다음 게슈탈트를 형성하여 명료한 전경으로 떠올리는 것을 말한다.
③ Zinker는 알아차림-접촉 주기를 배경, 감각, 알아차림, 에너지/흥분, 행동, 접촉 등 여섯 단계로 설명한다.
④ 보조자아(Auxiliary ego) 활용은 집단 상담에 많이 사용하는 기법으로 한 구성원의 문제를 집중적으로 다룬다.

> **해설**
>
> 보조자아는 사이코드라마에서 주인공의 삶 속에 등장하는 인물 혹은 그의 내면 세계가 지니는 다양한 측면을 최대한 정확하게 재현하는 역할을 담당한다.

92 아들러(Adler)의 상담 4단계 중 치료단계가 아닌 것은?

① 초기단계 ② 해석단계
③ 탐색단계 ④ 훈습단계

> **해설**
> 아들러의 상담단계
>
> | 제1단계(초기단계) | 협력, 평등주의, 상호존중에 기초한 좋은 치료적 관계를 설정한다. |
> |---|---|
> | 제2단계(탐색단계) | 삶의 과제를 탐색하고 가족구도와 초기기억 분석을 한다. |
> | 제3단계(해석단계) | 생활양식을 통찰하고 현재 기능하는 자신의 모습을 이해한다. |
> | 제4단계(재정향단계) | 자신이 희망하는 목표에 부합하는 새로운 선택과 행동을 한다. |

93 보기에서 설명하고 있는 관찰법은?   18년 기출

> 관찰자가 관찰 대상이나 장면을 미리 정해놓고 그 장면에서 나타나는 아동의 행동과 상황, 말을 모두 순서대로 기록하는 것이다.

① 표본기록법 ② 일화기록법
③ 사건표집법 ④ 시각표집법

> **해설**
> 관찰기록의 종류
> - 표본기록법(Specimen Record)
>   - 지속적 관찰기록, 일화기록처럼 발생한 사건이나 행동특성을 서술적으로 기록하는 것
>   - 미리 정해 높은 준거(시간, 인물, 상황 등)에 따라 관찰된 행동이나 사건내용을 기록
>   - 그것이 일어나게 된 환경적 배경을 상세하게 이야기식으로 서술
>   - 관찰이 한 번에 끝나는 것이 아니라 시간간격에 맞추어 여러 번 반복
>   - 관찰하는 시간을 통제하는 방법이며 관찰기간 및 관찰회수를 어느 정도로 할 것인지는 연구자의 필요와 관찰 목적에 따라 정해짐
> - 일화기록법(Anecdotal Record)
>   - 개인의 특성을 이해하기 위하여 구체적인 행동사례나 어떤 사건에 관련된 관찰기록을 상세히 기록하는 방법
>   - 직접적인 관찰방법 중에서 가장 실시하기 용이한 방법
>   - 학생들의 사회・정서적 특성이나 한 집단 내에서의 인간관계연구에 유용
>   - 예상하지 않은 행동이나 사건을 관찰하여 기록하고자 할 때 유용
> - 사건표집법(Event Sampling)
>   - 관찰의 단위가 어떤 행동이나 사건 그 자체로 관찰하고자 하는 특정행동이나 사건이 발생할 때만 관찰
>   - 관찰하고자 하는 특정행동이나 사건을 명확히 정하고 이를 조작적으로 정의해 둘 필요가 있음
> - 시각표집법(Time Sampling)
>   - 일정한 시간간격을 두고 행동을 관찰하여 그 결과를 기록하는 방법
>   - 비교적 짧은 시간 사이에 행동이 얼마나 발생하는가를 양적으로 측정하는 방법

94 상담에서 내담자의 권리에 관한 설명으로 옳지 않은 것은? *20년 기출*

① 상담자의 자격과 훈련에 대한 정보를 제공받을 수 있다.
② 내담자가 자신과 타인에게 해를 미칠 경우에도 비밀을 보장받을 수 있다.
③ 상담자를 선택할 수 있는 권리와 상담을 거부할 수 있는 권리에 대한 정보를 제공받을 수 있다.
④ 법적으로 정보공개가 요구되는 경우는 비밀보장의 한계를 가질 수 있다.

> **해설**
> 내담자 또는 그 밖의 사람들을 상해로부터 보호하기 위한 경우에는 비밀정보를 동의 없이 노출할 수도 있다.

95 위기개입 목표 및 원리로 옳지 않은 것은?

① 위기개입 시 현재 상황과 관련된 과거에 초점을 맞춘다.
② 위기 촉발사건의 의미를 재구조화한다.
③ 위기상황을 극복할 수 있는 새로운 대처기술을 개발한다.
④ 각각의 내담자와 위기를 독특한 것으로 보고 반응한다.

> **해설**
> 과거가 아닌 현실적 지지에 초점을 둔다.

96 장애인의 심리재활을 위한 집단치료에 대한 설명으로 옳지 않은 것은?

① 집단치료를 통해 장애인은 집단 속에서 서로 도움을 주고받음으로써 필요한 존재가 되는 경험을 가진다.
② 장애인은 장애 후 새로운 관계형성을 계기로 효과적인 의사소통 기술을 개발할 수 있는 기회를 가진다.
③ 모델링을 통해 비슷한 문제들에 대한 해결방법을 학습하며, 정서적인 지지와 유용한 정보를 얻는다.
④ 장애인을 위한 집단치료는 장애인 가족들에게는 적용되지 않는다.

> **해설**
> 장애인을 위한 집단치료는 장애인은 물론 그 가족들에게도 적용된다.

정답 94 ② 95 ① 96 ④

97 적극적 수준의 상담목표와 거리가 먼 것은?

① 문제해결
② 자아존중감
③ 개인적 강녕
④ 긍정적 행동변화

> **해설**
> 상담목표의 수준
> • 소극적 수준 : 문제해결, 적응, 치료, 예방, 갈등해소 등
> • 적극적 수준 : 긍정적 행동변화, 합리적 결정, 전인적 발달, 자아존중감, 개인적 강녕 등

98 약물에 관한 설명으로 틀린 것은? 16, 24년 기출

① 약물 내성은 동기의 대립과정이론으로 설명할 수 있다.
② 바비튜레이트는 자극제다.
③ 메스칼린은 환각제다.
④ 진정제는 GABA 시냅스에 영향을 준다.

> **해설**
> 바비튜레이트(Barbiturate)는 불안감, 긴장, 불면증의 치료에 사용되었던 억제제이다.
>
> **동기의 대립과정이론**
> 외부 자극에 대한 하나의 반응이 끝나면, 곧바로 그와 반대되는 반응이 나타나는 원리를 의미하는 것으로, 이 이론은 약물 중독의 특성을 설명해 준다. 즉 향정신성 약물을 복용했을 때 쾌감을 주지만, 그 쾌감이 끝나면 몸은 중립상태가 아닌 쾌감과는 달리 불쾌한 상태에 처하게 된다는 것이다.
>
> **약물의 종류**
>
> | | |
> |---|---|
> | 중추신경흥분제 | • 중추신경계를 자극하는 물질
• 카페인(각성제 등), 코카인, 암페타민류(필로폰 등), 니코틴 등 |
> | 중추신경억제제 | • 중추신경계가 흥분한 상태를 진정시키는 약물
• 알코올, 흡입제(본드, 가스, 가솔린, 아세톤 등), 바비튜레이트, 합성마약류, 수면제, 신경안정제 등 |
> | 환각제 | • 환각효과를 나타내는 물질
• LSD, 펜시클리딘(Phencyclidine), 메스칼린(Mescaline), 살로사이빈(Psilocybin), 암페타민류(엑스타시 등), 항콜린성 물질 등 |

99 성문제 상담에서 상담자가 지켜야 할 일반적 지침으로 옳지 <u>않은</u> 것은? *15, 20년 기출*

① 상담자는 성에 대한 자신의 태도를 자각하고 있어야 한다.
② 내담자가 성에 대한 올바른 지식을 가지고 있음을 전제로 상담을 시작한다.
③ 상담 중 내담자와 성에 관하여 개방적인 의사소통을 한다.
④ 자신의 한계를 넘어서는 문제는 다른 전문가에게 의뢰한다.

> **해설**
> ② 내담자가 성에 대해 거의 아는 바가 없다고 가정하는 것이 안전하다.
>
> **성문제 상담의 일반 지침**
> - 상담자는 일단 내담자가 성과 성적 욕구, 특히 이성의 성에 대해 거의 아는 바가 없다고 가정하는 것이 안전하다.
> - 상담자는 내담자의 성문제를 다루기 전에 먼저 자신의 성에 대한 태도를 자각하고 있어야 한다.
> - 상담자는 내담자의 성에 관계된 불안이 더 이상 증가하지 않도록 하며, 더 나아가 그 불안을 감소시킬 수 있을 만큼, 생각과 언어 사용 시 융통성을 충분히 발휘하여야 한다.
> - 성문제에 관한 효과적인 상담은 개방성, 침착성, 솔직성 등을 필요로 하므로, 상담자는 내담자에게 성에 관한 용어 사용에서 전혀 거리낌이 없어야 하고, 성에 관한 한 개방적인 논의가 가장 바람직하다는 것을 알려 주어야 한다.
> - 상담자는 인간의 성에 대한 올바르고 기본적인 지식을 가지고 있어야 한다.

100 상담관계 형성에서 상담자가 갖추어야 할 자세로 적합하지 <u>않은</u> 것은? *20, 24년 기출*

① 내담자와 시선 맞추기
② 최소반응을 적절히 사용하기
③ 내담자의 주호소문제를 인내를 갖고 지켜보기
④ 내담자의 감정을 반영하기

> **해설**
> 상담관계 형성은 상담 초기단계에 해당하는 과정이다. 상담 초기단계에는 주호소문제보다는 기초적 정보를 먼저 탐색한다.

정답 99 ② 100 ③

2025 제2회 기출복원문제 및 해설

심리학개론 | 이상심리학 | 심리검사 | 임상심리학 | 심리상담

제1과목 심리학개론

01 다음은 무엇에 관한 설명인가?   21년 기출

> 방어기제 중 우리가 가진 바람직하지 않은 자질들을 과장하여 다른 사람들에게 부여함으로써 우리의 결함을 인정하지 않도록 막아주는 것

① 투 사
② 부 인
③ 전 위
④ 주지화

해설
② 부인(Denial) : 의식화되는 경우 감당하기 어려운 고통이나 욕구를 무의식적으로 부정하는 것
③ 전위(Displacement) : 자신이 어떤 대상에 대해 느낀 감정을 보다 덜 위협적인 다른 대상에게 표출하는 것
④ 주지화(Intellectualization) : 위협적이거나 고통스러운 정서적 문제를 피하거나 둔화시키기 위해 사고, 추론, 분석 등의 지적 능력을 사용하는 것

02 Piaget의 인지발달 단계 중 보존개념이 획득되는 시기는?

① 감각운동기
② 전조작기
③ 구체적 조작기
④ 형식적 조작기

해설
① 감각운동기에는 대상영속성을 이해하기 시작한다.
② 전조작기에는 상징놀이, 물활론, 자아중심성 등의 특징들이 나타난다.
④ 형식적 조작기에는 체계적인 사고능력, 논리적 조작에 필요한 문제해결능력이 발달한다.

01 ①   02 ③   정답

03 심리검사의 오차유형 중 검사결과가 가정의 문화적 환경의 영향을 받는 데 기인하는 오차는? `21년 기출`

① 검사자 오차
② 외인적 오차
③ 해석적 오차
④ 항상적 오차

> **해설**
> ① 검사자 오차 : 점수의 변화나 측정의 결과가 검사하는 사람에게서 기인하는 오차이다.
> ② 외인적 오차 : 검사 과정에서 아무런 관계가 없는 여러 가지 외부적 요인의 작용으로 인해 측정 결과에 변화를 주는 오차이다.
> ③ 해석적 오차 : 한 개인의 검사점수가 비교하고자 하는 집단의 점수분포와 어떻게 관계되는지를 정확히 이해하지 못한 채 그에 대해 부정확한 평가나 해석을 내리는 데 기인하는 오차이다.

04 단기기억의 특성이 아닌 것은? `18, 21, 22년 기출`

① 정보의 용량이 매우 제한적이다.
② 작업기억(Working Memory)이라 불린다.
③ 현재 의식하고 있는 정보를 의미한다.
④ 거대한 도서관에 비유할 수 있다.

> **해설**
> 장기기억은 종종 용량의 제한이 없어 거대한 도서관에 비유된다.
>
> **단기기억과 장기기억의 비교**
>
> | 구분 | 입력 | 용량 | 지속시간 | 내용 | 인출 |
> | --- | --- | --- | --- | --- | --- |
> | 단기기억 | 매우 빠름 | 제한적 | 매우 짧음 (10~20초 정도) | 단어 심상 아이디어 문장 | 즉각적 |
> | 장기기억 | 비교적 느림 | 무제한적 | 사실상 무제한적 | 명제망 도식 산출 일화 | 표상과 조직에 따라 다름 |

정답 03 ④ 04 ④

05 로저스(Rogers)의 성격이론에서 심리적 적응에 가장 중요한 역할을 한다고 가정하는 것은? 15, 19, 24년 기출

① 자아이상(Ego Ideal)
② 자기(Self)
③ 자아강도(Ego Strength)
④ 인식(Awareness)

> **해설**
> 로저스는 현재 경험이 자기구조와 불일치할 때 개인은 불안을 경험한다고 보았다. 즉, 자기구조와 주관적 경험이 일치할 경우 적응적이고 건강한 성격을 가지게 되는 반면, 이들 간의 불일치가 심할 경우 부적응적이고 병적인 성격을 가지게 된다.

06 원점수 25(평균 = 20, 표준편차 = 5)를 Z점수로 변환한 값으로 옳은 것은?

① +1
② -1
③ +0.5
④ -0.5

> **해설**
> • Z점수 = (원점수 - 평균) ÷ 표준편차
> • (25 - 20) ÷ 5 = +1

07 인간의 동조행동에 대한 설명으로 틀린 것은? 15, 20, 23년 기출

① 대체로 집단의 크기가 커질수록 동조행동은 줄어든다.
② 집단이 전문가로 이루어져 있을수록 동조행동은 커진다.
③ 집단의 의견이나 행동의 만장일치가 깨지면 동조행동은 거의 나타나지 않는다.
④ 비동조에의 동조(Conformity to Nonconformity)는 행위자의 과거행동에 일관되게 행동하려는 경향이다.

> **해설**
> 동조란 주위의 사람들이 하는 것을 자발적으로 따라하는 행위이다. 동조현상에 영향을 주는 요인으로는 집단의 크기, 결집력, 개인과 집단의 거리, 문화 등의 요인이 있다. 집단의 크기가 클수록 동조는 잘 일어난다.

08 프로이트(Freud)의 성격체계에서 쾌락의 원리를 따르는 요소는?

① 전의식
② 자 아
③ 원초아
④ 초자아

> **해설**
> 프로이트는 인간의 성격의 3요소를 원초아(Id), 자아(Ego), 초자아(Super Ego)로 보았으며, 원초아는 쾌락의 원리, 자아는 현실의 원리, 초자아는 도덕의 원리에 따른다고 주장하였다.

09 다음은 무엇에 관한 설명인가? 05, 13, 19, 23년 기출

> 물속에서 기억한 내용을 물속에서 회상시킨 경우가 물 밖에서 회상시킨 경우에 비해서 회상이 잘 된다.

① 인출단서효과
② 기분효과
③ 맥락효과
④ 도식효과

> **해설**
> 기억의 인출과 관련된 '맥락효과' 또는 '부호화맥락의 효과'는 학습(또는 경험)을 하였던 환경과 같은 환경에서 학습한 내용을 더 잘 회상하는 현상을 말한다. 즉, 학습맥락과 검사맥락이 동일할 때 더 잘 회상할 수 있다는 것이다. 이와 같은 맥락효과는 기억과 연합되는 단서들 중 기억이 형성되는 맥락에서 온 맥락단서들의 재생이 표적기억을 재활성화시킬 수 있음을 강조한다.

10 타인의 행동을 보고 상황이나 외적 요인보다는 사람의 기질이나 내적 요인에 그 원인을 두려고 하는 것은? 16, 22, 23년 기출

① 기본적 귀인오류
② 현실적 왜곡
③ 후광효과
④ 고정관념

> **해설**
> 근본귀인오류 또는 기본적 귀인오류(Fundamental Attribution Error)
> 어떤 행위가 발생하였을 때, 외부귀인보다 행위자의 기질이나 성향 등 내부적인 요인에 귀인하는 경향을 의미한다.

정답 08 ③ 09 ③ 10 ①

11 마리화나가 기억에 미치는 영향을 알아보기 위한 실험에서 선행조건인 마리화나의 양은 어떤 변수에 해당하는가? 23, 24년 기출

① 독립변수
② 종속변수
③ 가외변수
④ 외생변수

> **해설**
> **독립변수**
> '원인적 변수' 또는 '가설적 변수'로서 일정하게 전제된 원인을 가져다주는 기능을 하는 변수
> (예) 마리화나의 양
>
> **종속변수**
> '결과적 변수'로서 독립변수의 원인을 받아 일정하게 전제된 결과를 나타내는 기능을 하는 변수
> (예) 기억의 양

12 정신역동적 관점의 학자들과 그 설명이 틀린 것은? 16, 19년 기출

① Freud는 정신결정론과 무의식적 동기를 강조한다.
② Jung은 집단무의식의 중요한 구성요소를 원형이라 가정한다.
③ Adler는 생물학적 측면보다는 사회적 요인이 성격에 미치는 영향을 강조한다.
④ Sullivan은 3가지 성격요소 중 어느 한 요소가 지배적이고 다른 두 요소가 조화를 이룰 때 문제가 발생한다고 가정한다.

> **해설**
> • 대인관계이론을 제시한 설리반은 불안은 항상 대인관계에서 비롯된다고 주장한다.
> • 사람 간의 장기적 혹은 단기적인 건강하지 못한 관계로부터 불안이 야기된다고 본다.

13 단기기억의 기억용량을 나타내는 것은? 07, 13, 17, 20, 23, 24년 기출

① 3±2개
② 5±2개
③ 7±2개
④ 9±2개

> **해설**
> **단기기억(Short-Term Memory)**
> 감각기억으로부터 들어온 정보를 능동적으로 처리하는 활동 중 기억으로, 일반적으로 성인의 경우 처리할 수 있는 정보의 수는 대략 5~9개 정도이다. 또한 일시적인 저장소로, 성인의 경우 10~20초간 정보를 저장할 수 있다.

14 기억정보의 인출에 대한 설명으로 옳은 것은?   19, 23년 기출

① 설단현상은 특정 정보가 저장되어 있지 않다는 증거로 볼 수 있다.
② 기억탐색과정은 일반적으로 외부적 자극정보를 부호화하는 과정을 말한다.
③ 회상과 같은 명시적 인출방법과 대조되는 방법으로 재인과 같은 암묵적 방법이 있다.
④ 인출 시의 맥락과 부호화 시의 맥락이 유사할 때 인출가능성이 클 것이라는 주장을 부호화명세성(특수성)원리라고 한다.

> **해설**
> 부호화명세성원리(Encoding Specificity Principle)
> 어떠한 기억대상을 장기기억에서 인출하는 경우 그와 관련된 단서가 있을 때보다 쉽게 기억해 내는 원리이다.

15 음식, 물과 같이 하나 이상의 보상과 연합되어 중립 자극 자체가 강화적 속성을 띠게 되는 현상은?   20년 기출

① 소거(Extinction)
② 자발적 회복(Spontaneous Recovery)
③ 자극 일반화(Stimulus Generalization)
④ 일반적 강화인(Generalized Reinforcer)

> **해설**
> ① 소거 : 일정한 반응 뒤에 강화가 주어지지 않는 경우 해당 반응이 사라지는 현상을 말한다.
> ② 자발적 회복 : 한번 습득된 행동에 대해 보상이 주어지지 않더라도 동일한 상황에 직면하는 경우 소거된 반응이 다시 나타나는 현상을 의미한다.
> ③ 자극 일반화 : 특정 조건자극에 대해 조건반응이 성립되었을 때 그와 유사한 조건자극에 대해서도 똑같은 조건반응을 보이는 학습현상을 말한다.

16 다음의 설명에 해당하는 것은?   24년 기출

- 집합 내에서 측정값 간의 상이한 정도를 나타내는 것
- 측정값이 평균값에서 어느 정도 떨어져 있는지를 알 수 있도록 해준다.

① 표준편차
② 분 산
③ 범 위
④ 최빈치

> **해설**
> 표준편차에 관한 설명으로, 표준편차가 클수록 평균값에서 이탈한 것이고 표준편차가 작을수록 평균값에 근접한 것이다.

정답 14 ④ 15 ④ 16 ①

17 놀이방에서 몇 명의 아동에게 몇 가지 인형을 주어 노는 방법의 변화를 일주일에서 한 시간씩 관찰하는 연구방법은? **19년 기출**

① 실험법
② 자연관찰법
③ 실험관찰법
④ 설문조사법

> **해설**
> 실험관찰법
> • 연구자가 상황이 발생하는 장면을 조작하고 통제하는 관찰법
> • 자연관찰법의 단점(예 예기치 않은 상황 발생 등)을 극복하여 관찰의 정확성을 높일 수 있음

18 기온에 따라 학습 능률이 어떻게 달라지는가를 알아보기 위해 기온을 13℃, 18℃, 23℃인 세 조건으로 만들고 학습능률은 단어의 기억력 점수로 측정하였다. 이때 독립변수는 무엇인가? **15, 20, 23년 기출**

① 기억력 점수
② 기 온
③ 학습능률
④ 예 언

> **해설**
> 독립변수는 원인이 되는 변수이고, 종속변수는 결과로 나타나는 변수이다. 기온에 따른 학습능률의 변화를 알아보는 연구에서 독립변수는 '기온'이며, 종속변수는 '학습능률'이다.

19 최빈값에 관한 설명으로 옳지 <u>않은</u> 것은?   17, 20, 22년 기출

① 주어진 자료 중에서 가장 많이 나타나는 측정값이다.
② 최빈값은 대표성을 갖고 있다.
③ 자료 중 가장 극단적인 값의 영향을 받는다.
④ 중심경향성 기술값 중의 하나이다.

> **해설**
> 최빈값(= 최빈치)
> - 빈도가 가장 높은 점수
> - 질적 자료와 양적 자료 모두에 사용할 수 있음
> - 값이 여러 개일 수 있음

20 성격의 5요인 모델에 속하지 <u>않는</u> 것은?

① 개방성
② 성실성
③ 외향성
④ 창의성

> **해설**
> 골드버그(Goldberg)의 성격 5요인(Big Five) 이론
> - 신경증(Neuroticism) : 불안, 우울, 분노 등 부정적인 정서를 잘 느끼는 성향
> - 외향성(Extraversion) : 다른 사람과의 교류를 통해 인간관계적 자극을 추구하는 성향
> - 경험에 대한 개방성(Openness to Experience) : 호기심이 많고 새로운 것을 좋아하며, 다양한 경험과 가치에 대해 열린 자세를 가진 개방적인 성향
> - 우호성(Agreeableness) : '수용성' 혹은 '친화성'으로도 불리며, 다른 사람에 대한 우호적·수용적·협동적인 성향
> - 성실성(Conscientiousness) : 자기조절을 잘하고 책임감이 강한 성취지향적 성향

제2과목 이상심리학

21 병적 도벽에 관한 설명으로 옳은 것은?   20, 23년 기출

① 개인적으로 쓸모가 없거나 금전적으로 가치가 없는 물건을 훔치려는 충동을 저지하는 데 반복적으로 실패한다.
② 훔친 후에 고조되는 긴장감을 경험한다.
③ 훔치기 전에 기쁨, 충족감, 안도감을 느낀다.
④ 훔치는 행동이 품행장애로 더 잘 설명되는 경우에도 추가적으로 진단한다.

> **해설**
> **병적 도벽 또는 도벽증(Kleptomania)**
> • 남의 물건을 훔치고 싶은 충동을 참지 못해 반복적으로 도둑질을 하는 경우이다.
> • 물건을 살만한 경제적 능력이 있지만, 개인적으로 쓸모가 없거나 금전적으로 가치 없는 물건을 훔치려 하는 충동을 억누르지 못하고 물건을 훔치는 행위를 반복한다.
> • 물건을 훔치기 전에 긴장이 고조되고, 훔치고 나면 만족감을 느낀다.

22 노출장애에 관한 설명과 가장 거리가 먼 것은?   21, 24년 기출

① 성기를 노출시켰다는 상상을 하면서 자위행위를 하기도 한다.
② 청소년기나 성인기 초기에 시작되는 것으로 알려져 있다.
③ 노출 대상은 사춘기 이전의 아동에게 국한된다.
④ 성도착적 초점은 낯선 사람에게 성기를 노출시키는 것이다.

> **해설**
> **노출장애(Exhibitionistic Disorder)**
> • 낯선 사람에게 자신의 성기를 노출하거나 혹은 노출하였다는 상상을 하면서 자위행위를 하는 경우이다.
> • 노출증적 행동에도 불구하고 낯선 사람과 성행위를 하려고 시도하는 경우는 거의 없다.
> • 보통 18세 이전에 발병하며, 40세 이후에는 상태가 완화되는 것으로 보인다.
> • DSM-5 진단 기준에서는 "사춘기 이전의 아동에게 성기를 노출시킴으로써 성적 흥분을 일으키는 경우", "신체적으로 성숙한 개인에게 성기를 노출시킴으로써 성적 흥분을 일으키는 경우", 그리고 "사춘기 이전의 아동과 신체적으로 성숙한 개인에게 성기를 노출시킴으로써 성적 흥분을 일으키는 경우" 중 하나를 명시하도록 하고 있다.

23 남성이 사정에 어려움을 겪으며 성적 절정감을 느끼지 못하는 성기능장애는?
11, 18, 22년 기출

① 조루증
② 지루증
③ 발기장애
④ 성교통증장애

> **해설**
> ② 지루증(Delayed Ejaculation) : 성기능장애(Sexual Dysfunctions) 중 절정감장애(Orgasmic Disorder)에 포함되는 것으로, 특히 남성이 사정에 어려움을 겪으면서 성적 절정감을 느끼지 못하는 장애이다.
> ① 조루증(Premature Ejaculation) : 지루증과 마찬가지로 절정감장애에 포함되며, 여성이 절정감을 느끼기도 전에 남성이 사정을 하는 경우가 빈번히 나타나는 경우에 해당한다.
> ③ 남성발기장애(Male Erectile Disorder) : 성기능장애 중 성적 흥분장애(Sexual Arousal Disorder)에 포함되는 것으로, 남성이 발기에 어려움을 경험하며 성행위 시에도 발기상태가 충분히 유지되지 않는 경우에 해당한다.
> ④ 성교통증장애(Sexual Pain Disorder) : 성기능장애의 하위범주에 포함되는 것으로, 성교 시 지속적인 통증으로 인해 성행위에 어려움을 경험하는 경우에 해당한다.

24 다음 증상사례의 정신장애 진단으로 옳은 것은?
20년 기출

> 대구 지하철 참사현장에서 생명의 위협을 경험한 이후 재경험증상, 회피 및 감정마비증상, 과도한 각성상태를 1개월 이상 보이고 있는 30대 후반의 여성

① 제2형 양극성장애
② 외상후스트레스장애
③ 조현양상장애
④ 해리성정체성장애

> **해설**
> ② 외상후스트레스장애 : 충격적인 외상사건을 경험하고 난 후 다양한 심리적 부적응 증상이 나타나는 장애이다. 사례에서는 참사라는 충격적 사건 후 회피, 감정마비 등 부적응 증상을 보이므로 이에 해당한다.
> ① 제2형 양극성장애 : 1형 양극성장애와 유사하나 조증삽화보다 정도가 약한 경조증삽화와 함께 부가증상들이 최소 4일 연속으로 지속되는 경우이다.
> ③ 조현양상장애 : 정신분열 스펙트럼 및 기타 정신증적 장애의 하위유형에 해당하는 장애이다.
> ④ 해리성정체성장애 : 해리성정체감장애라고 부르며, 한 사람 안에서 서로 다른 정체성과 성격을 가진 여러 사람이 존재하면서 상황에 따라 각기 다른 사람이 의식에 나타나서 말과 행동을 하는 모습을 보이는 장애이다.

25 공황장애를 진단하는 데 필요한 증상으로 가장 부적절한 것은? 　　15, 24년 기출

① 토할 것 같은 느낌
② 감각이상증(마비감이나 찌릿찌릿한 감각)
③ 흉부통증
④ 메마른 감정표현

> **해설**
> 공황장애(Panic Disorder)는 갑자기 엄습하는 강렬한 불안, 즉 공황발작을 반복적으로 경험하는 장애를 말한다. 공황발작(Panic Attack)은 예상하지 못한 상황에서 갑작스럽게 밀려드는 극심한 공포, 곧 죽지 않을까 하는 강렬한 불안이다.
>
> **공황발작의 13가지 증상**
> - 심장박동이 빨라지고 강렬하거나 심장박동수가 점점 더 빨라짐
> - 진땀을 흘림
> - 몸이나 손발이 떨림
> - 숨이 가쁘거나 막히는 느낌
> - 질식할 것 같은 느낌
> - 가슴의 통증이나 답답함
> - 구토감이나 복부통증
> - 어지럽고 몽롱하며 기절할 것 같은 느낌
> - 한기를 느끼거나 열감을 느낌
> - 감각이상증(마비감이나 찌릿찌릿한 감각)
> - 비현실감이나 자기 자신과 분리된 듯한 이인감
> - 자기통제를 상실하거나 미칠 것 같은 두려움
> - 죽을 것 같은 두려움

26 소인-스트레스이론(Diathesis-stress Theory)에 대한 설명으로 가장 적합한 것은? 　　15, 20, 23, 24년 기출

① 소인은 생후 발생하는 생물학적 취약성을 의미한다.
② 스트레스가 소인을 변화시킨다.
③ 소인과 스트레스는 서로 억제한다.
④ 소인은 스트레스 상황에서 발현된다.

> **해설**
> 소인-스트레스이론(Diathesis-stress Theory)
> - 질병소인이 있는 사람이 특정한 질병과 관련된 스트레스를 받으면 질병에 쉽게 걸린다고 가정하는 이론이다.
> - 특정한 질병에 걸리기 쉬운 선천적 경향(질병소인)이 강한 사람은 특정한 스트레스를 경험할 때 선천적 경향이 약한 사람보다 스트레스에 병적으로 반응하며, 경미한 환경적 스트레스에도 질병이 보다 쉽게 유발될 수 있다.
> - 소인-스트레스이론은 소인이 스트레스 상황에서 발현된다고 본다. 이는 질병이 개인의 생리와 스트레스의 상호작용에 의해 유발된다고 보는 입장으로, 질병을 예측하기 위해 스트레스 생활사건과 개인의 취약성을 동시에 고려할 필요성을 제기한다.

27 다음 중 경계성성격장애의 임상적 특징이 아닌 것은? 20년 기출

① 반복적인 자해행위과 만성적인 공허감
② 의식적으로 증상을 원하거나 의도적으로 증상을 만들어내지 않는다.
③ 일시적이고 스트레스와 연관된 피해적 사고 혹은 심한 해리 증상
④ 현저한 기분변화로 인해 정서가 불안정하다.

> **해설**
>
> ② 전환장애의 특성에 해당한다.
>
> 경계성성격장애 특성
> - 실제적이거나 가상적인 유기를 피하기 위해 필사적으로 노력한다.
> - 대인관계에 있어서 상대방에 대한 이상화와 평가절하의 교차가 극단적이고 반복적으로 나타난다.
> - 정체감혼란 : 자기상(Self-Image)이나 자기지각(Sense of Self)이 지속적으로 심각한 불안정성을 보인다.
> - 자신에게 손상을 줄 수 있는 충동성을 최소 2가지 이상의 영역에서 나타내 보인다[예 낭비, 성관계, 물질남용, 난폭운전, 폭식(또는 폭음)].
> - 부적절하고 심한 분노를 느끼거나 분노를 조절하는 데 어려움을 느낀다.

28 알츠하이머병으로 인한 신경인지장애의 특성에 대한 설명으로 옳은 것은? 20년 기출

① 초기에는 일반적으로 오래된 과거에 관한 기억장애만을 가지고 있다.
② 인지 기능의 저하는 서서히 나타난다.
③ 기질적 장애 없이 나타나는 정신병적 상태이다.
④ 약물, 인지, 행동적 치료 성공률이 높은 편이다.

> **해설**
>
> ① 초기에는 최근 기억부터 사라진다.
> ③ 기질적 장애로 인해 지적 기능이 저하되는 것이다.
> ④ 병의 진행을 늦출 수는 있으나 완치 성공률은 매우 낮다.

정답 27 ② 28 ②

29 강박장애의 특징을 모두 고른 것은?   21년 기출

> ㄱ. 자신의 행동이 비합리적임을 알지만 강박행동을 멈추지 못한다.
> ㄴ. 외상적 사건을 경험하고 난 후에 불안상태가 지속된다.
> ㄷ. 일부 강박행동은 의례행동(Ritual Behavior)으로 발전한다.
> ㄹ. 다른 사람들과 상호작용하는 사회적 상황을 두려워하여 회피한다.

① ㄱ, ㄷ
② ㄴ, ㄷ
③ ㄴ, ㄹ
④ ㄱ, ㄹ

해설

ㄴ. 외상후스트레스장애와 관련된 특징이다.
ㄹ. 사회불안장애(사회공포증)와 관련된 특징이다.

30 지속성우울장애(기분저하증)의 진단 기준에 관한 설명으로 옳지 <u>않은</u> 것은?   22, 23년 기출

① 우울 기간 동안 자존감 저하, 절망감 등의 2가지 증상이 나타난다.
② 순환성장애의 진단 기준을 충족해야 한다.
③ 조증 삽화, 경조증 삽화가 없어야 한다.
④ 청소년에서는 기분이 과민한 상태로 나타나기도 한다.

해설

② · ③ DSM-5 진단 기준에서는 지속성우울장애(Persistent Depressive Disorder) 또는 기분저하증(Dysthymia)의 진단과 관련하여 조증 삽화나 경조증 삽화는 없어야 하며, 순환성장애(Cyclothymic Disorder)의 진단 기준에 부합하지 않아야 한다고 명시하고 있다.
① 지속성우울장애(기분저하증)는 식욕 부진 또는 과식, 불면 또는 수면 과다, 활력(기력) 저하 또는 피로감, 자존감 저하, 집중력 감소 또는 결정의 어려움, 절망감 등 6가지 증상 중 우울 기간 동안 2가지 이상의 증상이 나타난다.
④ 지속성우울장애(기분저하증)는 최소 2년 동안 하루의 대부분 우울한 기분을 가지며, 우울한 기분이 있는 날이 그렇지 않은 날보다 더 많은 경우 진단된다. 다만, 아동 및 청소년의 경우 기분이 과민한 상태로 나타나기도 하며, 그 지속기간은 최소 1년이어야 한다.

31 다음에 해당하는 장애는?

17, 20년 기출

> - 경험하는 성별과 자신의 성별 간 심각한 불일치
> - 자신의 성적 특성을 제거하고자 하는 강한 욕구
> - 다른 성별 구성원이 되고자 하는 강한 욕구

① 성도착증
② 동성애
③ 성기능부전
④ 성별불쾌감

해설

성불편증 또는 성별불쾌감
- 자신에게 주어진 생물학적 성에 대한 불편감을 느끼며 다른 성이 되고자 하는 강렬한 열망을 가진 경우
- 이러한 불편감으로 반대의 성에 대한 강한 동일시를 나타내거나 반대의 성이 되기를 소망
- 성정체감장애(Gender Identity Disorder) 또는 성전환증(Transsexualism)이라고 불리기도 함

32 치매에 대한 설명으로 옳지 않은 것은?

04, 18, 22년 기출

① 노인성치매는 초발 연령 65세 이상에서 발생할 때를 일컫는 말이다.
② 사회적, 직업적 기능을 방해할 정도로 인지기능이 점차 퇴화된다.
③ 우울장애를 배제하려면 치매증상이 아침에 더욱 심하게 나타나야 한다.
④ 작화증(Confabulation)은 대표적인 증상이다.

해설

치매와 우울장애의 감별진단
- 노인들이 보이는 지남력장애, 주의집중의 어려움, 기억상실 등의 인지적 증상이 치매에 의한 것인지 우울장애에 따른 것인지 판별하기는 어려움
- 각종 평가, 장애의 발병, 우울과 인지증상의 시간적 순서, 병의 경과, 치료반응에 대한 평가, 개인의 병전상태 등으로 판단
- 대체로 병전에 인지기능 쇠퇴가 선행하면 치매로 판단

정답 31 ④ 32 ③

33 품행장애에 관한 설명으로 옳은 것은?   18년 기출

① 적대적 반항장애는 품행장애로 발전하지 않는다.
② 품행장애의 유병률은 남녀의 차이가 없다.
③ 품행장애의 발병에는 환경적 요인보다 유전적 요인이 크다.
④ 품행장애가 이른 나이에 발병할수록 예후가 좋지 않다.

> **해설**
> 품행장애(Conduct Disorder)
> 아동 및 청소년기의 장애로서 다른 사람의 기본 권리나 나이에 적합한 사회규준 및 규율을 위반하는 행동양상이 반복적이고 지속적으로 나타나는 장애이다. 아동기의 품행장애나 주의력결핍 및 과잉행동장애(ADHD)는 성인기에 이르러 반사회성성격장애로 진행될 가능성이 높다.

34 이상행동의 분류와 평가에 관한 설명으로 옳지 않은 것은?   21, 22년 기출

① 범주적 분류는 이상행동이 정상행동과는 질적으로 구분되며 흔히 독특한 원인에 의한 것이기 때문에 정상행동과는 명료한 차이점을 지니고 있다는 가정에 근거한다.
② 차원적 분류는 정상행동과 이상행동의 구분이 부적응성 정도의 문제일 뿐 질적인 차이는 없다는 가정에 근거한다.
③ 타당도는 한 분류체계를 적용하여 환자들의 증상이나 장애를 평가하였을 때 동일한 결과가 도출되는 정도를 의미한다.
④ 같은 장애로 진단된 사람들에게서 동일한 원인적 요인들이 발전되는 정도는 원인론적 타당도이다.

> **해설**
> 한 분류체계를 적용하여 환자의 증상이나 장애를 평가하였을 때 각각 동일한 결과가 도출되는 정도는 '신뢰도'에 해당된다. 타당도란, 측정하고자 하는 개념이나 속성을 얼마나 실제에 가깝게 측정하고 있는가를 말한다.

35 섭식장애에 관한 설명으로 옳지 않은 것은?

14, 18, 22년 기출

① 신체기능의 저하를 가져와 죽음에까지 이를 수 있다.
② 마른 외형을 선호하는 사회문화적 분위기와 관련된다.
③ 대개 20대 중반에 처음 발병된다.
④ 외모가 중시되는 직업군에서 발병률이 높다.

> **해설**
> 신경성식욕부진증은 여성 청소년에게서 흔히 나타나며, 이들은 실제로 날씬함에도 불구하고 자신이 뚱뚱하다고 왜곡되게 생각하는 경향이 강하다.

36 특정학습장애에 관한 설명으로 옳은 것은?

16, 24년 기출

① 특정학습장애의 심각한 정도는 구분하지 않는다.
② 읽기 손상 동반의 경우 읽은 내용에 대한 기억력이 포함된다.
③ 쓰기 손상 동반의 경우 작문의 명료도와 구조화가 포함된다.
④ 수학 손상 동반의 경우 수학적 추론의 정확도는 포함되지 않는다.

> **해설**
> ③ 쓰기 손상 동반의 경우 철자 정확도, 문법과 구두점 정확도, 작문의 명료도와 구조화 등이 포함된다.
> ① 특정학습장애의 심각도는 경도, 중등도, 고도로 나눌 수 있다.
> ② 읽기 손상 동반의 경우 단어 읽기 정확도, 읽기 속도 또는 유창성, 독해력 등이 포함된다.
> ④ 수학 손상 동반의 경우 수 감각, 단순 연산값의 암기, 계산의 정확도 또는 유창성, 수학적 추론의 정확도 등이 포함된다.

정답 35 ③ 36 ③

37 지적 장애에 관한 설명으로 옳지 않은 것은? 20, 23년 기출

① 심각한 두부외상으로 인해 이전에 습득한 인지적 기술을 소실한 경우에는 지적 장애와 신경인지 장애로 진단할 수 있다.
② 지적 장애는 개념적, 사회적, 실행적 영역에 대한 평가로 진단된다.
③ 경도의 지적 장애는 여성보다 남성에게 더 많다.
④ 지적 장애 개인의 지능지수는 오차 범위를 포함해서 대략 평균에서 1표준편차 이하로 평가된다.

> **해설**
> 지적 장애 개인의 지능지수는 오차 범위를 포함해서 대략 평균에서 2표준편차 이하로 평가한다.

38 알코올사용장애에 관한 설명으로 틀린 것은? 21년 기출

① 금단 증상은 과도하게 장기간 음주하던 것을 줄이거나 양을 줄인지 4~12시간 정도 후 나타나는 것이 특징이다.
② 장기간의 알코올 사용에 따르는 비타민 B의 결핍은 극심한 혼란, 작화반응 등을 특징으로 하는 헌팅턴병을 유발할 수 있다.
③ 알코올은 중추신경계에서 다양한 뉴런과 결합하여 개인을 진정시키는 효과를 가져온다.
④ 아시아인들은 알코올을 분해하는 탈수소효소가 부족하여 알코올 섭취 시 부정적인 반응이 쉽게 나타난다.

> **해설**
> ② 헌팅턴병(Huntington's Disease)이 아닌 코르사코프 증후군(Korsakoff's Syndrome)에 대한 설명이다.
>
> **헌팅턴병(Huntington's Disease)**
> - 헌팅턴무도병(Huntington's Chorea)이라고도 알려졌다.
> - 유전자 돌연변이에 의해 나타나는 유전병 중 하나이다.
> - 중년 이후에 신경계가 퇴화되기 때문에 자신의 몸을 통제하지 못하게 되고, 얼굴, 손, 발, 혀 등의 근육이 제멋대로 움직이게 된다.
> - 이러한 모습이 춤추는 듯 보인다고 하여 무도병이라는 이름이 붙었다.
> - 기억력과 판단력이 흐려지는 등 치매 증상도 나타난다.

39 사건수면(Parasomnia)에 해당되는 것은?   18, 24년 기출

① 하지불안 증후군
② 기면증
③ 호흡 관련 수면장애
④ 일주기 리듬 수면-각성장애

> **해설**
> DSM-5에 의한 사건수면(Parasomnia)의 하위유형
> - 비REM수면 각성장애(Non-Rapid Eye Movement Sleep Arousal Disorders)
> - 악몽장애(Nightmare Disorder)
> - REM수면 행동장애(Rapid Eye Movement Sleep Behavior Disorder)
> - 하지불안 증후군(Restless Legs Syndrome)

40 섬망(Delirium) 증상의 특징이 아닌 것은?   20년 기출

① 주의를 기울이고 집중, 유지, 전환하는 능력의 감소
② 환경 또는 자신에 대한 지남력의 저하
③ 증상은 오랜 기간에 걸쳐서 발생
④ 오해, 착각 또는 환각을 포함하는 지각장애

> **해설**
> ③ 섬망은 단기간에 걸쳐 발생하며, 하루 중에도 심각도가 변하는 경향이 있다.
>
> 섬망의 DSM-5 진단 기준
> - 주의 장애와 의식 장애를 주된 특징으로 한다.
>   - 주의 장애 : 주의를 기울이고, 집중·유지 및 전환하는 능력 감소
>   - 의식 장애 : 환경에 대한 지남력 감소
> - 장애는 단기간(몇 시간 또는 며칠)에 걸쳐 발생하고, 기저 상태의 주의와 의식으로부터 변화를 보이며, 하루 중 심각도가 변하는 경향이 있다.
> - 부가적 인지장애 : 기억 결손, 지남력 장애, 언어, 시공간 능력 또는 지각
> - 진단 기준 주의장애, 의식장애, 부가적 인지장애는 다른 신경인지장애로 더 잘 설명되지 않고, 혼수와 같은 각성수준이 심하게 저하된 상황에서 일어나지 않는다.
> - 물질 중독 섬망, 물질 금단 섬망, 약물치료로 유발된 섬망, 다른 의학적 상태로 인한 섬망을 구별하여 명시한다.

정답 39 ① 40 ③

제3과목 심리검사

41 심리검사의 윤리적 문제에 대한 설명으로 옳지 않은 것은? 18, 20, 22, 23년 기출

① 검사자들은 검사제작의 기술적 측면에만 관심을 가질 필요가 있다.
② 제대로 자격을 갖춘 검사자만이 검사를 사용해야 한다는 조건은 부당한 검사사용으로부터 피검자를 보호하기 위한 조치이다.
③ 검사자는 규준, 신뢰도, 타당도 등에 관한 기술적 가치를 평가할 수 있어야 한다.
④ 심리학자에게 면허와 자격에 관한 법을 시행하는 것은 직업적 윤리 기준을 세우기 위함이다.

> **해설**
> 심리검사의 윤리적 고려사항
> - 전문적 측면(전문가로서의 자질) : 검사자는 고도의 책임 있는 기능을 수행하기 위해 인간행동을 이해하는 데 필요한 전문적인 교육을 받아야 하며, 전문적인 기술을 가지고 심리학적 평가기법을 다룰 수 있어야 한다.
> - 도덕적 측면(수검자에 대한 의무와 권리) : 검사자는 인간의 권리를 보호해야 할 의무가 있다. 심리검사와 관련된 수검자의 권리 중에는 검사를 받지 않을 권리, 검사점수 및 해석을 알 권리, 검사자료에 접근할 수 있는 사람이 누구인지 알 권리, 검사결과의 비밀을 보장받을 권리 등이 있다.
> - 윤리적 측면(검사자의 책임) : 검사자는 수검자에게 검사가 어떻게 사용되는가를 말해 주고 비밀보장의 한계를 설명해 주어야 하며, 자신을 고용한 기관에 대해서는 가능한 한 최소한의 정보를 제공하는 것이 바람직하다.
> - 사회적 측면 : 검사자는 심리검사가 주는 이익과 개인의 권리 및 자유를 위협하는 위험을 알고 있어야 하며, 이익이 위험을 훨씬 능가하고 위험이 최소화된 경우에만 검사사용이 사회적으로 용인되어야 한다.

42 심리검사에서 원점수에 대한 설명으로 틀린 것은? 20년 기출

① 원점수 그 자체로는 객관적인 정보를 주지 못한다.
② 원점수는 기준점이 없기 때문에 특정 점수의 의미를 파악하기 어렵다.
③ 원점수는 척도의 종류로 볼 때 등간척도에 불과할 뿐 사실상 서열척도가 아니다.
④ 원점수는 서로 다른 검사의 결과를 동등하게 비교할 수 없다.

> **해설**
> 원점수는 척도의 종류로 볼 때 서열척도에 불과할 뿐 사실상 등간척도가 아니다. 예를 들어, 능력검사의 원점수에서 50점과 40점의 차이에 해당하는 능력의 차이는 60점과 50점의 차이에 해당하는 능력의 차이와 동일하지 않다.

43 K-WAIS-IV에서 개념형성능력을 측정하는 소검사는? 16, 22년 기출

① 차례맞추기
② 공통성문제
③ 이해문제
④ 빠진 곳 찾기

해설

이 문제는 논란의 여지가 있다. 그 이유는 지문 ③번의 '이해문제'도 교재에 따라 "언어적 추론과 개념화"를 측정한다고 제시되어 있기 때문이다('황순택 外, 『K-WAIS-Ⅳ, 기술 및 해석 요강』, 한국심리주식회사 刊', '김재환 外, 『임상심리검사의 이해(제2판)』, 학지사 刊' 참조). 다만, 개념형성능력, 특히 언어적 개념형성능력이 공통성 소검사와 어휘 소검사의 주된 측정요소인 데다가, 이해 소검사는 핵심소검사가 아닌 보충소검사로 분류된다는 점을 고려할 필요는 있다.

공통성(Similarity ; SI)
- 제시된 두 단어의 공통점에 대해 말하도록 하는 과제로 구성된다.
- 언어적 개념형성 또는 추론의 과정을 측정하기 위해 고안된 검사이다.
- 언어적 이해력, 언어적 개념화, 논리적·추상적 사고, 연합적 사고, 본질과 비본질을 구분하는 능력, 폭넓은 독서경험 등과 연관된다.
- 수검자의 응답내용은 구체적 개념형성(예 코트와 정장은 천으로 만들어졌다), 기능적 개념형성(예 북쪽과 서쪽은 당신이 가고 있는 곳을 말해 준다), 추상적 개념형성(예 탁자와 의자는 가구다)의 양상으로 나타난다.
- 언어적 이해력을 평가하는 소검사들 가운데 정규교육이나 특정 학습, 교육적 배경 등의 영향을 가장 적게 받는다.

44 신경심리검사의 실시에 대한 설명으로 옳은 것은? 21년 기출

① 두부 외상이나 뇌졸중 환자의 경우에는 급성기에 바로 검사를 실시하는 것이 바람직하다.
② 어려운 검사는 피로가 적은 상태에서 실시하고 어려운 검사와 쉬운 검사를 교대로 실시하는 것이 좋다.
③ 운동 기능을 측정하는 검사는 과제제시와 검사 사이에 간섭과제를 사용한다.
④ 진행성 뇌질환의 경우 6개월 정도가 지난 후에 정신상태와 인지기능을 평가하는 것이 바람직하다.

해설

① 두부 외상이나 뇌졸중과 같이 갑작스럽게 발병한 경우, 발병 초기에는 상태가 급변하고 불안정하며 신체기능 저하, 피로감, 우울감 등이 검사 수행에 영향을 미치게 된다. 따라서 간편형 검사로 현재의 인지기능 상태를 대략적으로 확인하며, 발병한 지 3~6개월 후 수검자가 어느 정도 회복기에 이르렀을 때 신경심리검사를 실시하도록 한다.
③ 간섭과제는 주로 수검자의 주의력 기능을 측정하는 검사에서 사용한다.
④ 알츠하이머형 치매와 같은 퇴행성 뇌질환이나 뇌종양 등 진행성 뇌질환의 경우, 초기 단계에서 신경심리검사를 실시하여야 진단에 유용한 정보를 제공받을 수 있다.

정답 43 ② 44 ②

45 MBTI에 관한 설명으로 옳지 <u>않은</u> 것은?

① 네 가지 차원을 기본 축으로 구성하였다.
② E/I 축은 에너지를 얻는 근원에 관한 설명이다.
③ S/N 축은 정보를 수집하는 방법에 관한 설명이다.
④ T/F 축은 영감과 내적인 인식에 관한 설명이다.

> **해설**
> T(사고)/F(감정) 축은 의사결정 과정에서 사고 및 감정 중 주로 어떤 종류의 판단을 더욱 신뢰하는지에 관한 설명이다.
>
> **MBTI의 선호지표에 따른 성격유형**
>
> | 에너지 방향
외향(E) / 내향(I) | • 인식과 판단이 외부세계 및 내부세계 중 주로 어느 곳에 초점을 두는지 확인한다.
• E : 폭넓은 활동력, 적극성, 정열, 말로 표현, 경험 우선 등
• I : 깊이와 집중력, 신중함, 조용함, 글로 표현, 이해 우선 등 |
> |---|---|
> | 인식기능
감각(S) / 직관(N) | • 인식과정에서 감각 및 직관 중 주로 어떤 방식을 선호하는지 확인한다.
• S : 실용적 현실감각, 실제 경험 강조, 정확한 일처리, 나무를 보려는 경향 등
• N : 미래 가능성 포착, 아이디어, 신속한 일처리, 숲을 보려는 경향 등 |
> | 판단기능
사고(T) / 감정(F) | • 의사결정 과정에서 사고 및 감정 중 주로 어떤 종류의 판단을 더욱 신뢰하는지 확인한다.
• T : 논리와 분석력, 원리와 원칙, 옳고 그름, 지적 비평 등
• F : 온화함과 인정, 의미와 영향, 좋고 나쁨, 우호적 협력 등 |
> | 생활양식
판단(J) / 인식(P) | • 외부세계에 대한 대처방식에 있어서 주로 판단적 태도를 취하는지 인식적 태도를 취하는지 확인한다.
• J : 조직력과 계획성, 통제성, 명확한 목적의식, 확고한 자기의사 등
• P : 적응성과 융통성, 수용성, 개방성, 재량에 의한 포용성 등 |

46 특정 학업과정이나 직업에 대한 앞으로의 수행능력이나 적응을 예측하는 검사는?   17, 22년 기출

① 적성검사   ② 지능검사
③ 성격검사   ④ 능력검사

> **해설**
> ① 적성검사는 개인의 특수한 능력 또는 잠재력을 발견하도록 하여 학업이나 취업 등의 진로를 결정하는 데 정보를 제공하며, 이를 통한 미래의 성공 가능성을 예측하기 위한 검사이다.
> ② 지능검사는 개인의 지적인 능력 수준을 평가하고, 인지기능의 특성을 파악하기 위한 검사이다.
> ③ 성격검사는 개인의 선천적 요소와 후천적 요소의 상호작용에 의해 나타나는 일관된 특징으로서의 성격(Personality)을 측정 대상으로 하는 정서적 검사이다.
> ④ 능력검사는 인지능력, 언어능력, 학습능력, 직무능력, 운동능력, 상황판단능력 등 인간의 다양한 기능 및 능력을 소재로 한 검사를 포괄적으로 지칭하는 개념이다.

47 PAI의 임상척도가 아닌 것은?

① 우울 척도(DEP)
② 자살관념 척도(SUI)
③ 약물문제 척도(DRG)
④ 신체적 호소 척도(SOM)

> **해설**
>
> **성격평가질문지(PAI)**
> - 1991년 모레이(Morey)가 성격과 정신병리를 평가하기 위해 개발한 객관적 검사이다.
> - 344문항, 4가지 타당도 척도, 11가지 임상척도, 5가지 치료척도(치료고려척도), 2가지 대인관계척도로 구성된다.
>
> | | | |
> |---|---|---|
> | 타당도척도 | 비일관성(ICN) | 일관성 있는 반응태도를 알아보기 위함 |
> | | 저빈도(INF) | 부주의하거나 무선적인 반응태도를 확인하기 위함 |
> | | 부정적 인상(NIM) | 지나치게 나쁜 인상이나 꾀병을 부리는 태도 |
> | | 긍정적 인상(PIM) | 지나치게 좋게 보이려 하거나 사소한 결점도 부인하는 태도 |
> | 임상척도 | 신경증적 척도 | 신체적 호소(SOM), 불안(ANX), 불안관련 장애(ARD), 우울(DEP) |
> | | 정신병적 척도 | 조증(MAN), 망상(PAR), 정신분열병(SCZ) |
> | | 행동문제 척도 | 경계선적 특징(BOR), 반사회적 특징(ANT), 알코올문제(ALC), 약물문제(DRG) |
> | 치료척도 (치료고려척도) | | 공격성(AGG), 자살관념(SUI), 스트레스(STR), 비지지(NON), 치료거부(RXR) |
> | 대인관계척도 | | 지배성(DOM), 온정성(WRM) |

48 MMPI-2의 임상척도 중 척도 9의 특징에 관한 설명으로 옳은 것은?

① 정신적 혼란과 불안정 상태, 자폐적 사고와 왜곡된 행동을 반영하는 지표로 활용된다.
② 여성의 경우 불안과 걱정이 많고 긴장되어 있다.
③ 측정결과가 80T를 넘지 않는 경우, 조증삽화의 가능성이 있다.
④ 비현실성으로 인해 근거 없는 낙관성을 보이기도 한다.

> **해설**
> ① 척도 8에 대한 설명이다.
> ② 척도 7에 대한 설명이다.
> ③ 측정결과가 80T를 넘어서는 경우, 조증삽화의 가능성이 있다.

정답 47 ② 48 ④

49 노년기 인지발달의 특징에 관한 설명으로 옳지 <u>않은</u> 것은? 14, 20, 23, 24년 기출

① 일화기억보다 의미기억이 더 많이 쇠퇴한다.
② 노년기 인지기능의 저하는 처리속도의 감소와 관련이 있다.
③ 연령에 따른 지능의 변화 양상은 지능의 하위 능력에 따라 다르다.
④ 노인들은 인지기능의 쇠퇴에 직면하여 목표범위를 좁혀나가는 등의 최적화 책략을 사용한다.

> **해설**
> **노년기 인지적 변화**
> - 다양한 측면에서 지적 능력이 쇠퇴하며, 단기기억이 장기기억보다 더욱 심하게 쇠퇴한다. 의미기억보다는 일화기억이 더 많이 쇠퇴한다.
> - 연령이 증가함에 따라 정보처리속도가 감소하며, 감각기관을 통해 입수되는 정보를 운동반응으로 전환하는 능력 등이 떨어진다.
> - 인지적 능력이 감소하는 경향이 있으나 추론능력 등 경험의 축적을 통해 습득된 능력은 비교적 유지된다.
> - 자기중심적이고 원시적인 방법으로 문제를 해결하려는 경향을 나타내 보인다.

50 MMPI-2에서 T-점수의 평균과 표준편차는? 15, 20, 23년 기출

① 평균 - 100, 표준편차 - 15
② 평균 - 50, 표준편차 - 15
③ 평균 - 100, 표준편차 - 10
④ 평균 - 50, 표준편차 - 10

> **해설**
> **MMPI-2의 T점수**
> - T점수는 미국 전역에서 얻어진 2,600명(한국의 경우 1,352명)의 대규모 표집의 반응을 기초로 하고 있으며, 평균이 50, 표준편차는 10이다.
> - T점수는 표준점수이므로, 개인 간 비교와 함께 다양한 척도에 대한 개인 내 비교가 가능하다.

51 Stanford-Binet 지능검사에 대한 설명으로 옳지 <u>않은</u> 것은? 12, 19, 20, 23년 기출

① 언어성 검사와 동작성 검사 두 부분으로 나누어져 있다.
② 언어추리, 추상적/시각적 추리, 양 추리, 단기기억 영역 등을 포함한다.
③ IQ는 대부분의 점수가 100 근처에 모인다.
④ IQ 분포는 종 모양의 정상분포곡선을 그린다.

> **해설**
> 언어성 검사와 동작성 검사로 구성되어 있는 대표적인 지능검사는 웩슬러(Wechsler) 지능검사이다. 참고로 1986년에 발행된 스탠포드-비네 지능검사(Stanford-Binet Intelligence Scale) 개정 4판의 경우 4가지의 인지영역, 즉 언어추리(Verbal Reasoning), 수량추리(Quantitative Reasoning), 추상적/시각적 추리(Abstract/Visual Reasoning), 단기기억(Short-Term Memory)을 포함하는 15개의 소검사들로 이루어져 있다.

52 검사-재검사신뢰도에 관한 설명으로 옳지 <u>않은</u> 것은? 20, 23년 기출

① 검사 사이의 시간 간격이 너무 길면 측정대상의 속성이나 특성이 변할 가능성이 있다.
② 반응민감성에 의해 검사를 치르는 경험이 개인의 진점수를 변화시킬 가능성이 있다.
③ 감각식별검사나 운동검사에 권장되는 방법이다.
④ 검사 사이의 시간 간격이 짧으면 이월효과가 작아진다.

> **해설**
> **검사-재검사신뢰도**
> - 한 개의 평가도구 혹은 검사를 같은 집단에 두 번 실시해서 그 전후의 결과에서 얻은 점수를 기초로 해서 상관계수를 산출하는 방법이다.
> - 검사와 재검사 사이의 시간 간격이 길어질수록 신뢰도 계수는 작아진다.
> - 연습효과·기억효과로 인해 후의 시험결과가 높게 나타날 수 있다.
> - 검사 사이의 시간 간격이 너무 길면 측정대상의 속성이나 특성이 변할 가능성이 있다.
> - 감각식별검사나 운동검사에 권장되는 방법이다.
> - 반응민감성에 의해 검사를 치르는 경험이 개인의 진점수를 변화시킬 가능성이 있다.
> - 두 검사 사이의 시간 간격이 너무 짧으면 첫 번째 검사 때 응답하였던 것을 기억해서 그대로 쓰는 이월효과가 있다.

정답 51 ① 52 ④

53 연령이 69세인 노인환자의 신경심리학적 평가에 적합하지 않은 검사는? 20년 기출

① SNSB
② K-VMI-6
③ Rorschach 검사
④ K-WAIS-IV

해설
로샤검사는 성격을 평가하기 위한 투사검사로 신경심리평가로 볼 수 없다.

54 Wechsler검사에서 시각-공간적 기능손상이 있는 뇌 손상 환자에게 특히 어려운 과제는? 20년 기출

① 산 수
② 빠진곳찾기
③ 차례맞추기
④ 토막짜기

해설
④ 토막짜기 : 대뇌 손상에 취약하며, 병전지능 추정에 사용된다.
① 산수 : 충동적이고 성급한 수검자, 집중력이 부족한 수검자, 산수공포증이 있는 경우 산수 과제에서 좋은 점수를 받기 어렵다.
② 빠진곳찾기 : 시각적 기민성, 시각적·지각적 조직화, 본질과 비본질을 구분하는 능력, 시각적 기억, 자동적·표상적 수준에서의 조직화, 시간적 압박하에서의 작업능력, 유동성지능 등과 연관된다.
③ 차례맞추기 : 사회적 지능 및 사회적 이해력, 전체 상황에 대한 이해능력, 추리력, 계획능력, 시간적 연속성, 지각적 조직화, 시간적 압박하에서의 작업능력, 유동성지능 등과 연관된다.

55 발달검사를 사용할 때 고려해야 할 사항으로 가장 거리가 먼 것은? 06, 12, 13, 20, 22, 23년 기출

① 대상자의 연령에 적합한 검사를 선정해야 한다.
② 경험적으로 타당한 측정도구를 사용해야 한다.
③ 규준에 의한 발달적 비교가 가능해야 한다.
④ 기능적 분석을 중심으로 평가해야 한다.

해설
④ 다중적 평가기법을 적용하는 것이 바람직하다.
발달검사를 통한 아동평가
- 아동은 특별한 집단이므로 성인을 대상으로 한 일반적인 평가 방식을 그대로 적용하는 것은 바람직하지 않다.
- 규준에 의한 발달적 비교가 가능해야 한다.
- 아동평가를 통해 인지, 행동, 정서상태 등 여러 측면에서의 변화 목표를 가질 수 있다.
- 변화를 필요로 하는 목표행동의 범위가 넓은 경우 다중적인 평가기법을 적용하는 것이 바람직하다.
- 측정도구들은 경험적으로 타당성을 검증받은 것이어야 하며, 아동의 발달적 변화에 대해서도 민감한 것이어야 한다.

56 신경심리평가의 용도로 사용되지 않는 검사는? 　　　　　　　　　　　　20, 24년 기출

① 스트룹(Stroop)검사
② 레이 도형(Rey-Complex Figure)검사
③ 밀론 다축 임상(Millon Clinical Multiaxial)검사
④ 위스콘신카드분류(Wisconsin Card Sorting)검사

> **해설**
> ③ 밀론 다축 임상검사 또는 밀론의 임상적 다축검사(MCMI)는 성격평가를 위한 검사도구이다.
> ① 스트룹(Stroop)검사 : 선택적 주의력을 평가하는 검사이다.
> ② 레이 도형(Rey-Complex Figure)검사 : 전두엽 실행기능을 평가하는 검사이다.
> ④ 위스콘신카드분류(Wisconsin Card Sorting)검사 : 전두엽 실행기능을 평가하는 검사이다.

57 표집 시 남녀 비율을 정해놓고 표집해야 하는 경우에 가장 적합한 방법은? 　　　17, 21, 22년 기출

① 군집표집(Cluster Sampling)
② 유층표집(Stratified Sampling)
③ 체계적 표집(Systematic Sampling)
④ 구체적 표집(Specific Sampling)

> **해설**
> **유층표집**
> 층화표집이라고도 하며, 모집단의 어떤 특성에 대한 사전지식을 토대로 해당 모집단을 동질적인 몇 개의 층(Strata)으로 나눈 후 이들 각각으로부터 적정한 수의 요소를 무작위로 추출하는 방법이다.

58 Sacks의 문장완성검사(SSCT)에서 4가지 영역에 속하지 않는 것은? 　　　　　　20, 22년 기출

① 가족 영역
② 성취욕구 영역
③ 대인관계 영역
④ 자기개념 영역

> **해설**
> **SSCT의 4가지 주요 반응영역**
> • 가족 : 어머니, 아버지, 가족에 대한 태도 측정
> • 성 : 남성, 여성, 결혼, 성적 관계 등 이성관계에 대한 태도 측정
> • 대인관계 : 가족 외의 사람, 즉 친구와 지인, 권위자 등에 대한 태도 측정
> • 자아개념 : 자신의 능력, 목표, 과거와 미래, 두려움과 죄책감 등에 대한 태도 측정

정답 56 ③ 57 ② 58 ②

59 K-WAIS-Ⅳ에서 일반능력지수(GAI)와 개념적으로 관련이 있는 지수는?

① 언어이해지수와 지각추론지수
② 언어이해지수와 작업기억지수
③ 작업기억지수와 처리속도지수
④ 지각추론지수와 처리속도지수

> **해설**
> ① 일반능력지수는 언어이해지수와 지각추론지수의 조합점수이다.
>
> **일반능력지수(GAI)**
> • 언어이해의 주요 소검사(공통성, 어휘, 상식)와 지각추론의 주요 소검사(토막짜기, 행렬추론, 퍼즐)로 구성된 조합점수이다.
> • 전체지능지수에 비해 작업기억 및 처리속도의 영향을 덜 받으므로, 전체지능지수에 포함된 이들 요소들을 배제한 인지적 능력을 검토할 필요가 있는 경우 사용한다.

60 집-나무-사람(HTP) 검사에 관한 설명으로 맞는 것은?   21, 24년 기출

① 집, 나무, 사람의 순서대로 그리도록 한다.
② 각 그림마다 시간제한을 두어야 한다.
③ 문맹자에게는 실시할 수 없다.
④ 머레이(H. Murray)가 개발하였다.

> **해설**
> ② 그림을 그리는 시간 자체도 검사의 해석요소에 들어가기 때문에 제한하지 않는다.
> ③ 수검자가 그림을 그리는 방식으로 진행되기 때문에 글을 모르는 수검자에게도 실시할 수 있다.
> ④ 머레이(H. Murray)가 아닌 벅(Buck)이 고안한 투사적 검사이다.

제4과목 임상심리학

61 심리치료 이론 중 전이와 역전이의 중요성을 강조하고 치료에 활용하는 접근은? 21, 23년 기출

① 인본주의적 접근
② 게슈탈트적 접근
③ 정신분석적 접근
④ 행동주의적 접근

> **해설**
> **역전이의 활용**
> 프로이트(Freud) 사후 역전이는 효과적인 상담을 위한 분석대상이자 기술로 간주되기에 이르렀다. 역전이는 상담자와 내담자의 무의식을 연결함으로써 내담자의 심리적 갈등을 이해하는 데 중요한 열쇠이자 치료도구가 될 수도 있다는 것이다. 이처럼 최근에는 상담자와 내담자의 관계에서 나타나는 현상들을 치료에 응용하고자 하는 시도들이 펼쳐지면서, 상담자를 단순히 내담자의 심리를 반영하는 거울로 간주하는 데 대해 이의를 제기하고 있다.

62 치료장면에서의 효과적인 경청과 가장 거리가 먼 것은? 10, 13, 17, 22년 기출

① 내담자가 문제점을 피력할 때 가로막지 않는다.
② 내담자가 자신의 문제를 심각하게 얘기하지만, 치료자가 보기에는 그렇지 않을 때에는 중단시킨다.
③ 치료자는 내담자에게 주의를 많이 기울인다.
④ 치료자는 반응을 보이기에 앞서 내담자가 스스로 말할 시간을 충분히 주려고 한다.

> **해설**
> **경청**
> - 상대방의 감정과 생각을 이해하기 위해 그의 말을 주의 깊게 듣는 것이다.
> - 상담장면에서는 상담자가 관심의 초점을 내담자에게 두며, 내담자의 말에 주의를 기울이는 것이다.
> - 내담자의 입장을 고려하는 공감적 이해, 자신의 고정관념에서 벗어나 내담자의 태도를 받아들이는 수용의 정신, 자신의 감정을 솔직하게 전달하는 성실한 태도가 필수적이다.
> - 적극적 경청을 위한 지침
>   - 내담자가 말하는 것에 수용의 태도를 취하라.
>   - 내담자의 음조를 경청하라.
>   - 내담자의 감정에 대한 단서를 경청하라.
>   - 비언어적 내용과 방식을 경청하라.
>   - 내담자가 자연스럽게 얘기하도록 적절한 침묵 및 정지를 유지하라.
>   - 내담자의 얘기 중에 가능하면 끼어들지 말라.

정답 61 ③ 62 ②

63 임상심리사의 역할 중 교육에 관한 설명으로 옳은 것을 모두 고른 것은?

20년 기출

ㄱ. 심리학자가 아동들이 부모의 이혼에 대처하도록 도와주는 방법에 관한 강의를 해주는 것은 비학구적인 장면에서의 교육에 해당된다.
ㄴ. 의과대학과 병원에서의 교육은 비학구적인 장면에서의 교육에 포함된다.
ㄷ. 임상심리학자들은 심리학과뿐만 아니라 경영학, 법학, 의학과에서도 강의한다.
ㄹ. 의료적, 정신과적 문제를 대처하도록 환자를 가르치는 것도 임상적 교육에 포함된다.

① ㄱ, ㄴ, ㄷ
② ㄱ, ㄴ, ㄹ
③ ㄱ, ㄷ, ㄹ
④ ㄴ, ㄷ, ㄹ

해설

ㄴ. 의과대학과 병원에서의 교육은 학구적인 장면에서의 교육에 포함된다.

학구적인 장면에서의 교육	· 대학이나 대학교의 심리학과에서 심리학과 관련된 과목을 강의 · 의과대학과 병원 등에서의 강의 · 대학교의 다른 학과(교육학, 여성학, 경영학, 사회복지학, 아동복지학 등)에서의 강의
비학구적인 장면에서의 교육	· 정신건강센터, 재활기관, 진료소 등에서의 강의 · 학회나 학교에 의해 운영되는 워크숍에서의 강의 · 내담자나 그 가족을 위한 심리 교육

64 다음 ( )에 알맞은 것은?

20년 기출

Seligman의 학습된 무기력과 관련하여 사람들이 부정적 사건들을 ( ), ( ), ( )으로 볼 때 우울하게 되는 경향이 있다고 예언한다.

① 내부적, 안정적, 일반적
② 내부적, 불안정적, 특수적
③ 외부적, 안정적, 일반적
④ 외부적, 불안정적, 특수적

해설

학습된 무기력감 모델 또는 학습된 무기력이론(Learned Helplessness Theory)
1975년 셀리그먼(Seligman)이 제기한 것으로서, 개인의 수동적 태도 및 자신의 삶을 통제할 수 없다는 느낌이 이전의 통제실패경험이나 외상을 통해 획득된다는 가정에 근거한다. 가정은 개를 대상으로 한 조건형성 실험 과정에서 발견되었는데, 개를 묶어 놓은 채 여러 차례 반복적으로 전기충격을 주자, 이후 자유롭게 풀어놓은 상태임에도 불구하고 개가 마치 자포자기를 한 듯 도망가려고 하지 않은 채 그대로 전기충격을 받는 것이었다. 이 실험을 통해 셀리그먼은 동물들이 스스로 통제할 수 없는 혐오자극에 직면할 때 무기력감을 획득한다고 주장하였다. 또한 무기력감이 학습을 통해 통제가능한 스트레스 상황에서도 적절한 수행을 어렵게 하며, 우울 증상으로 이어질 수 있음을 보여주었다. 특히 개에게서 우울증과 관련된 신경전달물질인 노르에피네프린(Norepinephrine)이 감소된 사실은 학습된 무기력과 우울증이 밀접하게 연관되어 있음을 반영한다.

65 건강심리학 분야의 주된 관심 영역과 가장 거리가 먼 것은? 　　16, 18, 19, 24년 기출

① 흡연
② 비만
③ 우울증
④ 알코올 남용

> **해설**
> **건강심리학(Health Psychology)**
> - 최근에 등장하여 급속도로 성장하고 있는 심리학 영역
> - 건강의 유지 및 증진, 질병의 예방 및 치료를 목적으로 심리학적인 이론과 방법을 동원하는 학문
> - 현대인들의 주된 질병 및 사망의 원인을 심리사회적 관점에서 보는 것으로, 건강에 대한 관심이 증폭되면서 현저하게 발전하고 있음
> - 전통적인 임상심리학이 불안장애나 우울장애 등 정신적인 병리에 초점을 둔 반면, 건강심리학은 정신적 병리와 함께 암이나 심혈관질환 등 신체적 병리에도 관심을 가짐
> - 신체적 질병이 특히 생활습관이나 스트레스에 대한 대처방식과 밀접한 연관을 가진다는 점을 강조
> - 연구와 임상실제를 통해 신체적, 심리적, 정신적 건강의 증진 및 유지를 목표로 함
> - 금연, 체중조절, 스트레스 관리 등을 위한 다양한 프로그램을 연구, 개발, 실행하고 있음
>
> **건강심리학 영역**
> - 스트레스에 대한 관리 및 대처
> - 만성질환을 포함한 신체질병(심혈관계 질환, 면역계 질환, 암, 당뇨, 소화기 질환 등)
> - 물질 및 행위중독(알코올 중독, 흡연 중독, 도박 중독, 인터넷 중독 등)
> - 섭식문제(비만, 다이어트, 폭식, 섭식장애 등)
> - 건강관리 및 증진(성행위 등에서의 위험행동 감소전략, 운동, 수면 및 섭식습관 개선 등)
> - 개입 및 치료기법(행동수정, 인지치료, 명상, 이완법, 마음챙김과 수용에 기반한 인지행동적 치료기법, 바이오피드백 기법 등)
> - 통증관리, 수술환자의 스트레스 관리, 임종관리
> - 분노를 포함한 다양한 정서관리
> - 삶의 질, 웰빙(Well-being)
> - 건강 커뮤니케이션, 건강 정책 등

66 정신상태검사(Mental Status Examination)면접에서 환자를 통해 평가하는 항목이 아닌 것은? 　　17, 21년 기출

① 외모와 태도
② 지남력
③ 정서의 유형과 적절성
④ 가족관계

> **해설**
> 정신상태검사는 용모 및 외모, 면담태도, 정신운동활동, 정서적 반응, 언어와 사고, 감각과 지능, 기억력과 지남력 등을 평가한다.

정답 65 ③　66 ④

67 프로그램의 주요 초점은 사회 복귀이며, 직업능력증진부터 내담자의 자기개념 증진에 걸쳐 있는 것은?

20, 23년 기출

① 1차 예방
② 2차 예방
③ 3차 예방
④ 보편적 예방

> **해설**
> ③ 3차 예방 : 심리장애 발생 후에 그 지속기간 및 부정적인 영향을 최소화하는 것이다. 심리장애의 악화 및 재발을 방지하고 재활프로그램을 실시하며, 가정과 사회로의 복귀 및 적응을 돕기 위한 지지와 교육을 제공하는 동시에 지역사회 전체를 대상으로 교육을 실시한다.
> ① 1차 예방 : 해로운 환경이 질병을 야기하지 않도록 사전에 이를 제거하는 것이다. 이를 위해 사회적 지지체계를 강화하고 스트레스의 근원을 제거하며, 스트레스에 적절히 대처할 수 있도록 개인의 능력을 함양한다.
> ② 2차 예방 : 정신건강 문제를 조기에 확인하고 장애로 발전하기 이전 초기단계에서 문제를 치료하는 것이다. 심리장애로 발전될 위기에 있는 사람들을 대상으로 조기에 치료를 제공하며, 사고나 재해의 피해자에 대해서는 위기개입을 한다.

68 주의력결핍 및 과잉행동장애(ADHD)는 뇌와 행동과의 관계에서 볼 때 어떤 부위의 결함을 시사하는가?

15, 20년 기출

① 전두엽의 손상
② 측두엽의 손상
③ 변연계의 손상
④ 해마의 손상

> **해설**
> 주의력결핍 및 과잉행동장애(ADHD)는 운동기능 및 활동수준의 통제를 담당하는 대뇌의 전두엽 손상과 연관된다.
>
> | | |
> |---|---|
> | 전두엽 | • 대뇌의 앞부분에 위치하며, 동물들에 비해 인간이 크고 기억 · 추리 · 사고 및 운동에 관여
• 창조의 영역으로, 자율기능 · 감정조절기능 · 행동계획 및 억제기능 등을 담당 |
> | 측두엽 | • 대뇌의 측면에 위치하며, 일차청각피질과 연합피질로 구성
• 판단과 기억의 영역으로 언어 · 청각 · 정서적 경험(감정) 등을 담당 |
> | 변연계 | • 기억을 담당하는 해마와 인간의 공포반응을 만들어 내는 편도체가 있음
• 모든 동물은 변연계가 있으며 본능적 역할을 담당
• 사람의 감정과 행동에 영향을 미쳐 먹기, 싸우기, 도망가기, 성적 활동 등의 감정적 행동이 변연계에 의해 작동 |
> | 해 마 | • 기억이 영구 기억으로 새겨지기 전에 임시로 머무는 임시 기억장소
• 해마를 다친 이후의 일은 기억할 수 없음
• 해마 손상환자에게는 방금 만난 사람도 돌아섰다 다시 오면 처음 보는 사람이 됨 |

69 내담자중심치료에서 치료자의 주요 기능과 가장 거리가 먼 것은? *18, 24년 기출*

① 충고, 제안, 해석 등을 제공하는 것
② 내담자 자신과 주변세계에 대해 스스로의 지각을 높이게 하는 것
③ 자유로운 분위기를 제공하는 것
④ 내담자가 자신에 대해 더 많이 말할 수 있도록 하는 반응들을 나타내 보이는 것

> **해설**
> **내담자중심치료의 특징**
> - 로저스는 정신분석학의 근본적인 한계성에 대한 반응으로 내담자중심요법을 개발
> - 내담자중심치료는 내담자의 주관적이고 현상적인 세계, 그리고 내담자의 경험을 강조
> - 로저스는 사람의 행동을 잘 이해하려면 그 사람의 내적 준거체계를 이해해야 한다고 주장
> - 내담자를 변화하도록 이끄는 기본동기는 내담자의 자기실현경향이라는 점을 강조
> - 상담자는 내담자가 문제를 해결하기 위한 자신의 능력을 발견하도록 도움을 주며, 내담자의 개인적 성장의 촉매로서 주로 작용
> - 치료에서는 주도권을 내담자가 갖고 이끌어 나가며, 자신의 방향을 발견할 수 있다는 내담자의 능력에 큰 신뢰를 둠

70 자신의 초기 경험이 타인에 대한 확장된 인식과 관계를 맺는다는 가정을 강조하는 치료적 접근은? *16, 20, 23년 기출*

① 대상관계이론
② 자기심리학
③ 심리사회적 발달이론
④ 인본주의

> **해설**
> **대상관계이론**
> - 대상관계의 개념은 프로이트 사후의 정신분석학자들에 의해 발전하였으며, 이들은 인간이 삶을 통해 맺는 다양한 관계가 곧 대상관계의 발현이라고 주장하였다.
> - 인간의 생애 초기에 자기 자신과 타인 또는 대상에 대한 내적인 이미지들로 구성된 심리구조의 형성 및 분화과정을 탐구하여, 그것이 어떠한 과정을 통해 대상관계적 상황으로 발현되는지 연구하였다.
> - 자기표상 : 자기 자신에 대한 근본적인 이미지이다.
> - 대상표상 : 타인 및 세상에 대한 근본적인 이미지이다.

71 수업시간에 가만히 자리에 앉아 있지 못하고 돌아다니며, 급우들의 물건을 함부로 만져 왕따를 당하고 있는 초등학교 3학년 10세 지적 장애 남아의 문제행동에 가장 권장되는 행동치료법은? 20, 23년 기출

① 노출치료
② 체계적 둔감화
③ 혐오치료
④ 유관성 관리

> **해설**
> ④ 유관성 관리 : 적응적 행동은 보상으로 촉진하고, 부적응적 행동은 강화를 주지 않음으로써 제거하는 기법이다.
> ① 노출치료 : 외상후스트레스 환자를 공포자극에 노출시킴으로써 환자가 회복하도록 하는 기법이다.
> ② 체계적 둔감화 : 심리적 불안과 신체적 이완은 병존할 수 없다는 것을 전제로 하는 상호억제의 원리를 이용하는 기법이다.
> ③ 혐오치료 : 고전적 조건형성 기법으로, 바람직하지 못한 행동에 혐오 자극을 제시하여 부적응적인 행동을 제거하는 방법이다.

72 인지치료에서 강조하는 자동적 자기파괴 인지 중 파국화에 해당하는 것은? 15, 22년 기출

① 나는 성공하거나 실패하거나 둘 중 하나이다.
② 나는 완벽해져야 하고 나약함을 보여서는 안 된다.
③ 그 프로젝트가 성공하지 못한 것은 나 때문이다.
④ 이 일이 잘되지 않으면 다시는 이 일과 같은 일은 할 수 없을 것이다.

> **해설**
> ① 인지적 오류로서 이분법적 사고(Dichotomous Thinking)에 해당한다.
> ② 비합리적 신념으로서 완벽주의적이고 당위적인 사고에 해당한다.
> ③ 인지적 오류로서 개인화(Personalization)에 해당한다.
>
> **파국화(Catastrophizing)**
> 개인이 걱정하는 한 사건을 지나치게 과장하여 두려워하는 인지적 오류
> 예 길을 가다가 개에게 물린 사람이 광견병으로 곧 목숨을 잃게 되리라 생각하는 경우

73 다음 30대 여성의 다면적 인성검사 MMPI-2 결과에 대한 일반적 해석으로 적절한 것은? 18, 22, 23년 기출

Hs	D	Hy	Pd	Mf	Pa	Pt	Sc	Ma	Si
72	65	75	50	35	60	64	45	49	60

① 스트레스 상황에서 신체증상이 두드러지고 회피적 대처를 할 소지가 크다.
② 망상, 환각 등의 정신증적 증상이 나타나기 쉽다.
③ 반사회적 행동을 보일 가능성이 크다.
④ 외향적이고 과도하게 에너지가 항진되어 있다.

> **해설**
> 1-3 혹은 3-1코드쌍
> • 심리적 문제가 신체적 증상으로 전환되어 나타난다.
> • 자신의 외현적 증상이 심리적 요인에 의한 것임을 인정하려 하지 않는다.
> • 부인의 방어기제를 사용하여 자신의 우울감이나 불안감을 잘 드러내지 않는다.
> • 스트레스를 받는 경우 사지의 통증이나 두통, 흉통을 보이며, 식욕부진, 어지럼증, 불면증을 호소하기도 한다.
> • 자기중심적이며 의존적인 성향, 대인관계에서 피상적인 행태를 보인다.
> • 전환장애의 가능성이 있다.

74 임상심리학자의 교육수련과 관련된 설명으로 적절하지 않은 것은? 17년 기출

① 1949년 Boulder 회의에서 과학자-전문가수련모형이 채택되었다.
② 과학자-전문가모형은 과학적 연구자나 임상적 실무자 중 어느 하나의 역할에 충실할 것을 강조한다.
③ 심리학 박사(Ph.D)는 과학자-전문가모형을 따른다.
④ 한국심리학회에서는 자질 있는 임상심리학자를 양성하기 위하여 임상심리전문가 제도를 두고 있다.

> **해설**
> 과학자-전문가모형(Scientist-Practitioner Model)은 기본적으로 과학과 임상실습의 통합적 접근을 통해 임상심리학자가 과학자이자 서비스제공자로서의 역할을 동시에 수행할 것을 강조하며, 이와 관련하여 대학원 과정에서 두 가지 역할에 대한 결합을 주장하였다. 인간행동을 이해하기 위해 연구자로서 끊임없이 연구하는 동시에 전문가로서 그 과정을 통해 발견한 지식을 인간행동의 변화를 위해 실천한다는 것이다.

75 다음은 행동치료의 어떤 기법에 해당하는가? 03, 08, 17년 기출

> 수영하기를 두려워하는 어린 딸에게 수영을 가르치기 위해 아버지가 직접 수영하는 것을 보여주었다.

① 역조건화
② 혐오치료
③ 모델링
④ 체계적 둔감화

해설
① 역조건화 : 조건자극과 새로운 자극을 함께 제시함으로써 불안을 감소시키는 기법(예 엘리베이터와 같이 밀폐된 공간 안에서 공포감을 느끼는 아이에게 장난감, 인형 등의 유쾌 자극을 제시하여 밀폐된 공간에서의 공포감을 소거시키는 것)이다.
② 혐오치료 : 고전적 조건형성 기법으로, 바람직하지 못한 행동에 혐오자극을 제시하여 부적응적인 행동을 제거하는 방법이다.
④ 체계적 둔감화 : 심리적 불안과 신체적 이완은 병존할 수 없다는 것을 전제로 하는 상호억제(Reciprocal Inhibition)의 원리를 이용하는 기법이다.

76 임상심리사가 개인적인 심리적 문제를 갖고 있다든지, 너무 많은 부담 때문에 지쳐있다든지, 교만하여 더 이상 배우지 않고 배울 필요가 없다고 생각하거나, 해당되는 특정 전문교육수련을 받지 않고도 특정 내담자 군을 잘 다룰 수 있다고 여긴다면, 이는 다음 중 어느 항목의 윤리적 원칙에 위배되는 것인가?
04, 11, 18, 24년 기출

① 유능성
② 성실성
③ 권리의 존엄성
④ 사회적 책임핵심

해설
① 유능성 : 임상심리학자가 자신의 강점과 약점, 자신이 가지고 있는 기술과 그것의 한계에 대해 자각해야 한다는 것이다. 그리하여 지속적인 교육수련으로 최신의 기술을 습득하며, 이를 통해 사회의 변화에 민첩하게 대응해야 한다는 점을 강조한다.
② 성실성 : 임상심리학자가 성실하고 정직한 자세로 내담자에게 자신의 서비스로부터 기대할 수 있는 바를 설명하며, 자신의 작업과 관련하여 스스로의 욕구 및 가치가 어떠한 영향을 미치는지 알고 있어야 한다는 것이다. 특히 성실성에서는 환자나 내담자, 학생들과의 부적절한 이중관계나 착취관계, 성적 관계를 금한다.
③ 권리의 존엄성 : 임상심리학자가 각 개인의 개성과 문화의 차이에 대해 민감해야 하며, 자신의 일방적인 지식과 편견을 다른 사람에게 강요하는 것을 금한다.
④ 사회적 책임 : 임상심리학자가 자신의 개인적·금전적 이득을 떠나 자신의 전문적인 지식과 기술을 이용하여 타인을 도움으로써 사회구성원으로서의 책임을 완수해야 한다는 점을 강조한다.

77 다음 중 안정애착에 해당하는 것은 무엇인가?

① 어머니는 유아의 정서적 신호에 민감하게 반응하며, 유아 스스로 놀 수 있도록 충분히 허용한다.
② 유아는 어머니에게 신뢰를 가지고 있지 않으며, 어머니를 낯선 사람과 유사하게 생각한다.
③ 유아는 어머니가 안정된 존재인지 혼란스러워 한다.
④ 유아는 어머니의 반응을 이끌어내기 위해 과잉애착행동을 보인다.

> **해설**
> ② 불안형 회피애착에 대한 설명이다.
> ③ 불안형 혼란애착에 대한 설명이다.
> ④ 불안형 저항애착에 대한 설명이다.

78 시각적 처리와 시각적으로 중재된 기억의 일부 측면에 관여하는 뇌의 위치는? 　　21년 기출

① 두정엽　　　　　　　　　　② 후두엽
③ 전두엽　　　　　　　　　　④ 측두엽

> **해설**
> **후두엽(뒤통수엽)**
> • 대뇌피질의 뒷부분에 위치하며, 전체의 약 17% 정도를 차지한다.
> • 일차시각피질과 시각연합피질로 구성된다.
> • 시각의 영역으로서, 망막에서 들어오는 시각정보를 분석·통합하는 역할을 담당한다.
> • 망막에서 들어오는 시각정보는 우선 시각영역에서의 일차적인 처리과정을 거쳐 다른 뇌체계와의 교류를 위해 임시적으로 저장되며, 이때 새로운 시각정보가 기존의 정보와 조화됨으로써 의미를 가지게 된다.

79 Rogers가 제안한 내담자의 긍정적 변화를 촉진시키기 위한 치료자의 3가지 조건에 해당하지 않는 것은?

04, 13, 21, 23년 기출

① 무조건적 존중
② 정확한 공감
③ 창의성
④ 솔직성

> **해설**
> 상담자가 갖추어야 할 바람직한 태도
> - 일치성과 진실성(솔직성)
> - 공감적 이해
> - 무조건적 존중

80 다음 중 대뇌 기능의 편재화를 평가하는 데 사용하는 검사가 아닌 것은?

20, 23년 기출

① 손잡이(Handedness)검사
② 주의력 검사
③ 발잡이(Footedness)검사
④ 눈의 편향성 검사

> **해설**
> 편재화(Localization) 평가를 위한 검사
> 인간의 신체 중 쌍으로 이루어진 눈, 손, 발은 대뇌 기능의 편재화를 평가하는 데 있어서 유용한 검사도구로 활용될 수 있다. 특히 손잡이(Handedness)검사는 대뇌 기능에서 언어의 편재화를 평가하는 데 유효하다. 실제로 오른손잡이의 경우 좌반구 언어가 우세한 반면, 왼손잡이의 경우 우반구 언어가 우세한 것으로 나타났다. 이는 발잡이(Footedness)검사에서도 마찬가지이다. 왼쪽 뇌가 발달한 사람은 오른손잡이이자 오른발잡이인 경우가 대부분이다. 책을 읽을 때에도 다수의 사람들이 왼쪽에서 오른쪽으로 읽는 것 또한 대뇌 기능의 편재화와 연관되어 있는 것으로 밝혀졌다.

제5과목 심리상담

81 생애기술 상담이론에서 기술언어(Skills Language)에 해당하는 것은? 　　　　17, 22, 23년 기출

① 내담자가 어떻게 생각하고 느끼는가를 의미하는 것이다.
② 내담자가 어떤 외현적 행동을 하는가를 의미하는 것이다.
③ 내담자 자신의 책임감 있는 삶을 의미하는 것이다.
④ 내담자의 행동을 설명하고 분석하기 위해 사용하는 것을 의미하는 것이다.

> **해설**
> **생애기술상담(Life Skills Counselling)**
> - 생애기술은 개인의 심리적 삶을 보장하기 위해 구체적 기술 영역에서 결정하는 일련의 선택이라고 할 수 있다.
> - 생애기술상담은 인지-행동적 접근의 통찰을 활용하여 사고와 행동의 변화를 유도하며, 인본주의적 실존주의의 메시지를 전달하여 현재와 미래 생활에 도움이 되는 보다 효과적인 기술들을 습득하도록 돕는 것이다.
> - 개인 생애기술상담은 한 개인이 보다 넓은 공동체 속에서 생애기술을 획득하고, 유지하고, 발달시키는 것을 중재하는 활동 기본개념이다.
> - 기술언어(Skills Language) : 생애기술 장점과 단점의 관점에서 내담자 문제에 대해 생각하고 말하는 것으로, 특히 내담자의 문제를 지속케 하는 구체적인 사고기술과 행동기술상의 단점을 규명하고 상담목표로 전환하는 것을 포함한다.
> - 내적 게임 : 내면에 어떤 일이 일어나고 있는가, 즉 당신이 어떻게 생각하고 느끼는가를 의미하는 것으로 사고기술과 감정기술을 지칭하는 것이다.
> - 외적 게임 : 어떤 외현적 행동을 하는가, 즉 행동기술을 의미한다. 행동기술은 관찰 가능한 행동들을 포함하는 것으로 어떻게 느끼고 생각하는가보다는 어떻게 행동하는가와 관련된 것이다.
> - 개인적 책임성 : 개인을 자신의 삶에 대한 책임감을 갖는 주체로 보는 것으로 사람들은 자신의 삶을 창조적으로 만들 책임이 있다.

82 사회학적 관점에서 청소년 비행의 원인을 설명하기에 적합하지 않은 이론은? 　　　　20, 24년 기출

① 아노미이론
② 사회통제이론
③ 하위문화이론
④ 사회배제이론

> **해설**
> 사회배제이론은 일단의 집단들을 사회의 주류로부터 격리하는 일종의 메커니즘으로 작용하는 사회적 배제 현상에 주목하면서, 특히 노인, 아동, 장애인 등을 대상으로 소득, 노동, 주거, 의료 등 배제의 다양한 영역들에 대해 분석하는 이론이다.

정답　81 ④　82 ④

83 인터넷 상담의 장점으로 가장 적합한 것은? 　　　　　　　　　　　　05, 24년 기출

① 라포(Rapport)형성이 쉽다.
② 내담자의 정보를 얻기 쉽다.
③ 상담 공간과 시간이 용이하다.
④ 상담과정이 원활하다.

> **해설**
> ① 상담자의 입장에서 내담자의 신상과 상담내용을 신뢰하기 어려우며, 내담자와의 라포 형성이 쉽지 않다.
> ② 내담자는 자신의 정보를 선택적으로 공개할 수 있으며, 언제든지 상담을 중단해버릴 수 있다.
> ④ 주로 문자 등의 시각적 자료에 의존해야 하므로 대면상담에서와 같이 깊이 있는 의사소통을 기대하기 어려우며, 내담자의 복잡한 정서적인 내용을 파악하기 곤란하다.

84 다음에서 설명하는 상담기술은? 　　　　　　　　　　　　20년 기출

> 내담자의 감정에 대한 명확한 이해를 포함하여 내담자의 진술을 반복하거나 재표현하기도 한다.

① 재진술
② 감정반영
③ 해 석
④ 통 찰

> **해설**
> ② 감정반영 : 내담자의 행동 속에 내재된 내면감정을 정확히 파악하여 이를 내담자에게 전달해 주는 것이다.
> ① 재진술 : 내담자의 메시지 내용에 초점을 두고 내담자가 말한 바를 바꿔 말하는 것이다.
> ③ 해석 : 내담자가 새로운 방식으로 자신의 문제들을 돌아볼 수 있도록 사건들의 의미를 설정해 주고, 자신의 문제를 새로운 각도에서 이해할 수 있도록 그의 생활 경험과 행동, 행동의 의미를 설명해 주는 것이다.
> ④ 통찰 : 정신분석 상담에서 내담자가 스스로의 부정적 감정의 원인을 깨닫는 것이다.

83 ③　84 ②

85 상담종결에 관한 설명으로 옳지 <u>않은</u> 것은? `20, 23년 기출`

① 상담목표가 달성되지 않아도 상담을 종결할 수 있다.
② 상담의 진행결과가 성공적이었거나 실패했을 때에 이루어진다.
③ 조기종결 시 상담자는 조기종결에 따른 내담자의 감정을 다뤄야 한다.
④ 조기종결 시 상담자가 내담자에게 조기종결에 따른 솔직한 감정을 표현하는 것은 도움이 되지 않는다.

> **해설**
> 상담자는 내담자가 예상치 못한 시점 혹은 이미 언급한 종결 날짜 이전에 종결에 대해 이야기하는 경우, 내담자가 무엇 때문에 그와 같은 생각을 하게 되었는지 상담 시간에 충분히 다루어야 하며, 그 이유를 명확히 파악하고 이에 대해 내담자와 충분히 논의해야 한다.

86 로저스(Rogers)의 인간중심상담에 대한 설명으로 옳지 <u>않은</u> 것은? `15, 19, 23년 기출`

① 내담자는 불일치상태에 있고 상처받기 쉬우며 초조하다.
② 상담자는 내담자와의 관계에서 일치성을 보이며 통합적이다.
③ 상담자는 내담자의 내적 참조틀을 바탕으로 한 공감적 이해를 경험하고 내담자에게 자신의 경험을 전달하려고 시도한다.
④ 내담자는 의사소통의 과정에서 상담자의 선택적인 긍정적 존중 및 공감적 이해를 지각하고 경험한다.

> **해설**
> 내담자는 의사소통의 과정에서 상담자의 무조건적인 긍정적 존중 및 공감적 이해를 지각하고 경험한다.

`정답` 85 ④ 86 ④

87 Gottfredson의 직업포부 발달이론에서 직업과 관련된 개인발달의 단계에 해당하지 <u>않는</u> 것은? **21년 기출**

① 힘과 크기 지향성
② 성역할 지향성
③ 개인선호 지향성
④ 내적 고유한 자아 지향성

> **해설**
> Gottfredson의 직업포부 발달 단계
> 힘과 크기 지향성 → 성역할 지향성 → 사회적 가치 지향성 → 내적 고유한 자아 지향성

88 다음 사례에서 직면기법에 가장 가까운 반응은 어느 것인가?

> 집단모임에서 여러 명의 집단원들로부터 부정적인 피드백을 받은 한 집단원에게 다른 집단원이 그의 느낌을 묻자 아무렇지도 않다고 하지만 그의 얼굴표정이 몹시 굳어 있을 때, 지도자가 이를 직면하고자 한다.

① "○○씨, 말씀과는 달리 얼굴이 굳어있고 목소리가 떨리는군요."
② "○○씨, 방금 아무렇지도 않다고 말씀하셨습니다."
③ "○○씨, 이러한 일은 창피함을 느끼게 만드는 것 같습니다."
④ "○○씨, 지금 느낌이 어떤지 좀 더 말씀하시면 어떨까요?"

> **해설**
> 직면(Confrontation)
> 내담자의 말이나 행동이 일치하지 않은 경우 또는 내담자의 말에 모순점이 있는 경우 상담자가 그것을 지적해 주는 것이다.
> 예 "○○씨는 아무렇지 않다고 말하지만, 지금 얼굴이 아주 굳어 있고 목소리도 떨리는군요. 내적으로 지금 어떤 불편한 감정이 있는 것 같은데, ○○씨의 반응이 궁금하군요."

89 특정한 직업분야에서 훈련이나 직무를 성공적으로 수행할 가능성을 예측하는 데 가장 적합한 검사는?

15, 20, 23년 기출

① 직업적성검사
② 직업흥미검사
③ 직업성숙도검사
④ 직업가치관검사

> **해설**
> ① 직업적성검사 : 검사를 통해 자신의 적성에 맞는 직업을 선택할 수 있도록 하기 위한 검사로 검사의 주요 내용은 언어력, 수리력, 추리력, 사물지각력으로 구성되어 있다.
> ② 직업흥미검사 : 개인의 흥미유형을 현실형, 탐구형, 예술형, 사회형, 진취형, 관습형으로 나누어 살펴보고 있다.
> ③ 직업성숙도검사 : 개인의 계획성, 직업에 대한 태도, 독립성, 자기이해, 정보탐색, 합리적 의사결정, 직업에 대한 지식, 진로탐색 및 준비행동 등의 수준을 파악할 수 있는 검사이다.
> ④ 직업가치관검사 : 직업선택 시 중요하게 생각하는 직업가치관을 측정하는 검사로 성취, 봉사, 개별활동, 직업안정, 변화지향, 몸과 마음의 여유, 영향력 발휘, 지식추구, 애국, 자율성, 금전적 보상, 인정, 실내활동의 하위유형으로 구성되어 있다.

90 성피해자에 대한 상담의 초기단계에서 상담자가 유의해야 할 사항으로 옳은 것은?

13, 15, 17, 24년 기출

① 피해자가 첫 면접에서 성피해 사실을 부인할 경우 솔직한 개방을 하도록 지속적으로 유도한다.
② 가능하면 초기에 피해자의 가족상황과 성폭력피해의 합병증 등에 관한 상세한 정보를 얻는다.
③ 성피해로 인한 내담자의 심리적 외상을 신속하게 탐색하고 치유할 수 있도록 적극적으로 개입한다.
④ 피해상황에 대한 상세한 정보수집이 중요하므로 내담자가 불편감을 표현하더라도 상담자가 주도적으로 면접을 진행한다.

> **해설**
> **성폭력피해자 심리상담 초기단계의 유의사항**
> • 상담자는 피해자인 내담자와 신뢰할 수 있는 관계를 유지함으로써 치료관계 형성에 힘써야 한다.
> • 상담자는 내담자에게 상담 내용의 주도권을 줌으로써 내담자에게 현재 상황에서 표현할 수 있는 내용에 대해서만 이야기할 수 있도록 배려해야 한다.
> • 상담자는 내담자의 비언어적인 표현에 주의를 기울이며, 그에 대해 적절히 반응해야 한다.
> • 상담자는 내담자의 성폭력 피해로 인한 합병증 등을 파악해야 한다.
> • 상담자는 내담자가 성폭력 피해의 문제가 없다고 부인하는 경우 일단 수용하며, 언제든지 상담의 기회가 있음을 알려주어야 한다.

정답 89 ① 90 ②

91 엘리스(Ellis)의 ABCDE 모형에 관한 설명으로 옳은 것은? 15, 21, 22, 23년 기출

① A – 문제 장면에 대한 내담자의 신념
② B – 선행사건
③ C – 정서적 · 행동적 결과
④ D – 새로운 감정과 행동

> **해설**
> ABCDE 모형
> - A(Activating Events) : 선행사건
> - B(Belief System) : 비합리적 신념체계
> - C(Consequence) : 결과
> - D(Dispute) : 논박
> - E(Effect) : 효과

92 Beck이 제시하는 인지적 오류 중 '평범하다는 평가를 받는다는 것은 내가 얼마나 부족한지 증명하는 것이다'라고 생각하는 경우는? 15, 24년 기출

① 전부 아니면 전무의 사고
② 긍정적인 면의 평가절하
③ 과장/축소
④ 과잉일반화

> **해설**
> 과장 및 축소
> 사건의 의미나 중요성을 지나치게 과장하거나 축소하는 오류를 말한다. 즉 개인이 불완전을 최대화하거나 좋은 점을 최소화하는 오류로 자신의 실수나 결점을 실제보다 크게 보는 경향이 있고, 자신의 장점을 축소하게 된다. 이에 결국 자신이 타인들보다 열등하다고 생각하거나 우울하다고 느끼게 된다.

93 인간중심상담의 과정을 7단계로 나눌 때, ( )에 들어갈 내용의 순서가 올바른 것은?　　　21년 기출

> 1단계 : 소통의 부재
> 2단계 : 도움의 필요성 인식 및 도움 요청
> 3단계 : 대상으로서의 경험 표현
> 4단계 : (ㄱ)
> 5단계 : (ㄴ)
> 6단계 : (ㄷ)
> 7단계 : 자기실현의 경험

① ㄱ - 감정수용과 책임증진
　ㄴ - 지금-여기에서 더 유연한 경험 표현
　ㄷ - 경험과 인식의 일치
② ㄱ - 감정수용과 책임증진
　ㄴ - 경험과 인식의 일치
　ㄷ - 지금-여기에서 더 유연한 경험 표현
③ ㄱ - 경험과 인식의 일치
　ㄴ - 지금-여기에서 더 유연한 경험 표현
　ㄷ - 감정수용과 책임증진
④ ㄱ - 지금-여기에서 더 유연한 경험 표현
　ㄴ - 감정수용과 책임증진
　ㄷ - 경험과 인식의 일치

> **해설**
>
> **인간중심상담의 과정**
> - 1단계 : 소통의 부재
> - 2단계 : 도움의 필요성 인식 및 도움 요청
> - 3단계 : 대상으로서의 경험 표현
> - 4단계 : 지금-여기에서 더 유연한 경험 표현
> - 5단계 : 감정수용과 책임증진
> - 6단계 : 경험과 인식의 일치
> - 7단계 : 자기실현의 경험
>
> **인간중심상담**
> 상담의 인간중심적 접근방법은 1940년대 초 미국의 심리학자 로저스(Rogers)에 의해 창안된 것으로, 내담자중심원리가 집단과정에 적용·발전된 것이다.

정답 93 ④

94 약물에 관한 설명으로 옳은 것을 모두 고른 것은?   20년 기출

> ㄱ. 약물 오용 – 의도적으로 약물을 다른 목적으로 사용하는 것이다.
> ㄴ. 약물 의존 – 약물 없이는 지낼 수 없어 계속 약물을 찾는 상태를 말한다.
> ㄷ. 약물 남용 – 약물을 적절한 용도로 사용하지 못하고 잘못 사용하는 것이다.
> ㄹ. 약물 중독 – 약물로 인해 신체건강상에 여러 부작용을 나타내는 상태를 말한다.

① ㄱ, ㄴ
② ㄴ, ㄹ
③ ㄷ, ㄹ
④ ㄱ, ㄹ

> **해설**
> ㄱ. 약물 오용 : 의학적인 목적으로 약물을 사용하기는 하지만, 이를 의사의 처방에 따르지 않고 임의로 사용하거나 처방된 약을 제대로 또는 지시대로 사용하지 않는 것을 말한다.
> ㄷ. 약물 남용 : 약물을 의학적 상식, 사회적 관습이나 법규로부터 일탈하여 쾌락을 추구하기 위해 사용하거나 과잉으로 사용하는 행위이다.

95 진로상담에서 "하고 싶은 일이 너무 많아요."라고 호소하는 내담자에게 가장 먼저 개입해야 하는 방법은?   20, 22년 기출

① 자기이해
② 직업정보 탐색
③ 진학정보 탐색
④ 진로 의사결정

> **해설**
> 진로와 진학정보를 탐색하기 전에 내담자가 자신에 관하여 보다 정확히 이해할 수 있도록 개입해야 한다.

96 로저스(Rogers)가 제안한 '충분히 기능하는 사람'의 특성과 가장 거리가 먼 것은?   15, 20, 23년 기출

① 창조적이다.
② 제약 없이 자유롭다.
③ 자신의 유기체를 신뢰한다.
④ 현재보다는 미래에 투자할 줄 안다.

> **해설**
> 충분히 기능하는 사람
> • 경험에 대해 개방적이다.
> • 실존적인 삶을 사는 사람이다.
> • '자신'이라는 유기체에 대해 신뢰한다.
> • 경험적인 자유를 지니고 있다.
> • 창조적으로 살아간다.

97 벌을 통한 행동수정 시 유의해야 할 사항이 아닌 것은?   16, 20, 22, 23년 기출

① 벌을 받을 행동을 구체적으로 세분화하고 설명한다.
② 벌을 받을 상황을 가능한 한 없애도록 노력한다.
③ 벌은 그 강도를 점차로 높여가야 한다.
④ 벌을 받을 행동이 일어난 직후에 즉각적으로 벌을 준다.

> **해설**
> ③ 벌은 그 강도를 점차로 높이지 말아야 한다.
>
> 벌을 통한 행동수정 시 유의사항
> • 벌을 받을 행동을 구체적으로 세분화하고 설명한다.
> • 벌을 받을 상황을 가능한 한 없애도록 노력한다.
> • 바람직한 상반행동을 하도록 그 조건을 극대화한다.
> • 가장 효과가 있을 것으로 예상되는 벌을 선택한다.
> • 반복되는 벌에도 불구하고 효과가 없는 경우 다른 방법을 강구해야 한다.
> • 벌은 그 강도를 점차로 높이지 말아야 한다.
> • 벌을 받을 행동이 일어난 직후에 즉각적으로 벌을 준다.
> • 바람직한 행동이 무엇인지 사전에 말해준다.

정답 96 ④ 97 ③

98 상담 및 심리치료의 발달사에 관한 설명으로 옳지 <u>않은</u> 것은? 17, 20, 23년 기출

① 글래서(Glasser)는 1960년대에 현실치료를 제시하였다.
② 가족치료 및 체계치료는 1970년대부터 본격적으로 등장하였다.
③ 메이(May)와 프랭클(Frankl)의 영향으로 게슈탈트 상담이 발전하였다.
④ 위트머(Witmer)는 임상심리학이라는 용어를 최초로 사용했으며, 치료적 목적을 위해 심리학의 지식과 방법을 활용하였다.

> **해설**
> ③ 게슈탈트 상담은 펄스(Perls)에 의해 개발되었으며 상담목표를 개인의 성숙 및 성장에 두고 있다. 롤로 메이(Rollo May)와 빅터 프랭클(Viktor Frankl)은 의미치료(Logotherapy)라는 실존주의적 상담접근을 발전시켰다.

99 현실치료의 근간이 되는 선택이론의 주요원칙으로 옳지 <u>않은</u> 것은?

① 사람들이 바람 또는 욕구와 그들의 환경에서 얻고 있는 지각 사이에 차이가 있을 때는 특별한 행동들이 유발된다.
② 모든 인간의 동기나 행동은 다섯가지 기본욕구인 생존 및 건강, 사랑과 소속, 자기가치감, 통제, 즐거움과 재미 등을 충족시키기 위해 고안된다.
③ 다섯가지 욕구들을 모두 소유하고 있다고 하더라도 우리들은 각자가 모두 특별한 방법으로 그 욕구들을 충족시키려 한다.
④ 자기 자신을 어떻게 지각하는가 뿐만 아니라 그들의 주변세계를 어떻게 지각하는지에 대해 그들의 현실세계와 자신을 보는 관점이 된다.

> **해설**
> 인간은 생존의 욕구, 사랑과 소속의 욕구, 권력과 성취의 욕구, 자유의 욕구, 즐거움과 재미의 욕구 등 5가지의 기본적인 욕구를 가지고 있으며, 이와 같은 욕구에는 어떠한 위계도 존재하지 않는다.

100 다음 중 REBT 상담에서 인지적 기법에 해당하지 <u>않는</u> 것은? 24년 기출

① 인지적 과제 부여하기
② 유머 사용하기
③ 비합리적 신념 논박하기
④ 내담자의 언어 변화시키기

> **해설**
> ② 유머 사용하기는 REBT 상담의 정서적 기법에 해당한다.

임상심리사 2급

2024년

제1회 기출복원문제 및 해설

제2회 기출복원문제 및 해설

교육은 우리 자신의 무지를 점차 발견해 가는 과정이다.

– 윌 듀란트 –

끝까지 책임진다! 시대에듀!

QR코드를 통해 도서 출간 이후 발견된 오류나 개정법령, 변경된 시험 정보, 최신기출문제, 도서 업데이트 자료 등이 있는지 확인해 보세요! **시대에듀 합격 스마트 앱**을 통해서도 알려 드리고 있으니 구글 플레이나 앱 스토어에서 다운받아 사용하세요. 또한, 파본 도서인 경우에는 구입하신 곳에서 교환해 드립니다.

2024 제1회 기출복원문제 및 해설

심리학개론 | 이상심리학 | 심리검사 | 임상심리학 | 심리상담

※ 2022년 제3회 시험부터 CBT로 시행되어 기출문제가 공개되지 않으므로, 응시자의 후기와 과년도 기출데이터를 통해 기출과 유사하게 복원된 문제를 제공합니다.
※ 실제 시험문제와 다를 수 있습니다.

제1과목 심리학개론

01 피아제(Piaget)가 발달심리학에 끼친 영향과 가장 거리가 먼 것은? `20, 23년 기출`

① 환경 속의 자극을 적극적으로 구축하는 가설 생성적인 개체로 아동을 보게 하였다.
② 인간 마음의 변화를 생득적·경험적이라는 두 대립된 시각으로 보는 데 큰 기여를 했다.
③ 발달심리학에서 추구하는 학습이론이 구조와 규칙에 대한 심리학이 되는 데 그 기반을 제공했다.
④ 발달심리학이 인간의 복잡한 지적능력의 변화를 탐색하는 분야가 되는 데 기여했다.

> **해설**
> 피아제(Piaget)는 인지구조가 생득적으로 갖춰진 것이 아니라 유기체가 환경과의 상호작용을 통해 구성해 나간다고 주장함으로써 구성주의의 토대를 이루었다. 즉, 지능이나 지식은 개인과 환경 간의 상호작용에 의해 부단히 쇄신되고 재구성된다는 것이다. 유아는 태어날 때부터 인지구조를 구성해 나갈 잠재력을 가지고 태어나지만, 주위 환경을 끊임없이 탐색하고 조절하며 이해하려는 노력을 통해 환경을 적절히 다룰 수 있는 보다 정교한 인지구조들을 능동적으로 구성해 나간다.

02 성격의 결정요인에 관한 설명으로 틀린 것은? `21년 기출`

① 유전적 영향에 대한 증거는 쌍생아 연구에 근거하고 있다.
② 초기 성격이론가들은 환경적 요인을 강조하여 체형과 기질을 토대로 성격을 분류하였다.
③ 환경적 요인이 성격에 영향을 주는 방식은 학습이론의 맥락에서 이해할 수 있다.
④ 성격은 유전적 요인과 환경적 요인의 상호작용에 의하여 결정된다.

> **해설**
> 초기 성격이론가들은 생물학적 요인을 강조하여 체형과 기질을 토대로 성격을 분류하였다. 이는 체형과 성격 특징을 연관시켰던 히포크라테스(Hippocrates)의 연구를 기원으로 하는 것으로, 이후 체형과 기질에 근거하여 특질(Trait)이라는 용어를 사용하여 성격을 설명한 셀든(Sheldon)의 연구를 거쳐 현대성격이론으로서 특질이론에 중요한 영향을 끼쳤다.

정답 01 ② 02 ②

03 다음 보기의 사례에서 나타난 기억전략은?

> '곰'과 '얼음'을 기억해야 할 때, '얼음을 안고 있는 곰'을 떠올려 두 개의 항목을 기억한다.

① 정교화
② 조직화
③ 시 연
④ 개념도

해설

기억전략의 종류
- 정교화 : 어떤 정보에 조작을 가하여 정보가 갖는 의미의 깊이와 폭을 더욱 확장시키거나 심화하는 전략이다.
- 조직화 : 기억하려는 정보를 의미적으로 관련 있는 것끼리 묶어서 범주화함으로써 기억의 효율성을 높이는 전략이다.
- 시연 : 기억해야 할 정보를 여러 번 반복해서 암송하는 것이다.
- 심상(부호)화 : 정보를 시각적 이미지로 만들어 제공하는 전략이다.

04 도박이나 복권의 경우처럼 높은 반응률로 지속적인 반응을 이끌어내는 강화계획은? 03년 기출

① 고정간격계획
② 고정비율계획
③ 변화간격계획
④ 변화비율계획

해설

④ 변화비율계획 또는 가변비율계획(Variable-ratio Schedule)은 평균적으로 몇 번의 반응행동이 나타날 때마다 강화를 부여하는 방식으로서, 이때 정확하게 몇 번째 반응에 대해 강화가 제공되는지는 알 수 없도록 설계되어 있다. 예를 들어, 카지노의 슬롯머신이나 복권 등은 강화를 받기 위해 요구되는 반응의 수가 평균적인 범위 내에서 무작위로 변한다.
① 고정간격계획(Fixed-interval Schedule)은 요구되는 행동의 발생빈도에 상관없이 일정한 시간 간격에 따라 강화를 부여한다. 주급, 월급, 일당, 정기적 시험 등을 예로 들 수 있다.
② 고정비율계획(Fixed-ratio Schedule)은 행동중심적 강화방법으로서, 일정한 횟수의 바람직한 반응이 나타난 다음에 강화를 부여한다. 실적에 따른 성과급이나 쿠폰을 모으면 혜택을 제공하는 것 등을 예로 들 수 있다.
③ 변화간격계획 또는 가변간격계획(Variable-interval Schedule)은 일정한 시간 간격을 두지 않은 채 평균적으로 확인할 수 있는 시간 간격이 지난 후에 강화를 부여한다. 예를 들어, 1시간에 3차례의 강화를 부여할 경우, 25분, 45분, 60분으로 나누어 강화를 부여할 수 있다.

05 성인기 인지발달에 관한 설명으로 옳지 <u>않은</u> 것은?

① 지혜는 연령이 증가할수록 발달하는 경향이 있다.
② 리겔(K. Riegel)의 변증법적 사고에서는 모순과 한계를 인식하는 불평형 상태에서 인지발달이 이루어진다고 본다.
③ 후형식적 사고에서는 상황에 따라 진리가 달라질 수 있다고 가정한다.
④ 변증법적 사고는 현실적 문제해결 사고에서 가설 연역적 사고로 변화하는 것이다.

> **해설**
> 변증법적 사고는 비일관성과 역설(모순)을 잘 감지하고, 정(正)과 반(反)으로부터 합(合)을 이끌어 내는 것이다. 형식적·조작적 사고를 하는 사람은 인지적 평형상태에 도달하지만, 변증법적 사고를 하는 사람은 항상 불평형 상태에 있게 된다.

06 특정 검사에 대한 반복노출로 인해 발생하는 연습효과를 줄이기 위해 이 검사와 비슷한 것을 재는 다른 검사를 이용하여 측정하는 검사의 신뢰도는? **19년 기출**

① 반분신뢰도
② 동형검사 신뢰도
③ 검사-재검사 신뢰도
④ 채점자 간 신뢰도

> **해설**
> • 동형검사 신뢰도 : 동일한 표본에게 두 개 이상의 유사한 측정도구로 검사를 실시하고, 그 결과를 비교하여 신뢰도를 추정하는 방법
> • 반분신뢰도 : 설문 문항을 반으로 나누고, 두 측정도구의 결과의 일관성을 측정하는 방법
> • 검사-재검사 신뢰도 : 동일한 대상에게 동일한 측정도구를 상이한 시간에 두 번 측정한 후 그 결과를 비교하는 방법
> • 채점자(조사자) 간 신뢰도 : 서로 다른 채점자(조사자)가 같은 도구를 같은 대상자에게 적용하고 일관성을 측정하는 방법
> • 내적 일관성 : 가능한 한 모든 반분신뢰도를 구한 후 그 평균값으로 신뢰도를 추정하는 방법으로, 동일한 개념을 측정하기 위해 여러 개의 항목으로 구성된 척도를 사용하는 경우, 신뢰도를 저해하는 항목을 찾아내어 측정도구에서 제외함으로써 신뢰도를 높일 수 있음

07 기억에 정보를 저장하기 위해서 환경의 물리적 정보의 속성을 기억에 저장할 수 있는 속성으로 변화시키는 과정은? **21년 기출**

① 주의과정
② 각성과정
③ 부호화과정
④ 인출과정

> **해설**
> **기억의 과정**
> • 부호화(입력) : 자극정보를 선택하여 기억에 저장할 수 있는 형태로 변환한다.
> • 응고화(저장) : 정보를 필요할 때까지 일정기간 동안 보관·유지한다.
> • 인출 : 저장된 정보를 활용하기 위해 적극적으로 탐색·접근한다.

정답 05 ④ 06 ② 07 ③

08 현상학적 이론에 대한 설명으로 틀린 것은? 21, 23년 기출

① 인간을 성취를 추구하는 존재로 파악한다.
② 인간을 자신의 환경에 굴복하지 않고 오히려 환경을 통제하고 조정할 수 있는 적극적인 힘을 갖고 있는 존재로 파악한다.
③ 현재 개인이 경험하고, 느끼고, 행동하는 것이 중요하며, 개인의 진정한 모습을 이해하는 것도 이를 통해 가능하다고 본다.
④ 인간은 타고난 욕구에 끌려 다니는 존재로 간주한다.

> **해설**
>
> 현상학적 이론에서는 인간이 가지고 있는 잠재된 능력과 가능성을 존중하고 믿어주며, 개인이 자신과 주변 환경을 어떻게 인식하고 해석하는지에 따라 행동이 달라진다고 본다.
>
> **현상학적 이론**
> - 정신분석이론과 행동주의이론에 대한 반발로 생겨났다.
> - 로저스(Rogers)는 이 세상에 개인적 현실, 즉 '현상학적 장(Phenomenal Field)'만이 존재한다고 보았다. 즉, 현상학적 이론은 개인의 주관적 경험이나 감정, 외부환경에 대한 개인의 감정과 견해를 중요시한다.
> - 현상학적 성격이론에서는 '자기(Self)'의 중요성을 강조하며, 인간에 대한 전체론적인 관점으로 접근한다.
> - 자기 자신에 대한 개념과 현실에서의 경험이 일치하지 않을 때 불안을 경험하고 이에 방어적 반응을 보인다고 보는 이론이다.
> - 궁극적인 목표는 내담자가 제시한 문제보다 내담자 자체, 즉 내담자를 도와 현재 직면하고 있는 문제와 미래의 문제를 잘 다룰 수 있도록 돕는 것이다.

09 처벌의 효과적인 사용방법에 대한 설명으로 틀린 것은? 19년 기출

① 처벌은 반응 이후 시간을 두고 주는 것이 효과적이다.
② 반응이 나올 때마다 매번 처벌을 주는 것이 효과적이다.
③ 처음부터 아주 강한 강도의 처벌을 주는 것이 효과적이다.
④ 처벌행동에 대해 대안적 행동이 있을 때 효과적이다.

> **해설**
>
> **처벌 시 고려사항**
> - 반응이 일어난 후 즉각적으로 행해질 것
> - 반응이 나올 때마다 매번 처벌이 행해질 것
> - 처벌의 강도는 처음부터 아주 강하게 할 것
> - 처벌받는 행동보다 대안행동을 제시할 것

10 사람들이 자기 자신의 행동을 설명할 때 현저한 상황적 원인들은 지나치게 강조하고 사적인 원인들은 미흡하게 강조하는 것은? 　　21년 기출

① 사회억제 효과
② 과잉정당화 효과
③ 인지부조화 현상
④ 책임감 분산 효과

> **해설**
> 과잉정당화 효과(Overjustification Effect)
> - 외부에서 귀인되는 요인들로 인해 내적 요인의 효과가 감소하는 것을 말한다.
> - 자신이 하는 일의 원인을 어디에 두는지가 그 사람의 행동의 동기에 영향을 미치기도 한다. 예를 들어, 음악을 좋아하는 어떤 연주자가 청중 앞에서 음악을 연주하고 그 대가로 과잉보수를 받게 된다면, 그 연주자는 음악을 연주하는 이유를 외적(상황적) 원인에서 찾게 되고 정작 자기 자신은 음악에 대한 흥미를 잃게 된다.
> - 이와 같이 사람들은 이미 좋아하고 있는 일에 대해 보상을 받게 될 때 그 본질적(사적) 동기보다는 외적(상황적) 동기에 의해 더 많은 행동을 하게 된다.

11 다음 중 프리맥(Premack)의 원리를 이용한 강화가 아닌 것은? 　　06년 기출

① 부모들이 자녀의 시험성적이 좋으면 자녀의 귀가시간 제한을 해제한다.
② 부모들은 아이가 나중에 숙제를 하겠다고 하면 먼저 놀도록 허용하기보다는 놀기 전에 숙제를 하도록 요구한다.
③ 학교에서 교사들은 학생들이 쓰기과제를 성공적으로 끝마친 후에 놀도록 허용한다.
④ 보육교사들은 원아들이 흑판을 바라보면서 가만히 앉아 있는 행동 다음에는 가끔 벨이 울림과 동시에 '뛰어놀고 떠들고 놀라'는 지시를 한다.

> **해설**
> 프리맥의 원리(Premack's Principle)
> 프리맥에 따르면 높은 빈도의 행동(선호하는 활동)은 낮은 빈도의 행동(덜 선호하는 행동)에 대해 효과적인 강화인자가 될 수 있다.
> **예** 아이가 숙제를 하는 것보다 TV를 보는 것을 좋아하는 경우, 부모는 아이에게 우선 숙제를 마쳐야만 TV를 볼 수 있다고 말함으로써 아이로 하여금 숙제를 하도록 유도할 수 있다.

정답 10 ② 11 ①

12 다음에 제시된 아동의 사회인지능력을 측정하는 과제는?

> 한울이는 친구 민수가 자신과 다른 생각을 가질 수 있고, 자신이 아는 것을 민수가 모를 수 있다는 사실을 이해한다.

① 자기 인식 과제 ② 정서 조절 과제
③ 심적 회전 과제 ④ 틀린 믿음 과제

해설

틀린 믿음(False Belief)
- 주어진 상황에서 진실이 아닌 하나의 사건을 진실이라고 믿는 것을 일컫는다. 틀린 믿음을 이해한다는 것은 마음의 표상적 특징을 이해한다는 것이다.
- 틀린 믿음을 이해하기 위해서는 믿음이 사실에 대한 표상에 불과하므로 사실과 일치할 수도 있고 일치하지 않을 수도 있다는 믿음의 표상적 특징을 이해해야만 한다.
- 틀린 믿음 과제를 사용한 연구결과의 메타분석에 따르면, 대략 만 4세 이상 아동이 틀린 믿음 과제를 해결하며, 나이가 많을수록 틀린 믿음 과제를 더 잘 해결하는 것으로 보고되고 있다.

13 프로이트(S. Freud)의 성격 구조에 관한 설명으로 옳은 것은? 21년 기출

① 자아는 현실원리를 따르며 개인이 현실에 적응하도록 돕는다.
② 자아는 일차적 사고과정을 따른다.
③ 자아는 자아이상과 양심으로 구성되어 있다.
④ 초자아는 성적 욕구와 관련된 것으로 쾌락의 원리를 따른다.

해설

정신분석이론에서 성격의 3요소
- 원초아(Id) : 쾌락의 원리
- 자아(Ego) : 현실의 원리
- 초자아(Superego) : 도덕의 원리

14 단기기억의 기억용량을 나타내는 것은? 07, 13, 17, 20, 23, 25년 기출

① 3±2개 ② 5±2개
③ 7±2개 ④ 9±2개

해설

단기기억 기억용량(처리할 수 있는 정보의 수) : 5~9개

15 조사연구에서, 참가자의 인지기능을 측정하기 위해 그가 가입한 정당을 묻는 것은 어떤 점에서 가장 문제가 되는가? *21, 23년 기출*

① 안면타당도
② 외적타당도
③ 공인타당도
④ 예언타당도

> **해설**
> 참가자가 가입한 정당은 참가자의 인지기능과 관련이 없으므로 안면타당도 측면에서 문제가 된다.
> ① 안면타당도 : 검사문항들이 측정하고자 하는 내용들을 얼마나 잘 평가하는지 보기 위하여 일반인에게 묻는 방법
> ② 외적타당도 : 연구의 결과에 의한 인과관계가 연구대상 이외의 경우로 확대·일반화될 수 있는 정도
> ③ 공인타당도 : 기존에 타당도를 보장받는 검사와의 유사성이나 연관성 등을 근거로 타당도를 측정하는 것
> ④ 예언타당도 : 어떤 행위가 일어날 것이라고 예측한 것과 실제 대상자가 나타낸 행동 간의 관계를 측정하는 것

16 동조에 관한 설명으로 옳은 것은? *17, 22년 기출*

① 집단의 크기에 비례하여 동조의 가능성이 증가한다.
② 과제가 쉬울수록 동조가 많이 일어난다.
③ 개인이 집단에 매력을 느낄수록 동조하는 경향이 더 높다.
④ 집단에 의해서 완전하게 수용받고 있다고 느낄수록 동조하는 경향이 더 크다.

> **해설**
> ① 애쉬(Asch)의 실험에 의하면 집단의 크기가 3~4인일 때 동조율이 가장 높고 그보다 클 경우 떨어지는 경향을 보인다.
> ② 과제가 애매하거나 불확실할수록 동조가 많이 일어난다.
> ④ 집단에 수용되고 싶다는 욕구에 의해 동조하는 경우가 많다.

17 표본조사에 대한 설명으로 옳지 않은 것은? *15, 20, 23년 기출*

① 연구자가 모집단의 모든 성원을 조사할 수 없을 때 표본을 추출한다.
② 모집단의 특성을 일반화하기 위해서는 표본은 모집단의 부분집합이어야 한다.
③ 표본의 특성을 모집단에 일반화하기 위해서 무선표집을 사용한다.
④ 표본추출에서 표본의 크기가 작을수록 표집오차도 줄어든다.

> **해설**
> 표집오차는 표집하는 과정에서 발생하는 오차로, 표본의 크기가 커질수록 줄어든다.

정답 15 ① 16 ③ 17 ④

18 성격과 환경 간의 상호작용 중 개인의 성격은 타인으로부터 독특한 반응을 이끌어낸다는 것은? 21, 22년 기출

① 유도적 상호작용
② 반응적 상호작용
③ 주도적 상호작용
④ 조건적 상호작용

해설

성격과 환경 간의 상호작용 유형(개인-상황 상호작용 유형)

유도적 상호작용	개인의 성격, 즉 기질적 차이는 타인으로부터 서로 다른 독특한 반응을 이끌어낸다. 예 신경질적인 영아는 유순한 영아보다 부모의 보살핌을 덜 이끌어낸다.
반응적 상호작용	동일한 환경을 접하더라도 개인은 환경을 다르게 해석하고 경험하며 반응한다. 예 외향적인 성격의 형과 내향적인 성격의 동생은 부모의 처벌을 다르게 받아들일 수 있다.
주도적 상호작용	개인이 자신의 환경을 선택하고 구성해 나가는 과정을 강조한다. 예 사교적인 아동은 집에 혼자 있기보다는 친구들과 어울려 놀러 다니는 경험을 많이 한다.

19 카텔(Cattell)의 성격이론에 관한 설명과 가장 거리가 먼 것은? 15, 18, 22년 기출

① 주로 요인분석을 사용하여 성격요인을 규명하였다.
② 지능을 성격의 한 요인인 능력특질로 보았다.
③ 개인의 특정 행동을 설명할 수 있느냐에 따라 특질을 표면특질과 근원특질로 구분하였다.
④ 성격특질이 서열적으로 조직화되어 있다고 보았다.

해설

역동적 특질(Dynamic Trait)

카텔(Cattell)은 성격특질이 역동적으로 조직화되어 있다고 보았다. 그는 성격체계에서 중요한 세 가지 역동적 특질로 에르그(Erg), 감정(Sentiment), 태도(Attitude)를 제시하였다.

에르그 (Erg)	• 근원특질(원천특질)이자 체질특질로서, 본능 혹은 추동과 같이 인간의 선천적이면서 원초적인 기초가 되는 특질이다. • 한 개인의 모든 행동을 일으키는 에너지의 원천 혹은 추진력으로 볼 수 있다.
감정 (Sentiment)	• 에르그와 마찬가지로 근원특질이나 그것이 외적인 사회적 혹은 물리적 영향에서 비롯되므로 환경조형특질에 해당한다고 볼 수 있다. • 삶의 중요한 측면에 맞춰진 학습된 태도의 패턴으로서, 이와 같이 학습을 통해 생겨난 감정은 그것이 삶에서 더 이상 중요하지 않을 경우 사라지거나 바뀔 수 있다.
태도 (Attitude)	• 역동적 양상의 표면특질로서 에르그와 감정, 그리고 그 상호관계에서 추론되는 숨은 동기의 관찰된 표현이다. • 특별한 상황에서의 개인의 태도는 특정 대상과 관련된 행동 과정으로서, 그의 높은 관심을 반영한다.

20 연구설계 시 내적 타당도를 위협하는 요인이 아닌 것은? 22, 23년 기출

① 평균으로의 회귀
② 측정도구의 변화
③ 피험자의 반응성
④ 피험자의 학습효과

> **해설**
> ③ 피험자의 반응성, 즉 조사반응성(반응효과)은 외적 타당도를 저해하는 요인에 해당한다. 연구자가 관찰하는 동안 조사대상자가 연구자의 바람에 따라 반응하거나 스스로 조사대상임을 의식하여 평소와 다른 반응을 보이는 경우 일반화의 정도는 낮아지며, 그로 인해 외적 타당도가 저해된다.
>
> **내적 타당도를 저해하는 요인**
> - 성숙요인(시간의 경과)
> - 역사요인(우연한 사건)
> - 선별요인(선택요인)
> - 상실요인(실험대상의 탈락)
> - 통계적 회귀요인 (①)
> - 검사요인(테스트효과) (④)
> - 도구요인 (②)
> - 모방(개입의 확산)
> - 인과적 시간-순서(인과관계방향의 모호성)

제2과목 이상심리학

21 MMPI-2의 각 척도에 대한 해석으로 가장 적합한 것은? 16, 21, 22, 23, 25년 기출

① 6번 척도가 60T 내외로 약간 상승한 것은 대인관계 민감성에 대한 경험을 나타낸다.
② 2번 척도는 반응성 우울증보다는 내인성 우울증과 관련이 높다.
③ 4번 척도의 상승 시 심리치료 동기가 높고 치료의 예후가 좋음을 나타낸다.
④ 7번 척도는 불안 가운데 상태불안 증상과 연관성이 높다.

> **해설**
> ② 2번 척도는 신경증적 혹은 내인성 우울증이라기보다는 반응성 혹은 외인성 우울증을 측정하고, 이에 2번 척도의 점수는 피검자의 기분이 변함에 따라 하루하루 변할 수 있다.
> ③ 4번 척도가 높은 경우 유연한 사회적 기술로 심리치료나 상담에 좋은 반응을 보일 것 같이 보이지만, 이러한 능력은 주로 사람을 착취하는 데 이용된다. 더 괴로운 결과(예 처벌이나 이혼 등)를 면하기 위해 치료에 동의하기는 하나, 자신의 문제에 대한 책임을 수용할 수 없어 되도록 빨리 치료를 종결하려 한다.
> ④ 7번 척도는 강박적인 성향과 특성불안이라고 할 수 있는 만성적인 불안, 삶에 대한 전반적인 불만족, 우유부단함, 주의집중 곤란, 자기의심, 자신에 대한 반추와 초조, 걱정 등을 측정(상태불안은 일시적인 불안, 즉 불안한 상태를 가리키는 반면에 특성불안은 그 사람의 성격처럼 언제나 내면에 존재하고 있는 불안을 의미)한다.

22 검사의 종류와 검사구성방법을 짝지은 것으로 가장 옳지 <u>않은</u> 것은?   15, 22, 23, 25년 기출

① 16PF – 요인분석에 따른 검사구성
② CPI – 경험적 준거에 따른 검사구성
③ MMPI – 경험적 준거 방법
④ MBTI – 합리적·경험적 검사구성의 혼용

> **해설**
>
> 검사구성방법(척도구성방법)
> - 연역적 방법
>
> | 논리적-내용적 방법 | 안면타당도에 근거하여 측정하고자 하는 심리 특성을 가장 잘 나타내 주는 문항을 논리적으로 추론하여 기술하는 방법이다.
예 우드워스(Woodworth)의 개인자료기록지(Personal Data Sheet) 등 |
> |---|---|
> | 이론적 방법 | 특정 심리학적 이론에 근거하여 문항을 선정하는 방법이다.
예 마이어스-브릭스 성격유형검사(MBTI), 에드워즈(Edwards)의 욕구진단검사(EPPS) 등 |
>
> - 경험적 방법
>
> | 준거집단 방법
(경험적 준거 방법) | 어떤 심리 특성을 가진 준거집단과 정상적인 통제집단을 구별해 주는 문항을 선정하는 방법이다.
예 미네소타 다면적 인성검사(MMPI), 캘리포니아 성격검사(CPI) 등 |
> |---|---|
> | 요인분석 방법 | 요인분석을 통해 검사문항의 의미를 결정하고 이를 보다 단순한 차원으로 축소시키는 방법이다.
예 16성격 요인검사(16PF) 등 |

23 알츠하이머병으로 인한 신경인지장애에 관한 설명으로 <u>틀린</u> 것은?   19, 23년 기출

① 여성호르몬 Estrogen과 상관이 있다.
② Apo-E 유전자 형태와 관련이 있다.
③ 허혈성 혈관문제 혹은 뇌경색과 관련이 있다.
④ 노인성 반점(Senile Plaques)과 신경섬유다발(Neurofibrillary Tangle)과 관련이 있다.

> **해설**
>
> DSM-5 기준상 알츠하이머병으로 인한 신경인지장애의 진단을 받기 위해서는 뇌혈관질환, 다른 신경퇴행성질환, 물질의 효과, 또는 다른 정신, 신경학적, 전신질환이나 상태 등이 없어야 한다.

24 불안과 관련된 장애에 관한 설명으로 옳지 <u>않은</u> 것은? 20, 23년 기출

① 공황장애는 광장공포증을 동반하기도 한다.
② 특정공포증 환자는 자신의 공포 반응이 비합리적임을 알고 있다.
③ 사회공포증은 주로 성인기에 발생한다.
④ 외상후스트레스장애는 외상과 관련된 자극에 대한 회피가 특징이다.

> **해설**
> ③ 사회불안장애(Social Anxiety Disorder) 또는 사회공포증(Social Phobia)은 아동과 청소년에서의 12개월 유병률이 성인의 유병률과 비슷한 수준이며, 연령이 높아질수록 떨어지는 양상을 보인다.
>
> **DSM-5 불안장애(Anxiety Disorders) 하위유형**
>
> | 범불안장애 | 다양한 상황에서 만성적 불안과 과도한 걱정을 나타내는 경우를 말한다. |
> |---|---|
> | 특정공포증 | • 특정한 대상이나 상황에 대한 비합리적 두려움과 회피행동을 지속적으로 나타내는 경우를 말한다.
• 동물형, 자연환경형, 혈액-주사-상처형, 상황형의 4가지 하위유형이 있다. |
> | 광장공포증 | 특정한 장소나 상황에 대한 공포를 나타내는 경우를 말한다. |
> | 사회불안장애 | 다른 사람들과 상호작용하는 사회적 상황을 두려워하여 회피하는 장애로 사회공포증이라고 불리기도 한다. |
> | 공황장애 | 갑자기 엄습하는 강렬한 불안, 즉 공황발작을 반복적으로 경험하는 장애를 말한다. |
> | 분리불안장애(SAD) | 어머니를 위시한 애착대상과 떨어지는 것에 대해 심한 불안을 나타내는 장애를 말한다. |
> | 선택적 무언증(SM) | 말을 할 수 있음에도 불구하고 특정 상황에서 지속적으로 말을 하지 않는 장애를 말한다. |

25 주의력결핍 및 과잉행동장애(ADHD)의 특징이 <u>아닌</u> 것은? 04, 25년 기출

① 수업수행능력의 결핍 ② 또래관계 형성의 어려움
③ 부끄러움 ④ 과잉행동성

> **해설**
> **주의력결핍 및 과잉행동장애(ADHD ; Attention-Deficit/Hyperactivity Disorder)**
> • ADHD의 주된 특징은 부주의(주의력결핍), 충동성, 과잉행동이다.
> • 뇌손상 및 기능결함, 유전, 심리적 요인 등에 의해 발병할 수 있다.
> • ADHD 아동은 지능수준에 비해 학업성취도가 저조하고 또래관계에서 거부당하거나 소외될 가능성이 높다. 부모나 교사에게도 꾸중과 처벌을 받기 쉬워서 부정적 자아개념을 형성하고 정서적으로 불안정하며 공격적이고 반항적인 행동을 나타내는 경향이 있다. 이로 인해 ADHD를 지닌 아동의 40~50%가 나중에 품행장애의 진단을 받는다는 보고가 있다.
> • 청소년기에 호전되는 경향이 있으나 성인기까지 지속되는 경우도 있다. 대부분 과잉행동은 개선되지만 부주의와 충동성은 오래 지속되는 경우가 흔하다.
> • ADHD가 청소년기까지 지속되는 경우에는 품행장애가 발생될 가능성이 높으며, 품행장애를 나타내는 청소년의 약 50%는 성인이 되어 반사회적 성격장애를 나타낸다는 보고가 있다.
> • 일반적으로 남자아동이 여자아동에 비하여 높은 발병빈도를 보인다.
> • 주변 신호자극을 각성하는 데 문제가 생겨 발생할 수도 있다.

정답 24 ③ 25 ③

26 행동주의적 견해에 따르면 강박행동은 어떤 원리에 의해 유지되는가? 　　　　　　　20, 25년 기출

① 고전적 조건형성
② 부적 강화
③ 소 거
④ 모델링

> **해설**
> 환자의 강박행동은 불안이나 고통을 없애거나 줄이기 위해 강화하는 것이므로, 불쾌자극을 제거하여 반응의 확률을 높이는 것인 부적 강화 원리에 해당된다.

27 Jellinek는 알코올 의존이 단계적으로 발전하는 장애라고 주장하면서 4단계의 발전과정을 제시하였다. 다음 중 4단계의 발전과정을 바르게 나열한 것은? 　　　　　　　13년 기출

① 전알코올 증상단계 – 전조단계 – 중독단계 – 만성단계
② 전조단계 – 결정적 단계 – 남용단계 – 중독단계
③ 전알코올 증상단계 – 전조단계 – 결정적 단계 – 만성단계
④ 전조단계 – 유도단계 – 중독단계 – 만성단계

> **해설**
> 알코올 중독의 4단계(Jellinek)
> - 제1단계 : 전알코올 증상단계(Prealcoholic Phase)
>   – 사교적 목적으로 음주를 즐기기 시작하는 단계이다.
>   – 대부분의 음주자들이 경험하는 단계로서, 음주를 통해 긴장이 해소되고 대인관계가 원활해지는 등의 긍정적인 효과를 경험한다.
> - 제2단계 : 전조단계(Prodromal Phase)
>   – 술에 대한 매력이 상승하여 음주량 및 음주빈도가 늘어나는 단계이다.
>   – 음주자는 빈번히 과음을 하며, 음주 동안 일어났던 사건을 종종 망각하게 된다.
> - 제3단계 : 결정적 단계(Crucial Phase)
>   – 술에 대한 자기통제력을 서서히 상실하게 되는 단계이다.
>   – 술을 수시로 마심으로써 직장생활이나 대인관계에 있어서 여러 가지 부적응적인 문제들을 경험한다.
> - 제4단계 : 만성단계(Chronic Phase)
>   – 술에 대한 자기통제력을 완전히 상실하며, 내성과 금단증상을 경험하는 단계이다.
>   – 술을 연속해서 마심으로써 신체적 질병을 가지게 되며, 생활 전반에 있어서 심각한 부적응 상태에 놓인다.

28 우울증의 임상양상과 원인 등의 양분된 차원으로 틀린 것은?　　　　　16년 기출

① 조발성 우울/만발성 우울
② 정신병적 우울/신경증적 우울
③ 내인성 우울/반응성 우울
④ 지체성 우울/초조성 우울

> **해설**
>
> **외부적 촉발사건 여부에 따른 분류**
> - 외인성(반응성) 우울증 : 가족과의 사별, 실연, 실직, 중요한 시험에서 실패, 가족불화 등과 같이 비교적 분명한 환경적 스트레스가 계기가 되어 우울증상이 나타나는 것
> - 내인성 우울증 : 환경적 사건이 확인되지 않으며 흔히 유전적 요인, 호르몬 분비나 생리적 리듬 등과 같은 내부적인 생리적 요인에 의해 우울증상이 나타나는 것
>
> **우울증상의 심각성에 따른 분류**
> - 신경증적 우울증 : 현실판단력에 현저한 손상이 없는 상태에서 우울한 기분과 의욕상실을 나타내며, 자신에 대한 부정적 생각에 몰두하지만 이러한 생각이 망상수준에 도달하지는 않는 경우, 즉 무기력하고 침울하지만 현실 판단 능력의 장애는 보이지 않음
> - 정신증적 우울증 : 매우 심각한 우울증상을 나타냄과 동시에 현실판단력이 손상되어 망상수준의 부정적 생각이나 죄의식을 지니게 되는 경우
>
> **표면에 나타나는 정신운동양상에 따른 분류**
> - 지체성 우울 : 정신운동의 지체가 심하게 나타나는 경우, 즉 정신운동활동이 매우 지연되는 모습을 보여, 말과 행동이 느려지고 생각도 둔해지며 단순해지는 경우
> - 초조성 우울 : 정신운동활동이 매우 증가되는 모습을 보여 초조해하며 안절부절못해 계속 서성이거나 계속 꼼지락거리며 긴장감과 불안한 마음을 호소하는 경우

29 공황장애를 진단하는 데 필요한 증상으로 가장 <u>부적절한</u> 것은? 15, 25년 기출

① 토할 것 같은 느낌
② 감각이상증(마비감이나 찌릿찌릿한 감각)
③ 흉부통증
④ 메마른 감정표현

해설

공황장애(Panic Disorder)는 갑자기 엄습하는 강렬한 불안, 즉 공황발작을 반복적으로 경험하는 장애를 말한다. 공황발작(Panic Attack)은 예상하지 못한 상황에서 갑작스럽게 밀려드는 극심한 공포, 곧 죽지 않을까 하는 강렬한 불안이다.

공황발작의 13가지 증상
- 심장박동이 빨라지고 강렬하거나 심장박동수가 점점 더 빨라짐
- 진땀을 흘림
- 몸이나 손발이 떨림
- 숨이 가쁘거나 막히는 느낌
- 질식할 것 같은 느낌
- 가슴의 통증이나 답답함
- 구토감이나 복부통증
- 어지럽고 몽롱하며 기절할 것 같은 느낌
- 한기를 느끼거나 열감을 느낌
- 감각이상증(마비감이나 찌릿찌릿한 감각)
- 비현실감이나 자기 자신과 분리된 듯한 이인감
- 자기통제를 상실하거나 미칠 것 같은 두려움
- 죽을 것 같은 두려움

30 노출장애에 관한 설명과 가장 거리가 <u>먼</u> 것은? 21년 기출

① 성도착적 초점은 낯선 사람에게 성기를 노출시키는 것이다.
② 성기를 노출시켰다는 상상을 하면서 자위행위를 하기도 한다.
③ 청소년기나 성인기 초기에 시작되는 것으로 알려져 있다.
④ 노출 대상은 사춘기 이전의 아동에게 국한된다.

해설

노출장애(Exhibitionistic Disorder)
- 낯선 사람에게 자신의 성기를 노출시키거나 혹은 노출시켰다는 상상을 하면서 자위행위를 하는 경우이다.
- 노출증적 행동에도 불구하고 낯선 사람과 성행위를 하려고 시도하는 경우는 거의 없다.
- 보통 18세 이전에 발병하며, 40세 이후에는 상태가 완화되는 것으로 보인다.
- DSM-5 진단 기준에서는 "사춘기 이전의 아동에게 성기를 노출시킴으로써 성적 흥분을 일으키는 경우", "신체적으로 성숙한 개인에게 성기를 노출시킴으로써 성적 흥분을 일으키는 경우", 그리고 "사춘기 이전의 아동과 신체적으로 성숙한 개인에게 성기를 노출시킴으로써 성적 흥분을 일으키는 경우" 중 하나를 명시하도록 하고 있다.

31 조현병의 유전적 요인에 관한 설명으로 옳지 <u>않은</u> 것은? **20년 기출**

① 친족의 근접성과 동시발병률은 관련이 없다.
② 여러 유전자 결함의 조합으로 나타나는 장애이다.
③ 일란성 쌍생아보다 이란성 쌍생아 동시발병률이 더 낮다.
④ 생물학적 가족이 입양 가족에 비해 동시발병률이 더 높다.

> **해설**
> 조현병 환자의 부모나 형제자매는 일반인의 10배, 조현병 환자의 자녀는 일반인의 15배에 이르기까지 조현병 발병률이 높으며, 3촌 이내 친족의 경우에도 일반인의 2.5~4배 가까운 발병률을 보이는 것으로 보고되고 있다.

32 친밀한 관계에서의 문제, 인지 및 지각의 왜곡, 행동의 괴이성 등을 주요특징으로 보이는 성격장애는? **19년 기출**

① 조현성성격장애
② 조현형성격장애
③ 편집성성격장애
④ 회피성성격장애

> **해설**
> **조현형성격장애**
> 사회적으로 고립되어 있으며 기이한 생각이나 행동을 나타내어 사회적 부적응을 초래하는 성격장애로 조현성과 유사한 특성을 지니지만, 대인관계에 대한 불안감과 더불어 경미한 사고장애와 다소 기괴한 언행을 나타낸다는 점에서 구분된다.
> **진단 기준**
> • 관계망상과 유사한 사고
> • 행동에 영향을 미치는 괴이한 믿음이나 마술적 사고
> • 신체적 착각을 포함한 유별난 지각 경험
> • 괴이한 사고와 언어
> • 의심이나 편집증적인 사고
> • 부적절하거나 메마른 정동
> • 괴이하고 엉뚱하거나 특이한 행동이나 외모
> • 직계가족 외에는 가까운 친구나 마음을 털어놓을 수 있는 사람이 없음
> • 과도한 사회적 불안

정답 31 ① 32 ②

33 주요우울장애와 양극성장애의 비교설명으로 옳은 것은? 14, 20년 기출

① 주요우울장애와 양극성장애의 발병률은 비슷하다.
② 주요우울장애는 여자가 남자보다, 양극성장애는 남자가 여자보다 높은 발병률을 보인다.
③ 주요우울장애는 사회경제적으로 낮은 계층에서 발생비율이 높고, 양극성장애는 높은 계층에서 더 많이 발견된다.
④ 주요우울장애 환자는 성격적으로 자아가 약하고 의존적이며, 강박적인 사고를 보이는 경우가 많은 데 비해, 양극성장애의 경우에는 병전 성격이 히스테리성 성격장애의 특징을 보인다.

> **해설**
> ① '주요우울장애'는 평생 유병률이 여자는 10~25%, 남자는 5~12%로 보고되고 있으며, 양극성장애 중 '제1형 양극성장애'는 0.4~1.6%, '제2형 양극성장애'는 0.5%, '순환성장애'는 0.4~1.0%로 보고되고 있다.
> ② '주요우울장애'는 여자가 남자보다 높은 발병률을 보이는 반면, '제1형 양극성장애'와 '순환성장애'는 대체로 남자와 여자에게 비슷하게 나타나고, '제2형 양극성장애'는 여성이 남성보다 높은 발병률을 보인다.
> ④ 주요우울장애 환자는 성격적으로 자아가 약하고 의존적이며, 강박적인 사고를 보이는 경우가 많은 데 비해, 양극성장애는 병전 성격이 유별나지 않다.

34 조현병에 관한 설명으로 옳은 것은? 22년 기출

① 망상, 환각, 와해된 언어 중 1개 증상이 반드시 포함되어야 한다.
② 양성 증상은 음성 증상보다 더 만성적으로 나타난다.
③ 2개 이상의 영역에서 기능이 저하되어야 진단될 수 있다.
④ 일반적으로 발병 연령의 성별 차이는 나타나지 않는다.

> **해설**
> ① DSM-5의 진단 기준에서 조현병(Schizophrenia)은 망상, 환각, 와해된(혼란스러운) 언어, 와해된 행동 또는 긴장증적 운동, 음성증상 등을 주된 증상으로 하며, 특히 망상, 환각, 와해된 언어를 핵심증상으로 간주하여 이들 중 1개의 증상이 반드시 포함되어야 진단이 가능하도록 하고 있다.
> ② 음성 증상이 양성 증상보다 더 만성적으로 나타난다. 정서적 둔마, 무논리증 또는 무언어증, 무욕증 등 음성 증상은 외부사건과 무관하게 서서히 발전하여 악화되는데, 특히 만성 조현병 환자들에게서 많이 나타난다.
> ③ 조현병은 장해가 시작된 후 상당 부분의 시간 동안 직업, 대인관계 혹은 자기관리와 같은 주요 영역 중 1개 이상의 영역에서 기능 수준이 장해 이전 성취된 수준보다 현저히 저하되어야 진단될 수 있다.
> ④ 일반적으로 조현병의 발병 연령 효과는 성별과 연관된다. 조현병의 일반적 발생률은 여성에게서 약간 낮은 수준을 보이는데, 특히 여성의 경우 중년기에 두 번째 정점이 있을 정도로 발병 연령이 늦고 40세 이후 발병에 따른 만발성 사례들을 쉽게 찾아볼 수 있다.

35 다음은 DSM-5에서 어떤 진단 기준의 일부인가? `15년 기출`

> - 필요한 것에 비해서 음식섭취를 제한함으로써 나이, 성별, 발달수준과 신체건강에 비추어 현저한 저체중 상태를 초래한다.
> - 심각한 저체중임에도 불구하고 체중증가와 비만에 대한 극심한 두려움을 지니거나 체중증가를 방해하는 지속적인 행동을 나타낸다.
> - 체중과 체형을 왜곡하여 인식하고, 체중과 체형이 자기평가에 지나친 영향을 미치거나 현재 나타내고 있는 체중미달의 심각함을 지속적으로 부정한다.

① 신경성폭식증
② 신경성식욕부진증
③ 폭식장애
④ 이식증

해설

DSM-5 급식 및 섭식장애(Feeding and Eating Disorders)
- 개인의 건강과 심리사회적 기능을 현저히 저하시키는 부적응적인 섭식행동이 나타나는 장애
- DSM-Ⅳ의 부록목록에 포함되었던 '폭식장애'는 DSM-5에서 '급식 및 섭식장애'의 하위유형으로 분류됨
- DSM-Ⅳ의 '유아기 또는 초기 아동기의 급식 및 섭식장애'의 하위유형이었던 '이식증'과 '반추장애'는 DSM-5에서 '급식 및 섭식장애'의 하위유형에 포함됨
- 6가지 하위유형

신경성 식욕부진증	체중증가와 비만에 대한 극심한 두려움을 지니고 있어서 음식섭취를 현저하게 감소시키거나 거부함으로써 체중이 비정상적으로 저하되는 경우
신경성폭식증	짧은 시간 내에 많은 양을 먹는 폭식행동과 이로 인한 체중증가를 막기 위해 구토 등의 보상행동이 반복되는 경우
폭식장애	폭식을 일삼으면서 자신의 폭식에 대해 고통을 경험하지만 음식을 토하는 등의 보상행동은 나타내지 않는 경우
이식증	영양분이 없는 물질이나 먹지 못할 것(종이, 천, 흙, 머리카락)을 적어도 1개월 이상 지속적으로 먹는 경우
반추장애	음식물을 반복적으로 토해 내거나 되씹는 행동을 1개월 이상 나타내는 경우
회피적/제한적 음식섭취장애	6세 이하 아동이 지속적으로 먹지 않아 1개월 이상 심각한 체중감소가 나타나는 경우

정답 35 ②

36 주요우울장애 환자가 일반적으로 나타내는 특징적 증상이 <u>아닌</u> 것은?   15, 19, 21, 23년 기출

① 거절에 대한 두려움
② 불면 혹은 과다수면
③ 정신운동성 초조
④ 일상활동에서의 흥미와 즐거움의 상실

> **해설**
> **주요우울장애 핵심증상**
> - 하루 대부분, 거의 매일 지속되는 우울한 기분이 주관적 보고나 객관적 관찰을 통해 나타남
> - 거의 모든 일상활동에 대한 흥미나 즐거움이 하루의 대부분 또는 거의 매일같이 뚜렷하게 저하됨
> - 체중조절을 하고 있지 않은 상태에서 현저한 체중감소나 체중증가가 나타남
> - 거의 매일 불면이나 과다수면이 나타남
> - 거의 매일 정신운동성 초조나 지체를 나타냄
> - 거의 매일 피로감이나 활력상실을 나타냄
> - 거의 매일 무가치감이나 과도하고 부적절한 죄책감을 느낌
> - 거의 매일 사고력이나 집중력의 감소 또는 우유부단함이 주관적 호소나 관찰에서 나타남
> - 죽음에 대한 반복적인 생각이나 특정한 계획 없이 반복적으로 자살에 대한 생각이나 자살기도를 하거나 자살하기 위한 구체적인 계획을 세움

37 소인-스트레스이론(Diathesis-stress Theory)에 대한 설명으로 가장 적합한 것은?   15, 20, 23, 25년 기출

① 소인은 생후 발생하는 생물학적 취약성을 의미한다.
② 스트레스가 소인을 변화시킨다.
③ 소인과 스트레스는 서로 억제한다.
④ 소인은 스트레스 상황에서 발현된다.

> **해설**
> **소인-스트레스이론(Diathesis-stress Theory)**
> - 질병소인이 있는 사람이 특정한 질병과 관련된 스트레스를 받으면 질병에 쉽게 걸린다고 가정하는 이론이다.
> - 특정한 질병에 걸리기 쉬운 선천적 경향(질병소인)이 강한 사람은 특정한 스트레스를 경험할 때 선천적 경향이 약한 사람보다 스트레스에 병적으로 반응하며, 경미한 환경적 스트레스에도 질병이 보다 쉽게 유발될 수 있다.
> - 소인-스트레스이론은 소인이 스트레스 상황에서 발현된다고 본다. 이는 질병이 개인의 생리와 스트레스의 상호작용에 의해 유발된다고 보는 입장으로, 질병을 예측하기 위해 스트레스 생활사건과 개인의 취약성을 동시에 고려할 필요성을 제기한다.

38 특정 학습장애에 관한 설명으로 옳은 것은? 16, 25년 기출

① 특정 학습장애의 심각한 정도는 구분하지 않는다.
② 읽기 손상 동반의 경우 읽은 내용에 대한 기억력이 포함된다.
③ 쓰기 손상 동반의 경우 작문의 명료도와 구조화가 포함된다.
④ 수학 손상 동반의 경우 수학적 추론의 정확도는 포함되지 않는다.

> **해설**
> ③ 쓰기 손상 동반의 경우 철자 정확도, 문법과 구두점 정확도, 작문의 명료도와 구조화 등이 포함된다.
> ① 특정 학습장애의 심각도는 경도, 중등도, 고도로 나눌 수 있다.
> ② 읽기 손상 동반의 경우 단어 읽기 정확도, 읽기 속도 또는 유창성, 독해력 등이 포함된다.
> ④ 수학 손상 동반의 경우 수 감각, 단순 연산값의 암기, 계산의 정확도 또는 유창성, 수학적 추론의 정확도 등이 포함된다.

39 다음 증상이 설명하는 신경인지장애의 종류로 옳은 것은?

> • 인지기능의 저하
> • 다리근육이 뻣뻣해짐, 경직, 진전(떨림) 등 운동장애 증상
> • 환시를 겪기도 함

① 혈관성 신경인지장애
② 약물/물질복용으로 인한 신경인지장애
③ 루이소체병으로 인한 신경인지장애
④ 파킨슨병으로 인한 신경인지장애

> **해설**
> 파킨슨병으로 인한 신경인지장애는 파킨슨병 발병 이후 인지 저하가 나타나는 경우로, 파킨슨병의 제 증상과 함께 주요 또는 경도 신경인지장애의 기준을 충족시킬 때 진단된다. 참고로 파킨슨병은 경직, 진전(떨림) 등 운동 증상을 비롯하여 신경정신 증상(예 우울, 불안, 환각 등), 인지기능 저하, 수면장애 등 비운동 증상을 보인다.

정답 38 ③ 39 ④

40 다음 중 세 성격장애군 중 다른 하나에 속하는 것은?

① 편집성성격장애
② 조현성성격장애
③ 강박성성격장애
④ 조현형성격장애

해설

DSM-5 성격장애

A군 성격장애	사회적으로 고립되어 있고 기이한 성격특성을 나타내는 성격장애	• 편집성성격장애 • 조현성(분열성)성격장애 • 조현형(분열형)성격장애
B군 성격장애	감정적이며 변화가 많은 극적인 성격특성을 나타내는 성격장애	• 반사회성성격장애 • 연극성(히스테리성)성격장애 • 경계성(경계선)성격장애 • 자기애성성격장애
C군 성격장애	불안하고 두려움을 많이 느끼는 성격특성을 나타내는 성격장애	• 회피성성격장애 • 의존성성격장애 • 강박성성격장애

제3과목 심리검사

41 다음에서 설명하는 검사는? 18, 21, 23, 25년 기출

> 유아 및 학령 전 아동의 발달과정을 체계적으로 측정하기 위한 최초의 검사로서, 표준 놀이기구와 자극 대상에 대한 유아의 반응을 직접 관찰하며, 의학적 평가나 신경학적 원인에 의한 이상을 평가하기 위해 사용된다.

① 게젤(Gesell)의 발달검사
② 베일리(Bayley)의 영아발달척도
③ 시·지각발달검사
④ 사회성숙도검사

해설

- 베일리의 영아발달척도(BSID-Ⅱ ; Bayley Scale of Infant Development-Ⅱ)
  - 베일리(Bayley)가 1969년 생후 2개월에서 30개월까지의 영유아를 대상으로 한 발달척도(BSID)를 고안한 이후, 1993년 개정판(BSID-Ⅱ)을 통해 생후 1개월에서 42개월까지의 영유아를 대상으로 한 표준화가 이루어졌다.
  - 1969년 초판(BSID-Ⅰ)은 정신척도(Mental Scale)와 운동척도(Motor Scale)로만 구성되었으나, 1993년 개정판(BSID-Ⅱ)은 행동평정척도(Behavior Rating Scale)가 포함되었다.
  - 검사과정은 검사자와 아이가 1:1로 마주앉은 상태로 진행되며, 아이의 연령이나 기질 등의 다양한 요인을 고려하여 융통성 있게 전개된다.
- 시·지각발달검사(DTVP ; Developmental Test of Visual Perception)
  - 프로스티그(Frostig)가 1966년 개발한 것으로 3~8세의 읽고 쓰기에 문제가 있는 아동의 시·지각능력을 측정하여 시·지각장애를 조기발견하는 데 사용된다.
  - 시각-운동협응검사, 도형-배경지각검사, 형태항상성검사, 공간위치지각검사, 공간관계지각검사의 5개 하위검사로 구성된다.
- 사회성숙도검사(SMS ; Social Maturity Scales)
  - 사회성이 적응행동에 미치는 영향이 크다는 것을 인식하고, 적응행동을 측정하기 위해 개발되었다.
  - 이 검사는 개인의 성장이나 변화를 측정하면서 정신지체 여부나 그 정도를 판별하는 데 이용될 수 있다.
  - 검사는 부모, 형제나 자매, 수검자를 잘 아는 친척이나 후견인 등이 실시한다(수검자가 자신에 관한 정보를 제공할 수 있을 정도로 성숙해 있어도 직접 수검자를 면접 대상으로 하지 않음).

정답 41 ①

42 교통사고 환자의 신경심리검사에서 꾀병을 의심할 수 있는 경우는?   16, 22, 25년 기출

① 기억과제에서 쉬운 과제에 비해 어려운 과제에서 더 나은 수행을 보일 때
② 즉각 기억과제와 지연 기억과제의 수행에서 모두 저하를 보일 때
③ 뚜렷한 병변이 드러나며 작위적인 반응을 보일 때
④ 단기기억 점수는 정상범위이나 다른 기억점수가 저하를 보일 때

> **해설**
>
> 신경심리평가 시 위장자(Faker)들을 변별하는 방법(홍경자, 1995)
> - 일관성 : 위장하는 사람들은 동일한 영역을 측정하는 비슷한 검사로 재검사를 시행했을 때 같은 양상의 장애를 나타내지 않는 경우가 많고, 자신의 증상 및 병력에 대해서는 잘 기억하면서 기억력 검사에 들어가서는 장애를 보일 수 있다.
> - 위장자들은 모든 검사에서 다 못하는 경우가 많은데, 실제 환자는 손상 양상에 따라 어떤 검사는 잘 수행하고 어떤 검사는 대단히 못한다. 만약 위장자가 일부 검사에서 선택적으로 장애를 보이려고 할 때는 주로 감각 및 운동기능의 장애를 보인다고 한다.
> - 난이도를 살펴보면, 일반적으로 환자들은 쉬운 소검사는 잘하고 어려워지면 못하는 데 비해 위장자들은 난이도가 낮은 소검사부터 못하는 경향이 있다.
> - 위장자들은 검사에서 나타난 장애 정도와 손상으로부터 예측되는 장애 정도 사이에 상당한 차이를 보인다.

43 지능을 일반요인과 특수요인으로 구분한 학자는?   22, 25년 기출

① 스피어만(C. Spearman)
② 서스톤(L. Thurstone)
③ 카텔(R. Cattell)
④ 길포드(J. Guilford)

> **해설**
>
> ① 스피어만(Spearman)은 지능은 모든 개인이 공통적으로 가지고 있는 일반요인(General Factor)과 함께 언어나 숫자 등 특정한 부분에 대한 능력으로서 특수요인(Special Factor)으로 구분된다는 2요인설을 제안하였다.
> ② 서스톤(Thurstone)은 지능은 언어이해(Verbal Comprehension), 수(Numerical), 공간시각(Spatial Visualization), 지각속도(Perceptual Speed), 기억(Memory), 추리(Reasoning), 단어유창성(Word Fluency) 등 7가지 요인으로 구성된다는 다요인설을 제안하였다.
> ③ 카텔과 혼(Cattell & Horn)은 지능은 유동성 지능(Fluid Intelligence)과 결정성 지능(Crystallized Intelligence)으로 구분된다는 위계적 요인설을 제안하였다.
> ④ 길포드(Guilford)는 지능의 구조는 내용(Content), 조작(Operation), 결과(Product)의 3차원적 입체모형으로 이루어지며, 이들의 상호작용에 의한 180개의 조작적 지적 능력으로 구성된다는 복합요인설(입체모형설)을 제안하였다.
>
> **참고**
>
> 'Thurstone'은 교재에 따라 '서스톤', '써스톤', '썰스톤' 등으로, 'Cattell'은 '카텔', '케텔', '캐텔' 등으로 제시되고 있습니다. 이는 우리말 번역에 의한 발음상 차이일 뿐 동일인물에 해당합니다.

44 말의 유창성이 떨어지고 더듬거리는 말투, 말을 길게 하지 못하고 어조나 발음이 이상한 현상 등을 보이는 실어증은? 18, 22, 25년 기출

① 브로카 실어증
② 전도성 실어증
③ 초피질성 감각 실어증
④ 베르니케 실어증

> **해설**
> 뇌손상 부위에 따른 실어증
> - 브로카 실어증(Broca's Aphasia)
>   - 브로카영역을 포함한 인근 전두엽영역의 손상에 의함
>   - 대화나 설명 시 표현능력이 저하되며 특히 유창성의 저하
>   - 비정상적으로 단조로운 운율, 속도가 느리며 단어 사이 쉬는 것이 긴 경향
>   - 청각적 이해력은 유지
>   - 읽기는 말하기나 쓰기에 비해 좋은 편
> - 전도성 실어증(Conduction Aphasia)
>   - 브로카영역과 베르니케영역을 연결하는 활모양의 섬유다발의 병변에 의함
>   - 따라 말하기 능력 저하
>   - 청각적 이해력은 유지
>   - 발화는 유창한 편이나 음소착어의 잦은 출현
>   - 이름대기에서 음소착어의 잦은 출현 및 여러 차례에 걸친 자기수정
> - 초피질성 감각 실어증(Transcortical Sensory Aphasia)
>   - 두정엽 및 베르니케영역의 심층부, 후반부의 피질하 부위 병변에 의함
>   - 청각적 이해력이 저하
>   - 따라 말하기 능력 저하
>   - 이름대기 능력 저하

45 Rorschach 구조변인 중 형태질에 대한 채점이 <u>아닌</u> 것은? 19, 22, 25년 기출

① u   ② -
③ o   ④ v

> **해설**
> ④ 'v'는 발달질에 대한 채점으로 모호반응(Vague Response)을 기호화한 것이다.
> **Rorschach 구조변인 중 형태질**
> - 반응이 잉크반점의 특징에 얼마나 부합하는가?
> - 검사자는 수검자가 사용한 반점 영역의 형태가 지각한 대상의 형태와 어느 정도 일치하는지를 평가한다.
> - 우수-정교한(+ ; Superior-Overelaborated), 보통의(o ; Ordinary), 드문(u ; Unusual), 왜곡된(- ; Minus)으로 기호화한다.

정답 44 ① 45 ④

46 노인을 대상으로 HTP검사를 실시하는 방법으로 옳은 것은?

19, 22, 25년 기출

① 노인의 보호자가 옆에서 지켜보면서 격려하도록 한다.
② HTP를 실시할 때 각 대상은 별도의 용지를 사용하여 실시한다.
③ 그림을 그린 다음에는 수정하지 못하게 한다.
④ 그림이 완성된 후 보호자에게 사후 질문을 하는 것이 일반적이다.

> **해설**
> ② HTP를 실시할 때 집, 나무, 사람 각각에 대한 별지를 제공하여 대상자에게 그리도록 한다.
> ① HTP를 통해 가정생활이나 가족관계 등이 반영되므로, 검사자는 그림의 내용에 영향을 줄 만한 상황을 최대한 배제하도록 한다.
> ③ 수검자의 수검 태도 또한 해석적 의미를 담고 있다. 예를 들어, 그림의 수정은 지나치게 정확성을 기하려는 수검자의 강박적 성향을 반영하는 것으로 볼 수 있다.
> ④ 그림이 완성된 후 수검자에게 각각의 그림을 보여주면서 수검자의 특성에 맞는 질문을 하는 과정을 거친다.

47 다음은 Thurstone이 제안한 지능에 관한 다요인 중 어느 요인을 측정하는 검사인가?

13, 25년 기출

> 4분 이내에 "D"로 시작되는 말을 가능한 많이 적어보시오.

① 언 어
② 공 간
③ 단어유창성
④ 기 억

> **해설**
> **서스톤(Thurstone)의 다요인설에 의한 지능의 7가지 구성요인**
> - 언어이해(Verbal Comprehension) : 언어의 개념화, 추리 및 활용 등에 대한 능력이다. 어휘력 검사와 독해력 검사로 측정한다.
> - 수(Numerical) : 계산 및 추리력, 즉 수를 다루며 계산하는 능력이다. 더하기나 곱하기, 큰 숫자나 작은 숫자 찾기 등의 기초적인 산수문제로 측정한다.
> - 공간시각(Spatial Visualization) : 공간을 상상하고 물체를 시각화할 수 있는 능력이다. 상징물이나 기하학적 도형에 대한 정신적 조작을 요하는 검사로 측정한다.
> - 지각속도(Perceptual Speed) : 어떤 대상이나 현상을 빠르고 정확하며, 구체적이고 객관적으로 파악하는 능력이다. 상징들의 신속한 재인을 요하는 검사로 측정한다.
> - 기억(Memory) : 지각적·개념적 자료들을 명확히 기억하고 재생할 수 있는 능력이다. 단어, 문자 등을 이용한 회상 검사로 측정한다.
> - 추리(Reasoning) : 주어진 자료들로써 일반원칙을 밝히며, 목표달성을 위해 생산적으로 적용·추리하는 능력이다. 유추검사나 수열완성형 검사로 측정한다.
> - 단어유창성(Word Fluency) : 상황에 부합하는 유효적절한 단어를 빠르게 산출해낼 수 있는 능력이다. 제한시간 내에 특정 문자(예 '가' 또는 'A')로 시작하는 단어를 최대한 많이 제시하도록 요구하는 방식의 검사로 측정한다.

48 심리검사자가 지켜야 할 윤리적 의무와 가장 거리가 먼 것은?   20년 기출

① 심리검사 결과 해석 시 수검자의 연령과 교육수준에 맞게 설명해야 한다.
② 컴퓨터로 실시하는 심리검사는 특정한 교육과 자격이 없어도 된다.
③ 심리검사 결과가 수검자의 삶에 영향을 줄 수 있음을 인식해야 한다.
④ 검사규준 및 검사도구와 관련된 최근 동향과 연구방향을 민감하게 파악해야 한다.

> **해설**
> 채점과 관련하여 객관적 검사의 경우 자동프로그램을 널리 이용하고 있으나, 투사적 검사의 경우 검사를 실시할 때는 물론 채점할 때에도 고도의 훈련이 요구된다. 한편 컴퓨터로 실시하는 검사를 실시하는 것도 수련과 자격을 갖춘 검사자가 진행하여야 하며, 검사결과의 해석은 검사자의 수련교육이나 전문가로서의 경험, 연구결과에 따라 큰 차이가 있으므로, 검사자는 결과해석의 타당성과 전문성을 높이기 위해 노력해야 한다. 따라서 교육과 자격이 꼭 필요하다.

49 다음 K-WAIS 검사 결과가 나타내는 정신장애로 가장 적합한 것은?   15, 19, 23, 25년 기출

- 토막짜기, 바꿔쓰기, 차례맞추기, 모양맞추기 점수 낮음
- 숫자외우기 소검사에서 바로 따라 외우기와 거꾸로 따라 외우기 점수 간에 큰 차이를 보임
- 공통성 문제 점수 낮음 : 개념적 사고의 손상
- 어휘, 상식, 이해 소검사의 점수는 비교적 유지되어 있음

① 강박장애
② 기질적 뇌손상
③ 불안장애
④ 반사회성성격장애

> **해설**
> **K-WAIS 검사 결과에서 나타나는 진단별 반응 특징**
>
> | | |
> |---|---|
> | 강박장애 | • 전체 지능지수 110 이상
• 상식·어휘문제 점수가 높음(주지화)
• 이해 점수가 낮음(회의적 경향이 원인)
• 언어성 지능 > 동작성 지능 : 강박적인 주지화 경향을 반영 |
> | 불안장애 | • 숫자외우기, 산수, 바꿔쓰기, 차례맞추기 점수가 낮음
• 사고의 와해나 혼란은 없음 |
> | 반사회성성격장애 | • 언어성 지능 < 동작성 지능
• 소검사 간 분산이 심한 편
• 사회적 상황에 대한 예민성
• 바꿔쓰기, 차례맞추기 점수가 높음
• 개념형성 점수가 낮음
• 되는대로 노력없이 아무렇게나 대답
• 비사회적 규준
• 지나친 관념화, 주지화, 현학적인 경향을 보일 수 있음 |

정답 48 ② 49 ②

50 WAIS-IV의 연속적인 수준 해석절차의 2단계는? 19년 기출

① 소검사 반응내용 분석
② 전체 척도 IQ 해석
③ 소검사 변산성 해석
④ 지수점수 및 CHC 군집 해석

> **해설**
> WAIS-IV의 연속적인 수준 해석절차(Groth-Marnat & Wright)
> • 1단계 : 전체 IQ(FSIQ)와 GAI 해석 (②)
> • 2단계 : 지수점수 및 CHC 군집 해석 (④)
> • 3단계 : 소검사 간 변산성에 대한 분석 및 해석 (③)
> • 4단계 : 과정점수를 포함한 질적 분석 및 해석
> • 5단계 : 소검사 내 변산성에 대한 분석 및 해석 (①)

51 신경심리검사에 대한 설명으로 옳은 것은? 21, 23년 기출

① 브로카와 베르니케(Broca & Wernicke)는 실행증 연구에 뛰어난 업적을 남겼으며, 벤톤(Benton)은 임상신경심리학의 창시자라고 할 수 있다.
② X레이, MRI 등 의료적 검사결과가 정상으로 나온 경우에는 신경심리검사보다는 의료적 검사결과를 신뢰하는 것이 타당하다.
③ 신경심리검사는 환자에 대한 진단, 환자의 강점과 약점, 향후 직업능력의 판단, 치료계획, 법의학적 판단, 연구 등에 널리 활용된다.
④ 신경심리검사는 고정식(Fixed) 배터리와 융통식(Flexible) 배터리 접근이 있는데, 두 가지 접근 모두 하위검사들이 독립적인 검사들은 아니다.

> **해설**
> ③ 신경심리검사는 1차적 진단도구로 사용하는 데는 한계가 있지만, 환자의 상태를 예측하고 진단하는 데 도움을 주며 널리 활용될 수 있다.
> ① 브로카와 베르니케(Broca & Wernicke)는 실어증 연구에 뛰어난 업적을 남겼다. 또한 임상신경심리학은 1936년 라슐리(Lashley)가 심리학에 도입하여 사용하기 시작하였고, 이후 미국의 할스테드와 라이탄(Halstead & Reitan), 구 소련의 루리아(Luria) 등이 발전시켰다.
> ② 신경심리검사는 신경영상기법의 첨단장비로 탐지해 낼 수 없는 미세한 초기의 장애를 탐지해 낼 수 있고, 뇌 행동관계의 기능적 측면에 대한 세부적 정보를 평가할 수 있도록 하므로 의료적 검사와 함께 유효하게 사용된다.
> ④ 융통식(Flexible) 배터리 접근은 검사 조건에 따라 총집 형태로 사용할 수도 있고, 각 검사를 독립적인 개별 검사로도 사용할 수 있다.

52 신뢰도의 추정방법 중 반분신뢰도의 장점은? 13, 18, 25년 기출

① 검사의 문항 수가 적어도 된다.
② 반분된 검사가 동형일 필요가 없다.
③ 단 1회의 시행으로 신뢰도를 구할 수 있다.
④ 속도검사의 신뢰도를 추정하는 데 적합하다.

> **해설**
> ① 검사를 양분하는 반분신뢰도의 특성상 양분된 각 측정도구의 문항 수는 그 자체가 각각 완전한 척도를 이룰 수 있도록 충분히 많아야 한다.
> ② 반분신뢰도는 하나의 검사를 두 부분으로 나누어 신뢰도를 추정하는 일종의 축소판 동형검사신뢰도 추정방법으로 볼 수 있다.
> ④ 속도검사는 제한된 시간 내에 얼마나 빠르고 정확하게 정답에 반응하는가를 측정하는 방식이다. 검사문항이 대체로 획일적이고 난이도 수준이 높지 않으므로, 반분신뢰도를 사용하여 신뢰도를 추정하는 데 있어서 부적합하다.

53 다음 중 성격평가질문지(PAI)의 특징과 가장 거리가 먼 것은? 13년 기출

① 현대의 문항반응이론에 근거해서 제작되었다.
② 각 척도는 고유문항으로 구성되어 있고 문항의 중복이 없다.
③ 정상인보다는 정신병리적 특징을 가진 사람들에게 더 유용하다.
④ 각 척도는 3~4개의 하위척도로 구분되어 있어서 장애의 상대적 속성을 평가할 수 있다.

> **해설**
> 성격평가질문지(PAI ; Personality Assessment Inventory)는 환자집단의 성격 및 정신병리적 특징은 물론 정상인의 성격평가에 매우 유용하다. 미네소타 다면적 인성검사(MMPI)의 경우 수검자의 비정상행동을 측정하는 데 중점을 둠으로써 정상인보다는 정신병리적 특징을 가진 사람들에게 더 유용한 반면, 성격평가질문지(PAI)는 이들 모두에게 유용한 것으로 평가되고 있다.

정답 52 ③ 53 ③

54 MMPI-2의 타당도척도 점수 중 과잉보고(Over-Reporting)로 해석 가능한 경우는?   18년 기출

① TRIN(f방향) 82점, FBS 35점
② F 75점, F(P) 80점
③ VRIN 80점, K 72점
④ F(B) 52점, K 52점

> **해설**
> MMPI-2 타당도척도의 의미
>
> | 구 분 | 척 도 | 내 용 |
> |---|---|---|
> | 무효반응 | ?(무응답) | 피검자가 빠짐없이 문항에 응답했는지, 문장을 제대로 읽고 일관성 있게 응답했는지를 탐지 |
> | | VRIN(무선반응 비일관성) | |
> | | TRIN(고정반응 비일관성) | |
> | 과잉보고 | F(비전형) | • 사람들이 일반적으로 반응하지 않는 방식으로 응답했는지에 대한 정보제공
• 과잉보고(Over-Reporting)의 경향성 탐색(증상인정) |
> | | F(B)(비전형-후반부) | |
> | | F(P)(비전형-정신병리) | |
> | | FBS(증상타당도) | |
> | 과소보고 | L(부인) | • 자신의 모습을 과도하게 긍정적으로 제시하고자 했는지에 대한 정보제공
• 과소보고(Under-Reporting)의 경향성 탐색(증상부인) |
> | | K(교정) | |
> | | S(과장된 자기제시) | |

55 다면적 인성검사(MMPI-2)에서 개인의 전반적인 에너지와 활동수준을 평가하며 특히 정서적 흥분, 짜증스런 기분, 과장된 자기지각을 반영하는 척도는?   22년 기출

① 척도 1
② 척도 4
③ 척도 6
④ 척도 9

> **해설**
> ④ 척도 9 Ma(Hypomania, 경조증)는 심리적·정신적 에너지의 수준과 관련된 것으로, 인지영역에서는 사고의 비약이나 과장을, 행동영역에서는 과잉활동적 성향을, 정서영역에서는 과도한 흥분상태, 민감성, 불안정성을 반영한다.
> ① 척도 1 Hs(Hypochondriasis, 건강염려증)는 수검자의 신체적 기능 및 건강에 대한 과도하고 병적인 관심과 관련된 것으로, 신체기능에 대한 과도한 불안이나 집착 같은 신경증적인 걱정의 여부를 반영한다.
> ② 척도 4 Pd(Psychopathic Deviate, 반사회성)는 반사회적 일탈행동, 가정이나 권위적 대상 일반에 대한 불만, 반항, 적대감, 충동성, 자신 및 사회와의 괴리, 학업이나 진로문제, 범법행위, 알코올이나 약물남용, 성적 부도덕 등을 반영한다.
> ③ 척도 6 Pa(Paranoia, 편집증)는 대인관계에서의 민감성, 의심증, 집착증, 피해의식, 자기 정당성 등을 반영한다.

56 MMPI-2의 임상척도 중 0번 척도가 상승한 경우 나타나는 특징은? 20년 기출

① 외향적이다.
② 소극적이다.
③ 자신감이 넘친다.
④ 관계를 맺는 데 능숙하다.

> **해설**
> 척도 0 Si(Social Introversion, 내향성)
> - 혼자 있는 것을 좋아하는 정도(내향성)를 반영한다.
> - 높은 점수는 내성적이어서 수줍어하며 위축되어 있다.
> - 높은 점수는 사회적으로 보수적이고 순응적이며, 지나치게 억제적이고 무기력하다. 또한 긴장하고 융통성이 없으며, 죄의식에 잘 빠진다.
> - 원판 MMPI에서는 총 70개의 문항으로 구성되어 있으나, MMPI-2에서는 1문항이 제외되어 총 69개의 문항으로 구성되었다.

57 MMPI-2 코드 쌍의 해석적 의미로 <u>틀린</u> 것은? 16, 22, 25년 기출

① 4-9 – 행동화적 경향이 높다.
② 1-2 – 다양한 신체적 증상에 대한 호소와 염려를 보인다.
③ 2-6 – 전환증상을 나타낼 경우가 많다.
④ 3-8 – 사고가 본질적으로 망상적일 수 있다.

> **해설**
> 전환증상을 나타내는 경우가 많은 것은 1-3 상승척도 쌍에 해당된다.
>
> 1-3 코드 쌍
> - 심리적인 문제가 신체적인 증상으로 전환되어 나타남
> - 자신의 외현적 증상이 심리적인 요인에 의한 것임을 인정하지 않으려 함
> - 부인(부정)의 방어기제를 사용하여 자신의 우울감이나 불안감을 잘 드러내지 않음
> - 스트레스를 받는 경우 사지의 통증이나 두통, 흉통을 보이며, 식욕부진, 어지럼증, 불면증을 호소하기도 함
> - 자기중심적인 동시에 의존적인 성향을 나타내며 대인관계에서 피상적
> - 전환장애의 가능성
>
> 2-6 코드 쌍
> - 심각한 정서적 어려움을 겪고 있는 정신병 초기의 환자에서 종종 나타남
> - 평소 우울한 상태에 있으며, 그러한 우울한 감정에는 분노와 적개심이 내재해 있음
> - 보통 우울증 환자와 달리 자신의 공격성을 공공연하게 드러냄
> - 타인의 친절을 거부하고 곧잘 시비를 걸며, 보통의 상황에 대해 악의적인 해석을 내림
> - 편집증적 경향이 현저하게 나타나기도 함

정답 56 ② 57 ③

58 노년기 인지발달의 특징에 관한 설명으로 옳지 <u>않은</u> 것은? 14, 20, 23, 25년 기출

① 일화기억보다 의미기억이 더 많이 쇠퇴한다.
② 노년기 인지기능의 저하는 처리속도의 감소와 관련이 있다.
③ 연령에 따른 지능의 변화 양상은 지능의 하위 능력에 따라 다르다.
④ 노인들은 인지기능의 쇠퇴에 직면하여 목표범위를 좁혀나가는 등의 최적화 책략을 사용한다.

> **해설**
>
> **노년기 인지적 변화**
> - 다양한 측면에서 지적 능력이 쇠퇴하며, 단기기억이 장기기억보다 더욱 심하게 쇠퇴한다. 의미기억보다는 일화기억이 더 많이 쇠퇴한다.
> - 연령이 증가함에 따라 정보처리속도가 감소하며, 감각기관을 통해 입수되는 정보를 운동반응으로 전환하는 능력 등이 떨어진다.
> - 인지적 능력이 감소하는 경향이 있으나 추론능력 등 경험의 축적을 통해 습득된 능력은 비교적 유지된다.
> - 자기중심적이고 원시적인 방법으로 문제를 해결하려는 경향을 나타내 보인다.

59 다음에서 설명하는 MBTI의 선호지표에 따른 성격유형으로 옳은 것은? 25년 기출

> - 지금, 현재에 초점
> - 실제 경험을 강조
> - 숲보다는 나무를 보려는 경향
> - 세부적 · 사실적 · 실리적

① 내향형(Introversion)
② 사고형(Thinking)
③ 감각형(Sensing)
④ 판단형(Judging)

> **해설**
>
> **MBTI 감각형(Sensing)의 특징**
> - 지금, 현재에 초점
> - 실제 경험을 강조
> - 정확함, 철저한 일처리
> - 나무를 보려는 경향
> - 세부적 · 사실적 · 실리적
> - 일관성
> - 가꾸고 추수함

60 MMPI-2의 L척도가 상승했을 때의 해석과 가장 거리가 먼 것은?　　　　　　　　　　　　　　　　　15년 기출

① 자신의 동기에 대한 통찰력과는 부적 상관관계가 있다.
② 지능이 높고 교육수준이 높을수록 상승하는 경향이 있다.
③ 이상적으로 자신을 나타내고자 하는 경우 상승한다.
④ 억압이나 부정 방어기제가 높을수록 상승하는 경향이 있다.

> **해설**
> **L척도**
> - 사회적으로 찬양할 만하나 실제로는 극도의 양심적인 사람에게서 발견되는 태도나 행동을 측정
> - 자신을 좋은 모양으로 나타내 보이려는 다소 고의적이고도 부정직하며 세련되지 못한 시도를 측정하려는 척도
> - 수검자의 지능, 교육수준, 사회경제적 위치 등과 연관이 있으며, 특히 지능 및 교육수준이 높을수록 L척도는 낮게 나옴
> - MMPI의 모든 척도가 경험적 방법으로 도출된 문항으로 구성된 반면, L척도만은 논리적 근거에 의해 선발된 문항으로 구성됨
> - 예 때때로 욕설을 퍼붓고 싶어지는 때가 있다(아니다), 가끔 화를 낸다(아니다) 등

제4과목 임상심리학

61 체계적 둔감법에 관한 설명으로 틀린 것은?　　　　　　　　　　　　　　　　　　　　　　　16년 기출

① 기본 절차는 조작적 조건형성의 원리에 기초한 치료기법이다.
② 주로 불안과 관련된 부적응 행동의 치료에 사용된다.
③ 불안을 일으키는 자극들을 반복적으로 이완상태와 짝 지운다.
④ 신경성식욕부진증, 충동적 행동, 우울증을 치료하는 데도 사용된다.

> **해설**
> 체계적 둔감법은 고전적 조건형성의 원리에 기초한 치료기법이다.
>
> **체계적 둔감법(Systematic Desensitization)**
> - Wolpe(1958)에 의해 개발된 것으로, 불안장애 가운데 특정 상황이나 동물, 대상에 대해 공포를 느끼는 특정 공포증의 치료에 효과적이다.
> - 체계적 둔감법은 심리적 불안과 신체적 이완은 병존할 수 없다는 것을 전제로 하는 상호억제(Reciprocal Inhibition)의 원리를 이용하는 기법으로, 이미 조건형성된 부적응적 반응을 해체시키는 새로운 조건형성이 이루어진다는 점에서 탈조건형성(Deconditioning)이라고 불리기도 한다.
> - 시행과정은 '근육이완 → 불안위계목록 작성 → 체계적 둔감법의 시행'으로, 둔감화의 과정은 내담자가 눈을 감고 이완된 상태에서, 처음에는 불안이 없는 중립적인 장면을 상상하도록 한 후 불안위계표에 따라 가장 낮은 수준의 불안 유발 장면부터 높은 수준의 불안 유발 장면으로 점진적으로 진행한다.
> - 이때 내담자가 불안을 경험하고 있다는 신호를 보내면 중단하고 다시 이완을 반복하면서 내담자가 가장 높은 수준의 불안을 나타낸 장면에서도 이완된 상태를 지속적으로 유지할 수 있도록 하는 것이다.

정답 60 ② 61 ①

62 파킨슨병 및 헌팅턴병과 같은 운동장애의 발병과 관련이 가장 큰 것은? 10, 15년 기출

① 변연계 ② 기저핵
③ 시상 ④ 시상하부

> **해설**
> 기저핵은 운동을 통제하는 기능을 담당하고 있는 것으로, 기저핵이 손상되는 경우 신체 근육이 경직되어 몸을 제대로 움직이지 못하는 파킨슨병, 또는 자신의 의지와 상관없이 무의미한 상동증적 움직임을 반복하는 헌팅턴병이 발병할 수 있다.
>
> **참고**
> - 변연계 : 중뇌와 전뇌 중간에 위치하며, 변연계의 한 부분인 해마는 기억 역할을 담당. 정서, 학습, 기억 등과 연관
> - 시상 : 중뇌에서 앞부분으로 연결된 구조. 대뇌피질로 향하는 통로가 되는 감각 중계소로, 후각을 제외한 모든 감각기관에서부터 정보를 수용하는 기관. 감각기관을 통해 올라온 정보가 이곳에 전달되며 이곳을 거쳐 대뇌피질로 전파됨. 즉 시상은 감각정보를 중계하는 장소
> - 시상하부 : 시상 아래 부분에 위치한 조그만 조직. 신체의 내적 환경을 통제하고 조절하는 역할을 수행. 특히 뇌하수체와 상호작용하면서 호르몬 분비나 체온 및 혈당수준을 조절. 장기 및 신체기능(체온, 신진대사, 내분비선의 균형 조절)

63 다음과 같은 면접의 유형은? 15년 기출

> 이 면접은 전형적으로 인지, 정서 혹은 행동에 문제가 있는지 여부를 신속히 평가하고, 흔히 비구조적으로 행해졌기 때문에 신뢰도가 다소 낮은 한계점이 있었다. 이 문제를 보완하기 위해 구조적 면접이 고안되었고, 다양한 영역에서 보이는 행동을 포함하기 위해 특별한 질문이 보완되고 있다. 다양한 정신건강 전문가들을 위한 중요한 임상면접 중 하나이다.

① 개인력면접
② 접수면접
③ 진단적 면접
④ 정신상태검사면접

> **해설**
> **정신상태검사면접(Mental Status Examination Interview)**
> - 진단 면접 시 부수적으로 사용되기도 하는 방법으로, 환자의 인지, 정서 혹은 행동상에 문제가 있는지 여부를 신속히 평가한다.
> - 환자의 행동 및 태도, 감각기능 및 사고기능, 지각장애, 기분 및 정서, 통찰력과 자아개념 등을 검진한다.
> - 직접적 관찰과 질문, 간단한 형태의 검사(예 숫자를 100부터 3씩 빼기, 속담의 의미에 대한 질문 등) 등을 실시하며, 주로 정신병적 이상이나 뇌기능의 손상이 의심될 때 사용한다.
> - 흔히 비구조적으로 행해졌기 때문에 신뢰도가 다소 낮은 한계점이 있었으나, 이 문제를 보완하기 위해 구조적 면접이 고안되었고, 다양한 영역에서 보이는 행동을 포함하기 위해 특별한 질문들이 보완되고 있다.

정답 62 ② 63 ④

64 기억력 손상을 측정하는 검사가 아닌 것은?   20년 기출

① Wechsler Memory Scale
② Benton Visual Retention Test
③ Rey Complex Figure Test
④ Wisconsin Card Sorting Test

> **해설**
> 위스콘신 카드분류검사(WCST ; Wisconsin Card Sorting Test)
> 사고의 유연성을 측정하기 위해 개발된 검사도구로, 실행능력을 평가하는 대표적인 검사이다. 이 검사는 인지적인 유연성과 문제해결능력을 평가하는 데 활용할 수 있으며 이와 관련하여 전두엽의 기능을 평가할 수 있다.

65 Cormier와 Cormier가 제시한 적극적 경청 기술과 그 내용에 해당하지 않는 것은?   20년 기출

① 해석 – 당신이 그 사람과의 관계에서 재미없다고 말할 때 성적 관계에서 재미없다는 말씀으로 들립니다.
② 요약 – 이제까지의 말씀은 당신이 결혼하기에 적당한 사람인지 불확실해서 걱정하신다는 것이지요.
③ 반영 – 당신은 그 사람과의 관계에서 지루함을 느끼고 있군요.
④ 부연 – 그래서 당신은 자신의 문제 때문에 결혼이 당신에게 맞는지 확신하지 못하는군요.

> **해설**
> ① 해석이 아닌 명료화의 예에 해당한다. 명료화는 개인이 자신의 메시지를 정교화하도록 돕는 것은 물론 면접자가 그 메시지를 이해하고 있음을 확실히 하기 위해 필요하다.
>
> 적극적 경청 기술(Cormier & Cormier)
> • 부연 : 말한 내용에 대해 알기 쉽게 다른 표현으로 말하는 것이다.
> • 반영 : 개인이 자신의 느낌을 더 잘 표현하고 이해하도록 격려하기 위해 말하고 있는 것에 대한 느낌을 이해하기 쉽게 바꾸어 말하는 것을 포함한다.
> • 요약 : 부연과 반영을 모두 포함하는 것으로, 몇 가지 논점들을 조리 있고 간단한 메시지로 묶기 위한 시도이다.
> • 명료화 : 메시지가 완전히 이해되고 있음을 확실히 하기 위해 질문하는 것이다.

66 심리평가에서 임상적 예측을 시행할 때 자료통계적 접근법이 더욱 권장되는 경우는? `20년 기출`

① 매우 드물게 발생하며, 비정상적인 사건으로서 지극히 개인적인 일을 예측하고 판단 내려야 하는 경우
② 다수의 이질적인 표본들을 대상으로 한 경우로 한 개인의 특성에 대한 관심은 적은 경우
③ 적절한 검사가 없는 영역이나 사건에 대한 정보가 필요한 경우
④ 예측하지 못한 상황변수가 발생하여 공식이 유용하지 않게 되는 경우

> **해설**
> (자료)통계적 접근의 장점
> - 임상적 예측을 시행할 때 수량적·통계적 접근을 하는 것은 결과 또는 예측되는 사건이 알려져 있거나 특정한 것일 때 효과적이다. 특히 상당히 많은 사람들을 대상으로 하거나 다수의 이질적인 표본들을 대상으로 하는 경우, 한 개인의 수행을 정확히 예측하는 것보다 정확한 예측을 한 비율이 중요한 경우 더욱 그러하다.
> - 예를 들어, 대학 신입생의 학점을 예측하는 검사를 실시할 경우 임상가는 신입생 개인의 성격요인을 탐색하기보다는 그들의 고등학교 성적과 성취검사 점수와 같은 객관적인 자료들을 참고하여 예측할 수 있다.

67 지역사회 심리학에서 강조하는 사항과 가장 거리가 먼 것은? `20년 기출`

① 지역사회 조직과의 관계 개발을 강조한다.
② 준전문가의 역할과 자조활동을 강조한다.
③ 전통적인 입원치료에 대한 지역사회의 대안을 강조한다.
④ 유지되는 능력보다는 결손된 능력을 강조한다.

> **해설**
> ④ 지역사회 심리학은 결손된 능력보다는 자원 및 강점을 파악하고 이를 개발하여 정신건강 문제 해결을 위한 대안을 마련하는 데 주력한다.
>
> 지역사회 심리학
> - 사람과 지역사회의 자원 및 강점을 파악하고 이를 개발하여 지역 내 정신건강 문제의 해결을 위한 대안을 마련하는 데 주력한다.
> - 인간자원개발, 정치활동, 과학에 관심을 가지며, 치유보다는 예방을 목표로 한다.
> - 지역사회 중심의 공공 정신보건체계를 강조하며, 정신질환자 또는 정신장애인을 기존의 병원이나 수용소가 아닌 가족, 학교, 직장, 광범위한 장소 등 지역사회 내의 다양한 사회구조로 흡수하는 것을 강조한다.
> - 전문가의 자문가로서의 역할과 함께 위기개입에 있어서 훈련된 준전문가의 역할을 강조한다.

68 비밀보장에 관한 설명으로 틀린 것은? **16년 기출**

① 내담자에게 얻은 정보에 대한 비밀보장을 중요시해야 한다.
② 내담자 자신이나 타인에게 명백한 위험을 초래하게 되는 경우에도 비밀보장은 준수되어야 한다.
③ 적절한 시기에 내담자들에게 비밀보장의 법적인 한계에 대하여 알려주어야 한다.
④ 전문적인 관계에서 얻은 정보나 평가자료는 전문적인 목적을 위해서만 토론되어야 한다.

> **해설**
> 비밀보장 예외규정(한국심리학회 윤리강령 규정)
> - 필요한 전문적 서비스를 제공하기 위한 경우
> - 적절한 전문적 자문을 구하기 위한 경우
> - 내담자/환자, 심리학자 또는 그 밖의 사람들을 상해로부터 보호하기 위한 경우
> - 내담자/환자로부터 서비스에 대한 비용을 받기 위한 경우

69 아동의 바람직하지 않은 행동을 감소시키기 위해 사용할 수 있는 적합한 기법은? **19년 기출**

① 행동연쇄(Chaining)
② 토큰경제(Token Economy)
③ 과잉교정(Overcorrection)
④ 주장훈련(Assertive Training)

> **해설**
> 과잉교정(Overcorrection)
> - 잘못된 행동이 과도한 양상을 보이는 경우 또는 강화로 제공될 대안행동이 거의 없거나 효과적인 강화인자가 없는 경우 유용한 기법으로, 특히 아동의 바람직하지 않은 행동을 감소시키기 위해 사용할 수 있다.
> - 예를 들어, 한 아동이 물건을 부수거나 친구를 때리는 등의 폭력적인 행동을 하는 경우 즉각적으로 자연스러운 상황을 재구성하도록 요구하면서, 그와 같은 행동을 한 것에 대해 상대방 또는 집단성원들에게 사과를 하도록 요구할 수 있다.

정답 68 ② 69 ③

70 다음은 어느 항목의 윤리적 원칙에 위배되는가?   04, 11, 18, 25년 기출

> 임상심리사가 개인적인 심리적 문제를 갖고 있다든지, 너무 많은 부담 때문에 지쳐있다든지, 교만하여 더 이상 배우지 않고 배울 필요가 없다고 생각하거나, 해당되는 특정전문교육수련을 받지 않고도 특정 내담자군을 잘 다룰 수 있다고 여긴다.

① 유능성
② 성실성
③ 권리의 존엄성
④ 사회적 책임

해설
① 유능성은 임상심리학자가 자신의 강점과 약점, 자신이 가지고 있는 기술과 그것의 한계에 대해 자각해야 한다는 것이다. 그리하여 지속적인 교육수련으로 최신의 기술을 습득하며, 이를 통해 사회의 변화에 민첩하게 대응해야 한다는 점을 강조한다.
② 성실성은 임상심리학자가 성실하고 정직한 자세로 내담자에게 자신의 서비스로부터 기대할 수 있는 바를 설명하며, 자신의 작업과 관련하여 스스로의 욕구 및 가치가 어떠한 영향을 미치는지 알고 있어야 한다는 것이다. 특히 성실성에서는 환자나 내담자, 학생들과의 부적절한 다중관계나 착취관계, 성적 관계를 금한다.
③ 권리의 존엄성은 임상심리학자가 각 개인의 개성과 문화의 차이에 대해 민감해야 하며, 자신의 일방적인 지식과 편견을 다른 사람에게 강요하는 것을 금한다.
④ 사회적 책임은 임상심리학자가 자신의 개인적·금전적 이득을 떠나 자신의 전문적인 지식과 기술을 이용하여 타인을 도움으로써 사회 구성원으로서의 책임을 완수해야 한다는 점을 강조한다.

71 다음에서 보여주는 철수엄마의 행동을 가장 잘 설명한 것은?   18년 기출

> 철수의 엄마는 아침마다 철수가 심한 떼를 쓰면 기분이 상하기 때문에, 철수가 떼를 쓰기 전에 미리 깨우고, 먹여주고, 가방을 챙겨서 학교에 데려다주는 행동을 계속하고 있다.

① 정적 강화
② 처 벌
③ 행동조형
④ 회피조건형성

해설
회피조건형성
- 혐오자극이 뒤따른다는 신호를 받고 이를 회피하는 방법을 학습하는 것
- 감옥에 가지 않으려고 법을 준수하는 행동
- 선생님의 야단을 맞지 않으려고 숙제를 꼬박꼬박 하는 행동

72 프로이트(Freud)의 정신분석적 심리치료에 대한 비판을 토대로 발전한 신 프로이트학파의 주요 인물 및 치료접근법에 해당하지 <u>않는</u> 것은? 17, 25년 기출

① 아들러(Adler)의 개인심리학
② 설리번(Sullivan)의 대인관계이론
③ 페어베언(Fairbairn)의 대상관계이론
④ 글래서(Glasser)의 통제이론

> **해설**
> 프로이트(Freud) 사후 정신분석의 2가지 흐름(1939년 이후)
> - 프로이트 사후에 정신분석학파는 크게 2가지 흐름으로 발전하였다.
> - 하나는 프로이트의 이론과 기법을 더 정교하게 발전시킨 것으로, 안나 프로이트(Anna Freud), 하트만(Hartmann)의 자아심리학, 페어베언(Fairbairn)과 위니콧(Winnicott)의 대상관계이론, 코헛(Kohut)의 자기심리학 등이 해당된다.
> - 다른 흐름은 무의식의 존재는 인정하지만 프로이트가 주장한 이론들을 비판하며 독자적인 이론체계를 발전시킨 신 프로이트학파로, 에릭슨(Erikson), 융(Jung), 아들러(Adler), 라캉(Lacan), 설리번(Sullivan), 호나이(Horney), 프롬(Fromm) 등이 이에 해당된다.

73 암, 당뇨 등과 같은 질병을 진단받은 환자들을 위한 효과적인 집단개입으로 가장 적합한 것은? 12, 17년 기출

① 정신역동적 집단치료
② 가족치료
③ 인본주의적 집단치료
④ 심리·교육적 집단치료

> **해설**
> 심리·교육적 집단치료는 환자를 교육하는 것을 목적으로 하며, 동일한 질병 혹은 문제를 가진 환자집단을 대상으로 질병에 대하여 교육하거나 관리프로그램 등을 제공하는 치료방법이다.

74 임상클리닉에 설치된 일방거울(One-way Mirror)을 통해 결혼생활에 문제가 있는 부부의 대화 및 상호작용을 관찰하여 이들의 의사소통 문제를 평가하였다면 이러한 관찰법은? **15년 기출**

① 자연관찰법(Naturalistic Observation)
② 유사관찰법(Analogue Observation)
③ 자기관찰법(Self-monitoring Observation)
④ 참여관찰법(Participant Observation)

해설

관찰법의 유형
- 유사관찰법(Analogue Observation)
  - 관찰의 효율성을 높이기 위해 제한이 가해진 체계적인 환경(면담실, 놀이실 등)에서 관찰하는 방법
  - 장점 : 문제행동을 포착하는 데 적은 시간이 소요되며, 비용면에서 효율적
  - 단점 : 수집된 자료의 타당성 확보의 어려움
- 자연관찰법(Naturalistic Observation)
  - 관찰자가 내담자의 환경(병동, 가정, 교실, 직장 등)에 들어가서 내담자의 행동을 관찰하는 방법
  - 장점 : 많은 정보를 확보할 수 있어 기초자료 수집에 효과적
  - 단점 : 시간이 오래 걸리고, 비용면에서 비효율적
- 자기관찰법(Self-monitoring Observation)
  - 관찰자가 자신의 행동(주로 흡연, 음주, 음식섭취, 두통, 수면양상, 학교에서의 행동 등)을 스스로 관찰하는 방법
  - 장점 : 내담자가 자신의 행동에 대한 피드백을 통해 문제행동을 스스로 통제할 수 있는 계기를 마련할 수 있음
  - 단점 : 내담자가 스스로 왜곡할 수 있음
- 참여관찰법(Participant Observation)
  - 내담자의 환경에 관여하고 있는 내담자의 주변 인물(주로 부모, 교사 등)이 내담자의 행동을 관찰하는 방법
  - 장점 : 자연스러운 환경에서 자료수집이 가능하며, 광범위한 문제행동에 적용 가능
  - 단점 : 관찰자의 편견이나 선입견 개입 가능성

75 건강심리학 분야의 주된 관심 영역과 가장 거리가 먼 것은? 16, 18, 19, 25년 기출

① 흡 연
② 우울증
③ 비 만
④ 알코올 남용

> **해설**
>
> **건강심리학(Health Psychology)**
> - 최근에 등장하여 급속도로 성장하고 있는 심리학 영역
> - 건강의 유지 및 증진, 질병의 예방 및 치료를 목적으로 심리학적인 이론과 방법을 동원하는 학문
> - 현대인들의 주된 질병 및 사망의 원인을 심리사회적 관점에서 보는 것으로, 건강에 대한 관심이 증폭되면서 현저하게 발전하고 있음
> - 전통적인 임상심리학이 불안장애나 우울장애 등 정신적인 병리에 초점을 둔 반면, 건강심리학은 정신적 병리와 함께 암이나 심혈관질환 등 신체적 병리에도 관심을 가짐
> - 신체적 질병이 특히 생활습관이나 스트레스에 대한 대처방식과 밀접한 연관을 가진다는 점을 강조
> - 연구와 임상실제를 통해 신체적, 심리적, 정신적 건강의 증진 및 유지를 목표로 함
> - 금연, 체중조절, 스트레스 관리 등을 위한 다양한 프로그램을 연구, 개발, 실행하고 있음
>
> **건강심리학 영역**
> - 스트레스에 대한 관리 및 대처
> - 만성질환을 포함한 신체질병(심혈관계 질환, 면역계 질환, 암, 당뇨, 소화기 질환 등)
> - 물질 및 행위중독(알코올 중독, 흡연중독, 도박중독, 인터넷 중독 등)
> - 섭식문제(비만, 다이어트, 폭식, 섭식장애 등)
> - 건강관리 및 증진(성행위 등에서의 위험행동 감소전략, 운동, 수면 및 섭식습관 개선 등)
> - 개입 및 치료기법(행동수정, 인지치료, 명상, 이완법, 마음챙김과 수용에 기반한 인지행동적 치료기법, 바이오피드백 기법 등)
> - 통증관리, 수술환자의 스트레스 관리, 임종관리
> - 분노를 포함한 다양한 정서관리
> - 삶의 질, 웰빙(Well-being)
> - 건강 커뮤니케이션, 건강 정책 등

정답 75 ②

76 내담자중심치료에서 치료자의 주요 기능과 가장 거리가 먼 것은? 18, 25년 기출

① 자유로운 분위기를 제공하는 것
② 내담자 자신과 주변세계에 대해 스스로의 지각을 높이게 하는 것
③ 충고, 제안, 해석 등을 제공하는 것
④ 내담자가 자신에 대해 더 많이 말할 수 있도록 하는 반응들을 나타내 보이는 것

> **해설**
> 내담자중심치료의 특징
> - 로저스는 정신분석학의 근본적인 한계성에 대한 반응으로 내담자중심요법을 개발
> - 내담자중심치료는 내담자의 주관적이고 현상적인 세계, 그리고 내담자의 경험을 강조
> - 로저스는 사람의 행동을 잘 이해하려면 그 사람의 내적 준거체계를 이해해야 한다고 주장
> - 내담자를 변화하도록 이끄는 기본동기는 내담자의 자기실현경향이라는 점을 강조
> - 상담자는 내담자가 문제를 해결하기 위한 자신의 능력을 발견하도록 도움을 주며, 내담자의 개인적 성장의 촉매로서 주로 작용
> - 치료에서는 주도권을 내담자가 갖고 이끌어 나가며, 자신의 방향을 발견할 수 있다는 내담자의 능력에 큰 신뢰를 둠

77 합리적 정서치료에 대한 설명으로 틀린 것은? 18년 기출

① Aaron Beck이 개발했다.
② 환자가 사물에 대해 생각하는 방식을 바꿈으로써 행동변화를 목적으로 한다.
③ 해석은 문제가 되는 감정적, 행동적 결과(C)를 결정하는 사건과 상황(A)에 대한 믿음(B)이다.
④ 이 치료의 기본목적은 사람들이 자신이 가진 비논리적 사고에 직면하게 만드는 것이다.

> **해설**
> Albert Ellis가 개발했다.

78 K-WAIS-Ⅳ의 하위검사 중 주어진 시각적 자극의 전체를 고려하여 답을 끌어내는 능력을 측정하며, 시각적 추론의 적절성을 평가하는 검사는? 16년 기출

① 기호쓰기
② 동형찾기
③ 토막짜기
④ 행렬추리

> **해설**
>
> 행렬추리(MR ; Matrix Reasoning)
> - 그림 중 일부가 빠져 있는 미완성 행렬 매트릭스를 보고, 행렬 매트릭스를 완성할 수 있는 반응선택지를 고르는 것
> - 유동적 지능, 광범위한 시각적 지능, 시공간 정보에 대한 동시적 처리능력, 분류와 공간적 능력, 부분과 전체의 관계를 파악하는 능력, 지각적 조직화 능력 등과 관련
> - 유동적 추론능력을 측정하는 대표적인 검사 중 하나로, 교육 및 문화적 경험의 영향을 비교적 받지 않는 것으로 알려져 있음

79 브로카(Broca) 영역 및 그 안쪽에 있는 백질과 주변 영역이 손상되었을 때 나타나는 증상은? 16년 기출

① 언어적 표현의 장애 혹은 표현적 실어증
② 언어적 이해의 장애 혹은 수용적 실어증
③ 목표지향적 운동을 수행하지 못하는 실행증
④ 소리가 인식되거나 해석되지 못하는 실인증

> **해설**
>
> 브로카 영역
> 좌측 전두엽 하부에 위치해 있으며, 이 부분에 손상을 입는 경우를 브로카 실어증(표현 실어증)이라 부르며, 이해는 비교적 온전하나 말을 더듬거리거나 말소리 분절이 잘 안되며, 어조나 발음이 이상할 수 있다.

정답 78 ④ 79 ①

80 대뇌피질 각 영역의 기능에 관한 설명으로 옳은 것은?

16년 기출

① 측두엽 – 망막에서 들어오는 시각정보를 받아 분석하며 이 영역이 손상되면 안구가 정상적인 기능을 하더라도 시력을 상실하게 된다.
② 후두엽 – 언어를 인식하는 데 중추적인 역할을 하며 정서적 경험이나 기억에 중요한 역할을 담당한다.
③ 전두엽 – 현재의 상황을 판단하고 상황에 적절하게 행동을 계획하며 부적절한 행동을 억제하는 등 전반적으로 행동을 관리하는 역할을 한다.
④ 두정엽 – 대뇌피질의 다른 영역으로부터 모든 감각과 운동에 관한 정보를 다 받으며 이러한 정보들을 종합한다.

해설

③ 전두엽(Frontal Lobe)
- 대뇌피질의 앞부분에 위치하며, 전체의 약 40%를 차지
- 골격근의 운동을 통제하는 일차운동피질
- 창조의 영역으로, 운동기능, 자율기능, 감정조절기능, 행동계획 및 억제기능 등을 담당
- CEO의 역할을 하는 것으로서, 예지력, 판단, 지혜, 동기, 전략 세우기, 계획 등과 관련
- 전두엽의 맨 앞부분에 위치한 전전두엽은 고차적인 정신활동을 담당하는 영역으로, 인지 및 사고, 판단작용과 행동계획, 창의성 등을 관장

① 측두엽(Temporal Lobe)
- 대뇌피질의 측면에 위치하며, 전체의 약 21%를 차지
- 일차청각피질과 연합피질로 구성
- 판단과 기억의 영역으로, 언어, 청각, 정서적 경험 등을 담당

② 후두엽(Occipital Lobe)
- 뇌의 뒷부분에 위치하며, 전체의 약 17%를 차지
- 일차시각피질과 시각연합피질로 구성
- 시각의 영역으로, 망막에서 들어오는 시각정보를 분석·통합하는 역할을 담당

④ 두정엽(Parietal Lobe)
- 뇌의 윗부분 중앙에 위치하며, 전체의 약 21%를 차지
- 일차체감각피질과 연합피질로 구성
- 이해의 영역으로, 공간지각, 운동지각, 신체의 위치판단 등을 담당
- 신체 각 부위의 개별적인 신체 표상을 비롯하여 입체적, 공간적 사고, 수학적 계산 및 연상기능 등을 수행

제5과목 심리상담

81 다음은 어떤 상담에 관한 설명인가? 22년 기출

> 정상적인 성격발달이 특정 발달단계의 성공적인 문제 해결과 관련 있다고 보는 상담 접근

① 가족체계상담
② 정신분석상담
③ 해결중심상담
④ 인간중심상담

해설

정신분석이론의 인간발달에 대한 이해
- 프로이트(Freud)는 인간발달을 성적 추동 에너지인 리비도(Libido)로써 설명하였다. 즉, 쾌락을 주는 성적 추동 에너지의 집중이 신체의 어느 부위에서 나타나느냐에 따라 발달단계를 설명한 것이다.
- 발달단계는 '구강기', '항문기', '남근기', '잠복기', '생식기'로 이어지게 되며, 각 발달단계에서 추구하는 욕구가 적절히 충족되면 다음 단계로의 이행이 자연스럽게 이루어지고 건강한 성격을 형성하게 된다.
- 그러나 각 시기에 리비도가 충분히 만족되지 못하거나 과잉충족이 일어나면 고착현상이 나타나게 되어 다음 단계로의 이행을 어렵게 만든다.
- 이와 같이 정신분석이론은 각 발달단계에서의 적절한 욕구 만족, 즉 성공적인 문제해결이 정상적인 성격발달에 필수적임을 강조한다.

82 로저스(Rogers)의 인간중심상담이론의 기본명제에 관한 설명으로 **틀린** 것은? 17년 기출

① 모든 개인은 본인이 중심이 되고 끊임없이 변화하는 경험의 세계에 존재한다.
② 유기체는 경험하고 지각하는 대로 장(Field)에 반응한다.
③ 행동이해를 위한 가장 좋은 관점은 개인의 외적 참조준거에서 나온다.
④ 유기체에 의해 선택된 대부분의 행동방식은 자기개념과 일치하는 것이다.

해설

인간의 주관적 경험을 존중·강조하는 접근법으로 인간행동은 세상을 지각하는 방식에 따라 달라진다고 가정한다.

정답 81 ② 82 ③

83 약물중독의 진행 단계로 옳은 것은?

13, 18년 기출

① 실험적 사용단계 → 사회적 사용단계 → 의존단계 → 남용단계
② 실험적 사용단계 → 사회적 사용단계 → 남용단계 → 의존단계
③ 사회적 사용단계 → 실험적 사용단계 → 남용단계 → 의존단계
④ 사회적 사용단계 → 실험적 사용단계 → 의존단계 → 남용단계

> **해설**
> 약물중독(물질중독)의 진행 단계
>
> | 실험적 사용단계 (제1단계) | • 호기심 혹은 모험심의 일차적인 동기에서 물질을 실험적으로 사용한다.
• 약물의 정서적 영향에 대해 별다른 관심이나 주의를 기울이지 않는다. |
> |---|---|
> | 사회적 사용단계 (제2단계) | • 사회적 상황에서 이루어지는 물질사용으로, 특히 청소년의 경우 또래집단이 사회적 사용을 용이하게 한다.
• 약물에 의해 기분전환이나 행동적 효과를 경험하지만, 대부분 약물사용 후 정상적이라고 느끼므로 이를 위기로 인식하는 경우는 드물다. |
> | 도구적 사용단계/ 남용단계 (제3단계) | • 약물의 영향은 물론 약물에 의해 유발되는 기분전환에 익숙해지므로 감정을 억제하거나 강화하기 위해 의도적으로 약물을 사용하기 시작한다.
• 호기심과 쾌락을 추구하기 위해 약물을 사용하는 '쾌락적 약물사용', 스트레스와 불편한 감정(예 분노, 불안, 수치심, 고독감 등)에 대처하기 위해 약물을 사용하는 '보상적 약물사용'의 두 유형으로 구분된다. |
> | 습관적 사용단계/ 의존단계 (제4단계) | • 의존의 증상이 나타나기 시작하는 단계로, 약물사용이 개인의 일상생활에 영향을 미치게 된다.
• 약물사용 이후 주관적인 정상의 기분으로 되돌아가지 못한 채 불안감이나 우울감, 초조함 등의 증상을 느끼게 되며, 내성으로 인해 더욱 많은 양의 약물을 사용하거나 더욱 강한 새로운 약물을 사용하게 된다. |
> | 강박적 사용단계/ 강박단계 (제5단계) | • 약물사용이 강박적인 행동으로 나타나는 단계로, 약물사용에 순응한 채 이에 전적으로 매달리게 된다.
• 학교, 일, 취미는 물론 인간관계 전반에 대해 소홀해지며, 약물사용을 통제하려는 시도가 매번 실패로 돌아가므로 자존감이 더욱 약화된다. |

84 키츠너(Kitchener)가 제시한 상담의 기본적 윤리원칙 중 상담자가 내담자와 맺은 약속을 잘 지키며 믿음과 신뢰를 주는 행동을 하는 것은?

17, 22, 23년 기출

① 자율성(Autonomy)
② 무해성(Nonmaleficence)
③ 충실성(Fidelity)
④ 공정성(Justice)

> **해설**
> 키츠너(Kitchener)의 윤리적 상담을 위한 5가지 원칙
> • 자율성 존중(Respect of Autonomy) : 내담자는 자신의 행동을 스스로 결정하고 처리할 수 있는 자율적인 존재이다.
> • 무해성(Nonmaleficence) : 상담자는 다른 사람에게 해를 입히거나 위험에 빠뜨리지 않아야 한다.
> • 충실성(Fidelity) : 상담자는 내담자를 돕는 일에 열정을 가지고 충실하게 임해야 하며, 약속을 잘 지켜야 한다.
> • 공정성(Justice) : 상담자는 인종, 성별, 종교 등의 이유로 내담자를 차별하지 말아야 한다.
> • 선의(Beneficence) : 상담자는 다른 사람에게 선행을 베풀겠다는 의도를 가지고 행동해야 한다.

85 다음 중 가장 소극적 수준의 상담목표에 해당하는 것은?

① 문제해결
② 자아존중감
③ 전인적 발달
④ 개인적 강녕

> **해설**
> 상담목표의 수준
>
> | 소극적 수준 | 어떤 문제행동을 제거하거나 감소시킴으로써 달성될 수 있는 것
예 문제해결, 적응, 치료, 예방, 갈등해소 등 |
> |---|---|
> | 적극적 수준 | 새롭게 형성하거나 증가시킴으로써 달성될 수 있는 것
예 긍정적 행동변화, 합리적 결정, 전인적 발달, 자아존중감, 개인적 강녕 등 |

86 위기개입전략으로 옳지 <u>않은</u> 것은? 21년 기출

① 내담자의 즉각적인 욕구에 주목한다.
② 내담자와 진실한 관계를 형성하는 것이 중요하다.
③ 위기개입 시 현재 상황과 관련된 과거에 초점을 맞춘다.
④ 각각의 내담자와 위기를 독특한 것으로 보고 반응한다.

> **해설**
> 과거가 아닌 현실적 지지에 초점을 둔다.
>
> 위기개입의 원리
> - 신속한 개입
> - 제한된 목표
> - 현실적 지지에 초점을 둔 문제해결
> - 자립성 촉진
> - 적극적인 행동
> - 긍정적 희망과 기대
> - 클라이언트 자기상의 이해

정답 85 ① 86 ③

87 청소년의 게임중독 치료와 관련하여 가장 적합하지 않은 개입은? `16년 기출`

① PC방에 다녀온 것을 기록하게 한다.
② 상담의 목표를 부모님과 의논한 후 상담자가 정해준다.
③ 상담과정에 어머니를 조력자로 적극적으로 개입시킨다.
④ 자기관리 훈련을 시킨다.

> **해설**
> 상담목표는 상담을 받는 내담자와 함께 협의하여 구체적이고 실현가능한 것으로 결정하는 것이 바람직하다. 또한 청소년의 게임중독 치료를 위해서는 청소년 내담자뿐만 아니라 부모를 포함시키는 것이 중요하다.
>
> **인터넷 및 게임중독을 치료하기 위한 상담과정**
>
> | 단계 | 내용 |
> | --- | --- |
> | 1단계 | • 문제행동 탐색
　- 문제행동이 언제 시작되었으며, 현재까지 경과가 어떤지 관찰
　- 다른 동반 문제는 있는지, 변화하려는 내담자의 노력이나 주변의 개입이 있는지 탐색
　- 이때 인터넷 사용일지를 주 단위로 작성하게 하는 것이 도움이 될 수 있음 |
> | 2단계 | • 인터넷 사용에 대한 자기인식력 갖기
　- 인터넷 사용으로 인해 자신과 주변에 대해 새롭게 보게 하고 자신에게 변화가 필요함을 인식하는 단계 |
> | 3단계 | • 내담자의 인터넷 중독 관련 요인 탐색
　- 내담자의 인터넷 중독에 기여한 요인들을 보다 구체적으로 살펴보는 단계 |
> | 4단계 | • 행동목표 설정
　- 내담자의 문제에 맞추어 변화를 위한 행동목표를 설정하는 단계 |
> | 5단계 | • 지금 실천 가능한 대안 탐색 및 협상
　- 목표 설정 후 목표 실현 및 줄어든 인터넷 사용 시간을 보상할 수 있는 대체활동을 마련 |
> | 6단계 | • 목표 달성에 대한 점검 및 변화된 행동 유지
　- 계속적으로 목표가 어느 정도 달성되는지, 달성되는 데 어려움은 없는지, 목표를 지속적으로 성취하는 데 방해가 되는 유혹 요소들, 즉 재발요인으로 무엇이 나타나는지 등을 살핌 |

88 집단치료의 준비과정에서 다루어야 할 것과 가장 거리가 먼 것은? `15년 기출`

① 집단치료에 대한 오해
② 비현실적인 공포
③ 집단에 대한 기대
④ 집단 응집력의 제고

> **해설**
> 집단상담의 준비과정에서는 집단진행과 관련된 여러 내용들을 다루어가면서, 집단원들이 집단을 시작하며 갖게 되는 두려움이나 오해와 이와 함께 집단에 대한 기대 등을 다루어 나가는 것이 필요하다.

89 다음 중 REBT 상담에서 인지적 기법에 해당하지 않는 것은? 25년 기출

① 역할연기
② 인지적 과제
③ 내담자 언어 변화시키기
④ 비합리적 신념 논박하기

> **해설**
> ① 역할연기(역할극)는 REBT 상담의 정서적 기법에 해당한다.

---

90 성피해를 당한 아동이 보이는 행동 경향으로 보기 힘든 것은? 03년 기출

① 성피해 아동은 성피해 사실을 말한 후 죄책감을 경험하는 경향이 있다.
② 성피해 아동은 성피해 사실을 비밀에 부치는 경향이 있다.
③ 성피해 아동은 성피해 사실을 말하는 것에 대해 위기감을 느끼는 경향이 있다.
④ 성피해 아동은 성피해 사실을 말할 때 그 과정을 순서대로 정확히 말하는 경향이 있다.

> **해설**
> 아동의 입장에서 성피해 사실이나 성피해 장면에 대한 진술은 일관성이 없는 양상을 보이기도 한다. 오히려 그 과정을 순서대로 정확히 말하는 경우는 평가 전 부모로부터 어떻게 진술할 것인가에 대해 연습을 하고 나온 것일 수 있다. 따라서 상담자는 성피해 사실의 묘사나 표현들이 아동의 발달에 따른 언어로 진술되고 있는지, 즉 부모가 아닌 아동의 입장인지를 조심스럽게 들어 보고 평가할 필요가 있다.

---

91 다음과 관련된 치료적 접근은? 19년 기출

> 치료과정에서 내담자의 열등감 극복을 주요과제로 상정하며, 보상을 향한 추구행동으로서의 생활방식을 변화시키는 데 주목한다.

① 에릭슨(Erikson)의 심리사회적 발달이론
② 프로이트(Freud)의 정신분석학
③ 아들러(Adler)의 개인심리학
④ 대상관계이론

> **해설**
> **아들러(Adler)의 개인심리이론**
> • 아들러는 한 개인을 나누어질 수 없는 전체이자 목표달성을 위해 끊임없이 노력하는 존재로 보면서, 개인심리학(Individual Psychology)을 개발하였다.
> • 아들러는 인간을 목적론적 존재로 보면서 인간으로서 누구나 느끼는 열등감을 극복하여 자기완성을 이룰 것을 강조하였다.
> • 개인심리이론에서는 인간을 전체적 존재, 사회적 존재, 목표 지향적이고 창조적인 존재, 주관적 존재로 보았다.

92 학교진로상담의 기본원리로 고려해야 할 사항이 아닌 것은? 17년 기출

① 최종 선택은 내담자 스스로 결정하도록 유도한다.
② 만성적 진로미결정자를 조기에 발견할 수 있도록 해야 한다.
③ 진로관련 정보제공을 위하여 상담자는 직업세계에 대한 정보를 숙지하는 것이 필요하다.
④ 학생을 위한 집단학습의 경험을 제공한다.

> **해설**
>
> 학교진로상담의 기본원리
> - 상담자의 내담자에 대한 신뢰 및 공감적 이해가 필요하다.
> - 최종 선택은 내담자 스스로 결정하도록 유도해야 한다. (①)
> - 만성적 진로미결정자를 조기에 발견할 수 있도록 해야 한다. (②)
> - 내담자로 하여금 합리적인 의사결정 기법을 획득하도록 유도해야 한다.
> - 진로관련 정보제공을 위하여 상담자는 직업세계에 대한 정보를 숙지하여야 한다. (③)
> - 내담자의 결정수준에 따른 상담자의 차별적인 진단과 처치가 필요하다.

93 다음에서 상담자가 소홀히 하고 있는 것은? 15년 기출

> 내담자가 심리상담실에 찾아와서 자신이 어떻게 행동해야 할지(예를 들면, 무슨 말을 해야 하는지, 휴대폰을 어떻게 해야 하는지, 오늘은 언제까지 심리상담이 진행되는 것인지 등)를 모르고 불안해한다.

① 수 용
② 해 석
③ 구조화
④ 경 청

> **해설**
>
> 상담의 구조화
> - 구조화는 상담과정의 본질, 제한조건과 방향에 대해 상담자가 내담자에게 정의를 내려주는 것이다. 즉, 상담자가 내담자에게 상담과정의 바람직한 체계와 방향을 알려주는 것을 말한다.
> - 구조화는 그 자체가 상담의 목적이 아니라 상담관계를 바람직한 방향으로 안정시키는 중요한 수단으로 기능한다.
> - 구조화는 필요에 따라 상담과정 중에 언제나 일어날 수 있지만, 특히 상담 초기에 적절한 구조화가 이루어지는 것이 필요하다.
> - 구조화를 통해 상담시간, 내담자의 행동, 상담자의 역할, 내담자의 역할 및 과정목표, 비밀유지, 상담회기의 길이와 빈도, 상담의 계획된 지속기간, 내담자와 상담자의 책임, 가능한 상담 성과 및 상담 시의 행동제한 등을 설정한다.

94 집단상담에서 침묵 상황에 대한 효과적 개입으로 틀린 것은? 22, 23년 기출

① 회기 초기에 오랜 침묵을 허용하는 것은 지도력 발휘가 안 된 것이다.
② 생산적으로 여겨지는 침묵 상황에서 말하려는 집단원에게 기다리라고 제지할 수 있다.
③ 말하고 싶으나 기회를 잡지 못하는 집단원에게 말할 기회를 준다.
④ 대리학습이나 경험이 되므로 침묵하는 집단원이 집단 내내 말하지 않더라도 그대로 놔둔다.

> **해설**
> 집단상담자는 침묵하는 집단원이 집단에 참여하도록 권하고, 비언어적인 방법으로 의사소통하려는 시도를 알아차리며, 필요 없는 이야기를 늘어놓거나 집단 시간을 독점하는 집단원의 행위를 저지함으로써 집단의 시간이 공정하게 사용되도록 해야 한다.

95 보딘(Bordin)이 제시한 작업동맹(Working Alliance)의 3가지 측면이 옳은 것은? 11, 17, 21, 22, 23년 기출

① 작업의 동의, 진솔한 관계, 유대관계
② 진솔한 관계, 유대관계, 서로에 대한 호감
③ 유대관계, 작업의 동의, 목표에 대한 동의
④ 서로에 대한 호감, 동맹, 작업의 동의

> **해설**
> **작업동맹(Working Alliance)**
> 상담자와 내담자가 상호존중과 신뢰의 분위기에서 문제해결을 위한 구체적인 목표에 대해 합의하며, 그것을 달성하기 위해 협력하는 관계를 말한다.
> **보딘(Bordin)의 작업동맹의 3가지 측면**
> • 상담자와 내담자 간의 유대
> • 작업과제에 대한 동의
> • 목표에 대한 동의

정답 94 ④ 95 ③

96 청소년 비행의 원인을 사회학적 관점에서 설명하는 이론이 <u>아닌</u> 것은? **17, 21, 23, 25년 기출**

① 아노미이론
② 사회통제이론
③ 욕구실현이론
④ 하위문화이론

> **해설**
>
> | 아노미이론 | 문화적 가치를 획득할 합법적인 수단이 없다고 판단될 때 아노미 상태(혼란, 무규범)가 일어나고 범죄로 이어진다는 이론 |
> |---|---|
> | 사회통제이론 | 사회통제력이 약화되어 범죄로 이어진다는 이론(사회적 연대를 중요시 여김) |
> | 비행하위문화이론 | 비행을 하위문화를 형성하고 있는 집단의 관습적 문제로 보는 이론 |

97 다음은 어떤 행동주의 상담기법에 관한 설명인가? **18년 기출**

> 영어 알파벳을 배우는 학생에게 처음에는 진하게 된 글자를 덧쓰게 하고 다음에는 점선을 따라 쓰게 하다가 잘 쓰게 되면 빈 여백에 알파벳을 쓰게 함

① 자극홍수법
② 체계적 둔감법
③ 용암법
④ 자극통제

> **해설**
>
> ③ 용암법 : 도와주거나 촉진하는 것을 점차 줄이면서 스스로 문제를 해결하게 하는 것이다.
> ① 자극홍수법 : 불안이나 두려움을 발생시키는 자극들을 계획된 현실이나 상상 속에서 지속해서 제시하는 기법으로, 혐오스러운 느낌이나 불안한 자극에 대해 미리 준비를 갖추도록 한 후, 가장 높은 수준의 자극에 오랫동안 노출시킴으로써 시간의 경과에 따라 혐오나 불안을 극복하도록 한다.
> ② 체계적 둔감법 : 행동주의 상담에서 널리 사용되고 있는 고전적 조건형성 기법으로, 혐오스런 느낌이나 불안한 자극에 대한 위계목록을 작성한 다음, 낮은 수준의 자극에서 높은 수준의 자극으로 상상을 유도하여 혐오나 불안에서 서서히 벗어나도록 하는 것이다.
> ④ 자극통제 : 문제 행동과 관련된 환경적 요인들을 미리 재조정하여 행동의 변화를 촉진하는 기법으로, 부적절한 행동을 일으키는 환경 자극의 빈도를 줄이고 바람직한 행동을 일으키는 환경자극을 증가시키는 것을 목적으로 한다. 이 기법은 다른 기법의 효과를 촉진시키는 역할을 하므로 다른 기법과의 병행이 효율적이다.

98 효율적인 독서능력의 신장과 장기기억을 돕는 조직화전략 SQ3R의 순서를 올바르게 나열한 것은? **17년 기출**

① 개관 – 질문 – 읽기 – 암송 – 복습
② 질문 – 개관 – 읽기 – 복습 – 암송
③ 읽기 – 질문 – 개관 – 복습 – 암송
④ 질문 – 개관 – 읽기 – 암송 – 복습

> **해설**
> 로빈슨(Robinson)의 효율적인 독서방법 : SQ3R
> 개관(Survey) → 질문(Question) → 읽기(Read) → 암송(Recite) → 복습(Review)

99 가족상담 중 한 명이 개인면담을 요청하는 경우에 대한 설명으로 옳지 않은 것은?

① 개인면담이 전체 가족치료에 미칠 영향을 고려한다.
② 개인면담을 제의하는 개인의 의도를 파악한다.
③ 요청이 있을 경우 전체 가족 구성원이 동의하지 않더라도 개인면담을 실시한다.
④ 개인면담의 내용이 전체 가족에게 알려져도 되는지 확인한다.

> **해설**
> 가족상담및치료 교안(HRD)
> 가족성원 중 한 명이 개인면담을 요청할 경우, 해당 구성원의 면담요청 의도와 그에 대한 나머지 가족의 생각이나 의견을 사전에 확인하고 개인면담을 진행해야 한다. 이에 반대하는 가족 구성원이 있을 시, 문제해결은 가족에게 맡겨야 하며 이러한 문제해결 과정을 통해서 가족관계의 조직력과 운영과정 등의 정보를 얻을 수 있다.
> 개인면담 시 가족치료자가 고려할 조건
> • 개인면담이 전체 가족치료에 미칠 영향 고려
> • 개인면담의 내용이 전체 가족에게 알려져도 좋은지, 필요할 경우 전체 가족면담에서 참고할 수 있는지 여부 확인
> • 가족이 전체 가족면담과 개인면담의 비용을 함께 부담할 수 있는지 여부 확인
> • 가족치료자가 개인면담의 목적과 의도를 모든 가족과 나눌 수 있는지 여부 확인

100 심리학 지식을 상담이나 치료의 목적으로 활용하기 위해 최초의 심리클리닉을 펜실베니아 대학교에 설립한 사람은? **03, 06, 12, 13, 15, 17, 18, 21, 23년 기출**

① 위트머(Witmer)   ② 볼프(Wolpe)
③ 스키너(Skinner)   ④ 로저스(Rogers)

> **해설**
> 위트머(Witmer)는 미국 펜실베니아(Pennsylvania) 대학에서 1896년 세계 최초의 심리진료소(Psychological Clinic)를 설립하고, 1904년 임상심리학 강좌를 개설함으로써 임상심리학의 본격적인 시작을 알렸다.

정답 98 ① 99 ③ 100 ①

2024 제2회 기출복원문제 및 해설

심리학개론 | 이상심리학 | 심리검사 | 임상심리학 | 심리상담

※ 2022년 제3회 시험부터 CBT로 시행되어 기출문제가 공개되지 않으므로, 응시자의 후기와 과년도 기출데이터를 통해 기출과 유사하게 복원된 문제를 제공합니다.
※ 실제 시험문제와 다를 수 있습니다.

제1과목 심리학개론

01 표본의 크기에 관한 설명으로 <u>틀린</u> 것은? 21, 25년 기출

① 모집단이 동질적일수록 표본 크기는 작아도 된다.
② 동일한 조건에서 표본의 크기가 클수록 통계적 검증력은 증가한다.
③ 사례수가 작으면 표준오차가 커지므로 작은 크기의 효과를 탐지할 수 있다.
④ 측정도구의 신뢰도가 낮을 경우 대규모 표본을 이용하는 것이 효과적이다.

> **해설**
> 표본의 크기는 표본의 사례수를 의미하며, 이는 표집오차(Sampling Error)와 연관된다[주의 : 표준오차(Standard Error)가 아님]. 동일한 조건에서 표본의 크기가 작을수록 통계적 검증력은 감소하며, 작은 크기의 효과를 탐지하지 못할 가능성이 있다.

02 인지학습이론에 대한 설명으로 <u>틀린</u> 것은? 18, 22, 25년 기출

① 형태주의는 공간적인 관계보다는 시간변인에 주로 관심을 갖는다.
② 톨만(Tolman)은 강화가 무슨 행동을 하면 어떤 결과가 일어날 것이란 기대를 확인시켜준다고 보았다.
③ 통찰은 해결 전에서 해결로 갑자기 일어나며 대개 '아하' 경험을 하게 된다.
④ 인지도는 학습에서 내적 표상이 중요함을 보여준다.

> **해설**
> 형태주의는 시간변인보다는 공간적인 관계에 주로 관심을 갖는다. 그래서 "전체는 부분의 합 이상이다"라는 말이 형태주의의 구호가 되었다.

01 ③ 02 ① 정답

03 대뇌의 우반구가 손상되었을 때 주로 영향을 받게 될 능력은? 18, 21, 23년 기출

① 통장잔고 점검
② 얼굴 재인
③ 말하기
④ 논리적 문제해결

> **해설**
> 대뇌의 우반구 측두엽 영역은 얼굴을 지각할 수 있게 해준다. 이 영역이 손상될 경우 친숙한 얼굴을 재인하는 데 어려움을 겪게 되는 반면, 다른 대상들은 재인할 수 있다.
>
> **대뇌의 우반구 손상**
> • 공간적 구성의 장애
> • 시공간 자극 통합의 장애
> • 비언어적 지각에 대한 이해·조작의 장애

04 단순 공포증이 유사한 대상에게 확대되는 현상을 설명하는 학습원리는? 22년 기출

① 변별조건형성
② 자극 일반화
③ 자발적 회복
④ 소 거

> **해설**
> **자극 일반화(Stimulus Generalization)**
> 특정 조건자극에 대해 조건반응이 성립되었을 때 그와 유사한 조건자극에 대해서도 똑같은 조건반응을 보이는 학습 현상을 말한다. "자라 보고 놀란 가슴 솥뚜껑 보고 놀란다"라는 속담을 예로 들 수 있다.
> ① 변별조건형성(Discrimination Conditioning)은 자극 일반화를 막기 위해 두 개의 자극을 변별하도록 조건형성하는 것이다.
> ③ 자발적 회복(Spontaneous Recovery)은 한 번 습득된 행동에 대해 보상이 주어지지 않더라도 동일한 상황에 직면하는 경우 소거된 반응이 다시 나타나는 현상을 말한다.
> ④ 소거(Extinction)는 일정한 반응 뒤에 강화가 주어지지 않는 경우 해당 반응이 사라지는 현상을 말한다.

정답 03 ② 04 ②

05 검사에 포함된 각 질문 또는 문항들이 동일한 것을 측정하는 정도를 나타내는 것은? 21, 23년 기출

① 내적일치도
② 경험타당도
③ 구성타당도
④ 준거타당도

> **해설**
> 내적일치도 또는 문항내적합치도(Item Internal Consistency)
> - 단일의 신뢰도 계수를 계산할 수 없는 반분법의 문제점을 고려하여, 가능한 한 모든 반분신뢰도를 구한 다음 그 평균값을 신뢰도로 추정하는 방법이다.
> - 동일한 개념을 측정하는 항목인 경우 그 측정 결과에 일관성이 있어야 한다는 논리에 따라 일관성이 없는 항목, 즉 신뢰성을 저해하는 항목을 찾아서 배제시킨다.
> - 쿠더와 리처드슨(Kuder & Richardson)에 의해 처음 개발되었으며, 이후 크론바흐(Cronbach)가 이에 대한 수학적 설명을 시도하였다.

06 사랑의 삼각형 이론에서 사랑의 3가지 요소에 포함되지 <u>않는</u> 것은? 21년 기출

① 관심(Attention)
② 친밀감(Intimacy)
③ 열정(Passion)
④ 투신(Commitment)

> **해설**
> 사랑의 삼각형의 3가지 요소(Sternberg)
> - 친밀감(Intimacy) : 상대방과의 관계에서 유대감이나 결속감 등을 느끼는 것으로, 서로에 대한 이해, 의지, 깊이 있는 의사소통 등을 포함한다.
> - 열정(Passion) : 상대방과 하나가 되고 싶은 욕구로, 지배·복종의 욕구, 소유욕, 성행위에 대한 욕구 등을 포함한다.
> - 헌신 또는 투신(Commitment) : 사랑의 유지에 관한 것으로, 상대방을 사랑하기로 결정을 내린 후 그 사랑을 장기적으로 유지하기 위한 노력 등을 포함한다.

07 실험장면에서 실험자가 조작하는 처치변인은? 22, 23년 기출

① 매개변인
② 종속변인
③ 독립변인
④ 조절변인

> **해설**
>
> **실험법(Experimental Methods)**
> - 연구방법 중 가장 과학적인 방법이자 가장 중요하게 사용되는 방법이다.
> - 실험법은 인위적으로 통제된 조건하에서 연구하고자 하는 변인을 체계적으로 변화시킬 때 그 효과가 어떻게 나타나는지를 측정하는 방법으로 인과관계의 추론이 가능하다.
> - 효과를 연구하기 위해 사용되는 특정 변인은 독립변인, 독립변인의 처치에 의해 영향을 받는 변인은 종속변인이라고 한다.
> - 실험법은 독립변인의 조작, 가외변인의 통제, 실험대상의 무작위화를 조건으로 한다. 종속변인의 변화가 독립변인의 처치효과에 의해서만 나타난 결과임을 증명하기 위해 다른 변인, 즉 가외변인(외생변인)은 일정하게 통제되어야 한다.

08 성격의 일반적인 특성과 가장 거리가 먼 것은? 20, 25년 기출

① 독특성
② 안정성
③ 일관성
④ 적응성

> **해설**
>
> **성격의 일반적 특성**
>
> | | |
> |---|---|
> | 독특성 | 성격은 사람들을 구별할 수 있는 개인의 독특성 혹은 개인차를 반영한다. 즉, 성격은 개인들 간의 심리적 차이를 설명하는 개념이라고 할 수 있다. |
> | 공통성 | 성격은 사람들이 보편적으로 공유하는 공통성을 내포한다. 그로 인해 개인의 독특한 행동들을 공통성에 근거하여 통합적으로 설명할 수 있다. |
> | 일관성 (안정성) | 성격은 비교적 일관되고 안정적인 행동패턴을 반영한다. 성격을 통해 개인의 행동을 이해하고 예언할 수 있는 것도 이와 같은 일관성 혹은 안정성에서 비롯된다. |
> | 역동성 | 성격은 개인 내부의 역동적이고 조직화된 특성을 반영한다. 개인의 다양한 행동은 외부 자극에 대한 반사적 반응이 아닌 내면적 조직체의 심리적 과정을 통해 표출된 것이다. |

정답 07 ③ 08 ④

09 강화계획 중 유기체는 여전히 특정한 수의 반응을 행한 후에 강화를 받지만 그 숫자가 예측할 수 없게 변하는 것은?   14년 기출

① 고정비율강화계획
② 변동비율강화계획
③ 고정간격강화계획
④ 변동간격강화계획

> **해설**
> ② 변동비율강화계획 또는 가변비율강화계획(Variable-ratio Schedule) : 평균적으로 몇 번의 반응행동이 나타날 때마다 강화를 부여하는 방식으로서, 이때 정확하게 몇 번째 반응에 대해 강화가 제공되는지는 알 수 없도록 설계되어 있다. 예를 들어, 카지노의 슬롯머신이나 복권 등은 강화를 받기 위해 요구되는 반응의 수가 평균적인 범위 내에서 무작위로 변한다.
> ① 고정비율강화계획(Fixed-ratio Schedule) : 행동중심적 강화방법으로서, 일정한 횟수의 바람직한 반응이 나타난 다음에 강화를 부여한다. 실적에 따른 성과급이나 쿠폰을 모으면 혜택을 제공하는 것 등을 예로 들 수 있다.
> ③ 고정간격강화계획(Fixed-interval Schedule) : 요구되는 행동의 발생빈도에 상관없이 일정한 시간 간격에 따라 강화를 부여한다. 주급, 월급, 일당, 정기적 시험 등을 예로 들 수 있다.
> ④ 변동간격강화계획 또는 가변간격강화계획(Variable-interval Schedule) : 일정한 시간 간격을 두지 않은 채 평균적으로 확인할 수 있는 시간 간격이 지난 후에 강화를 부여한다. 예를 들어, 1시간에 3차례의 강화를 부여할 경우, 25분, 45분, 60분으로 나누어 강화를 부여할 수 있다.

10 현상학적 성격이론에 관한 설명으로 옳지 않은 것은?   06, 08, 15, 20년 기출

① 사건 자체가 아니라 그 사건에 대한 개인의 주관적 경험이 행동을 결정한다.
② 세계관에 대한 개인의 행동을 예측하고 이해하기 위해서는 개인의 지각을 이해해야 한다.
③ 어린 시절의 동기를 분석하기보다는 앞으로 무엇이 발생할 것인가에 초점을 둔다.
④ 선택의 자유를 강조하는 인본주의적 입장과 자기실현을 강조하는 자기이론적 입장을 포함한다.

> **해설**
> 현상학적 이론은 과거의 동기를 분석하기보다 현재 자신이 경험하고 지각하는 것에 초점을 두고 있다.
>
> **현상학적 이론**
> - 로저스(Rogers)는 이 세상에 개인적 현실, 즉 '현상학적 장(Phenomenal Field)'만이 존재한다고 보았다. 즉, 현상학적 이론은 개인의 주관적 경험이나 감정, 외부환경에 대한 개인의 감정과 견해를 중요시한다.
> - '자기(Self)'의 중요성을 강조하며, 인간에 대한 전체론적인 관점으로 접근한다.
> - 인간이 가지고 있는 잠재된 능력과 가능성을 존중하고 믿어주며, 개인이 자신과 주변 환경을 어떻게 인식하고 해석하는 지에 따라 행동이 달라진다고 본다.
> - 자기 자신에 대한 개념과 현실에서의 경험이 일치하지 않을 때 불안을 경험하고 이에 방어적 반응을 보인다고 보는 이론이다.

11 인간의 성격을 공통특질과 개별특질로 구분한 학자는?   18, 25년 기출

① Allport
② Cattell
③ Eysenck
④ Adler

> **해설**
> 올포트(Allport) 특질이론의 주요개념
> - 특질(Trait) : 성격이론의 핵심개념으로 다양한 종류의 자극에, 같거나 유사한 방식으로 반응할 경향 혹은 사전성향(Predisposition)
> - 공통특질(Common Traits) : 어떤 문화에 속해 있는 많은 사람이 공유함
> - 개별특질(Individual Traits) : 개인에게 독특한 것이며 그의 성격을 나타냄

12 전망이론(Prospect Theory)에 관한 설명으로 옳은 것은?   20, 23년 기출

① 범주의 모든 구성원이 공유하고 있지는 않지만 범주 구성원을 특징짓는 속성이 있다.
② 우리는 어떤 것이 일어날 가능성이 얼마인지를 결정하고 그 결과의 가치를 판단한 후, 이 둘을 곱하여 결정을 내린다.
③ 우리는 새로운 사례와 범주의 다른 사례에 대한 기억을 비교함으로써 범주 판단을 한다.
④ 사람들은 잠재적인 손실을 평가할 때 위험을 감수하는 선택을 하고, 잠재적인 이익을 평가할 때는 위험을 피하는 선택을 한다.

> **해설**
> 전망이론 – 위험에서의 불균형 선호
> - 사람들은 이익을 얻는 것보다 손실을 피하기 위해 기꺼이 더 많은 위험을 감수할 수 있다고 가정한다.
> - 예를 들어, 코로나 사태로 인해 상가 월세를 300만 원을 돌려받는 것과 도박을 해서 400만 원을 획득할 80% 확률 중 한 가지를 선택해야 한다면, 보통 사람들은 보다 확실히 받을 수 있는 적은 돈(→ 상가 월세 300만 원을 돌려받는 것)을 선택한다. 그러나 공공기물 훼손으로 300만 원의 벌금을 내야 하는 것과 도박 단속에 걸려 400만 원의 벌금을 내야 하는 80% 확률 중 한 가지를 선택해야 한다면, 보통 사람들은 확실한 손실보다는 잠재적인 높은 손실(→ 도박 단속에 걸려 400만 원의 벌금을 낼 수 있는 상황)을 선택한다.
> - 위험에서의 불균형 선호는 사람들이 생각하기에 손실을 피할 수 있다면 위험을 더 감수하지만, 이익을 얻는다고 기대하는 경우 그 반대로 행동한다는 것이다.

13 성격을 정의할 때 고려하는 특징으로 가장 거리가 먼 것은?   16, 22, 23년 기출

① 시간적 일관성
② 환경에 대한 적응성
③ 개인의 독특성
④ 개인의 자율성

> **해설**
>
> 성격(Personality)
> - 한 개인이 환경과 상호작용하면서 나타나는 독특하고 일관성이 있으며, 인지적이고 정동적인 안정된 행동양식이다.
> - 성격은 그 개인에게 특징적이고 독특함을 가지고 있으며, 일관되게 나타나는 것이다.
> - 성격특징들의 단순한 조합이 아니라, 개인이 그 특징들을 조작하여 총제적으로 나타나는 양상이다.

14 다음 현상을 가장 잘 설명하는 것은?   09, 17년 기출

철수가 영희와의 약속장소에 지하철로 가던 도중 발생한 안전사고로 인해 약속한 시간에 늦었다. 그럼에도, 영희는 철수가 약속 시간을 잘 지키지 않는 성격특성을 가지고 있다고 생각한다.

① 절감 원리
② 공변 이론
③ 대응추리 이론
④ 기본적 귀인오류

> **해설**
>
> 기본적 귀인오류(Fundamental Attribution Error ; FAE)란 관찰자가 다른 이들의 행동을 설명할 때 상황 요인들의 영향을 과소평가하고 행위자의 내적, 기질적인 요인들의 영향을 과대평가하는 경향을 말한다.
>
> **참고**
>
> 대응추리이론(Correspondent Inference Theory)
> - Jones & Davis(1965)
> - 타인의 행동과 그의 성향 특성을 대응시키는 과정. 즉 행위자의 어떤 행위를 통해 그 행위자의 개인적 성향을 추론하는 것으로, 중요한 핵심기준은 행위자의 의도성이다.
> - 자유롭게 선택한 행동에 대해서는 내적 귀인(성격, 능력, 동기 등)을 하고, 우연한 행동에 대해서는 외적 귀인(즉, 상황으로 설명하는 것)을 하는 것으로, 행위의 의도성이 있었다고 판단되면 내적 귀인, 그렇지 않다고 판단되면 외적 귀인을 한다.
> - 다른 귀인이론보다 행위결과가 비공통적인 결과를 보일 때 대응적 추론을 하게 되며, 그 결과가 사회적으로 바람직하냐가 중요하다.

15 다음 ( )에 알맞은 것은?

14, 17년 기출

> 어떤 고등학교의 2학년 1반 학생들과 2반 학생들의 지능지수 평균은 110으로 같으나, 1반 학생들의 지능지수 분포는 80~140인 반면에 2반 학생들의 분포는 95~120으로 ( )는 서로 다르다.

① 중앙치
② 최빈치
③ 변산도
④ 추정치

해설

변산도
- 점수가 흩어진 정도를 의미한다.
- 변산도가 크다는 것은 개인 간 차이가 크다는 것을 의미한다.

변산도의 종류

범위	• 점수분포에 있어서 최고점수와 최저점수까지의 거리 • 극단적인 점수의 영향을 받음
분산	• 한 변수의 분포에 있는 모든 변수값들을 통해 흩어진 정도를 추정하는 것 • 편차를 제곱하여 총합한 후 전체 사례수로 나눈 값
표준편차	• 분산의 제곱근 • 집단 내에서 점수들 간의 상이한 정도를 나타내는 수치 • 변산도로 가장 많이 활용되는 지수
사분편차	• 분포를 4개의 똑같은 부분으로 나눔 • 분포중앙의 50%에 집중하기 때문에 극단점수의 영향을 거의 받지 않음

16 나중에 학습한 정보가 먼저 학습한 정보를 방해하여 회상을 어렵게 하는 현상은?

17년 기출

① 순행간섭
② 역행간섭
③ 부 식
④ 소 거

해설

간섭이론의 주요 개념으로서 역행간섭(RI)과 순행간섭(PI)

선행학습이 후행학습에 영향을 받아 낮은 회상률을 보이는 것을 '역행간섭(Retroactive Interference)'이라고 하며, 후행학습이 선행학습의 영향을 받아 낮은 회상률을 보이는 것을 '순행간섭(Proactive Interference)'이라고 한다.

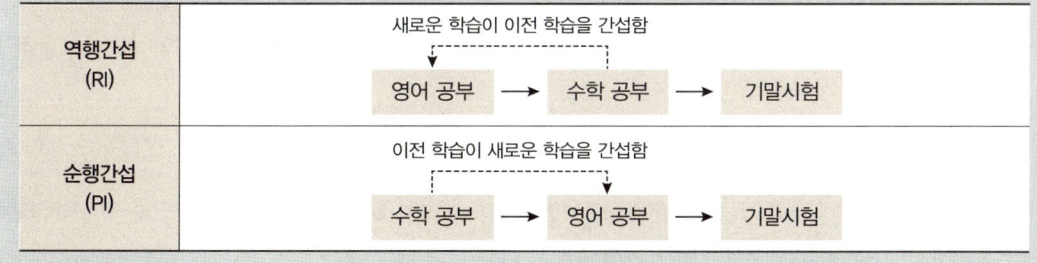

정답 15 ③ 16 ②

17 심리검사의 타당도를 측정하는 방법 중 검사의 내용이 측정하려는 속성과 일치하는지를 논리적으로 분석 검토하여 결정하는 것은? 06년 기출

① 예언타당도
② 공존타당도
③ 구성타당도
④ 내용타당도

> **해설**
> ④ 내용타당도(Content Validity) : '논리적 타당도'라고도 하며, 검사가 측정하고자 하는 속성을 제대로 측정하였는지를 논리적 사고에 입각한 논리적 분석과정을 통해 주관적으로 판단하는 타당도
> ① 예언타당도(Predictive Validity) : '예측타당도'라고도 하며, 어떠한 행위가 일어날 것이라고 예측한 것과 실제 대상자 또는 집단이 나타낸 행위 간의 관계를 측정
> ② 공존타당도(Concurrent Validity) : '동시타당도' 또는 '공인타당도'라고도 하며, 새로 제작한 검사의 타당도를 위해 기존에 타당도를 보장받고 있는 검사와의 유사성 혹은 연관성에 의해 타당도를 검증
> ③ 구성타당도(Construct Validity) : '구인타당도' 또는 '개념타당도'라고도 하며, 검사가 측정하고자 하는 이론적 개념이나 특성을 잘 측정하는 정도

18 콜버그(Kohlberg)의 도덕발달이론에 관한 설명과 가장 거리가 먼 것은? 14년 기출

① 도덕발달단계들은 보편적이며 불변적인 순서로 진행된다.
② 문화권에 따른 차이와 성차 그리고 사회계층의 차이를 충분히 고려하지 않았다는 비판을 받고 있다.
③ 도덕적 인식이 전혀 없는 단계, 외적준거와 행위의 결과에 의해 판단하는 단계, 행위의 결과와 의도를 함께 고려하는 단계 순으로 나아간다.
④ 벌과 복종지향, 개인적 보상 지향, 대인관계 조화지향, 법과 질서 지향, 사회계약 지향, 보편적 도덕원리 지향의 단계 순으로 나아간다.

> **해설**
> 피아제(Piaget)의 도덕성발달이론에 대한 설명이다. 피아제는 도덕성 발달단계를 '전 도덕성의 단계 → 타율적 도덕성의 단계 → 자율적 도덕성의 단계'로 설명하였다.

19 로저스(Rogers)의 성격이론에서 심리적 적응에 가장 중요한 역할을 한다고 가정하는 것은? 15, 19, 25년 기출

① 자아강도(Ego Strength)
② 자기(Self)
③ 자아이상(Ego Ideal)
④ 인식(Awareness)

> **해설**
> 로저스는 현재 경험이 자기구조와 불일치할 때 개인은 불안을 경험한다고 보았다. 즉, 자기구조와 주관적 경험이 일치할 경우 적응적이고 건강한 성격을 가지게 되는 반면, 이들 간의 불일치가 심할 경우 부적응적이고 병적인 성격을 가지게 된다.

20 집중경향치에 관한 설명으로 틀린 것은? 16년 기출

① 일반적으로 집중경향치에는 평균치, 중앙치, 최빈치가 있다.
② 최빈치는 분포 중 가장 많은 대다수를 표현한다.
③ 대칭적 분포에서는 평균치와 중앙치가 동일하다.
④ 편포된 분포에서 집중경향치를 선택할 때 어떤 집중경향치를 선택해도 똑같은 의미를 지닌다.

> **해설**
> 집중경향치(Central Tendency)
> - 하나의 점수분포에서 중심적 경향을 나타내는 값
> - 최빈치(Mode), 중앙치(Median), 평균치(Mean)가 집중경향치로 사용
> - 정규 분포 : 평균치 = 중앙치 = 최빈치
> - 정적 편포 : 평균치 > 중앙치 > 최빈치
> - 부적 편포 : 최빈치 > 중앙치 > 평균치

제2과목 이상심리학

21 다음 증상들이 나타날 때 적절한 진단명은?   18, 21, 22, 23년 기출

> - 의학적 상태, 물질 중독이나 금단, 치료약물의 사용 등으로 일어난다는 증거가 있다.
> - 주의를 집중하는 것이 어렵고, 이해할 수 없는 말을 중얼거린다.
> - 방향 감각이 없고 자신의 이름을 말하지 못한다.
> - 위의 증상들이 갑자기 나타나고, 몇 시간이나 며칠간 지속되다가 그 원인을 제거하면 회복되는 경우가 많다.

① 해리성 정체성장애
② 경도신경인지장애
③ 주요신경인지장애
④ 섬 망

해설

DSM-5에 의한 섬망(Delirium)의 진단 기준
A. 주의의 장애(즉, 주의를 기울이고, 집중하고, 유지하고, 전환하는 능력이 감소됨)와 의식의 장애(즉, 환경에 대한 지남력이 감소됨)를 보인다.
B. 장애는 단기간에 걸쳐 발생하고(보통 몇 시간이나 며칠간 지속됨), 기저 주의와 의식으로부터 변화를 보이며, 하루 경과 중 심각도가 변동하는 경향이 있다.
C. 부가적인 인지상의 장애가 나타난다(예 인지 결손, 지남력장애, 언어, 시공간 능력 또는 지각).
D. 진단 기준 A와 C의 장애는 이미 존재하거나 만성이거나 진행 상태인 다른 신경인지장애로 더 잘 설명되지 않으며, 혼수와 같이 각성 수준이 심하게 저하된 상황에서는 일어나지 않는다.
E. 장애가 다른 의학적 상태, 물질 중독이나 금단(즉, 남용약물이나 치료약물에서 기인한), 독소 노출의 직접적인 생리적 결과이거나 혹은 다중 병인에서 기인한다는 증거가 병력, 신체검진 또는 검사소견으로부터 확인된다.

22 조현형 성격장애 진단 기준에 포함되지 않는 것은? 16년 기출

① 괴이한 사고와 언어
② 과도한 사회적 불안
③ 관계망상적 사고
④ 불안정하고 강렬한 대인관계

> **해설**
> '불안정하고 강렬한 대인관계'는 경계선 성격장애에 주로 나타나는 증상에 해당된다.
>
> **조현형 성격장애(Schizotypal Personality Disorder)의 주요 증상**
> - 관계망상과 유사한 사고
> - 행동에 영향을 미치는 괴이한 믿음이나 마술적 사고
> - 신체적 착각을 포함한 유별난 지각 경험
> - 괴이한 사고와 언어
> - 의심이나 편집증적인 사고
> - 부적절하거나 메마른 정동
> - 괴이하고 엉뚱하거나 특이한 행동이나 외모
> - 직계가족 외에는 가까운 친구나 마음을 털어놓을 수 있는 사람이 없음
> - 과도한 사회적 불안
>
> **경계선 성격장애(Borderline Personality Disorder)**
> - 강렬한 애정과 분노가 교차하는 불안정한 대인관계를 특징적으로 나타내는 성격장애
> - 주요 증상
>   - 실제적인 또는 가상적인 유기를 피하기 위한 필사적인 노력
>   - 극단적인 이상화와 평가절하가 특징적으로 반복되는 불안정하고 강렬한 대인관계 양식
>   - 정체감 혼란 : 자아상이나 자기지각의 불안정성이 심하고 지속적임
>   - 자신에게 손상을 줄 수 있는 충동성이 적어도 2가지 영역에서 나타남(예 낭비, 성관계, 물질남용, 무모한 운전, 폭식)
>   - 반복적인 자살 행동, 자살 시늉, 자살 위협 또는 자해 행동
>   - 현저한 기분변화에 따른 정서의 불안정성(예 간헐적인 심한 불쾌감, 과민성, 불안 등이 흔히 몇 시간 지속되지만 며칠 동안 지속되는 경우는 드묾)
>   - 만성적인 공허감
>   - 부적절하고 심한 분노를 느끼거나 분노를 조절하기 어려움(예 자주 울화통을 터뜨림, 지속적인 분노, 잦은 육체적 싸움)
>   - 스트레스와 관련된 망상적 사고나 심한 해리 증상을 일시적으로 나타냄

23 전환장애의 특징을 모두 고른 것은? `20년 기출`

> ㄱ. 신경학적 근원이 없는 신경학적 증상을 경험한다.
> ㄴ. 의식적으로 증상을 원하거나 의도적으로 증상을 만들어내지 않는다.
> ㄷ. 대부분 순수한 의학적 질환의 증상과 유사하지 않다.

① ㄱ, ㄴ
② ㄱ, ㄷ
③ ㄴ, ㄷ
④ ㄱ, ㄴ, ㄷ

해설

ㄷ. 전환장애 환자가 호소하는 증상은 대부분 순수한 의학적 질환의 증상과 유사하다.

전환장애(Conversion Disorder)
- DSM-5에서 신체증상 및 관련 장애의 하위유형에 속한다.
- 주로 신경학적 손상을 시사하는 한 가지 이상의 신체적 증상을 나타내는 경우로, '기능성 신경증상 장애'라고 불리기도 한다.
- 전환장애 환자는 자신의 증상에 대해 그다지 걱정하지 않는 무관심한 태도를 나타낸다.

24 다음과 같은 과제수행에 필요한 여러 가지 인지기능을 수행하지 못하는 치매증상은? `16년 기출`

> 과제수행에 필요한 여러 가지 인지기능, 즉 과제를 하위과제로 쪼개기, 순서별로 배열하기, 계획하기, 시작하기, 결과 점검하기, 중단하기 등의 기능

① 실어증
② 실인증
③ 지남력장애
④ 실행기능장애

해설

치매의 인지기능 장애 증상
- 실어증(Aphasia) : 사람이나 사물의 이름을 말하는 데 있어서의 어려움
- 실인증(Agnosia) : 사물을 인지하지 못하거나 그 의미를 파악하지 못함
- 실행증(Apraxia) : 동작을 통해 어떤 일을 실행하는 능력에 있어서의 장애
- 실행기능장애(Executive Dysfunction) : 과제수행에 필요한 여러 가지 인지기능, 즉 과제를 하위로 쪼개기, 순서대로 배열하기, 계획하기, 시작하기, 결과 점검하기, 중단하기 등의 기능을 수행하지 못함

25 알콜중독과 비타민B1(티아민) 결핍이 결합되어 만성 알콜중독자에게 발생하는 장애로, 최근 및 과거기억을 상실하고 새로운 정보를 학습하지 못하는 인지손상과 관련이 있는 것은?   07, 09, 12, 19년 기출

① 뇌전증
② 혈관성 신경인지장애
③ 헌팅턴병
④ 코르사코프 증후군

> **해설**
> 코르사코프 증후군(Korsakoff's Syndrome)
> 1887년 러시아의 정신병리학자인 코르사코프(Sergei Korsakoff)에 의해 제기된 것으로, 순행성기억상실(최근 기억의 손상), 지남력장애(시간, 장소, 사람에 대한 방향감 상실), 작화증(기억 손실을 메우기 위해 사실을 꾸며내는 증상) 등의 증상을 특징으로 한다. 지속적인 알코올 사용으로 인해 중추신경계에 손상이 발생하면서 기억력, 판단력, 주의력 등에 이상이 생기는 질병으로, 새로운 경험을 기억하지 못하는 알코올성 기억장애(Alcoholic Memory Disorder)에 해당한다. 기억기능을 담당하는 해마(Hippocampus)가 손상되어 발생하는 것으로 알려져 있다.

26 외상적 사건에 대한 기억과 연관된 불안을 감소시키는 데 초점을 맞추고 있으며, Foa에 의해 개발된 이후 외상후스트레스장애에 대해 경험적으로 지지된 치료로서 학계로부터 널리 인정을 받고 있는 치료법은?   16년 기출

① 불안조절훈련
② 안구운동 둔감화와 재처리 치료
③ 지속노출치료
④ 인지적 처리치료

> **해설**
> 외상후스트레스장애의 대표적인 치료법
>
> | | |
> |---|---|
> | 지속노출치료
(PE ; Prolonged Exposure) | • Foa와 Riggs(1993)가 제시한 방법
• 외상 사건을 단계적으로 떠올리게 하여 불안한 기억에 반복적으로 노출시킴으로써 궁극적으로 외상 사건을 큰 불안 없이 직면할 수 있도록 유도하는 방법 |
> | 인지처리치료
(CPT ; Cognitive Processing Therapy) | • Resick과 Schnicke(1993)가 제시한 치료
• 외상 사건의 원인과 결과에 대한 잘못된 생각이 강한 부정 정서를 유발하고 외상기억에 대한 인지적 처리를 방해함으로써 외상으로부터의 자연스러운 회복을 저해한다는 근거를 가짐
• 외상 사건을 좀 더 상세하고 정교하게 재평가하여 외상 사건에 부여한 부정적 의미를 수정하고 외상 기억에 대한 회피를 줄임으로써 외상으로부터의 회복과정을 촉진함
• 12회 내외의 치료회기를 통해 시행되며 개인치료나 집단치료의 형식으로 진행될 수 있음 |
> | 안구운동 둔감화 및 재처리 치료
(EMDR ; Eye Movement Desensitization and Reprocessing) | • Shapiro(1989)가 제시한 치료방법
• 외상 기억을 떠올리는 동시에 치료자의 손가락 움직임을 따라가게 하는 방법
• 이는 외상사건과 관련된 부정적 사고, 감정, 심상이 점차 약화되는 동시에 외상 기억의 정보처리가 촉진된다는 가정에 근거함 |

정답 25 ④ 26 ③

27 다음 중 정신장애에 대한 사회문화적 치료와 가장 거리가 먼 것은? 19년 기출

① 게슈탈트치료
② 집단치료
③ 가족치료
④ 커플치료

> **해설**
> ① 게슈탈트치료는 인본주의 치료모델에 포함되는 것으로, 개인과 그 경험을 최대한 존중하는 개인-중심적 접근법에 해당한다.
>
> **심리치료의 사회문화적 모델**
> - 개인이 속한 사회, 문화의 규범, 기대, 환경 등이 미치는 영향의 관점을 통해 이상행동을 가장 잘 이해할 수 있다고 가정한다.
> - 이상행동을 이해하기 위해서는 그 사람이 속한 사회적 환경의 이해가 반드시 필요하다.
> - 2가지 주요관점으로 분류 : 가족-사회적 치료, 다문화적 치료
>   - 가족-사회적 치료 : 집단치료, 가족치료, 커플치료, 지역사회치료
>   - 다문화적 치료 : 문화민감치료, 성별민감치료

28 공포증에 대한 2요인 이론은 어떤 요인들이 결합된 이론인가? 16년 기출

① 학습 요인과 정신분석 요인
② 학습 요인과 인지 요인
③ 회피 조건형성과 준비성 요인
④ 고전적 조건형성과 조작적 조건형성

> **해설**
> **공포증 유발 2요인 이론(Mower)**
>
> | 고전적 조건형성 | • 공포증의 형성 및 학습과 관련
• 공포를 유발하지 않던 중성적 조건자극이, 공포를 유발하는 무조건자극과 반복 짝지어질 경우, 조건자극이 공포를 유발하게 되는 것 |
> |---|---|
> | 조작적 조건형성 | • 공포증의 유지 및 강화와 관련
• 어떤 반응에 대해 선택적으로 보상함으로써 그 반응이 일어날 확률을 증가시키거나 감소시키는 것 |

29 다음 중 A군 성격장애가 아닌 것은?

① 편집성성격장애
② 조현성성격장애
③ 강박성성격장애
④ 조현형성격장애

해설

DSM-5 성격장애

A군 성격장애	사회적으로 고립되어 있고 기이한 성격특성을 나타내는 성격장애	• 편집성성격장애 • 조현성(분열성)성격장애 • 조현형(분열형)성격장애
B군 성격장애	감정적이며 변화가 많은 극적인 성격특성을 나타내는 성격장애	• 반사회성성격장애 • 연극성(히스테리성)성격장애 • 경계성(경계선)성격장애 • 자기애성성격장애
C군 성격장애	불안하고 두려움을 많이 느끼는 성격특성을 나타내는 성격장애	• 회피성성격장애 • 의존성성격장애 • 강박성성격장애

30 행동주의적 입장에서 보는 이상행동으로 틀린 것은?   16년 기출

① 비정상적인 성격발달도 유전적 소인과 경험 간 상호작용의 결과로 본다.
② 우울증은 부분적으로는 행동이 더 이상 보상을 받지 못하는 소거의 결과로 본다.
③ 행동주의자들은 진단범주에 따라 환자들을 명명하는 것에 회의적이다.
④ 행동주의자들은 모든 심리적 이상이 오로지 학습되었다고 본다.

해설

행동주의자들은 유기체의 행동을 설명하는 데 있어서 유전적 요인을 중요한 한 요인으로 고려하였다. 예를 들어, 스키너(Skinner)는 유기체가 특정한 자극-반응 관계, 본능적 행동으로서 환경-행동 간의 관계, 그리고 환경에 의한 행동 변화의 능력을 유전 받는다고 보았다. 이와 같이 행동주의자들은 유전적 요인의 중요성을 충분히 인식하고 이를 받아들였다. 다만, 실질적인 의미를 가진 문제를 다루는 데 있어서 유전보다는 환경에 보다 많은 관심을 기울였다.

행동주의 이론
• 이상행동도 정상행동과 같이 학습된다는 입장이다.
• 고전적 조건화의 원리에 따라 혐오자극과 연합된 무해한 자극이 불안을 일으킬 수 있으며, 조작적 조건화 원리에 따라 이상행동이 강화를 통해 유지될 수 있다고 설명한다.
• 관찰학습원리에 따라 이상행동이 관찰을 통해 모방될 수 있다고 본다.
• 행동주의는 많은 경우의 심리적 이상이 학습에 의해 초래된다고 보았다.

정답 29 ③ 30 ④

31 다음의 증상을 모두 포함하는 진단명은?

16년 기출

- 사회적·정서적 상호작용의 결함
- 언어적·비언어적 의사소통의 장애
- 대인관계를 발전시키고 유지하고 이해하는 데의 결함
- 제한된 관심과 상동증적인 행동의 반복성

① 자폐스펙트럼장애
② 상동증적 운동장애
③ 탈억제 사회관여 장애
④ 사회적 의사소통 장애

해설

자폐스펙트럼장애의 핵심증상 2가지
- 사회적 상호작용의 결함
- 제한된 반복적 행동패턴

자폐스펙트럼장애의 진단 기준

사회적 상호작용 결함	• 사회적-정서적 상호작용에 있어서 결함 • 사회적 상호작용에서 사용되는 비언어적 의사소통 행동에서 결함 • 대인관계의 발전, 유지, 이해에 있어서 결함
반복적 행동패턴	• 운동, 물체 사용, 언어 사용에 있어 정형화된 또는 반복적 패턴 • 동일한 것 고집, 일상적인 것 집착, 언어적 비언어적 행동의 의식화된 패턴 • 제한적이고 고정된 흥미를 보이는데, 그 강도나 초점이 비정상적 • 감각자극에 과소 혹은 과대반응 또는 주변 감각적 측면에 비정상적인 흥미

32 다음 밑줄친 '표현된 정서'의 의미로 옳은 것은?

16년 기출

가족들의 표현된 정서(Expressed Emotion)에 대한 연구에 의하면 가족들의 표현된 정서가 조현병의 재발률을 높인다고 한다.

① 지나치게 정서적 지지와 격려를 제공하는 것
② 비판적이고 과도한 간섭을 하는 것
③ 냉정하고, 조용하며, 무관심한 것
④ 관여하지 않으며, 적절한 한계를 정해주지 못하는 것

해설

표현된 정서(Expressed Emotion)
가족 간의 갈등이 많고 강렬한 부정적 감정을 표출하는 경향으로, 비판적이고 분노감정을 과도하게 표현할 뿐 아니라 환자에 대해 과도한 간섭을 나타내는 특징을 보인다. 이는 정신분열증(조현병)을 유발하는 가족, 사회적 요인 중 하나이다.

33 월경전불쾌감 장애에 관한 설명으로 옳지 <u>않은</u> 것은?

① 진단을 위해서는 연속되는 2개월 이상의 일일 증상 기록이 필요하다.
② 신체적 증상, 심각한 기분변화, 불안 등이 나타난다.
③ 증상이 월경 시작 1주 전에 나타나며, 월경이 끝난 후에는 최소화되거나 없어져야 진단된다.
④ 일반적으로 폐경에 가까워질수록 증상은 경감된다.

> **해설**
> 월경주기마다 월경이 시작되기 1주 전에 이상 증상이 시작되고, 월경이 시작된 후 수일 안에 호전되며 월경이 끝난 후에는 증상이 경미해지거나 사라진다. 일반적으로 폐경에 가까워질수록 증상이 악화되나, 폐경 이후에는 증상이 호전되는 것으로 보고되고 있다. 다만, 주기적 호르몬 치료를 받을 경우 증상이 재발될 수 있는 것으로 알려져 있다.

34 다음 사례에서 김 씨의 이러한 성격과 관련된 요인으로 확인할 사항이 <u>아닌</u> 것은?   16년 기출

> 고졸인 30대의 김 씨는 사기 혐의로 교도소에 여러 번 다녀왔으나 부끄러운 줄 모르고 죄책감도 없다. 초등학교 때 남의 집에 불을 지르기도 했고 무단결석을 자주 했었다. 겉으로는 멀쩡하고 정신병적인 행동도 없다.

① 소아기에 신경학적 증후 없이 중추신경계에 기능장애만 발생하였는지 여부
② 테스토스테론 호르몬의 수치가 정상 수준인지 여부
③ 부모의 성격이 파괴적이거나 변덕스럽고 충동적이어서 노골적인 증오심과 거부에 시달려 일관성 있는 초자아 발달에 지장이 있었는지 여부
④ 부모의 질병, 별거, 이혼 또는 거부감정이 있어서 기본적으로 요구되는 사랑, 안전, 안정 및 존경심에 문제가 있는지 여부

> **해설**
> **반사회성 성격장애(Antisocial Personality Disorder)**
> • 사회의 규범이나 법을 지키지 않으며 무책임하고 폭력적인 행동을 반복적으로 나타내어 사회적 부적응을 초래하는 경우로, 이 성격장애를 지닌 사람들은 절도, 사기, 폭력과 같은 범죄에 연루되는 경우가 흔하다.
> • 18세 이상의 성인에게 진단되며 15세 이전에 품행장애의 증거가 있어야 한다.
>
> **DSM-5 반사회성 성격장애(Antisocial Personality Disorder) 주요 증상**
> • 법에서 정한 사회적 규범을 준수하지 못하며, 구속사유에 해당하는 행위들을 반복적으로 한다.
> • 자신의 이익이나 쾌락을 위해 반복적으로 거짓말을 하며, 가명을 사용하거나 타인을 속이는 것과 같은 사기를 일삼는다.
> • 행동이 계획적이지 못하며 충동적이다.
> • 자극과민성과 공격성으로 육체적 싸움이 잦으며, 폭력사건에 연루된다.
> • 자신 및 타인의 안전에 아랑곳하지 않으며, 서슴없이 무모한 행위를 한다.
> • 직업활동을 지속적으로 성실하게 수행하지 못하며, 채무를 이행하지 못하는 등 무책임한 양상을 보인다.
> • 자책의 결여로 타인에 대한 상해, 학대, 절도행위를 하고도 무관심한 태도를 보이거나 오히려 자신의 행위를 합리화한다.

정답 33 ④ 34 ②

35 다음 진단 기준에 해당하는 성격장애는?

> • 다른 사람과의 상호작용에서 종종 부적절한 성적 유혹 또는 도발적 행동을 한다.
> • 감정변화가 급격하며, 감정표현이 피상적이다.
> • 대인관계를 실제보다 더욱 친밀한 것으로 생각한다.
> • 피암시성이 높다.

① 의존성성격장애
② 연극성성격장애
③ 자기애성성격장애
④ 경계성성격장애

해설
DSM-5 연극성성격장애 주요 진단 기준
• 자신이 관심의 초점이 되지 못하는 상황에서 불편해한다.
• 주위의 관심을 자신에게로 끌어들이기 위해 시종일관 육체적 외모를 사용한다.
• 지나치게 인상적으로 말하면서도 세부적 내용이 결여된 대화양식을 가지고 있다.
• 자기연극화(Self-Dramatization), 연극조, 과장된 감정표현을 한다.
• 피암시성이 높다(예 타인이나 주위환경에 의해 쉽게 영향을 받음).

36 DSM-5에서 성도착장애의 유형에 대한 설명으로 옳은 것은?   16년 기출

① 노출장애 - 다른 사람이 옷을 벗고 있는 모습을 몰래 훔쳐봄으로써 성적 흥분을 느끼는 경우
② 관음장애 - 동의하지 않는 사람에게 자신의 성기나 신체 일부를 반복적으로 나타내는 경우
③ 아동성애장애 - 사춘기 이전의 아동을 대상으로 하여 성적 공상이나 성행위를 반복적으로 나타내는 경우
④ 성적 가학장애 - 굴욕을 당하거나 매질을 당하거나 묶이는 등 고통을 당하는 행위를 중심으로 성적 흥분을 느끼거나 성적 행위를 반복하는 경우

해설
① 다른 사람이 옷을 벗고 있는 모습을 몰래 훔쳐봄으로써 성적 흥분을 느끼는 경우 : 관음장애
② 동의하지 않는 사람에게 자신의 성기나 신체 일부를 반복적으로 나타내는 경우 : 노출장애
④ 굴욕을 당하거나 매질을 당하거나 묶이는 등 고통을 당하는 행위를 중심으로 성적 흥분을 느끼거나 성적 행위를 반복하는 경우 : 성적 피학장애

37 일명 다코스타 증후군(Da Costa's Syndrome), 군인심장증후군(Solder's Heart Syndrome), 또는 로작증후군(Rojak Syndrome)과 관련이 있는 장애는?

① 공황장애
② 허위성 장애
③ 호흡 관련 수면장애
④ 질병불안장애

> **해설**
> 다코스타는 전쟁이라는 극단적인 상황과 생과 사의 경계에서 엄청난 공포감을 느낀 군인들이 극도의 불안증상을 보인다는 의견을 내놓으며, 이를 다코스타 증후군(Da Costa's Syndrome) 또는 군인의 심장(Soldier's Heart)으로 불렀다. 1980년 들어 미국 정신의학회에서는 남북전쟁 당시 처음 발견된 다코스타 증후군을 정식으로 정신질환으로 규정하고 이를 공황장애(Panic Disorder)로 명명하였다.
>
> **공황장애**
> 예기치 못한 강렬한 불안, 즉 공황발작을 반복적으로 경험하는 장애를 말하며, 발작이 없는 중간시기에는 공황발작이 다시 일어나는 것에 대한 계속적인 걱정과 더불어 공황발작의 결과에 대한 근심(예 심장마비가 오지 않을까, 미치지 않을까 하는 걱정)을 나타내고, 부적응적인 행동변화(예 심장마비가 두려워서 일체의 운동을 중지하거나 직장을 그만두는 것)를 수반하게 된다.

38 DSM-5에 근거한 주요우울증 일화의 준거가 아닌 것은? 16년 기출

① 사고의 비약
② 정신운동성 지체
③ 자기비하
④ 주의집중장애

> **해설**
> 사고의 비약은 조증 삽화의 주요 증상에 해당한다.
>
> **우울증의 주요 증상**
> • 하루 대부분, 거의 매일 지속되는 우울한 기분이 주관적 보고나 객관적 관찰을 통해 나타난다.
> • 거의 모든 일상활동에 대한 흥미나 즐거움이 하루 대부분 또는 거의 매일같이 뚜렷하게 저하된다.
> • 체중조절을 하고 있지 않은 상태에서 현저한 체중감소나 체중증가가 나타난다.
> • 거의 매일 불면이나 과다수면이 나타난다.
> • 거의 매일 정신운동성 초조나 지체를 나타낸다.
> • 거의 매일 피로감이나 활력상실을 나타낸다.
> • 거의 매일 무가치감이나 과도하고 부적절한 죄책감을 느낀다.
> • 거의 매일 사고력이나 집중력의 감소 또는 우유부단함이 주관적 호소나 관찰에서 나타난다.
> • 죽음에 대한 반복적인 생각이나 특정한 계획 없이 반복적으로 자살에 대한 생각이나 자살기도를 하거나 자살하기 위한 구체적인 계획을 세운다.

정답 37 ① 38 ①

39 사건수면(Parasomnia)에 해당되는 것은?

18, 25년 기출

① 악몽장애
② 기면증
③ 호흡 관련 수면장애
④ 일주기 리듬 수면-각성장애

> **해설**
> DSM-5에 의한 사건수면(Parasomnia)의 하위유형
> - 비REM수면 각성장애(Non-Rapid Eye Movement Sleep Arousal Disorders)
> - 악몽장애(Nightmare Disorder)
> - REM수면 행동장애(Rapid Eye Movement Sleep Behavior Disorder)
> - 하지불안 증후군(Restless Legs Syndrome)

40 지적 장애(Intellectual Disability) 진단과 관련된 세 가지 영역에 해당되지 않는 것은?

16년 기출

① 개념적 영역(Conceptual Domain)
② 사회적 영역(Social Domain)
③ 발달적 영역(Developmental Domain)
④ 실행적 영역(Practical Domain)

> **해설**
> 지적 장애(Intellectual Disability)
> - 발달기에 나타나는 개념적, 사회적, 실제적(실행적) 영역에 있어서 지적 기능 및 적응기능상의 결손에서 비롯되는 장애
> - 개념적 영역 : 기억, 언어, 읽기, 쓰기, 수학적 추론, 실질적 지식의 획득, 문제해결, 새로운 상황에서의 판단 등
> - 사회적 영역 : 타인의 생각, 감정, 경험을 인지하는 능력, 공감, 대인 간 의사소통 기술, 친교 능력, 사회적 판단 등
> - 실제적(실행적) 영역 : 학습 및 개인적 관리, 직업적 책임의식, 금전 관리, 레크리에이션, 행동의 자기관리, 학교와 직장에서의 과업 조직화 등

제3과목 심리검사

41 치매가 의심되는 노인 환자를 대상으로 실시할 검사와 관련이 없는 것은? 16년 기출

① MMPI-2
② 간이정신상태검사(MMSE)
③ 기억력 검사
④ 이름대기검사(BNT)

> **해설**
>
> 치매가 의심되는 노인 환자에 대해서는 신경심리평가를 위한 각종 심리검사도구들을 활용한다. 이는 선천적 또는 후천적 뇌손상 및 뇌기능 장애를 진단하기 위한 것으로서, 환자의 지능, 기억과 학습능력, 언어기능, 주의력과 정신처리속도, 시각구성능력(시공간 기능), 집행기능(실행기능), 성격 및 정서적 행동 등을 측정한다. 미네소타 다면적 인성검사(MMPI-2)는 신경학적 손상을 입은 환자의 병전 성격 및 정서 상태와의 비교를 위해 사용될 수도 있으나, 주로 외상성 뇌손상 환자들에 대해 부가적으로 사용할 뿐 치매 환자를 대상으로 한 다양한 배터리 검사에서 제외되어 있다.

서울신경심리검사-II (SNSB-II ; Seoul Neuropsychological Screening Battery-II)	• 단시간 내에 치매를 선별하기 위한 검사도구 • 한국판 간이정신상태검사(K-MMSE), 바텔 일상생활활동(B-ADL), 수검자와 보호자의 보고를 토대로 치매의 심각도를 평가하는 임상치매척도(CDR) 등이 포함됨 • 주의집중력, 언어 및 관련 기능, 시공간 기능, 기억력, 전두엽 집행기능 등을 평가 • 2시간 정도 소요
한국판 치매평가검사-2 (K-DRS-2 ; Korean-Dementia Rating Scale-2)	• 치매환자의 진단 및 경과 측정을 위해 개발된 치매평가검사(DRS-2)를 국내 실정에 맞도록 재표준화한 검사 • 주의, 관리기능, 구성, 개념화, 기억 등을 측정 • 30분~1시간 정도 소요
한국판 세라드 치매진단검사 (CERAD-K ; Consortium to Establish a Registry for Alzheimer's Disease Neuropsychological Battery-Korean version)	• 알츠하이머병 환자의 진단 및 평가, 연구를 위해 개발된 것 • 기억력, 지남력, 언어능력, 시공간 능력 등을 측정 • 치매와 관련된 인지기능을 포괄적으로 측정하는 장점을 가짐 • 30분 정도 소요

정답 41 ①

42 MMPI-2의 타당도 척도 중 수검자가 자신의 심리적 문제를 축소하고 긍정적인 방향으로 보이고자 할 때 상승하는 척도는?

① F척도
② F(B)척도
③ FBS척도
④ L척도

> **해설**
> 수검자가 자신의 심리적 문제를 축소하고 긍정적인 방향으로 보이고자 할 때 상승하는 MMPI-2의 타당도 척도는 L척도, K척도, S척도이다.

MMPI-2 타당도 척도

구 분	척 도	내 용
무효반응	?(무응답)	피검자가 빠짐없이 문항에 응답했는지, 문장을 제대로 읽고 일관성 있게 응답했는지를 탐지
	VRIN(무선반응 비일관성)	
	TRIN(고정반응 비일관성)	
과잉보고	F(비전형)	• 사람들이 일반적으로 반응하지 않는 방식으로 응답했는지에 대한 정보제공 • 과잉보고(Over-Reporting)의 경향성 탐색(증상인정)
	F(B)(비전형-후반부)	
	F(P)(비전형-정신병리)	
	FBS(증상타당도)	
과소보고	L(부인)	• 자신의 모습을 과도하게 긍정적으로 제시하고자 했는지에 대한 정보제공 • 과소보고(Under-Reporting)의 경향성 탐색(증상부인)
	K(교정)	
	S(과장된 자기제시)	

43. BSID-Ⅱ(Bayley Scale of Infant Development-Ⅱ)에 대한 설명으로 옳지 않은 것은?

15, 21, 23년 기출

① 지능척도, 운동척도의 2가지 척도로 구성되어 있다.
② 유아의 기억, 습관화, 시각선호도, 문제해결 등과 관련된 문항들이 추가되었다.
③ BSID-Ⅱ에서는 대상 연령범위가 16일에서 42개월까지로 확대되었다.
④ 신뢰도와 타당도에 관한 보다 많은 정보를 제공하여 검사의 심리측정학적 질이 개선되었다.

> **해설**
>
> 베일리 유아발달척도(BSID ; Bayley Scale of Infant Development)의 척도 구성
>
> | | |
> |---|---|
> | BSID-Ⅰ (1969) | • 정신척도(Mental Scale)
• 운동척도(Motor Scale) |
> | BSID-Ⅱ (1993) | • 정신척도(Mental Scale)
• 운동척도(Motor Scale)
• 행동평정척도(Behavior Rating Scale) |
> | BSID-Ⅲ (2006) | • 인지척도(Cognitive Scale)
• 언어척도(Language Scale)
• 운동척도(Motor Scale)
• 사회-정서척도(Social-Emotional Scale)
• 적응행동척도(Adaptive Behavior Scale) |

44. 주제통각검사(TAT)에 관한 설명으로 옳은 것은?

17년 기출

① 숫자만 표시된 카드는 성별에 상관없이 성인에게만 실시한다.
② 카드 뒷면에 GF라고 적혀 있는 경우 소녀와 성인 여성 모두에게 실시 가능하다.
③ 흑백으로 인쇄된 20장의 그림카드와 한 장의 백지카드로 구성되어 있다.
④ 사고의 내용이 아니라 순수한 지각 과정에 관한 정보를 제공한다.

> **해설**
>
> ① 숫자만으로 표시된 카드는 모든 연령과 모든 성별에 공통적으로 적용될 수 있다.
> ③ 30장의 흑백그림카드와 1장의 백지카드 등 총 31장으로 구성되어 있다.
> ④ 사고의 형식적인 측면이 아닌 '내용'을 주로 볼 수 있게 해준다.

45 진로발달검사(CDI)의 하위척도에 포함되지 않는 것은?

16년 기출

① 진로계획(CP)
② 진로탐색(CE)
③ 의사결정(DM)
④ 경력개발(CD)

> **해설**
>
> 진로발달검사(CDI ; Career Development Inventory)
> - 수퍼(Super)의 진로발달이론에 기초한 것으로서, 진로발달 및 직업성숙도, 진로결정을 위한 준비도 등을 측정한다.
> - 학생들의 진로발달 및 직업 또는 진로성숙도, 진로결정을 위한 준비도를 측정함으로써 학생들의 교육 및 진로계획 수립에 도움을 주기 위해 개발되었다.
> - 8개의 하위척도, 즉 진로계획(CP), 진로탐색(CE), 의사결정(DM), 일의 세계에 대한 정보(WW), 선호하는 직업군에 대한 지식(PO), 진로발달-태도(CDA), 진로발달-지식과 기술(CDK), 총체적인 진로성향(COT)으로 구성되어 있다.

46 다음에서 설명하고 있는 지능 개념은?

14, 22년 기출

- 카텔(Cattell)이 두 가지 차원의 지능으로 구별한 것 중 하나이다.
- 타고나는 지능으로 생애 초기 비교적 급속히 발달하고 20대 초반부터 감소한다.
- 웩슬러(Wechsler) 지능검사의 동작성 검사가 이 지능과 관련이 있다.

① 결정적 지능
② 다중 지능
③ 유동적 지능
④ 일반 지능

> **해설**
>
> 카텔(Cattell)에 의한 지능의 2차원 분류
>
> | | |
> |---|---|
> | **유동성(유동적) 지능**
(Fluid Intelligence) | • 유전적 · 선천적으로 주어지는 능력으로서 경험이나 학습의 영향을 거의 받지 않으며, 뇌와 중추신경계의 성숙에 비례하여 발달하다가 청년기 이후부터 퇴보현상이 나타나기 시작한다.
• 속도(Speed), 기계적 암기(Rote Memory), 지각능력(Perception), 일반적 추론능력(General Reasoning) 등과 같이 새로운 상황에서의 문제해결능력으로 잘 나타난다. |
> | **결정성(결정적) 지능**
(Crystallized Intelligence) | • 환경이나 경험, 문화적 영향에 의해 발달되는 지능으로서, 유동성 지능을 토대로 후천적인 발달이 이루어진다.
• 언어이해능력(Verbal Comprehension), 문제해결능력(Problem Solving), 상식(Common Sense), 논리적 추리력(Logical Reasoning) 등과 같이 나이를 먹으면서도 계속 발달할 수 있는 능력으로 잘 나타난다. |

45 ④ 46 ③

47 최초의 심리진료소를 설립함으로써 임상심리학의 초기발전에 직접적으로 중요한 공헌을 한 인물은?

03, 12, 19, 22년 기출

① 칸트(Kant)
② 위트머(Witmer)
③ 모어(Mowrer)
④ 밀러(Miller)

> **해설**
> 위트머(Witmer)는 미국 펜실베니아(Pennsylvania) 대학에서 1896년 세계 최초의 심리진료소(Psychological Clinic)를 설립하고, 1904년 임상심리학 강좌를 개설함으로써 임상심리학의 본격적인 시작을 알렸다.

48 지능에 대한 설명으로 옳지 않은 것은?

20년 기출

① 비네(A. Binet)는 정신연령(Mental Age)이라는 용어를 사용하였다.
② 새로운 환경 및 다양한 상황을 다루는 적응과 순응에 관한 능력이다.
③ 지능이란 인지적, 지적 기능의 특성을 나타내는 불변개념이다.
④ 결정화된 지능은 문화적, 교육적 경험에 따라 영향을 받는다.

> **해설**
> 지능은 고정불변의 것이 아니라 변화하는 과정이다. 지능이란 유전적, 환경적 결정요인을 지니고 있으며 지능검사를 통하여 측정되는 개인의 지능은 유전적 결정요인뿐만 아니라 초기 교육적 환경, 후기 교육과 직업 경험, 현재의 정서적 상태 및 기질적, 기능적 정신장애, 검사 당시의 상황요인의 상호작용 결과로 나타나는 개인의 전체적·잠재적인 적응능력을 말한다.

정답 47 ② 48 ③

49 직업선호도검사(VPT)의 코드유형 중 다음은 어느 유형에 대한 설명인가?   16년 기출

> 현장에서 몸으로 부대끼는 활동을 좋아한다. 사교적이지 못하며, 대인관계가 요구되는 상황에서 어려움을 느낀다.

① 진취형(E)
② 탐구형(I)
③ 관습형(C)
④ 현실형(R)

해설

현실형(Realistic Type)
- 확실하고 현재적, 실질적인 것을 지향
- 현장에서 수행하는 활동 또는 직접 손이나 도구를 활용하는 활동을 선호
- 추상적인 개념을 통해 자신의 생각을 표현하는 일이나 친밀한 대인관계를 요하는 일은 선호하지 않음
- 신체적으로 강인하며, 안정적이고 인내심이 있음
- 기술직, 토목직, 자동차엔지니어, 비행기조종사, 농부, 전기기사 등이 적합

50 기억검사로 분류되지 않는 것은?   20년 기출

① K-BNT
② Rey-Kim Test
③ Rey Complex Figure Test
④ WMS

해설

K-BNT는 사물 이름대기 능력 평가를 통한 표현력을 측정하기 위한 도구로서 BNT(Boston Naming Test, 이름대기 검사)를 우리나라의 문화적, 언어적 요소를 가미하여 한국판으로 표준화 작업을 한 것이다.

기억검사의 종류
- WMS-R(Wechsler Memory Scale-Revised)
- Rey Auditory Verbal Learning Test
- California Verbal Learning Test
- Rey Complex Figure Test
- Rey-Kim Test

51 뇌손상에 수반된 기억장애에 대한 설명으로 옳지 않은 것은?

03, 20, 23년 기출

① 대부분의 경우에 정신성 운동속도의 손상이 수반된다.
② 장기기억보다 최근 기억이 더 손상된다.
③ 일차기억은 비교적 잘 유지된다.
④ 진행성 장애의 초기징후로 나타나기도 한다.

> **해설**
> 숙련된 활동을 수행하는 운동속도의 저하는 뇌손상의 흔한 증상이기는 하지만, 그것이 반드시 기억장애에서 비롯되는 것은 아니다. 정신성 운동속도의 손상은 때로는 순수한 운동속도의 저하에 의한 것일 수도, 정신적 활동의 지연이나 지각-운동 협응장애에 의한 것일 수도 있다.

52 MMPI-2와 비교할 때 성격평가질문지(PAI)의 특징이 아닌 것은?

16년 기출

① 문항의 수가 더 적다.
② 임상척도의 수가 더 적다.
③ 임상척도 이외에 대인관계척도를 포함한다.
④ 4지 선다형이다.

> **해설**
> 미네소타 다면적 인성검사(MMPI)의 경우 주요 비정상행동을 측정하는 10가지 임상척도와 수검자의 검사태도를 측정하는 4가지 타당도척도(단, MMPI-2의 경우 10가지 타당도척도)로 이루어진 반면, 성격평가질문지(PAI)는 4가지 타당도 척도, 11가지 임상척도, 5가지 치료척도(치료고려척도), 2가지 대인관계척도로 이루어져 있다.
>
> **성격평가질문지(PAI)**
> - 1991년 모레이(Morey)가 성격과 정신병리를 평가하기 위해 개발한 객관적 검사이다.
> - 환자집단의 성격 및 정신병리적 특징과 동시에 정상 성인의 성격평가에 유용하다.
> - 4점 평정척도(전혀 그렇지 않다, 약간 그렇다, 중간이다, 매우 그렇다, 0~3점)를 사용한다.
> - 3수준으로 평가하여 증상의 경중이나 강도를 평가하는 데 유리하다.
> - 각 척도는 3~4개의 하위척도로 구분되어 장애의 상대적 속성을 정확히 측정·평가한다.
> - MMPI와 달리 척도명이 의미하는 구성개념과 실제 척도내용과 직접적인 관계가 있다.
> - 문항을 중복시키지 않아 변별타당도가 높다.
> - 344문항, 4가지 타당도 척도, 11가지 임상척도, 5가지 치료척도(치료고려척도), 2가지 대인관계척도로 구성된다.

정답 51 ① 52 ②

53. K-WAIS-Ⅳ의 언어이해 소검사에 해당하지 않는 것은?

① 어 휘
② 이 해
③ 기본지식
④ 순서화

해설
④ 순서화는 작업기억 보충소검사에 해당하는 것이다.

K-WAIS-Ⅳ의 구성

구 분	언어이해	지각추론	작업기억	처리속도
핵심소검사	• 공통성 • 어 휘 • 상 식	• 토막짜기 • 행렬추론 • 퍼 즐	• 숫 자 • 산 수	• 동형찾기 • 기호쓰기
보충소검사	이 해	• 무게비교 • 빠진곳찾기	순서화	지우기

54. 신경심리평가 시 고려해야 할 사항과 가장 거리가 먼 것은?

① 손상 후 경과시간
② 성 별
③ 교육수준
④ 연 령

해설
신경심리평가
- 환자의 행동변화를 야기하는 뇌손상의 유무 여부, 손상의 위치 및 그로 인한 신체적·인지적 기능의 변화 등을 진단한다.
- 뇌손상과 관련하여 뇌손상의 정도, 뇌손상 후 경과시간, 뇌손상 당시 연령, 뇌손상 전 환자상태 등을 파악한다.
- 평가결과의 해석과 관련하여 환자 및 환자가족의 학력, 직업력, 가족력, 결혼력 등의 사회력을 비롯하여 가계소득, 직업, 여가활동, 종교활동 등의 생활환경을 종합적으로 고려할 필요가 있다.

55. 심리평가를 시행할 때 고려할 사항과 가장 거리가 먼 것은?

① 성격이 복잡한 구조로 이루어져 있음을 고려한다.
② 각각의 심리검사는 성격의 상이한 수준을 측정할 수 있음을 고려한다.
③ 측정의 방법과 관련된 요인이 그 결과에 영향을 미칠 수 있음을 고려한다.
④ 심리적 구성개념과 대응되는 구체적인 행동 모두를 관찰한 이후에야 결론에 이를 수 있음을 고려한다.

해설
심리적 구성개념과 대응되는 구체적인 행동 모두를 관찰하는 것은 불가능하다. 한정된 물리적 조건 속에서 모든 행동을 측정에 반영하기 어렵기 때문에 대표성을 띠는 일부의 행동을 토대로 심리측정이 이루어질 수밖에 없다.

56 MMPI-2의 형태분석에서 T점수가 65 이상으로 상승된 임상척도들을 묶어서 해석하는 것은?   19년 기출

① 코드유형(Code Type)
② 결정문항(Critical Items)
③ 내용척도(Content Scales)
④ 보완척도(Supplementary Scales)

> **해설**
>
> **MMPI의 코드유형 분석**
> - MMPI에서 각각의 척도는 해당 척도명의 의미에 따라 단일증상행동을 측정하는 데 한계가 있다.
> - 정신병리의 증상들은 다양하고 복합적으로 나타나며, 이질적 성향의 집단 간에도 동일한 증상행동이 나타날 수 있다.
> - 프로파일 분석기법으로서 코드유형에 따른 해석법은 다양한 척도들 간의 관계를 통해 보다 유효한 진단적 정보를 제공해 준다.
> - 코드유형은 다면적 인성검사의 형태분석에서 T점수가 일정수준 이상으로 상승된 임상척도들을 하나의 프로파일로 간주하여 해석한다.
> - 이러한 코드유형에 따른 해석법은 상호연관성이 높은 척도들을 결합하여 해석함으로써 높은 행동예언력을 나타내 보인다.

57 MMPI-2 검사를 실시할 때 유의사항으로 틀린 것은?   16년 기출

① 독해력이 초등학교 6학년 수준 미만인 사람에게는 실시하기 어렵다.
② 시행 소요시간이 90분 내외로 적정한지 검토해야 한다.
③ MMPI-2는 반드시 개별적으로 실시해야 한다.
④ 피검자에게 "현재의 상태"를 기준으로 평가하라고 지시한다.

> **해설**
>
> **MMPI 검사 실시상의 유의점**
> - 수검자가 MMPI 문항에 제대로 응답할 수 있는가의 여부를 결정해야 하며, 이때 수검자의 독해력, 연령, 지능 수준, 임상적 상태 등을 고려해야 한다.
> - 검사시간은 원칙적으로 제한이 없으나 대부분의 사람이 60분 내지 90분 정도 소요됨에 따라 이에 대해 확인할 필요가 있다.
> - MMPI는 개별로 실시하는 것이나 반드시 개별적으로 실시해야 하는 것은 아니다.
> - 검사자는 수검자에게 검사용지를 주어 집에서 하게 할 수도 있으나, 가능한 검사자가 지정하는 곳에서 실시하는 것이 바람직하다.
> - 검사자의 조언을 구하거나 문항의 의미를 명료화해 줄 것을 요구하는 수검자에게 직접적인 도움을 주는 것보다는 수검자 나름의 해석에 기초하여 문항에 응답하도록 하는 것이 바람직하다(예 '자주'가 몇 번을 의미하는지를 수검자 나름의 해석에 의하는 것).
> - 무응답 문항이 많이 나올 경우, 검사결과에 영향을 미쳐 프로파일 자체가 무효가 될 수도 있음에 검사 시작 전에 모든 문항에 응답하도록 지시한다.

정답 56 ① 57 ③

58 심리검사 사용 윤리와 가장 거리가 먼 것은? 13, 18, 19년 기출

① 자격을 갖춘 사람만이 심리검사를 사용해야 한다.
② 자격을 갖춘 사람만이 심리검사를 구매할 수 있다.
③ 쉽게 이해할 수 있고 검사 목적에 맞는 용어로 검사결과를 제시하는 것이 좋다.
④ 검사결과는 어떠한 경우라도 사생활보장과 비밀유지를 위해 수검자 본인에게만 전달되어야 한다.

> **해설**
> 임상심리학자 또는 전문상담자는 내담자의 사생활과 비밀유지에 대한 권리를 최대한 존중해야 할 의무가 있다. 그러나 이와 같은 의무는 절대적인 것이 아니며, 경우에 따라 내담자의 비밀보장의 권리가 제한될 수도 있다. 예를 들어, 임상심리학자는 내담자가 자신이나 타인의 신체 또는 재산을 해칠 위험이 있는 경우, 아동학대나 성폭력 등 중대한 범죄에 대한 내용을 상담을 통해 알게 된 경우 이를 해당 분야의 전문가나 관련 기관에 알려야 한다. 또한 법원의 정보공개 명령이 있는 경우 내담자에 대한 기본적인 정보를 공개하며, 더 많은 사항을 공개해야 하는 경우 사전에 내담자에게 알려줄 필요가 있다.

59 삭스(J. Sacks)의 문장완성검사(SSCT)에서 자기개념 영역에 포함되지 않는 태도는? 18년 기출

① 죄의식(죄책감)
② 이성관계
③ 목표
④ 두려움

> **해설**
> 문장완성검사(SSCT)의 4가지 영역
>
> | 가족 | 어머니, 아버지 및 가족에 대한 태도를 나타내도록 하는 문장으로 구성되어 있다. |
> |---|---|
> | 성 | • 이성관계에 대한 태도를 포함하고 있다.
• 이 영역의 문항들은 사회적인 개인으로서의 여성과 남성, 결혼, 성적 관계에 대하여 자신을 나타내도록 한다. |
> | 대인관계 | • 친구와 지인, 권위자에 대한 태도를 포함한다.
• 이 영역의 문항들은 가족 외의 사람들에 대한 감정이나 자신에 대해 타인이 어떻게 느끼는지에 관한 수검자의 생각들을 표현하게 한다. |
> | 자기개념
(자아개념) | • 자신의 능력, 과거, 미래, 두려움, 죄책감, 목표 등에 대한 태도를 포함한다.
• 이 영역에서 표현되는 태도들은 현재, 과거, 미래의 자기개념과 그가 바라는 미래의 자기상과 실제로 자기가 될 것 같다고 생각하는 모습에 대한 정보를 제공해 준다. |

60 BGT에 의해 아동의 정서적 문제를 알아보고자 할 때, 고려해야 할 지표와 가장 거리가 먼 것은? 16년 기출

① 도형의 각도 변화
② 도형 크기의 변화 여부
③ 도형 배치의 순서
④ 선긋기의 강도

> **해설**
>
> 코피츠(Koppitz)는 5세에서 10세까지의 모든 아동들에게 적용될 수 있는 발달적 채점방법과 정서적 적응을 측정하는 제2의 채점방법을 개발했다.
>
> **발달적 채점방법(The Developmental Bender Test Scoring System)**
> - 5~10세까지의 아동들의 BGT 기록을 규준으로 한다.
> - 9개 도형의 합계점수를 토대로 하는 발달적 채점방법이다.
> - 발달적 채점법은 30개의 상호 독립적인 항목으로 구성되어 있으며, 모든 채점항목은 1점이나 0점을 받게 되며, 이는 채점항목의 유무로 채점한다.
> - 점수가 높으면 나쁜 성적, 점수가 낮으면 좋은 성적을 반영한다.
>
> **정서적 지표(Els ; Emotional Indicators)**
> - 정서적 태도의 지표가 될 수 있는 BGT 기록을 분석하여 정서적 적응을 채점한다.
> - BGT 도형의 일탈과 왜곡을 시각-운동지각의 미성숙과 관련된 것으로 보면서, 그림을 그리는 방법, 즉 크기, 조직력, 용지상의 위치, 연필로 그은 선의 질 등이 주로 인성적 요인과 태도에 관련된 정서적 지표에 해당하는 것으로 해석한다.
> - 10개의 정서적 지표
>   - 도형 배치의 혼란(Confused Order)
>   - 도형 1과 2에서의 파선(Wavy Line in Figs. 1 and 2)
>   - 도형 2에서 원 대신 대시(Dashes Substituted for Circles in Fig. 2)
>   - 도형 1, 2 혹은 3의 크기의 점증(Increasing Size of Figs. 1, 2 or 3)
>   - 과대묘사(Large Size)
>   - 과소묘사(Small Size)
>   - 약한 선(Fine Line)
>   - 부주의한 가중묘사 혹은 강한 선(Careless Overwork or Heavily Reinforced Lines)
>   - 반복시행(Second Attempt)
>   - 확산(Expansion)

정답 60 ①

제4과목 임상심리학

61 골수 이식을 받아야 하는 아동에게 불안과 고통에 대처하도록 돕기 위하여 교육용 비디오를 보게 하는 치료법은?
16, 20, 23년 기출

① 유관관리 기법
② 모델링
③ 행동시연을 통한 노출
④ 역조건형성

> **해설**
> 모델링은 다른 사람의 행동을 보고 들은 후 따라하는 것으로 관찰학습을 의미한다. 타인의 행동에 대한 관찰 및 모방에 의한 학습을 통해 내담자로 하여금 문제행동을 수정하거나 학습을 촉진할 수 있다. 또한 아동의 불안과 공포가 모델링에 의해 극복된다는 사례들도 보고되고 있다.

62 다음 중 유관학습의 가장 적합한 예는?
13, 17, 22년 기출

① 욕설을 하지 않게 하기 위해 욕을 할 때마다 화장실 청소하기
② 손톱 물어뜯기를 줄이기 위해 손톱에 쓴 약을 바르기
③ 충격적 스트레스 사건이 떠오를 때 '그만!'이라는 구호 외치기
④ 뱀에 대한 공포가 있는 사람에게 뱀을 만지는 사람의 영상 보여주기

> **해설**
> 유관(Contingent)
> - 파블로프(Pavlov)는 고전적 조건형성을 통해 조건자극(CS)과 무조건자극(UCS)의 시간적 근접성을 조건화의 핵심으로 주장하였다. 즉, 먹이와 조건화된 종소리 간의 시간적 간격이 짧을수록 조건형성이 잘 이루어지는 반면, 그 간격이 길수록 조건형성이 잘 이루어지지 않는다는 것이었다.
> - 파블로프의 이와 같은 주장에 대해 레스콜라(Rescorla)는 학습이 단순히 조건자극과 무조건자극이 근접했기 때문이 아닌 무조건자극이 조건자극에 수반(유관)된 것이기에 학습(조건화)이 이루어진 것이라고 주장하였다. 사실 개에게 무조건자극으로서 먹이를 줄 때 종소리 이외에 다양한 자극들이 결합될 수 있다(예 실험자의 발소리, 문 여는 소리 등). 그럼에도 불구하고 조건형성이 종소리와 먹이 사이에만 이루어진 것은 개가 두 자극 사이에서만 '유관'을 인지하였기 때문이다.
> - 행동주의 학습에서 처벌(Punishment)은 어떤 부적응적인 방식으로 행동하는 경향을 감소시키기 위해 그 행동에 대해 부적 결과를 유관시키는 절차로 볼 수 있다. 즉, 욕설을 하지 않게 하기 위해 욕을 할 때마다 화장실 청소를 시키는 '정적 처벌'의 예에서는, 욕을 하는 행동과 화장실 청소하는 행동 간의 '유관'이 이루어진 것이다.

63 다음 중 면접질문의 유형과 예로 잘못 짝지어진 것은? 18, 22년 기출

① 개방형 – 당신은 그 상황에서 분노를 경험했나요?
② 촉진형 – 조금만 더 자세히 말씀해 주시겠습니까?
③ 직면형 – 이전에 당신은 이렇게 말했는데요.
④ 명료형 – 당신이 그렇게 느꼈다는 말인가요?

> **해설**
> "예"와 "아니오"로 답변이 가능한 것으로 폐쇄형질문의 사례로 볼 수 있다.

64 현실치료에 관한 설명으로 틀린 것은? 21년 기출

① 내담자가 실행하지 못한 것에 대한 변명을 허용하지 않는다.
② 전행동(Total Behavior)의 '생각하기'에는 공상과 꿈이 포함된다.
③ 개인은 현실에 대한 지각을 통해 현실 그 자체를 알 수 있다.
④ 내담자 개인의 책임을 강조한다.

> **해설**
> ③ 현실치료는 인간이 사물을 객관적으로 지각함으로써 현실 그 자체를 알 수 있는 것이 아니라, 자신의 지식체계, 가치체계에 따라 주관적으로 지각함으로써 각자에게 독특하고 중요한 이른바 '좋은 세계(Quality World)'를 만든다고 주장한다. 이와 같이 현실치료는 일종의 선택이론에 의해 인간의 행동을 설명하는데, 글래서(Glasser)는 특히 개인의 내면적인 동기로서 욕구(Needs)를 강조하였다.
>
> **현실치료**
> • 인간은 자신의 욕구를 충족하려는 바람에 따라 내적 세계를 창조한다는 기본적 가정하에 글래서(William Glasser)에 의해 창시되었다.
> • 현실치료에서는 인간을 긍정적이고 자기결정을 하는 존재, 즉 인간이 자신의 욕구를 충족하기 위해 행동하며, 그러한 행동은 인간이 스스로 선택하고 결정한 것이라는 점을 강조한다.
> • 현실치료의 목표는 내담자가 책임질 수 있고 만족한 방법으로 자신의 심리적 욕구인 소속감, 힘, 자유, 흥미를 달성하도록 돕는 것이다.
> • 현실치료의 치료기법은 유머, 역설적 기법, 직면 등이 있다.

정답 63 ① 64 ③

65 잠재적인 학습문제의 확인, 학습실패 위험에 처한 아동에 대한 프로그램 운용, 학교 구성원들에게 다양한 관점 제공, 부모 및 교사에게 특정 문제행동에 대한 대처기술을 제공하는 학교심리학자의 역할은?

21, 25년 기출

① 예 방
② 교 육
③ 부모 및 교사훈련
④ 자 문

> **해설**
> **예 방**
> 청소년기의 중도탈락, 비행, 약물남용, 자살 등의 심각한 문제들을 예방하기 위해 잠재적인 위험이 있는 청소년 및 일반 청소년들에게 위기상황의 극복, 문제해결능력이나 갈등해결기술 등을 가르쳐 줌으로써 문제를 예방한다.

66 Beck의 인지이론에 따르면 다양한 인지 오류가 내담자의 문제를 지속시키는 역할을 담당한다고 보고 있다. 이러한 인지 오류에 해당되지 않는 것은?

15년 기출

① 자동적 사고
② 선택적 추상화
③ 임의적 추론
④ 이분법적 사고

> **해설**
> ② 선택적 추상화 : 부분적인 것에 근거하여 전체 경험을 이해하는 것
>   예 필기시험에서 우수한 성적을 거두었으나 실기시험 결과가 만족스럽지 않다고 전체 시험을 망쳤다고 판단하는 경우
> ③ 임의적 추론 : 어떤 결론을 내릴 때 충분한 증거가 없음에도 성급히 최종적인 결론을 내리는 것
>   예 친구가 연락이 없으면 헤어지려 하는 것이라고 판단하는 경우
> ④ 이분법적 사고 : 사건의 의미를 흑백 논리로 해석하거나 경험을 극단으로 범주화하는 것
>   예 완벽하지 않은 것은 곧 잘못된 것이라고 판단하는 경우
>
> **자동적 사고(Automatic Thoughts)**
> - 정서적 반응으로 이끄는 특별한 자극에 의해 유발된 개인화된 생각 즉, 노력 혹은 선택 없이 자발적으로 일어나는 생각이다.
> - 자동적 사고의 특징
>   - 구체적인 메시지이다.
>   - 흔히 축약해서 언어, 이미지 또는 둘 다의 형태로 나타난다.
>   - 아무리 비합리적이라 할지라도 거의 믿어진다.
>   - 자발적인 것으로서 경험된다.
>   - 흔히 당위성을 가진 말로 표현된다.
>   - 개인에 따라 독특하게 나타난다.
>   - 중단하기가 쉽지 않다.

67 평가자 간 신뢰도를 알아보기 위한 지표로 사용되지 않는 것은?   19년 기출

① 피어슨 상관계수(Pearson's r)
② 계층 간 상관계수
③ 카파(Kappa)계수
④ 크론바흐 알파(Cronbach's α)

> **해설**
> 크론바흐 알파(Cronbach's α)
> 내적 일관성에 의한 신뢰도를 평가하는 데 많이 이용된다.

68 Burish(1984)는 객관적 성격검사 제작에 관한 접근들을 규명하여 기술하였다. 다음 중 이 접근법에 해당하지 않는 것은?   18년 기출

① 외적 준거접근
② 내적 구조접근
③ 내적 내용접근
④ 외적 차원접근

> **해설**
> ① 경험적 방법으로 통제집단과 특정집단을 구분해 주는 문항을 선별한다.
> ② 귀납적 방법으로 통제집단과 특정집단의 구분 없이 많은 일반인을 대상으로 하며 가장 많은 사람들이 공통적으로 인정하거나 부정하는 항목을 추려 일치도 혹은 벗어나는 정도를 측정한다.
> ③ 연역적 방법으로 합리적인 추론과 판단을 하고, 이론에 따라 문항을 선별한다.

69 근육긴장을 이완시키고, 심장의 박동을 조정하고, 혈압을 통제하는 훈련을 받는 것은?   15, 18년 기출

① 바이오피드백
② 행동적인 대처방식
③ 문제중심의 대처기술
④ 정서중심의 대처기술

> **해설**
> 바이오피드백(Biofeedback)
> • 자신의 자율적인 생리적 반응을 스스로 통제하는 능력을 얻기 위한 방법으로 장비를 이용해서 의식하지 못하는 자율신경계의 반응을 조절하는 훈련이다.
> • 바이오피드백을 통해 조절되거나 변화될 수 있는 생리적 변수들은 심박동수, 심장리듬, 혈압, 피부표면온도, 근육수축 정도, 뇌파의 전기적 활동양상 및 피부전기반응 등이다.
> • 바이오피드백을 이용한 이완훈련은 기존의 이완이나 명상의 원리에 자신의 생리학적 상태에 대한 정보를 시청각적으로 볼 수 있도록 하는 기계적 요소를 가미한 것이다.

정답 67 ④ 68 ④ 69 ①

70 다음 중 규준(Norm)에 관한 설명으로 가장 적합한 것은?   16년 기출

① 측정한 점수의 일관성 정도를 제공해 준다.
② 검사 실시와 과정이 규정된 절차에서 이탈된 정도를 제공해 준다.
③ 특정 집단의 전형적인 또는 평균적인 수행 지표를 제공해 준다.
④ 연구자가 측정한 의도에 따라 측정이 되었는지의 정도를 제공해 준다.

> **해설**
> 규준(Norm)
> - 규준이란 특정 검사 점수의 해석에 필요한 기준이 되는 자료로 한 특정 개인의 점수가 어떤 의미를 갖는지에 대한 정보를 제공한다.
> - 특정 집단의 전형적인 또는 평균적인 수행 지표를 제공한다.
> - 개인의 점수를 다른 사람들의 점수와 비교하고 해석하는 과정에서 비교대상이 되는 집단을 '규준집단' 또는 '표준화 표본집단'이라고 한다.
> - 규준은 절대적이거나 보편적인 것이 아니며, 영구적인 것도 아니다. 이에 규준집단이 모집단을 잘 대표하는 것인지를 확인하는 과정이 요구된다.

71 치료자가 환자에게 자신의 욕구, 소망 및 역동을 투사함으로써 환자의 전이에 반응하는 것은?   18년 기출

① 전 이
② 전 치
③ 역할전이
④ 역전이

> **해설**
> 역전이(Counter Transference)
> - 상담자가 내담자에게 일으키는 전이현상으로 상담자가 과거에 경험한 인물에 대한 느낌을 현재의 내담자에게 치환시키는 것이다.
> - 역전이가 발생하면 상담자 자신의 감정이 부각되어 내담자문제에 대해 객관적인 태도를 유지하기 곤란하며 이로 인해 상담에 방해가 될 수 있다. 반면 역전이는 상담자가 내담자의 현재 감정 및 정서상태에 대해 알 수 있는 좋은 도구로 활용되기도 한다.
> - 상담자는 자기분석 및 교육분석을 통해 자신의 과거경험이 현재 자신에게 미치는 영향에 대해 점검해야 하며, 수퍼바이저의 지도와 감독을 받아야 한다.

72. A유형(Type A) 성격의 행동패턴이 아닌 것은?

17년 기출

① 마감시한이 없을 때에도 최대의 능력을 발휘하여 일한다.
② 자신의 물리적·사회적 환경을 장악하려는 통제감이 높다.
③ 지연된 보상이 주어지는 과제에서 향상된 수행을 발휘한다.
④ 좌절하면 공격적이고 적대적이 되며, 피로감과 신체적 증상을 덜 보고한다.

> **해설**
> **A유형(Type A) 성격**
> - 일을 할 때 지나치게 경쟁적이고 공격적
> - 일이 조금이라도 뜻대로 안 되면 쉽게 짜증과 화를 냄
> - 항시 서두르며 늘 시간에 쫓김
> - 말이 빠르고 격정적이며 휴식도 없이 일을 하는 일중독의 특성을 보임
>
> **참 고**
> 1970년대 프리드먼과 로젠만은 'A유형 행동과 당신의 심장(Type A Behavior and Your Heart)'이라는 책을 출간했고, 심장병을 유발하는 주요 심리적 요인으로 A유형 행동이 알려졌다.

73. 구조적 가족치료를 창안한 사람은?

16년 기출

① Adler
② Sullivan
③ Hartman
④ Minuchin

> **해설**
> ① 아들러(A. Adler)는 개인심리이론의 대표적인 학자이다.
> ② 설리번(H. S. Sullivan)은 대인관계이론의 대표적인 학자이다.
> ③ 하트만(A. Hartman)은 가족의 생태체계관점을 제안한 학자로, 생태도(Ecomap)를 고안하기도 하였다.
>
> **구조적 가족치료**
> - 주요개념
>   - 가족구조 : 가족구조는 가족의 상호작용하는 방식으로 반복적이고 체계화되어 있어서 예측할 수 있는 가족의 행동양식을 의미함
>   - 하위체계 : 가족 안에는 다양한 하위체계가 존재하며, 가족원은 다양한 하위체계에서 다른 권력과 역할을 갖고 기능을 수행하며 상보적인 관계를 형성(부부하위체계, 부모하위체계, 부모-자녀 하위체계, 형제자매 하위체계)
>   - 경계선 : 가족원 개인과 하위체계의 안팎을 구분하는 선으로 하위체계 간 친밀함의 정도, 정보 상호교환 정도, 문제해결을 위한 상호교류 정도 파악(경직된 경계, 모호한 경계, 명확한 경계)
>   - 위계구조 : 집이라는 물리적 구조의 '층'에 비유
> - 치료목표
>   - 가족의 경계선을 조정하고 하위체계가 제 기능을 하도록 도우며, 위계구조를 적절히 확립하도록 돕는 것
>   - 문제나 증상의 제거가 아닌 역기능적인 가족구조를 재구조화하는 것
>   - 경계선을 명확히 하는 것

정답 72 ③ 73 ④

74 체계적 둔감절차의 핵심적인 요소는? 16년 기출

① 이 완
② 공 감
③ 해 석
④ 인지의 재구조화

> **해설**
>
> **체계적 둔감화(Systematic Desensitization)**
> - 볼프(Wolpe, 1958)가 개발했다.
> - 공포증과 같은 불안장애의 치료에 효과적이다.
> - 체계적 둔감법은 심리적 불안과 신체적 이완은 병존할 수 없다는 것을 전제로 하는 상호억제(Reciprocal Inhibition)의 원리를 이용하는 기법이다.
> - 이미 조건형성 된 부적응적 반응을 해체시키는 새로운 조건형성이 이루어진다는 점에서 탈조건형성(Diconditioning)이라고 불리기도 한다.
> - 시행과정 : '근육이완 → 불안위계목록 작성 → 체계적 둔감법의 시행'으로, 둔감화의 과정은 내담자가 눈을 감고 이완된 상태에서, 처음에는 불안이 없는 중립적인 장면을 상상하도록 한 후 불안위계표에 따라 가장 낮은 수준의 불안유발 장면으로부터 높은 수준의 불안유발 장면으로 점진적으로 진행한다. 이때 내담자가 불안을 경험하고 있다는 신호를 보내면 중단하고 다시 이완을 반복하면서 내담자가 가장 높은 수준의 불안을 나타낸 장면에서도 이완된 상태를 지속적으로 유지할 수 있도록 하는 것이다.

75 취약성-스트레스 접근에 관한 설명과 가장 거리가 먼 것은? 15년 기출

① 스트레스와 생물학적 취약성이 질병 발생의 필요조건이다.
② 정신장애의 발병에 생물학적 취약성을 우선시하는 접근이다.
③ 정신장애의 발병요인의 상호작용을 주장하는 접근이다.
④ 생물학적 두 부모가 고혈압을 가진 경우 자녀의 고혈압 발병 가능성이 매우 높게 나타난다.

> **해설**
>
> **취약성-스트레스 모델(Vulnerability-stress Model)**
> - 이상행동이 신체적, 심리적, 사회적 측면의 다양한 요인에 의해서 유발될 수 있다고 보는 것으로, 정신장애는 취약성 요인과 스트레스 요인이 함께 결합되었을 때 발생한다고 본다.
> - 취약성(Vulnerability or Diathesis)은 특정한 장애에 걸리기 쉬운 개인적 특성을 의미하며, 심리사회적 스트레스(Psychosocial Stress)는 환경으로부터 주어지는 부정적인 생활사건, 즉 스트레스를 느끼는 환경적 변화를 의미한다.

76 행동평가 방법에 관한 설명으로 옳지 않은 것은?   16, 22, 23년 기출

① 자연관찰은 참여자가 아닌 관찰자가 환경 내에서 일어나는 참여자의 행동을 관찰하고 기록하는 방법이다.
② 유사관찰은 제한이 없는 환경에서 관찰하는 방법이다.
③ 참여관찰은 관찰하고자 하는 개인이 자연스러운 환경에 관여하면서 기록하는 방식이다.
④ 자기관찰은 자신이 개인과 환경 간의 상호작용에 관한 자료를 수집하도록 한다.

> **해설**
>
> **행동평가의 대표적인 방법**
> - 자연관찰법(Naturalistic Observation) : 관찰자가 환경 내에서 일어나는 내담자의 문제행동과 증상을 실생활에서 직접 관찰 및 평가하는 방법
> - 유사관찰법(Analogue Observation) : 관찰의 효율성을 높이기 위해 실생활에서가 아닌 면담실, 실험실에서 문제행동을 관찰하거나 문제행동이 일어나는 상황을 유도하여 이를 관찰하는 방법
> - 참여관찰법(Participant Observation) : 실생활에서 내담자와 함께 생활하는 사람으로 하여금 행동평가를 대행하도록 하는 방법으로, 내담자의 대인관계양식을 볼 수 있는 방법
> - 자기관찰법(Self-monitoring) : 자신의 행동에 대해 스스로 관찰하고, 보고하도록 하는 평가방법

77 정신상태검사(Mental Status Examination)에서 파악하는 항목과 가장 거리가 먼 것은?   16년 기출

① 감각기능 - 의식상태, 주의력, 기억력 등
② 지각장애 - 착각, 환각의 유무 등
③ 인지기능 - 내담자의 치료동기의 파악
④ 지남력 - 시간, 장소, 사람 지남력

> **해설**
>
> **정신상태검사 내용**
> - 감각 및 인지(Sensorium and Cognition)
>   각성 및 의식 수준, 지남력, 기억, 주의집중, 읽기·쓰기능력, 시공간능력, 추상적 사고, 상식과 지능 등
> - 지각의 상태(Perception)
>   - 환각과 착각, 이인화(Depersonalization), 이현실화(Derealization)
>   예 귀에서 이상한 소리가 들린 적이 있는지, 조용한 방에 있을 때 어떤 소리가 들린 적이 있는지, 기도할 때 하나님의 음성을 들은 적이 있는지, 헛것이 보인 적이 있는지?

정답 76 ② 77 ③

78 행동의학에서 주로 다루는 주제로 가장 적합한 것은? 　　　　　　　　　　　　　16, 22, 25년 기출

① 공황발작
② 외상 후 스트레스 장애
③ 조현병의 음성증상
④ 만성통증 관리

> **해설**
> **행동의학**
> • 행동과학적인 접근에 의해서 의학을 파악해 나가려는 입장이다.
> • 건강, 질병 그리고 기타 생리적 부전과 관련된 연구, 교육, 진단, 치료의 영역을 모두 포괄하는 다학제적 학문을 목표로 한다.
> • 건강심리학은 행동의학과 건강관리의 문제 양자를 포함하는 심리학 영역이다.
> • 행동의학은 심신의학보다는 보다 객관적인 행동에 중점을 둔다.

79 행동치료에 관한 설명으로 틀린 것은? 　　　　　　　　　　　　　　　　　　16년 기출

① 평가와 치료가 직접적으로 연관된다.
② 문제 행동의 기저 원인에 중요성을 둔다.
③ 모든 사례에 동일한 기법을 적용하기보다는 개별화된 평가와 개입을 한다.
④ 평가의 치료 절차가 구체적이고 분명하다.

> **해설**
> **행동치료의 특징**
> • 과학적 방법의 원리 및 절차에 따른다. 즉, 관찰에 근거해 결론을 내리며 자신이 개입한 것을 반복할 수 있도록 치료목표를 구체적이고 측정 가능한 용어로 기술하며 진행과정이 주기적으로 평가되고 치료계획은 내담자와 치료자가 적극적으로 참여하여 협력적으로 세운다.
> • 치료의 초점을 현재에 둔다. 행동치료는 과거를 중요시하지 않으며 현재 문제에 영향을 주는 요인들을 다룬다. 즉 치료자는 문제행동을 지속시키는 현재의 환경사건들을 찾고 내담자들의 행동분석을 통해 선행요인이 되는 환경사건을 변화시켜 새로운 행동을 할 수 있도록 돕는다.
> • 행동치료자들은 내담자의 행동을 변화시키기 위해 치료에서 적극적인 역할을 하며 내담자에게도 구체적인 행동을 하도록 요구한다.
> • 행동치료의 전략은 특정 사람과 특정 문제에 맞춰 개별화한다.
> • 행동치료에서는 평가와 개입이 밀접한 관계를 갖고 있다. 즉, 평가는 개입방법을 선택하는 데 직접적인 정보를 준다.
> • 치료의 진전을 추적하고 일반화와 행동의 유지를 계획한다. 즉, 행동치료에서는 개입의 효과에 대한 자료를 수집하고 개입 전의 행동 빈도, 강도, 지속 기간, 생각이나 감정 등이 개입 후에는 어떻게 달라졌는지를 비교한다.

80 생물학적 조망에 대한 설명과 가장 거리가 먼 것은?   16년 기출

① 행동과 기질적 기능 간의 상호작용에 초점을 맞추고 있다.
② 마음과 몸은 하나의 복잡한 실체의 두 측면이다.
③ 심리적인 스트레스와 신체적인 질병은 서로 영향을 미치는 경우가 거의 없다.
④ 관찰 가능한 표현형은 그 사람의 유전인자와 연관된 경험의 산물이다.

> **해설**
> **생물학적 조망**
> - 인간행동에 미치는 뇌의 영향, 신경화학의 영향, 유전적 영향 등을 강조한다. 즉, 정신장애를 유발할 수 있는 주요한 생물학적 원인으로 뇌의 구조적 결함, 뇌의 생화학적 이상, 유전적 요인 등에 초점을 둔다. 이와 같이 광범위한 정서적·심리적·행동적 문제들을 연구하고 평가하고 치료하기 위해 생물학적 접근이 이루어진다.
> - 조현병, 동성애, 폭력과 관련된 뇌 조직 및 기능에 대한 새로운 발견들과 함께 우울증, 불안장애, 공황장애 등에 관한 유전학에서의 새로운 발견들은 생물학적 조망의 우세에 기여하였다.

제5과목 심리상담

81 성피해 아동의 심리치료에 대한 설명으로 틀린 것은?   08, 12년 기출

① 피해 아동의 연령에 따라 적절한 심리치료를 실시한다.
② 피해 아동의 심리적 상처를 자극하지 않기 위해서 퇴행행동을 모두 받아준다.
③ 치료의 초기에는 아동과 어머니(보호자)가 같이 치료를 시작한다.
④ 치료의 보조기구(도구)로 신체인형을 사용한다.

> **해설**
> ② 성피해 아동은 손가락 빨기, 야뇨증, 어리광부리기, 지나치게 매달리기 등 마치 유아로 돌아간 것 같은 퇴행행동을 보이기도 한다. 성피해 아동이 이와 같은 퇴행행동을 보이는 경우 이를 즉각적으로 나무라기보다는, 성피해 아동에게서 나타날 수 있는 자연스러운 반응으로 간주하여 참을성 있게 대하는 것이 바람직하다. 그러나 성피해 아동의 그와 같은 퇴행행동을 모두 받아주는 것은 정서적 성숙이나 사회성 함양에 부정적인 영향을 미치므로 삼가도록 한다.
> ① 성피해 아동은 피해 시기의 발달단계에 따라 그 증상에 있어서 차이를 보이기 때문에 성피해 아동을 대상으로 한 심리치료는 그 연령 및 발달단계를 고려해야 한다.
> ③ 치료자는 부모의 감정을 이해하고 지지해 주면서, 성피해 아동이 신체적·정신적 치료와 부모의 따뜻한 보살핌을 받게 되면 다른 아이들처럼 정상적인 삶을 지속할 수 있다는 확신과 희망을 심어주어야 한다.
> ④ 치료자는 성피해 아동이 신체인형을 어떻게 다루는지 관찰함으로써 성피해 상황 및 상태를 보다 명확히 파악할 수 있다.

정답 80 ③ 81 ②

82 액슬린(Axline)의 비지시적 놀이치료에서 놀이치료자가 갖추어야 할 원칙에 포함되지 <u>않는</u> 것은? **16년 기출**

① 아동을 있는 그대로 수용한다.
② 아동과 따뜻하고 친근한 관계를 가능한 빨리 형성하도록 한다.
③ 가능한 비언어적인 방법으로만 아동의 행동을 지시한다.
④ 아동이 타인과의 관계형성이 본인의 책임이라는 것을 알도록 하기 위해서는 제한을 둘 수 있다.

> **해설**
> 비지시적 놀이치료의 8가지 원칙(Axline)
> - 치료자는 아동과 따뜻하고 친근한 관계를 형성한다. (②)
> - 치료자는 아동을 있는 그대로 수용한다. (①)
> - 치료자는 아동의 감정을 인식하고 반영해 주어 아동 스스로 자신의 문제에 대한 통찰을 얻도록 돕는다.
> - 치료자는 아동이 자신의 감정을 자유롭고 충분히 표현할 수 있도록 허용적인 관계를 형성한다.
> - 치료자는 아동이 자신의 문제를 스스로 해결할 수 있는 능력이 있음을 인정하여, 아동 스스로 선택하고 변화할 수 있도록 한다.
> - 치료자는 아동의 행동이나 대화를 이끌지 않으며, 아동의 주도에 따른다.
> - 치료자는 치료가 점진적인 과정임을 인식하여 서둘러 치료를 재촉하지 않는다.
> - 치료자는 아동으로 하여금 책임을 받아들이도록 하기 위해 필요한 경우 제한을 둘 수 있다. (④)

83 단기상담에 적합한 내담자의 특성으로 옳은 것은? **04, 13, 19, 23년 기출**

① 반사회적 성격장애가 있다.
② 문제가 구체적이거나 발달과정상의 문제가 있다.
③ 지지적인 대화상대자가 전혀 없다.
④ 만성적이고 복합적인 문제가 있다.

> **해설**
> 단기상담에 적합한 내담자
> - 내담자가 비교적 건강하며 그 문제가 심각하지 않다.
> - 내담자가 자신의 경미한 문제에 대한 명확한 인식을 원한다.
> - 내담자가 임신, 출산 등 발달과정상의 문제를 경험한다.
> - 내담자가 중요 인물의 상실에 대한 생활상의 적응을 필요로 한다.
> - 내담자가 급성적 상황으로 인해 정서적인 어려움을 겪는다.

84 접촉, 지금-여기, 자각과 책임감 등을 중시하는 치료이론은?   16년 기출

① 인간중심적 치료
② 게슈탈트치료
③ 정신분석
④ 실존치료

> **해설**
>
> 게슈탈트치료
> - 자신의 욕구와 감정을 알아차리고 수용하며, 환경과의 접촉을 통해 문제를 해결함으로써 성숙하고 성장하도록 도우며, 지금-여기의 삶을 살도록 하는 치료이론
> - 게슈탈트 상담은 경험적이며, 실존적이며, 실험적인 접근
> - 언어를 통해 정신적 조작을 하는 것보다 행동을 강조한다는 점에서 경험적, 개인의 독립적인 선택과 책임을 강조한다는 점에서 실존적, 개인이 매 순간에 느끼는 감정을 표현하도록 촉진한다는 점에서 실험적

85 현대 상담에 대한 접근과 가장 거리가 먼 것은?   19년 기출

① 다소 복잡하고, 역사적이고 이론적인 시야 등 이 분야의 종합적인 통찰을 얻어야 한다.
② 상담 접근 방식들의 주된, 공통된, 효과적인 요소가 무엇일지에 대해 생각해야 한다.
③ 통합적인 상담 방식보다 특정 상담 방식을 고수해야 한다.
④ 상담 접근 방식들 간의 핵심적인 차이에 대해 논의해야 한다.

> **해설**
>
> 현대 상담은 하나의 특정 상담 방식을 고수하기보다는 사례에 따라 적절히 통합하는 상담 접근 방법이 지향되는 경향을 보인다.

86 내담자로 하여금 예상되는 불안과 공포를 의도적으로 익살을 섞어 과장해서 생각하고 표현하도록 하는 상담기법은? 06, 16년 기출

① 비합리적 사고의 교정
② 역설적 의도
③ 역할연기
④ 자기표현훈련

> **해설**
> 역설적 의도
> - 실존주의적 상담기법 중의 하나
> - 내담자가 갖는 예기적 불안을 제거함으로써 강박증이나 공포증과 같은 신경증적 행동을 치료할 수 있는 기법
> - 강박적이고 억압적인 공포증에 걸린 내담자들의 단기상담과 치료에 도움이 되는 기법
> - 내담자가 두려워하는 일 자체를 하도록 하거나 일어나기를 소망하도록 촉진하는 과정

87 인터넷 상담의 장점으로 가장 적합한 것은? 05, 25년 기출

① 라포(Rapport) 형성이 쉽다.
② 내담자의 정보를 얻기 쉽다.
③ 상담 공간과 시간이 용이하다.
④ 상담과정이 원활하다.

> **해설**
> ① 상담자의 입장에서 내담자의 신상과 상담내용을 신뢰하기 어려우며, 내담자와의 라포 형성이 쉽지 않다.
> ② 내담자가 자신의 정보를 선택적으로 공개할 수 있으며, 언제든지 상담을 중단해버릴 수 있다.
> ④ 주로 문자 등의 시각적 자료에 의존해야 하므로 대면상담에서와 같이 깊이 있는 의사소통을 기대하기 어려우며, 내담자의 복잡한 정서적인 내용을 파악하기 곤란하다.

88 생애기술상담에서 행동기술 메시지를 전달하는 방법이 <u>아닌</u> 것은?

① 전환 메시지
② 음성 메시지
③ 신체 메시지
④ 접촉 메시지

> **해설**
> 생애기술상담에서 행동기술 메시지의 전달방법
> - 언어 메시지 : 언어(말)를 통한 메시지 전달
> - 음성 메시지 : 음성의 강도, 발성, 높낮이, 속도 등
> - 신체 메시지 : 시선, 얼굴표정, 자세, 물리적 거리 등
> - 접촉 메시지 : 신체접촉의 부위, 접촉의 강도, 상대방의 허락 여부 등
> - 행동 메시지 : 비대면 상태에서의 메시지 전달(& 메모 보내기 등)

89 약물에 관한 설명으로 <u>틀린</u> 것은?   16, 25년 기출

① 약물 내성은 동기의 대립과정이론으로 설명할 수 있다.
② 바비튜레이트는 자극제다.
③ 메스칼린은 환각제다.
④ 진정제는 GABA 시냅스에 영향을 준다.

> **해설**
> 바비튜레이트(Barbiturate)는 불안감, 긴장, 불면증의 치료에 사용되었던 억제제이다.
>
> **동기의 대립과정이론**
> 외부 자극에 대한 하나의 반응이 끝나면, 곧바로 그와 반대되는 반응이 나타나는 원리를 의미하는 것으로, 이 이론은 약물 중독의 특성을 설명해 준다. 즉 향정신성 약물을 복용했을 때 쾌감을 주지만, 그 쾌감이 끝나면 몸은 중립상태가 아닌 쾌감과는 달리 불쾌한 상태에 처하게 된다는 것이다.
>
> **약물의 종류**
>
> | | |
> |---|---|
> | 중추신경흥분제 | • 중추신경계를 자극하는 물질
• 카페인(각성제 등), 코카인, 암페타민류(필로폰 등), 니코틴 등 |
> | 중추신경억제제 | • 중추신경계가 흥분한 상태를 진정시키는 약물
• 알코올, 흡입제(본드, 가스, 가솔린, 아세톤 등), 바비튜레이트, 합성마약류, 수면제, 신경안정제 등 |
> | 환각제 | • 환각효과를 나타내는 물질
• LSD, 펜시클리딘(Phencyclidine), 메스칼린(Mescaline), 살로사이빈(Psilocybin), 암페타민류(엑스타시 등), 항콜린성 물질 등 |

정답 88 ① 89 ②

90 상담심리학의 역사에서 상담심리학의 기반형성에 근원이 된 주요 영향이 아닌 것은? 　　17년 기출

① 의학적 관점으로부터의 상담과 심리치료의 발달
② Parsons의 업적과 직업운동의 성숙
③ 정신건강에 대한 관심
④ 심리측정적 경향의 발달과 개인차 연구

> **해설**
> 상담심리학의 역사적 배경
> - 상담심리학은 미국에서 20세기 초에 시작된 직업지도(職業指導) 운동이 발단이 되어 1950년대에 이르러서는 본격적으로 심리학의 한 분야로 취급되게 됨
> - 상담심리학이란 용어를 사용한 것은 1908년 파슨스(Parsons)가 진로상담 때문에 고안한 것. 이것이 전문적인 학문 분야로서 정체성이 확립된 것은 1950년대
> - 상담심리학을 발전시킨 두 운동은 '직업보도운동'과 '정신위생운동'
> - 상담심리학은 또한 비네(Binet)와 시몬(Simon) 등이 발달시킨 검사도구의 등장으로 발달. 즉 심리측정도구가 개발, 활성화됨에 따라 발달
> - 1, 2차 세계대전도 심리학 발달에 영향을 미침

91 사회학적 관점에서 청소년 비행의 원인을 설명하기에 적합하지 않은 이론은? 　　20, 25년 기출

① 아노미이론
② 사회통제이론
③ 하위문화이론
④ 사회배제이론

> **해설**
> 사회배제이론은 일단의 집단들을 사회의 주류로부터 격리하는 일종의 메커니즘으로 작용하는 사회적 배제 현상에 주목하면서, 특히 노인, 아동, 장애인 등을 대상으로 소득, 노동, 주거, 의료 등 배제의 다양한 영역들에 대해 분석하는 이론이다.

92 진정제가 아닌 물질은?

① 알코올(Alcohol)
② 바비튜레이트(Barbiturate)
③ 헤로인(Heroin)
④ 메스암페타민(Methamphetarmine)

> **해설**
> 메스암페타민(Methamphetarmine)은 중추신경을 흥분시키는 각성제(흥분제)이다.

93 Beck이 제시하는 인지적 오류 중 '평범하다는 평가를 받는다는 것은 내가 얼마나 부족한지 증명하는 것이다'라고 생각하는 경우는?   15, 25년 기출

① 전부 아니면 전무의 사고
② 긍정적인 면의 평가절하
③ 과장/축소
④ 과잉일반화

> **해설**
> **과장 및 축소**
> 사건의 의미나 중요성을 지나치게 과장하거나 축소하는 오류를 말한다. 즉 개인이 불완전을 최대화하거나 좋은 점을 최소화하는 오류로 자신의 실수나 결점을 실제보다 크게 보는 경향, 그리고 자신의 장점을 축소하게 된다. 이에 결국 자신이 타인들보다 열등하다고 생각하거나 우울하다고 느끼게 된다.

94 성피해자에 대한 상담의 초기단계에서 상담자가 유의해야 할 사항으로 옳은 것은?   13, 15, 17, 25년 기출

① 피해자가 첫 면접에서 성피해 사실을 부인할 경우 솔직한 개방을 하도록 지속적으로 유도한다.
② 가능하면 초기에 피해자의 가족상황과 성폭력피해의 합병증 등에 관한 상세한 정보를 얻는다.
③ 성피해로 인한 내담자의 심리적 외상을 신속하게 탐색하고 치유할 수 있도록 적극적으로 개입한다.
④ 피해상황에 대한 상세한 정보수집이 중요하므로 내담자가 불편감을 표현하더라도 상담자가 주도적으로 면접을 진행한다.

> **해설**
> **성폭력피해자 심리상담 초기단계의 유의사항**
> - 상담자는 피해자인 내담자와 신뢰할 수 있는 관계를 유지함으로써 치료관계형성에 힘써야 한다.
> - 상담자는 내담자에게 상담 내용의 주도권을 줌으로써 내담자에게 현재 상황에서 표현할 수 있는 내용에 대해서만 이야기할 수 있도록 배려해야 한다.
> - 상담자는 내담자의 비언어적인 표현에 주의를 기울이며, 그에 대해 적절히 반응해야 한다.
> - 상담자는 내담자의 성폭력 피해로 인한 합병증 등을 파악해야 한다.
> - 상담자는 내담자가 성폭력 피해의 문제가 없다고 부인하는 경우 일단 수용하며, 언제든지 상담의 기회가 있음을 알려주어야 한다.

정답 93 ③ 94 ②

95 상담의 구조화에 관한 설명으로 틀린 것은?   17년 기출

① 상담의 다음 진행과정에 대한 내담자의 두려움이나 궁금증을 줄일 수 있다.
② 구조화는 상담 초기뿐만 아니라 전체 과정에서 진행될 수 있다.
③ 상담의 효과를 최대한으로 높이기 위해 행해진다.
④ 상담에서 다루려는 내용을 구체적으로 정의하는 작업이다.

> **해설**
>
> **상담의 구조화**
> - 구조화는 상담과정의 본질, 제한조건과 방향에 대해 상담자가 내담자에게 정의를 내려주는 것이다. 즉, 상담자가 내담자에게 상담과정의 바람직한 체계와 방향을 알려주는 것을 말한다.
> - 구조화는 그 자체가 상담의 목적이 아니라 상담관계를 바람직한 방향으로 안정시키는 중요한 수단으로 기능한다.
> - 구조화는 필요에 따라 상담과정 중에 언제나 일어날 수 있지만, 특히 상담 초기에 적절한 구조화가 이루어지는 것이 필요하다.
> - 구조화를 통해 상담시간, 내담자의 행동, 상담자의 역할, 내담자의 역할 및 과정목표, 비밀유지, 상담회기의 길이와 빈도, 상담의 계획된 지속기간, 내담자와 상담자의 책임, 가능한 상담 성과 및 상담 시의 행동제한 등을 설정한다.

96 직업상담원의 역할에 해당되지 않는 것은?   16년 기출

① 직업상담
② 직업창출
③ 직업정보분석
④ 직업지도 프로그램 운영

> **해설**
>
> **직업상담원(직업상담사)의 역할**
> - 상담자 (①)
> - (직업문제)처치자
> - 조언자
> - 직업지도 프로그램 개발 및 운영자 (④)
> - 지원자
> - (검사도구)해석자
> - (직업정보)분석가 (③)
> - 협의자
> - 관리자
> - 연구 및 평가자

95 ④ 96 ②

97 형태치료(게슈탈트 치료)에서 접촉-경계 혼란을 일으키는 여러 가지 심리적 현상 중 사람들이 감당하기 힘든 내적 갈등이나 환경적 자극에 노출될 때, 이러한 경험으로부터 압도당하지 않기 위해 자신의 감각을 둔화시킴으로써 자신 및 환경과의 접촉을 악화시키는 것은?   16년 기출

① 내사(Introjection)
② 반전(Retroflection)
③ 융합(Confluence)
④ 편향(Deflection)

> **해설**
> 게슈탈트 치료의 접촉-경계 혼란
> - 내사(Introjection) : 타인의 행동이나 가치관을 자기 것으로 무비판적으로 받아들이는 것
> - 투사(Projection) : 자신의 생각이나 욕구, 감정 등을 타인의 것으로 지각하며 책임소재를 타인에게 돌리는 것
> - 반전(Retroflection) : 자신이 다른 사람이나 환경에 대하여 하고 싶은 행동을 자신에게 하는 것
> - 융합(Confluence) : 밀접한 관계에 있는 두 사람이 서로 간에 차이점이 없다고 느끼는 것
> - 편향(Deflection) : 감당하기 힘든 내적 갈등이나 환경적 자극에 노출될 때, 이러한 경험으로부터 압도당하지 않기 위해 자신의 감각을 둔화시키는 것

98 REBT 상담자들이 탐색, 자유토의, 통렬한 비난, 해석 등 보통의 상담기법에 첨가하여 사용하는 기법이 아닌 것은?   16년 기출

① 구조화
② 직 면
③ 교 화
④ 재교육

> **해설**
> 엘리스는 보통 정신치료의 기법들은 탐구(탐색), 자유토의, 발굴, 해석 등이지만, 합리적 치료자에게는 이에 더해 대결(직면), 논박, 교화, 재교육 등의 좀 더 직접적인 기법들이 첨가되므로 가장 깊숙이 자리 잡고 있어 다루기 힘든 정서불안의 패턴들도 직면할 수 있다고 보았다.

99 집단상담에 대한 설명으로 가장 적합한 것은? 16, 25년 기출

① 집단크기, 기간, 집단성격, 프로그램 등을 미리 결정해야 한다.
② 집단상담에서는 개인상담에 있는 접수면접과 같은 단계는 생략된다.
③ 집단상담에서 상담자는 조언을 사용해서는 안 된다.
④ 만성적 우울증을 가진 내담자로 이루어진 집단은 자조집단에 어울린다.

> **해설**
> 집단상담의 특징
> - 집단상담은 집단성원들로 하여금 자기이해 및 자기수용, 발달과업의 성취 등을 실현할 수 있도록 돕는 과정이다.
> - 집단을 시작하기 전에 집단의 목적 및 성격, 그에 따른 프로그램과 크기, 기간 등을 결정하는 것이 바람직하다.
> - 일반적으로 만성적 우울증을 가진 내담자는 치료집단이 좀 더 바람직하다.

100 진로상담의 일반적인 원리와 가장 거리가 먼 것은? 16년 기출

① 만성적인 미결정자의 조기발견에 특히 유념해야 한다.
② 경우에 따라서는 심리상담을 병행하면 더욱 효율적이다.
③ 최종결정과 선택은 상담자가 분명하게 정해주어야 한다.
④ 내담자에 대한 기본적인 신뢰와 공감적 이해는 진로상담에서도 중요하다.

> **해설**
> 진로상담의 주요 원리
> - 진로상담은 진학과 직업선택에 초점을 맞추어 전개한다.
> - 진로상담은 개인의 특성을 객관적으로 파악한 후, 상담자와 내담자 간의 라포가 형성된 관계 속에서 이루어져야 한다.
> - 진로상담은 진로발달 이론에 근거하며, 진로발달이 진로상담에 영향을 미친다.
> - 진로상담은 개인의 진로결정에 있어서 핵심적인 요소이므로, 합리적인 진로의사결정 과정과 기법을 체득하도록 상담한다.
> - 진로상담은 변화하는 직업세계의 이해와 진로정보 활동을 중심으로 개인과 직업의 연계성을 합리적으로 연결시키는 과정에 합리적 방법 이용에 초점을 둔다.
> - 진로상담은 각종 심리검사의 결과를 기초로 합리적인 결과를 끌어낼 수 있도록 도와주는 역할을 한다.
> - 진로상담은 상담윤리 강령에 따라 전개한다.
> - 집단진로상담을 진행할 때에는 집단성원간의 교류를 중시하여 학생이 자기표현을 통해서 자기통찰을 깊게 할 수 있도록 하며, 집단 내의 분위기는 민주적이고 따뜻하여 각 구성원이 소속감을 가질 수 있도록 한다.
> - 항상 '차별적인 진단과 처치', 즉 개인차를 고려한다.

임상심리사 2급

2023년

제1회 기출복원문제 및 해설

제2회 기출복원문제 및 해설

합격의 공식 시대에듀

교육은 우리 자신의 무지를 점차 발견해 가는 과정이다.

— 윌 듀란트 —

끝까지 책임진다! 시대에듀!

QR코드를 통해 도서 출간 이후 발견된 오류나 개정법령, 변경된 시험 정보, 최신기출문제, 도서 업데이트 자료 등이 있는지 확인해 보세요! **시대에듀 합격 스마트 앱**을 통해서도 알려 드리고 있으니 구글 플레이나 앱 스토어에서 다운받아 사용하세요. 또한, 파본 도서인 경우에는 구입하신 곳에서 교환해 드립니다.

2023 제1회 기출복원문제 및 해설

심리학개론 | 이상심리학 | 심리검사 | 임상심리학 | 심리상담

※ 2022년 제3회 시험부터 CBT로 시행되어 기출문제가 공개되지 않으므로, 응시자의 후기와 과년도 기출데이터를 통해 기출과 유사하게 복원된 문제를 제공합니다.
※ 실제 시험문제와 다를 수 있습니다.

제1과목 심리학개론

01 기억의 왜곡을 줄이는 데 효과적인 방법으로 가장 거리가 먼 것은?   20년 기출

① 반복해서 학습하기
② 간섭의 최대화
③ 기억술 사용
④ 연합을 통한 인출단서의 확대

> **해설**
> 기억왜곡
> 일시성, 방심, 차폐, 오귀인, 피암시성, 집착 등에 의해 일어난다. 이러한 기억의 왜곡을 줄이는 방법으로는 반복학습, 연합을 통한 인출단서 확대, 기억술 사용 등이 있다.

02 조건형성의 원리와 그에 해당하는 예를 잘못 연결시킨 것은?   15, 21년 기출

① 강화보다 처벌 강조 – 행동조성
② 소거에 대한 저항 – 부분강화 효과
③ 조작적 조건형성의 응용 – 행동수정
④ 고전적 조건형성의 응용 – 유명연예인 광고모델

> **해설**
> 행동조성은 학습하기를 원하는 행동이나 기술을 습득시키기 위해 사용하는 방법이다. 바람직한 행동을 학습할 수 있도록 기대에 부응하는 행동이 나타날 때 이를 '강화'함으로써 원하는 행동을 점진적으로 학습한다.

정답 01 ② 02 ①

03 기억 연구에서 집단이 회상한 수가 집단 구성원 각각 회상한 수의 합보다 적은 것을 의미하는 것은?

18, 22년 기출

① 책임감 분산
② 청크효과
③ 협력 억제
④ 스트룹효과

> **해설**
> ③ 협력 억제(Collaborative Inhibition) : 집단의 협력에 의한 기억 회상이 동일한 수의 개인에 의한 기억 회상에 비해 성능이 저하되는 양상을 보이는 효과이다. 웰던과 벨린저(Weldon & Bellinger)는 다른 구성원의 생각을 듣고 당면한 주제에 대해 토론하는 것이 각 개인의 생각 조직을 방해하고 기억을 손상시킨다는 점을 확인하였다.
> ① 책임감 분산(Diffusion of Responsibility) : '링겔만 효과(Ringelmann Effect)'라고도 불리며, 집단과업에 참여하는 사람이 늘어날수록 1인당 기여도가 감소하는 효과이다.
> ② 청크효과(Chunk Effect) : 정보를 보다 큰 유의미한 단위로 묶음으로써 기억 성능을 향상하는 효과이다.
> ④ 스트룹효과(Stroop Effect) : 단어의 의미와 색상이 일치하는 자극을 보고 그 색상을 명명할 때와 단어의 의미와 색상이 일치하지 않는 자극을 보고 그 색상을 명명할 때 반응시간에 차이가 있는데, 후자의 경우 반응시간이 증가하는 효과이다.

04 기온에 따라 학습 능률이 어떻게 달라지는가를 알아보기 위해 기온을 13℃, 18℃, 23℃인 세 조건으로 만들고 학습능률은 단어의 기억력 점수로 측정하였다. 이때 독립변수는 무엇인가?

15, 20, 25년 기출

① 기억력 점수
② 기 온
③ 학습능률
④ 예 언

> **해설**
> 독립변수는 원인이 되는 변수이고, 종속변수는 결과로 나타나는 변수이다. 기온에 따른 학습능률의 변화를 알아보는 연구에서 독립변수는 '기온'이며, 종속변수는 '학습능률'이다.

05 다음 설명에 해당하는 것은?   21, 22년 기출

> • 아동들의 자기개념이 왜 우선적으로 남자-여자 구분에 근거하는지를 설명하고자 한다.
> • 아동에게 성이라는 렌즈를 통해 세상을 보도록 가르치는 문화의 역할을 중요시한다.

① 성 도식이론
② 인지발달이론
③ 사회학습이론
④ 정신분석학이론

해설

성 도식이론(Gender Schema Theory)
- 사회학습이론과 인지발달이론의 요소들을 결합한 것으로, 성역할 개념의 습득 과정을 설명하는 일종의 정보처리이론이다.
- 성 유형화는 아동의 인지발달 수준이나 사회문화적 요인의 영향을 받지만 동시에 성 도식화(Gender Schematization) 과정을 통해 형성된다.
- 성 도식화는 성에 따라 조직되는 행동양식으로서, 사람들이 남성적 특성과 여성적 특성을 구분하도록 한다.
- 아동은 어떤 행동이나 역할이 남성에게 적합한 것인지 혹은 여성에게 적합한 것인지를 분류해 주는 '내집단/외집단'의 단순한 도식을 습득하며, 자신의 성에 적합한 역할에 대해 좀 더 많은 정보를 추구하여 자신의 성 도식(Own-Sex Schema)을 구성하게 된다.
- 일단 성 도식이 발달하면 아동은 자신의 성 도식에 맞지 않는 새로운 정보를 왜곡하는 양상을 보이기 때문에 성이라는 렌즈를 통해 세상을 보도록 가르치는 문화의 역할이 중요하다.

06 실험장면에서 실험자가 조작하는 처치변인은?   22, 24년 기출

① 매개변인
② 종속변인
③ 조절변인
④ 독립변인

해설

실험법(Experimental Methods)
- 연구방법 중 가장 과학적인 방법이자 가장 중요하게 사용되는 방법이다.
- 실험법은 인위적으로 통제된 조건하에서 연구하고자 하는 변인을 체계적으로 변화시킬 때 그 효과가 어떻게 나타나는지를 측정하는 방법으로 인과관계의 추론이 가능하다.
- 효과를 연구하기 위해 사용되는 특정 변인은 독립변인, 독립변인의 처치에 의해 영향을 받는 변인은 종속변인이라고 한다.
- 실험법은 독립변인의 조작, 가외변인의 통제, 실험대상의 무작위화를 조건으로 한다. 종속변인의 변화가 독립변인의 처치효과에 의해서만 나타난 결과임을 증명하기 위해 다른 변인, 즉 가외변인(외생변인)은 일정하게 통제되어야 한다.

07 다음은 무엇에 관한 설명인가? — 20년 기출

> 가장 널리 사용되고 있는 성격검사로서 성격특성과 심리적인 문제를 측정하는 데 사용되는 임상적 질문지

① 주제통각검사
② 다면적 인성검사
③ 로샤검사(Rorschach Test)
④ 문장완성검사

해설

① 주제통각검사(TAT) : 30장의 흑백그림카드와 1장의 백지카드 등 총 31장으로 구성되어 있다. 그림카드 뒷면에는 공용도판, 남성공용도판(BM), 여성공용도판(GF), 성인공용도판(MF), 미성인공용도판(BG), 성인남성전용도판(M), 성인여성전용도판(12F), 소년전용도판(B), 소녀전용도판(G)으로 구분되어 있으며, 한 사람의 수검자에게 20장을 적용할 수 있도록 구성되어 있다.
③ 로샤검사(Rorschach Test) : 1921년 스위스의 정신과의사인 로샤(Rorschach)가 만든 것으로, 이 검사의 재료는 데칼코마니 양식에 의한 대칭형의 잉크 얼룩으로 이루어진 무채색 카드 5장, 부분 유채색 카드 2장, 전체 유채색 카드 3장으로 이루어진 총 10장의 카드로 구성된다.
④ 문장완성검사 : 미완성 문장을 통해 수검자의 투사를 유도하여 욕구, 감정, 태도를 파악하는 심리검사 방법이다. 자유연상을 토대로 하므로 수검자의 내적 갈등이나 욕구, 환상, 주관적 감정 등을 효과적으로 파악할 수 있다.

08 검사에 포함된 각 질문 또는 문항들이 동일한 것을 측정하는 정도를 나타내는 것은? — 21, 24년 기출

① 구성타당도
② 경험타당도
③ 내적일치도
④ 준거타당도

해설

내적일치도 또는 문항내적합치도(Item Internal Consistency)
- 단일의 신뢰도 계수를 계산할 수 없는 반분법의 문제점을 고려하여, 가능한 한 모든 반분신뢰도를 구한 다음 그 평균값을 신뢰도로 추정하는 방법이다.
- 동일한 개념을 측정하는 항목인 경우에는 그 측정 결과에 일관성이 있어야 한다는 논리에 따라 일관성이 없는 항목, 즉 신뢰성을 저해하는 항목을 찾아서 배제시킨다.
- 쿠더와 리처드슨(Kuder & Richardson)에 의해 처음 개발되었으며, 이후 크론바흐(Cronbach)가 이에 대한 수학적 설명을 시도하였다.

09 성격을 정의할 때 고려하는 특징으로 가장 거리가 먼 것은?

16, 22, 24년 기출

① 시간적 일관성
② 개인의 자율성
③ 개인의 독특성
④ 환경에 대한 적응성

> **해설**
>
> **성격(Personality)**
> - 한 개인이 환경과 상호작용하면서 나타나는 독특하고 일관성이 있으며, 인지적이고 정동적인 안정된 행동양식이다.
> - 성격은 그 개인에게 특징적이고 독특함을 가지고 있으며, 일관되게 나타난다.
> - 성격특징들의 단순한 조합이 아니라, 개인이 그 특징들을 조작하여 총제적으로 나타나는 양상을 말한다.

10 현상학이론에 대한 설명으로 옳지 않은 것은?

21, 24년 기출

① 인간은 타고난 욕구에 끌려다니는 존재로 간주한다.
② 인간을 자신의 환경에 굴복하지 않고 오히려 환경을 통제하고 조정할 수 있는 적극적인 힘을 갖고 있는 존재로 파악한다.
③ 현재 개인이 경험하고, 느끼고, 행동하는 것이 중요하며, 개인의 진정한 모습을 이해하는 것도 이를 통해 가능하다고 본다.
④ 인간을 성취를 추구하는 존재로 파악한다.

> **해설**
>
> 현상학적 이론에서는 인간이 가지고 있는 잠재된 능력과 가능성을 존중하고 믿어주며, 개인이 자신과 주변 환경을 어떻게 인식하고 해석하는지에 따라 행동이 달라진다고 본다.
>
> **현상학적 이론**
> - 정신분석이론과 행동주의이론에 대한 반발로 생겨났다.
> - 로저스(Rogers)는 이 세상에 개인적 현실, 즉 '현상학적 장(Phenomenal Field)'만이 존재한다고 보았다. 즉, 현상학적 이론은 개인의 주관적 경험이나 감정, 외부환경에 대한 개인의 감정과 견해를 중요시한다.
> - '자기(Self)'의 중요성을 강조하며, 인간에 대한 전체론적인 관점으로 접근한다.
> - 자기 자신에 대한 개념과 현실에서의 경험이 일치하지 않을 때 불안을 경험하고 이에 방어적 반응을 보인다고 보는 이론이다.
> - 현상학적 이론의 궁극적인 목표는 내담자가 제시한 문제보다 내담자 자체, 즉 내담자를 도와 현재 직면하고 있는 문제와 미래의 문제를 잘 다룰 수 있도록 돕는 것이다.

정답 09 ② 10 ①

11 강화에 관한 설명으로 옳지 <u>않은</u> 것은?　　　　　　　　　　　　　　　　　　　　　20년 기출

① 계속적 강화보다는 부분 강화가 소거를 더욱 지연시킨다.
② 어떤 행동에 대해 돈을 주거나 칭찬을 해주는 것은 일차 강화물이다.
③ 강화가 지연됨에 따라 그 효과가 감소한다.
④ 고정비율계획보다는 변화비율계획이 소거를 더욱 지연시킨다.

> **해설**
> ② 돈이나 칭찬은 일차적 강화물과의 연합을 통해 가치를 지니는 강화물로, 이차적 강화물에 해당한다.
>
> 강화물의 유형
>
> | 일차적 강화물
(Primary Reinforcer) | • 다른 강화물과 연합하지 않은 보상 그 자체로서의 강화물
• 무조건강화자극에 해당하는 것으로, 학습에 의하지 않고도 강화의 효과를 가지는 자극 |
> |---|---|
> | 이차적 강화물
(Secondary Reinforcer) | • 일차적 강화물과의 연합을 통해 가치를 지니는 강화물로, 조건강화물이라고도 함
• 조건강화자극에 해당하는 것으로, 본래 중성자극이었던 것이 강화능력을 가진 다른 자극과 연결됨으로써 강화의 속성을 가지게 된 자극 |

12 고전적 조건형성에 관한 설명으로 옳은 것은?　　　　　　　　　　　　　　　　21, 22, 24, 25년 기출

① 모든 자극에 대한 모든 반응은 연쇄(Chaining)를 사용하여 조건형성을 할 수 있다.
② 중립자극은 무조건자극 직후에 제시되어야 한다.
③ 행동변화의 효과를 거두기 위해서는 적절한 반응의 수나 비율에 따라 강화가 이루어져야 한다.
④ 대부분의 정서적인 반응들은 고전적 조건형성을 통해 학습될 수 있다.

> **해설**
> ① 연쇄 혹은 행동 연쇄화(Chaining)는 조작적 조건형성의 기법에 해당한다. 이는 동물에게 훈련시키려고 하는 특정 행동이 여러 반응들에 의해 순차적으로 연결된 것일 때 유효하게 적용할 수 있다.
> ② 고전적 조건형성에서 중립자극은 무조건자극에 선행되어야 한다. 중립자극이 무조건자극과 반복적으로 짝지어짐으로써 반응을 이끌어내는 능력을 가질 때, 중립자극을 조건자극이라 한다.
> ③ 조작적 조건형성에 대한 내용이다.

13 효과적인 설득을 위해 고려해야 할 사항이 아닌 것은? 20년 기출

① 설득자가 설득행위가 일어난 상황에 주의를 기울일 필요가 있다.
② 설득자는 피설득자의 특질과 상태를 고려할 필요가 있다.
③ 설득자의 자아존중감이 무엇보다 중요하다.
④ 메시지의 강도가 중요하다.

> **해설**
> 효과적인 설득을 위한 고려사항
> • 설득자가 설득행위가 일어나는 상황에 주의를 기울일 필요가 있다.
> • 설득자는 피설득자들의 특질과 상태를 염두에 둘 필요가 있다.
> • 설득자가 피설득자의 인구사회학적 변인들에 대해 충분히 고려한다.
> • 메시지 강도가 중요하다.

14 연구방법의 주요 개념에 관한 설명으로 옳지 않은 것은? 21, 22년 기출

① 측정 – 한 변인의 여러 값들에 숫자를 할당하는 체계
② 실험 – 원인과 결과에 대한 가설을 정밀하게 검사하는 것
③ 독립변인 – 실험자에 의해 정밀하게 통제되는 가설의 원인으로서 참가자의 과제와 무관한 변인
④ 실험집단 – 가설의 원인이 제공되지 않는 집단

> **해설**
> 실험집단과 통제집단
> 실험집단에서의 피험자는 처치, 즉 가설의 원인을 제공받고, 통제집단에서의 피험자는 아무런 처치를 받지 않는다. 이때 각 집단에 대한 제반조건은 처음부터 끝까지 동일하도록 해야 하는데, 이와 같은 과정에 의해 두 집단 간 종속변인 측정치의 차이가 오로지 처치 때문인 것으로 간주할 수 있기 때문이다.

15 어떤 사람의 행동을 보고 상황이나 외적 요인보다는 사람의 기질이나 내적 요인에 그 원인을 두려고 하는 것은? 16, 22, 25년 기출

① 기본적 귀인오류
② 현실적 왜곡
③ 후광효과
④ 고정관념

> **해설**
> 기본적 귀인오류 또는 근본 귀인오류(Fundamental Attribution Error)
> 어떤 행위가 발생하였을 때, 외부귀인보다 행위자의 기질이나 성향 등 내부적인 요인에 귀인하는 경향을 의미한다.

정답 13 ③ 14 ④ 15 ①

16 피아제(Piaget)가 발달심리학에 끼친 영향과 가장 거리가 먼 것은? 20, 24년 기출

① 환경 속의 자극을 적극적으로 구축하는 가설 생성적인 개체로 아동을 보게 하였다.
② 발달심리학이 인간의 복잡한 지적능력의 변화를 탐색하는 분야가 되는 데 기여하였다.
③ 발달심리학에서 추구하는 학습이론이 구조와 규칙에 대한 심리학이 되는 데 그 기반을 제공하였다.
④ 인간 마음의 변화를 생득적 · 경험적이라는 두 대립된 시각으로 보는 데 큰 기여를 하였다.

> **해설**
> 피아제(Piaget)는 인지구조가 생득적으로 갖춰진 것이 아니라 유기체가 환경과의 상호작용을 통해 구성해 나간다고 주장함으로써 구성주의의 토대를 이루었다. 즉, 지능이나 지식은 개인과 환경 간의 상호작용에 의해 부단히 쇄신되고 재구성된다는 것이다. 유아는 태어날 때부터 인지구조를 구성해 나갈 잠재력을 가지고 태어나지만, 주위 환경을 끊임없이 탐색하고 조절하며 이해하려는 노력을 통해 환경을 적절히 다룰 수 있는 보다 정교한 인지구조들을 능동적으로 구성해 나간다.

17 다음의 설명에 해당하는 것은? 18, 21, 22년 기출

> 척도상의 대표적 수치를 의미하며 평균, 중앙치, 최빈치가 그 예이다.

① 빈도분포값
② 추리통계값
③ 변산측정값
④ 집중경향값

> **해설**
> **집중경향값(Central Tendency)**
> - 하나의 점수분포에서 중심적 경향을 나타내는 값
> - 최빈치(Mode), 중앙치(Median), 평균치(Mean)가 집중경향치로 사용
> - 정규분포 : 평균치 = 중앙치 = 최빈치
> - 정적 편포 : 평균치 > 중앙치 > 최빈치
> - 부적 편포 : 최빈치 > 중앙치 > 평균치

18 연구설계 시 내적 타당도를 위협하는 요인이 아닌 것은? 22, 24년 기출

① 피험자의 반응성
② 측정도구의 변화
③ 평균으로의 회귀
④ 피험자의 학습효과

해설

① 피험자의 반응성, 즉 조사반응성(반응효과)은 외적 타당도를 저해하는 요인에 해당한다. 연구자가 관찰하는 동안 조사대상자가 연구자의 바람에 따라 반응하거나 스스로 조사대상임을 의식하여 평소와 다른 반응을 보이는 경우 일반화의 정도는 낮아지며, 그로 인해 외적 타당도가 저해된다.

내적 타당도를 저해하는 요인
- 성숙요인(시간의 경과)
- 역사요인(우연한 사건)
- 선별요인(선택요인)
- 상실요인(실험대상의 탈락)
- 통계적 회귀요인 (③)
- 검사요인(테스트효과) (④)
- 도구요인 (②)
- 모방(개입의 확산)
- 인과적 시간-순서(인과관계방향의 모호성)

---

19 연합학습 이론에 대한 설명으로 옳지 않은 것은? 20년 기출

① 조작적 조건형성 이론 – 강화계획을 통해 행동출현 빈도의 조절 가능
② 조작적 조건형성 이론 – 결과에 따른 행동변화
③ 고전적 조건형성 이론 – 무조건자극과 조건자극의 짝짓기 빈도, 시간적 근접성, 수반성 등이 중요
④ 고전적 조건형성 이론 – 능동적 차원의 행동변화

해설

연합학습 이론
유기체가 환경 속에서 자극과 자극 또는 자극과 그에 대한 반응이 반복적으로 발생함을 경험할 때 자극과 자극, 특정 자극과 그에 대한 반응이 결합됨을 인식하게 되는 것이다. 이러한 연합학습은 고전적 조건형성과 조작적 조건형성으로 나타난다.

고전적 조건형성	• 인간이 환경 자극에 수동적으로 반응하여 형성되는 행동인 반응적 행동을 설명한다. • 고전적 조건형성으로 획득된 반응은 유기체의 행동목록에 이미 존재하고 있는 반사적 행동이나 단순한 행동이 새로운 자극과 연합된 것으로, 그와 같은 연합의 과정에서 학습자인 인간은 수동적인 역할밖에 하지 않는다.
조작적 조건형성	• 인간이 환경 자극에 능동적으로 반응하여 나타내는 조작적 행동을 설명한다. • 조작적 조건형성의 핵심은 개체의 반응이 그 반응의 결과에 따라 앞으로도 계속 그와 같은 반응이 일어날지, 더 이상 그와 같은 반응이 일어나지 않게 될지가 결정된다는 것이다.

정답 18 ① 19 ④

20 소거(Extinction)가 영구적인 망각이 아니라는 증거가 될 수 있는 것은?   21년 기출

① 변별(Discrimination)
② 자발적 회복(Spontaneous Recovery)
③ 자극 일반화(Stimulus Generalization)
④ 조형(Shaping)

> **해설**
> ② 자발적 회복(Spontaneous Recovery) : 한 번 습득된 행동에 대해 보상이 주어지지 않더라도 동일한 상황에 직면하는 경우 소거된 반응이 다시 나타나는 현상을 말한다. 즉, 일단 습득된 행동은 만족스러운 결과가 주어지지 않는다고 하여 즉시 소거되지 않는다는 것이다.
> ① 변별(Discrimination) : 보다 정교하게 학습이 이루어지는 것으로서, 유사한 자극에서 나타나는 조그만 차이에 따라 다른 반응을 보이는 것이다.
> ③ 자극 일반화(Stimulus Generalization) : 특정 조건 자극에 대해 조건 반응이 성립되었을 때 그와 유사한 조건 자극에 대해서도 똑같은 조건 반응을 보이는 학습 현상을 말한다. "자라 보고 놀란 가슴 솥뚜껑 보고 놀란다"라는 속담을 예로 들 수 있다.
> ④ 조형(Shaping) : 실험자 또는 치료자가 원하는 방향 안에서 일어나는 다양한 반응들만을 강화하고, 원하지 않는 방향의 행동에 대해 강화받지 못하도록 하여 결국 원하는 방향의 행동을 할 수 있도록 하는 것이다.

제2과목 이상심리학

21 병적 도벽에 관한 설명으로 옳은 것은?   20, 25년 기출

① 훔치기 전에 기쁨, 충족감, 안도감을 느낀다.
② 훔친 후에 고조되는 긴장감을 경험한다.
③ 개인적으로 쓸모가 없거나 금전적으로 가치가 없는 물건을 훔치려는 충동을 저지하는 데 반복적으로 실패한다.
④ 훔치는 행동이 품행장애로 더 잘 설명되는 경우에도 추가적으로 진단한다.

> **해설**
> **병적 도벽 또는 도벽증(Kleptomania)**
> • 남의 물건을 훔치고 싶은 충동을 참지 못해 반복적으로 도둑질을 하는 경우를 말한다.
> • 물건을 살만한 경제적 능력이 있지만, 개인적으로 쓸모가 없거나 금전적으로 가치 없는 물건을 훔치려 하는 충동을 억누르지 못하고 물건을 훔치는 행위를 반복한다.
> • 물건을 훔치기 전에 긴장 고조, 훔치고 나면 만족감을 느낀다.

22 조현병의 양성증상에 해당하는 것은? 21년 기출

① 와해된 행동
② 무사회증
③ 무의욕증
④ 감퇴된 정서 표현

> **해설**
> 조현병의 양성증상과 음성증상
>
> | 양성증상
(Positive Symptom) | • 정상적, 적응적 기능의 과잉 또는 왜곡을 나타냄
• 도파민 등 신경전달물질의 이상에 의한 것으로 추정됨
• 스트레스 사건에 의해 급격히 발생함
• 약물치료에 의해 호전되며, 인지적 손상이 적음
예 망상 또는 피해망상, 환각, 환청, 와해된 언어나 행동 등 |
> |---|---|
> | 음성증상
(Negative Symptom) | • 정상적, 적응적 기능의 결여를 나타냄
• 유전적 소인이나 뇌세포 상실에 의한 것으로 추정됨
• 스트레스 사건과의 특별한 연관성 없이 서서히 진행됨
• 약물치료로도 쉽게 호전되지 않으며, 인지적 손상이 큼
예 정서적 둔마, 무논리증 또는 무언어증, 무욕증 등 |

23 지속성우울장애(기분저하증)의 진단 기준에 관한 설명으로 옳지 않은 것은? 22, 25년 기출

① 우울 기간 동안 자존감 저하, 절망감 등의 이상증상이 2가지 이상 나타난다.
② 조증 삽화, 경조증 삽화가 없어야 한다.
③ 순환성장애의 진단 기준을 충족해야 한다.
④ 청소년에서는 기분이 과민한 상태로 나타나기도 한다.

> **해설**
> 지속성우울장애(Persistent Depressive Disorder)
> • 우울증상이 2년 이상 지속적으로 나타나는 장애이다.
> • 지속성우울장애는 DSM-Ⅳ의 만성 주요우울장애(Chronic Major Depressive Disorder)와 기분부전장애(Dysthymic Disorder)를 합친 것이다.
> • 주요우울장애가 2년 이상 지속되면 지속성우울장애로 진단명이 바뀌게 된다.
> • 우울장애를 구분할 때, 증상의 심각성보다는 증상의 지속기간이 중요하다는 연구결과가 보고되고 있다. 이에 DSM-5에서는 우울증상의 심각도보다 지속기간을 중시하여 만성우울장애를 지속적 우울장애로 통합하였다.
> • 지속성우울장애의 핵심증상은 만성적인 우울감이다. 이에 더해 자신에 대한 부적절감, 흥미나 즐거움의 상실, 사회적 위축, 낮은 자존감, 죄책감, 과거에 대한 반추, 낮은 에너지 수준, 생산적 활동의 감소 등을 나타낸다.

정답 22 ① 23 ③

24 자폐스펙트럼장애의 진단에 특징적인 증상만으로 묶인 것은? 20년 기출

① 구두 언어 발달의 지연, 비영양성 물질을 지속적으로 먹음, 상징적 놀이 발달의 지연
② 사회적-감정적 상호성의 결함, 관계 발전이나 유지 및 관계에 대한 이해의 결함, 상동증적이거나 반복적인 운동성 동작
③ 일반적인 의학적 상태, 타인과의 대화를 시작하거나 지속하는 능력의 현저한 장애, 발달수준에 적합한 친구관계 발달의 실패
④ 동물에게 신체적으로 잔혹하게 대함, 반복적인 동작성 매너리즘(Mannerism), 다른 사람들과 자발적으로 기쁨을 나누지 못함

> **해설**
>
> **자폐스펙트럼장애 진단 기준**
> - 다양한 맥락에 걸쳐 사회적 의사소통 및 사회적 상호작용에 지속적인 결함을 보이며, 이는 현재 또는 과거에 다음과 같이 나타난다.
>   - 사회적-감정적 상호작용 시 결함을 나타낸다.
>   - 사회적 상호작용을 위해 사용되는 비언어적 의사소통행동 시 결함을 나타낸다.
>   - 대인관계의 발전, 유지, 이해 시 결함을 나타낸다.
> - 행동, 흥미 또는 활동 시 제한적이고 반복적인 패턴을 보이며, 이는 현재 또는 과거에 다음 중 최소 2가지 이상으로 나타난다.
>   - 운동동작, 물체사용 또는 언어사용 시 정형화된 또는 반복적인 패턴을 나타낸다.
>   - 동일성에 대한 고집, 일상적인 것에의 완고한 집착 또는 언어적 혹은 비언어적 행동의 의식화된 패턴을 나타낸다.
>   - 매우 제한적이고 고정된 흥미를 보이는데, 그 강도나 초점이 비정상적이다.
>   - 감각적 자극에 대해 과도한 또는 과소한 반응을 나타내 보이거나, 주변환경의 감각적 측면에 대해 비정상적인 흥미를 보인다.
> - 이러한 증상들은 초기 발달기에 나타나며, 사회적·직업적 기능 또는 다른 중요한 기능영역에서 임상적으로 유의미한 손상을 초래한다.
> - 이러한 장해들은 지적 장애(지적 발달장애)나 전반적 발달지연에 의해 잘 설명되지 않는다.

25 반사회성 성격장애와 가장 관련이 없는 것은? 21년 기출

① 품행장애의 과거력
② 역기능적 양육환경
③ 신경전달물질인 세로토닌(Serotonin)의 부족
④ 붕괴된 자아와 강한 도덕성 발달

> **해설**
>
> **반사회성 성격장애**
> 아동기의 품행장애나 ADHD는 성인기 반사회성 성격장애로 진행될 가능성이 높다. 도시빈민층에게서의 유병률이 상대적으로 높은 것으로 미루어볼 때 역기능적 양육환경의 영향을 받는 것을 알 수 있으며, 세로토닌 전달 기능의 문제와 관련이 있는 것으로 알려져 있다.

26 사회불안장애에 대한 설명으로 가장 적합한 것은? 15, 22년 기출

① 터널이나 다리에 대해 공포반응이 일어나는 경우이다.
② 특정 뱀이나 공원, 동물, 주사 등에 공포를 느낀다.
③ 공포스러운 사회적 상황이나 활동상황에 대한 회피, 예기 불안으로 일상생활, 직업 및 사회적 활동에 영향을 받는다.
④ 생리학적으로 부교감신경계의 활성 등의 생리적 반응에서 기인한다.

> **해설**
> 사회불안장애(Social Anxiety Disorder)는 다른 사람들과 상호작용하는 사회적 상황을 두려워하여 회피하는 장애로, 사회공포증(Social Phobia)이라고 불리기도 한다.

27 환각제에 해당되는 약물은? 17, 20년 기출

① 카페인
② 대 마
③ 펜시클리딘
④ 오피오이드

> **해설**
> - 흥분제 : 카페인, 코카인, 암페타민(필로폰), 니코틴
> - 진정제 : 알코올, 아편, 모르핀, 헤로인
> - 환각제 : 펜시클리딘, LSD, 메스칼린, 살로사이빈, 암페타민류, 항콜린성 물질

28 DSM-5의 신경발달장애에 해당하지 않는 것은? 21, 25년 기출

① 분리불안장애
② 지적 장애
③ 자폐스펙트럼장애
④ 주의력결핍 과잉행동장애

> **해설**
> ① 분리불안장애(Separation Anxiety Disorder)는 불안장애(Anxiety Disorders)의 하위유형에 해당한다.
> **DSM-5에 의한 신경발달장애의 주요 하위유형**
> - 지적 장애(Intellectual Disabilities)
> - 의사소통장애(Communication Disorders)
> - 자폐스펙트럼장애(Autism Spectrum Disorder)
> - 주의력결핍 및 과잉행동장애(Attention-Deficit/Hyperactivity Disorder)
> - 특정학습장애(Specific Learning Disorder)
> - 운동장애(Motor Disorders) - 틱장애(Tic Disorders) 등

정답 26 ③ 27 ③ 28 ①

29 주의력결핍 및 과잉행동장애(ADHD)에 관한 설명으로 옳지 <u>않은</u> 것은?   22년 기출

① 학령전기에 보이는 주요 증상은 과잉행동이다.
② 여성보다 남성에게 더 흔하게 나타난다.
③ 증상이 지속되면 적대적 반항장애로 동반이환할 가능성이 높다.
④ 앉아 있도록 요구되는 상황에서 자리를 떠나는 것은 부주의 증상에 해당된다.

> **해설**
>
> ④ 앉아 있도록 요구되는 상황에서 자리를 떠나는 것은 과잉행동 증상에 해당된다.
>
> 주의력 결핍 및 과잉행동장애(ADHD ; Attention-Deficit/Hyperactivity Disorder)
> - ADHD의 주된 특징은 부주의(주의력 결핍), 충동성, 과잉행동이다.
> - 뇌 손상 및 기능결함, 유전, 심리적 요인 등에 의해 발병할 수 있다.
> - ADHD 아동은 지능수준에 비해 학업성취도가 저조하고 또래관계에서 거부당하거나 소외될 가능성이 높다. 부모나 교사에게도 꾸중과 처벌을 받기 쉬워서 부정적 자아개념을 형성하고 정서적으로 불안정하며 공격적이고 반항적인 행동을 나타내는 경향이 있다. 이로 인해 ADHD를 지닌 아동의 40~50%가 나중에 품행장애의 진단을 받는다는 보고가 있다.
> - 청소년기에 호전되는 경향이 있으나 성인기까지 지속되는 경우도 있다. 대부분 과잉행동은 개선되지만 부주의와 충동성은 오래 지속되는 경우가 흔하다.
> - ADHD가 청소년기까지 지속되는 경우에는 품행장애가 발생될 가능성이 높으며, 품행장애를 나타내는 청소년의 약 50%는 성인이 되어 반사회적 성격장애를 나타낸다는 보고가 있다.
> - 일반적으로 남자아동이 여자아동에 비하여 높은 발병빈도를 보인다.
> - 주변 신호자극을 각성하는 데 문제가 생겨 발생할 수도 있다.

30 소인-스트레스이론(Diathesis-stress Theory)에 대한 설명으로 가장 적합한 것은?   15, 20, 24, 25년 기출

① 소인은 생후 발생하는 생물학적 취약성을 의미한다.
② 소인은 스트레스 상황에서 발현된다.
③ 소인과 스트레스는 서로 억제한다.
④ 스트레스가 소인을 변화시킨다.

> **해설**
>
> 소인-스트레스이론(Diathesis-stress Theory)
> - 소인-스트레스이론은 질병소인이 있는 사람이 특정한 질병과 관련된 스트레스를 받으면 질병에 쉽게 걸린다고 가정하는 이론이다.
> - 특정한 질병에 걸리기 쉬운 선천적 경향(질병소인)이 강한 사람은 특정한 스트레스를 경험할 때 선천적 경향이 약한 사람보다 스트레스에 병적으로 반응하며, 경미한 환경적 스트레스에도 질병이 보다 쉽게 유발될 수 있다.
> - 소인-스트레스이론은 소인이 스트레스 상황에서 발현된다고 본다. 이는 질병이 개인의 생리와 스트레스의 상호작용에 의해 유발된다고 보는 입장으로, 질병을 예측하기 위해 스트레스 생활사건과 개인의 취약성을 동시에 고려할 필요성을 제기한다.

31 우울장애에 대한 치료방법으로 적절하지 <u>않은</u> 것은? 　　　　　　　　　21, 25년 기출

① 기억회복치료(Memory Recovery Therapy)
② 대인관계치료(Interpersonal Psychotherapy)
③ 인지행동치료(Cognitive Behavioral Therapy)
④ 단기정신역동치료(Brief Psychodynamic Therapy)

> **해설**
> ② 대인관계치료(Interpersonal Psychotherapy) : 개인의 사회적, 대인관계적 기능에 초점을 둔 구조화된 심리치료법이다.
> ③ 인지행동치료(Cognitive Behavioral Therapy) : 부정적인 사고 개선에 역점을 두는 치료법으로, 내담자의 사고 편견이나 인지 왜곡을 제거하는 것을 목표로 한다.
> ④ 단기정신역동치료(Brief Psychodynamic Therapy) : 정신분석이론에 기초를 두고 환자의 문제유발적 정신역동 패턴을 탐색하는 데 초점을 두는 치료법이다.

32 분리불안장애에 관한 설명으로 옳지 <u>않은</u> 것은? 　　　　　　　　　22년 기출

① 행동치료, 놀이치료, 가족치료 등을 통하여 호전될 수 있다.
② 부모의 양육행동, 아동의 유전적 기질, 인지행동적 요인 등이 영향을 미친다.
③ 성인의 경우 증상이 1개월 이상 나타날 때 진단될 수 있다.
④ 학령기 아동에서는 학교에 가기 싫어하거나 등교 거부로 나타난다.

> **해설**
> ③ 주요증상 중 3가지 이상이 지속적으로 나타날 때 분리불안장애로 진단하며 일반적으로 아동이나 청소년의 경우 4주 이상, 성인의 경우 6개월 이상 나타낼 때를 진단 기준으로 한다.
>
> **분리불안장애(Separation Anxiety Disorder)의 주요증상**
> • 주요애착대상이나 집을 떠나야 할 때마다 심한 불안과 고통을 느낀다.
> • 주요애착대상을 잃거나 그들에게 질병, 부상, 재난 혹은 사망과 같은 해로운 일이 일어나지 않을까 지속적이고 과도하게 걱정한다.
> • 애착대상과 분리될 수 있는 사건들(예 길을 잃음, 납치당함, 사고를 당함, 죽음)에 대해 지속적이고 과도하게 걱정한다.
> • 분리에 대한 불안 때문에 밖에 나가거나, 집을 떠나거나, 학교나 직장 등에 가는 것을 지속적으로 꺼리거나 거부한다.
> • 혼자 있게 되거나 주요애착대상 없이 집이나 다른 장소에 있는 것에 대해 지속적으로 과도한 공포를 느끼거나 꺼린다.
> • 집을 떠나 잠을 자거나 주요애착대상이 근처에 없이 잠을 자는 것을 지속적으로 꺼리거나 거부한다.
> • 분리의 주제를 포함하는 반복적인 악몽을 꾼다.
> • 주요애착대상으로부터 분리되거나, 분리가 예상될 때 이상 신체증상(예 두통, 복통, 메스꺼움, 구토 등)을 호소한다.

정답 31 ① 32 ③

33 불안 증상을 중심으로 한 정신장애에 대한 설명으로 가장 거리가 먼 것은? 20, 24년 기출

① 범불안장애 – 다른 사람들과 상호작용하는 사회적 상황을 두려워하여 회피한다.
② 외상후스트레스장애 – 외상적 사건을 경험하고 난 후에 불안상태가 지속된다.
③ 공황장애 – 갑자기 엄습하는 강렬한 불안, 즉 공황발작을 반복적으로 경험한다.
④ 강박장애 – 원치 않는 생각이 침습적으로 경험되고, 이를 무시하거나 억압하려 하고, 중화시키려고 노력한다.

> **해설**
> 범불안장애(Generalized Anxiety Disorder) 진단 기준
> - 여러 사건이나 활동에 대해 과도한 불안과 걱정을 하며, 그 기간이 6개월 이상 이어진다.
> - 자기 스스로 걱정을 통제하는 것이 어렵다고 느낀다.
> - 불안과 걱정은 다음 6가지 증상 중 3가지 이상과 연관된다(아동의 경우 1가지 이상).
>   - 안절부절못함 또는 긴장이 고조되거나 가장자리에 선 듯한 느낌
>   - 쉽게 피로해짐
>   - 주의집중이 어렵거나 정신이 멍한 듯한 느낌
>   - 과민한 기분상태
>   - 근육 긴장
>   - 수면장애
> - 불안이나 걱정 또는 신체 증상이 사회적·직업적 기능 또는 다른 중요한 기능 영역에서 임상적으로 유의미한 고통이나 손상을 초래한다.

34 양극성장애(Bipolar Disorder) 조증시기에 있는 환자의 방어적 대응양상을 판단할 수 있는 행동이 아닌 것은? 21년 기출

① 활동 의욕은 줄어들어 과다수면을 취한다.
② 자신이 신의 사자라고 이야기한다.
③ 증거도 없는 행동을 두고 남을 탓한다.
④ 화장을 진하게 하고 다닌다.

> **해설**
> 조증삽화의 주요증상
> - 자기존중감의 팽창 또는 과장된 자신감
> - 수면에 대한 욕구 감소
> - 평소보다 말이 많아지거나 말을 끊임없이 계속함
> - 사고의 비약 또는 사고가 연이어 나타나는 주관적인 경험
> - 보고되거나 관찰된 주의산만(즉, 중요하지 않거나 관련 없는 외부자극에 너무 쉽게 주의를 빼앗김)
> - 목표지향적 활동의 증가 또는 정신운동성의 초조
> - 고통스러운 결과를 초래할 가능성이 매우 높은 활동에의 과도한 몰두(무분별한 과소비, 무분별한 성적 행동 혹은 어리석은 사업투자에의 이끌림)

35 다음 증상들이 나타날 때 적절한 진단명은?   18, 21, 22, 24년 기출

- 의학적 상태, 물질 중독이나 금단, 치료약물의 사용 등으로 일어난다는 증거가 있다.
- 주의를 집중하는 것이 어렵고, 이해할 수 없는 말을 중얼거린다.
- 방향 감각이 없고 자신의 이름을 말하지 못한다.
- 위의 증상들이 갑자기 나타나고, 몇 시간이나 며칠간 지속되다가 그 원인을 제거하면 회복되는 경우가 많다.

① 해리성 정체성장애
② 경도신경인지장애
③ 주요신경인지장애
④ 섬 망

> **해설**
>
> 섬망(Delirium)
> - DSM-5에서는 신경인지장애(Neurocognitive Disorders)의 하위유형으로 분류한다.
> - DSM-5에 따른 섬망은 주의장애를 핵심증상으로 한다.
> - 기억, 언어, 현실판단 등 인지기능에서의 일시적인 장애를 나타내는 경우로서, 그 증상은 단기간(보통 몇 시간 혹은 며칠)에 걸쳐 나타나며, 하루 중 그 심각도가 변동하는 경향이 있다.
> - 보통 노년기에 흔히 나타나는 장애로, 의식이 혼미해지고 현실감각에 혼란을 보이며, 시간 및 장소에 대한 인식의 장해가 나타난다.

36 지적 장애에 관한 설명으로 옳지 않은 것은?   20, 25년 기출

① 심각한 두부외상으로 인해 이전에 습득한 인지적 기술을 소실한 경우에는 지적 장애와 신경인지 장애로 진단할 수 있다.
② 지적 장애 개인의 지능지수는 오차 범위를 포함해서 대략 평균에서 1표준편차 이하로 평가된다.
③ 지적 장애는 개념적, 사회적, 실행적 영역에 대한 평가로 진단된다.
④ 경도의 지적 장애는 여성보다 남성에게 더 많다.

> **해설**
>
> 지적 장애 개인의 지능지수는 오차 범위를 포함해서 대략 평균에서 2표준편차 이하로 평가한다.

정답 35 ④ 36 ②

37 치매에 관한 설명으로 가장 적합한 것은? 17, 21, 25년 기출

① 기억 손실이 없다.
② 자신의 무능을 최소화하거나 자각하지 못한다.
③ 증상은 오전에 가장 심해진다.
④ 약물남용의 가능성이 많다.

> **해설**
> **치매의 일반적인 증상**
> • 치매의 주요증상은 기억력의 장애이다.
> • 언어기능의 장애가 나타나 초기에는 적절한 단어를 못찾다가 점차적으로 상대방의 질문에 엉뚱한 대답을 하거나 주제와 연관되지 않은 말을 반복한다.
> • 인지기능의 장애가 나타나 공간지각에 대한 심각한 저하로 왼쪽과 오른쪽을 구별하지 못하거나 자주 다니는 길 또는 집을 찾지 못한다.
> • 성격 및 정서의 변화가 나타나 가족을 의심하거나 항상 불안하고 우울증과 조증의 양상을 보이기도 한다.

38 대인관계의 자아상 및 정동의 불안정성, 심한 충동성을 보이는 광범위한 행동 양상으로 인해 사회적 부적응이 초래되는 성격장애는? 22년 기출

① 의존성성격장애
② 편집성성격장애
③ 경계성성격장애
④ 연극성성격장애

> **해설**
> ③ B군 성격장애에 해당하는 경계성(경계선)성격장애에 대한 설명이다.
> **B군 성격장애**
> • 반사회성성격장애(Antisocial Personality Disorder)
> • 연극성(히스테리성)성격장애(Histrionic Personality Disorder)
> • 경계성(경계선)성격장애(Borderline Personality Disorder)
> • 자기애성성격장애(Narcissistic Personality Disorder)

39 대형 화재현장에서 살아남은 남성이 불이 나는 장면에 극심하게 불안증상을 느낄 때 의심할 수 있는 가능성이 가장 높은 장애는? *17, 20, 25년 기출*

① 범불안장애
② 적응장애
③ 조현병
④ 외상후스트레스장애

> **해설**
> ④ 외상후스트레스장애 : 강간, 폭행, 교통사고, 자연재해, 가족이나 친구의 죽음 등의 충격적인 사건을 경험한 후 불안상태가 지속적으로 나타나는 장애이다.
> ① 범불안장애 : '일반화된 불안장애'라고도 하며, 과도한 불안과 긴장을 지속적으로 경험하는 상태를 말한다.
> ② 적응장애 : 주요한 생활사건에 대한 적응실패로 나타나는 정서적 또는 행동적 부적응 증상을 말한다.
> ③ 조현병 : 뇌의 특별한 기질적 이상 없이 사고나 감정, 언어, 지각, 행동 등에서 부적응적인 장애를 나타내는 정신장애이다.

40 주요우울장애 환자가 일반적으로 나타내는 특징적 증상이 아닌 것은? *15, 19, 21, 24년 기출*

① 불면 혹은 과다수면
② 거절에 대한 두려움
③ 정신운동성 초조
④ 일상활동에서의 흥미와 즐거움의 상실

> **해설**
> **주요우울장애 핵심증상**
> - 하루 대부분, 거의 매일 지속되는 우울한 기분이 주관적 보고나 객관적 관찰을 통해 나타남
> - 거의 모든 일상활동에 대한 흥미나 즐거움이 하루의 대부분 또는 거의 매일같이 뚜렷하게 저하됨
> - 체중조절을 하고 있지 않은 상태에서 현저한 체중감소나 체중증가가 나타남
> - 거의 매일 불면이나 과다수면이 나타남
> - 거의 매일 정신운동성 초조나 지체를 나타냄
> - 거의 매일 피로감이나 활력상실을 나타냄
> - 거의 매일 무가치감이나 과도하고 부적절한 죄책감을 느낌
> - 거의 매일 사고력이나 집중력의 감소 또는 우유부단함이 주관적 호소나 관찰에서 나타남
> - 죽음에 대한 반복적인 생각이나 특정한 계획 없이 반복적으로 자살에 대한 생각이나 자살기도를 하거나 자살하기 위한 구체적인 계획을 세움

정답 39 ④ 40 ②

제3과목 심리검사

41 심리검사의 윤리적 문제에 대한 설명으로 옳지 않은 것은? 18, 20, 22, 25년 기출

① 심리학자에게 면허와 자격에 관한 법을 시행하는 것은 직업적 윤리 기준을 세우기 위함이다.
② 제대로 자격을 갖춘 검사자만이 검사를 사용해야 한다는 조건은 부당한 검사사용으로부터 피검자를 보호하기 위한 조치이다.
③ 검사자는 규준, 신뢰도, 타당도 등에 관한 기술적 가치를 평가할 수 있어야 한다.
④ 검사자들은 검사제작의 기술적 측면에만 관심을 가질 필요가 있다.

> **해설**
> 심리검사의 윤리적 고려사항
> - 전문적 측면(전문가로서의 자질) : 검사자는 고도의 책임 있는 기능을 수행하기 위해 인간행동을 이해하는 데 필요한 전문적인 교육을 받아야 하며, 전문적인 기술을 가지고 심리학적 평가기법을 다룰 수 있어야 한다.
> - 도덕적 측면(수검자에 대한 의무와 권리) : 검사자는 인간의 권리를 보호해야 할 의무가 있다. 심리검사와 관련된 수검자의 권리 중에는 검사를 받지 않을 권리, 검사점수 및 해석을 알 권리, 검사자료에 접근할 수 있는 사람이 누구인지 알 권리, 검사결과의 비밀을 보장받을 권리 등이 있다.
> - 윤리적 측면(검사자의 책임) : 검사자는 수검자에게 검사가 어떻게 사용되는가를 명확히 밝히고 비밀보장의 한계를 설명해 주어야 하며, 자신을 고용한 기관에 대해서는 가능한 한 최소한의 정보를 제공하는 것이 바람직하다.
> - 사회적 측면 : 검사자는 심리검사가 주는 이익과 개인의 권리 및 자유를 위협하는 위험을 알고 있어야 하며, 이익이 위험을 훨씬 능가하고 위험이 최소화된 경우에만 검사사용이 사회적으로 용인되어야 한다.

42 지능검사와 그 활용에 관한 설명으로 옳지 않은 것은? 22년 기출

① 학습과 진로지도 자료로 활용할 수 있다.
② 웩슬러 지능검사의 특징 중 하나는 정신연령 개념을 도입한 것이다.
③ 검사의 전체 소요시간은 여러 요인에 따라 달라질 수 있다.
④ 지능지수가 높다고 해서 반드시 높은 학업성취를 보이는 것은 아니다.

> **해설**
> 웩슬러 지능검사는 정신연령과 생활연령을 비교한 스탠포드-비네검사의 비율지능지수 방식에서 벗어나 개인의 지능을 동일 연령대 집단에서의 상대적인 위치로 규정한 편차지능지수를 사용한다.

43 두정엽의 병변과 가장 관련이 있는 장애는?   13, 17, 22년 기출

① 시각양식의 장애
② 구성장애
③ 청각기능의 장애
④ 고차적인 인지적 추론의 장애

> **해설**
> **구성장애 또는 구성실행증(Constructional Apraxia)**
> - 두정엽 또는 마루엽(Parietal Lobe)은 대뇌피질의 윗부분 중앙에 위치하며, 이해의 영역으로서 공간지각, 운동지각, 신체의 위치판단 등을 담당한다. 특히 신체 각 부위의 개별적인 신체 표상을 비롯하여 입체적·공간적 사고, 수학적 계산 및 연상기능 등을 수행한다.
> - '구성장애 또는 구성실행증'은 1차원 및 2차원의 자극을 토대로 2차원 또는 3차원으로 된 대상이나 형태를 구성하는 능력에서 결함을 나타내는 장애이다.
> - 지각적 결함과도 밀접하게 연관된 것으로 알려져 있다. 특히 우측 두정엽에 병변이 있는 환자의 경우 지형학적 사고와 기억손상 등의 시공간적 장애를 보이기도 하며, 개별적 특징들을 전체로 통합하여 재인하지 못하는 지각적 단편화와 함께 특이한 각도로 제시되는 대상을 재인하지 못하는 지각적 분류장해를 보이기도 한다.
> - 수학적 개념과 문제풀이 능력을 보유하고 있음에도 불구하고 공간적 관계에 따라 수를 조작하는 데 어려움을 보이는 '계산부전증 또는 난산증(Dyscalculia)'을 보이기도 한다. 이와 같은 장해 및 증상들은 구성적 결함 또는 구성능력의 손상과 밀접하게 연관되어 있다.

44 다음 MMPI 검사의 사례를 모두 포함하는 코드 유형은?   20년 기출

> ㄱ. 에너지가 부족하고 냉담하며 우울하고 불안하며 위장장애를 호소하는 남자이다.
> ㄴ. 이 남자는 삶에 참여하거나 흥미를 보이지 않고 일을 시작하는 것을 힘들어한다.
> ㄷ. 미성숙한 모습을 보이며 의존적일 때가 많다.

① 1-8/8-1
② 3-4/4-3
③ 2-7/7-2
④ 2-3/3-2

> **해설**
> ④ 2-3/3-2 코드일 경우, 우울이나 긴장과 함께 만성적 피로감, 위장장애와 같은 신체적 증상이나 무력감 등을 느낀다. 일상생활에서 적극적으로 참여하거나 흥미를 보이는 일이 거의 없고, 사회적 교류를 회피하는 등의 미성숙하거나 의존적인 태도를 취한다.
> ① 1-8/8-1 코드일 경우, 기괴한 신체적 증상을 호소하는 경향이 많고 신체적 망상을 보이기도 하며, 소외감을 느낀다.
> ② 3-4/4-3 코드일 경우, 공격성과 적개심을 통제할 수 있는가 또는 그렇지 않은가의 지표로 만성적이고 강한 적개심이 있으며 자기중심적이다.
> ③ 2-7/7-2 코드일 경우, 불안하고 우울하며, 긴장하고 예민한 모습을 보인다. 완벽주의 성향이 강해서 자신의 결함에 대해 열등감과 죄책감을 느낀다.

45 MMPI-2의 각 척도에 대한 해석으로 가장 적합한 것은?   16, 21, 22, 24, 25년 기출

① 2번 척도는 반응성 우울증보다는 내인성 우울증과 관련이 높다.
② 4번 척도의 상승 시 심리치료 동기가 높고 치료의 예후가 좋음을 나타낸다.
③ 6번 척도가 60T 내외로 약간 상승한 것은 대인관계 민감성에 대한 경험을 나타낸다.
④ 7번 척도는 불안 가운데 상태불안 증상과 연관성이 높다.

> **해설**
> ① 2번 척도는 신경증적 혹은 내인성 우울증이라기보다는 반응성 혹은 외인성 우울증을 측정하고, 이에 2번 척도의 점수는 피검자의 기분이 변함에 따라 하루하루 변할 수 있다.
> ② 4번 척도가 높은 경우 유연한 사회적 기술로 심리치료나 상담에 좋은 반응을 보일 것 같이 보이지만, 이러한 능력은 주로 사람을 착취하는 데 이용된다. 더 괴로운 결과(예 처벌이나 이혼 등)를 면하기 위해 치료에 동의하기는 하나, 자신의 문제에 대한 책임을 수용할 수 없어 되도록 빨리 치료를 종결하려 한다.
> ④ 7번 척도는 강박적인 성향과 특성불안이라고 할 수 있는 만성적인 불안, 삶에 대한 전반적인 불만족, 우유부단함, 주의집중 곤란, 자기의심, 자신에 대한 반추와 초조, 걱정 등을 측정(상태불안은 일시적인 불안, 즉 불안한 상태를 가리키는 반면에 특성불안은 그 사람의 성격처럼 언제나 내면에 존재하고 있는 불안을 의미)한다.

46 신경심리검사에 대한 설명으로 옳은 것은?   21, 24년 기출

① 브로카와 베르니케(Broca & Wernicke)는 실행증 연구에 뛰어난 업적을 남겼으며, 벤톤(Benton)은 임상신경심리학의 창시자라고 할 수 있다.
② X레이, MRI 등 의료적 검사결과가 정상으로 나온 경우에는 신경심리검사보다는 의료적 검사결과를 신뢰하는 것이 타당하다.
③ 신경심리검사는 환자에 대한 진단, 환자의 강점과 약점, 향후 직업능력의 판단, 치료계획, 법의학적 판단, 연구 등에 널리 활용된다.
④ 신경심리검사는 고정식(Fixed) 배터리와 융통식(Flexible) 배터리 접근이 있는데, 두 가지 접근 모두 하위검사들이 독립적인 검사들은 아니다.

> **해설**
> ③ 신경심리검사는 1차적 진단도구로 사용하는 데는 한계가 있지만, 환자의 상태를 예측하고 진단하는 데 도움을 주며 널리 활용될 수 있다.
> ① 브로카와 베르니케(Broca & Wernicke)는 실어증 연구에 뛰어난 업적을 남겼다. 또한 임상신경심리학은 1936년 라슐리(Lashley)가 심리학에 도입하여 사용하기 시작하였고, 이후 미국의 할스테드와 라이탄(Halstead & Reitan), 구소련의 루리아(Luria) 등이 발전시켰다.
> ② 신경심리검사는 신경영상기법의 첨단장비로 탐지해 낼 수 없는 미세한 초기의 장애를 탐지해 낼 수 있고, 뇌 행동관계의 기능적 측면에 대한 세부적 정보를 평가할 수 있도록 하므로 의료적 검사와 함께 유효하게 사용된다.
> ④ 융통식(Flexible) 배터리 접근은 검사 조건에 따라 총집 형태로 사용할 수도 있고, 각 검사를 독립적인 개별 검사로도 사용할 수 있다.

47. 벤더게슈탈트검사(Bender Gestalt Test)에 관한 설명으로 옳지 않은 것은?

① 정서적 지수와 기질적 지수가 거의 중복되지 않는다.
② 기질적 장애를 판별하려는 목적에서 만들어졌다.
③ 언어적인 방어가 심한 환자에게 유용하다.
④ 통일된 채점체계가 없으며 전문가 간의 불일치가 발생할 수 있다.

20년 기출

> **해설**
> **BGT(Bender Gestalt Test) 특징**
> - BGT는 형태심리학과 정신역동이론을 기초로 한다.
> - 기질적 장애를 판별하려는 목적에서 만들어졌다.
> - 검사자는 수검자가 해당 도형들을 어떻게 지각하여 재생하는지 관찰함으로써 성격을 추론할 수 있으며, 수검자에 대한 정신병리적 진단 및 뇌 손상 여부도 탐지할 수 있다.
> - 단순한 도형그림 작성방식이므로, 언어능력이나 언어표현이 제한적인 사람, 언어적인 방어가 심한 환자에게 효과적으로 적용할 수 있다.
> - 정신지체나 뇌 기능장애는 물론 성격적 문제를 진단하는 데 효과적으로 적용할 수 있다.
> - 통일된 채점체계가 없으며 전문가 간의 불일치가 발생할 수 있다.

48. 지능검사를 해석할 때 고려사항으로 옳지 않은 것은?

① 작업기억과 처리속도는 상황적 요인에 민감한 지수임을 감안한다.
② 지수점수를 해석할 때 여러 지수들 간에 점수 차이가 유의한지를 살펴봐야 한다.
③ 지수가 유의한 차이가 있을 경우 전체척도 IQ는 해석하기가 용이하다.
④ 지수점수 간의 비교를 통해 상대적 약점이 문제의 원인이 될 수 있는지 확인한다.

21, 22년 기출

> **해설**
> **전체척도 IQ(FSIQ)와 일반능력지수(GAI)의 해석**
> - 전체척도 IQ(Full Scale IQ)는 개인의 전반적인 정신능력의 추정치로 연령규준과 비교하여 IQ 점수의 상대적인 위치를 나타내며, 일반능력지수(General Ability Index)는 전반적인 지능 측정치의 대안으로 활용된다.
> - 리히텐베르거와 카우프만(Lichtenberger & Kaufman)은 전체척도 IQ(FSIQ)를 일반지능의 추정치로 해석할 것인지, 아니면 일반능력지수(GAI)를 사용할 것인지를 결정할 때, 4개의 지수 중 가장 점수가 높은 지수와 가장 점수가 낮은 지수의 차이를 고려해야 한다고 주장하였다.
> - 지수 점수의 최고치와 최저치 간 차이가 1.5표준편차 이상(23점 이상)으로 유의한 차이가 있을 경우, 이들 간 분산이 너무 크기 때문에 전체척도 IQ(FSIQ)의 안정성은 낮아진다. 따라서 이 경우에는 일반능력지수(GAI)의 활용을 고려할 수 있다.

정답 47 ① 48 ③

49 모집단에서 규준집단을 표집하는 방법과 가장 거리가 먼 것은?   17, 22년 기출

① 군집표집(Cluster Sampling)
② 유층표집(Stratified Sampling)
③ 단순무선표집(Simple Random Sampling)
④ 비율표집(Ratio Sampling)

> **해설**
> 표집방법
> - 확률표집
>   - 단순무선(무작위)표집(Simple Random Sampling)
>   - 체계적 표집법(Systematic Sampling)
>   - 유층(층화)표집법(Stratified Sampling)
>   - 다단계군집표집법(Multistage Clustering Sampling)
> - 비확률표집
>   - 임의표집(Accidental or Convenience Sampling)
>   - 목적표집(Purposive or Judgmental Sampling)
>   - 할당표집(Quota Sampling)

50 원판 MMPI의 타당도척도가 아닌 것은?   20, 22년 기출

① S척도
② F척도
③ K척도
④ L척도

> **해설**
> MMPI의 타당도척도
> 원판 MMPI의 4가지 타당도척도는 ?척도(무응답 척도), L척도(부인척도), F척도(비전형척도), K척도(교정척도)로 구성되어 있다. MMPI-2에서는 원판 MMPI의 타당성척도 외에 VRIN, TRIN, F(B)와 F(P), FBS, S척도가 추가되었다.

정답 49 ④ 50 ①

51 성격을 측정하는 자기보고형 검사에 관한 설명으로 옳은 것은? **21년 기출**

① 개인의 심층적인 내면을 탐색하는 데 흔히 사용된다.
② 사회적으로 바람직하게 응답하려는 경향을 나타내기 쉽다.
③ 강제선택형 문항은 개인의 묵종 경향성을 예방하는 데 효과적이다.
④ 응답결과는 개인의 반응 경향성과 무관하다.

> **해설**
> 자기보고형 검사(객관적 검사)의 단점
> - 사회적 바람직성 : 문항의 내용이 사회적으로 바람직한 내용인가가 문항에 대한 응답 결과에 영향을 미친다.
> - 반응 경향성 : 개인의 응답 방식에서 나타나는 일정한 흐름이 결과에 영향을 미친다.
> - 묵종 경향성 : 자기 이해와 관계없이 협조적인 대답으로 일관함으로써 결과에 영향을 미친다.
> - 문항 제한성 : 검사 문항이 개인의 주요 특성을 중심으로 전개됨으로써 특정 상황에서의 특성과 상황 간의 상호작용 내용을 밝히기 어렵다.
> - 응답 제한성 : 응답의 범위가 제한되어 있으므로 개인의 독특한 문제에 대한 진술 기회가 상대적으로 적으며, 수집된 자료에 개인의 문제가 노출되지 않을 수 있다.

52 MMPI에서 2, 7 척도가 상승한 패턴을 가진 피검자의 특성으로 옳지 않은 것은? **17, 22년 기출**

① 자기비판 혹은 자기처벌적인 성향이 강하다.
② 정신치료에 대한 동기는 높은 편이다.
③ 행동화(Acting-Out) 성향이 강하다.
④ 불안, 긴장, 과민성 등 정서적 불안상태에 놓여 있다.

> **해설**
> 2-7 상승척도쌍 피검자의 특성
> - 불안해하거나 초조해하고, 긴장, 걱정이 많다.
> - 사소한 스트레스에도 과도하게 반응한다.
> - 강박사고와 강박행동을 보인다.
> - 피로감, 피곤함, 소진감을 느낀다.
> - 비관적이고 희망이 없다고 느끼며, 미성숙하다.
> - 성취하고 싶은 욕구 및 그런 성취를 통해 인정받고 싶은 강한 욕구를 가지고 있다.
> - 자신에게 상당히 많은 것을 기대하며 목표 달성에 실패하면 죄책감을 느낀다.
> - 수동-의존적이며 자기주장을 내세우는 것도 힘들어한다.
> - 불안장애, 우울증, 강박장애 등이 함께 진단된다.

53 집중력과 정신적 추적능력(Mental Tracking)을 측정하는 데 사용되는 신경심리검사는? 15, 20, 22, 25년 기출

① 벤더게슈탈트검사(Bender Gestalt Test)
② 선로잇기검사(Trail Making Test)
③ 레이복합도형검사(Rey Complex Figure Test)
④ 위스콘신카드분류검사(Wisconsin Card Sorting Test)

> **해설**
> 선로잇기검사(Trail Making Test)
> • 숫자와 문자의 상징적인 의미를 이해하고, 전체 화면을 주시하면서 숫자와 문자를 순서대로 연결하는 능력을 검사하는 것
> • A형은 숫자 잇기, B형은 숫자와 글자를 교대로 잇기
> • 집중력 및 정신적 추적능력을 측정

54 MMPI-2의 자아강도 척도(Ego Strength Scale)에 관한 설명으로 옳지 않은 것은? 21년 기출

① 정신치료의 성공여부를 예측하기 위해 고안되었다.
② F척도가 높을수록 자아강도 척도의 점수는 높아진다.
③ 효율적인 기능과 스트레스를 견디는 능력을 반영한다.
④ 개인의 전반적인 기능수준과 상관이 있다.

> **해설**
> F척도(Infrequency, 비전형 척도) 점수가 높을수록 수검자는 대부분의 정상적인 사람들이 하는 것처럼 반응하지 않으며, 그가 가지고 있는 문제영역이 많고 문제의 정도가 심각한 것을 나타낸다. 반면에 Es척도(Ego Strength Scale, 자아강도 척도) 점수가 높을수록 수검자는 심리적 문제영역이 상대적으로 적으며, 정서적으로 균형 잡혀 있는 것을 나타낸다.

55 검사의 종류와 검사구성방법을 짝지은 것으로 가장 옳지 않은 것은? 15, 22, 24, 25년 기출

① MBTI - 합리적, 경험적 검사구성의 혼용
② MMPI - 경험적 준거 방법
③ CPI - 경험적 준거에 따른 검사구성
④ 16PF - 요인분석에 따른 검사구성

> **해설**
>
> **검사구성방법(척도구성방법)**
> - 연역적 방법
>
> | 논리적-내용적 방법 | 안면타당도에 근거하여 측정하고자 하는 심리 특성을 가장 잘 나타내 주는 문항을 논리적으로 추론하여 기술하는 방법이다.
예 우드워스(Woodworth)의 개인자료기록지(Personal Data Sheet) 등 |
> |---|---|
> | 이론적 방법 | 특정 심리학적 이론에 근거하여 문항을 선정하는 방법이다.
예 마이어스-브릭스 성격유형검사(MBTI), 에드워즈(Edwards)의 욕구진단검사(EPPS) 등 |
>
> - 경험적 방법
>
> | 준거집단 방법
(경험적
준거 방법) | 어떤 심리 특성을 가진 준거집단과 정상적인 통제집단을 구별해 주는 문항을 선정하는 방법이다.
예 미네소타 다면적 인성검사(MMPI), 캘리포니아 성격검사(CPI) 등 |
> |---|---|
> | 요인분석 방법 | 요인분석을 통해 검사문항의 의미를 결정하고 이를 보다 단순한 차원으로 축소하는 방법이다.
예 16성격 요인검사(16PF) 등 |

56 검사-재검사 신뢰도에 관한 설명으로 옳지 않은 것은? 20, 25년 기출

① 검사 사이의 시간 간격이 너무 길면 측정대상의 속성이나 특성이 변할 가능성이 있다.
② 반응민감성에 의해 검사를 치르는 경험이 개인의 진점수를 변화시킬 가능성이 있다.
③ 검사 사이의 시간 간격이 짧으면 이월효과가 작아진다.
④ 감각식별검사나 운동검사에 권장되는 방법이다.

> **해설**
>
> **검사-재검사 신뢰도**
> - 하나의 평가도구 혹은 검사를 같은 집단에 두 번 실시해서 그 전후의 결과에서 얻은 점수를 기초로 해서 상관계수를 산출하는 방법이다.
> - 검사와 재검사 사이의 시간 간격이 길어질수록 신뢰도 계수는 작아진다.
> - 연습효과·기억효과로 인해 후의 시험결과가 높게 나타날 수 있다.
> - 검사 사이의 시간 간격이 너무 길면 측정대상의 속성이나 특성이 변할 가능성이 있다.
> - 감각식별검사나 운동검사에 권장되는 방법이다.
> - 반응민감성에 의해 검사를 치르는 경험이 개인의 진점수를 변화시킬 가능성이 있다.
> - 두 검사 사이의 시간 간격이 너무 짧으면 첫 번째 검사 때 응답하였던 것을 기억해서 그대로 쓰는 이월효과가 있다.

57 타당도에 관한 설명으로 옳지 않은 것은?   21, 22년 기출

① 구성타당도는 측정될 구성개념에 대한 평가도구의 대표성과 적합성을 말한다.
② 구성타당도는 내용 및 준거타당도 접근법에서 직면하게 될 부적합성 및 문제점을 해결하기 위해 개발되었다.
③ 준거타당도는 검사점수와 외부 측정에서 얻은 일련의 수행을 비교함으로써 결정된다.
④ 준거타당도는 경험타당도 또는 예언타당도라고 불리기도 한다.

> **해설**
> 내용타당도는 측정될 구성개념에 대한 평가도구의 대표성과 적합성을 말한다. 즉, 내용타당도는 검사 문항이 측정하고자 하는 내용영역을 얼마나 잘 대표하는지, 검사 문항의 내용이 측정하고자 하는 영역의 내용에 관한 적절한 표본인지를 알려 준다. 반면에 구성타당도는 측정하려고 하는 구성개념이 측정도구에 의해 제대로 측정되었는지를 의미한다.

58 발달검사를 사용할 때 고려해야 할 사항과 가장 거리가 먼 것은?   06, 12, 13, 20, 22년 기출

① 다중기법적 접근을 취해야 한다.
② 일반적인 기능적 분석만 사용해야 한다.
③ 규준에 의한 발달적 비교가 가능해야 한다.
④ 경험적으로 타당한 측정도구를 사용해야 한다.

> **해설**
> **발달검사를 통한 아동평가**
> - 아동은 특별한 집단이므로 성인을 대상으로 한 일반적인 평가 방식을 그대로 적용하는 것은 바람직하지 않다.
> - 규준에 의한 발달적 비교가 가능해야 한다.
> - 아동평가를 통해 인지, 행동, 정서 상태 등 여러 측면에서의 변화 목표를 가질 수 있다.
> - 변화를 필요로 하는 목표행동의 범위가 넓은 경우 다중적인 평가기법을 적용하는 것이 바람직하다.
> - 측정도구들은 경험적으로 타당성을 검증받은 것이어야 하며, 아동의 발달적 변화에 대해서도 민감한 것이어야 한다.

59 심리검사 점수의 해석과 사용에서 임상심리사가 유의해야 할 점이 아닌 것은? 20년 기출

① 검사는 개인의 일정 시점에서 무엇을 할 수 있는지를 밝혀내도록 고안된 것이다.
② IQ 점수를 범주화하여 해석하는 것은 오류 가능성이 있다.
③ 문화적 박탈 효과에 둔감한 검사는 문화적 불이익의 효과를 은폐시킬 수 있다.
④ 검사 점수를 해석할 때는 그 사람의 배경이나 수행동기 등을 배제해야 한다.

> **해설**
> 임상심리사가 검사 점수를 해석할 때는 수검자의 다양한 배경이나 수행동기 등을 반영해야 한다.

60 BSID-Ⅱ(Bayley Scale of Infant Development-Ⅱ)에 대한 설명으로 옳지 않은 것은? 15, 21, 24년 기출

① 지능척도, 운동척도의 2가지 척도로 구성되어 있다.
② 유아의 기억, 습관화, 시각선호도, 문제해결 등과 관련된 문항들이 추가되었다.
③ BSID-Ⅱ에서는 대상 연령범위가 16일에서 42개월까지로 확대되었다.
④ 신뢰도와 타당도에 관한 보다 많은 정보를 제공하여 검사의 심리측정학적 질이 개선되었다.

> **해설**
> 베일리 유아발달척도(BSID ; Bayley Scale of Infant Development)의 척도 구성
>
> | | |
> |---|---|
> | BSID-Ⅰ (1969) | • 정신척도(Mental Scale)
• 운동척도(Motor Scale) |
> | BSID-Ⅱ (1993) | • 정신척도(Mental Scale)
• 운동척도(Motor Scale)
• 행동평정척도(Behavior Rating Scale) |
> | BSID-Ⅲ (2006) | • 인지척도(Cognitive Scale)
• 언어척도(Language Scale)
• 운동척도(Motor Scale)
• 사회-정서척도(Social-Emotional Scale)
• 적응행동척도(Adaptive Behavior Scale) |

제4과목 임상심리학

61 자신의 초기 경험이 타인에 대한 확장된 인식과 관계를 맺는다는 가정을 강조하는 치료적 접근은?

16, 20년 기출

① 심리사회적 발달이론
② 자기심리학
③ 대상관계이론
④ 인본주의

해설

대상관계이론
- 대상관계의 개념은 프로이트 사후의 정신분석학자들에 의해 발전하였으며, 이들은 인간이 삶을 통해 맺는 다양한 관계가 곧 대상관계의 발현이라고 주장하였다.
- 인간의 생애 초기에 자기 자신과 타인 또는 대상에 대한 내적인 이미지들로 구성된 심리구조의 형성 및 분화과정을 탐구하여, 그것이 어떠한 과정을 통해 대상관계적 상황으로 발현하는지 연구하였다.
- 자기표상 : 자기 자신에 대한 근본적인 이미지이다.
- 대상표상 : 타인 및 세상에 대한 근본적인 이미지이다.

62 MMPI-2의 타당도 척도 중 부정왜곡을 통해 극단적인 수준으로 정신병적 문제가 있음을 나타내려는 경우에 상승되는 것은?

21년 기출

① S척도
② TRIN척도
③ F(P)척도
④ VRIN척도

해설

F(P)척도(inFrequency Psychopathology, 비전형-정신병리 척도)
- 규준집단과 정신과 외래환자집단에서 모두 매우 낮은 반응 빈도를 보인 총 27문항으로 구성되어 있다.
- VRIN척도와 TRIN척도 점수를 검토한 결과 무선반응이나 고정반응으로 인해 F척도 점수가 상승된 것이 아니라고 판단될 경우 사용한다.
- 이 척도는 F척도의 상승이 실제 정신과적 문제 때문인지 혹은 의도적으로 자신을 부정적으로 보이려고 한 것인지를 판별하는 데 유효하다. 특히 F(P)척도가 100T 이상일 경우 수검자의 무선반응 혹은 부정왜곡(Faking-Bad)을 짐작할 수 있으므로, 해당 프로파일은 무효로 간주할 수 있다.

63 다음 30대 여성의 다면적 인성검사 MMPI-2 결과에 대한 일반적 해석으로 적절한 것은? 18, 22, 25년 기출

Hs	D	Hy	Pd	Mf	Pa	Pt	Sc	Ma	Si
72	65	75	50	35	60	64	45	49	60

① 망상, 환각 등의 정신증적 증상이 나타나기 쉽다.
② 스트레스 상황에서 신체증상이 두드러지고 회피적 대처를 할 소지가 크다.
③ 반사회적 행동을 보일 가능성이 크다.
④ 외향적이고 과도하게 에너지가 항진되어 있다.

> **해설**
> 1-3 혹은 3-1 코드쌍
> • 심리적 문제가 신체적 증상으로 전환되어 나타난다.
> • 자신의 외현적 증상이 심리적 요인에 의한 것임을 인정하려 하지 않는다.
> • 부인의 방어기제를 사용하여 자신의 우울감이나 불안감을 잘 드러내지 않는다.
> • 스트레스를 받는 경우 사지의 통증이나 두통, 흉통을 보이며, 식욕부진, 어지럼증, 불면증을 호소하기도 한다.
> • 자기중심적이며 의존적인 성향, 대인관계에서 피상적인 행태를 보인다.
> • 전환장애의 가능성이 있다.

64 수업시간에 가만히 자리에 앉아 있지 못하고 돌아다니며, 급우들의 물건을 함부로 만져 왕따를 당하고 있는 초등학교 3학년 10세 지적 장애 남아의 문제행동에 가장 권장되는 행동치료법은? 20년 기출

① 노출치료
② 체계적 둔감화
③ 혐오치료
④ 유관성 관리

> **해설**
> ④ 유관성 관리 : 적응적 행동은 보상으로 촉진하고, 부적응적 행동은 강화를 주지 않음으로써 제거하는 기법이다.
> ① 노출치료 : 외상후스트레스 환자를 공포자극에 노출시킴으로써 환자가 회복하도록 하는 기법이다.
> ② 체계적 둔감화 : 심리적 불안과 신체적 이완은 병존할 수 없다는 것을 전제로 하는 상호억제의 원리를 이용하는 기법이다.
> ③ 혐오치료 : 고전적 조건형성 기법으로, 바람직하지 못한 행동에 혐오 자극을 제시하여 부적응적인 행동을 제거하는 방법이다.

정답 63 ② 64 ④

65 임상심리사로서 전문적인 관계를 유지하는 데 바람직한 지침사항과 가장 거리가 먼 것은? 21, 25년 기출

① 다른 전문직에 종사하는 동료들의 욕구, 특수한 능력, 그리고 의무에 대하여 적절한 관심을 가져야 한다.
② 동료 전문가와 관련된 단체나 조직의 특권 및 의무를 존중하여 행동하여야 한다.
③ 동료 전문가의 윤리적 위반 가능성을 인지하면 즉시 해당 전문가 단체에 고지해야 한다.
④ 소비자의 최대이익에 기여하는 모든 자원들을 활용해야 한다.

> **해설**
>
> ③ 전문가는 때로 다른 동료 전문가의 비윤리적 행위나 윤리적 위반 가능성을 인지하게 될 수 있다. 이 경우 우선 그 당사자에게 주의를 환기시켜 윤리적 문제를 비공식적으로 해결하기 위한 시도를 해야 한다. 그와 같은 시도로 문제가 시정되지 않는다면, 해당 윤리위원회에 신고해야 할 의무가 있음을 당사자에게 알리고 윤리강령에 따라 행동을 취해야 한다.
>
> **윤리위반의 해결(한국상담심리학회 윤리강령 中)**
> - 상담심리사는 다른 상담심리사의 윤리강령 위반을 인지한 경우, 그 위반이 심각한 해를 끼치지 않는다면 우선 해당 상담심리사에게 윤리문제가 있음을 인식시킨다.
> - 명백한 윤리강령의 위반으로 개인이나 조직이 실질적인 해를 입거나 그럴 가능성이 있는 경우, 그리고 개별적인 시도로 해결되지 않는 경우, 상담심리사는 상벌윤리위원회에 신고한다.
> - 소속 기관 및 단체와 본 윤리강령 간에 갈등이 있을 경우, 상담심리사는 갈등의 본질을 명확히 하고, 소속 기관 및 단체에 윤리강령을 알려서 이를 준수하는 방향으로 해결책을 찾도록 한다.

66 내담자의 말과 행동에서 표현된 기본적인 감정, 생각 및 태도를 상담자가 다른 참신한 말로 부연해 주는 것은? 22, 25년 기출

① 해 석
② 직 면
③ 반 영
④ 명료화

> **해설**
>
> **적극적 경청 기술(Cormier & Cormier)**
> - 부연 : 말한 내용에 대해 알기 쉽게 다른 표현으로 말하는 것이다.
> - 반영 : 개인이 자신의 느낌을 더 잘 표현하고 이해하도록 격려하기 위해 말하고 있는 것에 대한 느낌을 이해하기 쉽게 바꾸어 말하는 것을 포함한다.
> - 요약 : 부연과 반영을 모두 포함하는 것으로, 몇 가지 논점들을 조리 있고 간단한 메시지로 묶기 위한 시도이다.
> - 명료화 : 메시지가 완전히 이해되고 있음을 확실히 하기 위해 질문하는 것이다.

67 프로그램의 주요 초점은 사회 복귀이며, 직업능력증진부터 내담자의 자기개념 증진에 걸쳐 있는 것은?

20년 기출

① 보편적 예방
② 1차 예방
③ 2차 예방
④ 3차 예방

> **해설**
> ④ 3차 예방은 심리장애 발생 후에 그 지속기간 및 부정적인 영향을 최소화하는 것이다. 심리장애의 악화 및 재발을 방지하고 재활프로그램을 실시하며, 가정과 사회로의 복귀 및 적응을 돕기 위한 지지와 교육을 제공하는 동시에 지역사회 전체를 대상으로 교육을 실시한다.
> ② 1차 예방은 해로운 환경이 질병을 야기하지 않도록 사전에 이를 제거하는 것이다. 이를 위해 사회적 지지체계를 강화하고 스트레스의 근원을 제거하며, 스트레스에 적절히 대처할 수 있도록 개인의 능력을 함양시킨다.
> ③ 2차 예방은 정신건강 문제를 조기에 확인하고 장애로 발전하기 이전 초기단계에서 문제를 치료하는 것이다. 심리장애로 발전될 위기에 있는 사람들을 대상으로 조기에 치료를 제공하며, 사고나 재해의 피해자에 대해서는 위기개입을 한다.

68 다음의 설명에 해당하는 것은?

21년 기출

> 불안을 유발하는 기억과 통찰을 무의식적으로 억압하거나 회피하려는 시도로 치료시간에 잦은 지각이나 침묵과 의사소통의 회피 등을 보인다.

① 합리화
② 저항
③ 전이
④ 투사

> **해설**
> **정신역동치료에서 저항의 분석**
> • 저항(Resistance)은 불안을 유발하는 기억과 통찰을 무의식적으로 억압하려는 모든 노력을 말한다.
> • 내담자의 저항은 치료시간에 잦은 지각이나 침묵과 의사소통의 회피 등 명백한 저항으로, 혹은 치료자의 비위를 맞추되 핵심을 말하지 않기 등 미묘한 저항으로 나타나기도 한다.
> • 저항의 분석은 우선 내담자의 저항을 거론하고, 저항의 모습을 명료화하며, 저항의 무의식적 동기와 원인을 해석하고, 이를 반복적으로 실행함으로써 훈습(Working-Through)하는 절차를 거치게 된다.

69 위치감각과 공간적 회전 등의 개별적인 신체 표상과 관련이 있는 대뇌 영역은? **22년 기출**

① 두정엽
② 전두엽
③ 측두엽
④ 후두엽

> **해설**
>
> ① 두정엽(Parietal Lobe)
>   - 뇌의 윗부분 중앙에 위치하며, 전체의 약 21%를 차지한다.
>   - 일차체감각피질과 연합피질로 구성된다.
>   - 이해의 영역으로, 공간지각, 운동지각, 신체의 위치판단 등을 담당한다.
>   - 신체 각 부위의 개별적인 신체 표상을 비롯하여 입체적, 공간적 사고, 수학적 계산 및 연상기능 등을 수행한다.
> ② 전두엽(Frontal Lobe)
>   - 대뇌피질의 앞부분에 위치하며, 전체의 약 40%를 차지한다.
>   - 골격근의 운동을 통제하는 일차운동피질로 구성된다.
>   - 창조의 영역으로, 운동기능, 자율기능, 감정조절기능, 행동계획 및 억제기능 등을 담당한다.
>   - CEO의 역할을 하는 것으로서, 예지력, 판단, 지혜, 동기, 전략 세우기, 계획 등과 관련된다.
>   - 전두엽의 맨 앞부분에 위치한 전전두엽은 고차적인 정신활동을 담당하는 영역으로, 인지 및 사고, 판단작용과 행동계획, 창의성 등을 관장한다.
> ③ 측두엽(Temporal Lobe)
>   - 대뇌피질의 측면에 위치하며, 전체의 약 21%를 차지한다.
>   - 청각피질과 연합피질로 구성한다.
>   - 판단과 기억의 영역으로, 언어, 청각, 정서적 경험 등을 담당한다.
> ④ 후두엽(Occipital Lobe)
>   - 뇌의 뒷부분에 위치하며, 전체의 약 17%를 차지한다.
>   - 일차시각피질과 시각연합피질로 구성된다.
>   - 시각의 영역으로, 망막에서 들어오는 시각정보를 분석, 통합하는 역할을 담당한다.

70 치료 매뉴얼을 바탕으로 하며 내담자의 특성이 명확하게 기술된 대상에게 경험적으로 타당화된 치료를 실시할 때 증거가 잘 확립된 치료에 대한 기준에 해당하지 않는 것은? **20년 기출**

① 두 개 이상의 연구가 대기자들과 비교해 더 우수한 효능을 보이는 경우
② 서로 다른 연구자들이 시행한 두 개 이상의 집단설계 연구로서 위약 혹은 다른 치료에 비해 우수한 효능을 보이는 경우
③ 많은 일련의 단일사례 설계연구로서 엄정한 실험설계 및 다른 치료와 비교하여 우수한 효능을 보이는 경우
④ 서로 다른 연구자들이 시행한 두 개 이상의 집단설계 연구로서 이미 적절한 통계적 검증력(집단당 30명 이상)을 가진 치료와 동등한 효능을 보이는 경우

> **해설**
> 근거기반치료 또는 경험적으로 지지된 치료의 기준은 3단계, 즉 근거기반이 강한(Strong) 치료, 어느 정도인(Modest) 치료, 그리고 논쟁의 여지가 있는(Controversial) 치료로 구분할 수 있다. 두 개 이상의 연구가 대기자 통제집단보다 더 우수한 효과를 보이는 경우는 근거기반이 강한 치료로서 "잘 확립된 치료(Well-Established Treatments)"가 아닌 어느 정도인 치료로서 "효과가 있음직한 치료(Probably Efficacious)"에 해당한다.

71 심리치료 이론 중 전이와 역전이의 중요성을 강조하고 치료에 활용하는 접근은? **21, 25년 기출**

① 인본주의적 접근
② 행동주의적 접근
③ 정신분석적 접근
④ 게슈탈트적 접근

> **해설**
> **역전이의 활용**
> 프로이트(Freud) 사후 역전이는 효과적인 상담을 위한 분석대상이자 기술로 간주되기에 이르렀다. 역전이는 상담자와 내담자의 무의식을 연결함으로써 내담자의 심리적 갈등을 이해하는 데 중요한 열쇠이자 치료도구가 될 수도 있다는 것이다. 이처럼 최근에는 상담자와 내담자의 관계에서 나타나는 현상들을 치료에 응용하고자 하는 시도들이 펼쳐지면서, 상담자를 단순히 내담자의 심리를 반영하는 거울로 간주하는 데 대해 이의를 제기하고 있다.

72 다음 중 자연관찰법의 특징이 아닌 것은?　　　　　　　　　　　　　　　　　　　　　22년 기출

① 시간과 비용이 많이 든다.
② 자신이 관찰된다는 것을 알았을 때 다르게 행동한다.
③ 관찰은 편파될 수 있다.
④ 비밀이 보장된다.

> **해설**
> 자연관찰법(Naturalistic Observation)
> • 관찰자가 내담자의 환경(병동, 가정, 교실, 직장 등)에 들어가서 내담자의 행동을 관찰하는 방법
> • 장점 : 많은 정보를 확보할 수 있어 기초자료 수집에 효과적이다.
> • 단점 : 시간이 오래 걸리고, 비용면에서 비효율적이다.

73 골수 이식을 받아야 하는 아동에게 불안과 고통에 대처하도록 돕기 위하여 교육용 비디오를 보게 하는 치료법은?　　　　　　　　　　　　　　　　　　　　　　　　　　　　　　　　16, 20, 24년 기출

① 유관관리 기법
② 모델링
③ 행동시연을 통한 노출
④ 역조건형성

> **해설**
> 모델링은 다른 사람의 행동을 보고 들은 후 따라하는 것으로 관찰학습을 의미한다. 타인의 행동에 대한 관찰 및 모방에 의한 학습을 통해 내담자로 하여금 문제행동을 수정하거나 학습을 촉진할 수 있다. 또한 아동의 불안과 공포가 모델링에 의해 극복된다는 사례들도 보고되고 있다.

74 다음에 해당하는 관찰법은?　　　　　　　　　　　　　　　　　　　　　　　　　　　　　21년 기출

> - 문제행동의 빈도, 강도, 만성화된 문제행동을 유지시키는 요인들을 실제장면에서 관찰하는 데 효과적이다.
> - 시간과 비용이 많이 들며, 대부분의 사람들은 자신들이 관찰된다는 것을 알고 있을 때 다르게 행동한다.

① 자기관찰법
② 통제된 관찰법
③ 자연관찰법
④ 연합관찰법

해설

자연관찰법 또는 직접관찰법
- 관찰자가 내담자의 문제행동이나 증상을 실생활에서 직접관찰하고 평가하는 방법이다.
- 여러 상황에 걸쳐 많은 정보를 확보하도록 함으로써 문제행동에 대한 리스트 작성 및 기초자료 수집에 효과적이다.
- 내담자의 문제행동이 나타나는 데 시간이 오래 걸리며, 비용면에서도 효율적이지 못하다.

---

75 초기 임상심리학자와 그의 활동으로 바르게 짝지어진 것은?　　　　　　　　　　　　　18, 22년 기출

① 웩슬러(Wechsler) – 지능검사를 개발하였다.
② 위트머(Witmer) – g지능 개념을 제시하였다.
③ 비네(Binet) – 군대 알파(Army α)검사를 개발하였다.
④ 스피어만(Spearman) – 정신지체아 특수학교에서 심리학자로 활동하였다.

해설

② · ④ 1896년 위트머(Witmer)는 미국 펜실베이니아(Pennsylvania) 대학에 세계 최초의 심리진료소(Psychological Clinic)를 개설하였다. 참고로 인간의 지능이 일반요인(General Factor)과 특수요인(Special Factor)으로 구분된다고 주장하면서 g지능 개념을 제시한 학자는 스피어만(Spearman)이다.
③ 1905년 비네(Binet)는 시몽(Simon)과 함께 초등학교 입학 시 정신지체아를 식별하기 위해 '비네-시몽 검사(Binet-Simon Test)'를 개발하였다. 참고로 '군대 알파(Army α)'는 제1차 세계대전 당시 미국심리학회(APA)의 심리검사위원회를 통해 개발되었다.

76 임상적 면접에서 사용되는 바람직한 의사소통 기술에 해당되는 것은? 16, 20년 기출

① 면접자 자신의 사적인 이야기를 꺼내는 데 주저하지 않는다.
② 침묵이 길어지지 않게 하기 위해 면접자는 즉각 개입할 준비를 한다.
③ 내담자의 감정보다는 얻고자 하는 정보에 주목한다.
④ 환자가 의도한 대로 단어들을 이해하기 위해 노력한다.

> **해설**
> ① 상담자의 자기노출은 특수한 상황에서 내담자와의 공감적인 분위기를 형성하기 위해 사용할 수 있다. 단, 상담자의 자기노출은 때로 위험을 수반하므로 민감하게 다루어야 한다.
> ② 내담자가 상담과정 중 침묵하는 이유는 다양하다. 내담자가 침묵하는 이유 중 내담자가 자신을 돌아보거나 생각을 간추리는 과정일 수도 있다. 이런 경우에는 상담자는 '조용한 관찰자'의 태도로 내담자의 침묵을 섣불리 깨려 하지 말고 기다리는 것도 좋다.
> ③ 내담자는 언어적 의사소통은 물론 비언어적 의사소통을 하므로, 상담자는 내담자의 눈맞춤, 얼굴 표정, 자세, 몸짓 등 다양한 비언어적 행동의 변화에 주의를 기울이면서 내담자의 숨은 감정을 언급하고 다루어야 한다.

77 로저스(Rogers)가 제안한 내담자의 긍정적 변화를 촉진시키기 위한 치료자의 3가지 조건에 해당하지 <u>않는</u> 것은? 04, 13, 21, 25년 기출

① 무조건적 존중
② 정확한 공감
③ 솔직성
④ 창의성

> **해설**
> 상담자가 갖추어야 할 바람직한 태도
> • 일치성과 진실성(솔직성)
> • 공감적 이해
> • 무조건적 존중

78 환자가 처방한 대로 약을 잘 복용하고, 의사의 치료적 권고를 준수하게 하기 위한 가장 적절한 방법은?

17, 22, 24년 기출

① 치료자가 약의 효과 등에 대해 친절하고 상세하게 설명한다.
② 준수하지 않을 때 불이익을 준다.
③ 의사가 권위적이고 단호하게 지시한다.
④ 모든 책임을 환자에게 위임한다.

> **해설**
>
> 환자 교육의 필요성
> - 환자 교육은 치료를 위한 효과적인 방법을 지도하는 것은 물론 환자의 자존감을 키우고 회복에 대한 희망을 심어줌으로써 환자가 보다 적극적인 자세로 치료 과정에 참여하도록 유도한다.
> - 약물을 복용해야 하는 이유는 무엇인지, 복용하는 약물의 효과 및 부작용은 무엇인지 등을 가르치며, 증상 교육을 통해 현재와 과거의 증상을 인지하고 재발 경고징후를 파악함으로써 재발을 막는 데 초점을 둔다.

79 로샤검사(Rorschach Test)의 모든 반응이 왜곡된 형태를 근거로 한 반응이고, MMPI에서 8번 척도가 65T 정도로 상승되어 있는 내담자에 대한 설명으로 가장 적합한 것은?

16, 20년 기출

① 회피성 성격장애의 특징을 보일 가능성이 있다.
② 주의집중과 판단력이 저하되어 있을 가능성이 있다.
③ 합리화나 주지화를 통해 성공적인 방어기제를 작동시킬 가능성이 있다.
④ 우울한 기분, 무기력한 증상이 주요 문제일 가능성이 있다.

> **해설**
>
> 로샤검사(Rorschach Test)의 모든 반응이 왜곡된 형태(-, Minus)를 근거로 한 반응으로 나타날 수 있는데, 이는 반점의 형태 특징이 왜곡되고 인위적이며 비현실적으로 사용된 경우로 볼 수 있다. 수검자는 사실상 반점의 구조적 특징을 완전히 혹은 거의 완전히 무시한 것인데, 특히 MMPI의 임상척도인 척도 8 Sc(Schizophrenia, 정신분열증)이 65T 정도로 상승되어 있다면 주의집중의 어려움, 정신운동의 지체현상에 따른 판단력 저하 등의 가능성이 있다.

정답 78 ① 79 ②

80 평가면접에서 면접자의 태도에 대한 설명으로 옳지 않은 것은?

21, 25년 기출

① 수용 - 내담자의 가치에 대한 기본적인 존중과 관련되어 있다.
② 해석 - 면접자가 자신의 내면과 부합하는 심상을 수용하는 것과 관련되어 있다.
③ 이해 - 내담자의 관점에서 세계를 보기 위한 노력과 관련되어 있다.
④ 진실성 - 면접자의 내면과 부합하는 것을 전달하는 정도와 관련되어 있다.

> **해설**
> ② 면접자가 자신의 내면과 부합하는 타당하고 신뢰할 수 있는 심상을 어느 정도 전달할 수 있는가는 '진실성'과 연관된다. 진실성은 '일치성(Congruence)'이라고도 하는데, 이는 면접자의 일치성, 혹은 면접자가 말하고 있는 것과 실제로 느끼고 있는 것 사이에 존재해야만 하는 조화를 일컫는다.
>
> **해석(Interpretation)**
> - 내담자가 새로운 방식으로 자신의 문제를 돌아볼 수 있도록 사건들의 의미를 설정하고, 그 문제를 새로운 각도에서 이해할 수 있도록 생활경험 및 행동의 의미를 설명하는 것이다.
> - 외견상 분리된 내담자의 말 또는 사건들의 관계를 연결하거나 방어, 저항, 전이 등을 설명한다.
> - 내담자의 사고, 행동, 감정의 패턴을 드러내거나 이를 통해 나타나는 문제를 이해할 수 있도록 새로운 틀을 제공한다.
> - 내담자에게 자신에 대한 통찰을 촉진하고 자기통제력을 향상하도록 한다.
> - 내담자에게 자신의 감정을 파악하여 그 원인을 이해하도록 함으로써 좀 더 자유롭게 감정을 인정하고 받아들일 수 있도록 한다.

제5과목 심리상담

81 벌을 통한 행동수정 시 유의해야 할 사항으로 옳지 않은 것은?

16, 20, 22, 25년 기출

① 벌을 받을 행동을 구체적으로 세분화하고 설명한다.
② 벌을 받을 상황을 가능한 한 없애도록 노력한다.
③ 벌을 받을 행동이 일어난 직후에 즉각적으로 벌을 준다.
④ 벌은 그 강도를 점차로 높여가야 한다.

> **해설**
> **벌을 통한 행동수정 시 유의사항**
> - 벌을 받을 행동을 구체적으로 세분화하고 설명한다.
> - 벌을 받을 상황을 가능한 한 없애도록 노력한다.
> - 바람직한 상반행동을 하도록 그 조건을 극대화한다.
> - 가장 효과가 있을 것으로 예상되는 벌을 선택한다.
> - 반복되는 벌에도 불구하고 효과가 없는 경우 다른 방법을 강구해야 한다.
> - 벌은 그 강도를 점차로 높이지 말아야 한다.
> - 벌을 받을 행동이 일어난 직후에 즉각적으로 벌을 준다.
> - 바람직한 행동이 무엇인지 사전에 알린다.

82 보딘(Bordin)이 제시한 작업동맹(Working Alliance)의 3가지 측면으로 옳은 것은? 11, 17, 21, 22, 24년 기출

① 작업의 동의, 진솔한 관계, 유대관계
② 유대관계, 작업과제에 대한 동의, 목표에 대한 동의
③ 진솔한 관계, 유대관계, 서로에 대한 호감
④ 서로에 대한 호감, 동맹, 작업의 동의

> **해설**
>
> **작업동맹(Working Alliance)**
> 상담자와 내담자가 상호존중과 신뢰의 분위기에서 문제해결을 위한 구체적인 목표에 대해 합의하며, 그것을 달성하기 위해 협력하는 관계를 말한다.
>
> **보딘(Bordin)의 작업동맹의 3가지 측면**
> - 상담자와 내담자 간의 유대
> - 작업과제에 대한 동의
> - 목표에 대한 동의

83 다음 ( ) 안에 들어갈 내용을 옳게 나열한 것은? 22년 기출

> 하렌(Harren)은 의사결정과정으로 인식, 계획, 확신, 이행의 네 단계를 제안하고, 이 과정에 영향을 미치는 주요 요인으로 (ㄱ)과 (ㄴ)을(를) 제시하였다.

	ㄱ	ㄴ
①	자아개념	의사결정유형
②	자아존중감	정서적 자각
③	자아효능감	진로성숙도
④	정서조절	흥미유형

> **해설**
>
> 하렌(Harren)은 의사결정과정으로 인식, 계획, 확신, 이행의 네 단계를 제안하고, 이 과정에 영향을 미치는 주요 요인으로 자아개념과 의사결정유형을 제시하였다.

84 집단상담에서 상대방의 행동이 나에게 어떤 반응을 일으키는가에 대하여 상대방에게 직접 이야기하는 개입 방법은? 13, 15, 20, 22년 기출

① 자기투입과 참여
② 새로운 행동의 실험
③ 행동의 모범을 보이기
④ 피드백 주고받기

> **해설**
> 피드백(Feedback)
> - 피드백 혹은 환류는 다른 집단성원의 행동, 사고, 감정에 대한 반응으로 자신의 생각과 감정을 되돌려 주는 것을 말한다.
> - 집단 내에서 학습을 유발하는 중요한 수단으로서, 솔직하고 구체적인 피드백은 집단성원의 행동이 다른 구성원들에게 어떤 영향을 주는지, 대인관계에서 어떤 변화가 필요한지 깨닫도록 한다.
> - 집단성원들은 우호적인 피드백과 비우호적인 피드백을 교환해 봄으로써 그것이 인간관계에 어떤 영향을 미치는가를 경험해 볼 수 있다.
> - 집단상담자는 언제 어떤 종류의 피드백을 제공할 것인가에 관한 선택이 결국 자기 자신과 다른 사람과의 관계형성에 영향을 미치며, 그 변화의 책임이 바로 집단성원 자신에게 있음을 알린다.
> - 집단 초기에 상담자는 시기적절한 피드백을 제공함으로써 집단성원들이 이를 모방하여 실행해볼 수 있도록 한다.
> - 자신을 비현실적으로 인식하는 집단성원의 경우 다른 구성원들의 피드백을 통해 자기 이해의 폭을 넓히는 동시에 자신을 다른 각도에서 조망할 수 있게 된다.

85 크럼볼츠(Krumboltz)가 제시한 상담의 목표에 해당하지 않는 것은? 18, 21년 기출

① 내담자가 요구하는 목표이어야 한다.
② 모든 내담자에게 동일하게 적용될 수 있는 목표이어야 한다.
③ 내담자가 상담목표 성취의 정도를 평가할 수 있어야 한다.
④ 상담자의 도움을 통해 내담자가 달성할 수 있는 목표이어야 한다.

> **해설**
> 상담의 목표는 각 내담자가 요구하는 것이어야 하므로 모두에게 동일하게 적용되어서는 안 된다.

86 심리검사 결과 해석 시 주의할 사항과 가장 거리가 먼 것은? 16, 22년 기출

① 검사해석의 첫 단계는 검사 매뉴얼을 알고 이해하는 것이다.
② 내담자가 받은 검사의 목적과 제한점 및 장점을 검토해 본다.
③ 검사결과로 나타난 장점이 주로 강조되어야 한다.
④ 결과에 대한 구체적 예언보다는 오히려 가능성의 관점에서 제시되어야 한다.

> **해설**
> 검사결과를 해석 및 제시할 때에는 병리적인 것과 함께 강점, 잠재력을 함께 제시하는 것이 바람직하다.

정답 84 ④ 85 ② 86 ③

87 교류분석상담에서 성격이나 일련의 교류들을 자아상태 모델의 관점에서 분석하는 것은? 16, 20, 22년 기출

① 기능분석
② 구조분석
③ 게임분석
④ 각본분석

> **해설**
> 교류분석의 주요 4가지 분석
> - 구조분석 : 내담자의 성격을 구성하는 자아상태를 분석한다.
> - 교류분석 : 내담자가 대하는 사람과 하는 행동과 언어를 분석한다.
> - 게임분석 : 내담자가 다른 사람과 하는 의사소통에서 수행하는 저의적 교류(표면상의 행동과는 달리 숨겨진 의도를 가지며 심리적 대가를 치르는 교류 방식)를 분석한다.
> - 각본분석 : 내담자가 강박적으로 사용하는 구체적인 인생각본을 분석한다.

88 내담자의 현재 상황에서의 욕구와 체험하는 감정의 자각을 중요시하는 상담이론은? 14, 21, 22년 기출

① 게슈탈트상담
② 인간중심상담
③ 교류분석상담
④ 현실치료상담

> **해설**
> 게슈탈트(형태주의)상담
> 1940년대 펄스(Pearls)에 의해 창안된 게슈탈트(형태주의)상담에서는 변화가 자각(알아차림)과 접촉을 통해서 저절로 일어난다고 본다. 이러한 시각을 전제로, 자신의 욕구와 감정을 정확히 알아차리고 환경과의 접촉을 통해 해소하도록 돕는 상담이다.

89 성피해자 심리상담 초기단계의 유의사항으로 옳지 않은 것은? 03, 09, 11, 18, 22년 기출

① 상담자가 상담 내용의 주도권을 가져야 한다.
② 치료관계 형성에 힘써야 한다.
③ 성폭력 피해로 인한 합병증이 있는지 묻는다.
④ 성폭력 피해의 문제가 없다고 부정을 하면 일단 수용한다.

> **해설**
> 성폭력 피해자 심리상담 초기단계의 유의사항
> - 상담자는 피해자인 내담자와 신뢰할 수 있는 관계를 유지함으로써 치료관계 형성에 힘써야 한다.
> - 상담자는 내담자에게 상담 내용의 주도권을 줌으로써 내담자에게 현재 상황에서 표현할 수 있는 내용에 대해서만 이야기할 수 있도록 배려해야 한다.
> - 상담자는 내담자의 비언어적인 표현에 주의를 기울이며, 그에 대해 적절히 반응해야 한다.
> - 상담자는 내담자의 성폭력 피해로 인한 합병증 등을 파악해야 한다.
> - 상담자는 내담자가 성폭력 피해의 문제가 없다고 부인하는 경우 일단 수용하며, 언제든지 상담의 기회가 있음을 알려야 한다.

정답 87 ② 88 ① 89 ①

90 다음 설명에 해당하는 상담기법은? 20년 기출

> 내담자가 반복적으로 드러내는 자기파멸적인 행동의 동기를 확인하고 그것을 제시해서 감춰진 동기를 외면하지 못하고 자각하게 함으로써 부적응적인 행동을 멈추도록 한다.

① 수프에 침 뱉기
② 단추 누르기
③ 즉시성
④ 악동 피하기

해설

내담자의 수프에 침 뱉기
- 개인주의상담 기법 중 하나로, 내담자의 자기패배적 행동의 감춰진 의도나 목적을 드러냄으로써 이전의 행동을 분리하기 위한 기법이다.
- 상담자는 내담자의 잘못된 생각이나 행동에 침을 뱉음으로써 내담자가 이후 그와 같은 생각이나 행동을 수행하려고 할 때 이전과 같은 편안한 감정을 느끼지 못하도록 한다.

91 도박중독의 심리·사회적 특징에 대한 설명으로 옳은 것은? 06, 11, 18, 21, 22, 24년 기출

① 도박중독자들은 대체로 도박에만 집착할 뿐 다른 개인적인 문제를 가지지 않는다.
② 도박중독자들은 직장에서 도박 자금을 마련하기 위해 남보다 더 열심히 노력한다.
③ 도박행동에 문제가 있음을 인정하지 않고 변명하려 든다.
④ 심리적 특징으로 단기적인 만족을 추구하기보다는 장기적인 만족을 추구한다.

해설

도박중독의 특징
- 도박에 과도하게 집착한다.
- 자신이 바라는 흥분감을 얻기 위해 돈의 액수를 늘리려고 한다.
- 도박 행동의 조절이나 중지에 대한 노력이 반복적으로 실패한다.
- 도박 행동에 대한 제한을 시도할 때 안절부절못하거나 과민하다.
- 무기력감이나 우울감, 죄책감 등의 문제에서 벗어나기 위한 수단으로서 도박을 한다.
- 도박으로 돈을 잃고 나서 이를 만회하기 위해 다시 도박을 한다.
- 자신이 도박에 빠졌다는 것을 숨기기 위해 가족, 치료사, 다른 사람에게 거짓말을 한다.
- 도박자금을 마련하기 위해 도둑질, 지폐위조, 사기 등 불법행위를 시도하거나 도박자금조달이나 생계유지를 위해 다른 사람에게 의존하는 양상을 보인다.
- 도박으로 인해 중요한 대인관계가 위태로워지거나 직업상 교육상 기회를 잃는다.
- 장기적인 만족을 추구하기 보다는 단기적인 만족을 추구한다.

92 생애기술 상담이론에서 기술언어(Skills Language)에 해당하는 것은?   17, 22년 기출

① 내담자의 행동을 설명하고 분석하기 위해 사용하는 것을 의미하는 것이다.
② 내담자가 어떤 외현적 행동을 하는가를 의미하는 것이다.
③ 내담자 자신의 책임감 있는 삶을 의미하는 것이다.
④ 내담자가 어떻게 생각하고 느끼는가를 의미하는 것이다.

> **해설**
> 생애기술상담(Life Skills Counselling)
> - 생애기술은 개인의 심리적 삶을 보장하기 위해 구체적 기술 영역에서 결정하는 일련의 선택이라고 할 수 있다.
> - 생애기술상담은 인지-행동적 접근의 통찰을 활용하여 사고와 행동의 변화를 유도하며, 인본주의적 실존주의의 메시지를 전달하여 현재와 미래 생활에 도움이 되는 보다 효과적인 기술들을 습득하도록 돕는 것이다.
> - 개인 생애기술상담은 한 개인이 보다 넓은 공동체 속에서 생애기술을 획득하고, 유지하고, 발달시키는 것을 중재하는 활동 기본개념이다.
> - 기술언어(Skills Language) : 생애기술 장점과 단점의 관점에서 내담자 문제에 대해 생각하고 말하는 것으로, 특히 내담자의 문제를 지속케 하는 구체적인 사고기술과 행동기술상의 단점을 규명하고 상담목표로 전환하는 것을 포함한다.
> - 내적 게임 : 내면에 어떤 일이 일어나고 있는가, 즉 당신이 어떻게 생각하고 느끼는가를 의미하는 것으로 사고기술과 감정기술을 지칭하는 것이다.
> - 외적 게임 : 어떤 외현적 행동을 하는가, 즉 행동기술을 의미한다. 행동기술은 관찰 가능한 행동들을 포함하는 것으로 어떻게 느끼고 생각하는가보다는 어떻게 행동하는가와 관련된 것이다.
> - 개인적 책임성 : 개인을 자신의 삶에 대한 책임감을 갖는 주체로 보는 것으로 사람들은 자신의 삶을 창조적으로 만들 책임이 있다.

93 로저스(Rogers)가 제시한 '충분히 기능하는 사람'의 특성과 가장 거리가 먼 것은?   15, 20년 기출

① 창조적이다.
② 현재보다는 미래에 투자할 줄 안다.
③ 자신의 유기체를 신뢰한다.
④ 제약 없이 자유롭다.

> **해설**
> 충분히 기능하는 사람
> - 경험에 대해 개방적이다.
> - 실존적인 삶을 사는 사람이다.
> - '자신'이라는 유기체에 대해 신뢰한다.
> - 경험적인 자유를 지니고 있다.
> - 창조적으로 살아간다.

94 청소년 비행의 원인을 사회학적 관점에서 설명하는 이론으로 옳지 <u>않은</u> 것은?   17, 21, 24, 25년 기출

① 아노미이론
② 사회통제이론
③ 하위문화이론
④ 욕구실현이론

해설

아노미이론	문화적 가치를 획득할 합법적인 수단이 없다고 판단될 때 아노미 상태(혼란, 무규범)가 일어나고 범죄로 이어진다는 이론
사회통제이론	사회통제력이 약화되어 범죄로 이어진다는 이론(사회적 연대를 중요시 여김)
비행하위문화이론	비행을 하위문화를 형성하고 있는 집단의 관습적 문제로 보는 이론

95 집단상담에서 침묵 상황에 대한 효과적 개입으로 옳지 <u>않은</u> 것은?   22, 24년 기출

① 회기 초기에 오랜 침묵을 허용하는 것은 지도력 발휘가 안 된 것이다.
② 대리학습이나 경험이 되므로 침묵하는 집단원이 집단 내내 말하지 않더라도 그대로 놔둔다.
③ 말하고 싶으나 기회를 잡지 못하는 집단원에게 말할 기회를 준다.
④ 생산적으로 여겨지는 침묵 상황에서 말하려는 집단원에게 기다리라고 제지할 수 있다.

해설

집단상담자는 침묵하는 집단원이 집단에 참여하도록 권고, 비언어적인 방법으로 의사소통하려는 시도를 알아차리며, 필요 없는 이야기를 늘어놓거나 집단 시간을 독점하는 집단원의 행위를 저지함으로써 집단의 시간이 공정하게 사용되도록 해야 한다.

96 REBT 상담에 대한 설명으로 옳지 않은 것은? 15, 20, 22, 24년 기출

① 내담자의 비합리적 신념을 발견하고 규명한다.
② 주요한 상담기술로 인지적 재구성, 스트레스 면역 등이 있다.
③ 내담자의 무의식을 의식화하고 자아를 강화시킨다.
④ 합리적 행동 반응을 개발, 촉진하기 위한 행동연습을 실시한다.

> **해설**
> ③ 무의식을 의식화하고 자아를 강화하는 것은 정신분석 치료의 목표이다.
>
> **합리적-정서적 상담 모델(REBT)**
> - 인간의 비합리적 사고 또는 신념이 부적응을 유발한다고 보고 비합리적 사고를 합리적 사고로 대치하고자 하는 상담이론이다.
> - 인지이론과 행동주의적 요소가 결합된 개념으로 생각하고 정보를 처리하는 과정인 인지과정의 연구로부터 도출된 개념과 함께 행동주의와 사회학습이론으로부터 나온 개념들을 통합 적용한 것이다.
> - 문제에 초점을 둔 시간제한적 접근으로 내담자가 자신의 사고와 행동을 통제하기 위한 대처기제를 학습하는 교육적 접근을 강조한다.
> - 스트레스 면역 : 환자를 인지적으로 준비시켜서 스트레스에 대한 내성을 기르는 훈련으로 REBT 상담기술 중 하나이다.

97 심리학 지식을 상담이나 치료의 목적으로 활용하기 위해 최초의 심리클리닉을 펜실베니아 대학교에 설립한 사람은? 03, 06, 12, 13, 15, 17, 18, 21, 24년 기출

① 위트머(Witmer)
② 스키너(Skinner)
③ 볼프(Wolpe)
④ 로저스(Rogers)

> **해설**
> 위트머(Witmer)는 미국 펜실베니아(Pennsylvania) 대학에서 1896년 세계 최초의 심리진료소(Psychological Clinic)를 설립하고, 1904년 임상심리학 강좌를 개설함으로써 임상심리학의 본격적인 시작을 알렸다.

98 키츠너(Kitchener)가 제시한 상담의 기본적 윤리원칙 중 상담자가 내담자와 맺은 약속을 잘 지키며 믿음과 신뢰를 주는 행동을 하는 것은?　　　　　　　　　　　　　　　　　　　　　　　　17, 22, 24년 기출

① 자율성(Autonomy)
② 충실성(Fidelity)
③ 무해성(Nonmaleficence)
④ 공정성(Justice)

> **해설**
> 키츠너(Kitchener)의 윤리적 상담을 위한 5가지 원칙
> - 자율성 존중(Respect of Autonomy) : 내담자는 자신의 행동을 스스로 결정하고 처리할 수 있는 자율적인 존재이다.
> - 무해성(Nonmaleficence) : 상담자는 다른 사람에게 해를 입히거나 위험에 빠뜨리지 않아야 한다.
> - 충실성(Fidelity) : 상담자는 내담자를 돕는 일에 열정을 가지고 충실하게 임해야 하며, 약속을 잘 지켜야 한다.
> - 공정성(Justice) : 상담자는 인종, 성별, 종교 등의 이유로 내담자를 차별하지 말아야 한다.
> - 선의(Beneficence) : 상담자는 다른 사람에게 선행을 베풀겠다는 의도를 가지고 행동해야 한다.

99 상담 종결에 관한 설명으로 옳지 않은 것은?　　　　　　　　　　　　　　　　　　20, 25년 기출

① 상담목표가 달성되지 않아도 상담을 종결할 수 있다.
② 조기종결 시 상담자가 내담자에게 조기종결에 따른 솔직한 감정을 표현하는 것은 도움이 되지 않는다.
③ 조기종결 시 상담자는 조기종결에 따른 내담자의 감정을 다뤄야 한다.
④ 상담의 진행결과가 성공적이었거나 실패하였을 때에 이루어진다.

> **해설**
> 상담자는 내담자가 예상치 못한 시점 혹은 이미 언급한 종결 날짜 이전에 종결에 대해 이야기하는 경우, 내담자가 무엇 때문에 그와 같은 생각을 하게 되었는지 상담 시간에 충분히 다루어야 하며 그 이유를 명확히 파악하고 이에 대해 내담자와 충분히 논의해야 한다.

100 엘리스(Ellis)의 ABCDE 모형에 관한 설명으로 옳은 것은?　　　　　　　　　　　15, 21, 22, 25년 기출

① A – 문제 장면에 대한 내담자의 신념
② B – 선행사건
③ C – 정서적 · 행동적 결과
④ D – 새로운 감정과 행동

> **해설**
> ABCDE 모형
> - A(Activating Events) : 선행사건
> - B(Belief System) : 비합리적 신념체계
> - C(Consequence) : 결과
> - D(Dispute) : 논박
> - E(Effect) : 효과

2023 제2회 기출복원문제 및 해설

심리학개론 | 이상심리학 | 심리검사 | 임상심리학 | 심리상담

※ 2022년 제3회 시험부터 CBT로 시행되어 기출문제가 공개되지 않으므로, 응시자의 후기와 과년도 기출데이터를 통해 기출과 유사하게 복원된 문제를 제공합니다.
※ 실제 시험문제와 다를 수 있습니다.

제1과목 심리학개론

01 다음은 무엇에 관한 설명인가?   05, 13, 19, 25년 기출

> 물속에서 기억한 내용을 물속에서 회상시킨 경우가 물 밖에서 회상시킨 경우에 비해서 회상이 잘 된다.

① 인출단서효과
② 기분효과
③ 맥락효과
④ 도식효과

해설
기억의 인출과 관련된 '맥락효과' 또는 '부호화 맥락의 효과'는 학습(또는 경험)을 하였던 환경과 같은 환경에서 학습한 내용을 더 잘 회상하는 현상을 말한다. 즉, 학습맥락과 검사맥락이 동일할 때 더 잘 회상할 수 있다는 것이다. 이와 같은 맥락효과는 기억과 연합되는 단서들 중 기억이 형성되는 맥락에서 온 맥락단서들의 재생이 표적기억을 재활성화시킬 수 있음을 강조한다.

02 단기기억의 기억용량을 나타내는 것은?   07, 13, 17, 20, 24, 25년 기출

① 3±2개
② 5±2개
③ 7±2개
④ 9±2개

해설
단기기억(Short-Term Memory)
감각기억으로부터 들어온 정보를 능동적으로 처리하는 활동 중 기억으로, 일반적으로 성인의 경우 처리할 수 있는 정보의 수는 대략 5~9개 정도이다. 또한 일시적인 저장소로, 성인의 경우 10~20초간 정보를 저장할 수 있다.

정답 01 ③ 02 ③

03 조사연구에서, 참가자의 인지기능을 측정하기 위해 그가 가입한 정당을 묻는 것은 어떤 점에서 가장 문제가 되는가? 21, 24년 기출

① 안면타당도
② 외적타당도
③ 공인타당도
④ 예언타당도

> **해설**
> 참가자가 가입한 정당은 참가자의 인지기능과 관련이 없으므로 안면타당도 측면에서 문제가 된다.
> ① 안면타당도 : 검사문항들이 측정하고자 하는 내용들을 얼마나 잘 평가하는지 보기 위하여 일반인에게 묻는 방법
> ② 외적타당도 : 연구의 결과에 의한 인과관계가 연구대상 이외의 경우로 확대·일반화될 수 있는 정도
> ③ 공인타당도 : 기존에 타당도를 보장받는 검사와의 유사성이나 연관성 등을 근거로 타당도를 측정하는 것
> ④ 예언타당도 : 어떤 행위가 일어날 것이라고 예측한 것과 실제 대상자가 나타낸 행동 간의 관계를 측정하는 것

04 프로이트(Freud)의 3가지 성격 구성요소 중 현실 원리를 따른 것은? 15, 19, 21년 기출

① 자아(Ego)
② 원초아(Id)
③ 초자아(Superego)
④ 원초아(Id)와 자아(Ego)

> **해설**
> 프로이트는 인간성격의 3요소를 원초아, 자아, 초자아로 보았으며, 원초아는 쾌락의 원리, 자아는 현실의 원리, 초자아는 도덕의 원리에 따른다고 주장하였다.

05 심리학의 연구방법 중 인간의 성행동을 연구한 킨제이(Kinsey)와 그의 동료들이 남성의 성행동과 여성의 성행동을 연구하기 위해 주로 사용한 것은? 15, 20년 기출

① 실 험
② 검 사
③ 관 찰
④ 설문조사

> **해설**
> 킨제이(Kinsey)의 보고서 연구
> • 현대의 성생활을 조사, 인터뷰 중심으로 연구하여 『남성의 성행동』과 『여성의 성행동』이라는 보고서를 발표하였다.
> • 다수의 일반인을 표집하여 성행동에 관한 객관적인 자료를 수집하였다.

06 기억의 인출과정에 대한 설명으로 옳지 않은 것은?   18, 21년 기출

① 인출이 이후의 기억을 증가시킬 수 있다.
② 기분과 내적 상태는 인출단서가 될 수 없다.
③ 인출행위가 경험에서 기억하는 것을 변화시킬 수 있다.
④ 장기기억에서 한 항목을 인출한 것이 이후에 관련된 항목의 회상을 방해할 수 있다.

> **해설**
> 기분과 내적 상태도 인출단서로 작용한다.

07 혼자 있을 때보다 옆에 누가 있을 때 과제의 수행이 더 우수한 것을 일컫는 현상은?   13, 19년 기출

① 몰개성화
② 군중행동
③ 동조행동
④ 사회적 촉진

> **해설**
> 사회적 촉진(Social Facilitation)은 타인의 존재가 일종의 자극제로 작용함으로써 행동동기가 강화되는 것을 말한다.
> 예 운동선수는 관중이 많을수록 자신의 기량을 최대로 발휘할 수 있다.

08 표본조사에 대한 설명으로 옳지 않은 것은?   15, 20, 24년 기출

① 연구자가 모집단의 모든 성원을 조사할 수 없을 때 표본을 추출한다.
② 표본추출에서 표본의 크기가 작을수록 표집오차도 줄어든다.
③ 표본의 특성을 모집단에 일반화하기 위해서 무선표집을 사용한다.
④ 모집단의 특성을 일반화하기 위해서는 표본은 모집단의 부분집합이어야 한다.

> **해설**
> 표집오차는 표집하는 과정에서 발생하는 오차로, 표본의 크기가 커질수록 줄어든다.

정답 06 ② 07 ④ 08 ②

09 인상형성에 관한 설명으로 옳지 <u>않은</u> 것은? 21년 기출

① 인상형성 시 정보처리를 할 때 최소의 노력으로 빨리 처리하려고 하기 때문에 많은 오류나 편향을 나타내는데, 이러한 현상에서 인간을 '인지적 구두쇠'라고 보는 입장도 있다.
② 인상형성 시 긍정적인 정보보다 부정적인 정보가 더 큰 영향을 미치는데, 이를 부정성효과라고 한다.
③ 앤더슨(Anderson)은 인상형성과 관련하여 가중평균모형을 주장하였다.
④ 내현성격이론은 사람들이 인상형성을 할 때 타인과 관련된 다양한 정보를 통합적이고 객관적으로 평가하는 것을 말한다.

> **해설**
> 일반적으로 타인들이 자기와 비슷하다고 판단하는 경향은 유사성 가정(Assumed Similarity)이라고 한다. 내현성격이론(Implicit Personality Theory)은 성격특성들 간의 관련성에 관한 개인의 신념으로, 한두 가지 정보를 토대로 전반적인 성격이나 행동 특성을 추측하는 것이다.
> **예** 어떤 사람과 대화한 결과 그가 유머감각이 있다는 것을 알게 되면, 내현성격이론에 따라 그는 사교적이고 낙천적이며, 부드러운 사람일 것이라고 추측한다.

10 연결망을 통해 원하는 만큼 많은 수의 표본을 추출하는 방법은? 19년 기출

① 할당표집(Quota Sample)
② 유의표집(Purposive Sampling)
③ 임의표집(Convenient Sampling)
④ 눈덩이표집(Snowball Sampling)

> **해설**
> **눈덩이표집**
> 비확률표집의 일종으로 소재 확인이 가능한 소수의 연구대상자를 접촉하여 필요한 자료를 수집한 후, 이들을 통하여 다른 연구대상자들에 대한 정보를 수집하여 점차적으로 표본의 수를 확대하는 방식이다.

11 척도와 그 예가 올바르게 짝지어진 것은?

20년 기출

① 명명척도 - 운동선수 등번호
② 서열척도 - 온도계로 측정한 온도
③ 등간척도 - 성적에서의 학급석차
④ 비율척도 - 지능검사로 측정한 지능지수

> **해설**
> ① 명명척도 : 측정대상 특성의 존재여부 또는 몇 개의 상호배타적인 범주로의 구분을 위해 수치를 부여하는 범주형 척도이다.
> ② 서열척도 : 측정대상의 분류는 물론 대상의 특수성 또는 속성에 따라 각 측정대상들의 등 급순위를 결정하는 척도이다.
> ③ 등간척도 : 명목척도와 서열척도의 특성을 포함하여 크기의 정도를 제시하는 척도이다.
> ④ 비율척도 : 가장 높은 수준의 측정척도로서, 명목·서열·등간척도의 특수성을 포함하는 동시에 절대영점을 가진다.

12 훈련받은 행동이 빨리 습득되고 높은 비율로 오래 유지되는 강화계획은?

16, 21년 기출

① 고정비율계획
② 고정간격계획
③ 변화간격계획
④ 변화비율계획

> **해설**
> ④ 변화비율계획 또는 가변비율계획(Variable-Ratio Schedule)은 평균적으로 몇 번의 반응행동이 나타날 때마다 강화를 부여하는 방식으로서, 이때 정확하게 몇 번째 반응에 대해 강화가 제공되는지는 알 수 없도록 설계되어 있다. 예를 들어, 카지노의 슬롯머신이나 복권 등은 강화를 받기 위해 요구되는 반응의 수가 평균적인 범위 내에서 무작위로 변한다.
> ① 고정비율계획(Fixed-Ratio Schedule)은 행동중심적 강화방법으로서, 일정한 횟수의 바람직한 반응이 나타난 다음에 강화를 부여한다. 실적에 따른 성과급이나 쿠폰을 모으면 혜택을 제공하는 것 등을 예로 들 수 있다.
> ② 고정간격계획(Fixed-Interval Schedule)은 요구되는 행동의 발생빈도에 상관없이 일정한 시간 간격에 따라 강화를 부여한다. 주급, 월급, 일당, 정기적 시험 등을 예로 들 수 있다.
> ③ 변화간격계획 또는 가변간격계획(Variable-Interval Schedule)은 일정한 시간 간격을 두지 않은 채 평균적으로 확인할 수 있는 시간 간격이 지난 후에 강화를 부여한다. 예를 들어 1시간에 3차례의 강화를 부여할 경우, 25분, 45분, 60분으로 나누어 강화를 부여할 수 있다.

정답 11 ① 12 ④

13 매슬로우(Maslow)의 5단계 욕구 중 "금강산도 식후경"이라는 속담의 의미와 일치하는 욕구는?

04, 13, 19년 기출

① 생리적 욕구
② 안전의 욕구
③ 자기실현의 욕구
④ 소속 및 애정의 욕구

> **해설**
>
> 인간욕구의 위계 5단계(Maslow)
> - 생리적 욕구(제1단계) : 의·식·주, 먹고 자는 것, 종족 보존 등 최하위 단계의 욕구이다.
> - 안전(안정)에 대한 욕구(제2단계) : 신체적·정신적 위험에 의한 불안과 공포에서 벗어나고자 하는 욕구이다.
> - 애정과 소속에 대한 욕구(제3단계) : 가정을 이루거나 친구를 사귀는 등 어떤 조직이나 단체에 소속되어 애정을 주고받고자 하는 욕구이다.
> - 자기존중 또는 존경의 욕구(제4단계) : 타인으로부터 자신의 행동이나 인격이 승인을 얻음으로써 자신감, 명성, 힘, 주위에 대한 통제력 및 영향력을 느끼고자 하는 욕구이다.
> - 자아실현의 욕구(제5단계) : 자신의 재능과 잠재력을 충분히 발휘하여 자기가 이룰 수 있는 모든 것을 성취하려는 최고 수준의 욕구이다.

14 전망이론(Prospect Theory)에 관한 설명으로 옳은 것은?

20, 24년 기출

① 범주의 모든 구성원이 공유하고 있지는 않지만 범주 구성원을 특징짓는 속성이 있다.
② 우리는 어떤 것이 일어날 가능성이 얼마인지를 결정하고 그 결과의 가치를 판단한 후, 이 둘을 곱하여 결정을 내린다.
③ 우리는 새로운 사례와 범주의 다른 사례에 대한 기억을 비교함으로써 범주 판단을 한다.
④ 사람들은 잠재적인 손실을 평가할 때 위험을 감수하는 선택을 하고, 잠재적인 이익을 평가할 때는 위험을 피하는 선택을 한다.

> **해설**
>
> 전망이론 – 위험에서의 불균형 선호
> - 사람들은 이익을 얻는 것보다 손실을 피하기 위해 기꺼이 더 많은 위험을 감수할 수 있다고 가정한다.
> - 예를 들어, 코로나 사태로 인해 상가 월세를 300만원을 돌려받는 것과 도박을 해서 400만 원을 획득할 80% 확률 중 한 가지를 선택해야 한다면, 보통 사람들은 보다 확실히 받을 수 있는 적은 돈(→ 상가 월세 300만 원을 돌려받는 것)을 선택한다. 그러나 공공기물 훼손으로 300만 원의 벌금을 내야 하는 것과 도박 단속에 걸려 400만 원의 벌금을 내야 하는 80% 확률 중 한 가지를 선택해야 한다면, 보통 사람들은 확실한 손실보다는 잠재적인 높은 손실(→ 도박 단속에 걸려 400만 원의 벌금을 낼 수 있는 상황)을 선택한다.
> - 위험에서의 불균형 선호는 사람들이 생각하기에 손실을 피할 수 있다면 위험을 더 감수하지만, 이익을 얻는다고 기대하는 경우 그 반대로 행동한다는 것이다.

15 성격심리학의 주요한 모델인 성격 5요인에 대한 설명으로 옳은 것은? 19, 21년 기출

① 5요인에 대한 개인차에서 유전적 요인은 찾아볼 수 없다.
② 뇌의 연결성은 5요인의 특질에 영향을 미치지 않는다.
③ 성실성 점수가 높은 사람의 경우 행동을 계획하고 통제하는 것을 돕는 전두엽의 면적이 더 큰 경향이 있다.
④ 정서적 불안정성인 신경증은 일생 동안 계속해서 증가하고 성실성, 우호성, 개방성과 외향성은 감소한다.

> **해설**
> 성격 5요인의 성실성은 개인이 달성하려는 목표에 대하여 얼마나 인내, 끈기, 참을성 등을 가지고 관리하여 이를 성취하는지를 의미한다. 즉, 성실성은 신중함으로도 볼 수 있으며 규칙을 지키고 충동적으로 하고자 하는 것을 억제하는 성격을 말한다.

16 뉴런이 휴식기에 있을 때의 상태로 옳은 것은? 19년 기출

① 칼륨 이온이 뉴런 밖으로 나간다.
② 나트륨 이온이 뉴런 안으로 밀려온다.
③ 뉴런 내부는 외부와 비교하여 음성(−)을 띠고 있다.
④ 뉴런이 발화한다.

> **해설**
> 휴지 전위가 나타날 때 뉴런의 세포막 안쪽은 음성(−) 전하, 바깥쪽은 양성(+) 전하를 띠고 있는 상태이다.

17 "통계적으로 유의미하다"라는 말의 뜻을 나타내는 것은? 15, 20년 기출

① 실험 결과가 통계적 혹은 확률적 현상이다.
② 실험 결과를 통계적 방법을 통해 분석할 수 있다.
③ 실험 결과가 통계적 분석 방법을 써서 나온 것이다.
④ 실험 결과가 우연이 아닌 실험 처치에 의해서 나왔다.

> **해설**
> 실험 결과가 우연에 의한 것인 경우 통계적으로 유의미하다고 할 수 없다. "통계적으로 유의미하다"의 의미는 주어진 유의수준에서 귀무가설이 틀리고 대립가설이 옳다는 뜻으로 귀무가설을 기각하고, 대립가설을 채택한다는 의미가 된다.

정답 15 ③ 16 ③ 17 ④

18 대뇌의 우반구가 손상되었을 때 주로 영향을 받게 될 능력은?   18, 21, 24년 기출

① 통장잔고 점검
② 얼굴 재인
③ 말하기
④ 논리적 문제해결

> **해설**
>
> 대뇌의 우반구 측두엽 영역은 얼굴을 지각할 수 있게 해준다. 이 영역이 손상될 경우 친숙한 얼굴을 재인하는 데 어려움을 겪게 되는 반면, 다른 대상들은 재인할 수 있다.
>
> **대뇌의 우반구 손상**
> - 공간적 구성의 장애
> - 시공간 자극 통합의 장애
> - 비언어적 지각에 대한 이해 · 조작의 장애

19 기억정보의 인출에 대한 설명으로 옳은 것은?   19, 25년 기출

① 기억탐색과정은 일반적으로 외부적 자극정보를 부호화하는 과정을 말한다.
② 설단현상은 특정 정보가 저장되어 있지 않다는 증거로 볼 수 있다.
③ 회상과 같은 명시적 인출방법과 대조되는 방법으로 재인과 같은 암묵적 방법이 있다.
④ 인출 시의 맥락과 부호화 시의 맥락이 유사할 때 인출가능성이 클 것이라는 주장을 부호화명세성(특수성)원리라고 한다.

> **해설**
>
> **부호화명세성원리(Encoding Specificity Principle)**
> 어떠한 기억대상을 장기기억에서 인출하는 경우 그와 관련된 단서가 있을 때보다 쉽게 기억해 내는 원리이다.

20 방어기제 중 성적인 충동이나 공격성을 사회적으로 용인된 바람직한 방향으로 변화시켜 표현하는 것은?

14, 20년 기출

① 합리화
② 주지화
③ 승 화
④ 전 위

> **해설**
>
> | 합리화 | 용납되기 어려운 충동이나 행동을 도덕적·합리적·논리적으로 설명함으로써 비판으로부터 자신을 보호하여 자존심을 유지하고자 하는 것이다.
예 이솝우화에서 포도를 딸 수 없었던 여우가 포도가 실 것이라고 결론 내렸던 경우 |
> |---|---|
> | 주지화 | 불편한 감정을 조절하거나 최소화하기 위해 지나치게 추상적으로 사고하거나 일반화함으로써 감정적 갈등이나 스트레스를 처리하는 것이다.
예 죽음에 대한 불안감을 덜기 위해 죽음의 의미와 죽음 뒤의 세계에 대해 추상적으로 사고하는 경우 |
> | 승 화 | 사회적으로 용인되기 어려운 충동이나 생각을 바람직한 방향으로 변화시켜 표현하는 것이다.
예 예술가가 자신의 성적 욕망을 예술로 표출하는 경우 |
> | 전 위 | 본능적 충동을 위협적인 대상이 아닌 보다 안전한 대상에게로 이동시켜서 발산하는 것이다.
예 아빠에게 꾸중 들은 아이가 적대감을 아빠에게 표현하지 못하고 동생을 때리는 경우 |

제2과목 이상심리학

21 알츠하이머병으로 인한 신경인지장애에 관한 설명으로 옳지 않은 것은?

19, 24년 기출

① 허혈성 혈관문제 혹은 뇌경색과 관련이 있다.
② Apo-E 유전자 형태와 관련이 있다.
③ 여성호르몬 에스트로겐(Estrogen)과 상관이 있다.
④ 노인성 반점(Senile Plaques)과 신경섬유다발(Neurofibrillary Tangle)과 관련이 있다.

> **해설**
>
> DSM-5 기준상 알츠하이머병으로 인한 신경인지장애의 진단을 받기 위해서는 뇌혈관질환, 다른 신경퇴행성질환, 물질의 효과, 또는 다른 정신, 신경학적, 전신질환이나 상태 등이 없어야 한다.

정답 20 ③ 21 ①

22 다음에 해당하는 장애는?   **20년 기출**

> - 적어도 1개월 동안 비영양성·비음식물질을 먹는다.
> - 먹는 행동이 사회적 관습 혹은 문화적 지지를 받지 못한다.
> - 비영양성·비음식물질을 먹는 것이 발달수준에 비추어 볼 때 부적절하다.

① 이식증
② 되새김장애
③ 회피적/제한적 음식섭취장애
④ 달리 명시된 급식 또는 섭식장애

해설

이식증
- 영양분이 없는 물질이나 먹지 못할 것(종이, 천, 흙, 머리카락)을 적어도 1개월 이상 지속적으로 먹는 경우이다.
- 가정의 경제적 빈곤, 부모의 무지와 무관심, 아동의 발달지체와 관련된 경우가 흔하다.

---

23 이상행동 및 정신장애의 판별기준과 가장 거리가 먼 것은?   **18, 21년 기출**

① 적응적 기능의 저하 및 손상
② 주관적 불편감과 개인의 고통
③ 통계적 규준의 일탈
④ 가족의 불편감과 고통

해설

이상심리의 기준
- 통계적 규준의 일탈 : 심리검사의 결과가 정상범위를 벗어나는 경우이다.
- 주관적 불편감과 개인적 고통 : 자신의 생각이나 행동으로 인해 고통을 느끼는 경우이다(조현병 등 몇몇 심리장애는 예외).
- 사회·문화적 규범의 일탈 : 사회·문화적 규범에 적응하지 못하고 일탈된 행동을 하는 경우이다.
- 법적 기준 : 행위의 책임능력 유무를 따져서 책임능력이 없는 경우이다.
- 전문적 기준 : 심리학자, 정신의학자 등의 전문가가 앞의 기준도 함께 고려하여 판단하는 것을 근거로 삼아 결정한다.

24 다음 ( )에 알맞은 증상은? 13, 19년 기출

> DSM-5 주요우울삽화의 진단에는 9가지 증상 중 5개 혹은 그 이상의 증상이 연속 2주 동안 지속되며, 증상이 사회적, 직업적 또는 기타 중요 기능 영역에서 임상적으로 현저한 고통이나 손상을 초래한다. 여기서 말하는 9가지 증상 가운데 적어도 하나는 ( )이거나 ( )이다.

① 우울기분, 무가치감
② 우울기분, 흥미나 즐거움의 상실
③ 불면, 무가치감
④ 불면, 사고력이나 집중력의 감소

해설
주요우울삽화의 주요증상 중 우울한 기분이나 흥미 또는 즐거움의 상실은 반드시 하나 이상 포함되어야 한다.

25 심리적 갈등이나 스트레스로 인해 갑작스런 시력상실이나 마비와 같은 감각이상 또는 운동증상을 나타내는 질환은? 15, 20년 기출

① 전환장애
② 공황장애
③ 신체증상장애
④ 질병불안장애

해설
① 전환장애 : 운동기능이나 감각기능상의 장해가 나타나지만 그와 같은 기능상의 장해를 설명할 수 있는 신체적 혹은 기질적 이상이 발견되지 않는 장애이다.
② 공황장애 : 통제 상실에 대한 강렬한 불안, 즉 공황발작이 반복적으로 나타나는 장애이다.
③ 신체증상장애 : 다양한 신체적 증상이 심리적 원인에서 비롯된 것으로, 의학적 검사로 설명할 수 있는 신체적 이상이 발견되지 않는 경우를 말한다.
④ 질병불안장애 : 자신이 심각한 질병에 걸렸다는 집착과 공포를 나타내는 경우를 말한다.

정답 24 ② 25 ①

26 알츠하이머병으로 인한 신경인지장애와 주요우울장애의 증상 구분에 관한 설명으로 옳은 것은? **21년 기출**

① 주요우울장애에서는 증상의 진행이 고른 데 반해 알츠하이머병으로 인한 신경인지장애에서는 몇 주 안에도 진행이 고르지 못하다.
② 알츠하이머병으로 인한 신경인지장애는 자기의 무능이나 손상을 과장하는 데 반해 주요우울장애에서는 숨기려 한다.
③ 주요우울장애보다 알츠하이머병으로 인한 신경인지장애에서 알코올 등의 약물남용이 많다.
④ 알츠하이머병으로 인한 신경인지장애는 기억 손실을 감추려는 시도를 하는 데 반해 주요우울장애에서는 기억 손실을 불평한다.

> **해설**
> 노년기의 주요 임상 질환으로서 우울증과 신경인지장애
> • 노년기에 주로 나타나는 임상적 질환으로서 노년기 우울증(Senile Depression)과 신경인지장애(Neurocognitive Disorders)를 들 수 있다.
> • 우울증을 가진 노인은 자신의 기억 손실을 불평하는 반면, 신경인지장애를 가진 노인은 기억 손실을 감추거나 자신의 기억 손실 자체를 인지하지 못하는 경우가 많다.
> • 우울증을 가진 노인은 심리검사에서 자신의 문제해결에 소극적인 양상을 보이는 반면, 신경인지장애를 가진 노인은 자신의 인지 결함을 숨기기 위해 오히려 적극적인 양상을 보인다.
> • 질병의 치료 및 회복의 관점에서 우울증은 가역성으로 인해 회복 가능성이 상대적으로 높은 반면, 특히 알츠하이머병으로 인한 신경인지장애는 비가역성으로 인해 완치가 어렵다.

27 도박장애는 DSM-5의 어느 진단범주에 속하는가? **19년 기출**

① 성격장애
② 물질관련 및 중독장애
③ 파괴적, 충동조절 및 품행장애
④ 적응장애

> **해설**
> 도박장애(Gambling Disorder)는 DSM-5에서 물질-관련 및 중독장애(Substance-Related and Addictive Disorders)의 하위분류인 비물질-관련 장애(Non-Substance-Related Disorders)에 포함된다.

28 DSM-5의 성기능부전에 해당하지 않는 것은?

14, 20년 기출

① 조루증
② 발기장애
③ 남성 성욕감퇴장애
④ 성정체감장애

> **해설**
> ④ DSM-Ⅳ의 성정체감장애는 DSM-5의 성불편증에 해당하는 장애이다.
>
> **성기능장애 또는 성기능부전(Sexual Dysfunctions)**
> - 지루증 또는 사정지연
> - 발기장애
> - 여성 절정감장애 또는 여성 극치감장애
> - 여성 성적 관심/흥분장애
> - 생식기(성기)-골반 통증/삽입장애
> - 남성 성욕감퇴장애
> - 조루증 또는 조기사정 등

29 양극성장애에 대한 설명으로 옳지 않은 것은?

16, 21, 25년 기출

① 조증은 서서히, 우울증은 급격히 나타난다.
② 우울증 상태에서는 자살을 시도하기도 한다.
③ 조증 상태에서는 사고의 비약 등의 사고장애가 나타난다.
④ 조증과 우울증이 반복되는 장애이다.

> **해설**
> **양극성장애**
> - 우울한 기분상태와 고양된 기분상태가 교차되어 나타나는 경우이다.
> - 조증 상태에서는 평소보다 말이 많아지고 빨라지며 행동이 부산해지고 자신감에 넘쳐 여러 가지 일을 벌이며 과대망상적 사고를 나타내며 잠도 잘 자지 않고 활동적으로 일하지만 이루어지는 일은 없고, 결과적으로 현실적응에 부적응적 결과를 초래한다.
> - 제1형 양극성장애는 가장 심한 형태의 양극성장애로서, 한 번 이상의 조증삽화가 나타나는 모든 경우에 해당한다. 비정상적이고 지속적인 의기양양함, 자신만만함, 과민한 기분, 목표 지향적 행동이나 에너지의 지속적인 증가가 최소 일주일간 거의 매일, 하루 중 대부분의 시간에 나타난다.
> - 제2형 양극성장애는 제1형 양극성장애와 유사하나, 조증삽화 증상이 상대적으로 미약한 경조증 삽화를 보인다.
> - 순환감정장애는 기분 삽화에 해당되지 않는 경미한 우울증상과 조증증상이 번갈아 가며 2년 이상(아동과 청소년은 1년 이상) 장기적으로 나타나는 만성적인 기분장애이다.
> - 주요우울장애는 여성에게 많이 나타나는 반면, 제1형 양극성장애는 대체로 남성과 여성에게 비슷하게 나타나지만 남성은 조증 삽화가 먼저, 여성은 주요 우울증 삽화가 먼저 나타나는 경우가 많다.
> - 제1형 양극성장애는 다른 유형에 비해 유전적인 영향을 가장 많이 받는다는 증거들이 보고되고 있다.
> - 양극성장애는 주요우울장애와 더불어 자살 위험성이 가장 높은 장애, 특히 주요 우울증 삽화의 시기에 자살 시도를 많이 하는 경향을 보인다.

정답 28 ④ 29 ①

30 주의력결핍 및 과잉행동장애(ADHD)에 대한 설명으로 가장 적절하지 <u>않은</u> 것은? `19년 기출`

① 페닐알라닌 수산화효소 부족으로 인해 발생한다.
② 학령전기에는 과잉행동이, 초등학생 시기에는 부주의 증상이 더욱 두드러진다.
③ 유전성이 높다.
④ 몇 가지의 부주의 또는 과잉행동-충동성 증상은 12세 이전에 나타나야 한다.

> **해설**
> 페닐알라닌 수산화효소 부족으로 발생할 수 있는 질환은 페닐케톤뇨증(Phenylketonuria)이다.

31 항정신병 약물 부작용으로서 나타나는 혀, 얼굴, 입, 턱의 불수의적 움직임 증상은? `17, 20년 기출`

① 무동증(Akinesia)
② 구역질(Nausea)
③ 추체외로 증상(Extrapyramidal Symptoms)
④ 만발성 운동장애(Tardive Dyskinesia)

> **해설**
> ④ 만발성 운동장애 : 장기에 걸친 항정신병제제의 복용경과 중 또는 중단이나 감량을 계기로 나타나는 것으로, 주로 입술, 혀, 아래턱 등에서 볼 수 있는 불수의적인 움직임이다.
> ① 무동증 : 쇠약이나 마비 없이 일어나는 신체 움직임의 감소로, 습관적인 움직임이 제한되거나 없다.
> ② 구역질 : 구토를 하기 전 속이 메스꺼워서 토하려고 하는 상태이다.
> ③ 추체외로 증상 : 항정신병 약물 투여 후 급성으로 나타나는 다양한 종류의 운동곤란증으로, 약물 투여 시 수 시간 혹은 수일 사이에 턱, 혀, 눈, 사지, 눈 및 동체근육에 나타나는 지속적인 운동곤란증이다.

32 사람이 스트레스 장면에 처하게 되면 일차적으로 불안해지고 그 장면을 통제할 수 없게 되면 우울해진다고 할 때 이를 설명하는 이론은? 05, 13, 21년 기출

① 학습된 무기력 이론
② 실존주의 이론
③ 사회문화적 이론
④ 정신분석 이론

> **해설**
> **학습된 무기력감 모델 또는 학습된 무기력 이론(Learned Helplessness Theory)**
> 1975년 셀리그먼(Seligman)이 제기한 것으로서, 개인의 수동적 태도 및 자신의 삶을 통제할 수 없다는 느낌이 이전의 통제 실패 경험이나 외상을 통해 획득된다는 가정에 근거한다. 가정은 개를 대상으로 한 조건형성 실험 과정에서 발견되었는데, 개를 묶어 놓은 채 여러 차례 반복적으로 전기충격을 주자, 이후 자유롭게 풀어놓은 상태임에도 불구하고 개가 마치 자포자기를 한 듯 도망가려고 하지 않은 채 끙끙거리면서 그대로 전기충격을 받았다. 이와 같은 실험을 통해 셀리그먼은 동물들이 스스로 통제할 수 없는 혐오자극에 직면할 때 무기력감을 획득한다고 주장하였다. 또한 무기력감이 학습을 통해 통제 가능한 스트레스 상황에서도 적절한 수행을 어렵게 하며, 우울 증상으로 이어질 수 있음을 보여주었다. 특히 셀리그먼의 실험 대상이었던 개에게서 우울증과 관련된 신경전달물질인 노르에피네프린(Norepinephrine)이 감소된 사실은 학습된 무기력과 우울증이 밀접하게 연관되어 있음을 반영한다.

33 경계성성격장애의 치료에 대한 설명으로 옳지 않은 것은? 19년 기출

① 대상관계적 이론가들은 초기에 부모로부터 수용받지 못해 자존감 상실, 의존성 증가, 분리에 대한 대처능력 부족 등이 나타난다고 보았다.
② 정신역동적 치료자들은 경계성성격장애를 가진 사람들이 아동기에 겪은 갈등을 치유하는 데 집중한다.
③ 변증법적 행동치료에서는 내담자 중심치료의 공감이나 무조건적인 수용을 비판하고 지시적인 방법으로 경계성성격장애를 가진 사람들의 행동을 수정하는 데 집중한다.
④ 인지치료에서는 경계성성격장애를 가진 사람들의 인지적 오류를 수정하려고 한다.

> **해설**
> **변증법적 행동치료(DBT ; Dialectical Behavior Therapy)**
> - 경계성성격장애 환자들을 위해 1993년에 개발한 다면적 치료접근이다.
> - 최근에는 진단과 상관없이 강렬한 정서적 고통이나 충동을 경험하는 내담자들에게 효과적인 것으로 알려졌다.
> - 대인관계의 개선, 정서조절, 불쾌감정의 인내, 마음챙김훈련이 핵심적 요소를 이룬다.
> - 환자들이 자신의 감정을 잘 조절하여 좀 더 행복한 삶, 특히 좀 더 원만한 대인관계를 유지하도록 돕는 것을 목표로 한다.
> - 경계성성격장애 환자들은 감정조절에 어려움을 겪게 하는 정서적 취약성(Emotional Vulnerability)을 지닌다고 가정한다.
> - 정서적 취약성은 정서자극에 예민하고, 정서자극에 매우 강렬하게 반응하며, 평상시의 정상 상태로 돌아오는 데 시간이 걸리는 특성을 의미한다.
> - 변증법이란 특정한 문제에 대한 주장(정)이 있고 이에 반하는 주장(반)이 공존하고 있으며, 최종적으로 이 정과 반이 양극단의 중간지점에서 타협점을 찾으며 통합화하는 과정(합), 즉 정반합의 과정을 말한다.
> - 삶은 일련의 타협-변증법으로 이루어져 있으나, 정서적 강렬성을 가진 사람들은 변증법적 갈등을 더욱 심하게 겪고 타협형성을 이룰 때 충동적인 경향이 있다.
> - DBT는 잘못된 타협형성으로 인한 긴장감을 잘 다루고 균형을 찾을 수 있게 도와주는 인지행동치료접근의 일종이다.

정답 32 ① 33 ③

34 55세의 A씨는 알코올 중독으로 입원한 후 이틀째에 혼돈, 망상, 환각, 진전, 초조, 불면, 발한 등의 증상을 보였다. A씨의 현 증상은? 20년 기출

① 알코올로 인한 중독 증상이다.
② 알코올로 인한 금단 증상이다.
③ 알코올로 인한 치매 증상이다.
④ 알코올을 까맣게 잊어버리는(Black Out) 증상이다.

> **해설**
> DSM-5 진단 기준에 따른 알코올 금단(Alcohol Withdrawal)의 주요 증상
> - 자율신경계 항진(예 발한 또는 분당 100회 이상의 빈맥)
> - 손 떨림(진전) 증가
> - 불면
> - 오심 또는 구토
> - 일시적인 시각적, 촉각적 또는 청각적 환각이나 망상
> - 정신운동성 초조
> - 불안
> - 전신성 강직, 간대발작

35 이상행동의 원인을 다음과 같이 설명하는 이론은? 16, 21, 24년 기출

> - 인간의 감정과 행동은 객관적, 물리적 현실보다 주관적, 심리적 현실에 의해서 결정된다.
> - 정신장애는 인지적 기능의 편향 및 결손과 밀접하게 연관되어 있다.

① 정신분석 이론
② 행동주의 이론
③ 인본주의 이론
④ 인지적 이론

> **해설**
> - 인지적 이론 : 인간의 역기능적 사고와 신념 등 부적응적인 인지적 활동에 의해 이상행동이나 정신장애가 발생한다고 보고, 이에 인지과정에 개입함으로써 이상행동을 치료할 수 있다고 주장한다.
> - 정신분석 이론 : 방어기제의 부적절한 사용에 의해 이상행동이나 정신장애가 발생한다고 보고, 이를 치료하기 위해 자유연상, 꿈의 해석, 저항의 분석, 훈습 등의 기술을 사용한다.
> - 행동주의 이론 : 이상행동은 주변 환경으로부터의 잘못된 학습에서 기인하였다고 본다.
> - 인본주의 이론 : 어린 시절 자신의 욕구를 부모의 기대와 가치에 부합하도록 하는 조건적 수용이 이루어짐으로써 부적응상태가 초래된다고 본다.

36 신경발달장애에 해당하지 않는 것은?   19년 기출

① 탈억제성 사회적 유대감장애
② 발달성협응장애
③ 상동증적 운동장애
④ 뚜렛장애

> **해설**
> 탈억제성 사회적 유대감장애는 외상 및 스트레스사건 관련 장애의 하위 범주에 해당되는 내용이다.

37 이상심리학의 발전에 기여한 중요한 사건들을 연대순으로 바르게 나열한 것은?   12, 20년 기출

ㄱ. 벡(Beck)의 인지치료
ㄴ. 프로이트(Freud)의 『꿈의 해석』 발간
ㄷ. 정신장애 진단분류체계인 DSM-Ⅰ 발표
ㄹ. 로샤검사(Rorschach Test) 개발
ㅁ. 집단 지능검사인 군대 알파(Army α) 개발

① ㄱ → ㄴ → ㄷ → ㄹ → ㅁ
② ㄴ → ㄹ → ㅁ → ㄷ → ㄱ
③ ㄴ → ㅁ → ㄹ → ㄷ → ㄱ
④ ㄴ → ㅁ → ㄹ → ㄱ → ㄷ

> **해설**
> ㄴ. 프로이트(Freud)가 『꿈의 해석』을 통해 다양한 꿈의 사례들을 제시함으로써 무의식의 세계가 학문적 주목을 받기 시작한 것은 1889년이다.
> ㅁ. 미국의 제1차 세계대전 개입과 함께 집단 심리검사도구인 '군대 알파(Army α)'와 '군대 베타(Army β)'가 개발된 것은 1917년이다.
> ㄹ. 로샤검사(Rorschach Test)는 1921년 스위스 정신과의사인 로샤(Rorschach)가 『심리진단(Psychodiagnostik)』에 발표한 논문을 통해 세상에 소개되었다.
> ㄷ. 미국 정신의학협회(APA)가 정신장애에 관한 최초의 체계적 분류체계인 DSM-Ⅰ을 발표한 것은 1952년이다.
> ㄱ. 인지치료는 1963년 벡(Beck)의 연구에서부터 시작되어 1977년에 처음으로 치료 효과에 대한 연구결과가 과학적으로 검증되었다.

38 다음 사례에 가장 적절한 진단명은?   17, 21년 기출

> A는 중소기업에서 일하는 직원이다. 오늘은 동료 직원 B가 새로운 상품에 대해서 발표하기로 하였는데, 결근을 해서 A가 대신 발표하게 되었다. 평소 A는 다른 사람들이 자신의 발표에 대해 나쁘게 평가할 것 같아 다른 사람 앞에서 발표하기를 피해왔다. 발표시간이 다가오자 온몸에 땀이 쏟아지고, 숨쉬기가 어려워졌으며, 곧 정신을 잃고 쓰러질 것 같이 느껴졌다.

① 사회불안장애
② 공황장애
③ 강박장애
④ 범불안장애

해설

사회불안장애
- 다른 사람들과 상호작용하는 사회적 상황을 두려워하여 회피하는 장애(무대공포, 적면공포 등)이다.
- 부정적 평가를 받을지 모른다는 불안과 자신이 당황하게 되는 것에 대한 두려움을 가진다.
- 사회공포증(Social Phobia)이라 불리기도 한다.

39 성별불쾌감에 대한 설명으로 옳지 않은 것은?   19년 기출

① 자신의 1차 및 2차 성징을 제거하고자 하는 강한 갈망이 있다.
② 강력한 성적 흥분을 느끼기 위해 반대 성의 옷을 입는다.
③ 반대 성의 전형적인 느낌과 반응을 가지고 있다는 강한 확신이 있다.
④ 반대 성이 되고 싶은 강한 갈망이 있다.

해설

성별불쾌감 혹은 성불편증(Gender Dysphoria)
- 자신에게 주어진 생물학적 성에 대한 불편감을 느끼며 다른 성이 되고자 하는 강렬한 열망을 가진 경우를 말한다.
- 이러한 불편감으로 반대의 성에 대한 강한 동일시를 나타내거나 반대의 성이 되기를 소망한다.
- 성정체감장애(Gender Identity Disorder) 또는 성전환증(Transsexualism)이라고 불리기도 한다.

40 불안과 관련된 장애에 관한 설명으로 옳지 <u>않은</u> 것은? 20, 24년 기출

① 공황장애는 광장공포증을 동반하기도 한다.
② 사회공포증은 주로 성인기에 발생한다.
③ 특정공포증 환자는 자신의 공포 반응이 비합리적임을 알고 있다.
④ 외상후스트레스장애는 외상과 관련된 자극에 대한 회피가 특징이다.

> **해설**
> ② 사회불안장애(Social Anxiety Disorder) 또는 사회공포증(Social Phobia)은 아동과 청소년에서의 12개월 유병률이 성인의 유병률과 비슷한 수준이며, 연령이 높아질수록 떨어지는 양상을 보인다.
>
> **DSM-5 불안장애(Anxiety Disorders) 하위유형**
>
> | 범불안장애 | 다양한 상황에서 만성적 불안과 과도한 걱정을 나타내는 경우를 말한다. |
> |---|---|
> | 특정공포증 | • 특정한 대상이나 상황에 대한 비합리적 두려움과 회피행동을 지속적으로 나타내는 경우를 말한다.
• 동물형, 자연환경형, 혈액-주사-상처형, 상황형의 4가지 하위유형이 있다. |
> | 광장공포증 | 특정한 장소나 상황에 대한 공포를 나타내는 경우를 말한다. |
> | 사회불안장애 | 다른 사람들과 상호작용하는 사회적 상황을 두려워하여 회피하는 장애로 사회공포증이라고 불리기도 한다. |
> | 공황장애 | 갑자기 엄습하는 강렬한 불안, 즉 공황발작을 반복적으로 경험하는 장애를 말한다. |
> | 분리불안장애(SAD) | 어머니를 위시한 애착대상과 떨어지는 것에 대해 심한 불안을 나타내는 장애를 말한다. |
> | 선택적 무언증(SM) | 말을 할 수 있음에도 불구하고 특정한 상황에서 지속적으로 말을 하지 않는 장애를 말한다. |

제3과목 심리검사

41 스탠포드-비네 지능검사에 대한 설명으로 옳지 <u>않은</u> 것은? 12, 19, 20, 25년 기출

① 언어성 검사와 동작성 검사 두 부분으로 나누어져 있다.
② 언어추리, 추상적/시각적 추리, 양 추리, 단기기억 영역 등을 포함한다.
③ IQ는 대부분의 점수가 100 근처에 모인다.
④ IQ 분포는 종 모양의 정상분포곡선을 그린다.

> **해설**
> 언어성 검사와 동작성 검사로 구성되어 있는 대표적인 지능검사는 웩슬러(Wechsler) 지능검사이다. 참고로 1986년에 발행된 스탠포드-비네 지능검사(Stanford-Binet Intelligence Scale) 개정 4판의 경우 4가지의 인지영역, 즉 언어추리(Verbal Reasoning), 수량추리(Quantitative Reasoning), 추상적/시각적 추리(Abstract/Visual Reasoning), 단기기억(Short-Term Memory)을 포함하는 15개의 소검사들로 이루어져 있다.

정답 40 ② 41 ①

42 MMPI-2와 로샤검사(Rorschach Test)에서 정신병리의 심각성과 지각적 왜곡의 문제를 탐색할 수 있는 척도와 지표로 옳은 것은? **20년 기출**

① K척도, Afr
② Sc척도, EB
③ Pa척도, a:p
④ F척도, X-%

> **해설**
> ④ F척도(Infrequency, 비전형 척도) : 검사 문항에 대해 정상인들이 응답하는 방식에서 벗어나는 경향성을 측정하는 척도이며, X-%(Distorted Form)는 지각적 왜곡의 정도를 비율로 나타내는 지표이다.
> ① K척도(Correction, 교정 척도) : 분명한 정신적인 장애를 지니면서도 정상적인 프로파일을 보이는 사람들을 식별하기 위한 척도이며, Afr(Affective Ratio)은 정서적 자극에 대한 관심 정도를 I~VII번 카드까지의 반응 수와 나머지 VIII~X번 카드까지의 반응 수의 비율로 나타내는 지표이다.
> ② Sc척도(Schizophrenia, 정신분열증) : 정신적 혼란과 불안정 상태, 자폐적 사고와 왜곡된 행동을 반영하는 척도이며, EB(Erlebnistypus)는 인간 운동반응(M)과 가중치를 부여한 유채색 반응의 합 간의 관계를 비율로 나타내는 지표이다.
> ③ Pa척도(Paranoia, 편집증) : 대인관계에서의 민감성, 의심증, 집착증, 피해의식, 자기 정당성 등을 반영하는 척도이며, a:p(Active:Passive Ratio)는 능동 운동반응의 반응 수와 수동 운동반응의 반응 수를 비율로 나타내는 지표이다.

43 다음 환자는 뇌의 어떤 부위가 손상되었을 가능성이 높은가? **04, 14, 17, 21, 24년 기출**

> 30세 남성이 운전 중 중앙선을 침범한 차량과 충돌하여 두뇌 손상을 입었다. 이후 환자는 매사 의욕이 없고, 할 수 있는데도 불구하고 어떤 행동을 시작하려고 하지 않으며, 계획을 세우거나 실천하는 것이 거의 안 된다고 한다.

① 측두엽
② 전두엽
③ 후두엽
④ 두정엽

> **해설**
> ② 전두엽 또는 이마엽(Frontal Lobe)
> • 대뇌의 앞부분에 위치하며, 동물들에 비해 인간이 크고 기억, 추리, 사고 및 운동에 관여한다.
> • 창조의 영역으로, 자율기능, 감정조절기능, 행동계획 및 억제기능 등을 담당한다.
> ① 측두엽 또는 관자엽(Temporal Lobe)
> • 대뇌의 측면에 위치하며, 일차청각피질과 연합피질로 구성된다.
> • 판단과 기억의 영역으로, 언어, 청각, 정서적 경험(감정) 등을 담당한다.
> ③ 후두엽 또는 뒤통수엽(Occipital Lobe)
> • 대뇌의 뒷부분에 위치하며, 일차시각피질과 시각연합피질로 구성된다.
> • 시각영역으로 망막에서 들어오는 시각정보를 분석, 통합하는 역할을 담당한다.
> ④ 두정엽 또는 마루엽(Parietal Lobe)
> • 대뇌피질의 윗부분 중앙에 위치하며, 이해의 영역으로서 공간지각, 운동지각, 신체의 위치판단 등을 담당한다.
> • 신체 각 부위의 개별적인 신체 표상을 비롯하여 입체적·공간적 사고, 수학적 계산 및 연상기능 등을 수행한다.

44 뇌 손상의 영향에 관한 설명으로 가장 적합한 것은?
15, 19년 기출

① 의사소통장애가 있는 모든 뇌 손상 환자들이 실어증을 수반한다.
② 뇌 손상이 있는 환자는 대부분 일차기억보다 최신기억을 더 상세하게 기억한다.
③ 뇌 손상이 있는 환자는 복잡한 자극보다는 단순한 자극에 더 시 · 지각장애를 보인다.
④ 뇌 손상 이후 일반적인 지적 능력을 유지하지 못하여 원래의 지적 능력 수준이 떨어진다.

> **해설**
> ① 뇌 손상이 모두 실어증을 수반하는 것이 아니라 뇌의 특정 부위가 손상을 입었을 때 실어증이 나타날 수 있다.
> ② 일차기억은 감각기억과 단기기억을 포함한다. 뇌 손상의 종류에 따라 기억손상의 양상도 달라진다.
> ③ 뇌 손상이 있는 환자는 복잡한 자극에 보다 많은 어려움을 보이는 경향이 있다.

45 한 아동이 웩슬러(Wechsler) 아동용 지능검사에서 언어이해지수(VCI) 125, 지각추론지수(PRI) 89, 전체검사 지능지수(FSIQ) 115를 얻었다. 이 결과에 대한 해석적인 가설이 될 수 있는 것은?
20년 기출

① 매우 우수한 공간지각능력
② 열악한 초기 환경
③ 우울증상
④ 학습부진

> **해설**
> 수검자인 아동의 전체검사 IQ(FSIQ)는 115로 수치상 평균 수준의 정상 범위 내에 있으나, 언어이해지표(VCI)와 지각추론지표(PRI) 간의 차이가 1.5표준편차(23점)보다 크므로 일반능력지표(GAI)를 통한 해석이 불가능하며, 결과적으로 전체검사 IQ(FSIQ)가 수검자인 아동의 전반적인 지적 능력을 잘 반영하지 못한 것으로 판단할 수 있다. 이는 다양한 원인에서 비롯될 수 있는데, 아동의 우울증상이나 쉽게 포기하는 경향(지구력 부족), 전반적으로 느린 반응성 등을 예로 들 수 있다.

46 지능의 개념에 관한 연구자와 주장의 연결이 옳지 않은 것은?
19, 21, 24년 기출

① 웩슬러(Wechsler) - 지능은 성격과 분리될 수 없다.
② 혼(Horn) - 지능은 독립적인 7개 요인으로 이루어져 있다.
③ 카텔(Cattell) - 지능은 유동적 지능과 결정화된 지능으로 구분할 수 있다.
④ 스피어만(Spearman) - 지적 능력에는 g요인과 s요인이 존재한다.

> **해설**
> 지능은 독립적인 7개 요인으로 이루어져 있다는 것을 주장한 연구자는 서스톤(Thurstone)이다.

정답 44 ④ 45 ③ 46 ②

47 다음 K-WAIS 검사 결과가 나타내는 정신장애로 가장 적합한 것은? 15, 19, 24, 25년 기출

- 토막짜기, 바꿔쓰기, 차례 맞추기, 모양 맞추기 점수 낮음
- 숫자 외우기 소검사에서 바로 따라 외우기와 거꾸로 따라 외우기 점수 간에 큰 차이를 보임
- 공통성 문제 점수 낮음 : 개념적 사고의 손상
- 어휘, 상식, 이해 소검사의 점수는 비교적 유지되어 있음

① 강박장애
② 불안장애
③ 기질적 뇌 손상
④ 반사회성 성격장애

해설

K-WAIS 검사 결과에서 나타나는 진단별 반응 특징

강박장애	• 전체 지능지수 110 이상 • 상식·어휘문제 점수가 높음(주지화) • 이해 점수가 낮음(회의적 경향이 원인) • 언어성 지능 > 동작성 지능 : 강박적인 주지화 경향을 반영
불안장애	• 숫자외우기, 산수, 바꿔쓰기, 차례맞추기 점수가 낮음 • 사고의 와해나 혼란은 없음
반사회성 성격장애	• 언어성 지능 < 동작성 지능 • 소검사 간 분산이 심한 편 • 사회적 상황에 대한 예민성 • 바꿔쓰기, 차례맞추기 점수가 높음 • 개념형성 점수가 낮음 • 되는 대로 노력 없이 아무렇게나 대답 • 비사회적 규준 • 지나친 관념화, 주지화, 현학적인 경향을 보일 수 있음

47 ③

48 신경심리평가를 사용하는 목적으로 옳지 않은 것은?

20년 기출

① 뇌 손상 여부의 판단
② 치료과정에서 병의 진행과정과 호전 여부의 평가
③ MRI 등으로 판단하기 어려운 미세한 기능장애의 평가
④ 과거의 억압된 감정 치료

> **해설**
> ④ 과거의 억압된 감정을 해석하고 치료하는 것은 정신분석심리치료이다.
>
> **신경심리평가**
> - 환자의 행동 변화를 야기하는 뇌 손상 유무 여부, 손상의 위치 및 그로 인한 신체적·인지적 기능의 변화 등을 진단한다.
> - 뇌 손상과 관련하여 뇌 손상의 정도, 뇌 손상 후 경과시간, 뇌 손상 당시 연령, 뇌 손상 전 환자 상태 등을 파악한다.
> - 결과의 해석과 관련하여 환자 및 환자가족의 사회력을 비롯하여 생활환경을 종합적으로 고려할 필요가 있다.

49 MMPI 제작 방식에 관한 설명으로 옳은 것은?

18, 21년 기출

① 정신병리 이론을 바탕으로 하여 제작되었다.
② 정신장애군과 정상군을 변별하는 통계적 결과에 따라 경험적 방식으로 제작되었다.
③ 합리적·이론적 방식을 결합하여 제작되었다.
④ 인성과 정신병리와의 상관성에 대한 선행연구 결과들을 바탕으로 하여 제작되었다.

> **해설**
> ② MMPI는 정상군과 정신장애군을 구성하여 문항선택 작업을 실시한 뒤 각 집단의 차이를 구분하는 경험적 방식으로 제작되었다.
>
> **MMPI 제작방법**
> - 하더웨이와 매킨리(Hathaway & McKinley)는 경험적 제작방법으로, 최초의 문항표본을 이전에 개발된 여러 척도들을 포함하는 다양한 자료들로부터 뽑아낸 1,000여 개 이상의 진술문을 구성한 후, 그중에서 504개의 최종 문항을 표집하였다.
> - 다음 단계로 정상집단과 정신과적 환자집단(임상집단)을 구성하여, 각 문항에 대해 각 집단의 응답방식을 비교하여 두 집단을 완벽하게 구별하는 항목들을 골라내는 문항선택 작업을 실시하고, 기준집단과 규준집단 간의 반응빈도 차이가 통계적으로 유의미할 경우 그 항목을 임상척도에 포함하였다.
> - 이렇게 선택된 문항을 새로운 정상집단을 선발하여 다른 임상 환자집단의 반응과 비교해 봄으로써 교차타당도를 검증하여, 정상집단과 임상집단 간에 유의미한 차이가 계속해서 나타나는 문항들만으로 최종 척도를 구성하였다.

50 로샤검사(Rorschach Test)의 질문단계에서 검사자의 질문 또는 반응으로 가장 적절하지 <u>않은</u> 것은?

15, 19년 기출

① "당신이 어디를 그렇게 보았는지를 잘 모르겠네요."
② "말씀하신 것은 주로 형태인가요?", "색깔인가요?"
③ "그냥 그렇게 보인다고 하셨는데 어떤 것을 말씀하시는 것인지 조금 더 구체적으로 설명해 주세요."
④ "그것처럼 보이게 만든 것은 무엇인가요?"

> **해설**
> 로샤검사(Rorschach Test)의 질문단계
> - 질문단계에서 얻어야 할 정보는 반응위치, 반응결정요인, 반응내용이다.
> - 검사자의 생각에 피검자가 그렇게 보았을 것이 틀림없다고 생각되어도 피검자가 자발적으로 말한 것이 아니라면 채점단계에서 기호화해서는 안 된다.
> - 피검자들의 모호한 보고에 대해서는 추가적인 질문을 할 수 있다. 그러나 질문은 비지시적이어야 하며 피검자가 반응단계에서 하였던 내용 이외에 다른 새로운 반응을 하도록 유도해서는 안 된다.
> - 기본적인 질문
>   예 당신이 본 것처럼 볼 수가 없군요. 나도 그렇게 볼 수 있도록 다시 한 번 말씀해 주세요. 당신이 무엇 때문에 거기서 그렇게 보았는지 잘 모르겠습니다. 그 부분에서 그렇게 보도록 만든 것이 무엇이었는지 다시 한 번 말씀해 주세요 등
> - 부적절한 질문
>   예 여기서 색채가 느껴졌나요?, 거기에 대해서 좀 더 다른 것을 말해 줄 수 있나요?, 모양이 그런가요 아니면 색깔 때문인가요?, 남자인가요?, 여자인가요?, 이게 좀 더 컸다면 그렇게 보였을까요? 등

51 노년기 인지발달의 특징에 관한 설명으로 옳지 <u>않은</u> 것은?

14, 20, 24, 25년 기출

① 연령에 따른 지능의 변화 양상은 지능의 하위 능력에 따라 다르다.
② 노년기 인지기능의 저하는 처리속도의 감소와 관련이 있다.
③ 일화기억보다 의미기억이 더 많이 쇠퇴한다.
④ 노인들은 인지기능의 쇠퇴에 직면하여 목표범위를 좁혀나가는 등의 최적화 책략을 사용한다.

> **해설**
> 노년기 인지적 변화
> - 다양한 측면에서 지적 능력이 쇠퇴하며, 단기기억이 장기기억보다 더욱 심하게 쇠퇴한다. 의미기억보다는 일화기억이 더 많이 쇠퇴한다.
> - 연령이 증가함에 따라 정보처리속도가 감소하며, 감각기관을 통해 입수되는 정보를 운동반응으로 전환하는 능력 등이 떨어진다.
> - 인지적 능력이 감소하는 경향이 있으나 추론능력 등 경험의 축적을 통해 습득된 능력은 비교적 유지된다.
> - 자기중심적이고 원시적인 방법으로 문제를 해결하려는 경향을 나타내 보인다.

52 다음에서 설명하는 검사는? 18, 21, 24, 25년 기출

> 유아 및 학령 전 아동의 발달과정을 체계적으로 측정하기 위한 최초의 검사로서, 표준 놀이기구와 자극 대상에 대한 유아의 반응을 직접 관찰하며, 의학적 평가나 신경학적 원인에 의한 이상을 평가하기 위해 사용된다.

① 베일리(Bayley)의 영아발달척도
② 게젤(Gesell)의 발달검사
③ 시·지각발달검사
④ 사회성숙도검사

해설

① 베일리의 영아발달척도(BSID-Ⅱ ; Bayley Scale of Infant Development-Ⅱ)
 • 베일리(Bayley)가 1969년 생후 2개월에서 30개월까지의 영유아를 대상으로 한 발달척도(BSID)를 고안한 이후, 1993년 개정판(BSID-Ⅱ)을 통해 생후 1개월에서 42개월까지의 영유아를 대상으로 한 표준화가 이루어졌다.
 • 1969년 초판(BSID-Ⅰ)은 정신척도(Mental Scale)와 운동척도(Motor Scale)로만 구성되었으나, 1993년 개정판(BSID-Ⅱ)은 행동평정척도(Behavior Rating Scale)가 포함되었다.
 • 검사과정은 검사자와 아이가 1:1로 마주앉은 상태로 진행되며, 아이의 연령이나 기질 등의 다양한 요인을 고려하여 융통성 있게 전개된다.
③ 시·지각발달검사(DTVP ; Developmental Test of Visual Perception)
 • 프로스티그(Frostig)가 1966년 개발한 것으로 3~8세의 읽고 쓰기에 문제가 있는 아동의 시·지각능력을 측정하여 시·지각장애를 조기발견하는 데 사용된다.
 • 시각-운동협응검사, 도형-배경지각검사, 형태항상성검사, 공간위치지각검사, 공간관계지각검사의 5개 하위검사로 구성된다.
④ 사회성숙도검사(SMS ; Social Maturity Scales)
 • 사회성이 적응행동에 미치는 영향이 크다는 것을 인식하고, 적응행동을 측정하기 위해 개발되었다.
 • 이 검사는 개인의 성장이나 변화를 측정하면서 정신지체 여부나 그 정도를 판별하는 데 이용될 수 있다.
 • 검사는 부모, 형제나 자매, 수검자를 잘 아는 친척이나 후견인 등이 실시한다(수검자가 자신에 관한 정보를 제공할 수 있을 정도로 성숙해 있어도 직접 수검자를 면접 대상으로 하지 않음).

정답 52 ②

53 MMPI-2에서 4-6코드의 대표적인 특성으로 옳은 것은? 19, 24년 기출

① 자신의 잘못에 대해 타인을 비난하기 때문에 이에 대한 자신의 통찰이 약하다.
② 외향적이고 수다스러우며 사교적이면서도 긴장하고 안절부절못한다.
③ 연극적이고 증상과 관련된 수단을 통해 사람을 통제한다.
④ 기묘한 성적 강박관념과 반응을 가질 수 있다.

> **해설**
> 4-6코드의 특징
> - 까다롭고 타인을 원망하며 화를 잘 내고 자주 논쟁하려 한다.
> - 권위적 대상에 대한 적개심이 많고 권위에 손상을 입히려 한다.
> - 친밀한 대인관계가 거의 없고 타인에 대한 불신으로 깊은 정서적 교류를 회피한다.
> - 자기평가 시 비현실적이며 때때로 과대망상적 경향이 있다.
> - 화를 내면서 내부의 억압된 분노를 표출하나 그 분노의 원인을 항상 외부로 전가한다.
> - 부인이나 합리화의 방어기제를 사용한다.

54 MMPI-2에서 T점수의 평균과 표준편차는? 15, 20년 기출

① 평균 - 100, 표준편차 - 15
② 평균 - 50, 표준편차 - 10
③ 평균 - 100, 표준편차 - 10
④ 평균 - 50, 표준편차 - 15

> **해설**
> MMPI-2의 T점수
> - 점수는 미국 전역에서 얻어진 2,600명(한국의 경우 1,352명)의 대규모 표집의 반응을 기초로 하고 있으며, 평균이 50, 표준편차는 10이다.
> - T점수는 표준점수이므로, 개인 간 비교와 함께 다양한 척도에 대한 개인 내 비교가 가능하다.

55 표준점수에 관한 설명으로 옳지 않은 것은?

16, 21년 기출

① 대표적인 표준점수로는 Z점수가 있다.
② Z점수가 0이라는 것은, 그 사례가 해당 집단의 평균치보다 1 표준편차 위에 있다는 것을 의미한다.
③ 웩슬러 지능검사의 IQ 수치도 일종의 표준점수이다.
④ 표준점수는 원점수를 직선변환하여 얻는다.

> **해설**
> ② Z점수가 0점이라는 것은 원점수가 정확히 평균치에 위치함을 나타낸다.
>
> **표준점수**
> - 원점수를 주어진 집단의 평균을 중심으로 표준편차 단위를 사용하여 분포상 어느 위치에 해당하는가를 나타낸 것이다.
> - 원점수에서 평균을 뺀 후 표준편차로 나눈 값이다.
> - Z, T, H점수 등이 있다.
> - Z점수 : 원점수를 평균이 0, 표준편차가 1인 Z분포상의 점수로 변환한 점수
> - T점수 : 소수점과 음수값을 가지는 Z점수의 단점을 보완하기 위해 Z점수에 10을 곱한 후 50을 더하여 평균이 50, 표준편차가 10인 분포로 전환시킨 것
> - H점수 : T점수를 변형한 것으로, 평균이 50, 표준편차가 14인 표준점수

56 아동용 시지각-운동통합의 발달검사로, 24개의 기하학적 형태의 도형으로 이루어진 지필검사는?

16, 19년 기출

① VMI
② BGT
③ CPT
④ CBCL

> **해설**
> **시각-운동 통합발달검사**(VMI ; Development Test of Visual-Motor Integration)
> - 3~18세 아동 및 청소년을 대상으로 시지각 및 운동협응을 평가하기 위한 발달검사이다.
> - 수직선, 수평선, 삼각형, 정방형 등 24개 기하학적 형태의 도형을 구성한다.
> - 연령기준과 함께 모사의 성공 또는 실패 여부에 따라 모사된 도형에 대한 채점이 이루어진다.
> - 언어가 아닌 도형으로 과제가 제시되므로 아동에게 보다 익숙하며, 청각장애나 언어장애가 있는 아동도 적용할 수 있다.
> - 아동의 지적장애가 시지각 과정에서 비롯된 것인지 운동반응에서 비롯된 것인지 명확히 구분하기 어려우며, 채점의 체계 및 절차에서 일관성이 부족하다는 단점이 있다.

57 편차지능지수에 관한 설명으로 옳은 것은?   20년 기출

① 정규분포 가정이 적용되지 않는다.
② 한 개인의 점수는 같은 연령 범주 내에서 비교된다.
③ 비율지능지수에 비해 중년 집단에의 적용에는 한계가 있다.
④ 비네-시몽(Binet-Simon) 검사에서 사용한 지수이다.

> **해설**
> ① · ② 웩슬러(Wechsler) 지능검사는 정규분포를 가정하여 개인의 지능을 동일 연령대 집단에서의 상대적인 위치로 규정한 편차지능지수를 사용한다.
> ③ 비율지능지수는 아동의 정신연령을 신체연령(실제연령)으로 나누어 '100'을 곱한 것으로, 신체연령의 지속적인 증가에도 불구하고 정신연령은 대략 15세 이후로 증가하지 않는다는 사실을 간과함으로써 15세 이후의 청소년이나 성인을 대상으로 하는 검사로는 부적합하다는 한계가 있었다.
> ④ 1905년에 개발된 비네-시몽(Binet-Simon) 검사와 이후 터만(Terman)에 의해 개정 표준화된 스탠포드-비네(Stanford-Binet) 검사는 정신연령과 신체연령(실제연령)을 비교하는 방식의 비율지능지수를 사용하였다.

58 뇌 손상 환자의 병전지능 수준을 추정하기 위한 자료와 가장 거리가 먼 것은?   13, 19, 21년 기출

① 교육수준, 연령과 같은 인구학적 자료
② 이전의 직업기능 수준 및 학업 성취도
③ 이전의 암기력 수준, 혹은 웩슬러 지능검사에서 기억능력을 평가하는 소검사 점수
④ 웩슬러 지능검사에서 상황적 요인에 의해 잘 변화하지 않는 소검사 점수

> **해설**
> 병전지능을 추정하는 방법(병전지능 추정의 자료)
> • 인구통계학적 변인들 : 연령, 학력(교육수준), 성별, 직업 등
> • 뇌 손상에 비교적 둔감한 소검사들 : 기본지식, 어휘문제, 토막짜기 등
> • 지능과 유관한 병전 측정치들 : 이전의 직업기능 수준, 학업 성취도 등

59 MMPI-2에서 타당성을 고려할 때 '?' 지표에 대한 설명으로 옳지 않은 것은? 　　　17, 19, 22년 기출

① 각 척도별 '?' 반응의 비율을 확인해 보는 것은 유용할 수 있다.
② '?' 반응은 수검자가 질문에 대해 답변을 하지 않을 경우뿐만 아니라 '그렇다'와 '아니다'에 모두 응답하였을 경우에도 해당된다.
③ '?' 반응이 3개 미만인 경우에도 해당 문항에 대한 재반응을 요청하는 등의 사전검토 작업이 필요하다.
④ '?' 반응이 300번 이내의 문항에서만 발견되었다면 L, F, K척도는 표준적인 해석이 가능하다.

> **해설**
> ④ MMPI-2에서는 단축형검사실시를 용이하게 하기 위해 원판 타당도척도들과 임상척도들을 최초 370문항 안에 모두 배치하였다. 따라서 '?' 반응이 300번 이내의 문항에서만 발견되었다고 하더라도, L, F, K척도의 표준적인 해석이 불가능할 수 있다.
> ③ MMPI-2의 이상적인 실시 절차는 수검자가 가급적 모든 문항에 응답함으로써 빠뜨리는 문항이 없도록 하는 것이다. 빠뜨린 문항의 개수를 나타내는 '?' 반응은 그 수가 적더라도 정보의 손실을 의미하며, 특히 어떤 문항에 응답하지 않았는지에 따라 특정 척도의 해석에 영향을 줄 수 있다. 즉, '?' 반응이 3개 미만이라 하더라도 중요한 문항에 해당하면 해석에 영향이 갈 수 있으므로 재확인이나 재반응 요청이 필요할 수 있다.

60 MMPI-2의 임상척도에 대한 설명으로 옳은 것은? 　　　20년 기출

① 임상척도 중 5번 척도는 그에 상응하는 정신병리적 진단이 존재하지 않는다.
② MMPI-2의 임상척도는 타당도척도와는 달리 수검태도에 따른 반응왜곡의 영향을 받지 않는다.
③ 각 임상척도는 그에 상응하는 DSM 진단명이 부여되어 있으며 해당 진단명에 준해 엄격하게 해석해야 한다.
④ 임상척도 중에서는 약물처방 유무를 직접적으로 알려주는 지표를 먼저 검토해야 한다.

> **해설**
> ① 5번 척도는 현재 정신병리적 진단보다는 남성성 혹은 여성성 정도를 측정하는 척도로 사용되고 있다.
> ② 수검태도에 따른 반응왜곡의 영향을 받는 것은 타당도척도이다.
> ③ MMPI는 진단이 목적이 아닌 비정상적인 행동과 증상을 객관적으로 측정하여 진단에 관한 정보를 제공하는 것이 주목적으로, 해당 척도명의 의미에 따라 단일증상행동을 측정하는 데에는 한계가 있다.
> ④ 검사결과가 타당한 것으로 판단될 경우, 각 임상척도들의 상승 정도를 확인하고 그 점수들이 정상 범위에 있는지 여부를 확인한다.

제4과목 임상심리학

61 건강심리학 분야의 초점 영역과 가장 거리가 먼 것은? 19, 22년 기출

① 결 핵
② 과민성대장증후군
③ 고혈압
④ 통 증

해설

건강심리학 영역
- 스트레스 관리 및 대처
- 만성질환을 포함한 신체질병(심혈관계 질환, 면역계 질환, 암, 당뇨, 소화기 질환 등)
- 물질 및 행위 중독(알코올 중독, 흡연 중독, 도박 중독, 인터넷 중독 등)
- 섭식문제(비만, 다이어트, 폭식, 섭식장애 등)
- 건강관리 및 증진(성행위 등에서의 위험행동 감소전략, 운동, 수면 및 섭식습관 개선 등)
- 개입 및 치료기법(행동수정, 인지치료, 명상, 이완법, 마음챙김과 수용에 기반한 인지행동적 치료기법, 바이오피드백 기법 등)
- 통증관리, 수술환자의 스트레스 관리, 임종관리
- 분노를 포함한 다양한 정서관리
- 삶의 질, 웰빙(Well-Being)
- 건강 커뮤니케이션, 건강 정책 등

62 다음 ( )에 알맞은 방어기제는? 16, 20년 기출

> 중현이는 선생님께 꾸중을 들어 기분이 매우 좋지 않았다. 집으로 돌아온 중현이에게 동생이 밥을 먹을 것인지 묻자, "네가 상관할 거 없잖아!"라고 소리를 질렀다. 중현이가 사용하고 있는 방어기제는 (   )이다.

① 행동화
② 투 사
③ 퇴 행
④ 전 위

해설

④ 전위(Displacement) : 자신이 어떤 대상에 대해 느낀 감정을 보다 덜 위협적인 다른 대상에게 표출하는 것이다.
① 행동화(Acting-Out) : 무의식적 욕구나 충동이 즉각적으로 충족되지 않은 채 연기됨으로써 발생하는 내적 갈등을 피하기 위한 목적으로 욕구나 충동을 보다 직접적으로 표출하는 것이다.
② 투사(Projection) : 사회적으로 인정받을 수 없는 자신의 행동과 생각을 마치 다른 사람의 것인 양 생각하고 남을 탓하는 것이다.
③ 퇴행(Regression) : 생의 초기에 성공적으로 사용하였던 생각이나 감정, 행동에 의지하여 자기 자신의 불안이나 위협을 해소하려는 것이다.

63 행동평가와 전통적 심리평가 간의 차이점으로 옳지 <u>않은</u> 것은?   18, 21년 기출

① 행동평가는 추론의 수준이 높다.
② 행동평가에서 성격의 구성 개념은 주로 특정한 행동패턴을 요약하기 위해 사용된다.
③ 전통적 심리평가는 예후를 알고, 예측하기 위한 것이다.
④ 전통적 심리평가는 개인 간이나 보편적 법칙을 강조한다.

> **해설**
> 행동평가는 한 사람의 어떤 행동(표본)을 대상으로 하며 전통적 심리평가는 징후를 대상으로 한다. 따라서 행동평가는 전통적 심리검사에 비해 추론수준이 낮다.

64 지역사회 심리학에서 지향하는 바가 <u>아닌</u> 것은?   06, 13, 17, 19, 22, 24년 기출

① 정신장애인의 사회복귀
② 정신장애의 예방
③ 정신병원시설의 확장
④ 자원봉사자 등 비전문인력의 활용

> **해설**
> **지역사회 심리학의 의의 및 특징**
> - 사람과 환경 간의 적합성에 주의를 기울이면서, 정신건강 문제의 발생 및 완화의 과정에서 환경적 힘의 역할에 주목한다.
> - 삶의 문제 원인을 생물학적·심리적 원인에서 찾기보다는 사회적·지역적 선행사건에서 찾으려고 한다.
> - 사람과 지역사회의 자원 및 강점을 파악하고 이를 개발하여 지역 내 정신건강 문제의 해결을 위한 대안을 마련하는 데 주력한다.
> - 인간자원개발, 정치활동, 과학에 관심을 가지며, 치유보다는 예방을 목표로 한다.
> - 지역사회 중심의 공공 정신보건체계를 강조하며, 정신질환자 또는 정신장애인을 기존의 병원이나 수용소가 아닌 가족, 학교, 직장, 광범위한 장소 등 지역사회 내의 다양한 사회구조로 흡수한다.
> - 전문가의 자문가로서의 역할과 함께 위기개입 시 훈련된 준전문가의 역할을 강조한다.
> - 1차, 2차, 3차 예방을 통해 질병을 유발하는 해로운 환경을 제거하고 정신건강 문제에 대해 조기에 개입하며, 환자의 가정과 사회로의 복귀 및 적응을 돕기 위한 지지와 교육을 제공한다.

정답 63 ① 64 ③

65 다음 중 대뇌 기능의 편재화를 평가하는 데 사용하는 검사가 아닌 것은? 20년 기출

① 손잡이(Handedness)검사
② 주의력 검사
③ 발잡이(Footedness)검사
④ 눈의 편향성 검사

> **해설**
>
> **편재화(Localization) 평가를 위한 검사**
> 인간의 신체 중 쌍으로 이루어진 눈, 손, 발은 대뇌 기능의 편재화를 평가하는 데 있어서 유용한 검사도구로 활용될 수 있다. 특히 손잡이(Handedness)검사는 대뇌 기능에서 언어의 편재화를 평가하는 데 유효하다. 실제로 오른손잡이의 경우 좌반구 언어가 우세한 반면, 왼손잡이의 경우 우반구 언어가 우세한 것으로 나타났다. 이는 발잡이(Footedness)검사에서도 마찬가지이다. 왼쪽 뇌가 발달한 사람은 오른손잡이이자 오른발잡이인 경우가 대부분이다. 책을 읽을 때에도 다수의 사람들이 왼쪽에서 오른쪽으로 읽는 것 또한 대뇌 기능의 편재화와 연관되어 있는 것으로 밝혀졌다.

66 단기 심리치료에서 좋은 결과를 이끌어내기 위한 요인이 아닌 것은? 17, 21년 기출

① 치료자의 온정과 공감
② 견고한 치료적 동맹 관계
③ 문제에 대한 회피
④ 내담자의 적절한 긍정적 기대

> **해설**
>
> ③ 문제를 회피하지 않는 능동적이고 적극적인 자세가 요구된다.
>
> **단기 심리치료의 특징**
> - 내담자의 성격구조나 생활상에 대한 전반적인 통찰 등의 포괄적인 목표가 아닌 내담자가 즉시 해결하기를 희망하는 현실중심의 목표에 초점을 둔다.
> - 내담자는 보통 문제발생 이전에 기능적인 생활을 해왔다.
> - 내담자는 구체적인 호소 문제를 가지고 있다.
> - 내담자에 대한 생애발달적 접근을 통해 내담자의 심리사회적 발달단계 및 그 수준을 고려한다.
> - 문제중심 접근방식이지만 문제의 원인에 초점을 두기보다는 내담자가 가진 자원 또는 강점에 중점을 둔다.
> - 내담자가 힘을 느끼는 영역이나 성공 경험 등 내담자가 가진 자원을 조기에 활용한다.
> - 상담자와 내담자의 능동적이고 적극적인 자세가 요구된다.

67 심리치료 장면에서 치료자의 3가지 기본특성 혹은 태도가 강조된다. 이는 인간중심 심리치료의 기본적 치료기제로도 알려져 있는데, 이러한 치료자의 기본특성에 해당되지 <u>않는</u> 것은?   04, 13, 19, 22년 기출

① 진솔성
② 적극적 경청
③ 정확한 공감
④ 무조건적인 존중

> **해설**
>
> **인간중심상담의 기술(Rogers)**
> - 일치성(진실성) : 상담자는 내담자와의 상담관계에서 순간순간 경험하는 자신의 감정이나 태도를 있는 그대로 솔직하게 인정한다.
> - 공감적 이해와 경청 : 상담자는 동정이나 동일시가 아닌 객관적인 입장에서 내담자를 깊이 있게 이해하도록 노력한다.
> - 무조건적인 긍정적 관심(존중) : 상담자는 내담자를 평가 또는 판단하지 않으며, 수용적인 태도로 내담자를 존중한다.

68 기말고사에서 전 과목 100점을 받은 경희에게 선생님은 최우수상을 주고 친구들 앞에서 칭찬도 해주었다. 선생님이 경희에게 사용한 학습 원리는?   16, 20년 기출

① 성 취
② 내적 동기화
③ 조건화
④ 모델링

> **해설**
>
> ③ 조건화에는 고전적 조건화와 조작적 조건화가 있고, 위의 사례와 같이 바람직한 행동을 하였을 때 보상을 제공하는 것은 조작적 조건화 가운데 정적강화에 해당한다.
> ① 성취는 선생님이 사용한 학습 원리가 아니라 경희가 얻은 100점이라는 결과 자체이다.
> ② 학습자가 본질적으로 가지고 있는 것으로서 흥미나 호기심과 같은 내적 요인들에 의해 유발되는 동기를 말한다. 즉, 스스로 학습에 대한 욕구, 흥미, 호기심, 즐거움 때문에 학습자가 자발적으로 학습하려는 의욕을 갖는 것이다.
> ④ 다른 사람의 행동을 보고 들으면서 그 행동을 따라하는 것으로 관찰학습을 의미한다.

69 두뇌 기능의 국재화에 관한 설명으로 옳은 것은?   11, 18, 21년 기출

① 특정 인지능력은 국부적인 뇌 손상에 수반되는 한정된 범위의 인지적 결함으로부터 발생한다고 본다.
② 브로카(Broca) 영역은 좌반구 측두엽 손상으로 수용적 언어결함과 관련된다.
③ 베르니케(Wernicke) 영역은 좌반구 전두엽 손상으로 표현 언어결함과 관련된다.
④ MRI 및 CT가 개발되었으나 기능 문제 확인에는 외과적 검사가 이용된다.

> **해설**
> ② 브로카(Broca) 영역은 좌반구 전두엽 손상으로 표현 언어결함과 관련된다.
> ③ 베르니케(Wernicke) 영역은 좌반구 측두엽 손상으로 수용적 언어결함과 관련된다.
> ④ MRI 및 CT 등을 포함한 뇌영상촬영법은 뇌 속의 이상을 볼 수 있게 한다.

70 심리치료기법에서 해석에 관한 설명으로 적절하지 않은 것은?   19년 기출

① 핵심적인 주제가 더 잘 드러나도록 사용한다.
② 내담자의 생각 중 명확하지 않은 부분에 대해 상담자가 추리하여 설명해 준다.
③ 내담자가 상담자의 해석을 받아들일 수 있는 것부터 해석한다.
④ 저항에 대한 해석보다는 무의식적 갈등에 대한 해석을 우선시한다.

> **해설**
> ④ 저항과 무의식적 갈등에 대한 내용은 분리하기가 어렵다. 따라서 해석의 순서를 정하는 것은 합당하지 않다.
>
> 저항(Resistance)분석
> - 저항이란 내담자가 상담에 협조하지 않는 모든 행위를 의미한다.
> - 상담 약속을 어긴다거나, 특정한 생각, 감정, 경험 등을 드러내지 않거나 상담과정에서 아무런 의미도 없는 말만 되풀이하거나, 중요한 내용을 빠뜨리고 사소한 이야기만 하는 것 등이 저항의 한 형태이다.
> - 정신분석에서는 내담자의 저항에는 이유가 있다고 여긴다. 내담자가 자신의 억압된 충동이나 감정을 자각하게 되면 불안이 유발되는데, 이때 이러한 불안으로부터 자아를 방어하고자 하는 무의식적 역동성이 곧 저항으로 나타나는 것이다. 무의식의 저장고에 숨겨진 내용들을 인식하는 것은 내담자에게는 고통스러운 일인 것이다.
> - 저항은 상담의 진전을 저해하고 내담자가 무의식적인 욕구를 적극적으로 표출하는 것을 방해하므로, 저항을 분석하고 해석하는 작업이 중요하다. 이에 상담자는 내담자의 저항의 이유를 지적하여 내담자로 하여금 직면하게 해야 한다.

71 사회기술훈련 프로그램의 구성요소와 가장 거리가 먼 것은?

16, 20년 기출

① 문제해결 기술
② 의사소통 기술
③ 증상관리 기술
④ 자기주장 훈련

> **해설**
> 증상관리는 약물관리와 함께 환자교육을 위한 프로그램에 해당한다.

72 방어기제에 대한 개념과 설명이 옳게 연결된 것은?

19, 21년 기출

① 투사(Projection) – 당면한 상황에서 얻게 된 결과에 대해 어쩔 수 없었다고 생각하며 행동한다.
② 대치(Displacement) – 추동대상을 위협적이지 않거나 이용 가능한 대상으로 바꾼다.
③ 반동형성(Reaction Formation) – 이전의 만족방식이나 이전 단계의 만족대상으로 후퇴한다.
④ 퇴행(Regression) – 무의식적 추동과는 정반대로 표현한다.

> **해설**
> ① 투사(Projection) : 사회적으로 인정받을 수 없는 자신의 행동과 생각을 마치 다른 사람의 것인 양 생각하고 남을 탓하는 것이다.
> ③ 반동형성(Reaction Formation) : 자신이 가지고 있는 무의식적 소망이나 충동을 본래의 의도와 달리 반대되는 방향으로 바꾸는 것이다.
> ④ 퇴행(Regression) : 생의 초기에 성공적으로 사용하였던 생각이나 감정, 행동에 의지하여 자기 자신의 불안이나 위협을 해소하려는 것이다.

정답 71 ③ 72 ②

73 다음은 어떤 치료에 대한 설명인가? 16, 19년 기출

> 경계성성격장애와 감정조절의 어려움과 충동성이 문제가 되는 상태를 치료하기 위해 상대적으로 최근에 개발된 인지행동치료이다. 주로 자살행동을 보이는 여자 환자들과의 임상경험을 바탕으로 개발되었다.

① DBT(Dialectical Behavior Therapy)
② ACT(Acceptance and Commitment Therapy)
③ MBSR(Mindfulness Based Stress Reduction)
④ EMDR(Eye Movement Desensitization and Reprocessing)

해설
② 수용전념치료(ACT ; Acceptance and Commitment Therapy) : 제3세대 인지행동치료로서, 내담자가 고통스러운 부정적 감정에 저항하지 않고 수용하도록 하면서 자신이 원하는 가치와 목표를 실현하는 데 전념하도록 돕는다.
③ 마음챙김에 근거한 스트레스 완화(MBSR ; Mindfulness Based Stress Reduction) : 마음챙김의 명상활동을 기반으로 구성된 프로그램을 통해서 내담자의 스트레스를 줄이도록 돕는다.
④ 안구운동 둔감화 및 재처리 치료(EMDR ; Eye Movement Desensitization and Reprocessing) : 외상 기억을 떠올리는 동시에 치료자의 손가락 움직임을 따라가게 하는 등의 안구운동을 유도한다. 이를 통해 외상사건과 관련된 부정적 사고, 감정, 심상 등을 점차 약화하고 외상 기억의 정보처리를 촉진하도록 돕는다.

74 현실치료에 관한 설명으로 가장 적합한 것은? 16, 20, 24년 기출

① 내담자가 더 현실적이고 실현 가능한 인생철학을 습득함으로써 정서적 혼란과 자기패배적 행동을 최소화하는 것을 강조한다.
② 내담자의 좌절된 욕구를 알고 사람들과의 관계에서 새로운 선택을 함으로써 보다 성공적인 관계를 얻고 유지할 수 있음을 강조한다.
③ 현대의 소외, 고립, 무의미 등 생활의 딜레마 해결에 제한된 인식을 벗어나 자유와 책임 능력의 인식을 강조한다.
④ 가족 내 서열에 대한 해석은 어른이 되어 세상과 작용하는 방식에 큰 영향이 있음을 강조한다.

해설
① 인지 · 정서 · 행동적 상담에 대한 설명이다.
③ 실존주의상담의 주요주제이다.
④ 가족상담 및 가족치료에 대한 설명이다.

현실치료
- 윌리엄 글래서(William Glasser)에 의해 창시되었다.
- 인간을 자신의 욕구나 바람에 따라 자신이 하고자 하는 행동을 결정하고, 나아가 자신의 인생을 선택하고 결정하는 존재로 본다.
- 인간의 행동은 내면의 힘에서 동기화되고, 모든 행동은 생활을 효과적으로 통제함으로써 각자가 원하는 것을 얻으려는 최선의 시도라고 보며 인간의 선택과 통제, 그에 대한 책임을 강조한다.

75 행동치료를 위해 현재문제에 대한 기능분석을 하면 규명할 수 있는 요소가 아닌 것은? 16, 21년 기출

① 문제행동과 관련된 인지적 해석
② 문제행동과 관련 있는 유기체 변인
③ 문제행동을 일으키는 자극이나 선행조건
④ 문제행동의 결과

> **해설**
> 스키너(Skinner)는 행동평가에서 기능분석을 강조한 바 있다. 기능분석은 행동의 결과만을 보는 것이 아닌 문제행동을 일으키는 자극이나 선행조건, 문제행동과 관련 있는 유기체 변인, 문제행동을 유지케 하는 강화요인, 결과와의 관계 등에 대해서도 분석이 이루어진다.
>
> **행동치료**
> - 변화시킬 구체적 목표를 강조한다.
> - 상담자는 내담자가 갖는 문제행동을 정확히 평가하고, 구체적이고 체계적인 계획에 따라 행동변화를 가져오도록 노력한다.
> - 상담자는 기능분석(혹은 행동분석)을 통해 선행사건과 문제행동 차원, 문제행동 결과에 대한 정보를 체계적으로 모아, 문제행동을 유지하게 하는 상황을 확인한다.
>
> **ABC모형**
> - 선행사건(A : Antecedents), 행동(B : Behavior), 결과(C : Consequence)로 이루어진다.
> - ABC모형은 행동이 그 이전에 일어난 어떤 사건에 의해 영향을 받고, 결과라고 하는 사건에 의해서도 영향을 받는다고 가정한다.

76 원판 MMPI에 관한 설명으로 가장 거리가 먼 것은? 19년 기출

① T점수로 변환하여 모든 척도점수의 분포가 동일한 정규분포가 되도록 하였다.
② 적어도 중학생 이상의 독해능력 혹은 IQ 80 이상 등의 조건에서 실시한다.
③ 불가피한 경우가 아니면 맹목해석(Blind Interpretation)은 하지 말아야 한다.
④ 개별척도의 의미뿐만 아니라 척도의 연관성을 함께 고려해야 한다.

> **해설**
> 원판 MMPI는 경험적 문항선정방식을 채택하였는데, 즉 임상집단과 규준집단의 반응을 비교하여 변별력 있는 문항들을 선별하여 척도를 구성하였다.

77 뇌의 편측화 효과를 측정할 수 있는 대표적 방법은? 16, 20년 기출

① 미로검사
② 이원청취기법
③ 웩슬러(Wechsler) 기억검사
④ 성격검사

> **해설**
> 뇌의 편측성(Lateralization, 편재화)이란 대뇌의 어느 한쪽 반구에 기능적인 전문화가 이루어졌음을 의미하는 것으로, 이는 분리뇌 연구나 뇌 손상 희생자 연구, 또는 정상인을 대상으로 한 이원청취과제(Dichotic Listening, 양분청취조건)를 통해서 알 수 있다.

78 알코올 중독 환자에게 술을 마시면 구토를 유발하는 약을 투약하여 치료하는 기법은? 17, 20, 21, 24년 기출

① 행동조성
② 혐오치료
③ 자기표현훈련
④ 이완훈련

> **해설**
> ② 혐오치료(Aversion Therapy) : 고전적 조건형성의 기법으로, 바람직하지 못한 행동에 혐오자극을 제시하여 부적응적인 행동을 제거하는 방법이다. 주로 흡연, 음주문제, 과식 등의 문제를 해결하기 위해 사용되며, 부적응적이고 지나친 탐닉이나 선호를 제거하는 데 효과적이다.
> ① 행동조성 또는 조형(Shaping) : 내담자가 원하는 방향 안에서 일어나는 다양한 반응들만을 강화하고, 원하지 않는 방향의 행동에 대해 강화 받지 못하도록 하여 결국 원하는 방향의 행동을 할 수 있도록 하는 방법이다. 행동을 구체적으로 세분화하여 단계별로 구분한 후 각 단계마다 강화를 제공함으로써 내담자가 단번에 수행하기 어렵거나 그 반응을 촉진하기 어려운 행동 또는 복잡한 행동 등을 학습하도록 하는 데 유용하다.
> ③ 자기표현훈련(Self-Expression Training) : 자기표현을 통해 다른 사람과 상호작용하는 방법을 습득하도록 하는 기법으로, 대인관계에서 비롯되는 불안요인을 제거하기 위한 것이다.
> ④ 이완훈련(Relaxation Training) : 행동주의상담기법의 일종으로, 본래 일상생활에서 스트레스에 대처하기 위한 방법이 보편화된 것이다. 조용한 환경에서 근육을 이완하고 깊고 규칙적인 호흡을 함으로써 긴장과 이완에 따른 차이를 경험하도록 한다. 특히 점진적 이완훈련은 최면, 명상은 물론 체계적 둔감화의 행동기법과 연결된다.

79 다음은 어떤 조건형성에 해당하는가? 15, 19, 24년 기출

> 연구자가 종소리를 들려주고 10초 후 피실험자에게 전기자극을 주었다고 가정해 보자. 몇 번의 시행 이후 다음 종소리에 피실험자는 긴장하기 시작하였다.

① 지연조건형성
② 흔적조건형성
③ 동시조건형성
④ 후향조건형성

해설

② 흔적조건형성 : 조건자극은 무조건자극이 주어지기 전에 철회된다.
① 지연조건형성 : 조건자극은 무조건자극에 약간 앞서 주어지며 동시에 철회된다.
③ 동시조건형성 : 조건자극과 무조건자극이 정확히 동시에 주어지며 동시에 철회된다.
④ 후향조건형성 : 무조건자극이 조건자극보다 먼저 제시된다.

---

80 행동평가 방법에 관한 설명으로 옳지 않은 것은? 16, 22, 24년 기출

① 자연관찰은 참여자가 아닌 관찰자가 환경 내에서 일어나는 참여자의 행동을 관찰하고 기록하는 방법이다.
② 유사관찰은 제한이 없는 환경에서 관찰하는 방법이다.
③ 참여관찰은 관찰하고자 하는 개인이 자연스러운 환경에 관여하면서 기록하는 방식이다.
④ 자기관찰은 자신이 개인과 환경 간의 상호작용에 관한 자료를 수집하도록 한다.

해설

행동평가의 대표적인 방법

- 자연관찰법(Naturalistic Observation) : 관찰자가 환경 내에서 일어나는 내담자의 문제행동과 증상을 실생활에서 직접 관찰 및 평가하는 방법이다.
- 유사관찰법(Analogue Observation) : 관찰의 효율성을 높이기 위해 실생활에서가 아닌 면담실 혹은 실험실에서 문제행동을 관찰하거나 문제행동이 일어나는 상황을 유도하여 이를 관찰하는 방법이다.
- 참여관찰법(Participant Observation) : 실생활에서 내담자와 함께 생활하는 사람이 행동평가를 대행하게 하는 방법으로, 내담자의 대인관계양식을 볼 수 있는 방법이다.
- 자기관찰법(Self-Monitoring) : 내담자가 자신의 행동을 스스로 관찰하고, 보고하도록 하는 평가방법이다.

제5과목 심리상담

81 청소년상담에서 특히 고려해야 할 요인과 가장 거리가 먼 것은?   15, 19년 기출

① 일반적인 청소년의 발달과정에 대한 규준적 정보
② 한 개인의 발달단계와 과업수행 정도
③ 내담자 개인의 영역별 발달수준
④ 내담자의 이전 상담경력과 관련된 사항

> **해설**
> 내담자 이전 상담경력과 관련된 사항은 성인상담이나 청소년상담에서 똑같이 고려해야 할 사항이다. 청소년상담을 진행할 때 무엇보다 청소년의 발달적 특성에 대한 전문적인 지식이 필요하며, 청소년 내담자의 발달수준과 발달과업에 대한 이해가 전제되어야 한다.

82 자살을 하거나 시도하는 학생들에게 공통적으로 나타나는 성격특성과 가장 거리가 먼 것은?   17, 20년 기출

① 부정적 자아개념
② 부족한 의사소통 기술
③ 과도한 신중성
④ 부적절한 대처 기술

> **해설**
> 청소년 자살 특징
> - 외부자극 변화에 민감하여 충동적으로 일어나기 쉽다.
> - 사소한 일에도 쉽게 충격을 받아 단순하게 자살하는 경향이 많다.
> - 오랫동안 자살 생각을 한 결과라기보다 다분히 감정적이다.
> - 모방자살이 많다.
> - 자신의 심적 고통을 알리고자 하는 제스처형이나 호소형 자살이 많다.
> - 가정의 불화를 자신의 탓으로 생각하는 죄책감으로 인한 자살 경향이 있다.
> - 성적 및 학교생활과 관련된 문제로 인한 자살이 많다.
> - 친구와의 동일시로 인한 집단자살 경향이 많다.

81 ④ 82 ③

83 정신분석에서 내담자가 지속적이고 반복적인 학습을 통해 자신이 이해하고 통찰한 바를 충분히 소화하는 과정은? 15, 21, 22년 기출

① 자기화
② 훈 습
③ 완전학습
④ 통찰의 소화

> **해설**
> 훈 습
> - 전이에 대한 통찰을 토대로 내담자가 자신의 행동과 태도를 변경하도록 유도하는 과정이다.
> - 상담자는 내담자가 통찰한 것을 실제생활로 옮기도록 돕는다.
> - 훈습에 의해 내담자의 변화된 행동이 안정수준에 이르게 되면 종결을 준비한다.

84 학습문제상담의 시간관리전략에서 강조하는 것은? 17, 19, 25년 기출

① 기억하고자 하는 의도를 갖도록 노력한다.
② 학습의 목표를 중요도와 긴급도에 따라 구체적으로 수립한다.
③ 시험이 끝난 후 오답을 점검한다.
④ 처음부터 장시간 공부하기보다는 조금씩 자주 하면서 체계적으로 학습한다.

> **해설**
> 학습문제에 대한 효과적인 시간관리전략
> - 체계적인 시간관리를 통해 제한된 시간을 효율적으로 활용함으로써 최대의 학습효과를 거두기 위한 것이다.
> - 학습목표를 구체적이고 측정 가능하도록 세우며, 중요도에 따라 우선순위를 부여하여 실행한다.

85 테일러(Taylor)가 제시한 학습부진아에 관한 특성으로 옳지 않은 것은? 16, 20년 기출

① 학업에 대한 막연한 불안감을 가지고 있다.
② 자기비판적이고 부적절감을 가져 자존감이 낮다.
③ 목표설정이 비현실적이고 계속적인 실패를 보인다.
④ 주의가 산만하고 학업지향적이다.

> **해설**
> 학습부진아
> - 학업에 대한 불안을 가지고 있다.
> - 자신에 대해 비판적이고 부적절감을 가지고 있다.
> - 성인과의 관계에서 추종, 회피, 맹목적 반항 혹은 부모에 대한 적대감을 가지고 방어적으로 행동한다.
> - 대인관계에서 고립감을 느끼기 쉽고 타인에 대해 무관심하거나 비판적이다.
> - 독립과 의존 간의 갈등이 심하다.
> - 목표 설정 시 비현실적이고 계속적으로 실패하게 된다.

정답 83 ② 84 ② 85 ④

86 항갈망제에 해당하는 것을 모두 고른 것은?

21년 기출

ㄱ. 노르트립틸린(Nortriptyline)
ㄴ. 날트렉손(Naltrexone)
ㄷ. 아캄프로세이트(Acamprosate)

① ㄱ
② ㄱ, ㄴ
③ ㄴ, ㄷ
④ ㄱ, ㄴ, ㄷ

해설

항갈망제
술에 대한 갈망을 감소시켜주는 약으로, 뇌에서 술을 강박적으로 섭취하도록 작용하는 신경 부위에 직접 작용한다. 알코올 의존성 환자의 금주 유지를 위해 사용된다. 대표적인 항갈망제로 날트렉손과 아캄프로세이트가 있다.

87 로저스(Rogers)의 인간중심상담에 대한 설명으로 옳지 않은 것은?

15, 19년 기출

① 내담자는 불일치상태에 있고 상처받기 쉬우며 초조하다.
② 상담자는 내담자와의 관계에서 일치성을 보이며 통합적이다.
③ 상담자는 내담자의 내적 참조틀을 바탕으로 한 공감적 이해를 경험하고 내담자에게 자신의 경험을 전달하려고 시도한다.
④ 내담자는 의사소통의 과정에서 상담자의 선택적인 긍정적 존중 및 공감적 이해를 지각하고 경험한다.

해설
내담자는 의사소통의 과정에서 상담자의 무조건적인 긍정적 존중 및 공감적 이해를 지각하고 경험한다.

88 상담 및 심리치료의 발달사에 관한 설명으로 옳지 않은 것은?

17, 20년 기출

① 글래서(Glasser)는 1960년대에 현실치료를 제시하였다.
② 가족치료 및 체계치료는 1970년대부터 본격적으로 등장하였다.
③ 메이(May)와 프랭클(Frankl)의 영향으로 게슈탈트 상담이 발전하였다.
④ 위트머(Witmer)는 임상심리학이라는 용어를 최초로 사용하였으며, 치료적 목적을 위해 심리학의 지식과 방법을 활용하였다.

해설
게슈탈트 상담은 펄스(Perls)에 의해 개발되었으며 상담목표를 개인의 성숙 및 성장에 두고 있다. 롤로 메이(Rollo May)와 빅터 프랭클(Viktor Frankl)은 의미치료(Logotherapy)라는 실존주의적 상담접근을 발전시켰다.

89 특성-요인 상담에 관한 설명으로 옳지 <u>않은</u> 것은? 08, 11, 13, 21, 22년 기출

① 상담자 중심의 상담방법이다.
② 사례연구를 상담의 중요한 자료로 삼는다.
③ 문제의 객관적 이해보다는 내담자에 대한 정서적 이해에 초점을 둔다.
④ 내담자에게 정보를 제공하고 학습기술과 사회적 적응기술을 알려 주는 것을 중요시한다.

> **해설**
> ③ 내담자에 대한 정서적 이해보다는 객관적 이해에 초점을 둔다.
>
> **특성-요인 상담**
> - 윌리암슨(Williamson)이 파슨스(Parsons)의 '개인', '직업', '개인과 직업 간의 관계'를 기본으로 하여 만든 직업이론의 원리를 토대로 발전시킨 것이다.
> - 내담자의 의사결정 능력을 향상하며, 합리적인 과정을 통해 자신의 학문적·직업적 능력에 부합하는 직업을 선택하도록 돕는 것을 목표로 한다.
> - 상담자 중심의 상담방법으로서 내담자에 대한 정서적 이해보다 문제의 객관적 이해에 중점을 둔다.
> - 특성-요인 상담의 기본은 변별진단이다. 변별진단이란 일련의 관련이 있거나 관련이 없는 사실들로부터 일관된 형식의 의미를 논리적으로 사고하는 과정 또는 하나씩 해결하는 과정이다.
> - 내담자를 객관적으로 이해하고, 올바른 예언을 하기 위해 사례나 사례연구를 상담의 중요한 자료로 삼는다.

90 상담에서 나타날 수 있는 윤리적 갈등의 해결단계를 바르게 나열한 것은? 13, 16, 19년 기출

> ㄱ. 관련 윤리강령, 법, 규정 등을 살펴본다.
> ㄴ. 한 사람 이상의 전문가에게 자문을 구한다.
> ㄷ. 현 상황에서 문제점이나 딜레마를 확인한다.
> ㄹ. 다양한 결정의 결과를 열거해 보고 결정한다.

① ㄱ → ㄷ → ㄴ → ㄹ
② ㄴ → ㄷ → ㄱ → ㄹ
③ ㄷ → ㄱ → ㄴ → ㄹ
④ ㄷ → ㄱ → ㄹ → ㄴ

> **해설**
> **상담장면에서 나타날 수 있는 윤리적 갈등의 해결단계**
> - 1단계 : 현 상황에서의 문제점이나 딜레마를 확인하기
> - 2단계 : 잠재적 쟁점들을 확인하기
> - 3단계 : 문제의 일반적 지침에 관한 윤리강령이나 법, 규정 등을 살피기
> - 4단계 : 문제에 대한 다양한 관점들을 얻기 위해 한 곳 이상의 기관에 자문을 구하기
> - 5단계 : 있을 수 있는 다양한 행동의 진로들에 대한 영감 구하기
> - 6단계 : 다양한 결정의 결과들을 열거해 보고, 내담자를 위한 각각의 행동 진로의 연관성을 반영하기
> - 7단계 : 최고의 행동방침이 무엇인지 결정하기

정답 89 ③ 90 ③

91 아들러(Adler)의 상담이론에서 사용하는 기법이 아닌 것은? 20년 기출

① 격려하기
② 전이의 해석
③ 내담자의 수프에 침 뱉기
④ 마치 ~인 것처럼 행동하기

> **해설**
> ② 전이의 해석 : 프로이트(Freud)의 정신분석적 상담이론에서 사용하는 기법이다.
> ① 격려하기 : 내담자가 자신의 열등감을 극복하고 스스로의 가치를 깨닫도록 돕는 기법이다.
> ③ 내담자의 수프에 침 뱉기 : 내담자의 자기패배적 행동의 감춰진 의도나 목적을 드러냄으로써 이전의 행동을 분리하기 위한 기법이다.
> ④ 마치 ~인 것처럼 행동하기 : 내담자에게 마치 목표를 이룬 것처럼 행동해 보도록 제안하는 기법이다.

92 학습상담 과정에 대한 설명과 가장 거리가 먼 것은? 14, 21년 기출

① 현실성 있는 상담목표를 설정해서 상담한다.
② 학습문제와 관련된 내담자의 감정을 이해하고 격려한다.
③ 내담자의 장점, 자원 등을 학습상담과정에 적절히 활용한다.
④ 학습문제와 무관한 개인의 심리적 문제들은 회피하도록 한다.

> **해설**
> ④ 학습문제는 한두 가지의 원인에 의해 발생하는 경우가 드물다. 따라서 학습문제의 원인에 대한 전반적인 탐색이 이루어져야 하며, 특히 지능검사, 학습태도검사, 학습방법검사 등을 포함한 다양한 심리검사를 통해 내담자의 현재 상태를 파악해야 한다.
> ① 상담목표는 학습의 방향, 즉 상담의 방향을 제시하는 것이다. 목표설정은 상담 과정에서 상담자와 내담자의 행동표적이 되므로, 명료하고 구체적이어야 하며 현실적으로 실현가능해야 한다.
> ② 청소년 내담자의 학습문제는 실패에 대한 두려움과 좌절감을 동반하는 경우가 대부분이다. 따라서 상담자는 내담자의 감정을 이해하고 격려해야 하며, 내담자가 성취감과 자신감을 회복할 수 있도록 지지해야 한다.
> ③ 학습상담은 내담자가 학습을 효과적으로 하지 못하는 이유와 함께 그러한 현상이 발생한 배경적 원인, 그리고 그로 인해 나타나는 다양한 문제들을 검토하는 절차가 필요하다. 특히 학습상담은 다른 상담에 비해 처방적인 성격이 강하므로, 이를 효과적으로 해결하기 위해 내담자의 장점과 자원 등을 최대한 활용해야 한다.

93 진로상담의 목표와 가장 거리가 먼 것은? 　　　　　　　　　　　　　　　　　　　　　15, 19년 기출

① 내담자가 이미 결정한 직업적인 선택과 계획을 확인하도록 돕는다.
② 내담자 자신의 직업적 목표를 명확하게 해준다.
③ 내담자로 하여금 자아와 직업세계에 대한 구체적인 이해와 새로운 사실을 발견하도록 한다.
④ 직업선택과 직업생활에 순응적인 태도를 함양하도록 돕는다.

> **해설**
> 진로상담의 목표
> - 내담자가 이미 결정한 직업적인 선택과 계획을 확인하는 과정이다.
> - 개인의 직업적 목표를 명백히 밝혀주는 과정이다.
> - 내담자로 하여금 자아와 직업세계에 대한 구체적인 이해 및 새로운 사실의 발견을 촉진하는 과정이다.
> - 내담자에게 진로 및 직업선택 관련 의사결정 능력을 길러주는 과정이다.
> - 내담자에게 직업선택 및 직업생활에서의 능동적인 태도를 함양하도록 돕는 과정이다.

94 벡(Beck)의 인지치료에서 인지도식에 관한 설명으로 옳지 않은 것은? 　　　　　　　　　　　20년 기출

① 인지도식이란 나와 세상을 이해하는 틀이다.
② 사람마다 인지도식이 다르기 때문에 같은 사건을 다르게 해석한다.
③ 역기능적 인지도식은 추상적 사고가 가능한 청소년기부터 형성된다.
④ 역기능적 신념이 역기능적 자동적 사고를 유발하여 부적응행동을 초래한다.

> **해설**
> 인지도식 중 대다수는 어린 시절, 즉 생애 초기에 형성되어 이후 지속적으로 정교해지면서 생애 후기의 경험들에 의해 중첩된다.

95 다음 알코올 중독 내담자에게 적용할 만한 동기강화상담의 기법과 가장 거리가 먼 것은? **21년 기출**

> "제가 술 좀 마신 것 때문에 아내가 저를 이곳에 남겨 두었다는 것을 믿을 수가 없군요. 그녀의 문제가 무엇인지 모르겠어요. 이 방에 불러서 이야기 좀 하고 싶어요. 음주가 문제가 아니라 그녀가 문제인 것이니까요."

① 반영반응(Reflection Response)
② 주창 대화(Advocacy Talk)
③ 재구성하기(Reframing)
④ 초점 옮기기(Shifting Focus)

해설

② 주창 대화(Advocacy Talk) : 상담의 목적을 위해 내담자의 저항을 심화하는 대화 방법으로, 주로 내담자와 논쟁하거나 내담자의 저항을 유발할 만한 입장에서 항변하는 기법이다.
① 반영반응(Reflection Response) : 내담자가 표현한 말을 정확히 듣고 그 말 속에 담긴 의미를 해석하여 적절하게 반응하는 기법이다.
③ 재구성하기(Reframing) : 내담자의 행동에 대한 인식을 변화시키는 전략으로 내담자가 문제를 다른 시각으로 바라볼 수 있도록 돕는 기법이다.
④ 초점 옮기기(Shifting Focus) : 내담자의 저항이 있을 때 내담자의 지각을 살짝 다른 쪽으로 돌리거나, 색다른 시각으로 해석해 주어 저항을 변화를 위한 힘으로 돌리는 기법이다.

96 사이버상담에 대한 설명으로 옳지 않은 것은? **16, 19년 기출**

① 사이버상담은 전화상담처럼 자살을 비롯한 위기상담이라는 뚜렷한 목적을 갖고 시작되었다.
② 사이버상담자들의 전문성과 윤리성 등을 통제하고 관리하는 체계가 필요하다.
③ 사이버상담의 전문화를 위해 기존 면대면상담과는 다른 새로운 상담기법을 개발하고 실험을 통해 효과를 검증할 필요가 있다.
④ 사이버상담은 기존의 면대면상담과 전화상담에 참여하지 않았던 새로운 내담자군의 출현을 가져왔다.

해설

사이버상담의 특징
- 단회성 : 인터넷상담 또는 사이버상담은 대면상담과 달리 단회로 끝나는 경우가 많다.
- 신속성 : 실시간 상담의 경우 상담이 신속히 이루어질 수 있다.
- 문자중심의 상호작용 : 상담이 문자나 채팅에 의해 이루어진다.
- 익명성 : 내담자의 익명성이 보장되어 보다 솔직한 대화 및 감정표현이 가능하다.
- 자발성, 주도성 : 상담과정에서 내담자의 자발적·주도적 참여가 이루어진다.
- 시·공간의 초월성 : 시간 및 공간상의 제약이 다른 방법에 비해 상대적으로 적다.
- 개방성 : 사이버공간에 게시된 정보에 모든 사람이 접속할 수 있다.
- 경제성 : 내담자가 상담실을 방문하는 데 드는 비용, 상담자가 상담의 제반 여건을 갖추는 데 드는 비용 등을 절감할 수 있다.
- 자기성찰의 기회 제공 : 내담자가 시간적인 여유를 두고 생각을 정리한 후 반응하는 것을 허용하므로 자기성찰 능력이 향상된다.

97 가족치료의 주된 목표와 가장 거리가 먼 것은?   21년 기출

① 가계의 특징을 파악하고 이를 재구조화한다.
② 가족 구성원 간의 잘못된 관계를 바로잡는다.
③ 특정 가족 구성원의 문제행동을 수정한다.
④ 가족 구성원 간의 의사소통 유형을 파악하고 의사소통이 잘되도록 한다.

> **해설**
> ③ 특정 구성원이 아닌 가족체계 전체를 치료의 대상으로 여기고 실시한다.
>
> **가족치료의 목표**
> - 치료자가 가족체계 전체를 치료의 대상으로 여기고 실시하는 모든 형태의 치료이다.
> - 가족 내에 존재하는 역기능적인 요소를 수정 또는 변화시킴으로써 가족기능을 회복시킨다.
> - 가족집단을 기초로 하여 그 가족이 지닌 제 장애요소를 완화하고 사회적 부적응 현상을 변화시킨다.
> - 개인을 가족이라는 보다 큰 체계의 일원으로 보며, 가족구조의 변화를 초래함으로써 개인의 위치, 행동 및 정신내적 과정의 변화를 유도한다.
> - 가족치료는 정신의학, 심리학, 사회사업에서 각기 접근하고 있으며, 아동, 청소년, 노인, 부부 간의 상담 등으로 폭이 넓다.

98 심리치료의 발전사에 관한 설명으로 옳지 않은 것은?   21년 기출

① 인지심리학의 발전과 더불어 개발된 치료방법들은 1960~70년대 행동치료와 접목되면서 인지행동치료로 발전하였다.
② 로저스(Rogers)는 정신분석치료의 대안으로 인간중심치료를 제시하면서 자신의 치료활동을 카운슬링(Counseling)으로 지칭하였다.
③ 윌버(Wilber)는 자아초월 심리학의 이론체계를 발전시켰으며 그의 이론에 근거한 통합적 심리치료를 제시하였다.
④ 제임스(James)는 펜실베니아 대학교에 최초의 심리클리닉을 설립하여 학습장애와 행동장애 아동을 대상으로 치료활동을 시작하였다.

> **해설**
> ④ 제임스(James)가 아닌 위트머(Witmer)에 대한 설명이다.
>
> **심리치료 발전사**
> - 1879년 : 분트(Wundt)가 독일 라이프치히에 심리학 연구를 위해 실험실을 개설하였다.
> - 1883년 : 갈튼(Galton)이 「인간의 능력과 그 발달에 관한 탐구(Inquiries into Human Faculty and Its Development)」를 저술하였다.
> - 1890년 : 카텔(Cattell)이 정신검사(Mental Tests)라는 용어를 처음으로 제안하였다.
> - 1892년 : 미국심리학회(APA ; American Psychological Association)가 창설되었다.
> - 1896년 : 위트머(Witmer)가 미국 펜실베니아(Pennsylvania) 대학에 세계 최초의 심리진료소(Psychological Clinic)를 개설하였다.

99 단기상담에 적합한 내담자의 특성으로 옳은 것은?   04, 13, 19, 24년 기출

① 반사회적 성격장애가 있다.
② 문제가 구체적이거나 발달과정상의 문제가 있다.
③ 지지적인 대화상대자가 전혀 없다.
④ 만성적이고 복합적인 문제가 있다.

> **해설**
> 단기상담에 적합한 내담자
> - 내담자가 비교적 건강하며 그 문제가 심각하지 않다.
> - 내담자가 자신의 경미한 문제에 대한 명확한 인식을 원한다.
> - 내담자가 임신, 출산 등 발달과정상의 문제를 경험한다.
> - 내담자가 중요 인물의 상실에 대한 생활상의 적응을 필요로 한다.
> - 내담자가 급성적 상황으로 인해 정서적인 어려움을 겪는다.

100 특정한 직업분야에서 훈련이나 직무를 성공적으로 수행할 가능성을 예측하는 데 가장 적합한 검사는?
    15, 20년 기출

① 직업적성검사
② 직업흥미검사
③ 직업성숙도검사
④ 직업가치관검사

> **해설**
> ① 직업적성검사 : 검사를 통해 자신의 적성에 맞는 직업을 선택할 수 있도록 하기 위한 검사로 검사의 주요 내용은 언어력, 수리력, 추리력, 사물지각력으로 구성되어 있다.
> ② 직업흥미검사 : 개인의 흥미유형을 현실형, 탐구형, 예술형, 사회형, 진취형, 관습형으로 나누어 살펴보고 있다.
> ③ 직업성숙도검사 : 개인의 계획성, 직업에 대한 태도, 독립성, 자기이해, 정보탐색, 합리적 의사결정, 직업에 대한 지식, 진로탐색 및 준비행동 등의 수준을 파악할 수 있는 검사이다.
> ④ 직업가치관검사 : 직업선택 시 중요하게 생각하는 직업가치관을 측정하는 검사로 성취, 봉사, 개별활동, 직업안정, 변화지향, 몸과 마음의 여유, 영향력 발휘, 지식추구, 애국, 자율성, 금전적 보상, 인정, 실내활동의 하위유형으로 구성되어 있다.

임상심리사 2급

2022년

제1회 기출문제 및 해설

제3회 기출복원문제 및 해설

교육은 우리 자신의 무지를 점차 발견해 가는 과정이다.

– 윌 듀란트 –

2022 제1회 기출문제 및 해설

심리학개론 | 이상심리학 | 심리검사 | 임상심리학 | 심리상담

제1과목 심리학개론

01 임상심리학 연구방법 중 내담자와의 면접을 통해 증상과 경과를 체계적으로 연구하는 방법은?

① 실험연구
② 상관연구
③ 사례연구
④ 혼합연구

> **해설**
> ③ 사례연구 : 하나 또는 몇 개의 대상을 집중적으로 조사하고 증상과 경과를 체계적으로 연구하여 결론을 얻는 연구방법
> ① 실험연구 : 인위적으로 통제된 조건하에서 연구하고자 하는 변인을 체계적으로 변화시킬 때 그 효과가 어떻게 나타나는지를 측정하는 연구방법
> ② 상관연구 : 실험연구와는 달리 연구자가 주어진 현상을 조작통제하지 않고 자연조건 그대로의 변인 간의 관계를 연구하는 방법
> ④ 혼합연구 : 질적연구 또는 양적연구에 사용되는 기법, 접근법 등을 하나의 연구에 혼합하여 사용하는 연구방법

02 성격이론과 대표적인 연구자가 잘못 짝지어진 것은? _{14, 24년 기출}

① 정신분석이론 – 프로이트(Freud)
② 행동주의이론 – 로저스(Rogers)
③ 인본주의이론 – 매슬로우(Maslow)
④ 특질이론 – 올포트(Allport)

> **해설**
> ② 행동주의이론의 대표적인 연구자들로 왓슨(Watson), 스키너(Skinner), 볼프(Wolpe) 등이 있다. 참고로 로저스(Rogers)는 인본주의이론의 대표적인 학자에 해당한다.

정답 01 ③ 02 ②

03 기억 연구에서 집단이 회상한 수가 집단 구성원 각각 회상한 수의 합보다 적은 것을 의미하는 것은?

18, 23년 기출

① 책임감 분산
② 청크효과
③ 스트룹효과
④ 협력 억제

> **해설**
> ④ 협력 억제(Collaborative Inhibition) : 집단의 협력에 의한 기억 회상이 동일한 수의 개인에 의한 기억 회상에 비해 성능이 저하되는 양상을 보이는 효과이다. 웰던과 벨린저(Weldon & Bellinger)는 다른 구성원의 생각을 듣고 당면한 주제에 대해 토론하는 것이 각 개인의 생각 조직을 방해하고 기억을 손상시킨다는 점을 확인하였다.
> ① 책임감 분산(Diffusion of Responsibility) : '링겔만 효과(Ringelmann Effect)'라고도 불리며, 집단과업에 참여하는 사람이 늘어날수록 1인당 기여도가 감소하는 효과이다.
> ② 청크효과(Chunk Effect) : 정보를 보다 큰 유의미한 단위로 묶음으로써 기억 성능을 향상하는 효과이다.
> ③ 스트룹효과(Stroop Effect) : 단어의 의미와 색상이 일치하는 자극을 보고 그 색상을 명명할 때와 단어의 의미와 색상이 일치하지 않는 자극을 보고 그 색상을 명명할 때 반응시간에 차이가 있는데, 후자의 경우 반응시간이 증가하는 효과이다.

04 여러 상이한 연령에 속하는 사람들로부터 동시에 어떤 특성에 대한 자료를 얻고, 그 결과를 연령 간 비교하여 발달적 변화과정을 추론하는 연구방법은?

13, 17년 기출

① 종단적 연구방법
② 횡단적 연구방법
③ 교차비교 연구방법
④ 단기종단적 연구방법

> **해설**
> ① 종단적 연구방법 : 한 연령집단을 표집하여 일정기간 동안 그 집단의 연령에 따른 발달적 변화과정을 추적연구하는 방법이다.
> ③ 교차비교 연구방법 : 각 연구대상의 피험자가 자신의 대조군 역할을 하도록 하는 연구설계이다.
> ④ 단기종단적 연구방법 : 개인이나 특정 집단의 성장이나 발달에 영향을 주는 시간효과(History Effect)와 사회적 영향을 배제시켜 순수한 나이변인(Age Variable)의 효과만을 밝혀낼 목적으로 실시하게 된다.

05 단순 공포증이 유사한 대상에게 확대되는 현상을 설명하는 학습원리는?　　24년 기출

① 변별조건형성
② 자극 일반화
③ 자발적 회복
④ 소 거

> **해설**
>
> **자극 일반화(Stimulus Generalization)**
> 특정 조건자극에 대해 조건반응이 성립되었을 때 그와 유사한 조건자극에 대해서도 똑같은 조건반응을 보이는 학습 현상을 말한다. "자라 보고 놀란 가슴 솥뚜껑 보고 놀란다"라는 속담을 예로 들 수 있다.
> ① 변별조건형성(Discrimination Conditioning)은 자극 일반화를 막기 위해 두 개의 자극을 변별하도록 조건형성하는 것이다.
> ③ 자발적 회복(Spontaneous Recovery)은 한 번 습득된 행동에 대해 보상이 주어지지 않더라도 동일한 상황에 직면하는 경우 소거된 반응이 다시 나타나는 현상을 말한다.
> ④ 소거(Extinction)는 일정한 반응 뒤에 강화가 주어지지 않는 경우 해당 반응이 사라지는 현상을 말한다.

06 실험장면에서 실험자가 조작하는 처치변인은?　　23, 24년 기출

① 독립변인
② 종속변인
③ 조절변인
④ 매개변인

> **해설**
>
> **실험법(Experimental Methods)**
> - 연구방법 중 가장 과학적인 방법이자 가장 중요하게 사용되는 방법이다.
> - 실험법은 인위적으로 통제된 조건하에서 연구하고자 하는 변인을 체계적으로 변화시킬 때 그 효과가 어떻게 나타나는지를 측정하는 방법으로 인과관계의 추론이 가능하다.
> - 효과를 연구하기 위해 사용되는 특정변인은 독립변인, 독립변인의 처치에 의해 영향을 받는 변인은 종속변인이라고 한다.
> - 실험법은 독립변인의 조작, 가외변인의 통제, 실험대상의 무작위화를 조건으로 한다. 종속변인의 변화가 독립변인의 처치효과에 의해서만 나타난 결과임을 증명하기 위해 다른 변인, 즉 가외변인(외생변인)은 일정하게 통제되어야 한다.

정답 05 ② 06 ①

07 프로이트(Freud)의 성격의 구조에 대한 설명으로 옳지 않은 것은?

① 이드는 쾌락원칙을 따른다.
② 초자아는 항문기의 배변훈련 과정을 겪으면서 발달한다.
③ 성격의 구조 가운데 가장 마지막으로 발달하는 체계가 초자아이다.
④ 자아는 성격의 집행자로서, 인지능력에 포함된다.

> **해설**
> ② 초자아(Super Ego)는 부모의 가치기준을 동화함으로써 자아(Ego)로부터 발달하게 된다. 즉, 초자아는 주로 부모나 사회환경의 영향을 받아 오이디푸스 콤플렉스나 엘렉트라 콤플렉스를 겪으면서 발달한다.

08 카텔(Cattell)의 성격이론에 관한 설명과 가장 거리가 먼 것은?   15, 18, 24년 기출

① 주로 요인분석을 사용하여 성격요인을 규명하였다.
② 지능을 성격의 한 요인인 능력특질로 보았다.
③ 개인의 특정 행동을 설명할 수 있느냐에 따라 특질을 표면특질과 근원특질로 구분하였다.
④ 성격특질이 서열적으로 조직화되어 있다고 보았다.

> **해설**
> **역동적 특질(Dynamic Trait)**
> 카텔(Cattell)은 성격특질이 역동적으로 조직화되어 있다고 보았다. 그는 성격체계에서 중요한 3가지 역동적 특질로 에르그(Erg), 감정(Sentiment), 태도(Attitude)를 제시하였다.
>
> | 에르그
(Erg) | • 근원특질(원천특질)이자 체질특질로서, 본능 혹은 추동과 같이 인간의 선천적이면서 원초적인 기초가 되는 특질이다.
• 한 개인의 모든 행동을 일으키는 에너지의 원천 혹은 추진력으로 볼 수 있다. |
> | --- | --- |
> | 감정
(Sentiment) | • 에르그와 마찬가지로 근원특질이나 그것이 외적인 사회적 혹은 물리적 영향에서 비롯되므로 환경조형특질에 해당한다고 볼 수 있다.
• 삶의 중요한 측면에 맞춰진 학습된 태도의 패턴으로서, 이와 같이 학습을 통해 생겨난 감정은 그것이 삶에서 더 이상 중요하지 않을 경우 사라지거나 바뀔 수 있다. |
> | 태도
(Attitude) | • 역동적 양상의 표면특질로서 에르그와 감정, 그리고 그 상호관계에서 추론되는 숨은 동기의 관찰된 표현이다.
• 특별한 상황에서의 개인의 태도는 특정 대상과 관련된 행동 과정으로서, 그의 높은 관심을 반영한다. |

09 성격을 정의할 때 고려하는 특징으로 가장 거리가 먼 것은? 16, 23, 24년 기출

① 시간적 일관성
② 환경에 대한 적응성
③ 개인의 독특성
④ 개인의 자율성

> **해설**
> 성격(Personality)
> • 한 개인이 환경과 상호작용하면서 나타나는 독특하고 일관성이 있으며, 인지적이고 정동적인 안정된 행동양식
> • 성격은 그 개인에게 특징적이고 독특함을 가지고 있으며, 일관되게 나타나는 것
> • 성격특징들의 단순한 조합이 아니라, 개인이 그 특징들을 조작하여 총제적으로 나타나는 양상

10 인지학습이론에 대한 설명으로 옳지 않은 것은? 18, 24, 25년 기출

① 형태주의는 공간적인 관계보다는 시간변인에 주로 관심을 갖는다.
② Tolman은 강화가 무슨 행동을 하면 어떤 결과가 일어날 것이란 기대를 확인시켜준다고 보았다.
③ 통찰은 해결 전에서 해결로 갑자기 일어나며 대개 '아하' 경험을 하게 된다.
④ 인지도는 학습에서 내적 표상이 중요함을 보여준다.

> **해설**
> ① 형태주의는 시간변인보다는 공간적인 관계에 주로 관심을 갖는다. 그래서 "전체는 부분의 합 이상이다"라는 말이 형태주의의 구호가 되었다.

정답 09 ④ 10 ①

11 에릭슨(Erikson)의 심리사회적 발달이론에서 노년기에 맞는 위기는?

① 고립감
② 열등감
③ 단절감
④ 절망감

> **해설**
> 에릭슨(Erikson)의 심리사회적 발달이론에 따른 인간발달 단계
> - 유아기 : 신뢰감 대 불신감
> - 초기아동기 : 자율성 대 수치심 및 회의
> - 학령전기(유희기) : 주도성 대 죄의식
> - 학령기 : 근면성 대 열등감
> - 청소년기 : 자아정체감 대 정체감 혼란
> - 성인 초기 : 친밀감 대 고립감
> - 성인기 : 생산성 대 침체
> - 노년기 : 자아통합 대 절망

12 고전적 조건형성에 관한 설명으로 옳은 것은? 　　　　21, 23, 24년 기출

① 대부분의 정서적인 반응들은 고전적 조건형성을 통해 학습될 수 있다.
② 중립자극은 무조건자극 직후에 제시되어야 한다.
③ 행동변화의 효과를 거두기 위해서는 적절한 반응의 수나 비율에 따라 강화가 이루어져야 한다.
④ 모든 자극에 대한 모든 반응은 연쇄(Chaining)를 사용하여 조건형성을 할 수 있다.

> **해설**
> ① 공포와 불안과 같은 불쾌한 정서적 반응뿐만 아니라 많은 유쾌한 정서적 반응 또한 고전적 조건형성을 통해 학습될 수 있다.
> ② 고전적 조건형성에서 중립자극(예 조건화되기 이전의 종소리)은 무조건자극(예 먹이)에 선행되어야 한다. 중립자극이 무조건자극과 반복적으로 짝지어짐으로써 반응을 이끌어 내는 능력을 가질 때, 중립자극을 조건자극이라 한다.
> ③ 조작적 조건형성에 대한 내용이다.
> ④ 연쇄 혹은 행동 연쇄화(Chaining)는 조작적 조건형성의 기법에 해당한다. 이는 동물에게 훈련시키려고 하는 특정 행동이 여러 반응들에 의해 순차적으로 연결된 것일 때 유효하게 적용할 수 있다.

13 자신의 행동을 통해서 태도를 확인하고 이해하는 과정을 설명하는 이론은?   16년 기출

① 인지부조화이론
② 자기지각이론
③ 자기고양편파이론
④ 자기정체성이론

> **해설**
> 자기지각이론(Self-perception Theory)
> • 자기지각이론이란 사람들은 자신의 행동으로부터 자신의 태도를 추론해 내는 것
> • 자신이 어떤 행동을 취하였는가에 대해 먼저 스스로를 관찰하고, 그 행동이 우러나오게 된 것이 자신의 태도 때문이라고 추론하는 것

14 집단사고가 일어나는 상황과 가장 거리가 먼 것은?   17년 기출

① 집단의 응집력이 높은 경우
② 집단이 외부 영향으로부터 고립된 경우
③ 집단의 리더가 민주적인 경우
④ 실행 가능한 대안이 부족하여 집단의 스트레스가 높은 경우

> **해설**
> 자니스(Janis)의 집단사고(Group-Think)
> • 응집력이 높은 집단에서 초래될 수 있는 비합리적이고 비생산적인 결정이나 판단을 의미한다.
> • 집단 구성원들이 의사결정상황에서 집단의 응집력과 획일성을 강조하고 반대의견을 억압하여 비합리적인 결정을 내리는 왜곡된 의사결정양식이다.
> • 자니스는 집단 구성원들의 응집성이 매우 높고, 집단이 외부로부터 단절되어 있으며, 집단 내에서 대안들을 숙고하는 절차가 미비할 때, 리더가 지시적이며, 리더가 제시한 방안보다 더 좋은 방안을 찾을 가망이 없다는 데서 오는 스트레스가 높을 때 집단사고 경향을 보이게 된다고 주장하였다.
> • 이런 조건하에서 높은 응집성을 가진 집단은 만장일치적 합의를 이끌어 내는 데 주력하고, 자기집단을 과대평가하고, 외부에 대해 폐쇄적 입장을 취하며 집단 내에 획일성을 추구하는 압력이 크게 작용하게 된다.

정답 13 ② 14 ③

15 어떤 사람의 행동을 보고 상황이나 외적 요인보다는 사람의 기질이나 내적 요인에 그 원인을 두려고 하는 것은?

16, 23년 기출

① 고정관념
② 현실적 왜곡
③ 후광효과
④ 기본적 귀인오류

> **해설**
> 기본적 귀인오류 또는 근본 귀인오류(Fundamental Attribution Error)
> 사람들은 타인의 행동을 설명할 때 상황 요인들의 영향을 과소평가하고 행위자의 내적, 기질적인 요인들의 영향을 과대평가하기도 한다. 이와 같이 어떤 행위가 발생했을 때, 외부 귀인보다 행위자의 기질이나 성향 등 내부적인 요인에 귀인하는 경향을 '기본적 귀인오류'라고 한다.
> 예 "친구가 장학금을 받게 된 것은 운이 좋아서라기보다는 그가 노력했기 때문이다."

16 의미망 모형에 관한 설명으로 옳지 않은 것은?

① 많은 정보들은 의미망으로 조직화할 수 있고 의미망은 노드(Node)와 통로(Pathway)로 구성되어 있다.
② 모형의 가정을 어휘결정 과제로 검증할 수 있다.
③ 버터가 단어인지를 판단하는 데 걸리는 시간은 간호사보다 빵이라는 단어가 먼저 제시되었을 때 더 느리다.
④ 활성화 확산 과정으로 설명할 수 있다.

> **해설**
> 의미점화 효과(Semantic Priming Effects)
> - 활성화 확산 과정은 개념들 간의 의미적 관계성과 관련하여 의미점화 효과를 잘 설명해 준다.
> - 점화(혹은 촉발)는 선행 정보의 이용에 의해 자극의 탐지 또는 재인이 촉진되는 현상을 말하는 것으로, 의미점화 효과는 의미적으로 관련된 단어(점화 단어)가 앞서서 제시된 후 그와 관련된 단어(표적 단어)가 제시될 때, 후자에 대한 의미처리가 빨리 일어나는 효과를 말한다.
> - 메이어와 쉬바네벨트(Meyer & Schvaneveldt)의 어휘판단(어휘결정) 과제는 의미점화 효과를 잘 설명하는 예로 볼 수 있다. 해당 과제에서 피험자들은 '간호사(Nurse)'보다 '빵(Bread)'이 먼저 제시되었을 때 '버터(Butter)'에 대한 판단 속도가 빨랐다.
> - 메이어와 쉬바네벨트의 실험 결과를 활성화 확산 과정을 통해 설명하면, 결국 '빵(Bread)'으로부터 확산된 활성화에 의해 '버터(Butter)'의 처리가 촉진된 것이다.

17 동조에 관한 설명으로 옳은 것은? 17, 24년 기출

① 집단의 크기에 비례하여 동조의 가능성이 증가한다.
② 과제가 쉬울수록 동조가 많이 일어난다.
③ 개인이 집단에 매력을 느낄수록 동조하는 경향이 더 높다.
④ 집단에 의해서 완전하게 수용받고 있다고 느낄수록 동조하는 경향이 더 크다.

> **해설**
> ① 애쉬(Asch)의 실험에 의하면 집단의 크기가 3~4인일 때 동조율이 가장 높고 그보다 클 경우 떨어지는 경향을 보인다.
> ② 과제가 애매하거나 불확실할수록 동조가 많이 일어난다.
> ④ 집단에 수용되고 싶다는 욕구에 의해 동조하는 경우가 많다.

18 연구설계 시 내적 타당도를 위협하는 요인이 <u>아닌</u> 것은? 23, 24년 기출

① 평균으로의 회귀
② 측정도구의 변화
③ 피험자의 반응성
④ 피험자의 학습효과

> **해설**
> ③ 피험자의 반응성, 즉 조사반응성(반응효과)은 외적 타당도를 저해하는 요인에 해당한다. 연구자가 관찰하는 동안 조사대상자가 연구자의 바람에 따라 반응하거나 스스로 조사대상임을 의식하여 평소와 다른 반응을 보이는 경우 일반화의 정도는 낮아지며, 그로 인해 외적 타당도가 저해된다.
>
> **내적 타당도를 저해하는 요인**
> • 성숙요인(시간의 경과)
> • 역사요인(우연한 사건)
> • 선별요인(선택요인)
> • 상실요인(실험대상의 탈락)
> • 통계적 회귀요인 (①)
> • 검사요인(테스트효과) (④)
> • 도구요인 (②)
> • 모방(개입의 확산)
> • 인과적 시간-순서(인과관계방향의 모호성)

정답 17 ③ 18 ③

19 기억에 관한 설명 중 옳지 <u>않은</u> 것은? **25년 기출**

① 기억의 세 단계는 부호화, 저장, 인출이다.
② 감각기억은 매우 큰 용량을 가지고 있지만 순식간에 소멸한다.
③ 외현기억은 무의식적이며, 암묵기억은 의식적이다.
④ 부호화와 인출을 증진시키는 한 가지 방법은 심상을 사용하는 것이다.

> **해설**
>
> 외현기억(Explicit Memory)과 암묵기억(Implicit Memory)
> - 외현기억은 자기가 기억하고 있다는 것을 자각할 수 있는 기억으로서, 의도적으로 저장한 기억이다.
> - 암묵기억은 무의식적이고 간접적으로 접근할 수 있는 기억으로서, 우연적이고 비의도적인 기억이다.
> - 외현기억은 의식적이므로 회상검사나 재인검사를 통해 직접 측정할 수 있는 반면, 암묵기억은 무의식적이므로 간접적인 방법으로 측정할 수 있다.
> - 암묵기억은 연령, 약물(예 알코올), 기억상실증, 파지 간격의 길이, 간섭 조작 등의 변인에 의해 영향을 받지 않는 반면, 외현기억은 이들 요인의 영향을 많이 받는다.

20 비율척도에 해당하는 것은? **18년 기출**

① 성 별
② 길 이
③ 온 도
④ 석 차

> **해설**
>
> ① 명목척도
> ③ 등간척도
> ④ 서열척도
>
> 비율척도(Ratio Scale)
> - 가장 높은 수준의 측정척도로, 명목 · 서열 · 등간척도의 특수성을 포함하는 동시에 절대영점을 가진다. 이때 절대영점은 '0'의 수치가 절대적인 의미를 가지는 것을 의미한다.
> - 섭씨온도나 화씨온도가 등간척도의 예에 해당한다면, 분자의 움직임이 없는 상태를 '0', 'K'로 나타내는 켈빈온도는 비율척도의 예에 해당한다.
> - 비율척도는 고도의 통계분석이 가능하며, 모든 통계치를 산출할 수 있다.
>   예 연령, 무게, 신장, 수입, 매출액, 출생률, 사망률, 이혼율, 경제성장률, 졸업생 수, 서비스 대기인수, 서비스 수혜기간 등

제2과목 이상심리학

21 DSM-5에서 알코올사용장애 진단 기준에 관한 설명으로 옳은 것은?

① 증상의 개수로 알코올사용장애 심각도를 분류한다.
② 알코올로 인한 법적문제가 진단 기준에 포함된다.
③ 교차중독 현상이 진단 기준에 포함된다.
④ 음주량과 음주횟수가 진단 기준에 포함된다.

> **해설**
> ① DSM-5 진단 기준에 따르면 알코올사용장애의 11개 증상 중 2개 이상일 때 알코올사용장애로 진단될 수 있다.
> DSM-5 진단 기준에 따른 알코올사용장애(Alcohol Use Disorder)의 심각도 분류
> • 경도 또는 가벼운 정도(Mild) : 2~3개의 증상
> • 중(등)도 또는 중간 정도(Moderate) : 4~5개의 증상
> • 고도(중증도) 또는 심한 정도(Severe) : 6개 혹은 그 이상의 증상

22 여성의 알코올중독에 관한 설명으로 옳은 것은? **25년 기출**

① 알코올중독의 남녀 비율은 비슷한 수준이다.
② 여성은 유전적으로 남성보다 알코올중독의 가능성이 더 높다.
③ 여성 알코올중독자들은 남성 알코올중독자들보다 우울을 더 많이 경험하고 자살시도 횟수가 더 많다.
④ 여성은 남성보다 체지방이 많기 때문에 술의 효과가 늦게 나타나고 대사가 빠르다.

> **해설**
> ③ 여성 알코올중독자들의 경우 남성에 비해 불안, 우울 등의 심리적인 문제를 가지고 있는 경우가 많으며, 자살시도를 비롯한 정신과적 병력이 있는 경우도 많은 것으로 나타나고 있다.
> ① 남성이 여성에 비해 음주와 관련된 장애를 가지는 비율이 높다. DSM-5에서는 알코올사용장애(Alcohol Use Disorder)의 유병률에서 성인 남성(12.4%)이 성인 여성(4.9%)보다 높다고 보고하고 있다.
> ② 여성의 경우 남성과 마찬가지로 알코올중독에 있어서 유전적 요소가 작용하나, 남성에 비해 결혼유무, 스트레스 사건, 성적인 문제 등 개인의 심리적·환경적 요인이 중요하게 작용한다.
> ④ 일반적으로 여성은 남성에 비해 체중이 가볍고, 체지방 비율이 높은 반면 수분의 비율이 낮으며, 식도와 위에서 알코올을 적게 대사하기 때문에 같은 음주량에도 남성보다 높은 혈중 알코올 농도를 보일 수 있다.

23 지속성우울장애(기분저하증)의 진단 기준에 관한 설명으로 옳지 <u>않은</u> 것은? 23, 25년 기출

① 우울 기간 동안 자존감 저하, 절망감 등의 2가지 증상이 나타난다.
② 순환성장애의 진단 기준을 충족해야 한다.
③ 조증 삽화, 경조증 삽화가 없어야 한다.
④ 청소년에서는 기분이 과민한 상태로 나타나기도 한다.

> **해설**
> ② · ③ DSM-5 진단 기준에서는 지속성우울장애(Persistent Depressive Disorder) 또는 기분저하증(Dysthymia)의 진단과 관련하여 조증 삽화나 경조증 삽화는 없어야 하며, 순환성장애(Cyclothymic Disorder)의 진단 기준에 부합하지 않아야 한다고 명시하고 있다.
> ① 지속성우울장애(기분저하증)는 식욕 부진 또는 과식, 불면 또는 수면 과다, 활력(기력) 저하 또는 피로감, 자존감 저하, 집중력 감소 또는 결정의 어려움, 절망감 등 6가지 증상 중 우울 기간 동안 2가지 이상의 증상이 나타난다.
> ④ 지속성우울장애(기분저하증)는 최소 2년 동안 하루의 대부분 우울한 기분을 가지며, 우울한 기분이 있는 날이 그렇지 않은 날보다 더 많은 경우 진단된다. 다만, 아동 및 청소년의 경우 기분이 과민한 상태로 나타나기도 하며, 그 지속기간은 최소 1년이어야 한다.

24 이상심리의 이론적 모형에 관한 설명으로 옳지 <u>않은</u> 것은?

① 양극성 장애와 조현병은 유전을 비롯한 생물학적 요인에 영향을 받는다.
② 행동주의자들은 부적응 행동이 학습의 원리에 따라 형성된다고 제안하였다.
③ 실존주의자들은 정신장애가 뇌의 생화학적 이상에 의해서 유발된다고 본다.
④ 인지이론가들은 비합리적 신념과 역기능적 사고가 이상 행동에 영향을 준다고 본다.

> **해설**
> ③ 정신장애가 뇌의 생화학적 이상에 의해서 유발된다고 보는 것은 이상심리의 이론적 모형 중 생물학적 입장에 해당한다.
> ① 생물학적 입장은 정신장애를 유발할 수 있는 주요한 생물학적 원인으로 유전적 요인, 뇌의 구조적 결함(혹은 손상), 뇌의 생화학적 이상에 초점을 둔다. 특히 생물학적 입장에 기초한 가계연구를 통해 양극성 장애와 조현병이 유전을 비롯한 생물학적 요인에 영향을 받는 것으로 밝혀졌다.
> ② 이상심리의 이론적 모형 중 행동주의적 입장은 이상행동 또한 정상행동과 마찬가지로 학습의 원리에 의해 학습된 것으로 가정한다. 즉, 이상행동은 주변 환경으로부터의 잘못된 학습에 기인한다는 것이다.
> ④ 이상심리의 이론적 모형 중 인지적 입장은 비합리적 신념과 역기능적 사고가 정신장애를 유발하는 근본적 원인이라고 보고, 정신장애의 유발과 지속에 영향을 미치는 부적응적 인지를 변화시키고자 한다.

25 조현병 스펙트럼 및 기타 정신병적 장애에 해당하지 않는 것은? 21년 기출

① 순환성장애
② 조현양상장애
③ 조현정동장애
④ 단기 정신병적 장애

> **해설**
> ① 순환성장애(Cyclothymic Disorder)는 양극성 및 관련 장애(Bipolar and Related Disorders)의 하위유형에 해당한다.
>
> **DSM-5 분류기준에 의한 조현병 스펙트럼 및 기타 정신병적 장애의 주요 하위유형**
> - 조현형(성격)장애 또는 분열형(성격)장애[Schizotypal (Personality) Disorder]
> - 망상장애(Delusional Disorder)
> - 단기 정신병적 장애 또는 단기 정신증적 장애(Brief Psychotic Disorder)
> - 조현양상장애 또는 정신분열형 장애(Schizophreniform Disorder)
> - 조현병 또는 정신분열증(Schizophrenia)
> - 조현정동장애 또는 분열정동장애(Schizoaffective Disorder)
> - 긴장증(Catatonia) 등

26 사회불안장애에 대한 설명으로 가장 적합한 것은? 15, 23년 기출

① 공포스러운 사회적 상황이나 활동상황에 대한 회피, 예기 불안으로 일상생활, 직업 및 사회적 활동에 영향을 받는다.
② 특정 뱀이나 공원, 동물, 주사 등에 공포스러워 한다.
③ 터널이나 다리에 대해 공포반응이 일어나는 경우이다.
④ 생리학적으로 부교감신경계의 활성 등의 생리적 반응에서 기인한다.

> **해설**
> ① 사회불안장애(Social Anxiety Disorder)는 다른 사람들과 상호작용하는 사회적 상황을 두려워하여 회피하는 장애로, 사회공포증(Social Phobia)이라고 불리기도 한다.
> ② 특정한 대상이나 상황(예 비행, 고공, 동물, 주사 맞기, 피를 봄 등)에 대한 비합리적 두려움과 지속적인 회피행동을 주요 증상으로 하는 것은 특정공포증(Specific Phobia)이다.
> ③ 버스나 지하철 등 대중교통수단이나 엘리베이터, 공항, 터널 등 폐쇄된 공간에서 공포나 불안을 경험하는 경우는 특정공포증의 유형 중 상황형(Situational Type)에 해당한다.
> ④ 불안은 생리학적으로 교감신경계의 활성 등의 생리적 반응에서 기인한다. 교감신경계는 긴장이나 공포, 흥분 등의 감정을 느꼈을 때 신체를 활성화시키는 방향으로 작용한다.

27 신경발달장애에 관한 설명으로 옳지 <u>않은</u> 것은?

① 뚜렛장애 진단 시 운동성틱과 음성틱은 항상 동시에 나타나야 한다.
② 생의 초기부터 나타나는 유아기 및 아동기 장애와 관련이 있다.
③ 비유창성이 청소년기 이후에 시작되면 성인기-발병 유창성 장애로 진단한다.
④ 상동증적 운동장애는 특정 패턴의 행동을 목적 없이 반복하여 부적응적 문제가 초래된다.

> **해설**
> ① 운동성틱과 음성틱이 반드시 동시에 나타날 필요는 없다.
> **DSM-5에 의한 뚜렛장애(Tourette's Disorder)의 주요진단 기준**
> • 여러 가지 운동성틱과 한 가지 이상의 음성틱이 장애의 경과 중 일부 기간 동안 나타난다. 다만, 이 두 가지가 반드시 동시에 나타날 필요는 없다.
> • 틱은 빈번히 악화와 완화를 반복하지만, 처음 틱이 나타난 시점으로부터 1년 이상 지속된다.
> • 18세 이전에 발병한다.
> • 이러한 장해는 물질이나 다른 의학적 상태의 생리적 효과에 기인한 것이 아니다.

28 블로이어(Bleuler)가 제시한 조현병(정신분열병)의 4가지 근본증상, 즉 4A에 해당하지 <u>않는</u> 것은? 16년 기출

① 감정의 둔마(Affective Blunting)
② 자폐증(Autism)
③ 양가감정(Ambivalence)
④ 무논리증(Alogia)

> **해설**
> **블로이어(Bleuler)의 조현병(정신분열병)의 4A 증상**
>
> | | |
> |---|---|
> | 연상(Association)의 결함 | 사고형태 및 조직화 장애, 연상의 이완 또는 탈선, 와해된 언어 등 |
> | 정동(Affectivity)의 결함 | 부적절한 정서, 둔마된 감정, 무감동, 무의욕증 등 |
> | 양가성(Ambivalence)의 증상 | 감정·의지·사고의 양가성, 사고와 충동 간 내적 갈등, 혼란스러운 행동 등 |
> | 자폐증(Autism) | 현실에서의 철수, 자폐적 고립, 비현실적 공상 등 |

29 주의력결핍 및 과잉행동장애(ADHD)에 관한 설명으로 옳지 <u>않은</u> 것은?　　　　　23년 기출

① 학령전기에 보이는 주요 증상은 과잉행동이다.
② 앉아 있도록 요구되는 상황에서 자리를 떠나는 것은 부주의 증상에 해당된다.
③ 증상이 지속되면 적대적 반항장애로 동반이환할 가능성이 높다.
④ 여성보다 남성에게 더 흔하게 나타난다.

> **해설**
> ② DSM-5에서는 주의력 결핍 및 과잉행동장애(ADHD)의 핵심증상으로서 '부주의(Inattention)', '과잉행동과 충동성(Hyperactivity and Impulsivity)'을 구분하여 진단 기준을 제시하고 있다. 그중 앉아 있도록 요구되는 상황에서 자리를 떠나는 것은 '과잉행동과 충동성' 증상에 해당한다.

30 다음의 사례에 가장 적합한 진단명은?　　　　　17년 기출

> 24세의 한 대학원생은 자신이 꿈속에 사는 듯 느껴졌고, 자기 신체와 생각이 자기 것이 아닌 듯 느껴졌다. 자신의 몸 일부는 왜곡되어 보였고, 주변 사람들이 로봇처럼 느껴졌다.

① 해리성 정체성장애
② 해리성 둔주
③ 이인화/비현실감장애
④ 착란장애

> **해설**
> **이인증/비현실감장애**
> - 이인증이나 비현실감을 지속적으로 경험하는 것을 의미한다.
> - 이인증 : 자신의 생각, 감정, 감각, 신체 또는 행위에 관해서 생생한 현실로 느끼지 못하고 그것과 분리되는 경험이다.
> - 비현실감 : 주변 환경이 비현실적인 것으로 느껴지거나 그것과 분리된 듯한 느낌을 갖게 되는 경험이다.
>
> **진단 기준**
> - 이인증이나 비현실감을 지속적, 반복적으로 경험한다.
> - 이인증이나 비현실감을 경험하는 동안에 현실검증력은 손상되지 않은 채로 유지된다.
> - 이러한 증상은 심각한 고통이나 사회적 직업적 장해를 초래한다.
> - 이인증이나 비현실감은 어떤 물질이나 신체적 질병에 의한 것이 아니어야 한다.

정답　29 ②　30 ③

31 주요신경인지장애에 관한 설명으로 옳은 것은?

① 인지 기능의 저하 여부는 병전 수행 수준을 기준으로 삼지 않는다.
② 가족력이나 유전자 검사에서 원인이 되는 유전적 돌연변이의 증거가 있어야 한다.
③ 기억 기능의 저하가 항상 나타난다.
④ 알츠하이머병으로 인한 경우는 서서히 시작되고 점진적으로 진행된다.

> **해설**
> ④ DSM-5 진단 기준에서 신경인지장애의 원인에 따른 하위유형 중 알츠하이머병(Alzheimer's Disease)이나 전측두엽퇴행증(Frontotemporal Lobar Degeneration)과 같은 신경퇴행성 질환으로 인한 경우 서서히 발병하고 점진적으로 진행되는 경향이 있다.
> ① 일반적으로 인지 기능의 저하 여부는 병전 수행 수준을 기준으로 삼는다. 이는 신경인지장애가 한 가지 이상의 인지 영역(예 복합주의력, 실행기능, 학습 및 기억력, 언어능력, 지각-운동기능, 사회 인지 등)에서의 후천적인 인지 저하를 핵심증상으로 하기 때문이다.
> ② 신경인지장애의 진단에 있어서 유전적 돌연변이의 증거가 반드시 필요한 것은 아니다. 다만, 가족력이나 유전자 검사에서 알츠하이머병의 원인이 되는 유전적 돌연변이의 증거가 있는 경우 '알츠하이머병으로 인한 주요 또는 경도 신경인지장애(Major or Mild Neurocognitive Disorder Due to Alzheimer's Disease)'로 진단한다.
> ③ 기억 기능의 저하는 신경인지장애의 핵심증상이기는 하나, 기억 기능의 저하가 항상 나타나야만 신경인지장애로 진단할 수 있는 것은 아니다.

32 분리불안장애에 관한 설명으로 옳지 않은 것은?   **23년 기출**

① 행동치료, 놀이치료, 가족치료 등을 통하여 호전될 수 있다.
② 부모의 양육행동, 아동의 유전적 기질, 인지행동적 요인 등이 영향을 미친다.
③ 학령기 아동에서는 학교에 가기 싫어하거나 등교 거부로 나타난다.
④ 성인의 경우 증상이 1개월 이상 나타날 때 진단될 수 있다.

> **해설**
> **분리불안장애(Separation Anxiety Disorder)의 주요증상**
> • 주요애착대상이나 집을 떠나야 할 때마다 심한 불안과 고통을 느낀다.
> • 주요애착대상을 잃거나 그들에게 질병, 부상, 재난 혹은 사망과 같은 해로운 일이 일어나지 않을까 지속적이고 과도하게 걱정한다.
> • 애착대상과 분리될 수 있는 사건들(예 길을 잃음, 납치당함, 사고를 당함, 죽음)에 대해 지속적이고 과도하게 걱정한다.
> • 분리에 대한 불안 때문에 밖에 나가거나, 집을 떠나거나, 학교나 직장 등에 가는 것을 지속적으로 꺼리거나 거부한다.
> • 혼자 있게 되거나 주요애착대상 없이 집이나 다른 장소에 있는 것에 대해 지속적으로 과도한 공포를 느끼거나 꺼린다.
> • 집을 떠나 잠을 자거나 주요애착대상이 근처에 없이 잠을 자는 것을 지속적으로 꺼리거나 거부한다.
> • 분리의 주제를 포함하는 반복적인 악몽을 꾼다.
> • 주요애착대상으로부터 분리되거나, 분리가 예상될 때 이상 신체증상(예 두통, 복통, 메스꺼움, 구토 등)을 호소한다.

33 B군 성격장애에 해당하지 않는 것은?

① 경계선성격장애
② 강박성성격장애
③ 반사회성성격장애
④ 연극성성격장애

> **해설**
> ② 강박성성격장애는 C군 성격장애에 해당한다.
>
> DSM-5 성격장애
>
> | | | |
> |---|---|---|
> | A군 성격장애 | 사회적으로 고립되어 있고 기이한 성격특성을 나타내는 성격장애 | • 편집성성격장애
• 조현성(분열성)성격장애
• 조현형(분열형)성격장애 |
> | B군 성격장애 | 감정적이며 변화가 많은 극적인 성격특성을 나타내는 성격장애 | • 반사회성성격장애
• 연극성(히스테리성)성격장애
• 경계성(경계선)성격장애
• 자기애성성격장애 |
> | C군 성격장애 | 불안하고 두려움을 많이 느끼는 성격특성을 나타내는 성격장애 | • 회피성성격장애
• 의존성성격장애
• 강박성성격장애 |

34 다음 장애 중 성기능부전에 포함되지 않는 것은? 16년 기출

① 사정지연
② 발기장애
③ 마찰도착장애
④ 여성극치감장애

> **해설**
> ③ 마찰도착장애(Frotteuristic Disorder)는 성도착장애(Paraphilic Disorders)의 하위유형에 해당된다.
>
> DSM-5에 의한 성기능장애 또는 성기능부전(Sexual Dysfunctions)의 하위유형
> • 지루증 또는 사정지연(Delayed Ejaculation) (①)
> • 발기장애(Erectile Disorder) (②)
> • 여성절정감장애 또는 여성극치감장애(Female Orgasmic Disorder) (④)
> • 여성 성적 관심/흥분 장애(Female Sexual Interest/Arousal Disorder)
> • 생식기(성기)-골반통증/삽입장애(Genito-Pelvic Pain/Penetration Disorder)
> • 남성성욕감퇴장애(Male Hypoactive Sexual Desire Disorder)
> • 조루증 또는 조기사정(Premature (Early) Ejaculation) 등

35 다음 증상들이 나타날 때 적절한 진단명은? 18, 21, 23, 24년 기출

- 의학적 상태, 물질 중독이나 금단, 치료약물의 사용 등으로 일어난다는 증거가 있다.
- 주의를 집중하는 것이 어렵고, 이해할 수 없는 말을 중얼거린다.
- 방향 감각이 없고 자신의 이름을 말하지 못한다.
- 위의 증상들이 갑자기 나타나고, 몇 시간이나 며칠간 지속되다가 그 원인을 제거하면 회복되는 경우가 많다.

① 섬 망
② 경도신경인지장애
③ 주요신경인지장애
④ 해리성 정체성장애

해설

DSM-5에 의한 섬망(Delirium)의 진단 기준
A. 주의의 장애(즉, 주의를 기울이고, 집중하고, 유지하고, 전환하는 능력이 감소됨)와 의식의 장애(즉, 환경에 대한 지남력이 감소됨)를 보인다.
B. 장애는 단기간에 걸쳐 발생하고(보통 몇 시간이나 며칠간 지속됨), 기저 주의와 의식으로부터 변화를 보이며, 하루 경과 중 심각도가 변동하는 경향이 있다.
C. 부가적인 인지상의 장애가 나타난다(예 인지 결손, 지남력장애, 언어, 시공간 능력 또는 지각).
D. 진단 기준 A와 C의 장애는 이미 존재하거나 만성이거나 진행 상태인 다른 신경인지장애로 더 잘 설명되지 않으며, 혼수와 같이 각성 수준이 심하게 저하된 상황에서는 일어나지 않는다.
E. 장애가 다른 의학적 상태, 물질 중독이나 금단(즉, 남용약물이나 치료약물에서 기인한), 독소 노출의 직접적인 생리적 결과이거나 혹은 다중 병인에서 기인한다는 증거가 병력, 신체검진 또는 검사소견으로부터 확인된다.

36 전환장애에 관한 설명으로 옳지 않은 것은?

① 전환장애 진단을 위해서는 증상이 신경학적 질병으로 설명되지 않아야 한다.
② 전환증상은 다양하지만 특히 흔한 것은 보이지 않음, 들리지 않음, 마비, 무감각증 등이다.
③ 전환증상은 의학적 증거로 설명되지는 않고 있으며 환자들이 일시적인 어려움을 피하기 위하여 꾸며낸 것이다.
④ 전환증상은 내적 갈등의 자각을 차단하는 일차 이득이 있고, 책임감으로부터 구제해주고 동정과 관심을 끌어내는 이차 이득이 있다.

해설

③ 전환증상은 환자들이 일시적인 어려움을 피하기 위하여 꾸며낸 증상이라 단정할 수 없다. 사실 증상의 가장은 명확히 분별하기 어려우므로, 전환장애의 진단을 위해 "환자가 증상을 고의적으로 만들어내는가?"의 판단은 배제된다. 만약 환자들이 증상을 가장하는 것에 대한 명백한 증거가 있는 경우 허위성(인위성) 장애(Factitious Disorder)나 꾀병(Malingering) 등 다른 진단을 고려해 보아야 한다.

37 변태성욕장애에 해당하지 않는 것은?

① 관음장애
② 소아성애장애
③ 노출장애
④ 성별 불쾌감

> **해설**
> ④ 성별 불쾌감(성불편증)은 DSM-5에서 독립된 장애범주로 제시되고 있다. 참고로 DSM-5에서는 성과 관련된 이상행동을 '성기능장애 또는 성기능부전(Sexual Dysfunctions)', '성도착장애 또는 변태성욕장애(Paraphilic Disorders)', '성별 불쾌감 혹은 성불편증(Gender Dysphoria)'으로 구분하고 있다.
>
> DSM-5에 의한 성도착장애(변태성욕장애)의 주요 하위유형
> - 관음장애(Voyeuristic Disorder) (①)
> - 노출장애(Exhibitionistic Disorder) (③)
> - 접촉마찰장애 또는 마찰도착장애(Frotteuristic Disorder)
> - 성적 피학장애(Sexual Masochism Disorder)
> - 성적 가학장애(Sexual Sadism Disorder)
> - 아동성애장애 또는 소아성애장애(Pedophilic Disorder) (②)
> - 성애물장애 또는 물품음란장애(Fetishistic Disorder)
> - 의상전환장애 또는 복장도착장애(Transvestic Disorder) 등

38 대인관계의 자아상 및 정동의 불안정성, 심한 충동성을 보이는 광범위한 행동 양상으로 인해 사회적 부적응이 초래되는 성격장애는?   **23년 기출**

① 의존성 성격장애
② 경계선 성격장애
③ 편집성 성격장애
④ 연극성 성격장애

> **해설**
> ① 의존성 성격장애(Dependent Personality Disorder)는 돌봄을 받고자 하는 광범위하고 지나친 욕구가 복종적이고 매달리는 행동, 그리고 분리에 대한 공포감을 유발하는 성격장애이다.
> ③ 편집성 성격장애(Paranoid Personality Disorder)는 타인에 대한 불신과 의심, 타인의 행동이나 의도에 대한 적대적 해석 등으로 타인과 가까워지려고 하지 않으면서 타인과의 관계에서 조심성을 보이는 성격장애이다.
> ④ 연극성(히스테리성) 성격장애(Histrionic Personality Disorder)는 극적인 감정표현, 타인의 관심을 끌려는 과도한 행동 양상을 보이는 성격장애이다.

39 조현병에 관한 설명으로 옳은 것은? 24년 기출

① 망상, 환각, 와해된 언어 중 1개 증상이 반드시 포함되어야 한다.
② 양성 증상은 음성 증상보다 더 만성적으로 나타난다.
③ 2개 이상의 영역에서 기능이 저하되어야 진단될 수 있다.
④ 일반적으로 발병 연령의 성별 차이는 나타나지 않는다.

> **해설**
> ① DSM-5의 진단 기준에서 조현병(Schizophrenia)은 망상, 환각, 와해된(혼란스러운) 언어, 와해된 행동 또는 긴장증적 운동, 음성증상 등을 주된 증상으로 하며, 특히 망상, 환각, 와해된 언어를 핵심증상으로 간주하여 이들 중 1개의 증상이 반드시 포함되어야 진단이 가능하도록 하고 있다.
> ② 음성 증상이 양성 증상보다 더 만성적으로 나타난다. 정서적 둔마, 무논리증 또는 무언어증, 무욕증 등 음성 증상은 외부사건과 무관하게 서서히 발전하여 악화되는데, 특히 만성 조현병 환자들에게서 많이 나타난다.
> ③ 조현병은 장해가 시작된 후 상당 부분의 시간 동안 직업, 대인관계 혹은 자기관리와 같은 주요 영역 중 1개 이상의 영역에서 기능 수준이 장해 이전 성취된 수준보다 현저히 저하되어야 진단될 수 있다.
> ④ 일반적으로 조현병의 발병 연령 효과는 성별과 연관된다. 조현병의 일반적 발생률은 여성에게서 약간 낮은 수준을 보이는데, 특히 여성의 경우 중년기에 두 번째 정점이 있을 정도로 발병 연령이 늦고 40세 이후 발병에 따른 만발성 사례들을 쉽게 찾아볼 수 있다.

40 주요우울장애에 동반되는 세부 유형(양상)이 <u>아닌</u> 것은?

① 혼재성 양상 동반
② 멜랑콜리아 양상 동반
③ 급속 순환성 양상 동반
④ 비전형적 양상 동반

> **해설**
> 주요우울장애(Major Depressive Disorder)에 동반되는 세부 유형(양상)
> - 불안증 동반(With Anxious Distress)
> - 혼재성 양상 동반(With Mixed Features) (①)
> - 멜랑콜리아 양상 동반(With Melancholic Features) (②)
> - 비전형적 양상 동반(With Atypical Features) (④)
> - 기분과 일치하는 정신병적 양상 동반(With Mood-congruent Psychotic Features)
> - 기분과 일치하지 않는 정신병적 양상 동반(With Mood-incongruent Psychotic Features)
> - 긴장증 동반(With Catatonia)
> - 주산기(출산기) 발병 동반(With Peripartum Onset)
> - 계절성 동반(With Seasonal Pattern)

제3과목 심리검사

41 교통사고 환자의 신경심리 검사에서 꾀병을 의심할 수 있는 경우는? _{16, 24, 25년 기출}

① 기억과제에서 쉬운 과제에 비해 어려운 과제에서 더 나은 수행을 보일 때
② 즉각기억과제와 지연기억과제의 수행에서 모두 저하를 보일 때
③ 뚜렷한 병변이 드러나며 작의적인 반응을 보일 때
④ 단기기억의 점수는 정상범위이나 다른 기억점수가 저하를 보일 때

> **해설**
> **신경심리평가 시 위장자(Faker)들을 변별하는 방법(홍경자, 1995)**
> - 일관성 : 위장하는 사람들은 동일한 영역을 측정하는 비슷한 검사로 재검사를 시행하였을 때 같은 양상의 장애를 나타내지 않는 경우가 많고, 자신의 증상 및 병력에 대해서는 잘 기억하면서 기억력 검사에 들어가서는 장애를 보일 수 있다.
> - 위장자들은 모든 검사에서 다 못하는 경우가 많은데, 실제 환자는 손상 양상에 따라 어떤 검사는 잘 수행하고 어떤 검사는 대단히 못한다. 만약 위장자가 일부 검사에서 선택적으로 장애를 보이려고 할 때는 주로 감각 및 운동기능의 장애를 보인다고 한다.
> - 난이도를 살펴보면, 일반적으로 환자들은 쉬운 소검사는 잘하고 어려워지면 못하는 데 비해 위장자들은 난이도가 낮은 소검사부터 못하는 경향이 있다.
> - 위장자들은 검사에서 나타난 장애 정도와 손상으로부터 예측되는 장애 정도 사이에 상당한 차이를 보인다.

42 MMPI-2 코드 쌍의 해석적 의미로 옳지 <u>않은</u> 것은? _{16, 24, 25년 기출}

① 4-9 - 행동화적 경향이 높다.
② 1-2 - 다양한 신체적 증상에 대한 호소와 염려를 보인다.
③ 2-6 - 전환증상을 나타낼 경우가 많다.
④ 3-8 - 사고가 본질적으로 망상적일 수 있다.

> **해설**
> 전환증상을 나타낼 경우가 많은 것은 1-3 상승척도 쌍에 해당된다.

정답 41 ① 42 ③

43 두정엽의 병변과 가장 관련이 있는 장애는? 13, 17, 23년 기출

① 구성장애
② 시각양식의 장애
③ 청각기능의 장애
④ 고차적인 인지적 추론의 장애

> **해설**
>
> **구성장애(또는 구성실행증 ; Constructional Apraxia)**
> - 두정엽 또는 마루엽(Parietal Lobe)은 대뇌피질의 윗부분 중앙에 위치하며, 이해의 영역으로서 공간지각, 운동지각, 신체의 위치판단 등을 담당한다. 특히 신체 각 부위의 개별적인 신체 표상을 비롯하여 입체적·공간적 사고, 수학적 계산 및 연상기능 등을 수행한다.
> - '구성장애 또는 구성실행증'은 1차원 및 2차원의 자극을 토대로 2차원 또는 3차원으로 된 대상이나 형태를 구성하는 능력에서 결함을 나타내는 장애이다.
> - 지각적 결함과도 밀접하게 연관되어 있는 것으로 알려져 있다. 특히 우측 두정엽에 병변이 있는 환자의 경우 지형학적 사고와 기억손상 등의 시공간적 장애를 보이기도 하며, 개별적 특징들을 전체로 통합하여 재인하지 못하는 지각적 단편화와 함께 특이한 각도로 제시되는 대상을 재인하지 못하는 지각적 분류장해를 보이기도 한다.
> - 수학적 개념과 문제풀이 능력을 보유하고 있음에도 불구하고 공간적 관계에 따라 수를 조작하는 데 어려움을 보이는 '계산부전증 또는 난산증(Dyscalculia)'을 보이기도 한다. 이와 같은 장해 및 증상들은 구성적 결함 또는 구성능력의 손상과 밀접하게 연관되어 있다.

44 동일한 사람에게 교육수준이나 환경 및 질병의 영향 등과 같은 모든 가외변인을 통제한 상태에서 20세, 30세, 40세 때 편차점수를 사용하는 동일한 지능검사를 실시하였다면 지능이 어떻게 나타날 것인가?

① 점진적인 저하가 나타난다.
② 30세 때까지 상승하다가 그 이후 저하된다.
③ 점진적인 상승이 나타난다.
④ 변하지 않는다.

> **해설**
>
> **편차지능지수(Deviation IQ)**
> - 개인의 어떤 시점의 지능을 동일 연령대의 집단에서의 상대적인 위치로 규정한 지능지수를 '편차지능지수(편차 IQ)'라고 한다.
> - 편차지능지수의 방식을 본격적으로 도입한 지능검사는 웩슬러(Wechsler) 지능검사로서, 이는 기존의 비네(Binet) 지능검사에서 적용하던 비율지능지수(Ratio IQ)의 한계에 대한 인식에서 비롯되었다.
> - 비율지능지수는 아동의 정신연령을 신체연령으로 나누어 '100'을 곱한 것으로, 신체연령의 지속적인 증가에도 불구하고 정신연령은 대략 15세 이후로 증가하지 않는다는 사실을 간과함으로써 15세 이후의 청소년이나 성인을 대상으로 하는 검사로는 부적합하다는 문제점이 있었다.
> - 편차지능지수는 개인의 지능 수준을 동일 연령대 집단의 평균치와 대조하여 그 이탈된 정도를 통해 상대적인 위치로써 나타낸다. 이와 같이 개인이 속한 해당 연령집단 가운데 차지하는 상대적인 위치를 지능지수로 환산함으로써 성인기 동안에도 지능 수준이 일정하게 유지된다.

45 다면적 인성검사(MMPI-2)에서 개인의 전반적인 에너지와 활동수준을 평가하며 특히 정서적 흥분, 짜증스러운 기분, 과장된 자기지각을 반영하는 척도는?   24년 기출

① 척도 1
② 척도 4
③ 척도 6
④ 척도 9

> **해설**
> ④ 척도 9 Ma(Hypomania, 경조증)는 심리적·정신적 에너지의 수준과 관련된 것으로, 인지영역에서는 사고의 비약이나 과장을, 행동영역에서는 과잉활동적 성향을, 정서영역에서는 과도한 흥분상태, 민감성, 불안정성을 반영한다.
> ① 척도 1 Hs(Hypochondriasis, 건강염려증)는 수검자의 신체적 기능 및 건강에 대한 과도하고 병적인 관심과 관련된 것으로, 신체기능에 대한 과도한 불안이나 집착 같은 신경증적인 걱정의 여부를 반영한다.
> ② 척도 4 Pd(Psychopathic Deviate, 반사회성)는 반사회적 일탈행동, 가정이나 권위적 대상 일반에 대한 불만, 반항, 적대감, 충동성, 자신 및 사회와의 괴리, 학업이나 진로문제, 범법행위, 알코올이나 약물남용, 성적 부도덕 등을 반영한다.
> ③ 척도 6 Pa(Paranoia, 편집증)는 대인관계에서의 민감성, 의심증, 집착증, 피해의식, 자기 정당성 등을 반영한다.

46 지능검사와 그 활용에 관한 설명으로 옳지 <u>않은</u> 것은?   23년 기출

① 학습과 진로지도 자료로 활용할 수 있다.
② 지능지수가 높다고 해서 반드시 높은 학업성취를 보이는 것은 아니다.
③ 검사의 전체 소요시간은 여러 요인에 따라 달라질 수 있다.
④ 웩슬러 지능검사의 특징 중 하나는 정신연령 개념을 도입한 것이다.

> **해설**
> ④ 정신연령 개념을 도입한 것은 비네(Binet) 지능검사의 특징 중 하나이다. 비네는 지능이 연령에 따라 발달한다고 보고, 각 연령대에 따라 아동들이 평균적으로 풀 수 있는 문제들을 찾아서 규준을 구성하였다. 그리고 해당 연령의 아동이 규준상 어느 위치까지 도달할 수 있느냐를 통해 그 아동의 지능을 측정하려고 하였다. 이렇게 해서 얻은 점수를 '정신연령(Mental Age)'이라 불렀는데, 그것이 아동의 지적 능력의 정도를 나타낸다고 보았다.

47 다음에서 설명하고 있는 지능 개념은?   14, 24년 기출

> - 카텔(Cattell)이 두 가지 차원의 지능으로 구별한 것 중 하나이다.
> - 타고나는 지능으로 생애 초기 비교적 급속히 발달하고 20대 초반부터 감소한다.
> - 웩슬러(Wechsler) 지능검사의 동작성 검사가 이 지능과 관련이 있다.

① 결정적 지능
② 다중 지능
③ 유동적 지능
④ 일반 지능

해설

카텔(Cattell)에 의한 지능의 2차원 분류

유동성(유동적) 지능 (Fluid Intelligence)	• 유전적·선천적으로 주어지는 능력으로서 경험이나 학습의 영향을 거의 받지 않으며, 뇌와 중추신경계의 성숙에 비례하여 발달하다가 청년기 이후부터 퇴보현상이 나타나기 시작한다. • 속도(Speed), 기계적 암기(Rote Memory), 지각능력(Perception), 일반적 추론능력(General Reasoning) 등과 같이 새로운 상황에서의 문제해결능력으로 잘 나타난다.
결정성(결정적) 지능 (Crystallized Intelligence)	• 환경이나 경험, 문화적 영향에 의해 발달되는 지능으로서, 유동성 지능을 토대로 후천적인 발달이 이루어진다. • 언어이해능력(Verbal Comprehension), 문제해결능력(Problem Solving), 상식(Common Sense), 논리적 추리력(Logical Reasoning) 등과 같이 나이를 먹으면서도 계속 발달할 수 있는 능력으로 잘 나타난다.

48 특정 학업과정이나 직업에 대한 앞으로의 수행능력이나 적응을 예측하는 검사는?   17년 기출

① 적성검사
② 지능검사
③ 성격검사
④ 능력검사

해설

① 적성검사는 개인의 특수한 능력 또는 잠재력을 발견하도록 하여 학업이나 취업 등의 진로를 결정하는 데 정보를 제공하며, 이를 통한 미래의 성공 가능성을 예측하기 위한 검사이다.
② 지능검사는 개인의 지적인 능력 수준을 평가하고, 인지기능의 특성을 파악하기 위한 검사이다.
③ 성격검사는 개인의 선천적 요소와 후천적 요소의 상호작용에 의해 나타나는 일관된 특징으로서의 성격(Personality)을 측정 대상으로 하는 정서적 검사이다.
④ 능력검사는 인지능력, 언어능력, 학습능력, 직무능력, 운동능력, 상황판단능력 등 인간의 다양한 기능 및 능력을 소재로 한 검사를 포괄적으로 지칭하는 개념이다.

49 모집단에서 규준집단을 표집하는 방법과 가장 거리가 먼 것은? 17, 23년 기출

① 군집표집(Cluster Sampling)
② 유층표집(Stratified Sampling)
③ 비율표집(Ratio Sampling)
④ 단순무선표집(Simple Random Sampling)

> **해설**
> 표집방법
> • 확률표집
>   - 단순무선(무작위)표집(Simple Random Sampling)
>   - 체계적 표집법(Systematic Sampling)
>   - 유층(층화)표집법(Stratified Sampling)
>   - 다단계군집표집법(Multistage Clustering Sampling)
> • 비확률표집
>   - 임의표집(Accidental or Convenience Sampling)
>   - 목적표집(Purposive or Judgmental Sampling)
>   - 할당표집(Quota Sampling)

50 검사자가 지켜야 할 윤리적 의무로 옳지 않은 것은? 14, 18년 기출

① 검사과정에서 피검자에게 얻은 정보에 대해 비밀을 보장할 의무가 있다.
② 자신이 다루기 곤란한 어려움이 있을 때는 적절한 전문가에게 의뢰하여야 한다.
③ 자신이 받은 학문적인 훈련이나 지도받은 경험의 범위를 벗어난 평가를 해서는 안 된다.
④ 피검자가 자해행위를 할 위험성이 있어도 비밀보장의 의무를 지켜야 하므로 누구에게도 알려서는 안 된다.

> **해설**
> ④ 검사자는 내담자(수검자 또는 피검자)의 사생활과 비밀유지에 대한 권리를 최대한 존중해야 할 의무가 있으나, 이는 절대적인 것이 아니며 경우에 따라 내담자의 비밀보장의 권리가 제한될 수도 있다. 예를 들어, 내담자가 자신이나 타인의 신체 또는 재산을 해칠 위험이 있는 경우, 아동학대나 성폭력 등 중대한 범죄에 대한 내용을 상담을 통해 알게 된 경우 이를 해당 분야의 전문가나 관련 기관에 알려야 한다. 또한 법원의 정보공개 명령이 있는 경우 내담자에 대한 기본적인 정보를 공개하며, 더 많은 사항을 공개해야 하는 경우 사전에 내담자에게 알려줄 필요가 있다.

정답 49 ③ 50 ④

51 전두엽 기능에 관한 신경심리학적 평가영역과 가장 거리가 먼 것은? 15년 기출

① 의욕(Volition)
② 계획능력(Planning)
③ 목적적 행동(Purposive Action)
④ 장기기억능력(Long-term Memory)

해설

전두엽(Frontal Lobe)
- 대뇌피질의 앞부분에 위치
- 운동기능, 자율기능, 감정조절기능, 행동계획 및 억제기능 등을 담당
- CEO의 역할을 하는 것으로서 예지력, 판단, 지혜, 동기, 전략 세우기, 계획 등과 관련됨

52 MMPI에서 2, 7 척도가 상승한 패턴을 가진 피검자의 특성으로 옳지 않은 것은? 17, 23년 기출

① 행동화(Acting-out) 성향이 강하다.
② 정신치료에 대한 동기는 높은 편이다.
③ 자기비판 혹은 자기처벌적인 성향이 강하다.
④ 불안, 긴장, 과민성 등 정서적 불안 상태에 놓여 있다.

해설

'2-7' 상승척도쌍 피검자의 특성
- 불안하고 초조하고 긴장, 걱정을 많이 하며, 일이 일어나기도 전에 미리 염려
- 사소한 스트레스에도 과도하게 반응
- 강박사고와 강박행동을 보고
- 피로감, 피곤함, 소진감
- 비관적이고 희망이 없다고 느끼며, 미성숙하며 성취하고 싶은 욕구 및 그런 성취를 통해 인정받고 싶은 강한 욕구
- 자신에게 상당히 많은 것을 기대하며 목표 달성에 실패하면 죄책감을 느낌
- 수동-의존적이며 자기주장을 내세우는 것도 힘들어함
- 불안장애, 우울증, 강박장애 진단

53 다면적 인성검사에 관한 설명으로 옳지 <u>않은</u> 것은?

① 표준화된 규준을 가지고 있다.
② 수검태도와 검사결과의 타당성을 확인하는 척도가 있다.
③ MMPI의 임상척도와 MMPI-2의 기본 임상척도의 수는 동일하다.
④ 임상척도 간에 중복되는 문항이 적어서 진단적 변별성이 높다.

> **해설**
> 다면적 인성검사의 척도 간 문항 중복 문제와 해결방안
> - 다면적 인성검사(MMPI 및 MMPI-2)는 임상척도들 간 문항 중복으로 인해 상관계수가 높게 나타나며, 개별 척도 및 코드 유형에 대한 정보가 진단적 변별에 그리 유용하지 못하다는 비판을 받고 있다.
> - 사실 임상척도들 간 상관이 높은 것은 검사 제작 방법의 문제라기보다는 여러 정신병리가 구성개념이나 징후의 범주에 있어서 공통된 특징을 포함하고 있기 때문으로 볼 수 있다.
> - 이와 같이 임상척도 간 상관관계나 임상증후군 간 중복으로 인해 검사 결과에 있어서 몇 개의 척도가 동시에 하나의 형태를 이루면서 상승하는 경우들을 볼 수 있는데, 이 문제를 해결하기 위해 개별 척도 점수보다는 2 코드 혹은 3 코드 유형을 중심으로 형태분석을 실시하거나, 광범위한 증상 패턴을 설명하기 위해 내용척도, 보충척도, 재구성 임상척도 등을 포함시켜서 해석하는 방식이 권장된다.

54 지능을 일반요인과 특수요인으로 구분한 학자는?   24, 25년 기출

① 스피어만(C. Spearman)
② 서스톤(L. Thurstone)
③ 카텔(R. Cattell)
④ 길포드(J. Guilford)

> **해설**
> ① 스피어만(Spearman)은 지능은 모든 개인이 공통적으로 가지고 있는 일반요인(General Factor)과 함께 언어나 숫자 등 특정한 부분에 대한 능력으로서 특수요인(Special Factor)으로 구분된다는 2요인설을 제안하였다.
> ② 서스톤(Thurstone)은 지능은 언어이해(Verbal Comprehension), 수(Numerical), 공간시각(Spatial Visualization), 지각속도(Perceptual Speed), 기억(Memory), 추리(Reasoning), 단어유창성(Word Fluency) 등 7가지 요인으로 구성된다는 다요인설을 제안하였다.
> ③ 카텔과 혼(Cattell & Horn)은 지능은 유동성 지능(Fluid Intelligence)과 결정성 지능(Crystallized Intelligence)으로 구분된다는 위계적 요인설을 제안하였다.
> ④ 길포드(Guilford)는 지능의 구조는 내용(Content), 조작(Operation), 결과(Product)의 3차원적 입체모형으로 이루어지며, 이들의 상호작용에 의한 180개의 조작적 지적 능력으로 구성된다는 복합요인설(입체모형설)을 제안하였다.

정답 53 ④ 54 ①

55 검사의 종류와 검사구성방법을 짝지은 것으로 가장 옳지 않은 것은? 15, 23, 24, 25년 기출

① 16PF - 요인분석에 따른 검사구성
② CPI - 경험적 준거에 따른 검사구성
③ MMPI - 경험적 준거 방법
④ MBTI - 합리적, 경험적 검사구성의 혼용

해설

검사구성방법(척도구성방법)
- 연역적 방법

논리적-내용적 방법	안면타당도에 근거하여 측정하고자 하는 심리 특성을 가장 잘 나타내 주는 문항을 논리적으로 추론하여 기술하는 방법이다. 예 우드워스(Woodworth)의 개인자료기록지(Personal Data Sheet) 등
이론적 방법	특정 심리학적 이론에 근거하여 문항을 선정하는 방법이다. 예 마이어스-브릭스 성격유형검사(MBTI), 에드워즈(Edwards)의 욕구진단검사(EPPS) 등

- 경험적 방법

준거집단 방법 (경험적 준거 방법)	어떤 심리 특성을 가진 준거집단과 정상적인 통제집단을 구별해 주는 문항을 선정하는 방법이다. 예 미네소타 다면적 인성검사(MMPI), 캘리포니아 성격검사(CPI) 등
요인분석 방법	요인분석을 통해 검사문항의 의미를 결정하고 이를 보다 단순한 차원으로 축소시키는 방법이다. 예 16성격 요인검사(16PF) 등

56 노인 집단의 일상생활 기능에 대한 양상 및 수준을 평가하기에 가장 적합한 심리검사는?   18년 기출

① MMPI-2
② K-VMI-6
③ K-WAIS-IV
④ K-Vineland-II

> **해설**
> **K-Vineland-II**
> - 사회적응행동을 평가하는 검사
> - 검사대상 : 0세~90세(만 0세 0개월 ~ 만 90세 11개월)
> - 미국의 'Vineland Maturity'를 1985년 국내 실정에 맞게 표준화한 사회성숙도(SMS) 검사의 제한점을 개선하기 위해 새로운 규준을 마련하고 문항이 다시 수정된 검사
> - 적응행동이란 일상적인 활동의 수행에 요구되는 개인적, 사회적 능력 또는 타인의 요구에 적절히 대처하고 일상생활에 책임을 다할 수 있는 능력으로 정의, 적응행동에 결함이 있으면 개인의 전반적인 기능과 학습, 행동이 제한되고 해당 연령에 사회문화적으로 기대되는 성숙, 학습, 독립성, 사회적 책임감 등을 발휘하는 데 제한이 생김
> - 적응행동 평가는 장애인(특히 지적 장애인)과 같은 적응행동에 상당한 제한이 있는 사람들뿐만 아니라 다양한 장애(발달장애, 학습장애, 청각 및 시각장애, ADHD, 정서 및 행동장애, 다양한 유전적 장애 등)의 임상적 진단에 사용될 수 있고, 장애가 없는 개인의 적응 수준을 평가하는 데도 도움이 됨

57 발달검사를 사용할 때 고려해야 할 사항과 가장 거리가 먼 것은?   06, 12, 13, 20, 23년 기출

① 일반적인 기능적 분석만 사용해야 한다.
② 규준에 의한 발달적 비교가 가능해야 한다.
③ 다중기법적 접근을 취해야 한다.
④ 경험적으로 타당한 측정도구를 사용해야 한다.

> **해설**
> ① 다중적 평가기법을 적용하는 것이 바람직하다.
> **발달검사를 통한 아동평가**
> - 아동은 특별한 집단이므로 성인을 대상으로 한 일반적인 평가 방식을 그대로 적용하는 것은 바람직하지 않다.
> - 규준에 의한 발달적 비교가 가능해야 한다.
> - 아동평가를 통해 인지, 행동, 정서 상태 등 여러 측면에서의 변화 목표를 가질 수 있다.
> - 변화를 필요로 하는 목표행동의 범위가 넓은 경우 다중적인 평가기법을 적용하는 것이 바람직하다.
> - 측정도구들은 경험적으로 타당성을 검증받은 것이어야 하며, 아동의 발달적 변화에 대해서도 민감한 것이어야 한다.

정답 56 ④ 57 ①

58 문장완성검사에 대한 설명으로 옳지 <u>않은</u> 것은?

① 가족, 이성관계 등 문항의미와 관련하여 이들 문항 세트를 함께 고려하여 해석하는 것이 도움이 된다.
② 라파포트(Rapaport) 등(1968)은 형식적 면에서 연상의 장애를 '근거리 반응'과 '원거리 반응'으로 개념화하여 설명하고자 하였다.
③ 국내에서 출판되고 있는 삭스(Sacks)의 문장완성검사는 아동용, 청소년용, 성인용으로 구분되어 있다.
④ 누락된 문항이라 하더라도 중요한 가설을 형성할 수 있다는 점에서 주의 깊게 검토해야 한다.

> **해설**
> ② 라파포트, 길, 섀퍼(Rapaport, Gill & Schafer)는 『진단적 심리검사(Diagnostic Psychological Testing)』(1968 Rev. Ed.)에서 단어연상검사(주의 : '문장완성검사'가 아님)의 검사 수행과 관련하여 반응의 형식적인 면에서 나타나는 연상의 장애를 '근거리 반응(Close Reaction)'과 '원거리 반응(Distance Reaction)'으로 개념화하여 설명하고자 하였다. 근거리 반응은 자극어 자체와 매우 밀착되어 있는 반응(예 집/거주하다), 원거리 반응은 자극어와 거의 관련이 없는 듯한 반응(예 춤/먹는다)을 의미한다.

59 K-WAIS-IV에서 개념형성능력을 측정하는 소검사는? 16, 25년 기출

① 차례맞추기
② 공통성문제
③ 이해문제
④ 빠진 곳 찾기

> **해설**
> 이 문제는 논란의 여지가 있다. 그 이유는 지문 ③번의 '이해문제'도 교재에 따라 "언어적 추론과 개념화"를 측정한다고 제시되어 있기 때문이다('황순택 外, 『K-WAIS-IV, 기술 및 해석 요강』, 한국심리주식회사 刊', '김재환 外, 『임상심리검사의 이해(제2판)』, 학지사 刊' 참조). 다만, 개념형성능력, 특히 언어적 개념형성능력이 공통성 소검사와 어휘 소검사의 주된 측정요소인 데다가, 이해 소검사는 핵심소검사가 아닌 보충소검사로 분류된다는 점을 고려할 필요는 있다.
>
> 공통성(Similarity ; SI)
> • 제시된 두 단어의 공통점에 대해 말하도록 하는 과제로 구성된다.
> • 언어적 개념형성 또는 추론의 과정을 측정하기 위해 고안된 검사이다.
> • 언어적 이해력, 언어적 개념화, 논리적·추상적 사고, 연합적 사고, 본질과 비본질을 구분하는 능력, 폭넓은 독서경험 등과 연관된다.
> • 수검자의 응답내용은 구체적 개념형성(예 코트와 정장은 천으로 만들어졌다), 기능적 개념형성(예 북쪽과 서쪽은 당신이 가고 있는 곳을 말해 준다), 추상적 개념형성(예 탁자와 의자는 가구다)의 양상으로 나타난다.
> • 언어적 이해력을 평가하는 소검사들 가운데 정규교육이나 특정 학습, 교육적 배경 등의 영향을 가장 적게 받는다.

60 말의 유창성이 떨어지고 더듬거리는 말투, 말을 길게 하지 못하고 어조나 발음이 이상한 현상 등을 보이는 실어증은?　　　　　　　　　　　　　　　　　　　　　　　　　　　18, 24, 25년 기출

① 브로카 실어증
② 전도성 실어증
③ 초피질성 감각 실어증
④ 베르니케 실어증

> **해설**
> 뇌 손상 부위에 따른 실어증
> - 브로카 실어증(Broca's Aphasia)
>   - 브로카영역을 포함한 인근 전두엽영역의 손상에 의함
>   - 대화나 설명 시 표현능력이 저하되며 특히 유창성의 저하
>   - 비정상적으로 단조로운 운율, 속도가 느리며 단어 사이 쉬는 것이 긴 경향
>   - 청각적 이해력은 유지
>   - 읽기는 말하기나 쓰기에 비해 좋은 편
> - 전도성 실어증(Conduction Aphasia)
>   - 브로카영역과 베르니케영역을 연결하는 활모양의 섬유다발의 병변에 의함
>   - 따라 말하기 능력저하
>   - 청각적 이해력은 유지
>   - 발화는 유창한 편이나 음소착어의 잦은 출현
>   - 이름대기에서 음소착어의 잦은 출현 및 여러 차례에 걸친 자기수정
> - 초피질성 감각 실어증(Transcortical Sensory Aphasia)
>   - 두정엽 및 베르니케영역의 심층부, 후반부의 피질하 부위 병변에 의함
>   - 청각적 이해력이 저하
>   - 따라 말하기 능력저하
>   - 이름대기능력 저하

정답 60 ①

제4과목 임상심리학

61 내담자를 평가할 때 문제행동의 선행조건, 환경적 유인가, 보상의 대체원, 귀인방식과 같은 요소를 중요하게 여기는 평가방법은? 18년 기출

① 기술지향적 평가
② 인지행동적 평가
③ 정신역동적 평가
④ 다축분류체계 평가

> **해설**
> 문제행동의 선행조건, 환경적 유인가, 보상, 귀인 등의 인지적 요소와 행동주의적 요소가 통합된 방식이므로 인지행동적 평가법으로 볼 수 있다.

62 인지치료에서 강조하는 자동적 자기파괴 인지 중 파국화에 해당하는 것은? 15, 25년 기출

① 나는 성공하거나 실패하거나 둘 중 하나이다.
② 나는 완벽해져야 하고 나약함을 보여서는 안 된다.
③ 그 프로젝트가 성공하지 못한 것은 나 때문이다.
④ 이 일이 잘되지 않으면 다시는 이 일과 같은 일은 할 수 없을 것이다.

> **해설**
> ① 인지적 오류로서 이분법적 사고(Dichotomous Thinking)에 해당한다.
> ② 비합리적 신념으로서 완벽주의적이고 당위적인 사고에 해당한다.
> ③ 인지적 오류로서 개인화(Personalization)에 해당한다.
>
> **파국화(Catastrophizing)**
> 개인이 걱정하는 한 사건을 지나치게 과장하여 두려워하는 인지적 오류
> 예 길을 가다가 개에게 물린 사람이 광견병으로 곧 목숨을 잃게 되리라 생각하는 경우

63 다음 30대 여성의 다면적 인성검사 MMPI-2 결과에 대한 일반적 해석으로 적절한 것은? 18, 23, 25년 기출

Hs	D	Hy	Pd	Mf	Pa	Pt	Sc	Ma	Si
72	65	75	50	35	60	64	45	49	60

① 스트레스 상황에서 신체증상이 두드러지고 회피적 대처를 할 소지가 크다.
② 망상, 환각 등의 정신증적 증상이 나타나기 쉽다.
③ 반사회적 행동을 보일 가능성이 크다.
④ 외향적이고 과도하게 에너지가 항진되어 있다.

> **해설**
> 1-3 혹은 3-1코드쌍
> • 심리적 문제가 신체적 증상으로 전환되어 나타난다.
> • 자신의 외현적 증상이 심리적 요인에 의한 것임을 인정하려 하지 않는다.
> • 부인의 방어기제를 사용하여 자신의 우울감이나 불안감을 잘 드러내지 않는다.
> • 스트레스를 받는 경우 사지의 통증이나 두통, 흉통을 보이며, 식욕부진, 어지럼증, 불면증을 호소하기도 한다.
> • 자기중심적이며 의존적인 성향, 대인관계에서 피상적인 행태를 보인다.
> • 전환장애의 가능성이 있다.

64 공식적인 임상심리학의 기원으로 보는 역사적 사건은?

① 분트(Wundt)의 심리실험실 개설
② 위트머(Witmer)의 심리클리닉 개설
③ 제임스(James)의 '심리학의 원리' 출판
④ 비네(Binet)의 지능검사 개발

> **해설**
> 위트머(Witmer)는 미국 펜실베니아(Pennsylvania) 대학에서 1896년 세계 최초의 심리진료소(Psychological Clinic)를 설립하고, 1904년 임상심리학강좌를 개설함으로써 임상심리학의 본격적인 시작을 알렸다.

65 볼프(Wolpe)의 체계적 둔감법을 적용하기에 가장 적합한 내담자는? 　　　　　　　　　　15년 기출

① 적절한 대처능력이 떨어지고 특정상황에 심각한 불안을 보이는 내담자
② 적절한 대처능력이 있으나 특정상황에 심각한 불안을 보이는 내담자
③ 적절한 대처능력이 떨어지고 일반상황에 심각한 불안을 보이는 내담자
④ 적절한 대처능력이 있으나 일반상황에 심각한 불안을 보이는 내담자

> **해설**
> **체계적 둔감법(Systematic Desensitization)**
> - Wolpe(1958)에 의해 개발된 것으로, 불안장애 가운데 특정 상황이나 동물, 대상에 대해 공포를 느끼는 특정 공포증의 치료에 효과적이다.
> - 체계적 둔감법은 심리적 불안과 신체적 이완은 병존할 수 없다는 것을 전제로 하는 상호억제(Reciprocal Inhibition)의 원리를 이용하는 기법으로, 이미 조건형성 된 부적응적 반응을 해체하는 새로운 조건형성이 이루어진다는 점에서 탈조건형성(Deconditioning)이라고 불리기도 한다.
> - 시행과정은 '근육이완 → 불안위계목록 작성 → 체계적 둔감법의 시행'으로, 둔감화의 과정은 내담자가 눈을 감고 이완된 상태에서, 처음에는 불안이 없는 중립적인 장면을 상상하도록 한 후 불안위계표에 따라 가장 낮은 수준의 불안유발 장면으로부터 높은 수준의 불안유발 장면까지 점진적으로 진행한다.
> - 이때 내담자가 불안을 경험하고 있다는 신호를 보내면 중단하고 다시 이완을 반복하면서 내담자가 가장 높은 수준의 불안을 나타낸 장면에서도 이완된 상태를 지속적으로 유지할 수 있도록 하는 것이다.

66 내담자의 말과 행동에서 표현된 기본적인 감정, 생각 및 태도를 상담자가 다른 참신한 말로 부연해주는 것은? 　　　　　　　　　　23, 25년 기출

① 해 석　　　　　　　　　　② 반 영
③ 직 면　　　　　　　　　　④ 명료화

> **해설**
> ② 반영(Reflection) : 내담자가 전달하고자 하는 의사의 본질을 스스로 볼 수 있도록 내담자의 말과 행동에서 표현되는 감정·생각·태도를 상담자가 다른 참신한 말로 부연하는 기술이다. 상담자는 반영을 통해 내담자의 태도를 거울에 비추어 주듯이 보여줌으로써 내담자의 자기 이해를 도와줄 뿐만 아니라 내담자로 하여금 자기가 이해받고 있다는 인식을 주게 된다.
> ① 해석(Interpretation) : 내담자가 새로운 방식으로 자신의 문제를 돌아볼 수 있도록 사건들의 의미를 설정해주고, 그 문제를 새로운 각도에서 이해할 수 있도록 생활경험 및 행동의 의미에 대해 설명하는 기술이다. 내담자의 사고, 행동, 감정의 패턴을 드러내거나 이를 통해 나타나는 문제를 이해할 수 있도록 새로운 틀을 제공한다.
> ③ 직면(Confrontation) : 내담자의 말이나 행동이 일치하지 않는 경우 또는 내담자의 말에 모순점이 있는 경우 상담자가 그것을 지적해 주는 기술이다. 내담자의 자기 이해를 돕기 위해 상담자의 눈에 비친 내담자의 행동 특성 또는 사고방식의 스타일을 지적하여, 내담자가 상담자나 외부에 비친 자신의 모습을 되돌아보고 통찰의 순간을 경험하도록 하는 직접적이고 모험적인 자기대면의 방법이다.
> ④ 명료화(Clarification) : 내담자의 말 중에서 모호한 점이나 모순된 점이 발견될 때, 이를 명확히 이해하고 넘어가기 위해 다시 그 점을 상담자 또는 면접자가 질문함으로써 내담자로 하여금 그 의미를 명백하게 하는 기술이다. 이러한 명료화는 상담자가 내담자의 말을 정확히 이해하기 위해서도 필요하고, 내담자가 스스로의 의사와 감정을 구체화하여 재음미하도록 하기 위해서도 필요하다.

67 행동평가 방법에 관한 설명으로 옳지 <u>않은</u> 것은? 16, 23, 24년 기출

① 자연관찰은 참여자가 아닌 관찰자가 환경 내에서 일어나는 참여자의 행동을 관찰하고 기록하는 방법이다.
② 유사관찰은 제한이 없는 환경에서 관찰하는 방법이다.
③ 참여관찰은 관찰하고자 하는 개인이 자연스러운 환경에 관여하면서 기록하는 방식이다.
④ 자기관찰은 자신이 개인과 환경 간의 상호작용에 관한 자료를 수집하도록 한다.

> **해설**
> **행동평가의 대표적인 방법**
> - 자연관찰법(Naturalistic Observation) : 관찰자가 환경 내에서 일어나는 내담자의 문제행동과 증상을 실생활에서 직접 관찰 및 평가하는 방법
> - 유사관찰법(Analogue Observation) : 관찰의 효율성을 높이기 위해 실생활에서가 아닌 면담실, 실험실에서 문제행동을 관찰하거나 문제행동이 일어나는 상황을 유도하여 이를 관찰하는 방법
> - 참여관찰법(Participant Observation) : 실생활에서 내담자와 함께 생활하는 사람으로 하여금 행동평가를 대행하도록 하는 방법으로, 내담자의 대인관계양식을 볼 수 있는 방법
> - 자기관찰법(Self-monitoring) : 자신의 행동에 대해 스스로 관찰하고, 보고하도록 하는 평가방법

68 임상심리학자는 내담자와 이중관계를 갖지 말아야 한다. 이와 가장 관련이 깊은 윤리원칙은?

① 성실성
② 유능성
③ 책임성
④ 의무성

> **해설**
> **임상심리학자의 일반적인 윤리원칙으로서 유능성과 성실성**
>
> | 유능성 | 임상심리학자가 자신의 강점과 약점, 자신이 가지고 있는 기술과 그것의 한계에 대해 자각해야 한다는 것이다. 그리하여 지속적인 교육수련으로 최신의 기술을 습득하며, 이를 통해 사회의 변화에 민첩하게 대응해야 한다는 점을 강조한다. |
> |---|---|
> | 성실성 | 임상심리학자가 성실하고 정직한 자세로 내담자에게 자신의 서비스로부터 기대할 수 있는 바를 설명하며, 자신의 작업과 관련하여 스스로의 욕구 및 가치가 어떠한 영향을 미치는지 알고 있어야 한다는 것이다. 특히 성실성에서는 환자나 내담자, 학생들과의 부적절한 다중관계(이중관계)나 착취관계, 성적 관계를 금한다. |

정답 67 ② 68 ①

69 위치감각과 공간적 회전 등의 개별적인 신체 표상과 관련이 있는 대뇌 영역은?　　　　　23년 기출

① 전두엽
② 측두엽
③ 후두엽
④ 두정엽

해설

④ 두정엽(Parietal Lobe)
- 대뇌피질의 윗부분 중앙에 위치하며, 전체의 약 21%를 차지한다.
- 일차체감각피질과 연합피질로 구성된다.
- 이해의 영역으로, 공간지각, 운동지각, 신체의 위치판단 등을 담당한다.
- 신체 각 부위의 개별적인 신체 표상을 비롯하여 입체적·공간적 사고, 수학적 계산 및 연상기능 등을 수행한다.

① 전두엽(Frontal Lobe)
- 대뇌피질의 앞부분에 위치하며, 전체의 약 40%를 차지한다.
- 골격근의 운동을 통제하는 일차운동피질이다.
- 창조의 영역으로, 운동기능, 자율기능, 감정조절기능, 행동계획 및 억제기능 등을 담당한다.
- CEO의 역할을 하는 것으로서, 예지력, 판단, 지혜, 동기, 전략 세우기, 계획 등과 관련된다.
- 전두엽의 맨 앞부분에 위치한 전전두엽은 고차적인 정신활동을 담당하는 영역으로, 인지 및 사고, 판단작용과 행동계획, 창의성 등을 관장한다.

② 측두엽(Temporal Lobe)
- 대뇌피질의 측면에 위치하며, 전체의 약 21%를 차지한다.
- 일차청각피질과 연합피질로 구성된다.
- 판단과 기억의 영역으로, 언어, 청각, 정서적 경험 등을 담당한다.

③ 후두엽(Occipital Lobe)
- 대뇌피질의 뒷부분에 위치하며, 전체의 약 17%를 차지한다.
- 일차시각피질과 시각연합피질로 구성된다.
- 시각의 영역으로, 망막에서 들어오는 시각정보를 분석·통합하는 역할을 담당한다.

70 바람직한 행동을 한 아동에게 그 아동이 평소 싫어하던 화장실 청소를 면제해 주었더니, 바람직한 행동이 증가하였다면 이는 어떤 유형의 조작적 조건 형성에 해당하는가?

17년 기출

① 정적강화
② 부적강화
③ 정적처벌
④ 부적처벌

해설

강화와 처벌

구 분	특 징	예
정적강화	• 바람직한 반응을 높이기 위해 유쾌자극을 부여하는 것 • 음식, 물, 예쁜 여자, 멋진 남자 등 호의적인 것을 제공하는 것	과제를 끝낸 학생에게 과자를 줌(+)
부적강화	• 바람직한 반응을 높이기 위해 불쾌자극을 제거하는 것 • 비호의적인 것, 혐오적인 것을 제거하는 것	과제를 끝낸 학생에게 청소를 면제해 줌(-)
정적처벌	• 바람직하지 못한 반응을 감소시키기 위해 불쾌자극을 부여하는 것 • 반응자가 싫어하는 어떤 사건을 제시함으로써 앞서 나타난 반응을 감소시키는 것	• 과제를 안 한 학생에게 매를 댐(+) • 꾸중이나 처벌을 받지 않기 위해 나쁜 짓을 안 함
부적처벌	• 바람직하지 못한 반응을 감소시키기 위해 유쾌자극을 제거하는 것 • 반응자가 좋아하는 것을 제한함으로써 바람직하지 않은 행동을 감소시키는 것	• 과제를 안 한 학생에게 컴퓨터를 못 하게 함(-) • 말을 안 들으면 용돈을 줄여 말을 잘 듣지 않는 행동을 줄임

71 정신건강 자문 중 점심시간이나 기타 휴식시간 동안에 임상사례에 대해 동료들에게 자문을 요청하는 형태는?

15년 기출

① 내담자-중심 사례 자문
② 피자문자-중심 사례 자문
③ 비공식적인 동료집단 자문
④ 피자문자-중심 행정 자문

해설

① 내담자-중심 사례 자문 : 임상가나 심리학자가 환자의 치료 및 보호에 대한 책임감을 가지고 환자의 특별한 요구를 효과적으로 충족시키기 위해 자문하는 경우
② 피자문자-중심 사례 자문 : 내담자나 환자의 임상적 문제보다는 피자문자의 관심사가 주요 요인으로 작용하는 경우
④ 피자문자-중심 행정 자문 : 어떤 조직 내에 소속되어 있는 피자문자가 조직의 행정이나 인사 등의 행정적인 업무에 대해 자문하는 경우

72 다음 중 자연관찰법의 특징이 아닌 것은? 23년 기출

① 시간과 비용이 많이 든다.
② 자신이 관찰된다는 것을 알았을 때 다르게 행동한다.
③ 비밀이 보장된다.
④ 관찰은 편파될 수 있다.

> **해설**
> 자연관찰법의 주요 단점
> - 시간과 비용이 많이 든다.
> - 교사, 동료, 또래 등에 의해 기밀성이 손상될 수 있다.
> - 대부분의 사람들은 자신이 관찰된다는 것을 알았을 때 다르게 행동한다.
> - 문제행동은 심리학자가 관찰을 수행하고 있을 때 일어날 수도, 그렇지 않을 때 일어날 수도 있다.
> - 관찰은 편파될 수 있다.

73 강박장애로 치료 중인 고3 학생에게 K-WAIS-IV를 실시한 결과 다른 소검사보다 상식, 어휘문제의 점수가 유의하게 높았다. 이 검사 결과로 가정해 볼 수 있는 이 학생의 심리적 특성으로 옳은 것은?

① 높은 공간지각력
② 높은 주지화 경향
③ 주의력 저하
④ 현실검증력 손상

> **해설**
> K-WAIS-IV에서 상식(Information), 어휘(Vocabulary) 소검사 결과의 임상적 양상
> - 상식(Information)은 언어이해지수 척도의 핵심소검사로, 일반적 · 실제적 지식의 범위, 과거의 학습 또는 학교교육, 지적 호기심 또는 지식을 얻고자 하는 욕구, 장기기억과 정보축적, 결정성 지능, 획득된 지식 등을 측정한다.
> - 어휘(Vocabulary)는 언어이해지수 척도의 핵심소검사로, 언어발달 정도, 단어지식 및 언어적 개념형성능력, 언어 사용 및 축적된 언어학습능력, 우수한 학업성취 및 교육적 배경, 장기기억 등을 측정한다.
> - 상식(Information), 어휘(Vocabulary) 소검사는 일반지능을 추정하는 좋은 지표로서 수검자의 교육수준과 높은 상관관계가 있으며, 신경학적 손상과 심리적 장해의 영향을 덜 받으므로 병전 지능을 추정하는 데 사용된다.
> - 상식(Information), 어휘(Vocabulary) 소검사에서의 높은 점수는 우수한 장기기억능력, 높은 수준의 성취동기와 욕구 등을 반영하기도 하지만, 높은 강박적 성향이나 주지화 경향을 반영하기도 한다.

74 심리상담 및 심리치료의 과정에서 나타나는 현상과 가장 거리가 먼 것은? 25년 기출

① 내담자는 상담자가 아무런 요구 없이 인간으로서의 관심만을 베푼다는 것을 경험한다.
② 상담관계에서 내담자는 처음부터 새로운 방식으로 반응하고 행동하게 된다.
③ 상담장면에서는 일반적이고 추상적인 자료보다는 그 상황에서의 실제행동을 다룬다.
④ 치료유형에 차이가 있음에도 불구하고 심리치료에는 공통요인이 작용한다.

> **해설**
> ② 상담관계에서 내담자가 처음부터 적응적인 방식으로 반응하고 행동하는 것은 아니다. 내담자는 생활상의 사건이나 신체적·심리적 문제를 가지고 있으면서도 그러한 문제를 표현하는 데 어려움을 느낄 수 있으며, 자신의 문제가 외부로 노출되는 것에 대해 거부감을 가질 수도 있다.

75 초기 임상심리학자와 그의 활동으로 바르게 짝지어진 것은? 18, 23년 기출

① 위트머(Witmer) – g지능 개념을 제시하였다.
② 비네(Binet) – Army Alpha 검사를 개발하였다.
③ 스피어만(Spearman) – 정신지체아 특수학교에서 심리학자로 활동하였다.
④ 웩슬러(Wechsler) – 지능검사를 개발하였다.

> **해설**
> ①·③ 1896년 위트머(Witmer)는 미국 펜실베니아(Pennsylvania) 대학에 세계 최초의 심리진료소(Psychological Clinic)를 개설하였다. 참고로 인간의 지능이 일반요인(General Factor)과 특수요인(Special Factor)으로 구분된다고 주장하면서 g지능 개념을 제시한 학자는 스피어만(Spearman)이다.
> ② 1905년 비네(Binet)는 시몽(Simon)과 함께 초등학교 입학 시 정신지체아를 식별하기 위해 '비네-시몽 검사(Binet-Simon Test)'를 개발하였다. 참고로 '군대 알파(Army Alpha) 검사'는 제1차 세계대전 당시 미국심리학회(APA)의 심리검사 위원회를 통해 개발되었다.

76 행동의학에서 주로 다루는 주제로 가장 적합한 것은? 16, 24, 25년 기출

① 공황발작   ② 외상 후 스트레스 장애
③ 조현병의 음성증상   ④ 만성통증 관리

> **해설**
> ④ 행동의학은 신체장애에 대해 행동주의적 치료방법을 응용한 것으로, 특히 최면이나 바이오피드백과 같은 행동요법은 비만, 흡연, 심혈관 장애, 만성통증 관리 등 다양한 문제들에 응용되고 있다.
>
> **행동의학(Behavioral Medicine)**
> • 행동과학적인 접근에 의해서 의학을 파악해 나가려는 입장
> • 건강, 질병 그리고 기타 생리적 부전과 관련된 연구, 교육, 진단, 치료의 영역을 모두 포괄하는 다학제적 학문
> • 건강심리학은 행동의학과 건강관리의 문제 양자를 포함하는 심리학 영역
> • 행동의학은 심신의학보다는 보다 객관적인 행동에 중점을 둠

정답 74 ② 75 ④ 76 ④

77 다음 중 유관학습의 가장 적합한 예는? 13, 17, 24년 기출

① 욕설을 하지 않게 하기 위해 욕을 할 때마다 화장실 청소하기
② 손톱 물어뜯기를 줄이기 위해 손톱에 쓴 약을 바르기
③ 충격적 스트레스 사건이 떠오를 때 '그만!'이라는 구호 외치기
④ 뱀에 대한 공포가 있는 사람에게 뱀을 만지는 사람의 영상 보여주기

> **해설**
>
> 유관(Contingent)
> - 파블로프(Pavlov)는 고전적 조건형성을 통해 조건자극(CS)과 무조건자극(UCS)의 시간적 근접성을 조건화의 핵심으로 주장하였다. 즉, 먹이와 조건화된 종소리 간의 시간적 간격이 짧을수록 조건형성이 잘 이루어지는 반면, 그 간격이 길수록 조건형성이 잘 이루어지지 않는다는 것이었다.
> - 파블로프의 이와 같은 주장에 대해 레스콜라(Rescorla)는 학습이 단순히 조건자극과 무조건자극이 근접했기 때문이 아닌 무조건자극이 조건자극에 수반(유관)된 것이기에 학습(조건화)이 이루어진 것이라고 주장하였다. 사실 개에게 무조건 자극으로서 먹이를 줄 때 종소리 이외에 다양한 자극들이 결합될 수 있다(예 실험자의 발소리, 문 여는 소리 등). 그럼에도 불구하고 조건형성이 종소리와 먹이 사이에만 이루어진 것은 개가 두 자극 사이에서만 '유관'을 인지하였기 때문이다.
> - 행동주의 학습에서 처벌(Punishment)은 어떤 부적응적인 방식으로 행동하는 경향을 감소시키기 위해 그 행동에 대해 부적 결과를 유관시키는 절차로 볼 수 있다. 즉, 욕설을 하지 않게 하기 위해 욕을 할 때마다 화장실 청소를 시키는 '정적 처벌'의 예에서는, 욕을 하는 행동과 화장실 청소하는 행동 간의 '유관'이 이루어진 것이다.

78 환자가 처방한 대로 약을 잘 복용하고, 의사의 치료적 권고를 준수하게 하기 위한 가장 적절한 방법은? 17, 23, 24년 기출

① 준수하지 않을 때 불이익을 준다.
② 의사가 권위적이고 단호하게 지시한다.
③ 모든 책임을 환자에게 위임한다.
④ 치료자가 약의 효과 등에 대해 친절하고 상세하게 설명한다.

> **해설**
>
> 환자 교육의 필요성
> - 환자 교육은 치료를 위한 효과적인 방법을 지도하는 것은 물론 환자의 자존감을 키우고 회복에 대한 희망을 심어줌으로써 환자가 보다 적극적인 자세로 치료 과정에 참여하도록 유도한다.
> - 약물을 복용해야 하는 이유는 무엇인지, 복용하는 약물의 효과 및 부작용은 무엇인지 등을 가르치며, 증상 교육을 통해 현재와 과거의 증상을 인지하고 재발경고 징후를 파악함으로써 재발을 막는 데 초점을 둔다.

79 환자와의 초기 면접에서 면접자가 주로 탐색하는 정보의 내용이 아닌 것은?   15년 기출

① 환자의 증상과 주호소, 도움을 요청하게 된 이유
② 최근 환자의 적응기제를 혼란시킨 스트레스 사건의 유무
③ 면접과정에서 드러난 고통스러운 경험에 대한 이해와 심리적 격려
④ 기질적 장애의 가능성 및 의학적 자문의 필요성에 대한 탐색

> **해설**
> 초기면접에서 탐색할 정보
> - 신상정보(Identifying Information) : 환자의 이름, 성별, 연령, 거주지, 연락처, 결혼 여부, 직업 등
> - 의뢰사유와 주호소 문제(Chief Complaint) : 현시점에서 도움을 받고자 하는 이유 및 문제의 진술
> - 현재 병력, 과거 병력
> - 가족력 : 부모, 조부모 등 의미있는 관계들의 정보와 내담자와의 관계 등
> - 심리검사 결과 : 실시된 심리검사 종류, 검사 내용 및 결과
> - 의학적인 결과 : 전반적인 의학적 검사 결과
> - 평가 및 권고 사항 : 의심되는 진단명, 치료 계획 및 권고사항

80 심리평가 도구 중 최초 개발된 이후에 검사의 재료가 변경된 적이 없는 것은?   19년 기출

① Wechsler 지능검사
② MMPI 다면적 인성검사
③ Bender-Gestalt 검사
④ Rorschach 검사

> **해설**
> Rorschach 검사는 1921년 스위스의 정신과의사인 H. Rorschach가 만든 것으로 이 검사의 재료는 데칼코마니양식에 의한 대칭형의 잉크 얼룩으로 이루어진 무채색 카드 5장, 부분 유채색 카드 2장, 전체 유채색 카드 3장으로 이루어진 총 10장의 카드로 구성된다.

정답 79 ③ 80 ④

제5과목 심리상담

81 벡(A. Beck)이 제시한 인지적 오류와 그 내용이 옳은 것을 모두 고른 것은?

> ㄱ. 개인화 – 내담자가 두 번째 회기에 오지 않을 경우, 첫 회기에서 내가 뭘 잘못하였기 때문이라고 강하게 믿는 것
> ㄴ. 임의적 추론 – 남자 친구가 바쁜 일로 연락을 못하면 나를 멀리하려 한다고 결론 내리고 이별을 준비하는 것
> ㄷ. 과잉일반화 – 한두 번의 실연당한 경험으로 누구로부터도 항상 실연을 당할 것이라고 생각하는 것

① ㄱ, ㄴ
② ㄱ, ㄷ
③ ㄴ, ㄷ
④ ㄱ, ㄴ, ㄷ

해설

인지적 오류
- 임의적 추론(Arbitrary Inference) : 자의적 추론이라고도 하며, 어떤 결론을 지지하는 증거가 없음에도 최종적인 결론을 성급히 내리는 것
- 과잉일반화(Overgeneralization) : 한두 번의 단일 사건에 근거하여 극단적 신념을 가지고 일반적 결론을 내려 그와 무관한 상황에도 그 결론을 적용하는 것
- 개인화(Personalization) : 자신과 관련시킬 근거가 없는 사건을 자신과 관련시키는 것
- 선택적 추상화(Selective Abstraction) : 정신적 여과라고도 하며, 다른 중요한 요소들은 무시한 채 사소한 부분에 초점을 맞추고, 그 부분의 것에 근거하여 결론을 내리는 것
- 이분법적 사고 혹은 흑백논리(Dichotomous Thinking) : 사건의 의미를 이분법적인 범주 중의 하나로 해석하려는 것
- 의미확대 혹은 극대화(Maximization) : 사건의 의미나 중요성을 지나치게 과장하는 것
- 재앙화(Catastrophizing) : 어떠한 사건에 대해 자신의 걱정을 지나치게 과장하여 항상 최악을 생각함으로써 두려움에 사로잡히는 것

82 청소년 지위비행에 해당하는 것은?

① 음 주
② 금품갈취
③ 도 벽
④ 인터넷 중독

해설

청소년 지위비행
성인에게는 허용되나 청소년에게는 허용되지 않는 비행으로, 음주 행위는 성인이 하였을 때는 비행으로 보지 않으나 청소년 음주는 비행으로 간주된다.
예 음주, 흡연, 무단결석, 무단가출, 음란물 보기, 유흥업소 출입 등

83. 다음 ( ) 안에 들어갈 내용을 옳게 나열한 것은?

23년 기출

> 하렌(Harren)은 의사결정과정으로 인식, 계획, 확신, 이행의 네 단계를 제안하고, 이 과정에 영향을 미치는 주요 요인으로 (ㄱ)과 (ㄴ)을(를) 제시하였다.

	ㄱ	ㄴ
①	자아개념	의사결정유형
②	자아존중감	정서적 자각
③	자아효능감	진로성숙도
④	정서조절	흥미유형

해설

진로의사결정유형이론(Harren)
- 하렌(Harren)은 대학생 연령의 진로의사결정에 초점을 맞추어 진로발달 및 진로의사결정에 포함되어 있는 여러 가지 변인들을 고려한 진로의사결정 모형을 발달시켰다.
- 하렌은 의사결정과정에서 '인식', '계획', '확신', '이행'의 4단계를 가정하였다.
  - 인식 : 개인은 심리적 불균형을 느끼면서, 어떤 결정을 해야 할 필요성을 인식한다.
  - 계획 : 여러 가지 대안들을 탐색하고 그것들을 가치의 우선순위에 따라 교체 · 확장 · 제한한다.
  - 확신 : 자신의 선택에 대해 깊이 있게 탐색 · 검토하여 선택의 장단점을 명료화한다.
  - 이행 : 사회적 인정에 대한 욕구와 자신이 선택한 가치 사이의 조화와 균형을 추구하면서, 자신의 선택에 대해 적응하게 된다.
- 하렌은 의사결정과정에 영향을 미치는 주요 요인으로 '자아개념'과 '의사결정유형'을 제시하였다.
  - 자아개념 : 개인이 그 자신에게 귀인시키는 직업 관련 태도 및 특성을 의미하는 것으로, '자아정체감'과 '자아존중감'으로 구분된다.
  - 의사결정유형 : 개인이 의사결정과제를 지각하고 그에 반응하는 특징적인 방식을 의미하는 것으로, '합리적 유형', '직관적 유형', '의존적 유형'으로 구분된다.

84. 단기상담에 적합한 내담자와 가장 거리가 먼 것은?

14년 기출

① 위급한 상황에 있는 군인
② 중요 인물과의 상실을 경험한 자
③ 급성적으로 발생한 문제로 고통받는 내담자
④ 상담에 대한 동기가 낮은 내담자

해설

단기상담에 적합한 내담자
- 내담자가 비교적 건강하며 그 문제가 심각하지 않은 경우
- 내담자가 자신의 경미한 문제에 대한 명확한 인식을 원하는 경우
- 내담자가 임신, 출산 등 발달과정상의 문제를 경험하는 경우
- 내담자가 중요 인물의 상실로 인해 생활상의 적응을 필요로 하는 경우 (②)
- 내담자가 급성적 상황으로 인해 정서적인 어려움을 겪는 경우 (③)
- 내담자가 조직이나 기관의 구성원으로 소속되어 있는 경우 (①)

정답 83 ① 84 ④

85 개인의 일상적 경험구조, 특히 소속된 분야에서 특별하다고 간주되던 사람들의 일상적 경험구조를 상세하게 연구하고자 하는 목적에서 생겨난 심리상담의 핵심적인 전제조건에 해당하는 것은? **19년 기출**

① 매순간 새로운 자아가 출현하고 새로운 경험을 할 때마다 우리는 새로운 위치에 있게 된다.
② 어린 시절의 창조적 적응은 습관적으로 알아차림을 방해한다.
③ 내담자로 하여금 문제를 해결하는 것뿐만 아니라 그 문제를 유지시키는 보다 근본적인 기술을 변화시키도록 돕는 것이 중요하다.
④ 개인은 마음, 몸, 영혼으로 이루어진 체계이며, 삶과 마음은 체계적 과정이다.

> **해설**
>
> **신경언어학적 프로그래밍(NLP ; Neuro Linguistic Programming)**
> 인간의 행동은 오관(五官)을 통한 신경적 과정에서 비롯되고, 인간의 사고와 의사소통은 언어적 과정에서 비롯되며, 인간은 그와 같은 행동과 사고를 조직화하기 위한 방법을 발전시킨다는 이론적 입장으로, 그 주요 전제(가정)들은 다음과 같다.
> - 지도(Map)는 영토(Territory)가 아니다. 사람들은 실재 그 자체가 아닌 실재에 대한 지도에 반응한다.
> - 인간의 행동은 목적 지향적이다.
> - 모든 행동은 긍정적인 의도에서 나온다.
> - 무의식은 선의적이다.
> - 이해하기를 원한다면 실행하라.
> - 선택할 수 있다는 것은 그렇지 못한 것보다 바람직하다.
> - 사람들은 그 당시에 할 수 있는 최선의 선택을 한다.
> - 실패란 없다. 다만, 피드백이 있을 뿐이다.
> - 사람들은 완벽하게 일한다.
> - 의사소통에서 의미는 상대방으로부터 얻는 반응에 의해 결정된다.
> - 타인의 세계관을 존중하라.
> - 우리에게는 이미 필요한 자원이 있거나 그것을 만들어낼 수 있다.
> - 성공적인 성취를 모방함으로써 탁월함에 이를 수 있다.
> - 우리는 감각을 통해 모든 정보를 처리한다.
> - 경험은 일정한 구조를 가진다.
> - 육체(몸)와 정신(마음)은 하나의 체계로서 상호작용하는 체계적 과정이다. (④)

86 다음은 어떤 상담에 관한 설명인가? *24년 기출*

> 정상적인 성격발달이 특정 발달단계의 성공적인 문제해결과 관련 있다고 보는 상담 접근

① 가족체계상담
② 정신분석상담
③ 해결중심상담
④ 인간중심상담

해설

정신분석이론의 인간발달에 대한 이해
- 프로이트(Freud)는 인간발달을 성적 추동 에너지인 리비도(Libido)로써 설명하였다. 즉, 쾌락을 주는 성적 추동 에너지의 집중이 신체의 어느 부위에서 나타나느냐에 따라 발달단계를 설명한 것이다.
- 발달단계는 '구강기', '항문기', '남근기', '잠복기', '생식기'로 이어지게 되며, 각 발달단계에서 추구하는 욕구가 적절히 충족되면 다음 단계로의 이행이 자연스럽게 이루어지고 건강한 성격을 형성하게 된다.
- 그러나 각 시기에 리비도가 충분히 만족되지 못하거나 과잉충족이 일어나면 고착현상이 나타나게 되어 다음 단계로의 이행을 어렵게 만든다.
- 이와 같이 정신분석이론은 각 발달단계에서의 적절한 욕구 만족, 즉 성공적인 문제해결이 정상적인 성격발달에 필수적임을 강조한다.

87 심리검사 결과 해석 시 주의할 사항과 가장 거리가 먼 것은? *16, 23년 기출*

① 검사해석의 첫 단계는 검사 매뉴얼을 알고 이해하는 것이다.
② 내담자가 받은 검사의 목적과 제한점 및 장점을 검토해 본다.
③ 결과에 대한 구체적 예언보다는 오히려 가능성의 관점에서 제시되어야 한다.
④ 검사결과로 나타난 장점이 주로 강조되어야 한다.

해설
검사결과를 해석 및 제시할 때에는 병리적인 것과 함께 강점, 잠재력을 함께 제시하는 것이 바람직하다.

정답 86 ② 87 ④

88 주요 상담이론과 대표적 학자들의 연결이 옳지 <u>않은</u> 것은?   19년 기출

① 정신역동이론 – Freud, Jung, Kernberg
② 인본(실존)주의이론 – Rogers, Frankl, Yalom
③ 행동주의이론 – Watson, Skinner, Wolpe
④ 인지치료이론 – Ellis, Beck, Perls

> **해설**
> ④ 펄스(Perls)는 게슈탈트(Gestalt) 심리치료를 개발·보급하였다.

89 사티어(Satir)의 의사소통 모형 중 스트레스를 다룰 때 자신의 스트레스를 무시하고 다른 사람에게 힘을 넘겨주며 모두에게 동의하는 말을 하는 것은?   19년 기출

① 초이성형
② 일치형
③ 산만형
④ 회유형

> **해설**
> 사티어(Satir)의 경험적 가족치료모델에서 의사소통 유형
>
> | | |
> |---|---|
> | 회유형 | • 자신은 무시하고 타인의 비위와 의견에 맞추려 한다.
• 자신이 안정을 유지하기 위해서는 상대방에게 '예'라고 대답해야 한다고 생각한다.
• 다른 사람의 의견에 지나치게 비굴한 자세를 취하고, 사죄와 변명을 하는 등 지나치게 착한 행동을 보인다. |
> | 비난형 | • 자신만 생각하고 타인을 무시하는 경향을 보인다.
• 약해서는 안 된다는 의지로 자신을 강하게 보이도록 하기 위해 타인을 통제하고 명령한다.
• 외면적으로는 공격적인 행동을 보이나, 내면적으로는 자신을 소외자 혹은 실패자라고 느낀다. |
> | 초이성형 | • 자신 및 타인을 모두 무시하고 상황만을 중시한다.
• 비인간적인 객관성과 논리성의 소유자로서 원리와 원칙을 강조한다.
• 내면적으로는 쉽게 상처받고 소외감을 느낀다. |
> | 산만형 | • 자신과 타인, 상황을 모두 무시한다.
• 가장 접촉하기 어려운 유형으로 위협을 무시하고 상황과 관계없이 행동하며, 말과 행동이 불일치하고 정서적으로 혼란스러워 보인다.
• 내면적으로 모두가 자신을 거부한다고 생각함으로써 무서운 고독감과 무가치감을 느낀다. |
> | 일치형 | • 자신, 타인, 상황을 모두 존중하고 신뢰하며, 심리적으로 안정된 상태이다.
• 가장 바람직한 유형으로서, 자신이 중심이 되어 타인과 관계를 맺으며, 다른 사람과 연결이 필요한 경우 스스로 직접 선택한다.
• 의사소통 내용과 내면의 감정이 일치함으로써, 진솔한 의사소통이 가능하다. |

90 성피해자 심리상담 초기단계의 유의사항으로 옳지 않은 것은?   03, 09, 11, 18, 23년 기출

① 치료관계 형성에 힘써야 한다.
② 상담자가 상담 내용의 주도권을 가져야 한다.
③ 성폭력 피해로 인한 합병증이 있는지 묻는다.
④ 성폭력 피해의 문제가 없다고 부정을 하면 일단 수용해준다.

> **해설**
> 성폭력 피해자 심리상담 초기단계의 유의사항
> - 상담자는 피해자인 내담자와 신뢰할 수 있는 관계를 유지함으로써 치료관계 형성에 힘써야 한다. (①)
> - 상담자는 내담자에게 상담 내용의 주도권을 줌으로써 내담자에게 현재 상황에서 표현할 수 있는 내용에 대해서만 이야기할 수 있도록 배려해야 한다. (②)
> - 상담자는 내담자의 비언어적인 표현에 주의를 기울이며, 그에 대해 적절히 반응해야 한다.
> - 상담자는 내담자의 성폭력 피해로 인한 합병증 등을 파악해야 한다. (③)
> - 상담자는 내담자가 성폭력 피해의 문제가 없다고 부인하는 경우 일단 수용하며, 언제든지 상담의 기회가 있음을 알려주어야 한다. (④)

91 학업상담에 있어 지능에 관한 설명으로 옳지 않은 것은?

① 지능에 대한 학습자의 주관적인 인식은 학습 태도와 관련이 없다.
② 지능지수는 같은 연령대 학생들 간의 상대적 위치를 의미한다.
③ 지능검사는 스탠퍼드-비네 검사, 웩슬러 검사, 카우프만 검사 등이 있다.
④ 지능점수를 통해 학생의 인지적 강점 및 약점을 파악할 수 있다.

> **해설**
> 지능에 대한 학습자의 인식과 학습 태도
> 지능에 대한 학습자의 주관적인 인식이 학습 태도에 영향을 미칠 수 있다. 즉, 지능이 유동적이어서 학습자의 노력 여부에 따라 변할 수 있다고 보는지 혹은 지능이 고정적이어서 학습자가 노력해도 변화시킬 수 없다고 보는지에 따라 학습에 대한 태도가 달라질 수 있다는 것이다.

92 상담 초기 단계에서 사용하기에 가장 적합한 기법은?　　　　　　　　　　　　　　　　　　　16년 기출

① 경 청
② 자기개방
③ 피드백
④ 감정의 반영

> **해설**
>
> 이 문제는 논란의 여지가 있다. 그 이유는 상담 단계별 사용 기법이 교재에 따라 약간씩 다르게 제시되고 있기 때문이다 (예 '감정의 반영'을 상담 초기 단계의 기법으로 소개하기도 함). 참고로 위의 문제는 '천성문 外, 『상담심리학의 이론과 실제(제1판)』, 학지사 刊'을 출처로 하고 있는데, 제1판에서는 상담의 단계별로 장(章)을 나누어 각 단계에서 사용하는 기법들을 소개하는 반면, 개정 제3판에서는 이를 '상담 기법'의 별도의 장으로 통합하여 소개하고 있다. 그리고 그 이유에 대해 "상담 기법이 반드시 특정 상담 단계에서 사용되는 것은 아니며, 상담 과정 동안 내용에 맞게 적절하게 활용될 수 있기 때문이다"라고 밝히고 있다.
> ② · ③ · ④ 상담 중기 단계에서 사용하는 주요 기법에 해당한다.
>
> **상담 단계별 주요 기법**
>
> | | |
> |---|---|
> | 초기 단계 | 관심 기울이기, 경청, 개방형 질문 등 |
> | 중기 단계 | 심층적 공감, 감정의 반영, 재진술, 자기개방, 피드백 주기, 직면, 해석 등 |
> | 종결 단계 | 이별의 감정 다루기, 상담 성과에 대한 평가와 문제해결력 다지기, 추후상담에 관해 논의하기 |

93 생애기술 상담이론에서 기술언어(Skills Language)에 해당하는 것은?　　　　　　　　17, 23, 25년 기출

① 내담자가 어떻게 생각하고 느끼는가를 의미하는 것이다.
② 내담자가 어떤 외현적 행동을 하는가를 의미하는 것이다.
③ 내담자 자신의 책임감 있는 삶을 의미하는 것이다.
④ 내담자의 행동을 설명하고 분석하기 위해 사용하는 것을 의미하는 것이다.

> **해설**
>
> **생애기술상담(Lifeskill Counselling)**
> - 생애기술은 개인의 심리적 삶을 보장하기 위해 구체적 기술 영역에서 결정하는 일련의 선택이라고 할 수 있음
> - 생애기술상담은 인지-행동적 접근의 통찰을 활용하여 사고와 행동의 변화를 유도하며, 인본주의적 실존주의의 메시지를 전달하여 현재와 미래 생활에 도움이 되는 보다 효과적인 기술들을 습득하도록 돕는 것임
> - 개인생애기술상담은 한 개인이 보다 넓은 공동체 속에서 생애기술을 획득하고, 유지하고, 발달시키는 것을 중재하는 활동 기본개념임
> - 기술언어(Skills Language) : 생애기술 장점과 단점의 관점에서 내담자 문제에 대해 생각하고 말하는 것. 특히 내담자의 문제를 지속시키는 구체적인 사고기술과 행동기술상의 단점을 규명하고, 그것들을 상담목표로 전환하는 것을 포함함
> - 내적 게임 : 내면에 어떤 일이 일어나고 있는가, 즉 당신이 어떻게 생각하고 느끼는가를 의미하는 것으로 사고기술과 감정기술임
> - 외적 게임 : 어떤 외현적 행동을 하는가, 즉 행동기술을 의미. 행동기술은 관찰가능한 행동들을 포함하는 것으로 어떻게 느끼고 생각하는가보다는 어떻게 행동하는가와 관련된 것임
> - 개인적 책임성 : 개인을 자신의 삶에 대한 책임감을 갖는 주체로 보는 것으로 사람들은 자신의 삶을 창조적으로 만들 책임이 있음

94 알코올중독 가정의 성인아이(Adult Child)에 관한 특성이 <u>아닌</u> 것은?

① 처음부터 끝까지 일을 완수하는 데 어려움이 있다.
② 권위 있는 사람에게 친밀감을 느낀다.
③ 지속적으로 타인의 인정과 확인을 받고 싶어 한다.
④ 자신을 평가절하 한다.

> **해설**
>
> 성인아이(Adult Child)의 심리사회적 특성
> - 대인관계적 특성
>   - 대인관계에서 고립감을 많이 느낀다.
>   - 의사소통 기술이 부족하며, 자신의 감정을 솔직하게 표현하지 못한다.
>   - 권위 있는 사람에게 두려움을 느낀다. (②)
>   - 특정 대상에 대한 의존적인 성향을 가진다.
>   - 지속적으로 타인의 인정과 확인을 받고 싶어 한다. (③)
>   - 자신에게 주어지는 비난이나 질책에 대해 지나치게 두려워한다.
> - 사고적 특성
>   - 지나치게 일찍 보호자의 역할을 담당하므로 과도한 책임감을 느낀다.
>   - 자기 자신에게 가혹하며, 스스로 통제할 수 없는 변화에 대해 과도하게 반응한다.
>   - 자신과 가족에게 발생하는 문제에 대해 적절히 대처하지 못할 경우 죄책감을 느끼기 쉽다.
>   - 전부 아니면 전무라는 식의 사고를 가지는 경향이 있다.
>   - 지속적으로 정상적인 행동이 무엇인지를 추측하려고 한다.
>   - 처음부터 끝까지 일을 완수하는 데 어려움이 있다. (①)
> - 정서적 특성
>   - 즐기는 것을 어려워한다.
>   - 즉각적인 만족과 충동을 추구한다.
>   - 화를 잘 내며, 쉽게 욱하는 경향이 있다.
>   - 매사에 반항적인 경향이 있다.
>   - 거절, 실패, 상실, 연약함 등에 대해 두려워한다.
>   - 자존감이 낮고 자신을 평가절하 한다. (④)

정답 94 ②

95 병적 도박에 관한 설명으로 옳지 않은 것은? 　　　　　　　　　　　　　　19, 24년 기출

① 대개 돈의 액수가 커질수록 더 흥분감을 느끼며, 흥분감을 느끼기 위해 액수를 더 늘린다.
② 도박행동을 그만두거나 줄이려고 시도할 때 안절부절 못하거나 신경이 과민해진다.
③ 병적 도박은 DSM-5에서 반사회성 성격장애로 분류된다.
④ 병적 도박은 전형적으로 남자는 초기 청소년기에, 여자는 인생의 후기에 시작되는 경우가 많다.

> **해설**
> DSM-Ⅳ의 분류기준에 따른 '병적 도박(Pathological Gambling)'은 DSM-5에서 '도박장애(Gambling Disorder)'로 명칭이 변경되어 '물질-관련 및 중독장애(Substance-Related and Addictive Disorders)'의 하위분류인 '비물질-관련 장애(Non-Substance-Related Disorders)'에 포함되었다.

96 집단상담에서 침묵 상황에 대한 효과적 개입으로 옳지 않은 것은? 　　　　　　23, 24년 기출

① 회기 초기에 오랜 침묵을 허용하는 것은 지도력 발휘가 안 된 것이다.
② 생산적으로 여겨지는 침묵 상황에서 말하려는 집단원에게 기다리라고 제지할 수 있다.
③ 말하고 싶으나 기회를 잡지 못하는 집단원에게 말할 기회를 준다.
④ 대리학습이나 경험이 되므로 침묵하는 집단원이 집단 내내 말하지 않더라도 그대로 놔둔다.

> **해설**
> 집단상담자는 침묵하는 집단원이 집단에 참여하도록 권하고, 비언어적인 방법으로 의사소통하려는 시도를 알아차리며, 필요 없는 이야기를 늘어놓거나 집단 시간을 독점하는 집단원의 행위를 저지함으로써 집단의 시간이 공정하게 사용되도록 해야 한다.

97 자살로 인해 가까운 사람을 잃은 자살생존자에 관한 설명으로 옳지 <u>않은</u> 것은? **24년 기출**

① 분노는 자살생존자가 겪는 흔한 감정 중 하나이다.
② 자살생존자는 스스로를 비난하기 때문에 고통 받는다.
③ 자살생존자에게 상실에 대한 경험을 이야기하게 하는 것은 과거의 상황을 재경험하게 하므로 피하는 것이 좋다.
④ 자살생존자는 종종 자살에 관한 사회문화적 낙인에 대처하는 데 부담감을 느끼게 된다.

> **해설**
> ③ 상실과 슬픔의 감정과 경험을 자연스럽게 이야기할 수 있도록 돕는다.
> **자살생존자 모임을 이용한 집단치료에서 다루는 주요 내용**
> • 치료자는 우선 집단치료의 목적과 구성에 대해 간단히 소개한다.
> • 집단원이 돌아가면서 고인에 대해 어떻게 인식하고 싶은지, 고인이 기여한 점은 무엇인지, 고인과의 미해결 과제가 남아 있는지 등에 대해 각자 말할 기회를 갖는다.
> • 치료자는 집단원이 표현한 느낌과 내용을 요약하면서, 집단원이 표현한 슬픔을 인정하고 집단 전체가 함께 공감할 수 있도록 한다. 또한 고인의 죽음에 대한 죄책감과 책임감을 덜어주며, 기도나 묵념의 시간을 가짐으로써 고인의 삶을 기리고 마음속에서는 물론 집단 안에서 작별인사를 하도록 한다.
> • 집단치료가 끝날 무렵, 치료자는 구성원 각자 애도의 단계를 끝내도록 돕는다.

98 인간중심상담 이론에 관한 설명으로 옳지 <u>않은</u> 것은?

① 가치의 조건화는 주로 타자로부터 긍정적 존중을 받기 위해 그들이 원하는 가치와 기준을 내면화하는 것이다.
② 자아는 성격의 조화와 통합을 위해 노력하는 원형이다.
③ 현재 경험이 자기개념과 불일치할 때 불안을 경험하게 된다.
④ 실현화 경향성은 자기를 보전, 유지하고 향상시키고자 하는 선천적 성향이다.

> **해설**
> ② 융(Jung)은 분석심리이론을 통해 자기(Self)를 모든 의식과 무의식의 주인으로서, 인간 성격의 조화와 통합을 위해 노력하는 원형으로 제시하였다. 참고로 로저스(Rogers)는 인간중심이론을 통해 자기(Self)를 자기 자신에 대해 가지고 있는 조직적이고 지속적인 인식, 즉 '자기상(Self Image)'으로 제시하였다.
> ※ 로저스(Rogers) 이론의 주요 개념으로서 'Self'는 교재에 따라 '자기' 또는 '자아'로 번역되고 있으나 '자기'로 번역하는 것이 바람직하다. 그 이유는 '자기(Self)'와 '자아(Ego)'가 엄밀한 의미에서 차이가 있기 때문이다. 특히 분석심리이론의 대표적인 학자 융(Jung)은 이 두 가지를 명확히 구분했는데, 그는 '자기(Self)'를 의식과 무의식을 포함한 전체 정신의 중심으로 본 반면, '자아(Ego)'를 의식의 영역만을 볼 수 있는 의식의 중심으로 보았다.

99 행동주의 상담의 한계에 관한 설명으로 옳지 <u>않은</u> 것은? 15년 기출

① 상담과정에서 감정과 정서의 역할을 강조하지 않는다.
② 내담자의 문제에 대한 통찰이나 심오한 이해가 불가능하다.
③ 고차원적 기능과 창조성, 자율성을 무시한다.
④ 상담자와 내담자의 관계를 중시하여 기술을 지나치게 강조한다.

> **해설**
> ④ 행동주의 상담은 상담자와 내담자의 관계를 경시하고 상담기술을 지나치게 강조한다.
>
> **행동주의 상담의 공헌점**
> - 행동주의 상담의 문제중심적인 관점은 다른 상담체제들을 과학적 방향으로 이끄는 자극을 제공하였다.
> - 행동기법들의 다양성을 제공하였다.
> - 실험연구와 상담결과에 대한 평가를 제공하였다.
>
> **행동주의 상담의 한계점**
> - 상담 과정에서 감정과 정서의 역할을 강조하지 않고 문제해결이나 상황의 처치만을 지나치게 강조한다.
> - 내담자의 말을 충분히 듣지 못한다.
> - 사소한 것을 중요하게 취급하는 경향이 있다.
> - 내담자의 문제에 대한 통찰이나 심오한 이해가 불가능하다.
> - 부적응 행동의 역사적 근원이 무시되어, 문제 행동이 곧 다른 형태로 나타날 수 있다.
> - 좁은 범위의 행동에만 적용 가능하다.
> - 고차원적 기능과 창조성, 자율성이 무시된다.
> - 행동수정은 실제로 효과가 없는 일시적 변화일 수 있다.
> - 이론이 동물을 대상으로 한 연구에서 나왔기에 인간에게는 적절하지 않을 수 있다.
> - 자기실현 측면에서는 부적합하다.

100 키츠너(Kitchener)가 제시한 상담의 기본적 윤리원칙 중 상담자가 내담자와 맺은 약속을 잘 지키며 믿음과 신뢰를 주는 행동을 하는 것은? 17, 23, 24년 기출

① 자율성(Autonomy)
② 무해성(Nonmaleficence)
③ 충실성(Fidelity)
④ 공정성(Justice)

> **해설**
> **키츠너(Kitchener)의 윤리적 상담을 위한 5가지 원칙**
> - 자율성 존중(Respect of Autonomy) : 내담자는 자신의 행동을 스스로 결정하고 처리할 수 있는 자율적인 존재이다.
> - 무해성(Nonmaleficence) : 상담자는 다른 사람에게 해를 입히거나 위험에 빠뜨리지 않아야 한다.
> - 충실성(Fidelity) : 상담자는 내담자를 돕는 일에 열정을 가지고 충실하게 임해야 하며, 약속을 잘 지켜야 한다.
> - 공정성(Justice) : 상담자는 인종, 성별, 종교 등의 이유로 내담자를 차별하지 말아야 한다.
> - 선의(Beneficence) : 상담자는 다른 사람에게 선행을 베풀겠다는 의도를 가지고 행동해야 한다.

2022 제3회 기출복원문제 및 해설

심리학개론 | 이상심리학 | 심리검사 | 임상심리학 | 심리상담

※ 2022년 제3회 시험부터 CBT로 시행되어 기출문제가 공개되지 않으므로, 응시자의 후기와 과년도 기출데이터를 통해 기출과 유사하게 복원된 문제를 제공합니다.
※ 실제 시험문제와 다를 수 있습니다.

제1과목 심리학개론

01 고전적 조건형성에서 조건자극과 무조건자극을 배열할 때 조건형성 효과가 가장 오래 지속되는 배열은? 16, 21년 기출

① 후진 배열
② 흔적 배열
③ 지연 배열
④ 동시적 배열

> **해설**
> 지연 배열은 조건자극이 먼저 제시되지만 조건자극이 사라지기 전에 무조건자극이 제시되는 것으로, 지연조건형성은 조건형성 효과가 가장 잘 되는 방법이다.
> ① 후진 배열 : 무조건자극이 먼저 제시되고 조건자극이 나중에 제시되는 것으로, 역향-조건형성(Backward Conditioning)
> ② 흔적 배열 : 조건자극이 제시되고 조건자극이 완전히 사라지고 난 후에 무조건자극이 제시되는 것으로, 흔적조건형성(Trace Conditioning)
> ④ 동시적 배열 : 조건자극과 무조건자극이 동시에 제시되고 동시에 사라지는 것으로, 동시조건형성(Simultaneous Conditioning)

02 성격의 정의에 관한 설명으로 옳지 않은 것은? 15, 21년 기출

① 성격에는 개인이 가지고 있는 고유하고 독특한 성질이 포함된다.
② 개인의 독특성은 시간이 지나도 비교적 안정적으로 변함없이 일관성을 지닌다.
③ 성격은 다른 사람이나 환경과 상호작용 하는 관계에서 행동양식을 통해 드러난다.
④ 성격은 타고난 것으로 개인이 속한 가정과 사회적 환경에 영향을 받지 않는다.

> **해설**
> 성격의 일반적 정의에서 성격은 다른 사람이나 환경과 상호작용 하는 관계에서 행동양식을 통해 드러나는 것으로, 가정이나 사회적 환경의 영향을 받는다.

정답 01 ③ 02 ④

03 다음의 설명에 해당하는 것은?
18, 21, 23년 기출

> 척도상의 대표적 수치를 의미하며 평균, 중앙치, 최빈치가 그 예이다.

① 빈도분포값
② 추리통계값
③ 집중경향값
④ 변산측정값

해설

집중경향값(Central Tendency)
- 하나의 점수분포에서 중심적 경향을 나타내는 값
- 최빈치(Mode), 중앙치(Median), 평균치(Mean)가 집중경향치로 사용
- 정규분포 : 평균치 = 중앙치 = 최빈치
- 정적 편포 : 평균치 > 중앙치 > 최빈치
- 부적 편포 : 최빈치 > 중앙치 > 평균치

04 최빈값에 관한 설명으로 옳지 않은 것은?
17, 20, 25년 기출

① 주어진 자료 중에서 가장 많이 나타나는 측정값이다.
② 최빈값은 대표성을 갖고 있다.
③ 자료 중 가장 극단적인 값의 영향을 받는다.
④ 중심경향성 기술값 중의 하나이다.

해설

최빈치(= 최빈값)
- 빈도가 가장 높은 점수
- 질적 자료와 양적 자료 모두에 사용할 수 있음
- 값이 여러 개일 수 있음

05 Kübler-Ross가 주장한 죽음의 단계에 대한 순서로 옳은 것은? 20년 기출

① 부정 → 분노 → 타협 → 우울 → 수용
② 분노 → 우울 → 부정 → 타협 → 수용
③ 우울 → 부정 → 분노 → 타협 → 수용
④ 타협 → 부정 → 분노 → 우울 → 수용

> **해설**
> 죽음 전의 심리적 변화(Kübler-Ross)
> • 1단계 : 부정(Denial)
> • 2단계 : 분노(Anger)
> • 3단계 : 타협(Bargaining)
> • 4단계 : 우울(Depression)
> • 5단계 : 수용(Acceptance)

06 인본주의 성격이론에 대한 설명으로 옳은 것은? 17, 20년 기출

① 무의식적 욕구나 동기를 강조한다.
② 대표적인 학자는 Bandura와 Watson이다.
③ 외부 환경자극에 의해 행동이 결정된다고 본다.
④ 개인의 성장 방향과 선택의 자유에 중점을 둔다.

> **해설**
> 인본주의 성격이론
> • 인간은 자신이 나아갈 방향을 스스로 찾고 건설적인 변화를 이끌 수 있는 능력이 있음을 가정하고 있다.
> • 인본주의 성격이론의 대표적인 학자인 로저스는 인간은 스스로 자신의 삶의 의미를 능동적으로 창조하며, 주관적 자유를 실천해 나가는 존재라고 보았다.

정답 05 ① 06 ④

07 로저스(Rogers)의 '자기 개념'에 관한 설명으로 옳지 않은 것은?

04, 13, 20년 기출

① 사람의 세상에 대한 지각에 영향을 준다.
② 상징화되지 못한 감정들로 구성되어 있다.
③ 자기에는 지각된 자기 외에 되고 싶어 하는 자기도 포함된다.
④ 지각된 경험에 의해 형성된다.

> **해설**
> 로저스(Rogers)의 현상학이론의 주요 개념 중 '현상학적 장'은 '경험적 세계' 또는 '주관적 경험'을 의미하는 것으로서, 동일한 현상이라도 각 개인마다 서로 다르게 지각하고 경험한다는 사실을 반영한다. 개인은 객관적 현실이 아닌 자신의 현상학적 장에 입각하여 재구성된 현실에 반응하게 되는데, 로저스는 이를 '상징화(Symbolization)'의 개념으로 설명한다. 즉, 개인의 의식 혹은 자각은 그가 경험하는 어떤 것의 상징화라는 것이다. 어떤 주어진 순간에 대해 현상학적 장은 의식적(상징화된) 및 무의식적(상징화되지 않은) 경험으로 구성되므로, 현상학적 장과 의식의 장은 동일하지 않다. 그로 인해 개인은 상징화되지 않은 어떤 경험을 변별하고 경험에 반응할 수 있는 것이다.

08 프로이트(Freud)에 따르면, 거세불안을 극복하는 과정에서 형성되는 성격의 요소는?

12, 19년 기출

① 원초아
② 자 아
③ 초자아
④ 무의식

> **해설**
> **거세불안(Castration-Fear)**
> 아동의 무의식적 성욕이 죄의식에 의해 억압되어 불안으로 나타나는 것을 말한다. 프로이트(Freud)는 성격발달단계를 구강기(0~1세), 항문기(1~3세), 남근기(3~6세), 잠복기(6~12세), 생식기(12세 이후)로 구분하였으며, 특히 거세불안을 남근기와 결부시켰다. 남근기의 아동은 정신에너지를 성기에 집중시켜 성기를 가지고 놀면서 쾌락을 느끼기 시작하며, 점차 자신과 반대의 성을 가진 부모에 대해 성애적 사랑을 느끼게 된다. 프로이트는 이를 오이디푸스 콤플렉스(Oedipus Complex)라고 명명하였는데, 그에 따르면 특히 남아의 경우 어머니에 대한 성애적 욕망과 죄의식으로 인해 아버지에 의해 단죄될 수 있다는 거세불안을 느끼게 된다는 것이다.

09 다음 설명에 해당하는 것은? 21, 23년 기출

> - 아동들의 자기개념이 왜 우선적으로 남자-여자 구분에 근거하는지를 설명하고자 한다.
> - 아동에게 성이라는 렌즈를 통해 세상을 보도록 가르치는 문화의 역할을 중요시한다.

① 사회학습이론
② 인지발달이론
③ 성 도식이론
④ 정신분석학이론

해설

성 도식이론(Gender Schema Theory)
- 사회학습이론과 인지발달이론의 요소들을 결합한 것으로, 성역할 개념의 습득 과정을 설명하는 일종의 정보처리이론이다.
- 성 유형화는 아동의 인지발달 수준이나 사회문화적 요인의 영향을 받지만 동시에 성 도식화(Gender Schematization) 과정을 통해 형성된다.
- 성 도식화는 성에 따라 조직되는 행동양식으로서, 사람들로 하여금 남성적 특성과 여성적 특성을 구분하도록 해 준다.
- 아동은 어떤 행동이나 역할이 남성에게 적합한 것인지 혹은 여성에게 적합한 것인지를 분류해 주는 '내집단/외집단'의 단순한 도식을 습득하며, 자신의 성에 적합한 역할에 대해 좀 더 많은 정보를 추구하여 자신의 성 도식(Own-sex Schema)을 구성하게 된다.
- 일단 성 도식이 발달하면 아동은 자신의 성 도식에 맞지 않는 새로운 정보를 왜곡하는 양상을 보이는데, 따라서 성이라는 렌즈를 통해 세상을 보도록 가르치는 문화의 역할이 중요하다.

10 성격과 환경 간의 상호작용 중 개인의 성격은 타인으로부터 독특한 반응을 이끌어낸다는 것은? 21, 24년 기출

① 유도적 상호작용
② 반응적 상호작용
③ 주도적 상호작용
④ 조건적 상호작용

해설

성격과 환경 간의 상호작용 유형(개인-상황 상호작용 유형)

유도적 상호작용	개인의 성격, 즉 기질적 차이는 타인으로부터 서로 다른 독특한 반응을 이끌어낸다. 예 신경질적인 영아는 유순한 영아보다 부모의 보살핌을 덜 이끌어낸다.
반응적 상호작용	동일한 환경을 접하더라도 개인은 환경을 다르게 해석하고 경험하며 반응한다. 예 외향적인 성격의 형과 내향적인 성격의 동생은 부모의 처벌을 다르게 받아들일 수 있다.
주도적 상호작용	개인이 자신의 환경을 선택하고 구성해 나가는 과정을 강조한다. 예 사교적인 아동은 집에 혼자 있기보다는 친구들과 어울려 놀러 다니는 경험을 많이 한다.

11 단기기억의 특성이 아닌 것은?   18, 21, 25년 기출

① 정보의 용량이 매우 제한적이다.
② 작업기억(Working Memory)이라 불린다.
③ 현재 의식하고 있는 정보를 의미한다.
④ 거대한 도서관에 비유할 수 있다.

> **해설**
> 장기기억은 종종 용량의 제한이 없어 거대한 도서관에 비유된다.
>
> 단기기억과 장기기억의 비교
>
> | 구 분 | 입 력 | 용 량 | 지속시간 | 내 용 | 인 출 |
> |---|---|---|---|---|---|
> | 단기기억 | 매우 빠름 | 제한적 | 매우 짧음 (10~20초 정도) | 단 어
심 상
아이디어
문 장 | 즉각적 |
> | 장기기억 | 비교적 느림 | 무제한적 | 사실상 무제한적 | 명제망
도 식
산 출
일 화 | 표상과 조직에 따라 다름 |

12 연구방법의 주요 개념에 관한 설명으로 옳지 않은 것은?   21, 23년 기출

① 측정 – 한 변인의 여러 값들에 숫자를 할당하는 체계
② 실험 – 원인과 결과에 대한 가설을 정밀하게 검사하는 것
③ 실험집단 – 가설의 원인이 제공되지 않는 집단
④ 독립변인 – 실험자에 의해 정밀하게 통제되는 가설의 원인으로서 참가자의 과제와 무관한 변인

> **해설**
> 실험집단과 통제집단
> 실험집단에서의 피험자는 처치, 즉 가설의 원인을 제공받고, 통제집단에서의 피험자는 아무런 처치를 받지 않는다. 이때 각 집단에 대한 제반조건은 처음부터 끝까지 동일하도록 해야 하는데, 이와 같은 과정에 의해 두 집단 간 종속변인 측정치의 차이가 오로지 처치 때문인 것으로 간주할 수 있기 때문이다.

13 심리측정에 관한 설명으로 옳은 것은?   18년 기출

① 일반적으로 검사도구가 측정하고자 목적한 바를 측정할 때 그 검사도구는 신뢰도가 있다고 한다.
② 내적 일관성신뢰도는 검사를 1회 사용한 결과만을 가지고 신뢰도를 계산해야 할 때 사용될 수 있는 방식이다.
③ 검사-재검사신뢰도는 서로 다른 집단의 사람들에게 검사를 반복적으로 사용하였을 때 동일한 결과가 나오는 정도이다.
④ 내용타당도는 어떤 검사가 그 검사를 실시한 결과를 통해서 알고자 하는 준거변수와의 상관 정도를 말한다.

> **해설**
> ① 타당도에 관한 내용이다.
> ③ 동일한 집단의 사람들에 해당하는 내용이다.
> ④ 준거타당도에 관한 내용이다.

14 학습에 대한 설명으로 옳지 않은 것은?   18, 24년 기출

① 톨만(Tolman)은 동물들도 다양한 단편적인 지식 또는 인지를 획득한다고 주장한다.
② 쥐가 부적 자극이 올 것이라는 신호를 알고서 미리 피하는 것을 도피학습이라고 한다.
③ 행동주의 심리학자들은 대부분 동물들의 학습에는 행동이라는 반응수행이 필수적이라고 주장한다.
④ 고전적 조건형성에서 학습되는 것은 조건자극(CS)과 무조건자극(UCS)의 연합이며, 파블로프(Pavlov)는 시간적 근접성을 연합의 필요조건이라고 주장하였다.

> **해설**
> 쥐가 부적 자극이 올 것이라는 신호를 알고서 미리 피하는 것을 회피학습이라고 한다.

15 과자의 양이 적다는 어린 꼬마에게 모양을 다르게 하였더니 많다고 좋아한다. 이 아이의 논리적 사고를 Piaget이론으로 본다면 무엇에 해당하는가?   03, 09, 18년 기출

① 자기중심성의 문제
② 대상영속성의 문제
③ 보존개념의 문제
④ 가설-연역적 추론의 문제

> **해설**
> 사물의 수량이나 면적에 무엇이 추가되거나 제거되지 않았으므로, 그 수량이나 면적은 형태상의 변화와 관계없이 동일하다. 이는 보존개념에 관한 문제에 해당한다.

16 주변에 교통사고를 당한 사람들이 많은 사람은 교통사고 발생률을 실제보다 높게 판단하는 것처럼 특정사건을 지지하는 사례들이 기억에 저장되어 있는 정도에 따라 사건의 발생가능성을 판단하는 경향은?

12, 15, 18년 기출

① 초두효과
② 점화효과
③ 가용성 발견법
④ 대표성 발견법

> **해설**
> **가용성 발견법**
> 머릿속에 떠오르는 가용해 보이는 판단에 의해 해결하는 방법으로, 자신의 신념과 판단의 정확성을 실제보다 과잉추정하는 경향성을 말한다.

17 커피숍이나 음식점에서 쿠폰에 도장을 찍어주고 일정조건이 충족되면 보상하는 것은 조건형성의 어떤 강화계획과 관련있는가?

18년 기출

① 고정간격강화계획
② 고정비율강화계획
③ 변동간격강화계획
④ 변동비율강화계획

> **해설**
> ② 행동중심적 강화방법으로, 일정한 횟수의 바람직한 반응이 나타난 다음에 강화를 부여한다. 실적에 따른 성과급이나 쿠폰을 모으면 혜택을 제공하는 것 등을 예로 들 수 있다.
> ① 요구되는 행동의 발생빈도에 상관없이 일정한 시간 간격에 따라 강화를 부여한다. 주급, 월급, 일당, 정기적 시험 등을 예로 들 수 있다.
> ③ 일정한 시간 간격을 두지 않은 채 평균적으로 확인할 수 있는 시간 간격이 지난 후에 강화를 부여한다. 예를 들어, 1시간에 3차례의 강화를 부여할 경우, 25분, 45분, 60분으로 나누어 강화를 부여할 수 있다.
> ④ 평균적으로 몇 번의 반응행동이 나타날 때마다 강화를 부여하는 방식으로, 이때 정확하게 몇 번째 반응에 대해 강화가 제공되는지는 알 수 없도록 설계되어 있다. 예를 들어, 카지노의 슬롯머신이나 복권 등은 강화를 받기 위해 요구되는 반응의 수가 평균적인 범위 내에서 무작위로 변한다.

18 종속변인에 나타난 변화가 독립변인의 영향 때문이라고 추론할 수 있는 정도를 의미하는 것은?

10, 13, 18년 기출

① 내적 신뢰도
② 외적 신뢰도
③ 내적 타당도
④ 외적 타당도

> **해설**
> ③ 각 변수 사이의 인과관계를 추론하여 그것이 실험에 의한 진정한 변화에 의한 것인지를 판단하는 인과조건의 충족정도를 말한다.
> ① 사건이나 현상에 대한 관찰자들 간의 일치도로, 연구자료의 수집 및 분석, 해석의 일관성을 말한다.
> ② 연구결과에서의 일치도로, 동일한 설계를 바탕으로 다른 연구자들도 동일한 현상을 발견하거나 유사한 상황에서 동일한 구성개념을 산출하는지를 말한다.
> ④ 연구의 결과에 의한 인과관계가 연구대상 이외의 경우로 확대·일반화될 수 있는 정도를 말한다.

19 성격이란 삶과 죽음이 교차하는 현실 속에서 그 사람이 내리는 선택과 결정에 의해 좌우되는 것이라고 보는 관점은?

18년 기출

① 정신분석적 관점
② 인본주의적 관점
③ 실존주의적 관점
④ 현상학적 관점

> **해설**
> ① 5~6세 이전의 초기경험이 성격발달에 결정적인 영향을 미치며 이 경험은 지속적으로 남게 된다. 또한 발달단계별로 생기게 되는 욕구가 좌절되면 성격형성에 장애가 생기게 된다는 결정론적 입장을 취한다.
> ②·④ 과거의 경험보다는 '지금-여기'에서 주체에게 나타나는 직접적인 체험사실, 즉 현상을 중심에 놓고 개인의 고유하고 주관적인 경험을 강조한다. 즉 개인의 직접적인 경험에서 형성된 자기 자신과 타인에 대한 가치의 평가가 성격의 형성 및 행동에 영향을 미치게 된다.

20 일반적으로 사용되는 분포의 집중경향치로 옳게 짝지어진 것은? 15년 기출

① 평균값 – 중앙값
② 평균값 – 백분위
③ 백분위 – 상관계수
④ 중앙값 – 상관계수

> **해설**
> 집중경향치(Central Tendency)
> • '대푯값'이라고도 하며 집단의 전반적인 수준을 나타내는 지수이다.
> • 집중경향치에는 산술평균(Mean), 최빈치(Mode), 중앙값(Median) 등이 있다.
>   – 산술평균 : 전체 합산 점수를 사례 수로 나눈 값
>   – 중앙값 : 서열상 가운데에 위치한 점

제2과목 이상심리학

21 이상행동의 분류와 평가에 관한 설명으로 옳지 <u>않은</u> 것은? 21, 25년 기출

① 범주적 분류는 이상행동이 정상행동과는 질적으로 구분되며 흔히 독특한 원인에 의한 것이기 때문에 정상행동과는 명료한 차이점을 지니고 있다는 가정에 근거한다.
② 차원적 분류는 정상행동과 이상행동의 구분이 부적응성 정도의 문제일 뿐 질적인 차이는 없다는 가정에 근거한다.
③ 타당도는 한 분류체계를 적용하여 환자들의 증상이나 장애를 평가하였을 때 동일한 결과가 도출되는 정도를 의미한다.
④ 같은 장애로 진단된 사람들에게서 동일한 원인적 요인들이 발전되는 정도는 원인론적 타당도이다.

> **해설**
> 한 분류체계를 적용하여 환자의 증상이나 장애를 평가하였을 때 각각 동일한 결과가 도출되는 정도는 '신뢰도'에 해당된다. 타당도란, 측정하고자 하는 개념이나 속성을 얼마나 실제에 가깝게 측정하고 있는가를 말한다.

22 물질관련장애에 관한 설명으로 옳지 않은 것은? 21년 기출

① 물질에 대한 생리적 의존은 내성과 금단증상으로 나타난다.
② 임신 중의 과도한 음주는 태아알코올증후군을 유발할 수 있다.
③ 모르핀과 헤로인은 자극제(흥분제)의 대표적 종류이다.
④ 헤로인의 과다 복용은 뇌의 호흡 중추를 막아 죽음에 이르게 할 수 있다.

> **해설**
> 모르핀과 헤로인은 아편류에 해당하는 대표적인 약물이다.
>
> **아편류(Opioids)에 해당하는 약물**
> - 천연 아편류 : 모르핀(Morphine)
> - 반합성 아편류 : 헤로인(Heroin)
> - 모르핀 유사작용 합성 아편류 : 코데인(Codeine), 하이드로모르핀(Hydromorphone), 메사돈(Methadone), 옥시코돈(Oxycodone), 메페리딘(Meperidine), 펜타닐(Fentanyl) 등

23 스트레스 호르몬이라고 불리는 코르티솔(Cortisol)이 분비되는 곳은? 15, 21, 25년 기출

① 부 신
② 변연계
③ 해 마
④ 대뇌피질

> **해설**
> 스트레스를 받으면 시상하부는 2가지 경로를 통해 부신으로 명령을 내린다. 첫 번째로는 자율신경계의 교감신경을 통해 부신으로 하여금 에피네프린(아드레날린)을 혈류로 방출하도록 하여 교감신경계의 직접적인 위급반응효과를 보강하고, 두 번째로는 뇌하수체를 통해 부신으로 하여금 스트레스 호르몬인 코르티솔 등 여러 가지 호르몬을 신체 전반으로 방출하게 하여 위급 시에 대처할 준비태세를 갖춘다.

24 파괴적 충동조절 및 품행장애에 관한 설명으로 옳지 않은 것은? 21년 기출

① 병적 방화의 필수 증상은 고의적이고 목적이 있는, 수차례의 방화 삽화가 존재하는 것이다.
② 품행장애의 유병률은 아동기에서 청소년기로 갈수록 증가한다.
③ 병적 도벽은 보통 도둑질을 미리 계획하지 않고 행한다.
④ 간헐적 폭발성장애는 언어적 공격과 신체적 공격을 모두 포함해야 한다.

> **해설**
> ④ 간헐적 폭발성장애(간헐적 폭발장애)는 언어적 공격성(예 분노발작, 장황한 비난, 논쟁이나 언어적 다툼 등) 또는 신체적 공격성(예 재산, 동물, 타인에게 가하는 물리적 공격 등)이 3개월 동안 평균적으로 일주일에 2회 이상 발생할 때 진단이 가능하다.

정답 22 ③ 23 ① 24 ④

25 DSM-5에서 '신체증상 및 관련 장애' 분류항목에 해당하는 것은? 16년 기출

① 전환장애(Conversion Disorder)
② 다중인격(Multiple Personality)
③ 심인성 건망증(Psychogenic Amnesia)
④ 신체변형장애(Body Dysmorphic Disorder)

> **해설**
> DSM-5에 따른 신체증상 및 관련 장애(Somatic Symptom and Related Disorders)의 주요 하위유형
> • 신체증상장애(Somatic Symptom Disorder)
> • 질병불안장애(Illness Anxiety Disorder)
> • 전환장애(Conversion Disorder)
> • 허위성(가장성 또는 인위성) 장애(Factitious Disorder) 등

26 알코올 중독과 관련 있는 장애는? 16년 기출

① 헌팅톤무도병
② 코르사코프 증후군
③ 레트 장애
④ 캐너 증후군

> **해설**
> 코르사코프 증후군(Korsakoff's Syndrome)
> • 러시아의 의사 Sergei Korsakoff가 이 증세를 최초로 기술하였다.
> • 장기적 알코올 중독의 결과로 나타나는 뇌 손상이 원인이 되어 유발되는 기억장애이다.
> • 순행성 기억상실(최근 기억의 손상), 지남력 장애(시간, 장소, 사람에 대한 방향감 상실), 작화증(기억 손실을 메우기 위해 사실을 꾸며내는 증상) 등이 나타난다.

27 Abramson 등의 '우울증의 귀인이론(Attributional Theory of Depression)'에 관한 설명으로 옳지 <u>않은</u> 것은? 13, 16년 기출

① 우울증에 취약한 사람은 실패경험에 대해 내부적, 안정적, 전반적 귀인을 하는 경향이 있다.
② 실패경험에 대한 내부적 귀인은 자존감을 손상시킨다.
③ 실패경험에 대한 안정적 귀인은 우울의 만성화에 기여한다.
④ 실패경험에 대한 특수적 귀인은 우울의 일반화를 조장한다.

> **해설**
> Abramson 등의 우울증의 귀인이론(Attributional Theory of Depression)
> 우울증에 취약한 사람은 실패경험을 내부적, 안정적, 전반적 귀인하는 경향이 있다는 것

28 치매에 대한 설명으로 옳지 않은 것은?   04, 18, 25년 기출

① 노인성치매는 초발 연령 65세 이상에서 발생할 때를 일컫는 말이다.
② 사회적, 직업적 기능을 방해할 정도로 인지기능이 점차 퇴화된다.
③ 우울장애를 배제하려면 치매증상이 아침에 더욱 심하게 나타나야 한다.
④ 작화증(Confabulation)은 대표적인 증상이다.

> **해설**
> **치매와 우울장애의 감별진단**
> - 노인들이 보이는 지남력장애, 주의집중의 어려움, 기억상실 등의 인지적 증상이 치매에 의한 것인지 우울장애에 따른 것인지 판별하기는 어려움
> - 각종 평가, 장해의 발병, 우울과 인지증상의 시간적 순서, 병의 경과, 치료반응에 대한 평가, 개인의 병전상태 등으로 판단
> - 대체로 병전에 인지기능 쇠퇴가 선행하면 치매로 판단

29 남성이 사정에 어려움을 겪으며 성적 절정감을 느끼지 못하는 성기능장애는?   11, 18, 25년 기출

① 조루증
② 지루증
③ 발기장애
④ 성교통증장애

> **해설**
> ② 지루증(Delayed Ejaculation) : 성기능장애(Sexual Dysfunctions) 중 절정감장애(Orgasmic Disorder)에 포함되는 것으로, 특히 남성이 사정에 어려움을 겪으면서 성적 절정감을 느끼지 못하는 장애이다.
> ① 조루증(Premature Ejaculation) : 지루증과 마찬가지로 절정감장애에 포함되며, 여성이 절정감을 느끼기도 전에 남성이 사정을 하는 경우가 빈번히 나타나는 경우에 해당한다.
> ③ 남성발기장애(Male Erectile Disorder) : 성기능장애 중 성적 흥분장애(Sexual Arousal Disorder)에 포함되는 것으로, 남성이 발기에 어려움을 경험하며 성행위 시에도 발기상태가 충분히 유지되지 않는 경우에 해당한다.
> ④ 성교통증장애(Sexual Pain Disorder) : 성기능장애의 하위범주에 포함되는 것으로, 성교 시 지속적인 통증으로 인해 성행위에 어려움을 경험하는 경우에 해당한다.

30 섭식장애에 관한 설명으로 옳지 않은 것은?   14, 18, 25년 기출

① 신체기능의 저하를 가져와 죽음에까지 이를 수 있다.
② 마른 외형을 선호하는 사회문화적 분위기와 관련된다.
③ 대개 20대 중반에 처음 발병된다.
④ 외모가 중시되는 직업군에서 발병률이 높다.

> **해설**
> 신경성식욕부진증은 여성 청소년에게서 흔히 나타나며, 이들은 실제로 날씬함에도 불구하고 자신이 뚱뚱하다고 왜곡되게 생각하는 경향이 강하다.

정답 28 ③ 29 ② 30 ③

31 편집성성격장애의 행동특성으로 가장 적합한 것은? 07, 17년 기출

① 다른 사람이 자신을 이용하거나 피해를 입는다고 생각한다.
② 단순히 아는 정도의 사람을 "매우 친한 친구"라고 지칭한다.
③ 반복적으로 자살을 시도하거나 행동한다.
④ 거의 어떤 활동에서도 즐거움을 느끼지 못한다.

> **해설**
> ② 연극성성격장애의 행동특성에 해당한다.
> ③·④ 주요우울장애의 행동특성에 해당한다.
>
> **편집성성격장애(Paranoid Personality Disorder)의 주요증상**
> - 충분한 근거 없이 타인이 자신을 이용하거나 해를 입히거나 속인다고 의심한다.
> - 친구나 동료의 진실성이나 신뢰성에 대한 부당한 의심에 집착되어 있다.
> - 정보가 자신에게 악의적으로 사용될 수 있다는 두려움으로 인해 타인에게 자신의 속내를 드러내지 않는다.
> - 타인의 사소한 말이나 사건 속에 자신에 대한 비하와 위협의 의도가 있는지 파악하고자 한다.
> - 모욕, 손상 또는 경멸 등 자신이 품은 원한을 오랫동안 간직한다.
> - 타인의 의견에는 아랑곳하지 않은 채 자신의 인격이나 명성이 공격당한 것으로 간주하여 즉각적으로 화를 내거나 반격한다.
> - 특별한 이유 없이 자신의 배우자나 성적 상대자의 정절에 대해 반복적으로 의심한다.

32 공황장애를 설명하는 인지적 관점에 의하면, 공황발작을 초래하는 핵심적 요인은? 13, 17년 기출

① 신체건강에 대한 걱정과 염려
② 만성질병에 대한 잘못된 귀인
③ 억압된 분노표출에 대한 두려움
④ 신체감각에 대한 파국적 오해석

> **해설**
> 클라크(Clark)는 공황장애(Panic Disorder)를 가진 사람들의 특징적 인지과정에 대한 연구를 통해, 그들이 신체감각에 대한 파국적 오해석(Catastrophic Misinterpretation)을 하고 있다는 사실에 주목하였다. 이때 파국적 오해석은 정상적인 신체감각에 대해 마치 재난이 일어난 것처럼 해석하는 인지적 취약성을 의미한다. 예를 들어, 보통 사람들은 달리기를 한 후 심장박동이 빨라지는 것을 자연스러운 신체반응으로 간주한다. 그러나 공황장애를 가진 환자들은 그와 같은 신체적 반응을 마치 심장마비의 전조로 간주하여 급작스러운 불안에 사로잡히게 되며, 이때의 불안으로 인한 교감신경계의 활동은 신체감각을 더욱 증폭시켜 파국적인 해석에 이르게 되는 것이다.

33 강박장애의 설명으로 옳은 것은?

16년 기출

① 강박관념은 환자 스스로에게 자아-동조적(Ego-syntonic)이다.
② 강박장애 환자의 사고, 충동, 심상은 실생활 문제를 단순히 지나치게 걱정하는 것이다.
③ 강박장애 환자는 강박적인 사고, 충동, 심상이 개인이나 개인 자신의 정신적 산물임을 인정한다.
④ 강박장애 환자는 자신의 강박적 사고나 강박적 행동이 지나치거나 비합리적임을 인식하지 못한다.

> **해설**
>
> **강박장애**
> - 강박적 사고(Obsessions)와 강박적 행동(Compulsions)이 반복적으로 발생하는 장애이다.
> - 강박적 사고란 반복적으로 의식에 침투하는 고통스러운 생각, 충동 또는 심상을 의미하는 것으로 주로 음란하거나 근친상간적인 생각, 공격적이거나 신성 모독적인 생각, 오염에 대한 생각, 반복적 의심, 물건을 순서대로 정리하려는 충동을 느낀다.
> - 강박적 행동이란 불안을 감소시키기 위해서 반복적으로 나타내는 행동이다.
> - 강박장애 환자들은 자신의 사고와 행동이 부적절하다는 것을 알지만 그러한 행동을 반복하게 된다.
> - 강박장애 환자들은 강박적 사고와 행동으로 인해 많은 시간을 허비하기 때문에 현실적응에 어려움을 경험한다.

34 병적 도벽에 관한 설명으로 옳지 않은 것은?

16년 기출

① 개인적으로 쓸모가 없거나 금전적으로 가치가 없는 물건을 훔치려는 충동을 저지하는 데 반복적으로 실패한다.
② 훔치기 전에 고조되는 긴장감을 경험한다.
③ 훔친 후에 기쁨, 충족감, 안도감을 느낀다.
④ 분노나 복수를 하기 위해서 훔친다.

> **해설**
>
> **병적 도벽 또는 도벽증(Kleptomania)**
> - 타인의 물건을 훔치고 싶은 충동을 참지 못한 채 이를 반복적으로 행동화하는 것을 말한다.
> - 분노나 복수를 하기 위해 훔치는 것과 다르며, 망상이나 환각에 반응하여 훔치는 것과도 다르다.
> - 도벽증을 가진 사람은 품행장애(Conduct Disorder)나 반사회성성격장애(Antisocial Personality Disorder)를 가진 사람들의 부적절한 행위로 설명되지 않으며, 경제적 궁핍을 이유로 하지 않는다. 그들에게는 훔친 물건보다 훔치는 행위가 중요하며, 그 행위를 통해 느끼게 되는 긴장감과 충족감, 안도감에 사로잡혀 충동을 억누르지 못한다.

정답 33 ③ 34 ④

35 정신분석학적 관점에서 볼 때 해리성장애 환자들에게서 가장 흔히 나타나는 방어기제는? 11, 13, 16, 19년 기출

① 억 압
② 반동형성
③ 전 치
④ 주지화

> **해설**
> **해리성장애**
> - 의식, 기억, 행동 및 자아정체감의 통합적 기능에 갑작스런 이상 증상을 나타내는 장애이다.
> - 정신분석학적 관점에서 해리는 정신의 능동적 과정. 해리는 괴로움이나 갈등상태에 놓인 인격의 일부를 다른 부분과 분리하는 것으로, 불안이나 공포에 저항하기 위한 능동적인 방어와 억압으로 간주한다.
> - 해리는 감당하기 어려운 충격적 경험으로부터 자신을 보호하기 위한 기능을 담당한다는 측면에서 적응적이지만 그것이 지나치거나 부적응적인 양상으로 나타나는 경우 '해리성장애'로 진단한다.

36 사회불안장애에 대한 설명으로 가장 적합한 것은? 15, 23년 기출

① 공포스러운 사회적 상황이나 활동상황에 대한 회피, 예기 불안으로 일상생활, 직업 및 사회적 활동에 영향을 받는다.
② 특정 뱀이나 공원, 동물, 주사 등에 공포스러워 한다.
③ 터널이나 다리에 대해 공포반응이 일어나는 경우이다.
④ 생리학적으로 부교감신경계의 활성 등의 생리적 반응에서 기인한다.

> **해설**
> 사회불안장애는 다른 사람들과 상호작용하는 사회적 상황을 두려워하여 회피하는 장애로, 사회공포증이라고 불리기도 한다.

37 스스로 독립적인 생활을 하지 못하고 다른 사람에게 과도하게 의존하거나 보호받으려는 행동을 특징적으로 나타내는 성격장애는? 15년 기출

① 분열성성격장애
② 의존성성격장애
③ 자기애성성격장애
④ 히스테리성성격장애

> **해설**
> ① 분열성성격장애(Schizoid Personality Disorder) : 타인과의 친밀한 관계형성에 관심이 없고 감정표현이 부족하여 사회적 적응에 현저한 어려움을 보이는 성격장애이다. 방어기제로 주지화(Intellectualization)를 주로 사용한다.
> ③ 자기애성성격장애(Narcissistic Personality Disorder) : 자신에 대한 과장된 평가로 인한 특권의식을 지니고 타인에게 착취적이거나 오만한 행동을 나타내어 사회적인 부적응을 초래하는 성격장애이다.
> ④ 히스테리성성격장애(Histrionic Personality Disorder) : 이성에 대한 관심과 욕구가 지나치게 강하고, 외모와 신체적 매력을 통해 관심을 끌려는 행동이 지배적인 성격장애이다.

38. 뇌에서 발견되는 베타아밀로이드라는 단백질의 존재와 가장 관련이 있는 장애는? `15, 19년 기출`

① 파킨슨 질환
② 주요우울장애
③ 정신분열증
④ 알츠하이머 질환

> **해설**
>
> **알츠하이머 치매(Dementia of the Alzheimer's Type)**
> - 1907년 독일의 정신과 의사 알로이드 알츠하이머가 처음으로 보고해 알려졌다.
> - 초기에는 미세한 기억장애와 언어장애로 시작되어 점차 다양한 치매 증세가 나타나고 말기에는 매우 심각한 치매상태로 발전한다.
> - 가장 전형적인 치매유형으로 우리나라 치매환자의 50% 이상이 속한다.
> - 뇌에서 발견되는 베타아밀로이드라는 단백질이 뇌세포를 파괴한다는 주장이 제기되었다.
> - 65세 이상, 여성, 가까운 가족 중에 치매에 걸린 사람이 있고, 과거에 뇌 손상을 당한 경험이 있는 사람들이 걸릴 가능성이 높은 것으로 나타난다.

39. 특정학습장애에 대한 설명과 가장 거리가 먼 것은? `15년 기출`

① 학습장애 아동은 정상적인 지능을 가지고 있음에도 불구하고 학습에 어려움을 보인다.
② 학습장애 중에서 읽기장애가 가장 흔하다.
③ 학습장애 아동들은 품행장애, ADHD, 우울증을 동반하는 경우가 많다.
④ 학습장애 아동은 뇌 손상이 없고 인지적 정보처리과정도 정상적이다.

> **해설**
>
> **특정학습장애(Specific Learning Disorder)**
> - 정상적인 지능을 갖추고 있고 정서적인 문제가 없음에도 불구하고 지능수준에 비하여 현저한 학습부진을 보이는 경우
> - 읽기, 쓰기, 산술적 또는 수리적 계산과 관련된 기술을 학습하는 데 어려움을 나타냄
> - 유병률은 학령기 아동의 경우 5~15%이며 성인의 경우 약 4%로 추정됨
> - 학습장애를 지닌 아동은 학업성적 부진, 낮은 자존감, 사회기술의 부족, 사회적 위축 또는 공격적 행동을 나타내게 되어 학업을 중단하는 비율이 높음
> - 품행장애, 적대적 반항장애, ADHD, 우울증을 지니고 있는 아동이나 청소년의 10~25%가 학습장애를 동반한다고 보고됨
> - DSM-5에서는 특정학습장애를 읽기 곤란형, 쓰기 곤란형, 산술 곤란형으로 구분하여 심각도에 따라 세 수준으로 평가함
>   - 읽기 곤란형 : 단독으로 나타나거나 다른 학습장애와 동반하여 나타나는 비율이 전체 학습장애의 80%로 가장 많고, 남자 아동에게서 3~4배 정도 더 흔함
>   - 쓰기 곤란형 : 다른 학습장애를 동반하지 않는 경우가 거의 없으며, 독립적인 유병률은 알려진 바 없음
>   - 산술 곤란형 : 단독으로 발생하는 비율이 전체 학습장애의 20% 정도임

정답 38 ④ 39 ④

40 기분장애의 원인론에 관한 설명으로 옳지 않은 것은?   14, 19년 기출

① 생리학적으로는 세로토닌 수준이 높아지면 우울증에 걸리게 된다고 설명하고 있다.
② 프로이트(Freud)의 정신분석이론에서는 구강기 동안 욕구가 충족되지 못하였거나 과잉충족되면 우울증에 걸릴 수 있다고 설명하고 있다.
③ 벡(Beck)의 인지이론에서는 사고과정으로 우울증을 설명하고 있다.
④ 자신의 삶을 통제할 수 없다는 느낌과 개인의 수동적 태도가 학습되어 무기력감을 가지게 된 결과가 우울증을 유발한다는 주장이 있다.

> **해설**
> ① 카테콜라민 가설은 세로토닌, 노르에피네프린, 도파민 등의 신경전달물질이 결핍되면 우울증이 생긴다고 설명한다.
> ② 정신분석이론에서는 구강기 동안 욕구가 과잉충족되거나 결핍되면 우울증에 걸릴 수 있다고 설명하고 있다.
> ③ Beck은 우울장애 환자들의 사고내용에는 부정적인 사고가 중심을 이루고 있다는 것을 발견하고 우울장애 환자의 사고과정을 연구하여 우울증 인지이론(Cognitive theory of depression)을 개발하였다. 이 이론에 의하면, 우울장애의 일차적 요인은 부정적이고 비관적인 생각으로, 이러한 부정적 생각이 우울장애뿐 아니라 부적응적 행동을 초래한다고 본다.
> ④ Seligman의 학습된 무기력 이론(Learned helplessness theory)에서는 좌절경험을 많이 한 사람이 자신이 어떻게 행동해도 좌절하게 되는 결과가 돌아올 것이라는 무력감이 학습되어 우울감을 가지게 된다고 본다.

제3과목 심리검사

41 신경심리학적 능력 중 BGT 및 DAP, 시계 그리기를 통해 가장 효과적으로 평가할 수 있는 것은?   21년 기출

① 주의 능력
② 기억 능력
③ 실행 능력
④ 시공간 구성 능력

> **해설**
> **신경심리평가의 평가영역으로서 시공간 구성 능력의 평가**
> • 자극의 재구성을 위해서는 자극 부분들의 공간적 관계를 정확하게 지각하는 능력, 각 부분을 전체로 조직화하는 능력, 실제적인 운동능력 등이 필요하다.
> • 시공간적 지각능력의 손상은 구성장애 또는 구성실행증(Constructional Apraxia)을 초래한다. 구성장애는 1차원 및 2차원의 자극을 토대로 2차원 또는 3차원으로 된 대상이나 형태를 구성하는 능력에서 결함을 나타내는 장애로서, 특히 두정엽의 병변과 밀접한 관련이 있는 것으로 알려져 있다.
> • 벤더게슈탈트 검사(Bender Gestalt Test), 레이-오스테리스 복합도형 검사(Rey-Osterrieth Complex Figure Test), 웩슬러 지능검사의 토막짜기와 모양 맞추기 소검사, 인물화 검사(Draw-A-Person), 그밖에 나무, 집, 자전거, 시계 또는 단순한 사각형이나 십자가를 그리도록 하는 과제를 통해 시공간 구성 능력을 평가할 수 있다.

42 표집 시 남녀 비율을 정해놓고 표집해야 하는 경우에 가장 적합한 방법은?

17, 21, 25년 기출

① 군집표집(Cluster Sampling)
② 유층표집(Stratified Sampling)
③ 체계적 표집(Systematic Sampling)
④ 구체적 표집(Specific Sampling)

> **해설**
>
> **유층표집**
> 층화표집이라고도 하며, 모집단의 어떤 특성에 대한 사전지식을 토대로 해당 모집단을 동질적인 몇 개의 층(Strata)으로 나눈 후 이들 각각으로부터 적정한 수의 요소를 무작위로 추출하는 방법이다.

43 MMPI-2의 각 척도에 대한 해석으로 가장 적합한 것은?

16, 21, 23, 24, 25년 기출

① 6번 척도가 60T 내외로 약간 상승한 것은 대인관계 민감성에 대한 경험을 나타낸다.
② 2번 척도는 반응성 우울증보다는 내인성 우울증과 관련이 높다.
③ 4번 척도의 상승 시 심리치료 동기가 높고 치료의 예후가 좋음을 나타낸다.
④ 7번 척도는 불안 가운데 상태불안 증상과 연관성이 높다.

> **해설**
>
> ② 2번 척도는 신경증적 혹은 내인성 우울증이라기보다는 반응성 혹은 외인성 우울증을 측정하고, 이에 2번 척도의 점수는 피검자의 기분이 변함에 따라 하루하루 변할 수 있다.
> ③ 4번 척도가 높은 경우 유연한 사회적 기술로 심리치료나 상담에 좋은 반응을 보일 것 같이 보이지만, 이러한 능력은 주로 사람을 착취하는 데 이용된다. 더 괴로운 결과(예 처벌이나 이혼 등)를 면하기 위해 치료에 동의하기는 하나, 자신의 문제에 대한 책임을 수용할 수 없어 되도록 빨리 치료를 종결하려 한다.
> ④ 7번 척도는 강박적인 성향과 특성불안이라고 할 수 있는 만성적인 불안, 삶에 대한 전반적인 불만족, 우유부단함, 주의집중 곤란, 자기의심, 자신에 대한 반추와 초조, 걱정 등을 측정(상태불안은 일시적인 불안, 즉 불안한 상태를 가리키는 반면에 특성불안은 그 사람의 성격처럼 언제나 내면에 존재하고 있는 불안을 의미)한다.

정답 42 ② 43 ①

44 길포드(Guilford)의 지능구조 입체모형에서 조작(Operation) 요인에 해당하는 것은? **15, 21년 기출**

① 표정, 동작 등의 행동적 정보
② 사고결과의 적절성을 판단하는 평가
③ 의미 있는 단어나 개념의 의미적 정보
④ 어떤 정보에서 생기는 예상이나 기대들의 합

> **해설**
> 사고결과의 적절성을 판단하고 평가하는 것은 조작의 '평가'에 해당된다.
>
> **조작(Operation)**
> - 평가 : 사고결과의 적절성을 판단하는 평가
> - 수렴적 사고(조작) : 이미 알고 있는 지식이나 기억된 정보에서 어떤 지식을 도출해 내는 능력
> - 확산적 사고(조작) : 이미 알고 있거나 기억된 지식 위에 전혀 새로운 지식을 창출해 내는 능력
> - 기억파지 : 정보의 파지
> - 기억저장 : 정보의 저장
> - 인지 : 여러 가지 지식과 정보의 발견 및 인지와 관련된 사고력

45 지능검사를 해석할 때 고려사항으로 옳지 않은 것은? **21, 23년 기출**

① 작업기억과 처리속도는 상황적 요인에 민감한 지수임을 감안한다.
② 지수점수를 해석할 때 여러 지수들 간에 점수 차이가 유의한지를 살펴봐야 한다.
③ 지수가 유의한 차이가 있을 경우 전체척도 IQ는 해석하기가 용이하다.
④ 지수 점수 간의 비교를 통해 상대적 약점이 문제의 원인이 될 수 있는지 확인한다.

> **해설**
> **전체척도 IQ(FSIQ)와 일반능력지수(GAI)의 해석**
> - 전체척도 IQ(Full Scale IQ)는 개인의 전반적인 정신능력의 추정치로 연령규준과 비교하여 IQ 점수의 상대적인 위치를 나타내며, 일반능력지수(General Ability Index)는 전반적인 지능 측정치의 대안으로 활용된다.
> - 리히텐베르거와 카우프만(Lichtenberger & Kaufman)은 전체척도 IQ(FSIQ)를 일반지능의 추정치로 해석할 것인지, 아니면 일반능력지수(GAI)를 사용할 것인지를 결정할 때, 4개의 지수 중 가장 점수가 높은 지수와 가장 점수가 낮은 지수의 차이를 고려해야 한다고 주장하였다.
> - 지수 점수의 최고치와 최저치 간 차이가 1.5표준편차 이상(23점 이상)으로 유의한 차이가 있을 경우, 이들 간 분산이 너무 크기 때문에 전체척도 IQ(FSIQ)의 안정성은 낮아진다. 따라서 이 경우 일반능력지수(GAI)의 활용을 고려할 수 있다.

46 80세 이상의 노인집단용 규준이 마련되어 있는 심리검사는?   17, 21년 기출

① MMPI-A
② K-WISC-IV
③ K-Vineland-II
④ SMS(Social Maturity Scale)

> **해설**
>
> **K-Vineland-II**
> - 사회적응행동을 평가하는 검사
> - 검사대상 : 0세~90세
> - 미국의 'Vineland Maturity'를 1985년 국내 실정에 맞게 표준화한 사회성숙도(SMS) 검사의 제한점을 개선하기 위해 새로운 규준을 마련하고 문항이 다시 수정된 검사
> - 적응행동이란 일상적인 활동의 수행에 요구되는 개인적, 사회적 능력 또는 타인의 요구에 적절히 대처하고 일상생활에 책임을 다할 수 있는 능력으로 정의, 적응행동에 결함이 있으면 개인의 전반적인 기능과 학습, 행동이 제한되고 해당 연령에 사회문화적으로 기대되는 성숙, 학습, 독립성, 사회적 책임감 등을 발휘하는 데 제한이 생김
> - 적응행동 평가는 장애인(특히 지적 장애인)과 같은 적응행동에 상당한 제한이 있는 사람들뿐만 아니라 다양한 장애(발달장애, 학습장애, 청각 및 시각장애, ADHD, 정서 및 행동장애, 다양한 유전적 장애 등)의 임상적 진단에 사용될 수 있고, 장애가 없는 개인의 적응 수준을 평가하는 데도 도움이 됨

47 타당도에 관한 설명으로 옳지 않은 것은?   21, 23년 기출

① 준거타당도는 검사점수와 외부 측정에서 얻은 일련의 수행을 비교함으로써 결정된다.
② 준거타당도는 경험타당도 또는 예언타당도라고 불리기도 한다.
③ 구성타당도는 측정될 구성개념에 대한 평가도구의 대표성과 적합성을 말한다.
④ 구성타당도는 내용 및 준거타당도 접근법에서 직면하게 될 부적합성 및 문제점을 해결하기 위해 개발되었다.

> **해설**
>
> ③ 내용타당도는 측정될 구성개념에 대한 평가도구의 대표성과 적합성을 말한다. 즉, 내용타당도는 검사 문항이 측정하고자 하는 내용영역을 얼마나 잘 대표하는지, 검사 문항의 내용이 측정하고자 하는 영역의 내용에 관한 적절한 표본인지를 알려 준다. 반면, 구성타당도는 측정하려고 하는 구성개념이 측정도구에 의해 제대로 측정되었는지를 의미한다.

48 심리검사의 윤리적 문제에 대한 설명으로 옳지 <u>않은</u> 것은?   18, 20, 23, 25년 기출

① 검사자들은 검사제작의 기술적 측면에만 관심을 가질 필요가 있다.
② 제대로 자격을 갖춘 검사자만이 검사를 사용해야 한다는 조건은 부당한 검사사용으로부터 피검자를 보호하기 위한 조치이다.
③ 검사자는 규준, 신뢰도, 타당도 등에 관한 기술적 가치를 평가할 수 있어야 한다.
④ 심리학자에게 면허와 자격에 관한 법을 시행하는 것은 직업적 윤리 기준을 세우기 위함이다.

> **해설**
> 심리검사의 윤리적 고려사항
> - 전문적 측면(전문가로서의 자질) : 검사자는 고도의 책임 있는 기능을 수행하기 위해 인간행동을 이해하는 데 필요한 전문적인 교육을 받아야 하며, 전문적인 기술을 가지고 심리학적 평가기법을 다룰 수 있어야 한다.
> - 도덕적 측면(수검자에 대한 의무와 권리) : 검사자는 인간의 권리를 보호해야 할 의무가 있다. 심리검사와 관련된 수검자의 권리 중에는 검사를 받지 않을 권리, 검사점수 및 해석을 알 권리, 검사자료에 접근할 수 있는 사람이 누구인지 알 권리, 검사결과의 비밀을 보장받을 권리 등이 있다.
> - 윤리적 측면(검사자의 책임) : 검사자는 수검자에게 검사가 어떻게 사용되는가를 말해 주고 비밀보장의 한계를 설명해 주어야 하며, 자신을 고용한 기관에 대해서는 가능한 한 최소한의 정보를 제공하는 것이 바람직하다.
> - 사회적 측면 : 검사자는 심리검사가 주는 이익과 개인의 권리 및 자유를 위협하는 위험을 알고 있어야 하며, 이익이 위험을 훨씬 능가하고 위험이 최소화된 경우에만 검사사용이 사회적으로 용인되어야 한다.

49 시각운동협응 및 시각적 단기기억, 계획성을 측정하며 운동(Motor) 없이 순수하게 정보처리 속도를 측정하는 소검사는?   20년 기출

① 순서화
② 동형찾기
③ 지우기
④ 어 휘

> **해설**
> 동형찾기(Symbol Search)
> - 총 60문항으로, 쌍으로 이루어진 도형이나 기호들이 표적부분과 반응부분으로 제시되며, 해당 두 부분을 훑어본 후 표적모양이 반응부분에 있는지 여부를 지적하도록 한다.
> - 수검자의 처리속도를 측정하기 위해 고안된 소검사로서, 수검자의 완벽주의적 성향이나 강박적 문제해결양식 등을 반영하기도 한다.
> - 측정되는 주요 내용은 정보처리속도, 시각-운동협응능력, 시각적 단기기억능력, 시각적 변별력, 주의력 및 주의집중력 등이다.

48 ① 49 ②

50 다음 중 뇌 손상으로 인해 기능이 떨어진 환자를 평가하고자 할 때 흔히 부딪힐 수 있는 환자의 문제와 가장 거리가 먼 것은? 11, 13, 20년 기출

① 시력장애
② 주의력 저하
③ 동기저하
④ 피 로

> **해설**
> 외상성 뇌 손상의 후유증에 대한 연구논문에 따르면, 외상성 뇌 손상 환자는 피로(29%), 주의산만(28%), 분노/이자극성(28%), 반추(25%) 등의 우울 증상을 경험하며, 외상성 뇌 손상 환자의 27% 정도가 절망감, 무가치감, 흥미상실 등의 주요 우울장애 진단 기준에 부합하는 것으로 나타났다.

51 원판 MMPI의 타당도척도가 아닌 것은? 20, 23년 기출

① L척도
② F척도
③ K척도
④ S척도

> **해설**
> **MMPI의 타당도척도**
> 원판 MMPI의 4가지 타당도척도는 ?척도(무응답 척도), L척도(부인척도), F척도(비전형척도), K척도(교정척도)로 구성되어 있다. MMPI-2에서는 원판 MMPI의 타당성척도 외에 VRIN, TRIN, Fb와 Fp, FBS, S척도가 추가되었다.

52 집중력과 정신적 추적능력(Mental Tracking)을 측정하는 데 사용되는 신경심리검사는? 15, 20, 23, 25년 기출

① Bender Gestalt Test
② Rey Complex Figure Test
③ Trail Making Test
④ Wisconsin Card Sorting Test

> **해설**
> **선로잇기검사(Trail Making Test)**
> • 숫자와 문자의 상징적인 의미를 이해하고, 전체 화면을 주시하면서 숫자와 문자를 순서대로 연결하는 능력을 검사하는 것
> • A형은 숫자 잇기, B형은 숫자와 글자를 교대로 잇기
> • 집중력 및 정신적 추적능력을 측정

정답 50 ① 51 ④ 52 ③

53 삭스(Sacks)의 문장완성검사(SSCT)에서 4가지 영역에 속하지 않는 것은?

20년 기출

① 가족 영역
② 대인관계 영역
③ 자기개념 영역
④ 성취욕구 영역

> **해설**
> SSCT의 4가지 주요 반응영역
> - 가족 : 어머니, 아버지, 가족에 대한 태도 측정
> - 성 : 남성, 여성, 결혼, 성적관계 등 이성관계에 대한 태도 측정
> - 대인관계 : 가족 외의 사람, 즉 친구와 지인, 권위자 등에 대한 태도 측정
> - 자아개념 : 자신의 능력, 목표, 과거와 미래, 두려움과 죄책감 등에 대한 태도 측정

54 MMPI-2가 대표적인 자기보고식 심리검사로 사용되는 이유가 아닌 것은?

19년 기출

① 객관적으로 표준화된 규준을 갖추고 있다.
② 많은 연구결과가 축적되어 있다.
③ 코드유형 등을 사용해 체계적으로 사용할 수 있다.
④ MMPI척도가 DSM 체계와 일치하여 장애진단이 용이하다.

> **해설**
> MMPI-2에 대한 비판 중에 일부 용어가 시대에 뒤떨어지고 진부하여 최신 정신장애진단체계 및 정신병리 용어에 부합하지 않는다는 것이 있으며, 이에 대한 해결책으로 DSM-5에서 서술하는 용어로 수정할 것이 제안되고 있다.

55 Rorschach 구조변인 중 형태질에 대한 채점이 아닌 것은?

19, 24, 25년 기출

① v
② -
③ o
④ u

> **해설**
> ① 'v'는 발달질에 대한 채점으로 모호반응(Vague Response)을 기호화한 것이다.
>
> **Rorschach 구조변인 중 형태질**
> - 반응이 잉크반점의 특징에 얼마나 부합하는가?
> - 검사자는 수검자가 사용한 반점 영역의 형태가 지각한 대상의 형태와 어느 정도 일치하는지를 평가한다.
> - 우수-정교한(+ ; Superior-Overelaborated), 보통의(o ; Ordinary), 드문(u ; Unusual), 왜곡된(- ; Minus)으로 기호화한다.

53 ④ 54 ④ 55 ①

56 최초의 심리진료소를 설립함으로써 임상심리학의 초기발전에 직접적으로 중요한 공헌을 한 인물은?

03, 12, 19, 24년 기출

① 칸트(Kant)
② 위트머(Witmer)
③ 모어(Mowrer)
④ 밀러(Miller)

> **해설**
> 위트머(Witmer)는 미국 펜실베이니아(Pennsylvania) 대학에서 1896년 세계 최초의 심리진료소(Psychological Clinic)를 설립하고, 1904년 임상심리학 강좌를 개설함으로써 임상심리학의 본격적인 시작을 알렸다.

57 다음 중 접수면접에서 반드시 확인되어야 할 사항과 가장 거리가 먼 것은?

09, 12, 19년 기출

① 인적사항
② 주호소문제
③ 내원하게 된 직접적 계기
④ 문제의 원인으로 추정되는 어린 시절의 경험

> **해설**
> 접수면접
> 내담자의 주요문제의 원인이 되는 것으로 추정되는 어린 시절의 발달상 문제, 학교생활 및 친구관계, 부모의 이혼, 신체적·심리적 외상 및 치료경험, 성적 발달이나 성적 경험 등에 대한 정보는 특히 정신역동적 면담의 사정 또는 진단과정에서 확인한다.

58 심리평가 도구 중 최초 개발된 이후에 검사의 재료가 변경된 적이 없는 것은?

19년 기출

① Wechsler 지능검사
② MMPI 다면적 인성검사
③ Bender-Gestalt검사
④ Rorschach 검사

> **해설**
> Rorschach 검사는 1921년 스위스의 정신과의사인 H. Rorschach가 만든 것으로 이 검사의 재료는 데칼코마니양식에 의한 대칭형의 잉크 얼룩으로 이루어진 무채색 카드 5장, 부분 유채색 카드 2장, 전체 유채색 카드 3장으로 이루어진 총 10장의 카드로 구성된다.

정답 56 ② 57 ④ 58 ④

59 노인을 대상으로 HTP검사를 실시하는 방법으로 옳은 것은? 　　　　　　　　　　　　　　　　　　　　19, 24, 25년 기출

① 노인의 보호자가 옆에서 지켜보면서 격려하도록 한다.
② HTP를 실시할 때 각 대상은 별도의 용지를 사용하여 실시한다.
③ 그림을 그린 다음에는 수정하지 못하게 한다.
④ 그림이 완성된 후 보호자에게 사후 질문을 하는 것이 일반적이다.

> **해설**
> ② HTP를 실시할 때 집, 나무, 사람 각각에 대한 별지를 제공하여 대상자에게 그리도록 한다.
> ① HTP를 통해 가정생활이나 가족관계 등이 반영되므로, 검사자는 그림의 내용에 영향을 줄 만한 상황을 최대한 배제하도록 한다.
> ③ 수검자의 수검 태도 또한 해석적 의미를 담고 있다. 예를 들어, 그림의 수정은 지나치게 정확성을 기하려는 수검자의 강박적 성향을 반영하는 것으로 볼 수 있다.
> ④ 그림이 완성된 후 수검자에게 각각의 그림을 보여주면서 수검자의 특성에 맞는 질문을 하는 과정을 거친다.

60 MMPI-2에서 타당성을 고려할 때 '?' 지표에 대한 설명으로 옳지 않은 것은? 　　　　　17, 19, 23년 기출

① 각 척도별 '?' 반응의 비율을 확인해 보는 것은 유용할 수 있다.
② '?' 반응이 300번 이내의 문항에서만 발견되었다면 L, F, K척도는 표준적인 해석이 가능하다.
③ '?' 반응이 3개 미만인 경우에도 해당문항에 대한 재반응을 요청하는 등의 사전검토 작업이 필요하다.
④ '?' 반응은 수검자가 질문에 대해 답변을 하지 않을 경우뿐만 아니라 '그렇다'와 '아니다'에 모두 응답하였을 경우에도 해당된다.

> **해설**
> ② MMPI-2에서는 단축형검사실시를 용이하게 하기 위해 원판 타당도척도들과 임상척도들을 최초 370문항 안에 모두 배치하였다. 따라서 '?' 반응이 300번 이내의 문항에서만 발견되었다고 하더라도, L, F, K척도의 표준적인 해석이 불가능할 수 있다.
> ③ MMPI-2의 이상적인 실시 절차는 수검자가 가급적 모든 문항에 응답함으로써 빠뜨리는 문항이 없도록 하는 것이다. 빠뜨린 문항의 개수를 나타내는 '?' 반응은 그 수가 적더라도 정보의 손실을 의미하며, 특히 어떤 문항에 응답하지 않는지에 따라 특정 척도의 해석에 영향을 줄 수 있다. 즉, '?' 반응이 3개 미만이라 하더라도 중요한 문항에 해당하면 해석에 영향이 갈 수 있으므로 재확인이나 재반응 요청이 필요할 수 있다.

제4과목 임상심리학

61 건강심리학 분야의 초점 영역과 가장 거리가 먼 것은? 19, 23년 기출

① 고혈압　　　　　　　　　　② 과민성대장증후군
③ 결 핵　　　　　　　　　　　④ 통 증

> **해설**
> **건강심리학 영역**
> - 스트레스에 대한 관리 및 대처
> - 만성질환을 포함한 신체질병(심혈관계 질환, 면역계 질환, 암, 당뇨, 소화기 질환 등)
> - 물질 및 행위중독(알코올 중독, 흡연중독, 도박중독, 인터넷 중독 등)
> - 섭식문제(비만, 다이어트, 폭식, 섭식장애 등)
> - 건강관리 및 증진(성행위 등에서의 위험행동 감소전략, 운동, 수면 및 섭식습관 개선 등)
> - 개입 및 치료기법(행동수정, 인지치료, 명상, 이완법, 마음챙김과 수용에 기반한 인지행동적 치료기법, 바이오피드백 기법 등)
> - 통증관리, 수술환자의 스트레스 관리, 임종관리
> - 분노를 포함한 다양한 정서관리
> - 삶의 질, 웰빙(Well-Being)
> - 건강 커뮤니케이션, 건강 정책 등

62 아동을 상담할 때 일반적으로 고려해야 할 사항과 가장 거리가 먼 것은? 19년 기출

① 아동에게 치료 중 일어난 일은 성인의 경우와 마찬가지로 부모 등에게는 반드시 비밀로 유지되어야만 한다.
② 아동은 놀이를 통해 자신의 생각과 감정을 표현하기 때문에 놀이의 기능을 중요하게 다루어야 한다.
③ 아동은 발달과정에 있기 때문에 생활조건을 변화시키는 데 있어 거의 무력하다.
④ 아동은 부모에게 의존적 상태에 있기 때문에 상담자는 가족의 역동을 이해하고 변화시키는 것이 바람직하다.

> **해설**
> **비밀보장 예외규정**
> - 필요한 전문적 서비스를 제공하기 위한 경우
> - 적절한 전문적 자문을 구하기 위한 경우
> - 내담자, 심리학자 또는 그 밖의 사람들을 상해로부터 보호하기 위한 경우
> - 내담자로부터 서비스에 대한 비용을 받기 위한 경우

정답　61 ③　62 ①

63 지역사회 심리학에서 지향하는 바가 아닌 것은? 06, 13, 17, 19, 23, 24년 기출

① 자원봉사자 등 비전문인력의 활용
② 정신장애의 예방
③ 정신장애인의 사회복귀
④ 정신병원시설의 확장

> **해설**
> **지역사회 심리학의 의의 및 특징**
> - 사람과 환경 간의 적합성에 주의를 기울이면서, 정신건강 문제의 발생 및 완화의 과정에서 환경적 힘의 역할에 주목한다.
> - 삶의 문제 원인을 생물학적, 심리적 원인에서 찾기보다는 사회적, 지역적 선행사건에서 찾으려고 한다.
> - 사람과 지역사회의 자원 및 강점을 파악하고 이를 개발하여 지역 내 정신건강 문제의 해결을 위한 대안을 마련하는 데 주력한다.
> - 인간자원개발, 정치활동, 과학에 관심을 가지며, 치유보다는 예방을 목표로 한다.
> - 지역사회 중심의 공공 정신보건체계를 강조하며, 정신질환자 또는 정신장애인을 기존의 병원이나 수용소가 아닌 가족, 학교, 직장, 광범위한 장소 등 지역사회 내의 다양한 사회구조로 흡수한다.
> - 전문가의 자문가로서의 역할과 함께 위기개입 시 훈련된 준전문가의 역할을 강조한다.
> - 1차, 2차, 3차 예방을 통해 질병을 유발하는 해로운 환경을 제거하고 정신건강 문제에 대해 조기에 개입하며, 환자의 가정과 사회로의 복귀 및 적응을 돕기 위한 지지와 교육을 제공한다.

64 심리치료 장면에서 치료자의 3가지 기본특성 혹은 태도가 강조된다. 이는 인간중심 심리치료의 기본적 치료기제로도 알려져 있는데, 이러한 치료자의 기본특성에 해당되지 않는 것은? 04, 13, 19, 23년 기출

① 무조건적인 존중
② 정확한 공감
③ 적극적 경청
④ 진솔성

> **해설**
> **인간중심상담의 기술(Rogers)**
> - 일치성(진실성) : 상담자는 내담자와의 상담관계에서 순간순간 경험하는 자신의 감정이나 태도를 있는 그대로 솔직하게 인정한다.
> - 공감적 이해와 경청 : 상담자는 동정이나 동일시가 아닌 객관적인 입장에서 내담자를 깊이 있게 이해하도록 노력한다.
> - 무조건적인 긍정적 관심(존중) : 상담자는 내담자를 평가 또는 판단하지 않으며, 수용적인 태도로 내담자를 존중한다.

65. 임상심리학자의 윤리에 관한 일반원칙 중 다음에 해당하는 것은?

19, 24년 기출

> 모든 사람은 심리서비스를 이용하고 이익을 얻을 권리가 있다. 심리학자는 자신이 가진 편견과 능력의 한계를 인지하고 있어야 한다.

① 공정성
② 유능성
③ 성실성
④ 권리와 존엄성의 존중

해설

키츠너(Kitchener)의 윤리적 상담을 위한 5가지 원칙
- 자율성 존중(Respect of Autonomy) : 내담자는 자신의 행동을 스스로 결정하고 처리할 수 있는 자율적인 존재이다.
- 무해성(Nonmaleficence) : 상담자는 다른 사람에게 해를 입히거나 위험에 빠뜨리지 않아야 한다.
- 충실성(Fidelity) : 상담자는 내담자를 돕는 일에 열정을 가지고 충실하게 임해야 하며, 약속을 잘 지켜야 한다.
- 공정성(Justice) : 상담자는 인종, 성별, 종교 등의 이유로 내담자를 차별하지 말아야 한다.
- 선의(Beneficence) : 상담자는 다른 사람에게 선행을 베풀겠다는 의도를 가지고 행동해야 한다.

66. 정신건강의학과 병동에 입원한 환자들 중 단체생활의 규칙을 잘 지키지 않는 환자들의 행동문제들을 개선하는 데 가장 효과적인 치료적 접근은?

16, 19년 기출

① 자기주장훈련(Self-Assertiveness Training)
② 체계적 둔감법(Systematic Desensitization)
③ 유관성 관리(Contingency Management)
④ 내재적 예민화(Covert Sensitization)

해설

유관성 관리
- 적응적 행동은 보상으로 촉진한다.
- 부적응적 행동은 강화를 주지 않음으로써 제거한다.

67 관상동맥성심장병과 관련 깊은 성격유형에 대비되는 성격으로 스트레스에 유연하게 반응하고 느긋함이 강조되는 성격유형은? 18년 기출

① Type A
② Type B
③ Introversion
④ Extraversion

> **해설**
> 프리드만(Freidman)과 로젠만(Rosenman)에 의하여 연구가 시작된 A·B유형 성격이론에서는 심혈관계질환에 걸리는 특성과 관련된 성격유형을 분류하였다. 이 중 A유형은 초조하고 조급하며 경쟁적인 것을 특성으로 하며 심혈관계질환에 걸릴 가능성이 높은 유형이다. 한편 B유형은 이와는 반대로 느긋하고 여유 있는 성격을 특징으로 한다.

68 벡(Beck)의 우울증 인지행동치료에서 인지적 삼제(Cognitive Triad)로 옳지 않은 것은? 09, 12, 18년 기출

① 자 신
② 과 거
③ 세 계
④ 미 래

> **해설**
> 인지삼제(Cognitive Triad)
> - 자기 자신 : 자기 자신에 대한 비관적 사고를 말한다.
>   예 나는 아무짝에도 쓸모없는 사람이다.
> - 자신의 미래 : 자기 자신의 앞날에 대한 염세주의적 사고를 말한다.
>   예 내겐 더 이상 희망이 존재하지 않는다.
> - 주변환경 : 자기 주변은 물론 세상전반에 대한 부정적 사고를 말한다.
>   예 세상 살기가 정말로 어렵다.

69 다음 중 면접질문의 유형과 예로 잘못 짝지어진 것은? 18, 24년 기출

① 개방형 - 당신은 그 상황에서 분노를 경험하였나요?
② 촉진형 - 조금만 더 자세히 말씀해 주시겠습니까?
③ 직면형 - 이전에 당신은 이렇게 말하였는데요.
④ 명료형 - 당신이 그렇게 느꼈다는 말인가요?

> **해설**
> ① "예"와 "아니오"로 답변이 가능한 것으로 폐쇄형질문의 사례로 볼 수 있다.

70 집단치료의 치료요소에 대한 설명으로 옳은 것은?   18년 기출

① 보편성 – 다른 사람들도 자신과 비슷한 문제와 걱정을 가지고 있다는 것을 알게 된다.
② 희망고취 – 집단 구성원들은 치료자와 다른 구성원들로부터 충고를 받을 수 있다.
③ 카타르시스 – 집단 구성원들은 집단수용을 통해 자기존중감을 증대시킨다.
④ 이타성 – 집단 구성원들은 다른 구성원들로부터 배울 수 있다.

> **해설**
>
> **치료요소(Therapeutic Factor)**
> 치료과정에서 치료자와 환자 사이에서 작용하는 요소로 치료의 기전, 역동, 구성요소 등을 포함하는 포괄적인 용어
>
> **얄롬(Yalom)의 11개 치료요소**
> - 희망의 고취
> - 조언(정보전달)
> - 초기가족의 교정적 재현
> - 동일시
> - 집단응집력
> - 실존적 인자
> - 보편성
> - 이타심
> - 사회화기술의 발달
> - 대인관계학습
> - 정 화

71 행동평가방법 중 흡연자의 흡연 개수, 비만자의 음식섭취 등을 알아보는 데 가장 적합한 방법은?   14, 18년 기출

① 자기감찰
② 행동관찰
③ 참여관찰
④ 평정척도

> **해설**
>
> 자기감(관)찰(Self-Monitoring)은 관찰자가 자신의 행동을 스스로 관찰하며 기록하는 방법이다.
>
> **행동평가의 대표적인 방법**
> - 자연관찰법(Naturalisitic Observation)
> - 유사관찰법(Analogue Observation)
> - 참여관찰법(Participant Observation)
> - 자기관찰법(Self-Monitoring)

정답 70 ① 71 ①

72 환자가 처방한 대로 약을 잘 복용하고, 의사의 치료적 권고를 준수하게 하기 위한 가장 적절한 방법은?

17, 23, 24년 기출

① 준수하지 않을 때 불이익을 준다.
② 의사가 권위적이고 단호하게 지시한다.
③ 모든 책임을 환자에게 위임한다.
④ 치료자가 약의 효과 등에 대해 친절하고 상세하게 설명한다.

> **해설**
>
> 처방약 복용, 치료적 권고 준수 등의 과정에서도 상담관계에서 이루어지는 라포 형성의 원리가 활용된다. 환자와의 라포 형성은 환자의 치료동기를 높이는 데 일조할 수 있다.
>
> **병원장면에서 라포 형성**
> - 환자의 생각·감정을 이해하고 적절한 반응 보여주기
> - 병 혹은 몸상태에 대하여 자세한 설명제공
> - 환자와 상의하여 치료방침 결정
> - 앞으로의 진료에 대한 상세한 안내

73 심리치료 과정에서 저항이 일어나는 일반적인 이유와 가장 거리가 먼 것은?

05, 10, 13, 17년 기출

① 환자가 변화를 원하더라도 환자의 삶에 중요한 영향을 미치는 타인들이 현 상태를 유지하도록 방해할 수 있기 때문이다.
② 부적응적 행동을 유지함으로써 얻는 이차적 이득을 환자가 포기하기 어렵기 때문이다.
③ 익숙한 행동을 변화시키려는 시도가 환자에게 위협을 주기 때문이다.
④ 치료자가 가진 가치나 태도가 환자에게 위협적이기 때문이다.

> **해설**
>
> 개인 및 집단치료과정에서 상담자는 대체로 자신의 태도, 가치, 감정 등을 내보이지 않는 중립적인 상태로 임한다.
>
> **심리치료 과정에서 저항의 이유**
> - 환자는 자신의 익숙한 행동을 변화시키는 데 대해 불안과 위압감을 느낀다.
> - 환자가 문제 증상으로 인해 주변의 도움을 받으며 자신의 행동에 제지를 덜 받는 등의 이차적 이득을 포기하기 어렵다.
> - 환자가 자신의 변화로 인해 주변 사람들의 시선이나 태도가 부정적으로 변할 수 있다는 생각에 두려움을 느낀다.
> - 환자가 변화를 원하더라도 주변의 중요 인물들이 현 상태를 유지하기를 원한다.

74 다음 중 유관학습의 가장 적합한 예는? 13, 17, 24년 기출

① 욕설을 하지 않게 하기 위해 욕을 할 때마다 화장실 청소하기
② 손톱 물어뜯기를 줄이기 위해 손톱에 쓴 약을 바르기
③ 충격적 스트레스 사건이 떠오를 때 '그만!'이라는 구호 외치기
④ 뱀에 대한 공포가 있는 사람에게 뱀을 만지는 사람의 영상 보여주기

해설

유관(Contingent)

- 파블로프(Pavlov)는 고전적 조건형성을 통해 조건자극(CS)과 무조건자극(UCS)의 시간적 근접성을 조건화의 핵심으로 주장하였다. 즉, 먹이와 조건화된 종소리 간의 시간적 간격이 짧을수록 조건형성이 잘 이루어지는 반면, 그 간격이 길수록 조건형성이 잘 이루어지지 않는다는 것이었다.
- 파블로프의 이와 같은 주장에 대해 레스콜라(Rescorla)는 학습이 단순히 조건자극과 무조건자극이 근접했기 때문이 아닌 무조건자극이 조건자극에 수반(유관)된 것이기에 학습(조건화)이 이루어진 것이라고 주장하였다. 사실 개에게 무조건자극으로서 먹이를 줄 때 종소리 이외에 다양한 자극들이 결합될 수 있다(예 실험자의 발소리, 문 여는 소리 등). 그럼에도 불구하고 조건형성이 종소리와 먹이 사이에만 이루어진 것은 개가 두 자극 사이에서만 '유관'을 인지하였기 때문이다.
- 행동주의 학습에서 처벌(Punishment)은 어떤 부적응적인 방식으로 행동하는 경향을 감소시키기 위해 그 행동에 대해 부적 결과를 유관시키는 절차로 볼 수 있다. 즉, 욕설을 하지 않게 하기 위해 욕을 할 때마다 화장실 청소를 시키는 '정적 처벌'의 예에서는, 욕을 하는 행동과 화장실 청소하는 행동 간의 '유관'이 이루어진 것이다.

75 행동평가에 관한 설명으로 가장 옳은 것은? 17, 21, 25년 기출

① 자연적인 상황에서 실제 발생한 것만을 대상으로 평가한다.
② 행동표본은 내면심리를 반영한 것으로 해석된다.
③ 특정 표적행동의 조작적 정의가 상이할 수 있음을 고려해야 한다.
④ 관찰결과는 요구특성이나 피험자의 반응성 요인과는 무관하다.

해설

③ 연구자들은 같은 변인에 대하여 서로 다른 조작적 정의를 사용할 수 있다.
① 자연관찰법에 해당하는 내용이며 행동평가는 관찰법 이외에도 조사법, 실험법 등 다양하다.
② 행동표본은 면담이나 심리검사 장면에서 내담자가 드러내 보이는 행동으로 내담자의 일상적인 생활 상황에서의 행동을 반영한다.
④ 관찰의 결과는 관찰자의 요구특성, 피험자의 반응편향 등의 영향을 받을 수 있다.

정답 74 ① 75 ③

76 행동적 평가 요소에 관한 설명으로 옳은 것은? 13, 17, 24년 기출

① 목적 – 병인론적 요인을 확인하기 위해 강조된다.
② 과거력의 역할 – 현재 상태가 과거의 산물이라 생각하기 때문에 중시된다.
③ 행동의 역할 – 특정한 상황에서 사람의 행동목록의 표본으로 중시된다.
④ 도구의 구성 – 상황적 특성보다는 초맥락적 일관성을 강조한다.

> **해설**
>
> **행동평가**
> - 직접적인 평가과정으로 평가대상의 실제 속성에 대한 가장 근접한 자료를 제공한다는 점에서 유의미
> - 면담이나 심리검사 장면에서 내담자가 드러내 보이는 행동은 내담자의 일상적인 생활 상황에서의 행동을 반영
>
> **행동평가의 기본전제(Haynes, 1983)**
> - 행동의 결정요인은 환경적 사건이다.
> - 문제행동과 시간적으로 인접한 환경적 요인 혹은 행동과 환경과의 상호작용이 중요하다.
> - 행동의 발생이나 특성을 설명할 때 행동에 선행되거나 동반되는 상황적 요인이 중요하다.
> - 행동의 다요인 결정론(Multiple Causality)을 지지, 즉 어떤 행동이든 다양한 요인들의 상호작용으로 결정된다는 것이다.
> - 평가의 대상이 되는 문제행동이 다양한 요소들로 구성되어 있다는 반응의 단편화(Response Fractionation)를 전제한다.
>
> **행동평가의 기능**
> - 목표행동의 결정 : 치료목표가 되는 행동을 선정하고 구체화해야 한다.
> - 동일기능 행동들의 발견 : 동일한 기능을 지닌 행동들을 밝혀 바람직한 행동이 바람직하지 못한 행동을 대신할 수 있도록 한다.
> - 대안적 행동의 발견 : 목표행동은 단순히 바람직하지 못한 행동을 밝히는 데 그치지 않고 대안적 긍정적 행동을 선정하고 문제행동이 일어날 가능성을 감소시키는 행동선정 과정을 포함한다.
> - 결정요인의 발견 : 행동장애의 원인이 되는 요인을 발견한다.
> - 기능적 분석의 발달 : 목표행동에 적용될 수 있는 주요하고 통제가능하고 원인이 되는 기능적 관계를 밝힌다.
> - 치료적 전략의 고안 : 행동평가를 통해 적절한 치료적 전략을 세운다.
> - 치료적 개입의 평가 : 치료개입 전, 개입 중간, 개입 후 목표행동을 평가함으로 치료결과를 평가한다.
> - 내담자 치료 상호작용 촉진 : 치료적 평가 면담을 통해 내담자-평가자 사이의 긍정적이고 촉진적인 관계 형성이 이루어지도록 한다.

77 치료장면에서의 효과적인 경청과 가장 거리가 먼 것은? 10, 13, 17, 25년 기출

① 내담자가 자신의 문제를 심각하게 얘기하지만, 치료자가 보기에는 그렇지 않을 때에는 중단시킨다.
② 치료자는 반응을 보이기에 앞서 내담자가 스스로 말할 시간을 충분히 주려고 한다.
③ 치료자는 내담자에게 주의를 많이 기울인다.
④ 내담자가 문제점을 피력할 때 가로막지 않는다.

> **해설**
> 경 청
> - 상대방의 감정과 생각을 이해하기 위해 그의 말을 주의 깊게 듣는 것이다.
> - 상담장면에서는 상담자가 관심의 초점을 내담자에게 두며, 내담자의 말에 주의를 기울이는 것이다.
> - 내담자의 입장을 고려하는 공감적 이해, 자신의 고정관념에서 벗어나 내담자의 태도를 받아들이는 수용의 정신, 자신의 감정을 솔직하게 전달하는 성실한 태도가 필수적이다.
> - 적극적 경청을 위한 지침
>   - 내담자가 말하는 것에 수용의 태도를 취하라.
>   - 내담자의 음조를 경청하라.
>   - 내담자의 감정에 대한 단서를 경청하라.
>   - 비언어적 내용과 방식을 경청하라.
>   - 내담자가 자연스럽게 얘기하도록 적절한 침묵 및 정지를 유지하라.
>   - 내담자의 얘기 중에 가능하면 끼어들지 말라.

78 로저스(Rogers)의 인간중심 접근에 대한 설명으로 옳지 않은 것은? 17, 25년 기출

① 자기개념을 확장하도록 돕는 것이 치료의 목표이다.
② 자기-경험의 불일치가 불안의 원인이라고 본다.
③ 부모의 조건적 애정과 가치가 문제의 근원이 될 수 있다.
④ 치료자는 때에 따라 자신의 감정을 숨기거나 왜곡해야 한다.

> **해설**
> 인간중심상담의 기본원리 3가지
> ① 일치성(진실성) : 상담자의 내적인 경험과 외적인 표현이 일치되는 것으로, 상담자는 자신의 감정을 솔직하게 인정하고 내담자의 진솔한 감정표현을 유도함으로써 상담자가 내담자와의 관계에서 개방적인 표현이 이루어지도록 노력하는 것을 의미한다. 이를 통해 내담자도 진솔한 감정 표현이 용이하며, 이를 통해 의사소통이 촉진된다.
> ② 공감적 이해와 경청 : 내담자가 경험하고 있는 감정들을 상담자가 정확하게 이해하고 내담자의 감정에 동참하는 것을 의미하는 것으로, 동정이나 동일시로써 내담자의 감정에 빠져드는 것이 아닌 객관적인 입장에서 내담자의 내적 참조틀을 바탕으로 내담자를 깊이 있게 이해하는 것을 의미한다.
> ③ 무조건적인 긍정적 관심 또는 존중 : 상담자는 내담자의 사고나 감정, 행동에 대해 판단하지 않고, 있는 그대로 조건 없이 수용하며 가치 있는 것으로 존중해야 하는 것이다.

정답 77 ① 78 ④

79 다음은 뇌와 관련하여 공통적으로 어떤 질환에 해당하는가?

17, 21년 기출

> 헌팅턴병, 파킨슨병, 알츠하이머병

① 종양
② 뇌혈관사고
③ 퇴행성질환
④ 만성알코올남용

해설

헌팅턴병(Huntington's Disease)
- 헌팅턴무도병(Huntington's Chorea)이라고도 알려졌다.
- 유전자 돌연변이에 의해 나타나는 유전병 중 하나이다.
- 중년 이후에 신경계가 퇴화되기 때문에 자신의 몸을 통제하지 못하게 되고, 얼굴, 손, 발, 혀 등의 근육이 제멋대로 움직이게 된다.
- 이러한 모습이 춤추는 듯 보인다 하여 무도병이라는 이름이 붙었다.
- 기억력과 판단력이 흐려지는 등 치매 증상도 나타난다.

파킨슨병(Parkinson's Disease)
- 뇌의 흑질(Substantia Nigra)에 분포하는 도파민의 신경세포가 점차 소실되어 발생한다.
- 안정떨림, 경직, 운동완만(운동느림) 및 자세 불안정성이 특징적으로 나타나는 신경계의 만성진행성퇴행성질환이다.
- 파킨슨병 환자는 60세 이상에서 인구의 약 1%로 추정된다.
- 근육 등의 이상으로 발병되는 이 증상은 환자 20~60%에서 치매증상이 나타난다.
- 약물치료 동안 정신병적 증상이 발병되기 때문에 정신과 영역이 중요하다.

알츠하이머병(Alzheimer's Disease)
- 1907년 독일의 정신과 의사 알로이드 알츠하이머가 처음으로 보고해 알려졌다.
- 치매를 일으키는 가장 흔한 퇴행성뇌질환으로 서서히 발병하여 기억력을 포함한 인지기능의 악화가 점진적으로 진행되는 병이다.
- 초기에는 미세한 기억장애와 언어장애로 시작되어 점차 다양한 치매증세가 나타나고 말기에는 매우 심각한 치매상태로 발전한다.
- 가장 전형적인 치매유형으로 우리나라 치매 환자의 50% 이상이 속한다.
- 뇌에서 발견되는 베타아밀로이드라는 단백질이 뇌세포를 파괴한다는 주장이 제기되었다.
- 나이가 65세 이상, 여성, 가까운 가족 중에 치매에 걸린 사람이 있고, 과거에 뇌 손상을 당한 경험이 있는 사람들이 걸릴 가능성이 높은 것으로 나타난다.

80 임상심리학의 접근법 중 제2차 세계대전 이전에 대두된 치료접근법은? 17년 기출

① 합리적 정서치료
② Adler의 개인심리학
③ 교류분석
④ 게슈탈트

> **해설**
> ② 개인심리학 : 아들러는 비엔나 정신분석학회에서 프로이트와 함께 정신분석을 연구(1902~1911)한 이후 프로이트와 결별하고 자신의 신념과 철학적 입장에 따라 개인심리학을 창립하였다.
> ① 합리적 정서치료 : 1950년대 앨버트 엘리스가 창안하였다.
> ③ 교류분석 : 1959년 에릭 번에 의해 소개된 상담이론이다.
> ④ 게슈탈트 : 1940년 펄스가 창안하였다.

제5과목 심리상담

81 보딘(Bordin)이 제시한 작업동맹(Working Alliance)의 3가지 측면이 옳은 것은? 11, 17, 21, 23, 24년 기출

① 작업의 동의, 진솔한 관계, 유대관계
② 진솔한 관계, 유대관계, 서로에 대한 호감
③ 유대관계, 작업의 동의, 목표에 대한 동의
④ 서로에 대한 호감, 동맹, 작업의 동의

> **해설**
> **작업동맹(Working Alliance)**
> 상담자와 내담자가 상호존중과 신뢰의 분위기에서 문제해결을 위한 구체적인 목표에 대해 합의하며, 그것을 달성하기 위해 협력하는 관계를 말한다.
> **보딘(Bordin)의 작업동맹의 3가지 측면**
> • 상담자와 내담자 간의 유대
> • 작업과제에 대한 동의
> • 목표에 대한 동의

정답 80 ② 81 ③

82 정신분석적 상담기법 중 상담진행을 방해하고 현재 상태를 유지하려는 의식적, 무의식적 생각, 태도, 감정, 행동을 의미하는 것은?   16, 21년 기출

① 전 이
② 저 항
③ 해 석
④ 훈 습

해설

저항(Resistance)
- 저항이란 내담자가 상담에 협조하지 않는 모든 행위를 의미한다.
- 상담 약속을 어긴다거나, 특정한 생각, 감정, 경험 등을 드러내지 않거나 상담과정에서 아무런 의미도 없는 말만 되풀이하거나, 중요한 내용을 빠뜨리고 사소한 이야기만 하거나 하는 것 등이 저항의 한 형태이다.
- 정신분석에서는 내담자의 저항에는 이유가 있다고 여긴다.
- 내담자가 자신의 억압된 충동이나 감정을 자각하게 되면 불안이 유발되는데, 이때 이러한 불안으로부터 자아를 방어하고자 하는 무의식적 역동성이 곧 저항으로 나타나는 것이다.
- 무의식의 저장고에 숨겨진 내용들을 인식하는 것은 내담자에게는 고통스러운 일이다.
- 저항은 상담의 진전을 저해하고 내담자가 무의식적인 욕구를 적극적으로 표출하는 것을 방해하므로 저항을 분석하고 해석하는 작업이 중요하다.
- 이에 상담자는 내담자의 저항의 이유를 지적하여 내담자로 하여금 직면하게 해야 한다.

83 내담자의 현재 상황에서의 욕구와 체험하는 감정의 자각을 중요시하는 상담이론은?   14, 21, 23년 기출

① 인간중심 상담
② 게슈탈트 상담
③ 교류분석 상담
④ 현실치료 상담

해설

형태주의 상담
1940년대 펄스(Frederich Salomon Pearls)에 의해 창안된 형태주의 상담(게슈탈트 상담)은 변화는 자각(알아차림)과 접촉을 통해서 저절로 일어난다고 보면서, 자신의 욕구와 감정을 정확히 알아차리고, 이를 환경과의 접촉을 통해 해소하도록 돕는 상담이다.

84 도박중독의 심리·사회적 특징에 대한 설명으로 옳은 것은? 06, 11, 18, 21, 23, 24년 기출

① 도박중독자들은 대체로 도박에만 집착할 뿐 다른 개인적인 문제를 가지지 않는다.
② 도박중독자들은 직장에서 도박 자금을 마련하기 위해 남보다 더 열심히 노력한다.
③ 심리적 특징으로 단기적인 만족을 추구하기보다는 장기적인 만족을 추구한다.
④ 도박행동에 문제가 있음을 인정하지 않고 변명하려 든다.

> **해설**
> ① 도박중독자들은 무기력감이나 우울감, 죄책감 등의 문제에서 벗어나기 위한 수단으로 도박을 하는 경향이 있다.
> ② 도박중독자들은 도박행위에 열중함으로써, 도박자금조달이나 생계유지를 위해 다른 사람에게 의존하는 양상을 보인다.
> ③ 도박중독자들은 장기적인 만족을 추구하기 보다는 단기적인 만족을 추구한다.

85 교류분석에서 치료의 바람직한 목표인 치유의 4단계에 해당되지 <u>않는</u> 것은? 17, 21년 기출

① 계약의 설정
② 증상의 경감
③ 전이의 치유
④ 각본의 치유

> **해설**
> **교류분석치료 치유의 4단계**
> - 사회의 통제(Social Control) : 타인과의 상호작용 시 개인은 스스로의 행동의 통제를 발달시킨다.
> - 증상의 경감 혹은 완화(Symptomatic Relief) : 개인이 불안과 같은 자신의 증세의 완화를 주관적으로 느끼는 것을 포함한다.
> - 전이의 치유(Transference Cure) : 내담자는 치료사를 하나의 내사물(Introject)로 자신의 머릿속에 보유하여 건강을 유지할 수 있게 된다. 즉, 중요한 심리적 내사물을 보유하는 동안 내담자의 치유상태가 유지된다는 것이다.
> - 각본의 치유(Script Cure) : 내담자는 각본에서 완전히 벗어나 제한적 각본결단을 재결단하여, 자율적인 사람이 되는 것을 포함한다.

정답 84 ④ 85 ①

86 엘리스(Ellis)의 ABCDE 모형에 관한 설명으로 옳은 것은? 15, 21, 23, 25년 기출

① A – 문제 장면에 대한 내담자의 신념
② B – 선행사건
③ C – 정서적 · 행동적 결과
④ D – 새로운 감정과 행동

> **해설**
> ABCDE 모형
> - A(Activating Events) : 선행사건
> - B(Belief System) : 비합리적 신념체계
> - C(Consequence) : 결과
> - D(Dispute) : 논박
> - E(Effect) : 효과

87 상담자가 내담자에 대한 치료를 중단 또는 종결할 수 있는 경우에 해당하지 않는 것은? 21년 기출

① 내담자가 제3자의 위협을 받는 등 중대한 사유가 있는 경우
② 내담자가 치료과정에 불성실하게 임하는 경우
③ 내담자에 대한 계속적인 서비스가 도움이 되지 않을 경우
④ 내담자가 더 이상 심리학적 서비스를 필요로 하지 않는 경우

> **해설**
> 치료 종결
> - 내담자/환자가 더 이상 심리학적 서비스를 필요로 하지 않거나, 계속적인 서비스가 도움이 되지 않거나 오히려 건강을 해칠 경우에는 치료를 중단한다.
> - 내담자/환자 또는 내담자/환자와 관계가 있는 제3자의 위협을 받거나 위험에 처하게 될 경우에는 치료를 종결할 수 있다.

88 정신분석에서 내담자가 지속적이고 반복적인 학습을 통해 자신이 이해하고 통찰한 바를 충분히 소화하는 과정은?   15, 21, 23년 기출

① 자기화
② 훈 습
③ 완전학습
④ 통찰의 소화

> **해설**
> **훈 습**
> - 전이에 대한 통찰을 토대로 내담자로 하여금 자신의 행동과 태도를 변경하도록 유도하는 과정이다.
> - 상담자는 내담자가 통찰한 것을 실제생활로 옮기도록 돕는다.
> - 훈습에 의해 내담자의 변화된 행동이 안정수준에 이르게 되면 종결을 준비한다.

89 벡(Beck)의 인지적 왜곡 중 개인화에 대한 예로 적절한 것은?   21, 24년 기출

① "관계가 끝나버린 건 모두 내 잘못이야."
② "이 직업을 구하지 못하면, 다시는 일하지 못할 거야."
③ "나는 정말 멍청해."
④ "너무 불안하니까, 고속도로를 달리는 것은 위험할 거야."

> **해설**
> **개인화(Personalization)**
> 자신과 관련시킬 근거가 없는 외부사건을 자신과 관련시키는 성향으로서, 실제로는 다른 것 때문에 생긴 일에 대해 자신이 원인이고 자신이 책임져야 할 것으로 받아들이는 것을 의미한다.

정답 88 ② 89 ①

90 청소년기 자살의 위험인자와 가장 거리가 먼 것은?   14, 21년 기출

① 공격적이고 약물남용 병력이 있으며 충동성이 높은 행동장애의 경우
② 성적이 급락하고 식습관 및 수면행동의 변화가 심한 경우
③ 습관적으로 부모에 대한 반항이나 저항을 보이는 경우
④ 동료나 가족 등 가까운 이들과 떨어져 지내는 회피행동이 증가한 경우

> **해설**
> ③ 부모에 대한 이유 없는 반항이나 저항을 보이는 경우는 자살의 위험인자로 보기 어렵다.
>
> **청소년 자살의 경고사인**
> - 죽음이나 사후세계에 대한 말을 하거나 글을 쓴다.
> - 행동과 성격에서의 극적인 변화가 나타난다.
> - 식습관이나 수면 습관에서 변화가 나타난다.
> - 친구나 가족, 여러 활동으로부터 철수되어 있다.
> - 폭력적이거나 반항적인 행동을 한다.
> - 약물, 알코올 등의 물질을 남용한다.
> - 지속적인 지루함이나 주의집중에서의 어려움을 보인다.
> - 급격히 성적이 하락한다.
> - 즐거운 활동에 대한 흥미가 감소되었다.
> - '당신을 다시는 보지 못할 것이다.' 등과 같은 언어적 단서를 표현한다.

91 특성-요인 상담에 관한 설명으로 옳지 않은 것은?   08, 11, 13, 21, 23년 기출

① 상담자 중심의 상담방법이다.
② 사례연구를 상담의 중요한 자료로 삼는다.
③ 문제의 객관적 이해보다는 내담자에 대한 정서적 이해에 초점을 둔다.
④ 내담자에게 정보를 제공하고 학습기술과 사회적 적응기술을 알려 주는 것을 중요시한다.

> **해설**
> ③ 내담자에 대한 정서적 이해보다는 객관적 이해에 초점을 둔다.
>
> **특성-요인 상담**
> - 윌리암슨(Williamson)이 파슨스(Parsons)의 '개인', '직업', '개인과 직업 간의 관계'를 기본으로 하여 만든 직업이론의 원리를 토대로 발전시킨 것이다.
> - 내담자의 의사결정 능력을 향상시키며, 합리적인 과정을 통해 자신의 학문적·직업적 능력에 부합하는 직업을 선택하도록 돕는 것을 목표로 한다.
> - 상담자 중심의 상담방법으로서 내담자에 대한 정서적 이해보다 문제의 객관적 이해에 중점을 둔다.
> - 특성-요인 상담의 기본은 변별진단이다. 변별진단이란 일련의 관련이 있거나 관련이 없는 사실들로부터 일관된 형식의 의미를 논리적으로 사고하는 과정 또는 하나씩 해결하는 과정이다.
> - 내담자를 객관적으로 이해하고, 올바른 예언을 하기 위해 사례나 사례연구를 상담의 중요한 자료로 삼는다.

92 성상담을 할 때 상담자가 가져야 할 시행지침으로 옳은 것은?   21, 24년 기출

① 성과 관련된 개인적 사고는 다루지 않는다.
② 내담자의 죄책감과 수치심은 다루지 않는다.
③ 성폭력은 낯선 사람에 의해서만 발생함을 감안한다.
④ 성폭력은 성적 자기결정권의 침해임을 감안한다.

> **해설**
> ① 내담자의 억압된 감정을 표출하고 잘못된 죄의식 등을 수정하도록 도와야 한다.
> ② 수치심이나 죄책감은 전체적으로 가해자로 인한 것임을 확신시켜야 한다.
> ③ 성폭력은 낯선 사람보다 안면이 있는 사람에 의해 더욱 많이 발생한다.

93 벌을 통한 행동수정 시 유의해야 할 사항이 아닌 것은?   16, 20, 23, 25년 기출

① 벌을 받을 행동을 구체적으로 세분화하고 설명한다.
② 벌을 받을 상황을 가능한 한 없애도록 노력한다.
③ 벌은 그 강도를 점차로 높여가야 한다.
④ 벌을 받을 행동이 일어난 직후에 즉각적으로 벌을 준다.

> **해설**
> ③ 벌은 그 강도를 점차로 높이지 말아야 한다.
>
> **벌을 통한 행동수정 시 유의사항**
> - 벌을 받을 행동을 구체적으로 세분화하고 설명한다.
> - 벌을 받을 상황을 가능한 한 없애도록 노력한다.
> - 바람직한 상반행동을 하도록 그 조건을 극대화한다.
> - 가장 효과가 있을 것으로 예상되는 벌을 선택한다.
> - 반복되는 벌에도 불구하고 효과가 없는 경우 다른 방법을 강구해야 한다.
> - 벌은 그 강도를 점차로 높이지 말아야 한다.
> - 벌을 받을 행동이 일어난 직후에 즉각적으로 벌을 준다.
> - 바람직한 행동이 무엇인지 사전에 말해준다.

94 집단상담에서 상대방의 행동이 나에게 어떤 반응을 일으키는가에 대하여 상대방에게 직접 이야기해 주는 개입방법은? <small>13, 15, 20, 23년 기출</small>

① 자기투입과 참여
② 새로운 행동의 실험
③ 피드백 주고받기
④ 행동의 모범을 보이기

> **해설**
> 피드백(Feedback)
> - 피드백 혹은 환류는 다른 집단성원의 행동, 사고, 감정에 대한 반응으로 자신의 생각과 감정을 되돌려 주는 것을 말한다.
> - 집단 내에서 학습을 유발하는 중요한 수단으로서, 솔직하고 구체적인 피드백은 집단성원의 행동이 다른 구성원들에게 어떤 영향을 주는지, 대인관계에서 어떤 변화가 필요한지 깨닫도록 한다.
> - 집단성원들은 우호적인 피드백과 비우호적인 피드백을 교환해 봄으로써 그것이 인간관계에 어떤 영향을 미치는가를 경험해 볼 수 있다.
> - 집단상담자는 언제 어떤 종류의 피드백을 제공할 것인가에 관한 선택이 결국 자기 자신과 다른 사람과의 관계형성에 영향을 미치며, 그 변화의 책임이 바로 집단성원 자신에게 있음을 알려준다.
> - 집단 초기에 상담자는 시기적절한 피드백을 제공함으로써 집단성원들이 이를 모방하여 실행해볼 수 있도록 한다.
> - 자기 자신을 비현실적으로 인식하는 집단성원의 경우 다른 구성원들의 피드백을 통해 자기이해의 폭을 넓히는 동시에 자신을 다른 각도에서 조망할 수 있게 된다.

95 청소년비행 중 우발적이고 기회적이어서 일단 발생하면 반복되고 습관화되어 다른 비행행동과 복합되어 나타날 수 있는 것은? <small>13, 20, 23년 기출</small>

① 약물사용
② 인터넷 중독
③ 폭 력
④ 도 벽

> **해설**
> 도벽은 남의 물건을 훔치고 싶은 충동을 참지 못해 반복적으로 도둑질을 하게 되는 경우를 말하는 것이다. 충동이 조절되지 않아 부적응적인 행동양상으로 나타나고, 이것이 반복되고 습관화되는 장애이다.

96 진로상담에서 "하고 싶은 일이 너무 많아요."라고 호소하는 내담자에게 가장 먼저 개입해야 하는 방법은?

20, 25년 기출

① 자기 이해
② 직업정보 탐색
③ 진학정보 탐색
④ 진로 의사결정

> **해설**
> 진로와 진학정보를 탐색하기 전에 내담자가 자신에 관하여 보다 정확히 이해할 수 있도록 개입해야 한다.

97 교류분석상담에서 성격이나 일련의 교류들을 자아상태 모델의 관점에서 분석하는 것은?

16, 20, 23년 기출

① 구조분석
② 기능분석
③ 게임분석
④ 각본분석

> **해설**
> **교류분석의 주요 4가지 분석**
> - 구조분석 : 내담자의 성격을 구성하는 자아상태를 분석
> - 교류분석 : 내담자가 대하는 사람과 하는 행동과 언어를 분석
> - 게임분석 : 내담자가 다른 사람과 하는 의사소통에서 수행하는 저의적 교류(표면상의 행동과는 달리 숨겨진 의도를 가지며 심리적 대가를 치르는 교류 방식)를 분석
> - 각본분석 : 내담자가 강박적으로 사용하는 구체적인 인생각본을 분석

98 트라우마 체계 치료(TST)의 원리에 대한 설명으로 옳지 않은 것은?

20, 25년 기출

① 무너진 체계를 조정하고 복원하기
② 현실에 맞추기
③ 최대한의 자원으로 작업하기
④ 강점으로 시작하기

> **해설**
> ③ 최소한의 자원으로 작업한다. 제한된 자원으로 제한된 시간 안에 보다 많은 대상자가 서비스를 받을 수 있어야 하므로, 어떻게 해야 최소한의 비용으로 최대의 해결책을 얻을 수 있을지 결정해야 한다.
>
> **트라우마 체계 치료(TST)**
> 과거뿐 아니라 가난, 가정폭력, 약물남용, 부모의 정신질환 등 매일의 삶 속에서 진행되고 있는 트라우마를 가진 아동과 가족을 위해 설계되었다.

99 약물 남용 청소년의 진단 및 평가에 있어서 상담자가 유의해야 할 사항으로 옳지 <u>않은</u> 것은?   20, 23년 기출

① 청소년이 약물을 사용한 경험이 있다는 것만으로 약물 남용자로 낙인찍지 않도록 한다.
② 청소년 약물 남용과 관련해서 임상적으로 이중진단의 가능성이 높은 심리적 장애는 우울증, 품행장애, 주의결핍-과잉행동 장애, 자살 등이 있다.
③ 청소년 약물 남용자들은 약물 사용 동기나 형태, 신체적 결과 등에서 성인과 다른 양상을 보이므로 DSM-5와 같은 성인 위주 진단체계의 적용에 한계가 있다.
④ 가족문제나 학교 부적응 등의 관련 요인들의 영향으로 인한 일차적인 약물 남용의 문제를 보이는 경우, 상담의 목표도 이에 따라야 한다.

> **해설**
> 일차적 약물 남용은 약물의 사용이 관련 요인들의 영향 이전에 나타나는 것인 반면, 이차적 약물 남용은 관련 요인들의 영향을 받아 약물을 사용함으로써 나타나는 것이다. 이에 가족문제나 학교 부적응 등의 관련 요인들의 영향으로 인한 것은 이차적인 약물 남용에 해당된다.

100 REBT 상담에 대한 설명으로 옳지 <u>않은</u> 것은?   15, 20, 23, 24년 기출

① 내담자의 비합리적 신념을 발견하고 규명한다.
② 내담자의 무의식을 의식화하고 자아를 강화시킨다.
③ 주요한 상담기술로 인지적 재구성, 스트레스 면역 등이 있다.
④ 합리적 행동 반응을 개발, 촉진하기 위한 행동연습을 실시한다.

> **해설**
> 무의식을 의식화하고 자아를 강화하는 것은 정신분석 치료의 목표이다.
>
> **합리적-정서적 상담 모델(REBT)**
> - 인간의 비합리적 사고 또는 신념이 부적응을 유발한다고 보고 비합리적 사고를 합리적 사고로 대치시키고자 하는 상담 이론이다.
> - 인지이론과 행동주의적 요소가 결합된 개념으로 생각하고 정보를 처리하는 과정인 인지과정의 연구로부터 도출된 개념과 함께 행동주의와 사회학습이론으로부터 나온 개념들을 통합 적용한 것이다.
> - 문제에 초점을 둔 시간제한적 접근으로 내담자가 자신의 사고와 행동을 통제하기 위한 대처기제를 학습하는 교육적 접근을 강조한다.
> - 스트레스 면역 : 환자를 인지적으로 준비시켜서 스트레스에 대한 내성을 기르는 훈련으로 REBT 상담 기술 중 하나이다.

임상심리사 2급

2021년

제1회 기출문제 및 해설

제3회 기출문제 및 해설

교육은 우리 자신의 무지를 점차 발견해 가는 과정이다.

– 윌 듀란트 –

끝까지 책임진다! 시대에듀!

QR코드를 통해 도서 출간 이후 발견된 오류나 개정법령, 변경된 시험 정보, 최신기출문제, 도서 업데이트 자료 등이 있는지 확인해 보세요! **시대에듀 합격 스마트 앱**을 통해서도 알려 드리고 있으니 구글 플레이나 앱 스토어에서 다운받아 사용하세요. 또한, 파본 도서인 경우에는 구입하신 곳에서 교환해 드립니다.

제1과목 심리학개론

01 고전적 조건형성에서 조건자극과 무조건자극을 배열할 때 조건형성 효과가 가장 오래 지속되는 배열은?

16, 22년 기출

① 후진 배열
② 흔적 배열
③ 지연 배열
④ 동시적 배열

해설
③ 지연 배열 : 조건자극이 먼저 제시되지만 조건자극이 사라지기 전에 무조건자극이 제시되는 것으로, 지연조건형성은 조건형성 효과가 가장 좋은 방법
① 후진 배열 : 무조건자극이 먼저 제시되고 조건자극이 나중에 제시되는 것으로, 역향-조건형성(Backward Conditioning)
② 흔적 배열 : 조건자극이 제시되고 조건자극이 완전히 사라지고 난 후에 무조건자극이 제시되는 것으로, 흔적조건형성(Trace Conditioning)
④ 동시적 배열 : 조건자극과 무조건자극이 동시에 제시되고 동시에 사라지는 것으로, 동시조건형성(Simultaneous Conditioning)

02 조건형성의 원리와 그에 해당하는 예를 잘못 연결시킨 것은?

15, 23년 기출

① 조작적 조건형성의 응용 – 행동수정
② 소거에 대한 저항 – 부분강화 효과
③ 강화보다 처벌 강조 – 행동조성
④ 고전적 조건형성의 응용 – 유명연예인 광고모델

해설
행동조성은 학습하기를 원하는 행동이나 기술을 습득시키기 위해 사용하는 방법이다. 바람직한 행동을 학습할 수 있도록 기대에 부응하는 행동이 나타날 때 이를 '강화'함으로써 학습하기 원하는 행동을 점진적으로 만들어 나간다.

정답 01 ③ 02 ③

03 성격의 5요인 이론 중 다른 사람들의 복지에 대해 관심을 가지며, 사람들을 신뢰하고, 다른 사람에 대해 편견을 덜 갖는 경향을 나타내는 것은? 24년 기출

① 개방성(Openness)
② 외향성(Extraversion)
③ 우호성(Agreeableness)
④ 성실성(Conscientiousness)

> **해설**
> 골드버그(Goldberg)의 성격5요인(Big Five)이론
> - 신경증(Neuroticism) : 불안, 우울, 분노 등 부정적인 정서를 잘 느끼는 성향
> - 외향성(Extraversion) : 다른 사람과의 교류를 통해 인간관계적 자극을 추구하는 성향
> - 경험에 대한 개방성(Openness to Experience) : 호기심이 많고 새로운 것을 좋아하며, 다양한 경험과 가치에 대해 열린 자세를 가진 개방적인 성향
> - 우호성(Agreeableness) : '수용성' 혹은 '친화성'으로도 불리며, 다른 사람에 대한 우호적·수용적·협동적인 성향
> - 성실성(Conscientiousness) : 자기조절을 잘 하고 책임감이 강한 성취지향적 성향

04 다음은 무엇에 관한 설명인가? 25년 기출

> 방어기제 중 우리가 가진 바람직하지 않은 자질들을 과장하여 다른 사람들에게 부여함으로써 우리의 결함을 인정하지 않도록 막아주는 것

① 부 인
② 투 사
③ 전 위
④ 주지화

> **해설**
> ① 부인(Denial) : 의식화되는 경우 감당하기 어려운 고통이나 욕구를 무의식적으로 부정하는 것
> ③ 전위(Displacement) : 자신이 어떤 대상에 대해 느낀 감정을 보다 덜 위협적인 다른 대상에게 표출하는 것
> ④ 주지화(Intellectualization) : 위협적이거나 고통스러운 정서적 문제를 피하거나 둔화시키기 위해 사고, 추론, 분석 등의 지적 능력을 사용하는 것

05 다음 설명에 해당하는 것은? 　　　　　　　　　　　　　　　22, 23년 기출

- 아동들의 자기개념이 왜 우선적으로 남자-여자 구분에 근거하는지를 설명하고자 한다.
- 아동에게 성이라는 렌즈를 통해 세상을 보도록 가르치는 문화의 역할을 중요시한다.

① 사회학습이론
② 인지발달이론
③ 성 도식이론
④ 정신분석학이론

> **해설**
>
> **성 도식이론(Gender Schema Theory)**
> - 사회학습이론과 인지발달이론의 요소들을 결합한 것으로, 성역할 개념의 습득 과정을 설명하는 일종의 정보처리이론이다.
> - 성 유형화는 아동의 인지발달 수준이나 사회문화적 요인의 영향을 받지만 동시에 성 도식화(Gender Schematization) 과정을 통해 형성된다.
> - 성 도식화는 성에 따라 조직되는 행동양식으로서, 사람들로 하여금 남성적 특성과 여성적 특성을 구분하도록 해 준다.
> - 아동은 어떤 행동이나 역할이 남성에게 적합한 것인지 혹은 여성에게 적합한 것인지를 분류해 주는 '내집단/외집단'의 단순한 도식을 습득하며, 자신의 성에 적합한 역할에 대해 좀 더 많은 정보를 추구하여 자신의 성 도식(Own-sex Schema)을 구성하게 된다.
> - 일단 성 도식이 발달하면 아동은 자신의 성 도식에 맞지 않는 새로운 정보를 왜곡하는 양상을 보이는데, 따라서 성이라는 렌즈를 통해 세상을 보도록 가르치는 문화의 역할이 중요하다.

06 심리검사의 오차유형 중 측정 결과에 변화를 주는 것은?

① 해석적 오차
② 항상적 오차
③ 외인적 오차
④ 검사자 오차

> **해설**
>
> **심리검사의 오차유형**
> - 해석적 오차 : 한 개인의 검사점수가 비교하고자 하는 집단의 점수분포와 어떻게 관계되는지를 정확히 이해하지 못한 채 그에 대해 부정확한 평가나 해석을 내리는 데 기인하는 오차이다.
> - 외인적 오차 : 검사 과정에서 아무런 관계가 없는 여러 가지 외부적 요인의 작용으로 인해 측정 결과에 변화를 주는 오차이다.
> - 검사자 오차 : 점수의 변화나 측정의 결과가 검사하는 사람에서 기인하는 오차이다.
> - 항상적 오차(고정적 오차) : 검사 결과가 측정하고자 하는 학습능력이 아닌 가정의 문화적 환경의 영향을 받는 데 기인하는 오차이다.

07 프로이트(S. Freud)의 성격 구조에 관한 설명으로 옳은 것은?   24년 기출

① 자아는 현실원리를 따르며 개인이 현실에 적응하도록 돕는다.
② 자아는 일차적 사고과정을 따른다.
③ 자아는 자아이상과 양심으로 구성되어 있다.
④ 초자아는 성적 욕구와 관련된 것으로 쾌락의 원리를 따른다.

> **해설**
> 정신분석이론에서 성격의 3요소
> - 원초아(Id) : 쾌락의 원리
> - 자아(Ego) : 현실의 원리
> - 초자아(Superego) : 도덕의 원리

08 검사에 포함된 각 질문 또는 문항들이 동일한 것을 측정하는 정도를 나타내는 것은?   23, 24년 기출

① 내적일치도
② 경험타당도
③ 구성타당도
④ 준거타당도

> **해설**
> 내적일치도 또는 문항내적합치도(Item Internal Consistency)
> - 단일의 신뢰도 계수를 계산할 수 없는 반분법의 문제점을 고려하여, 가능한 한 모든 반분신뢰도를 구한 다음 그 평균값을 신뢰도로 추정하는 방법이다.
> - 동일한 개념을 측정하는 항목인 경우 그 측정 결과에 일관성이 있어야 한다는 논리에 따라 일관성이 없는 항목, 즉 신뢰성을 저해하는 항목을 찾아서 배제시킨다.
> - 쿠더와 리처드슨(Kuder & Richardson)에 의해 처음 개발되었으며, 이후 크론바흐(Cronbach)가 이에 대한 수학적 설명을 시도하였다.

09 성격과 환경 간의 상호작용 중 개인의 성격은 타인으로부터 독특한 반응을 이끌어낸다는 것은? 22, 24년 기출

① 유도적 상호작용
② 반응적 상호작용
③ 주도적 상호작용
④ 조건적 상호작용

> **해설**
> 성격과 환경 간의 상호작용 유형(개인-상황 상호작용 유형)
>
> | | |
> |---|---|
> | 유도적 상호작용 | 개인의 성격, 즉 기질적 차이는 타인으로부터 서로 다른 독특한 반응을 이끌어낸다.
예 신경질적인 영아는 유순한 영아보다 부모의 보살핌을 덜 이끌어낸다. |
> | 반응적 상호작용 | 동일한 환경을 접하더라도 개인은 환경을 다르게 해석하고 경험하며 반응한다.
예 외향적인 성격의 형과 내향적인 성격의 동생은 부모의 처벌을 다르게 받아들일 수 있다. |
> | 주도적 상호작용 | 개인이 자신의 환경을 선택하고 구성해 나가는 과정을 강조한다.
예 사교적인 아동은 집에 혼자 있기보다는 친구들과 어울려 놀러 다니는 경험을 많이 한다. |

10 켈리(Kelly)의 개인적 구성개념이론에 관한 설명으로 옳지 않은 것은?

① 성격 연구의 목적은 개인이 자신과 자신의 사회적 세상을 해석하는 데 사용하는 차원을 찾는 것이어야 한다.
② 개개인을 직관적 과학자로 보아야 한다.
③ 특질검사는 개인의 구성개념을 측정하기에 가장 적합하다.
④ 구성개념의 대조 쌍은 논리적으로 반대일 필요가 없다.

> **해설**
> ③ 켈리(Kelly)는 한 개인이 세계를 어떻게 해석하는가를 이해하기 위해 '역할구성개념 목록검사(Role Construct Repertory Test)'를 개발하였다. 역할구성개념 목록검사는 한 개인의 구성개념 체계의 복잡성과 일생에 걸친 구성개념의 변화를 탐색하기 위해 사용된다.
>
> **개인적 구성개념이론**
> 절대적 진리같은 것은 존재하지 않으며, 세상은 개인이 해석하는 방식으로 존재하고 세상의 여러 구성적 대안 중 어느 것을 선택하느냐에 따라 그를 둘러싼 세계가 달라진다고 하는 이론이다. 켈리(Kelly)는 구성개념이론에서 개개인은 직업적 과학자라고 할 수는 없지만, 모두가 세상에 대한 구성개념을 가지고 있고, 이를 통해 어떤 사건이나 행위를 통제한다는 면에서 인간은 모두 과학자라고 말하였다.

11 성격의 정의에 관한 설명으로 <u>틀린</u> 것은? 15, 22년 기출

① 성격에는 개인이 가지고 있는 고유하고 독특한 성질이 포함된다.
② 개인의 독특성은 시간이 지나도 비교적 안정적으로 변함없이 일관성을 지닌다.
③ 성격은 다른 사람이나 환경과 상호작용 하는 관계에서 행동양식을 통해 드러난다.
④ 성격은 타고난 것으로 개인이 속한 가정과 사회적 환경에 영향을 받지 않는다.

> **해설**
> 성격의 일반적 정의에서 성격은 다른 사람이나 환경과 상호작용 하는 관계에서 행동양식을 통해 드러나는 것으로, 가정이나 사회적 환경의 영향을 받는다.

12 단기기억의 특성이 <u>아닌</u> 것은? 18, 22, 25년 기출

① 정보의 용량이 매우 제한적이다.
② 작업기억(Working Memory)이라 불린다.
③ 거대한 도서관에 비유할 수 있다.
④ 현재 의식하고 있는 정보를 의미한다.

> **해설**
> 장기기억은 종종 용량의 제한이 없어 거대한 도서관에 비유된다.
>
> 단기기억과 장기기억의 비교
>
> | 구 분 | 입 력 | 용 량 | 지속시간 | 내 용 | 인 출 |
> |---|---|---|---|---|---|
> | 단기기억 | 매우 빠름 | 제한적 | 매우 짧음 (10~20초 정도) | 단 어
심 상
아이디어
문 장 | 즉각적 |
> | 장기기억 | 비교적 느림 | 무제한적 | 사실상 무제한적 | 명제망
도 식
산 출
일 화 | 표상과 조직에 따라 다름 |

정답 11 ④ 12 ③

13 사람들이 자기 자신의 행동을 설명할 때 현저한 상황적 원인들은 지나치게 강조하고 사적인 원인들은 미흡하게 강조하는 것은? 24년 기출

① 사회억제 효과
② 과잉정당화 효과
③ 인지부조화 현상
④ 책임감 분산 효과

> **해설**
> 과잉정당화 효과(Overjustification Effect)
> - 외부에서 귀인되는 요인들로 인해 내적 요인의 효과가 감소하는 것을 말한다.
> - 자신이 하는 일의 원인을 어디에 두는지가 그 사람의 행동의 동기에 영향을 미치기도 한다. 예를 들어, 음악을 좋아하는 어떤 연주자가 청중 앞에서 음악을 연주하고 그 대가로 과잉보수를 받게 된다면, 그 연주자는 음악을 연주하는 이유를 외적(상황적) 원인에서 찾게 되고 정작 자기 자신은 음악에 대한 흥미를 잃게 된다.
> - 이처럼 사람들은 이미 좋아하고 있는 일에 대해 보상을 받게 될 때 그 본질적(사적) 동기보다는 외적(상황적) 동기에 의해 더 많은 행동을 하게 된다.

14 연구방법의 주요 개념에 관한 설명으로 옳지 않은 것은? 22, 23년 기출

① 측정 – 한 변인의 여러 값들에 숫자를 할당하는 체계
② 실험 – 원인과 결과에 대한 가설을 정밀하게 검사하는 것
③ 실험집단 – 가설의 원인이 제공되지 않는 집단
④ 독립변인 – 실험자에 의해 정밀하게 통제되는 가설의 원인으로서 참가자의 과제와 무관한 변인

> **해설**
> 실험집단과 통제집단
> 실험집단에서의 피험자는 처치, 즉 가설의 원인을 제공받고, 통제집단에서의 피험자는 아무런 처치를 받지 않는다. 이때 각 집단에 대한 제반조건은 처음부터 끝까지 동일하도록 해야 하는데, 이와 같은 과정에 의해 두 집단 간 종속변인 측정치의 차이가 오로지 처치 때문인 것으로 간주할 수 있기 때문이다.

정답 13 ② 14 ③

15 사랑의 삼각형 이론에서 사랑의 3가지 요소에 포함되지 <u>않는</u> 것은?   24년 기출

① 관심(Attention)
② 친밀감(Intimacy)
③ 열정(Passion)
④ 투신(Commitment)

> **해설**
>
> 사랑의 삼각형의 3가지 요소(Sternberg)
> - 친밀감(Intimacy) : 상대방과의 관계에서 유대감이나 결속감 등을 느끼는 것으로, 서로에 대한 이해, 의지, 깊이 있는 의사소통 등을 포함한다.
> - 열정(Passion) : 상대방과 하나가 되고 싶은 욕구로, 지배·복종의 욕구, 소유욕, 성행위에 대한 욕구 등을 포함한다.
> - 헌신 또는 투신(Commitment) : 사랑의 유지에 관한 것으로, 상대방을 사랑하기로 결정을 내린 후 그 사랑을 장기적으로 유지하기 위한 노력 등을 포함한다.

16 사람들은 혼자 있을 때보다 자신과 같은 일을 수행하고 있는 다른 사람들이 있을 때 수행이 향상된다는 것을 지칭하는 것은?   24년 기출

① 동조효과
② 방관자효과
③ 사회촉진
④ 사회태만

> **해설**
>
> - 동조효과 : 집단의 압력에 의해 개인이 태도나 행동을 변화시키는 현상
> - 방관자효과 : 주변에 타인이 많을수록 어려움에 처한 사람을 돕지 않게 되는 현상
> - 사회태만 : 혼자 일할 때보다 집단 속에서 일할 때 노력을 덜 하여 수행이 떨어지는 현상

17 다음의 설명에 해당하는 것은? 18, 22, 23년 기출

> 척도상의 대표적 수치를 의미하며 평균, 중앙치, 최빈치가 그 예이다.

① 빈도분포값
② 추리통계값
③ 집중경향값
④ 변산측정값

해설

집중경향값(Central Tendency)
- 하나의 점수분포에서 중심적 경향을 나타내는 값을 의미한다.
- 최빈치(Mode), 중앙치(Median), 평균치(Mean)가 집중경향치로 사용된다.
- 정규분포 : 평균치 = 중앙치 = 최빈치
- 정적 편포 : 평균치 > 중앙치 > 최빈치
- 부적 편포 : 최빈치 > 중앙치 > 평균치

18 기억에 정보를 저장하기 위해서 환경의 물리적 정보의 속성을 기억에 저장할 수 있는 속성으로 변화시키는 과정은? 24년 기출

① 주의과정
② 각성과정
③ 부호화과정
④ 인출과정

해설

기억의 과정
- 부호화(입력) : 자극정보를 선택하여 기억에 저장할 수 있는 형태로 변환한다.
- 응고화(저장) : 정보를 필요할 때까지 일정기간 동안 보관·유지한다.
- 인출 : 저장된 정보를 활용하기 위해 적극적으로 탐색·접근한다.

정답 17 ③ 18 ③

19 통계분석에 관한 설명으로 옳지 <u>않은</u> 것은? *15년 기출*

① 2개의 모평균 간에 차이가 있는지를 검정하기 위해서 중다회귀분석(Multiple Regression Analysis)을 이용한다.
② 3개 또는 그 이상의 평균치 사이에 차이가 있는지를 검정하기 위해서 분산분석을 사용한다.
③ 빈도 차이의 유의성을 검증하기 위해서 x^2 검정을 사용한다.
④ 피어슨 상관계수 r은 근본적으로 관련성을 보여주는 지표이지 어떠한 인과적 요인을 밝혀주지는 않는다.

> **해설**
> 2개의 집단 간 차이를 보는 통계방법은 t검증이다. 회귀분석은 독립변수가 종속변수에 미치는 영향을 살펴보는 통계방법으로, 독립변수가 하나이면 단순회귀분석(Simple Regression Analysis), 독립변수가 다수이면 중다회귀분석(Multiple Regression Analysis)이라고 한다.

20 소거(Extinction)가 영구적인 망각이 아니라는 증거가 될 수 있는 것은? *23년 기출*

① 변 별
② 조 형
③ 자극 일반화
④ 자발적 회복

> **해설**
> ④ 자발적 회복(Spontaneous Recovery) : 한 번 습득된 행동에 대해 보상이 주어지지 않더라도 동일한 상황에 직면하는 경우 소거된 반응이 다시 나타나는 현상을 말한다. 즉, 일단 습득된 행동은 만족스러운 결과가 주어지지 않는다고 하여 즉시 소거되지 않는다는 것이다.
> ① 변별(Discrimination) : 보다 정교하게 학습이 이루어지는 것으로서, 유사한 자극에서 나타나는 조그만 차이에 따라 다른 반응을 보이는 것이다.
> ② 조형(Shaping) : 실험자 또는 치료자가 원하는 방향 안에서 일어나는 다양한 반응들만을 강화하고, 원하지 않는 방향의 행동에 대해 강화 받지 못하도록 하여 결국 원하는 방향의 행동을 할 수 있도록 하는 것이다.
> ③ 자극 일반화(Stimulus Generalization) : 특정 조건 자극에 대해 조건 반응이 성립되었을 때 그와 유사한 조건 자극에 대해서도 똑같은 조건 반응을 보이는 학습 현상을 말한다. "자라 보고 놀란 가슴 솥뚜껑 보고 놀란다"라는 속담을 예로 들 수 있다.

제2과목 이상심리학

21 이상행동의 분류와 평가에 관한 설명으로 옳지 않은 것은?

① 범주적 분류는 이상행동이 정상행동과는 질적으로 구분되며 흔히 독특한 원인에 의한 것이기 때문에 정상행동과는 명료한 차이점을 지니고 있다는 가정에 근거한다.
② 차원적 분류는 정상행동과 이상행동의 구분이 부적응성 정도의 문제일 뿐 질적인 차이는 없다는 가정에 근거한다.
③ 타당도는 한 분류체계를 적용하여 환자들의 증상이나 장애를 평가하였을 때 동일한 결과가 도출되는 정도를 의미한다.
④ 같은 장애로 진단된 사람들에게서 동일한 원인적 요인들이 발전되는 정도는 원인론적 타당도이다.

> **해설**
> 한 분류체계를 적용하여 환자의 증상이나 장애를 평가하였을 때 각각 동일한 결과가 도출되는 정도는 '신뢰도'에 해당된다. 타당도란, 측정하고자 하는 개념이나 속성을 얼마나 실제에 가깝게 측정하고 있는가를 말한다.

22 조현병의 양성증상에 해당하는 것은?

① 무의욕증
② 무사회증
③ 와해된 행동
④ 감퇴된 정서 표현

> **해설**
> **조현병의 양성증상과 음성증상**
>
> | 양성증상(Positive Symptom) | 음성증상(Negative Symptom) |
> |---|---|
> | • 정상적, 적응적 기능의 과잉 또는 왜곡을 나타냄
• 도파민 등 신경전달물질의 이상에 의한 것으로 추정됨
• 스트레스 사건에 의해 급격히 발생함
• 약물치료에 의해 호전되며, 인지적 손상이 적음
예) 망상 또는 피해망상, 환각, 환청, 와해된 언어나 행동 등 | • 정상적, 적응적 기능의 결여를 나타냄
• 유전적 소인이나 뇌세포 상실에 의한 것으로 추정됨
• 스트레스 사건과의 특별한 연관성 없이 서서히 진행됨
• 약물치료로도 쉽게 호전되지 않으며, 인지적 손상이 큼
예) 정서적 둔마, 무논리증 또는 무언어증, 무욕증 등 |

정답 21 ③ 22 ③

23 물질관련장애에 관한 설명으로 옳지 <u>않은</u> 것은?   **22년 기출**

① 물질에 대한 생리적 의존은 내성과 금단증상으로 나타난다.
② 임신 중의 과도한 음주는 태아알코올증후군을 유발할 수 있다.
③ 모르핀과 헤로인은 자극제(흥분제)의 대표적 종류이다.
④ 헤로인의 과다 복용은 뇌의 호흡 중추를 막아 죽음에 이르게 할 수 있다.

> **해설**
> 모르핀과 헤로인은 아편류에 해당하는 대표적인 약물이다.
>
> **아편류(Opioids)에 해당하는 약물**
> - 천연 아편류 : 모르핀(Morphine)
> - 반합성 아편류 : 헤로인(Heroin)
> - 모르핀 유사작용 합성 아편류 : 코데인(Codeine), 하이드로모르핀(Hydromorphone), 메타돈(Methadone), 옥시코돈(Oxycodone), 메페리딘(Meperidine), 펜타닐(Fentanyl) 등

24 조현병 스펙트럼 및 기타 정신병적 장애에 해당하지 <u>않는</u> 것은?   **22년 기출**

① 망상장애
② 순환성장애
③ 조현양상장애
④ 단기 정신병적 장애

> **해설**
> **DSM-5 분류기준에 의한 조현병 스펙트럼 및 기타 정신병적 장애의 주요 하위유형**
> - 조현형(성격)장애 또는 분열형(성격)장애[Schizotypal (Personality) Disorder]
> - 망상장애(Delusional Disorder)
> - 단기 정신병적 장애 또는 단기 정신증적 장애(Brief Psychotic Disorder)
> - 조현양상장애 또는 정신분열형 장애(Schizophreniform Disorder)
> - 조현병 또는 정신분열증(Schizophrenia)
> - 조현정동장애 또는 분열정동장애(Schizoaffective Disorder)
> - 긴장증(Catatonia) 등

25 반사회성성격장애와 가장 관련이 없는 것은?   23년 기출

① 품행장애의 과거력
② 역기능적 양육환경
③ 붕괴된 자아와 강한 도덕성 발달
④ 신경전달물질인 세로토닌(Serotonin)의 부족

> **해설**
> 반사회성성격장애
> 아동기의 품행장애나 ADHD는 성인기 반사회성성격장애로 진행될 가능성이 높다. 도시빈민층에게서의 유병률이 상대적으로 높은 것으로 미루어볼 때 역기능적 양육환경의 영향을 받는 것을 알 수 있으며, 세로토닌 전달 기능의 문제와 관련이 있는 것으로 알려져 있다.

26 DSM-5에 의한 성격장애의 분류로 옳지 않은 것은?

① A군 성격장애 – 조한성성격장애
② C군 성격장애 – 편집성성격장애
③ B군 성격장애 – 연극성성격장애
④ C군 성격장애 – 회피성성격장애

> **해설**
> DSM-5 성격장애
>
> | | | |
> |---|---|---|
> | A군 성격장애 | 사회적으로 고립되어 있고 기이한 성격특성을 나타내는 성격장애 | • 편집성성격장애
• 조현성(분열성)성격장애
• 조현형(분열형)성격장애 |
> | B군 성격장애 | 감정적이며 변화가 많은 극적인 성격특성을 나타내는 성격장애 | • 반사회성성격장애
• 연극성(히스테리성)성격장애
• 경계성(경계선)성격장애
• 자기애성성격장애 |
> | C군 성격장애 | 불안하고 두려움을 많이 느끼는 성격특성을 나타내는 성격장애 | • 회피성성격장애
• 의존성성격장애
• 강박성성격장애 |
>
> 참고
> 이 문제는 가답안에서 지문 ②번이 정답인 것으로 발표되었으나 지문 ①번에서 '조현성성격장애'를 '조한성성격장애'로 잘못 제시함에 따라 지문 ①번과 ②번을 중복정답으로 인정하게 되었습니다.

정답 25 ③ 26 ① · ②

27 노출장애에 관한 설명과 가장 거리가 먼 것은? 24, 25년 기출

① 성도착적 초점은 낯선 사람에게 성기를 노출시키는 것이다.
② 성기를 노출시켰다는 상상을 하면서 자위행위를 하기도 한다.
③ 청소년기나 성인기 초기에 시작되는 것으로 알려져 있다.
④ 노출 대상은 사춘기 이전의 아동에게 국한된다.

> **해설**
> 노출장애(Exhibitionistic Disorder)
> - 낯선 사람에게 자신의 성기를 노출하거나 혹은 노출하였다는 상상을 하면서 자위행위를 하는 경우이다.
> - 노출증적 행동에도 불구하고 낯선 사람과 성행위를 하려고 시도하는 경우는 거의 없다.
> - 보통 18세 이전에 발병하며, 40세 이후에는 상태가 완화되는 것으로 보인다.
> - DSM-5 진단 기준에서는 "사춘기 이전의 아동에게 성기를 노출시킴으로써 성적 흥분을 일으키는 경우", "신체적으로 성숙한 개인에게 성기를 노출시킴으로써 성적 흥분을 일으키는 경우", 그리고 "사춘기 이전의 아동과 신체적으로 성숙한 개인에게 성기를 노출시킴으로써 성적 흥분을 일으키는 경우" 중 하나를 명시하도록 하고 있다.

28 DSM-5의 신경발달장애에 해당하지 않는 것은? 23, 25년 기출

① 지적 장애
② 분리불안장애
③ 자폐스펙트럼장애
④ 주의력결핍 과잉행동장애

> **해설**
> ② 분리불안장애(Separation Anxiety Disorder)는 불안장애(Anxiety Disorders)의 하위유형에 해당한다.
> DSM-5에 의한 신경발달장애의 주요 하위유형
> - 지적 장애(Intellectual Disabilities)
> - 의사소통장애(Communication Disorders)
> - 자폐스펙트럼장애(Autism Spectrum Disorder)
> - 주의력결핍 및 과잉행동장애(Attention-Deficit/Hyperactivity Disorder)
> - 특정학습장애(Specific Learning Disorder)
> - 운동장애(Motor Disorders) - 틱장애(Tic Disorders) 등

29 스트레스 호르몬이라고 불리는 코티솔(Cortisol)이 분비되는 곳은? 15, 22, 25년 기출

① 부 신
② 변연계
③ 해 마
④ 대뇌피질

> **해설**
> 스트레스를 받으면 시상하부는 2가지 경로를 통해 부신으로 명령을 내린다. 첫 번째로는 자율신경계의 교감신경을 통해 부신으로 하여금 에피네프린(아드레날린)을 혈류로 방출하도록 하여 교감신경계의 직접적인 위급반응효과를 보강하고, 두 번째로는 뇌하수체를 통해 부신으로 하여금 스트레스 호르몬인 코티솔 등 여러 가지 호르몬을 신체 전반으로 방출하게 하여 위급 시에 대처할 준비태세를 갖춘다.

30 강박장애를 가진 내담자의 심리치료에 가장 효과적인 방법은?

① 행동조형
② 자유연상법
③ 노출 및 반응방지법
④ 혐오조건화

> **해설**
> 노출 및 반응방지법(ERP ; Exposure and Response Prevention)
> - 학습이론을 토대로 한 행동치료기법으로서, 강박장애의 증상으로 나타나는 강박적 사고 및 강박적 행동을 제지하기 위한 것이다.
> - 증상을 가진 환자에게 두려움과 거부감의 대상이 되는 자극을 체계적이고 반복적으로 노출시킴으로써 환자는 자신의 강박적 사고가 근거 없는 것이며, 따라서 강박적 행동에 의한 중화(Neutralization) 또한 불필요하다는 사실을 깨닫게 된다.
> - 불안증상을 제거하기 위한 체계적 둔감법, 혐오치료, 홍수법 등의 행동치료기법들과 밀접하게 연관된 것으로, '노출 – 행동방지'의 순서로 시행한다.

31 우울장애에 대한 치료방법으로 적절하지 <u>않은</u> 것은? 23, 25년 기출

① 대인관계치료(Interpersonal Psychotherapy)
② 기억회복치료(Memory Recovery Therapy)
③ 인지행동치료(Cognitive Behavioral Therapy)
④ 단기정신역동치료(Brief Psychodynamic Therapy)

> **해설**
> ① 대인관계치료는 개인의 사회적, 대인관계적 기능에 초점을 둔 구조화된 심리치료법이다.
> ③ 인지행동치료는 부정적인 사고 개선에 역점을 두는 치료법으로, 내담자의 사고 편견이나 인지 왜곡을 제거하는 것을 목표로 한다.
> ④ 단기정신역동치료는 정신분석이론에 기초를 두고 환자의 문제유발적 정신역동 패턴을 탐색하는 데 초점을 두는 치료법이다.

정답 29 ① 30 ③ 31 ②

32 알코올사용장애에 관한 설명으로 옳은 것은?

① 가족력이나 유전과는 관련성이 거의 없다.
② 성인 여자가 성인 남자보다 유병률이 높다.
③ 자살, 사고, 폭력과의 관련성이 거의 없다.
④ 금단 증상의 불쾌한 경험을 피하거나 경감시키기 위해 음주를 지속하게 된다.

> **해설**
> ① 알코올사용장애는 가족력과 관련이 있으며, 40~60%의 위험도는 유전적 영향으로 설명된다.
> ② 성인 남자(12.4%)가 성인 여자(4.9%)보다 유병률이 높다.
> ③ 알코올사용장애는 자살, 사고, 폭력의 위험성을 상당히 높인다.
>
> **알코올사용장애**
> - 알코올사용장애는 알코올의존과 알코올남용이 통합된 것이다. 이는 그동안 여러 연구들을 통해 알코올의존과 알코올남용의 상관이 매우 높다는 결론에 따른 것이다.
> - 알코올의존(Alcohol Dependence)은 잦은 음주로 인해 알코올에 대한 내성이 생김으로써 알코올의 사용량 및 사용빈도가 증가하는 경우를 말한다. 특히 알코올의존은 알코올을 사용하지 않을 경우 금단현상이 나타남으로써 더 많은 양의 알코올을 필요로 한다.
> - 알코올남용(Alcohol Abuse)은 잦은 과음으로 인해 가정, 학교, 직장에서 자신의 역할을 제대로 수행하지 못하거나 법적인 문제를 반복적으로 유발하는 경우를 말한다. 알코올의존과 달리 알코올에 대한 내성이나 금단증상을 나타내지는 않는다.

33 파괴적 충동조절 및 품행장애에 관한 설명으로 옳지 않은 것은? 22년 기출

① 병적 방화의 필수 증상은 고의적이고 목적이 있는, 수차례의 방화 삽화가 존재하는 것이다.
② 품행장애의 유병률은 아동기에서 청소년기로 갈수록 증가한다.
③ 병적 도벽은 보통 도둑질을 미리 계획하지 않고 행한다.
④ 간헐적 폭발성장애는 언어적 공격과 신체적 공격을 모두 포함해야 한다.

> **해설**
> ④ 간헐적 폭발성장애(간헐적 폭발장애)는 언어적 공격성(예 분노발작, 장황한 비난, 논쟁이나 언어적 다툼 등) 또는 신체적 공격성(예 재산, 동물, 타인에게 가하는 물리적 공격 등)이 3개월 동안 평균적으로 일주일에 2회 이상 발생할 때 진단이 가능하다.

34 양극성장애(Bipolar Disorder) 조증시기에 있는 환자의 방어적 대응양상을 판단할 수 있는 행동이 <u>아닌</u> 것은?

23년 기출

① 화장을 진하게 하고 다닌다.
② 자신이 신의 사자라고 이야기한다.
③ 증거도 없는 행동을 두고 남을 탓한다.
④ 활동 의욕은 줄어들어 과다수면을 취한다.

> **해설**
> **조증삽화의 주요증상**
> - 자기존중감의 팽창 또는 과장된 자신감
> - 수면에 대한 욕구 감소
> - 평소보다 말이 많아지거나 말을 끊임없이 계속함
> - 사고의 비약 또는 사고가 연이어 나타나는 주관적인 경험
> - 보고된 혹은 관찰된 주의산만(즉, 중요하지 않거나 관련 없는 외부자극에 너무 쉽게 주의를 빼앗김)
> - 목표지향적 활동의 증가 또는 정신운동성의 초조
> - 고통스러운 결과를 초래할 가능성이 매우 높은 활동에의 과도한 몰두(무분별한 과소비, 무분별한 성적 행동 혹은 어리석은 사업투자에의 이끌림)

35 DSM-5에 제시된 신경인지장애의 병인에 해당하지 <u>않는</u> 것은?

① 알츠하이머병
② 레트
③ 루이소체
④ 파킨슨병

> **해설**
> **DSM-5의 분류기준에 의한 주요신경인지장애 및 경도신경인지장애의 하위유형**
> - 알츠하이머질환(Alzheimer's Disease)
> - 전측두엽퇴행증(Frontotemporal Lobar Degeneration)
> - 루이(소)체병(Lewy Body Disease)
> - 혈관질환(Vascular Disease)
> - 외상성뇌 손상(Traumatic Brain Injury)
> - 물질 및 약물사용(Substance/Medication Use)
> - HIV 감염(HIV Infection)
> - 프리온병(Prion Disease)
> - 파킨슨병(Parkinson's Disease)
> - 헌팅턴병(Huntington's Disease) 등

정답 34 ④ 35 ②

36 아동 A에게 진단할 수 있는 가장 가능성이 높은 장애는? 25년 기출

> 4세 아동 A는 어머니와 애정적 관계를 형성하지 못하며, 장난감을 가지고 노는 데는 흥미가 없고 사물을 일렬로 배열하거나 자신의 몸을 앞뒤로 흔들면서 알 수 없는 말을 한다.

① 자폐스펙트럼장애
② 의사소통장애
③ 틱장애
④ 특정학습장애

해설

자폐스펙트럼장애의 핵심증상

사회적 상호작용 결함	• 사회적-정서적 상호작용 시 결함 • 사회적 상호작용에서 사용되는 비언어적 의사소통 행동 시 결함 • 대인관계의 발전, 유지, 이해 시 결함
반복적 행동패턴	• 운동, 물체 사용, 언어 사용 시 정형화된 또는 반복적 패턴 • 동일한 것 고집, 일상적인 것 집착, 언어적 비언어적 행동의 의식화된 패턴 • 제한적이고 고정된 흥미를 보이는데, 그 강도나 초점이 비정상적 • 감각자극에 과소 혹은 과대반응 또는 주변 감각적 측면에 비정상적인 흥미

37 치매에 관한 설명으로 가장 적합한 것은? 17, 23, 25년 기출

① 기억 손실이 없다.
② 약물남용의 가능성이 많다.
③ 증상은 오전에 가장 심해진다.
④ 자신의 무능을 최소화하거나 자각하지 못한다.

해설

치매의 일반적인 증상
• 치매의 주요증상은 기억력의 장애이다.
• 언어기능의 장애가 나타나 초기에는 적절한 단어를 못찾다가 점차적으로 상대방의 질문에 엉뚱한 대답을 하거나 주제와 연관되지 않은 말을 반복한다.
• 인지기능의 장애가 나타나 공간지각에 대한 심각한 저하로 왼쪽과 오른쪽을 구별하지 못하거나 자주 다니는 길 또는 집을 찾지 못한다.
• 성격 및 정서의 변화가 나타나 가족을 의심하거나 항상 불안하고 우울증과 조증의 양상을 보이기도 한다.

34 양극성장애(Bipolar Disorder) 조증시기에 있는 환자의 방어적 대응양상을 판단할 수 있는 행동이 아닌 것은?

23년 기출

① 화장을 진하게 하고 다닌다.
② 자신이 신의 사자라고 이야기한다.
③ 증거도 없는 행동을 두고 남을 탓한다.
④ 활동 의욕은 줄어들어 과다수면을 취한다.

> **해설**
> 조증삽화의 주요증상
> • 자기존중감의 팽창 또는 과장된 자신감
> • 수면에 대한 욕구 감소
> • 평소보다 말이 많아지거나 말을 끊임없이 계속함
> • 사고의 비약 또는 사고가 연이어 나타나는 주관적인 경험
> • 보고된 혹은 관찰된 주의산만(즉, 중요하지 않거나 관련 없는 외부자극에 너무 쉽게 주의를 빼앗김)
> • 목표지향적 활동의 증가 또는 정신운동성의 초조
> • 고통스러운 결과를 초래할 가능성이 매우 높은 활동에의 과도한 몰두(무분별한 과소비, 무분별한 성적 행동 혹은 어리석은 사업투자에의 이끌림)

35 DSM-5에 제시된 신경인지장애의 병인에 해당하지 않는 것은?

① 알츠하이머병
② 레 트
③ 루이소체
④ 파킨슨병

> **해설**
> DSM-5의 분류기준에 의한 주요신경인지장애 및 경도신경인지장애의 하위유형
> • 알츠하이머질환(Alzheimer's Disease)
> • 전측두엽퇴행증(Frontotemporal Lobar Degeneration)
> • 루이(소)체병(Lewy Body Disease)
> • 혈관질환(Vascular Disease)
> • 외상성뇌 손상(Traumatic Brain Injury)
> • 물질 및 약물사용(Substance/Medication Use)
> • HIV 감염(HIV Infection)
> • 프리온병(Prion Disease)
> • 파킨슨병(Parkinson's Disease)
> • 헌팅턴병(Huntington's Disease) 등

정답 34 ④ 35 ②

36 아동 A에게 진단할 수 있는 가장 가능성이 높은 장애는?   25년 기출

> 4세 아동 A는 어머니와 애정적 관계를 형성하지 못하며, 장난감을 가지고 노는 데는 흥미가 없고 사물을 일렬로 배열하거나 자신의 몸을 앞뒤로 흔들면서 알 수 없는 말을 한다.

① 자폐스펙트럼장애
② 의사소통장애
③ 틱장애
④ 특정학습장애

해설
자폐스펙트럼장애의 핵심증상

사회적 상호작용 결함	• 사회적-정서적 상호작용 시 결함 • 사회적 상호작용에서 사용되는 비언어적 의사소통 행동 시 결함 • 대인관계의 발전, 유지, 이해 시 결함
반복적 행동패턴	• 운동, 물체 사용, 언어 사용 시 정형화된 또는 반복적 패턴 • 동일한 것 고집, 일상적인 것 집착, 언어적 비언어적 행동의 의식화된 패턴 • 제한적이고 고정된 흥미를 보이는데, 그 강도나 초점이 비정상적 • 감각자극에 과소 혹은 과대반응 또는 주변 감각적 측면에 비정상적인 흥미

37 치매에 관한 설명으로 가장 적합한 것은?   17, 23, 25년 기출

① 기억 손실이 없다.
② 약물남용의 가능성이 많다.
③ 증상은 오전에 가장 심해진다.
④ 자신의 무능을 최소화하거나 자각하지 못한다.

해설
치매의 일반적인 증상
• 치매의 주요증상은 기억력의 장애이다.
• 언어기능의 장애가 나타나 초기에는 적절한 단어를 못찾다가 점차적으로 상대방의 질문에 엉뚱한 대답을 하거나 주제와 연관되지 않은 말을 반복한다.
• 인지기능의 장애가 나타나 공간지각에 대한 심각한 저하로 왼쪽과 오른쪽을 구별하지 못하거나 자주 다니는 길 또는 집을 찾지 못한다.
• 성격 및 정서의 변화가 나타나 가족을 의심하거나 항상 불안하고 우울증과 조증의 양상을 보이기도 한다.

38 공황장애의 특징에 해당하는 것을 모두 고른 것은? 16, 25년 기출

> ㄱ. 메스꺼움 또는 복부 불편감
> ㄴ. 몸이 떨리고 땀 흘림
> ㄷ. 호흡이 가빠지고 숨이 막힐 것 같은 느낌
> ㄹ. 미쳐버리거나 통제력을 상실할 것 같은 느낌

① ㄷ, ㄹ
② ㄱ, ㄴ, ㄹ
③ ㄴ, ㄷ, ㄹ
④ ㄱ, ㄴ, ㄷ, ㄹ

> **해설**
> 공황발작의 13가지 증상
> • 가슴이 두근거리거나 심장박동이 강렬하거나 또는 급작스럽게 빨라짐
> • 땀 흘림
> • 몸 떨림 또는 손발 떨림
> • 숨이 가쁘거나 막히는 느낌
> • 질식할 것 같은 느낌
> • 가슴 통증 또는 답답함
> • 구토감 또는 복부통증
> • 현기증, 비틀거림, 몽롱함, 기절 상태의 느낌
> • 몸에 한기나 열기를 느낌
> • 감각이상(마비감이나 저린 느낌)
> • 비현실감 또는 이인감(자기 자신으로부터 분리된 느낌)
> • 자기통제를 상실하거나 미칠 것 같은 두려움
> • 죽을 것 같은 두려움

39 해리장애에 대한 설명으로 적절하지 <u>않은</u> 것은? 24년 기출

① 해리 현상에 영향을 주는 주된 요인으로 학대받은 개인경험, 고통스러운 상태로부터의 도피 등이 있다.
② 해리 현상을 유발하는 가장 주된 방어기제는 투사로 알려져 있다.
③ 해리성 둔주는 정체감과 과거를 망각할 뿐만 아니라 완전히 다른 장소로 이동한다.
④ 해리성 기억상실증은 중요한 자서전적 정보를 회상하지 못하는 것으로, 해리성 둔주가 나타날 수 있다.

> **해설**
> 정신분석학적 관점에서 해리장애를 가진 사람은 억압 및 부인의 방어기제를 통해 불안과 공포의 경험을 무의식 안으로 억압하거나 의식에서 몰아내는 경향을 보인다.

40 주요우울장애 환자가 일반적으로 나타내는 특징적 증상이 <u>아닌</u> 것은? 15, 19, 23, 24년 기출

① 거절에 대한 두려움
② 불면 혹은 과다수면
③ 정신운동성 초조
④ 일상활동에서의 흥미와 즐거움의 상실

> **해설**
> **주요우울장애 핵심증상**
> - 하루 대부분, 거의 매일 지속되는 우울한 기분이 주관적 보고나 객관적 관찰을 통해 나타난다.
> - 거의 모든 일상활동에 대한 흥미나 즐거움이 하루의 대부분 또는 거의 매일같이 뚜렷하게 저하된다.
> - 체중조절을 하고 있지 않은 상태에서 현저한 체중감소나 체중증가가 나타난다.
> - 거의 매일 불면이나 과다수면이 나타난다.
> - 거의 매일 정신운동성 초조나 지체를 나타낸다.
> - 거의 매일 피로감이나 활력상실을 나타낸다.
> - 거의 매일 무가치감이나 과도하고 부적절한 죄책감을 느낀다.
> - 거의 매일 사고력이나 집중력의 감소 또는 우유부단함이 주관적 호소나 관찰에서 나타난다.
> - 죽음에 대한 반복적인 생각을 하거나 특정한 계획 없이 반복적으로 자살에 대한 생각을 한다. 자살기도를 하거나 자살하기 위한 구체적인 계획을 세운다.

제3과목 심리검사

41 신경심리학적 능력 중 BGT 및 DAP, 시계 그리기를 통해 가장 효과적으로 평가할 수 있는 것은? 22년 기출

① 주의 능력
② 기억 능력
③ 실행 능력
④ 시공간 구성 능력

> **해설**
> **신경심리평가의 평가영역으로서 시공간 구성 능력의 평가**
> - 자극의 재구성을 위해서는 자극 부분들의 공간적 관계를 정확하게 지각하는 능력, 각 부분을 전체로 조직화하는 능력, 실제적인 운동능력 등이 필요하다.
> - 시공간적 지각능력의 손상은 구성장애 또는 구성실행증(Constructional Apraxia)을 초래한다. 구성장애는 1차원 및 2차원의 자극을 토대로 2차원 또는 3차원으로 된 대상이나 형태를 구성하는 능력에서 결함을 나타내는 장애로서, 특히 두정엽의 병변과 밀접한 관련이 있는 것으로 알려져 있다.
> - 벤더게슈탈트 검사(Bender Gestalt Test), 레이-오스테리스 복합도형 검사(Rey-Osterrieth Complex Figure Test), 웩슬러 지능검사의 토막짜기와 모양 맞추기 소검사, 인물화 검사(Draw-A-Person), 그밖에 나무, 집, 자전거, 시계 또는 단순한 사각형이나 십자가를 그리도록 하는 과제를 통해 시공간 구성 능력을 평가할 수 있다.

42 신경심리검사에 대한 설명으로 옳은 것은? 23, 24년 기출

① Broca와 Wernicke는 실행증 연구에 뛰어난 업적을 남겼으며, Benton은 임상신경심리학의 창시자라고 할 수 있다.
② X레이, MRI 등 의료적 검사결과가 정상으로 나온 경우에는 신경심리검사보다는 의료적 검사결과를 신뢰하는 것이 타당하다.
③ 신경심리검사는 고정식(Fixed) Battery와 융통식(Flexible) Battery 접근이 있는데, 두 가지 접근 모두 하위검사들이 독립적인 검사들은 아니다.
④ 신경심리검사는 환자에 대한 진단, 환자의 강점과 약점, 향후 직업능력의 판단, 치료계획, 법의학적 판단, 연구 등에 널리 활용된다.

> **해설**
> ④ 신경심리검사는 일차적 진단도구로 사용하는 데는 한계가 있지만, 환자의 상태를 예측하고 진단하는 데 도움을 주며 널리 활용될 수 있다.
> ① 브로카와 베르니케(Broca & Wernicke)는 실어증 연구에 뛰어난 업적을 남겼다. 또한 임상신경심리학은 1936년 라슐리(Lashley)가 심리학에 도입하여 사용하기 시작하였고, 이후 미국의 할스테드와 라이탄(Halstead & Reitan), 구 소련의 루리아(Luria) 등이 발전시켰다.
> ② 신경심리검사는 신경영상기법의 첨단장비로 탐지해 낼 수 없는 미세한 초기의 장애를 탐지해 낼 수 있고, 뇌 행동관계의 기능적 측면에 대한 세부적 정보를 평가할 수 있도록 하므로 의료적 검사와 함께 유효하게 사용된다.
> ③ 융통식(Flexible) 배터리 접근은 검사 조건에 따라 총집 형태로 사용할 수도 있고, 각 검사를 독립적인 개별 검사로도 사용할 수 있다.

43 심리검사자가 준수해야 할 윤리적 의무로 옳은 것을 모두 고른 것은?

> ㄱ. 심리검사 결과 해석 시 수검자의 연령과 교육수준에 맞게 설명해야 한다.
> ㄴ. 심리검사 결과가 수검자의 삶에 영향을 줄 수 있음을 인식해야 한다.
> ㄷ. 컴퓨터로 실시하는 심리검사는 특정한 교육과 자격이 필요 없다.

① ㄱ
② ㄱ, ㄴ
③ ㄴ, ㄷ
④ ㄱ, ㄴ, ㄷ

> **해설**
> 채점과 관련하여 객관적 검사의 경우 자동프로그램을 널리 이용하고 있으나, 투사적 검사의 경우 검사실시는 물론 채점과정에서 고도의 훈련이 요구된다. 한편 컴퓨터로 실행하는 검사를 실시하는 것도 수련과 자격을 갖춘 검사자가 진행하여야 하며, 검사결과의 해석은 검사자의 수련교육이나 전문가로서의 경험, 연구결과에 따라 큰 차이가 있으므로, 검사자는 결과해석의 타당성과 전문성을 높이기 위해 노력해야 한다. 따라서 교육과 자격이 꼭 필요하다.

44 표집 시 남녀 비율을 정해놓고 표집해야 하는 경우에 가장 적합한 방법은?   17, 22, 25년 기출

① 군집표집(Cluster Sampling)
② 유층표집(Stratified Sampling)
③ 체계적 표집(Systematic Sampling)
④ 구체적 표집(Specific Sampling)

> **해설**
> 유층표집
> 층화표집이라고도 하며, 모집단의 어떤 특성에 대한 사전지식을 토대로 해당 모집단을 동질적인 몇 개의 층(Strata)으로 나눈 후 이들 각각으로부터 적정한 수의 요소를 무작위로 추출하는 방법이다.

45 MMPI-2의 각 척도에 대한 해석으로 가장 적합한 것은?   16, 22, 23, 24, 25년 기출

① 6번 척도가 60T 내외로 약간 상승한 것은 대인관계 민감성에 대한 경험을 나타낸다.
② 2번 척도는 반응성 우울증보다는 내인성 우울증과 관련이 높다.
③ 4번 척도의 상승 시 심리치료 동기가 높고 치료의 예후가 좋음을 나타낸다.
④ 7번 척도는 불안 가운데 상태불안 증상과 연관성이 높다.

> **해설**
> ② 2번 척도는 신경증적 혹은 내인성 우울증이라기보다는 반응성 혹은 외인성 우울증을 측정하고, 이에 2번 척도의 점수는 피검자의 기분이 변함에 따라 하루하루 변할 수 있다.
> ③ 4번 척도가 높은 경우 유연한 사회적 기술로 심리치료나 상담에 좋은 반응을 보일 것 같이 보이지만, 이러한 능력은 주로 사람을 착취하는 데 이용된다. 더 괴로운 결과(예 처벌이나 이혼 등)를 면하기 위해 치료에 동의하기는 하나, 자신의 문제에 대한 책임을 수용할 수 없어 되도록 빨리 치료를 종결하려 한다.
> ④ 7번 척도는 강박적인 성향과 특성불안이라고 할 수 있는 만성적인 불안, 삶에 대한 전반적인 불만족, 우유부단함, 주의집중 곤란, 자기의심, 자신에 대한 반추와 초조, 걱정 등을 측정(상태불안은 일시적인 불안, 즉 불안한 상태를 가리키는 반면에 특성불안은 그 사람의 성격처럼 언제나 내면에 존재하고 있는 불안을 의미)한다.

44 ② 45 ①

46 웩슬러 지능검사의 하위지수 중 지적 장애를 가진 사람들이 어려움을 겪는 것으로 알려진 소검사들을 가장 많이 포함하고 있는 것은?

① 언어이해
② 지각추론
③ 작업기억
④ 처리속도

> **해설**
> ① 일반적으로 학력 수준이 높고 전문직에 종사하는 사람들의 경우 웩슬러 지능검사의 언어이해 척도에서 높은 수행 수준을 보이는 반면, 상대적으로 열악한 교육적 배경 및 학습, 지적 장애를 가진 사람들의 경우 언어이해 척도에서 낮은 수행 수준을 보이는 것으로 보고되고 있다.

언어이해 관련 소검사로 측정되는 내용

공통성	• 언어적 개념형성능력 • 연합 및 범주적 사고력 • 논리적 · 추상적 추론능력 • 본질과 비본질을 구분하는 능력 등
어휘	• 단어지식 및 언어적 개념형성능력 • 우수한 학업성취 및 교육적 배경 • 언어사용 및 축적된 언어학습능력 • 장기기억 등
상식	• 일반적 · 실제적 지식의 범위 • 지적 호기심 또는 지식을 얻고자 하는 욕구 • 결정성지능, 획득된 지식 등 • 과거의 학습 또는 학교교육 • 장기기억과 정보축적
이해	• 사회적 상황의 이해력 및 사회적 성숙도 • 과거경험을 평가하고 사용하는 능력 • 언어적 추론 및 개념화 • 관습적 행동규준에 관한 지식 정도 • 실질적 지식과 판단력 • 언어적 이해와 표현 등

정답 46 ①

47 Guilford의 지능구조 입체모형에서 조작(Operation) 요인에 해당하는 것은? 15, 22년 기출

① 표정, 동작 등의 행동적 정보
② 사고결과의 적절성을 판단하는 평가
③ 의미 있는 단어나 개념의 의미적 정보
④ 어떤 정보에서 생기는 예상이나 기대들의 합

> **해설**
> 사고결과의 적절성을 판단하고 평가하는 것은 조작의 '평가'에 해당된다.
>
> 조작(Operation)
> - 평가 : 사고결과의 적절성을 판단하는 평가
> - 수렴적 사고(조작) : 이미 알고 있는 지식이나 기억된 정보에서 어떤 지식을 도출해 내는 능력
> - 확산적 사고(조작) : 이미 알고 있거나 기억된 지식 위에 전혀 새로운 지식을 창출해 내는 능력
> - 기억파지 : 정보의 파지
> - 기억저장 : 정보의 저장
> - 인지 : 여러 가지 지식과 정보의 발견 및 인지와 관련된 사고력

48 지능검사를 해석할 때 고려사항으로 옳지 않은 것은? 22, 23년 기출

① 작업기억과 처리속도는 상황적 요인에 민감한 지수임을 감안한다.
② 지수점수를 해석할 때 여러 지수들 간에 점수 차이가 유의한지를 살펴봐야 한다.
③ 지수가 유의한 차이가 있을 경우 전체척도 IQ는 해석하기가 용이하다.
④ 지수 점수 간의 비교를 통해 상대적 약점이 문제의 원인이 될 수 있는지 확인한다.

> **해설**
> 전체척도 IQ(FSIQ)와 일반능력지수(GAI)의 해석
> - 전체척도 IQ(Full Scale IQ)는 개인의 전반적인 정신능력의 추정치로 연령규준과 비교하여 IQ 점수의 상대적인 위치를 나타내며, 일반능력지수(General Ability Index)는 전반적인 지능 측정치의 대안으로 활용된다.
> - 리히텐베르거와 카우프만(Lichtenberger & Kaufman)은 전체척도 IQ(FSIQ)를 일반지능의 추정치로 해석할 것인지, 아니면 일반능력지수(GAI)를 사용할 것인지를 결정할 때, 4개의 지수 중 가장 점수가 높은 지수와 가장 점수가 낮은 지수의 차이를 고려해야 한다고 주장하였다.
> - 지수 점수의 최고치와 최저치 간 차이가 1.5 표준편차 이상(23점 이상)으로 유의한 차이가 있을 경우, 이들 간 분산이 너무 크기 때문에 전체척도 IQ(FSIQ)의 안정성은 낮아진다. 따라서 이 경우 일반능력지수(GAI)의 활용을 고려할 수 있다.

49 다음 MMPI-2 프로파일과 가장 관련이 있는 진단은?

14, 18년 기출

> L = 56, F = 78, K = 38
> 1(HS) = 56   2(D) = 58   3(HY) = 54   4(Pd) = 53   5(Mf) = 54
> 6(Pa) = 76   7(Pt) = 72   8(Sc) = 73   9(Ma) = 55   0(Si) = 66

① 품행장애
② 우울증
③ 전환장애
④ 조현병

해설

6-7-8/6-8-7코드(Pa, Pt & Sc)
- 심각한 정신병리를 시사하며, 흔히 조현병의 진단이 내려진다.
- 피해망상, 과대망상, 환각이 나타나고 정서적으로 둔화되어 있거나 부적절한 정서를 보인다.
- 타인에 대한 의심이 많으며, 불신감과 적대감으로 친밀한 대인관계를 회피한다.
- 평소 내향적이고 사회적으로 위축된 모습을 보이다가도 술을 마시면 공격적인 모습을 보인다.
- 주의력 및 주의집중의 어려움을 보이며, 일상생활에서 자신에게 부과되는 책임들을 잘 다루지 못한다.

50 BSID-II(Bayley Scale of Infant Development-II)에 대한 설명으로 틀린 것은?

15, 23, 24년 기출

① 신뢰도와 타당도에 관한 보다 많은 정보를 제공하여 검사의 심리측정학적 질이 개선되었다.
② 유아의 기억, 습관화, 시각선호도, 문제해결 등과 관련된 문항들이 추가되었다.
③ BSID-Ⅱ에서는 대상 연령범위가 16일에서 42개월까지로 확대되었다.
④ 지능척도, 운동척도의 2가지 척도로 구성되어 있다.

해설

베일리 유아발달척도(BSID ; Bayley Scale of Infant Development)의 척도 구성

BSID-I (1969)	• 정신척도(Mental Scale) • 운동척도(Motor Scale)
BSID-II (1993)	• 정신척도(Mental Scale) • 운동척도(Motor Scale) • 행동평정척도(Behavior Rating Scale)
BSID-III (2006)	• 인지척도(Cognitive Scale) • 언어척도(Language Scale) • 운동척도(Motor Scale) • 사회-정서척도(Social-Emotional Scale) • 적응행동척도(Adaptive Behavior Scale)

정답 49 ④ 50 ④

51 성격을 측정하는 자기보고 검사에 관한 설명으로 옳은 것은? 23년 기출

① 개인의 심층적인 내면을 탐색하는 데 흔히 사용된다.
② 응답결과는 개인의 반응 경향성과 무관하다.
③ 강제선택형 문항은 개인의 묵종 경향성을 예방하는 데 효과적이다.
④ 사회적으로 바람직하게 응답하려는 경향을 나타내기 쉽다.

> **해설**
> 자기보고 검사(객관적 검사)의 단점
> - 사회적 바람직성 : 문항의 내용이 사회적으로 바람직한 내용인가가 문항에 대한 응답 결과에 영향을 미친다.
> - 반응 경향성 : 개인의 응답 방식에서 나타나는 일정한 흐름이 결과에 영향을 미친다.
> - 묵종 경향성 : 자기 이해와 관계없이 협조적인 대답으로 일관함으로써 결과에 영향을 미친다.
> - 문항 제한성 : 검사문항이 개인의 주요 특성을 중심으로 전개됨으로써 특정 상황에서의 특성과 상황 간의 상호작용 내용을 밝히기 어렵다.
> - 응답 제한성 : 응답의 범위가 제한되어 있으므로 개인의 독특한 문제에 대한 진술 기회가 상대적으로 적으며, 수집된 자료에 개인의 문제가 노출되지 않을 수 있다.

52 80세 이상의 노인집단용 규준이 마련되어 있는 심리검사는? 17, 22년 기출

① MMPI-A
② K-WISC-IV
③ K-Vineland-II
④ SMS(Social Maturity Scale)

> **해설**
> K-Vineland-II
> - 사회적응행동을 평가하는 검사
> - 검사대상 : 0세~90세
> - 미국의 'Vineland Maturity'를 1985년 국내 실정에 맞게 표준화한 사회성숙도(SMS) 검사의 제한점을 개선하기 위해 새로운 규준을 마련하고 문항이 다시 수정된 검사
> - 적응행동이란 일상적인 활동의 수행에 요구되는 개인적, 사회적 능력 또는 타인의 요구에 적절히 대처하고 일상생활에 책임을 다할 수 있는 능력으로 정의, 적응행동에 결함이 있으면 개인의 전반적인 기능과 학습, 행동이 제한되고 해당 연령에 사회문화적으로 기대되는 성숙, 학습, 독립성, 사회적 책임감 등을 발휘하는 데 제한이 생김
> - 적응행동 평가는 장애인(특히 지적 장애인)과 같은 적응행동에 상당한 제한이 있는 사람들뿐만 아니라 다양한 장애(발달장애, 학습장애, 청각 및 시각장애, ADHD, 정서 및 행동장애, 다양한 유전적 장애 등)의 임상적 진단에 사용될 수 있고, 장애가 없는 개인의 적응 수준을 평가하는 데도 도움이 됨

53 Rorschach 검사에서 반응의 결정인 중 인간운동반응(M)에 대한 설명으로 옳지 않은 것은?

① M 반응이 많은 사람은 행동이 안정되어 있고 능력이 뛰어남을 나타낸다.
② M 반응이 많을수록 그 사람은 그의 세계의 지각을 풍부하게 만들기 위해 자유롭게 구사할 수 있는 상상력을 지니고 있다.
③ 상쾌한 기분은 M 반응의 수를 증가시킨다.
④ 좋은 형태의 수준을 가진 M의 출현은 높은 지능의 존재를 부정하는 것이며 가능한 M이 많이 나타난다는 사실은 낮은 지능을 의미한다.

> **해설**
> Rorschach 검사에서 반응의 결정인 중 인간운동반응(M)에 대한 해석
>
> | 높은 수준의 M 반응 | • 지적 능력, 창조성, 추상적 추론능력 등이 있다.
• 내성화된 사고를 가지며, 상상력을 지니고 있다.
• 충동을 통제할 수 있는 충동지연능력이 있다. |
> | --- | --- |
> | 낮은 수준의 M 반응 | • 내적 자원을 사용하는 데 어려움이 있으며, 우울감이 있을 수 있다.
• 변화를 받아들이고 적응하는 데 어려움이 있고, 상상력이 부족하다.
• 높은 충동성을 보인다. |

54 MMPI-2의 자아강도 척도(Ego strength scale)에 관한 설명으로 틀린 것은?   23년 기출

① 정신치료의 성공여부를 예측하기 위해 고안되었다.
② 개인의 전반적인 기능수준과 상관이 있다.
③ 효율적인 기능과 스트레스를 견디는 능력을 반영한다.
④ F척도가 높을수록 자아강도 척도의 점수는 높아진다.

> **해설**
> ④ F척도(비전형 척도, Infrequency) 점수가 높을수록 수검자는 대부분의 정상적인 사람들이 하는 것처럼 반응하지 않으며, 그가 가지고 있는 문제영역이 많고 문제의 정도가 심각한 것을 나타낸다. 반면, Es척도(자아강도 척도, Ego Strength Scale) 점수가 높을수록 수검자는 심리적 문제영역이 상대적으로 적으며, 정서적으로 균형 잡혀 있는 것을 나타낸다.

55 MMPI-2 검사를 실시할 때 고려해야 할 사항으로 옳지 않은 것은?

① 검사의 목적과 결과의 비밀보장에 대해 설명한다.
② 검사 결과는 환자와 치료자에게 중요한 자료가 됨을 강조할 필요가 있다.
③ 수검자들이 피로해있지 않는 시간대를 선택한다.
④ 수검자의 독해력은 중요하지 않다.

> **해설**
> MMPI(MMPI-2) 실시 전 수검자에 대한 고려사항
> - 수검자의 독해력 : 검사자는 수검자가 MMPI에 제대로 응답할 수 있는지 수검자의 독해력 수준을 파악해야 한다. 이 경우 독해력은 초등학교 6학년 이상의 수준이어야 한다.
> - 수검자의 연령 : MMPI를 실시할 수 있는 수검자의 연령하한선은 본래 16세이다. 다만, 일정수준의 독해력이 인정되는 경우 12세까지 가능하다.
> - 수검자의 지능수준 : 일반적으로 수검자의 언어성 IQ(VIQ)가 80 이하인 경우 검사실시가 부적합한 것으로 간주되고 있다.
> - 수검자의 임상적 상태 : MMPI는 원칙적으로 검사시간에 제한이 없으므로 수검자가 심리적인 혼란상태에 있는 경우를 제외하고 수검자의 정신적 손상을 검사제한 사유로 고려하지 않는다. 다만, 검사소요시간에 영향을 미치는 수검자의 우울증이나 강박증 성향 또는 충동성이나 비협조적 태도 등은 진단적으로 유의미할 수 있다.

56 신경심리검사의 실시에 대한 설명으로 옳은 것은? 　　　　　　　　25년 기출

① 두부 외상이나 뇌졸중 환자의 경우에는 급성기에 바로 검사를 실시하는 것이 바람직하다.
② 어려운 검사는 피로가 적은 상태에서 실시하고 어려운 검사와 쉬운 검사를 교대로 실시하는 것이 좋다.
③ 운동 기능을 측정하는 검사는 과제제시와 검사 사이에 간섭과제를 사용한다.
④ 진행성 뇌질환의 경우 6개월 정도가 지난 후에 정신상태와 인지기능을 평가하는 것이 바람직하다.

> **해설**
> ① 두부 외상이나 뇌졸중과 같이 갑작스럽게 발병한 경우, 발병 초기에는 상태가 급변하고 불안정하며 신체기능 저하, 피로감, 우울감 등이 검사 수행에 영향을 미치게 된다. 따라서 간편형 검사로 현재의 인지기능 상태를 대략적으로 확인하며, 발병한 지 3~6개월 후 수검자가 어느 정도 회복기에 이르렀을 때 신경심리검사를 실시하도록 한다.
> ③ 간섭과제는 주로 수검자의 주의력 기능을 측정하는 검사에서 사용한다.
> ④ 알츠하이머형 치매와 같은 퇴행성 뇌질환이나 뇌종양 등 진행성 뇌질환의 경우, 초기 단계에서 신경심리검사를 실시하여야 진단에 유용한 정보를 제공받을 수 있다.

57 타당도에 관한 설명으로 <u>틀린</u> 것은? **22, 23년 기출**

① 준거타당도는 검사점수와 외부 측정에서 얻은 일련의 수행을 비교함으로써 결정된다.
② 준거타당도는 경험타당도 또는 예언타당도라고 불리기도 한다.
③ 구성타당도는 측정될 구성개념에 대한 평가도구의 대표성과 적합성을 말한다.
④ 구성타당도는 내용 및 준거타당도 접근법에서 직면하게 될 부적합성 및 문제점을 해결하기 위해 개발되었다.

> **해설**
> ③ 측정될 구성개념에 대한 평가도구의 대표성과 적합성을 말하는 것은 내용타당도이다. 즉, 내용타당도는 검사 문항이 측정하고자 하는 내용영역을 얼마나 잘 대표하는지, 검사 문항의 내용이 측정하고자 하는 영역의 내용에 관한 적절한 표본인지를 알려 준다. 반면, 구성타당도는 측정하려고 하는 구성개념이 측정도구에 의해 제대로 측정되었는지를 의미한다.

58 지능을 구성하는 요인에 관한 Cattell과 Horn의 이론 중 결정화된 지능(Crystallized Intelligence)에 관한 설명으로 옳은 것은?

① 비언어적 요인과 관련된 능력을 말한다.
② 후천적이기보다는 선천적으로 이미 결정화된 지능의 측면을 말한다.
③ 나이가 들어감에 따라 낮아진다.
④ 문화적 요인에 의해 더 많은 영향을 받는다.

> **해설**
> ④ 카텔(Cattell)과 혼(Horn)은 인간의 지능을 유동성 지능(Fluid Intelligence)과 결정성 지능(Crystallized Intelligence)으로 구분하였다. 유동성 지능은 유전적·신경생리적 영향에 의해 발달이 이루어지므로 경험이나 학습의 영향을 거의 받지 않는 반면, 결정성 지능은 경험적·환경적·문화적 영향의 누적에 의해 발달이 이루어지므로 교육 및 가정환경 등에 의해 영향을 받는다.
> ① 기억력, 추리력, 추론능력을 포함하여 수열 및 분류, 비언어적·비표상적 유추와 관련된 능력은 유동성 지능에 해당한다. 반면, 문제해결능력, 언어능력, 산술 및 기계적 지식 등은 결정성 지능에 해당한다.
> ② 유동성 지능은 유전적·신경생리적 영향에 의한 지능이므로 비교적 선천적인 반면, 결정성 지능은 경험적·환경적·문화적 영향에 의한 지능이므로 비교적 후천적이다.
> ③ 유동성 지능은 신체적 요인에 따라 청소년기에 이르기까지 발달이 이루어지다가 이후 퇴보현상이 나타나는 반면, 결정성 지능은 나이가 들수록 더욱 발달하는 경향이 있다.

정답 57 ③ 58 ④

59 적성검사에 관한 설명으로 옳지 않은 것은?

① 개인의 특수한 영역에서의 능력을 측정한다.
② 적성검사는 능력검사로 불리기도 한다.
③ 적성검사는 개인의 미래수행을 예측하는 데 사용된다.
④ 학업적성은 실제 학업성취도와 일치한다.

> **해설**
> ④ 어느 정도 예측은 가능하지만, 완전히 일치한다고 할 수는 없다.

60 K-WISC-Ⅳ에서 인지효능지표에 포함되는 소검사가 아닌 것은?

① 숫 자
② 행렬추리
③ 기호쓰기
④ 순차연결

> **해설**
> 인지효능지표(CPI ; Cognitive Proficiency Index)
> 인지효능지표(인지효능지수)는 작업기억과 처리속도의 주요 소검사들을 단일 표준점수로 조합하는 특수한 4개의 소검사 지표로, 언어이해 및 지각추론에 덜 민감한 인지적 능력에 대한 측정이 필요한 경우 사용한다.
>
> | 구 분 | K-WAIS-Ⅳ | K-WISC-Ⅳ |
> |---|---|---|
> | 작업기억 | 숫자, 산수 | 숫자, 순차연결 |
> | 처리속도 | 동형찾기, 기호쓰기 | 동형찾기, 기호쓰기 |

제4과목 임상심리학

61 강제입원, 아동 양육권, 여성에 대한 폭력, 배심원 선정 등의 문제에 특히 관심을 가지는 심리학 영역은?

15년 기출

① 아동임상심리학　　　　　　② 임상건강심리학
③ 법정심리학　　　　　　　　④ 행동의학

> **해설**
>
> 법정심리학
> - 심리학적 지식을 법률 및 사법제도에 응용하는 학문이다.
> - 법정심리학자는 다른 임상심리학자들과 마찬가지로 주로 예방, 평가, 치료, 연구활동을 하며, 최근 교통사고 보험의 판정이나 꾀병 등의 감별진단, 청소년 비행행동의 예방, 외상이나 학대 희생자들에 대한 치료 역할을 한다.
>
> 법정심리학자의 서비스 영역
>
> | 예방 프로그램 | 폭력 및 괴롭힘 예방 프로그램 제공 |
> |---|---|
> | 법정관련 평가 | 증인 평가, 피해자 평가, 피의자 평가, 분쟁 당사자 평가 |
> | 범죄자 평가 | 폭력 및 성폭력 위험성 평가 |
> | 범죄자 치료 | 불안 및 우울과 같은 정신건강 문제관리, 범죄행동 관리 |
> | 연구 | 범죄행동 예측전략 연구, 효율적 치료기법 연구 |

62 MMPI-2의 타당도 척도 중 부정왜곡을 통해 극단적인 수준으로 정신병적 문제가 있음을 나타내려는 경우에 상승되는 것은?

23년 기출

① S Scale　　　　　　　　　② F(P) Scale
③ TRIN Scale　　　　　　　　④ VRIN Scale

> **해설**
>
> F(P)척도(비전형-정신병리 척도, inFrequency Psychopathology)
> - 규준집단과 정신과 외래환자집단에서 모두 매우 낮은 반응 빈도를 보인 총 27개의 문항으로 구성되어 있다.
> - VRIN척도와 TRIN척도 점수를 검토한 결과 무선반응이나 고정반응으로 인해 F척도 점수가 상승된 것이 아니라고 판단될 경우 사용한다.
> - 이 척도는 F척도의 상승이 실제 정신과적 문제 때문인지 혹은 의도적으로 자신을 부정적으로 보이려고 한 것인지를 판별하는 데 유효하다. 특히 F(P)척도가 100T 이상일 경우 수검자의 무선반응 혹은 부정왜곡(Faking-Bad)을 짐작할 수 있으므로, 해당 프로파일은 무효로 간주할 수 있다.

정답 61 ③　62 ②

63 역할-연기에 대한 설명과 가장 거리가 먼 것은?   **25년 기출**

① 주장훈련과 관련이 있다.
② 사회적 기술을 포함하고 있다.
③ 행동시연을 해야 한다.
④ 이완훈련을 해야 한다.

> **해설**
> ④ 이완훈련(Relaxation Training)이란 행동주의상담기법의 일종으로, 본래 일상생활에서 스트레스에 대처하기 위한 방법이 보편화된 것이다. 조용한 환경에서 근육을 이완하고 깊고 규칙적인 호흡을 함으로써 긴장과 이완에 따른 차이를 경험하도록 한다. 특히 점진적 이완훈련은 최면, 명상은 물론 체계적 둔감화의 행동기법과 연결된다.

64 미국에서 임상심리학이 비약적으로 발전하게 된 계기가 된 것은?   **25년 기출**

① 자원봉사자들의 활동
② 루스벨트 대통령의 후원
③ 제2차 세계대전
④ 매카시즘의 등장

> **해설**
> **제2차 세계대전이 미국 임상심리학의 발전에 미친 영향**
> - 미국은 제2차 세계대전과 함께 신병 평가의 필요성이 절박해짐에 따라 입영대상 군인들이 가진 기술뿐만 아니라 지적·심리적 기능을 효율적으로 평가하는 기술들을 개발하기 위해 위원회를 구성하였다.
> - 위원회는 제1차 세계대전 당시에 개발된 집단 심리검사도구인 '군대 알파(Army α)'와 '군대 베타(Army β)'보다 정교해진 '군대 일반 분류검사(Army General Classification Test)'를 개발한 것은 물론, 군 장교들과 특정 병과 집단을 평가하는 데 다양한 능력검사들을 사용하도록 권고함으로써 제2차 세계대전 동안 무려 2천만 명 이상에 대해 다양한 심리검사를 실시하게 되었다. 또한 이 시기에 MMPI와 같은 새로운 검사들도 개발되었다.
> - 1945년 코네티컷(Connecticut) 주에서는 심리 자격증에 관한 법률을 통과시킴으로써 자격을 갖춘 전문가들에 의해 임상심리학 실무에 대한 체계적인 규정들이 마련되도록 하였다.
> - 1946년 《American Psychologist》의 첫판이 출간되었고, 미국 전문심리학 검사위원회(ABEPP ; American Board of Examiners in Professional Psychology)가 심리학자들에게 자격증을 수여하기 위해 발족되었다.

65 임상심리사로서 전문적인 관계를 유지하는 데 바람직한 지침사항과 가장 거리가 먼 것은? <small>23, 25년 기출</small>

① 다른 전문직에 종사하는 동료들의 욕구, 특수한 능력, 그리고 의무에 대하여 적절한 관심을 가져야 한다.
② 동료 전문가와 관련된 단체나 조직의 특권 및 의무를 존중하여 행동하여야 한다.
③ 소비자의 최대이익에 기여하는 모든 자원들을 활용해야 한다.
④ 동료 전문가의 윤리적 위반 가능성을 인지하면 즉시 해당 전문가 단체에 고지해야 한다.

> **해설**
> ④ 전문가는 때로 다른 동료 전문가의 비윤리적 행위나 윤리적 위반 가능성을 인지하게 될 수 있다. 이 경우 우선 그 당사자에게 주의를 환기시켜 윤리적 문제를 비공식적으로 해결하기 위한 시도를 해야 한다. 만약 그와 같은 시도로 문제가 시정되지 않는다면, 해당 윤리위원회에 신고해야 할 의무가 있음을 당사자에게 알리고 윤리강령에 따라 행동을 취해야 한다.
>
> **윤리위반의 해결(한국상담심리학회 윤리강령 中)**
> - 상담심리사는 다른 상담심리사의 윤리강령 위반을 인지한 경우, 그 위반이 심각한 해를 끼치지 않는다면, 우선 해당 상담심리사에게 윤리문제가 있음을 인식시킨다.
> - 명백한 윤리강령의 위반으로 개인이나 조직이 실질적인 해를 입거나 그럴 가능성이 있는 경우, 그리고 개별적인 시도로 해결되지 않는 경우, 상담심리사는 상벌윤리위원회에 신고한다.
> - 소속 기관 및 단체와 본 윤리강령 간에 갈등이 있을 경우, 상담심리사는 갈등의 본질을 명확히 하고, 소속 기관 및 단체에 윤리강령을 알려서 이를 준수하는 방향으로 해결책을 찾도록 한다.

66 시각적 처리와 시각적으로 중재된 기억의 일부 측면에 관여하는 뇌의 위치는? <small>25년 기출</small>

① 두정엽
② 후두엽
③ 전두엽
④ 측두엽

> **해설**
> **후두엽(뒤통수엽)**
> - 대뇌피질의 뒷부분에 위치하며, 전체의 약 17%를 차지한다.
> - 일차시각피질과 시각연합피질로 구성된다.
> - 시각의 영역으로서, 망막에서 들어오는 시각정보를 분석·통합하는 역할을 담당한다.
> - 망막에서 들어오는 시각정보는 우선 시각영역에서의 일차적인 처리과정을 거쳐 다른 뇌체계와의 교류를 위해 임시적으로 저장되며, 이때 새로운 시각정보가 기존의 정보와 조화됨으로써 의미를 가지게 된다.

67 불안에 관한 노출치료의 내용과 가장 거리가 먼 것은?

① 노출은 불안을 더 일으키는 자극에서 낮은 불안을 일으키는 자극 순으로 진행되어야 한다.
② 노출은 공포, 불안이 제거될 때까지 반복되어야 한다.
③ 노출은 불안을 유발해야 한다.
④ 환자는 될 수 있는 한 공포스러운 자극에 주의를 기울이고 그 자극과 관계를 맺도록 노력해야 한다.

> **해설**
> 일반적으로 노출은 낮은 불안을 일으키는 자극에서 불안을 더 일으키는 자극 순으로 진행되도록 하는 것이 효과적이다.

68 다음의 설명에 해당하는 것은?   23년 기출

> 불안을 유발하는 기억과 통찰을 무의식적으로 억압하거나 회피하려는 시도로 치료시간에 잦은 지각이나 침묵과 의사소통의 회피 등을 보인다.

① 합리화
② 전 이
③ 저 항
④ 투 사

> **해설**
> 정신역동치료에서 저항의 분석
> - 저항(Resistance)은 불안을 유발하는 기억과 통찰을 무의식적으로 억압하려는 모든 노력을 말한다.
> - 내담자의 저항은 치료시간에 잦은 지각이나 침묵과 의사소통의 회피 등 명백한 저항으로, 혹은 치료자의 비위를 맞추되 핵심을 말하지 않기 등 미묘한 저항으로 나타나기도 한다.
> - 저항의 분석은 우선 내담자의 저항을 거론하고, 저항의 모습을 명료화하며, 저항의 무의식적 동기와 원인을 해석하고, 이를 반복적으로 실행함으로써 훈습(Working-through)하는 절차를 거치게 된다.

69 행동평가에 관한 설명으로 가장 적합한 것은?   17, 22, 25년 기출

① 자연적인 상황에서 실제 발생한 것만을 대상으로 평가한다.
② 행동표본은 내면심리를 반영한 것으로 해석된다.
③ 특정 표적행동의 조작적 정의가 상이할 수 있음을 고려해야 한다.
④ 관찰 결과는 요구특성이나 피험자의 반응성요인과는 무관하다.

> **해설**
> ③ 연구자들은 같은 변인에 대하여 서로 다른 조작적 정의를 사용할 수 있다.
> ① 자연관찰법에 해당하는 내용이며 행동평가는 관찰법 이외에도 조사법, 실험법 등 다양하다.
> ② 행동표본은 면담이나 심리검사 장면에서 내담자가 드러내 보이는 행동으로 내담자의 일상적인 생활 상황에서의 행동을 반영한다.
> ④ 관찰의 결과는 관찰자의 요구특성, 피험자의 반응편향 등의 영향을 받을 수 있다.

70 문장완성검사에 관한 설명으로 틀린 것은?   17년 기출

① 수검자의 자기개념, 가족관계 등을 파악할 수 있다.
② 수검자가 검사자극의 내용을 감지할 수 없도록 구성되어 있다.
③ 수검자에 따라 각 문항의 모호함 정도는 달라질 수 있다.
④ 개인과 집단 모두에게 실시될 수 있다.

> **해설**
> **문장완성검사(SCT ; Sentence Completion Test)**
> - 수검자에게 일련의 미완성 문장을 제시하고, 그 문장을 완성하도록 하는 검사이다.
> - 문장완성검사는 다른 투사적 검사법과 마찬가지로 수검자가 문장을 완성하는 과정에서 자신의 기본적인 동기, 태도, 갈등, 공포 등을 반영한다고 가정하지만, 로샤 검사(Rorschach Test)나 주제통각검사(TAT)보다 검사자극이 더욱 분명하고 수검자가 검사자극의 내용을 감지할 수 있도록 구성되어 있다는 점에서 차이가 있다.
> - 임상장면에서 문장완성검사는 면접 과정에서 잘 나타나지 않는 개인의 갈등이나 병리적 내용에 대한 유용한 정보를 제공하며, 다른 검사들에서 나타난 역동적 내용을 확인해 주기도 한다.

71 심리치료 이론 중 전이와 역전이의 중요성을 강조하고 치료에 활용하는 접근은? *23, 25년 기출*

① 정신분석적 접근
② 행동주의적 접근
③ 인본주의적 접근
④ 게슈탈트적 접근

> **해설**
> **역전이의 활용**
> 프로이트(Freud) 사후 역전이는 효과적인 상담을 위한 분석대상이자 기술로 간주되기에 이르렀다. 역전이는 상담자와 내담자의 무의식을 연결함으로써 내담자의 심리적 갈등을 이해하는 데 중요한 열쇠이자 치료도구가 될 수도 있다는 것이다. 이처럼 최근에는 상담자와 내담자의 관계에서 나타나는 현상들을 치료에 응용하고자 하는 시도들이 펼쳐지면서, 상담자를 단순히 내담자의 심리를 반영하는 거울로 간주하는 데 대해 이의를 제기하고 있다.

72 인간중심치료에 대한 설명으로 적합하지 <u>않은</u> 것은? *15년 기출*

① 인간중심접근은 개인의 독립과 통합을 목표로 삼는다.
② 인간중심적 상담(치료)은 치료과정과 결과에 대한 연구관심사를 포괄하면서 개발되었다.
③ 치료자는 주로 내담자의 자기와 세계에 대한 인식에 주로 관심을 가진다.
④ 내담자가 정상인인가, 신경증 환자인가, 정신병 환자인가에 따라 각기 다른 치료원리가 적용된다.

> **해설**
> 정상인, 신경증 환자, 정신병 환자 등을 구분하지 않은 채 모든 사람에게 동일한 상담 및 치료의 원리를 적용한다.

71 ① 72 ④

73 임상심리사가 수행하는 역할과 가장 거리가 먼 것은? *15, 25년 기출*

① 심리치료상담
② 심리검사
③ 언어치료
④ 심리재활

> **해설**
> ③ 언어치료는 언어재활사가 수행하는 역할에 해당한다.
>
> **임상심리학자의 역할**
> - 진단 및 평가
> - 치 료
> - 심리재활
> - 교육 및 훈련
> - 자 문
> - 행정 및 지도
> - 연 구

74 다음에 해당하는 관찰법은? *23년 기출*

> - 문제행동의 빈도, 강도, 만성화된 문제행동을 유지시키는 요인들을 실제장면에서 관찰하는 데 효과적이다.
> - 시간과 비용이 많이 들며, 대부분의 사람들은 자신들이 관찰된다는 것을 알고 있을 때 다르게 행동한다.

① 자연관찰법
② 통제된 관찰법
③ 자기관찰법
④ 연합관찰법

> **해설**
> **자연관찰법(직접관찰법)**
> - 관찰자가 내담자의 문제행동이나 증상을 실생활에서 직접관찰하고 평가하는 방법이다.
> - 여러 상황에 걸쳐 많은 정보를 확보하도록 함으로써 문제행동에 대한 리스트 작성 및 기초자료 수집에 효과적이다.
> - 내담자의 문제행동이 나타나는 데 시간이 오래 걸리며, 비용면에서도 효율적이지 못하다.

정답 73 ③ 74 ①

75 다음에 해당하는 자문의 유형은?

11, 13년 기출

> 주의력결핍장애를 가진 아동의 혼란된 행동을 다루는 방법을 확신하지 못하고 있는 초등학교 3학년 담임교사에게 자문을 해주었다.

① 내담자중심 사례자문
② 프로그램중심 행정자문
③ 피자문자중심 사례자문
④ 자문자중심 행정자문

해설
③ 피자문자(자문의뢰인)가 경험부족이나 정보부족 등의 이유로 자신이 계획한 방법에 대해 확신을 하지 못하는 경우 피자문자중심 사례자문이 적절하다. 피자문자중심 사례자문에서는 내담자나 환자의 임상적인 문제보다는 피자문자의 관심사가 주요 요인으로 작용한다.
① 내담자중심 사례자문에서 자문가는 환자의 치료 및 보호에 대해 책임감을 가진 다른 분야의 전문가나 치료자로부터 환자의 치료를 위한 자문을 요청받는다.
② 프로그램중심 행정자문에서는 내담자나 환자중심의 개인 사례보다는 프로그램 자체에 중점을 둔다.
④ 자문의 주요 유형으로서 '자문자중심 행정자문'이 아닌 '피자문자중심 행정자문'이 있다. 피자문자중심 행정자문에서 자문가는 특정 조직의 효율적인 행정업무가 이루어지도록 지도 및 훈련을 제공하며, 경우에 따라 변호인으로서의 역할을 수행하기도 한다.

76 합동가족치료에 대한 설명으로 틀린 것은?

25년 기출

① 비행청소년들과 그들의 가족들을 위한 개입법으로 개발되었다.
② 한 치료자가 가족 전체를 동시에 본다.
③ 치료자는 상황에 따라 비지시적인 역할을 할 수 있다.
④ 치료자는 가족 구성원에게 과제를 준다.

해설
① 비행청소년 및 위기청소년의 정신건강 문제를 다루기 위해 개발된 가족 및 지역사회 중심의 대표적인 치료적 개입으로 다중체계치료(MST ; Multisystemic Therapy)가 있다. 다중체계치료는 생태학적 모형을 토대로 청소년의 심각한 정서 행동상의 문제가 단순히 개인적인 것이 아니라 가정, 학교, 지역사회 등 청소년을 둘러싸고 있는 여러 체계가 상호작용하여 나타난 결과로 보고, 청소년이 겪는 문제와 관련된 체계 내의 요인들을 변화시키는 것을 치료목표로 삼는다.

합동가족치료(Conjoint Family Therapy)
- 사티어(Satir)가 창안한 것으로, 문제를 겪는 가족원이 희생자, 회유자, 비난자, 구원자 등의 고정된 가족역할에 얽매인 것으로 보고, 가족원 개인의 자기 존중감 형성에서 가족의 역할을 강조한다.
- 가족의 역기능적 양육패턴을 해소하여 자기 존중감을 지닌 개인이 새로운 도전적 상황에서 유능감과 안정감을 가질 수 있도록 돕는다.

77 Rogers가 제안한 내담자의 긍정적 변화를 촉진시키기 위한 치료자의 3가지 조건에 해당하지 <u>않는</u> 것은?

04, 13, 23, 25년 기출

① 무조건적 존중
② 정확한 공감
③ 창의성
④ 솔직성

> **해설**
> 상담자가 갖추어야 할 바람직한 태도
> - 일치성과 진실성(솔직성)
> - 공감적 이해
> - 무조건적 존중

78 접수면접의 목적에 대한 설명으로 가장 적합한 것은?

14년 기출

① 환자의 심리적 기능 수준과 망상, 섬망 또는 치매와 같은 이상 정신현상의 유무를 선별하기 위해 실시한다.
② 가장 적절한 치료나 중재 계획을 권고하고 환자의 증상이나 관심을 더 잘 이해하기 위해 실시한다.
③ 환자가 중대하고 외상적이거나 생명을 위협하는 위기에 있을 때 그 상황에서 구해내기 위해서 실시한다.
④ 환자가 보고하는 증상들과 문제들을 진단으로 분류하기 위해서 실시한다.

> **해설**
> 접수면접은 환자로 의뢰되어 상담실에 방문한 내담자에게 임상가가 최초로 하게 되는 면접이다. 즉, 내담자에 대한 주호소 문제 등의 정보를 수집하여 적절한 상담자를 배정하기 위하여 본 상담 이전에 실시하는 초기면접과정을 말한다.
>
> **접수면접 시 고려할 점**
> - 상담실 내부적으로 접수면접자와 본 상담자 간의 역할구분이 명확해야 한다.
> - 내담자에게 접수면접은 본 상담과는 다른 별도의 절차라는 점과, 접수면접자는 상담을 시작하기 전에 내담자와 상담자를 연결하는 역할과 상담에 필요한 내담자의 기초정보를 탐색하거나 심리적 상태를 평가하는 역할을 한다는 점을 설명해야 한다.
> - 내담자의 주호소문제를 파악해야 하나, 내담자가 호소문제를 필요 이상으로 상세하게 노출하면서 도움을 요청할 때는 내담자의 자기노출을 제한시켜야 하고 나중에 본 상담에서 자세한 이야기를 하도록 안내한다.
> - 한 번의 상담으로 상담이 끝나는 단회상담이 아닌 경우, 접수면접에서 내담자의 호소문제를 구체화시키는 개입행동은 삼가야 한다.

79 불안장애를 지닌 내담자에게 적용한 체계적 둔감법의 단계를 바르게 나열한 것은?

> ㄱ. 이완 상태에서 가장 낮은 위계의 불안자극에 노출한다.
> ㄴ. 이완 상태에서 더 높은 위계의 불안자극에 노출한다.
> ㄷ. 불안자극의 위계를 정한다.
> ㄹ. 불안 상태와 양립불가능하여 불안을 억제하는 효과를 지닌 이완 기법을 배운다.

① ㄱ → ㄴ → ㄷ → ㄹ
② ㄷ → ㄱ → ㄴ → ㄹ
③ ㄷ → ㄹ → ㄱ → ㄴ
④ ㄹ → ㄱ → ㄴ → ㄷ

해설

체계적 둔감법(Systematic Desensitization)의 단계
- 불안을 유발하는 자극을 분석하여 불안의 정도에 따라 불안위계목록을 만든다.
- 근육이완훈련을 시킨다.
- 내담자가 눈을 감고 이완상태에 도달하면 불안위계목록 중 가장 적게 불안을 일으키는 장면부터 상상시킨다. 이런 상상 장면에 대해 내담자가 심히 불안을 일으키면 치료자는 다시 이완상태로 유도하여 불안을 느끼지 않게 될 때까지 이완하는 과정을 되풀이한다. 이런 식으로 불안위계목록에서 가장 밑에 있는 자극에서부터 가장 위에 있는 자극에 이르기까지 단계적으로 진행한다.
- 가장 불안이 심한 자극 장면을 상상할 때에도 내담자가 불안을 느끼지 않게 되면 이 치료절차는 끝나게 된다.

참고

이 문제는 논란의 여지가 있습니다. 일반적으로 체계적 둔감법의 단계는 '근육이완훈련 → 불안위계목록 작성 → 불안위계목록에 따른 둔감화'의 순서로 기술하는데, 일부 교재에서 불안위계목록을 먼저 설정한 다음 근육이완훈련을 수행하는 것으로 제시하고 있기 때문입니다. 다만, 대다수 교재에서는 근육이완훈련에 따라 긴장을 풀어주는 것을 우선 순위로 놓고 있다는 점을 기억해 두시기 바랍니다. 이와 관련하여 2019년 국가공무원 9급 공채 필기시험의 '직업상담·심리학개론'에서 문제의 보기를 통해 체계적 둔감법의 단계를 다음과 같이 소개한 바 있습니다.

> - 점진적 이완훈련을 통해 긴장을 풀어준다.
> - 불안을 일으키는 상황에 대한 불안위계표를 작성하게 한다.
> - 내담자가 어떤 단계에서 불안을 느끼지 않고 그 상황을 상상하게 되면, 한 단계 높은 단계의 상황을 상상하도록 한다.
> - 최고수준의 불안유발 상황에서 불안을 느끼지 않고 상상할 수 있을 때까지 계속한다.

80 평가면접에서 면접자의 태도에 대한 설명으로 <u>틀린</u> 것은? 23, 25년 기출

① 수용 – 내담자의 가치에 대한 기본적인 존중과 관련되어 있다.
② 해석 – 면접자가 자신의 내면과 부합하는 심상을 수용하는 것과 관련되어 있다.
③ 이해 – 내담자의 관점에서 세계를 보기 위한 노력과 관련되어 있다.
④ 진실성 – 면접자의 내면과 부합하는 것을 전달하는 정도와 관련되어 있다.

> **해설**
> ② 면접자가 자신의 내면과 부합하는 타당하고 신뢰로운 심상을 어느 정도 전달할 수 있는가는 '진실성'과 연관된다. 진실성은 '일치성(Congruence)'으로도 불리는 것으로, 이는 면접자의 일치성, 혹은 면접자가 말하고 있는 것과 실제로 느끼고 있는 것 사이에 존재해야만 하는 조화를 일컫는다.
>
> **해석(Interpretation)**
> - 내담자가 새로운 방식으로 자신의 문제를 돌아볼 수 있도록 사건들의 의미를 설정해주고, 그 문제를 새로운 각도에서 이해할 수 있도록 생활경험 및 행동의 의미에 대해 설명하는 것이다.
> - 외견상 분리되어 있는 내담자의 말 또는 사건들의 관계를 연결하거나 방어, 저항, 전이 등을 설명한다.
> - 내담자의 사고, 행동, 감정의 패턴을 드러내거나 이를 통해 나타나는 문제를 이해할 수 있도록 새로운 틀을 제공한다.
> - 내담자에게 자신에 대한 통찰을 촉진하고 자기통제력을 향상하도록 한다.
> - 내담자에게 자신의 감정을 파악하여 그 원인을 이해하도록 함으로써 좀 더 자유롭게 감정을 인정하고 받아들일 수 있도록 한다.

정답 80 ②

제5과목 심리상담

81 다음 사례에서 사용된 행동주의 상담기법은?

> 내담자는 낮은 학업 성적으로 인해 학교 적응에 어려움을 겪고 있다. 상담자는 내담자가 평소 컴퓨터 게임하는 것을 매우 좋아한다는 사실을 알았다. 상담자는 내담자가 하루 계획한 학습량을 달성하는 경우, 컴퓨터 게임을 30분 동안 하도록 개입하였다.

① 자기교수훈련, 정적강화
② 프리맥의 원리, 정적강화
③ 체계적 둔감법, 자기교수훈련
④ 자극통제, 부적강화

해설

프리맥의 원리(Premack's Principle)
프리맥에 따르면 높은 빈도의 행동(선호하는 활동)은 낮은 빈도의 행동(덜 선호하는 행동)에 대해 효과적인 강화인자가 될 수 있다.
예 아이가 숙제를 하는 것보다 TV를 보는 것을 좋아하는 경우, 부모는 아이에게 우선 숙제를 마쳐야만 TV를 볼 수 있다고 말함으로써 아이로 하여금 숙제를 하도록 유도할 수 있다.

82 보딘(Bordin)이 제시한 작업동맹(Working Alliance)의 3가지 측면으로 옳은 것은? 11, 17, 22, 23, 24년 기출

① 작업의 동의, 진솔한 관계, 유대관계
② 진솔한 관계, 유대관계, 서로에 대한 호감
③ 유대관계, 작업의 동의, 목표에 대한 동의
④ 서로에 대한 호감, 동맹, 작업의 동의

해설

작업동맹(Working Alliance)
상담자와 내담자가 상호존중과 신뢰의 분위기에서 문제해결을 위한 구체적인 목표에 대해 합의하며, 그것을 달성하기 위해 협력하는 관계를 말한다.

보딘(Bordin)의 작업동맹의 3가지 측면
- 상담자와 내담자 간의 유대
- 작업과제에 대한 동의
- 목표에 대한 동의

83 인간중심 상담에 관한 설명으로 옳지 않은 것은?

① 모든 인간에게 실현경향성이 있다고 보는 긍정적 인간관을 지닌다.
② 이상적 자기와 현실적 자기 간의 괴리가 큰 경우 심리적 부적응이 발생한다고 본다.
③ 상담자가 내담자에 대해 무조건적인 긍정적 존중의 태도를 지니는 것을 강조한다.
④ 아동은 부모의 기대와 가치를 내면화하여 현실적인 자기를 형성한다.

> **해설**
> **인간중심 상담에서 내담자의 심리적 문제**
> - 인간은 성장하는 과정에서 자기개념을 형성하게 된다. 특히 중요한 타인들로부터 긍정적 관심을 받기 위해 그들의 가치체계를 그대로 받아들이게 되고, 이를 자기개념을 형성하는 기초로 사용하게 된다.
> - 타인의 가치체계에 의해 형성된 자기개념은 자신이 유기체로서 느끼고 생각하는 것과는 차이가 난다. 이와 같은 자기개념과 유기체적 경험 간의 불일치는 불안과 고통을 유발하며, 그로 인해 유기체적 경험을 부정하거나 자기개념에 맞게 현실을 왜곡시켜 받아들이게 된다. 또한 이상적인 자기에 도달하기 위해 노력하는 과정에서 현실적인 자기와의 불일치로 인해 심리적인 고통을 경험하게 된다.
> - 인간중심 접근법은 내담자가 유기체적 경험을 왜곡 없이 지각하여 이를 자기개념으로 통합할 수 있도록 환경조건이 마련된다면, 내담자는 자신의 내면적인 힘으로 자신이 직면한 문제를 해결하고 자신의 삶을 긍정적으로 변화시킴으로써 성장해 나갈 수 있다고 본다.

84 정신분석적 상담기법 중 상담진행을 방해하고 현재 상태를 유지하려는 의식적, 무의식적 생각, 태도, 감정, 행동을 의미하는 것은? 16, 22년 기출

① 전 이
② 저 항
③ 해 석
④ 훈 습

> **해설**
> **저항(Resistance)**
> - 저항이란 내담자가 상담에 협조하지 않는 모든 행위를 의미한다.
> - 상담 약속을 어긴다거나, 특정한 생각, 감정, 경험 등을 드러내지 않거나 상담과정에서 아무런 의미도 없는 말만 되풀이 하거나, 중요한 내용을 빠뜨리고 사소한 이야기만 하는 것 등이 저항의 한 형태이다.
> - 정신분석에서는 내담자의 저항에는 이유가 있다고 여긴다.
> - 내담자가 자신의 억압된 충동이나 감정을 자각하게 되면 불안이 유발되는데, 이때 이러한 불안으로부터 자아를 방어하고자 하는 무의식적 역동성이 곧 저항으로 나타나는 것이다.
> - 무의식의 저장고에 숨겨진 내용들을 인식하는 것은 내담자에게는 고통스러운 일이다.
> - 저항은 상담의 진전을 저해하고 내담자가 무의식적인 욕구를 적극적으로 표출하는 것을 방해하므로 저항을 분석하고 해석하는 작업이 중요하다.
> - 이에 상담자는 내담자의 저항의 이유를 지적하여 내담자로 하여금 직면하게 해야 한다.

정답 83 ④ 84 ②

85 Krumboltz가 제시한 상담의 목표에 해당하지 <u>않는</u> 것은? 18, 23년 기출

① 내담자가 요구하는 목표이어야 한다.
② 상담자의 도움을 통해 내담자가 달성할 수 있는 목표이어야 한다.
③ 내담자가 상담목표 성취의 정도를 평가할 수 있어야 한다.
④ 모든 내담자에게 동일하게 적용될 수 있는 목표이어야 한다.

> **해설**
> 상담의 목표는 각 내담자가 요구하는 것이어야 하므로 모두에게 동일하게 적용되어서는 안 된다.

86 상담 진행과정에 관한 설명으로 옳지 <u>않은</u> 것은?

① 초기 – 비자발적 내담자의 경우 상담목표를 설정하지 않음
② 중기 – 내담자가 자신의 문제를 이해하고 반복적인 학습이 일어남
③ 중기 – 문제 해결 과정에서 저항이 나타날 수 있음
④ 종결기 – 상담 목표를 기준으로 상담성과를 평가함

> **해설**
> **상담 초기 단계에서 비자발적 내담자 다루기**
> - 대부분의 상담은 내담자가 스스로 도움을 받고자 자발적으로 상담을 요청하는 것을 전제로 하지만, 비자발적으로 의뢰되어 상담자에게 오는 경우도 있다.
> - 비자발적 내담자와 상담할 때 상담자의 주요 과업은 내담자 스스로 자신의 문제를 지각할 수 있는 기회를 늘리면서 자발적으로 상담에 참여할 수 있도록 하는 것이다.
> - 비자발적 내담자는 상담을 받을 준비가 되어 있지 않기 때문에 저항을 하기 마련인데, 따라서 상담자는 먼저 내담자의 동기 수준을 확인하고 동기 수준이 낮다면 상담에 임할 수 있도록 동기화하는 작업을 수행함으로써 내담자의 저항을 완화하고 내담자를 본격적인 상담 과정으로 끌어들이도록 한다.

87 글래서(Glasser)의 현실치료 이론에서 가정하는 기본적인 욕구가 아닌 것은? 16년 기출

① 생존의 욕구
② 권력의 욕구
③ 자존감의 욕구
④ 재미에 대한 욕구

> **해설**
> 현실치료의 기본적 욕구
> - 사랑과 소속의 욕구 : 인간이 사회적 동물로서 가정, 학교, 직장, 사회에 소속되어 다른 사람과의 관계를 유지하면서 사랑을 주고받고자 하는 인간의 속성
> - 권력과 성취의 욕구 : 우리 각자가 경쟁하고 성취하고 중요한 존재이고 싶어하는 속성
> - 즐거움과 재미의 욕구 : 인간이 많은 새로운 것을 배우고 놀이를 통해 즐기고자 하는 속성
> - 자유의 욕구 : 인간이 이동하고 선택하는 것을 마음대로 하고 싶어하고 내적으로 자유롭고 싶어하는 속성
> - 생존의 욕구 : 살고자 하고 생식을 통한 자기확장을 하고자 하는 속성

88 내담자의 현재 상황에서의 욕구와 체험하는 감정의 자각을 중요시하는 상담이론은? 14, 22, 23년 기출

① 인간중심 상담
② 게슈탈트 상담
③ 교류분석 상담
④ 현실치료 상담

> **해설**
> 형태주의 상담
> 1940년대 펄스(Frederich Salomon Pearls)에 의해 창안된 형태주의 상담(게슈탈트 상담)은 변화는 자각(알아차림)과 접촉을 통해서 저절로 일어난다고 보면서, 자신의 욕구와 감정을 정확히 알아차리고, 이를 환경과의 접촉을 통해 해소하도록 돕는 상담이다.

정답 87 ③ 88 ②

89 위기개입전략으로 옳지 <u>않은</u> 것은? **24년 기출**

① 내담자의 즉각적인 욕구에 주목한다.
② 내담자와 진실한 관계를 형성하는 것이 중요하다.
③ 위기개입 시 현재 상황과 관련된 과거에 초점을 맞춘다.
④ 각각의 내담자와 위기를 독특한 것으로 보고 반응한다.

> **해설**
> 과거가 아닌 현실적 지지에 초점을 둔다.
>
> 위기개입의 원리
> - 신속한 개입
> - 적극적인 행동
> - 제한된 목표
> - 긍정적 희망과 기대
> - 현실적 지지에 초점을 둔 문제해결
> - 클라이언트 자기상의 이해
> - 자립성 촉진

90 도박중독의 심리·사회적 특징에 대한 설명으로 옳은 것은? **06, 11, 18, 22, 23, 24년 기출**

① 도박중독자들은 대체로 도박에만 집착할 뿐 다른 개인적인 문제를 가지지 않는다.
② 도박중독자들은 직장에서 도박 자금을 마련하기 위해 남보다 더 열심히 노력한다.
③ 심리적 특징으로 단기적인 만족을 추구하기보다는 장기적인 만족을 추구한다.
④ 도박행동에 문제가 있음을 인정하지 않고 변명하려 든다.

> **해설**
> ① 도박중독자들은 무기력감이나 우울감, 죄책감 등의 문제에서 벗어나기 위한 수단으로 도박을 하는 경향이 있다.
> ② 도박중독자들은 도박행위에 열중함으로써. 도박자금조달이나 생계유지를 위해 다른 사람에게 의존하는 양상을 보인다.
> ③ 도박중독자들은 장기적인 만족을 추구하기보다는 단기적인 만족을 추구한다.

91 학업상담의 특징에 관한 설명으로 틀린 것은?

① 비자발적 내담자가 많다.
② 부모의 관여가 적절한 수준과 형태로 이루어지도록 돕는다.
③ 학습의 영역에서 문제가 발생하였으므로 문제의 원인은 인지적인 것이다.
④ 학습과정에서 겪는 문제를 통합적으로 해결하여 유능한 학습자가 되도록 조력하는 과정이다.

> **해설**
> ③ 학업에 관련된 문제는 학교 관련 문제, 공부 및 성적 문제, 진로에 관한 문제 등이 복합적으로 작용한다. 또한 학습영역의 문제에서도 인지적 요인(예 두뇌의 기능, 지능), 정의적 요인(예 흥미, 자아개념, 성취감)과 함께 개인변인(예 적성, 동기), 환경변인(예 가정환경, 학교환경, 지역사회환경) 등이 복합적으로 작용한다.

92 상담자의 윤리에 관한 설명으로 틀린 것은? 　　　　　　　　　　　　　　　　　　　　　17년 기출

① 비밀보장은 상담진행 과정 중 가장 근본적인 윤리기준이다.
② 내담자의 윤리는 개인상담뿐만 아니라 집단상담이나 가족상담에서도 고려되어야 한다.
③ 상담여부를 결정하는 것은 내담자이며 상담자는 내담자에게 정확한 정보를 제공해야 한다.
④ 상담이론과 기법은 반복적으로 검증된 것이므로 시대 및 사회여건과 무관하게 적용해야 한다.

> **해설**
> **상담자와 내담자의 상담관계에서의 일반적인 윤리지침**
> - 상담자는 자신이 어떠한 개인적 욕구를 가지고 있으며, 자신의 그와 같은 욕구가 내담자에게 어떤 영향을 미치는지를 명확히 자각하고 있어야 한다.
> - 상담자는 치료적 관계를 명백히 해칠 수 있는 내담자와의 어떤 다른 관계를 가져서는 안 된다.
> - 상담자는 내담자의 비밀을 보장해야 하며, 상담관계에 부정적인 영향을 미칠 수 있는 다른 문제들에 대해 내담자에게 이를 알려 줄 책임이 있다.
> - 상담자는 상담의 목표, 절차 등을 비롯하여 상담관계를 시작함으로써 내담자에게 닥칠지도 모르는 위험, 상담결정을 내리기 전에 고려해야 할 요인들에 대해 미리 내담자에게 알려 주어야 한다.
> - 상담자는 자신이 제공할 수 있는 전문적인 도움의 한계를 명확히 알고 있어야 하며, 내담자에게 적절한 도움을 제공하기 어렵다고 판단하는 경우, 지도감독자의 도움을 받거나 내담자를 다른 상담자에게 의뢰해야 한다.

93 성희롱 피해 경험으로 인해 분노, 불안, 수치심을 느끼고 대인관계를 기피하는 내담자에 대한 초기 상담 개입 전략으로 옳지 <u>않은</u> 것은?

① 분노상황을 탐색하고 호소 문제를 구체화한다.
② 불안감소를 위해 이완 기법을 실시한다.
③ 수치심과 관련된 감정을 반영해 준다.
④ 대인관계 문제 해결을 위해 가해자에 대한 공감 훈련을 한다.

> **해설**
> 피해의 원인을 피해자의 부주의나 무저항으로 돌리지 않으며, 설령 쾌감을 느꼈더라도 모든 피해의 책임이 전적으로 가해자에게 있음을 주지시킨다. 또한 피해자에게 가해자에 대한 이해와 용서를 구하거나 이를 공공연히 암시해서는 안 된다.

94 청소년 비행의 원인을 사회학적 관점에서 설명하는 이론이 <u>아닌</u> 것은?   17, 23, 24, 25년 기출

① 아노미이론
② 사회통제이론
③ 욕구실현이론
④ 하위문화이론

> **해설**
>
> | | |
> |---|---|
> | 아노미이론 | 문화적 가치를 획득할 합법적인 수단이 없다고 판단될 때 아노미 상태(혼란, 무규범)가 일어나고 범죄로 이어진다는 이론 |
> | 사회통제이론 | 사회통제력이 약화되어 범죄로 이어진다는 이론(사회적 연대를 중요시 여김) |
> | 비행하위문화이론 | 비행을 하위문화를 형성하고 있는 집단의 관습적 문제로 보는 이론 |

정답 93 ④ 94 ③

95 교류분석에서 치료의 바람직한 목표인 치유의 4단계에 해당되지 <u>않는</u> 것은? 17, 22년 기출

① 계약의 설정
② 증상의 경감
③ 전이의 치유
④ 각본의 치유

> **해설**
> **교류분석치료 치유의 4단계**
> - 사회의 통제(Social Control) : 타인과의 상호작용 시 개인은 스스로의 행동의 통제를 발달시킨다.
> - 증상의 경감 혹은 완화(Symptomatic Relief) : 개인이 불안과 같은 자신의 증세의 완화를 주관적으로 느끼는 것을 포함한다.
> - 전이의 치유(Transference Cure) : 내담자는 치료사를 하나의 내사물(Introject)로 자신의 머릿속에 보유하여 건강을 유지할 수 있게 된다. 즉, 중요한 심리적 내사물을 보유하는 동안 내담자의 치유상태가 유지된다는 것이다.
> - 각본의 치유(Script Cure) : 내담자는 각본에서 완전히 벗어나 제한적 각본결단을 재결단하여, 자율적인 사람이 되는 것을 포함한다.

96 진로상담에서 진로 미결정 내담자를 위한 개입방법과 비교하여 우유부단한 내담자에 대한 개입방법이 갖는 특징이 <u>아닌</u> 것은? 18년 기출

① 장기적인 계획하에 상담해야 한다.
② 대인관계나 가족문제에 대한 개입이 필요하다.
③ 정보제공이나 진로선택에 관한 문제를 명료화하는 개입이 효과적이다.
④ 문제의 기저에 있는 역동을 이해하고 감정을 반영하는 것이 효과적이다.

> **해설**
> **진로의사결정 수준에 따른 주요 개입방법**
>
> | | |
> |---|---|
> | 진로 결정자 | • 상담자는 진로 결정자에게 자신의 진로 결정을 위해 구체적인 준비를 할 수 있도록 현장 견학이나 실습의 기회를 제공하며, 결정한 목표에 대해 더욱 치밀한 정보를 수집하고 구체적인 실천 방안을 모색하도록 한다.
• 진로 결정의 타당성을 검토하고 결정된 진로의 실행과정에서 부딪히는 문제의 해결에 초점을 두며, 내담자의 잠재적 능력을 개발하여 효과적으로 진로에 적응할 수 있도록 돕는다. |
> | 진로 미결정자 | • 상담자는 내담자의 진로 미결정이 단순한 정보 부족 때문인지, 심층적인 개인상담이 필요한 때문인지 파악해야 한다. 즉, 내담자의 진로 미결정의 이유를 먼저 살피며, 실제로 결정하는 것을 돕도록 한다.
• 자기 점검, 흥미와 적성, 영역별 정보수집을 통해 결정의 범위를 좁혀 주어 내담자 스스로 결정할 수 있도록 한다. 특히 정보제공이나 진로선택에 관한 문제를 명료화하는 개입이 효과적이다. |
> | 우유부단형 | • 우유부단형은 진로와 관련된 의사결정 능력뿐만 아니라 성격상의 문제에 기인하는 측면이 크므로, 정보제공이나 의사결정연습보다는 심층적인 심리상담 및 관련된 목표의 설정이 필요하다.
• 장기적인 상담을 계획하여야 하며, 대인관계나 가족문제에 대한 개입이 필요하다. 특히 문제의 기저에 있는 역동을 이해하고 감정을 반영하는 것이 효과적이다. |

정답 95 ① 96 ③

97 다음에서 설명하는 용어로 옳은 것은?

> 두 약물의 약리작용 및 작용부위가 유사하여, 한 가지 약물에 대해 내성이 생긴 경우, 다른 약물을 투여해도 동일한 효과를 나타내는 현상

① 강 화
② 남 용
③ 교차내성
④ 공동의존

> **해설**
> 물질(약물) 사용 관련 주요 용어
> - 남용(Abuse) : 주기적이고 계속적인 약물사용으로 신체적·심리적·직업적·사회적 문제가 있음에도 불구하고 약물을 중단하지 않는 것이다.
> - 강박 또는 강박적 사용(Compulsion) : 문제가 반복적으로 발생하고 좋지 않은 후유증이 계속 나타남에도 불구하고 자주 약물에 취해 있고, 약물을 지속적으로 사용하는 것이다.
> - 내성(Tolerance) : 약물을 반복적으로 사용함으로써 신체의존이 점점 강해지고 약물 효과가 점차적으로 감소하여 동일한 효과를 얻기 위해 약물의 사용량을 늘리는 것이다.
> - 교차내성(Cross-tolerance) : 두 약물의 약리작용 및 작용부위가 유사하여, 한 가지 약물에 대해 내성이 생긴 경우, 다른 약물을 투여해도 동일한 효과를 나타내는 것이다.
> - 의존(Dependence) : 약물을 얻기 위한 강한 갈망이나 강박적인 행동반응을 보이는 심리적 의존(Psychological Dependence), 약물을 중단하였을 때 해당 약물에 특징적인 금단증상이 나타나는 신체적 의존(Physical Dependence)으로 구분된다.
> - 공동의존(Codependence) : 약물 의존자를 역기능적으로 도와줌으로써 오히려 약물에 대한 의존을 조정하는 결과를 가져오는 경우이다.

98 심리학 지식을 상담이나 치료의 목적으로 활용하기 위해 최초의 심리클리닉을 펜실베니아 대학교에 설립한 사람은? 03, 06, 12, 13, 15, 17, 18, 23, 24년 기출

① 위트머(Witmer)
② 볼프(Wolpe)
③ 스키너(Skinner)
④ 로저스(Rogers)

> **해설**
> 위트머(Witmer)는 미국 펜실베니아(Pennsylvania) 대학에서 1896년 세계 최초의 심리진료소(Psychological Clinic)를 설립하고, 1904년 임상심리학 강좌를 개설함으로써 임상심리학의 본격적인 시작을 알렸다.

99 Ellis의 ABCDE 모형에 관한 설명으로 옳은 것은?   15, 22, 23, 25년 기출

① A – 문제 장면에 대한 내담자의 신념
② B – 선행사건
③ C – 정서적 · 행동적 결과
④ D – 새로운 감정과 행동

> **해설**
>
> ABCDE 모형
> - A(Activating Events) : 선행사건
> - B(Belief System) : 비합리적 신념체계
> - C(Consequence) : 결과
> - D(Dispute) : 논박
> - E(Effect) : 효과

100 다음 설명에 해당하는 기법은?

> - 공통의 관심사를 공유함으로써 집단응집력을 촉진한다.
> - 연계성에 주목하며 집단원 간의 상호작용을 촉진한다.
> - 집단원의 말과 행동을 다른 집단원의 관심사나 공통점과 관련짓는다.

① 해석하기
② 연결하기
③ 반영하기
④ 명료화하기

> **해설**
>
> ② 연결하기 : 한 집단원의 말과 행동을 다른 집단원의 관심과 관련지어 주는 기술로 집단원들이 제기하는 여러 가지 문제와 관련된 정보나 자료들을 서로 연결하는 것
>
> 해석 · 반영 · 명료화
> - 해석 : 상담자가 내담자의 자유연상이나 정신작용 가운데 명확하지 않은 부분에 대해 추리하여 이를 내담자에게 설명하는 것
> - 반영 : 내담자가 전달하고자 하는 의사의 본질을 스스로 볼 수 있도록 내담자의 말과 행동에서 표현되는 감정 · 생각 · 태도를 상담자가 다른 참신한 말로 부연하는 기술
> - 명료화 : 내담자의 말 중에서 모호한 점이나 모순된 점이 발견될 때, 이를 명확히 이해하고 넘어가기 위해 다시 그 점을 상담자 또는 면접자가 질문함으로써 내담자가 그 의미를 명백하게 하는 기술

2021 제3회 기출문제 및 해설

심리학개론 | 이상심리학 | 심리검사 | 임상심리학 | 심리상담

제1과목 심리학개론

01 기질과 애착에 관한 설명으로 **틀린** 것은? 25년 기출

① 불안정-회피애착 아동은 주양육자에게 과도한 집착을 보인다.
② 내적작동모델은 아동의 대인관계에 대한 지표 역할을 한다.
③ 기질은 행동 또는 반응의 개인차를 설명해 주는 생물학적 기초를 가지고 있다.
④ 주양육자가 아동의 기질을 고려하여 적절하게 양육한다면 아동의 까다로운 기질이 반드시 불안정애착으로 이어지는 것은 아니다.

> **해설**
> ① 불안정-회피애착 아동은 낯선 상황에서도 양육자를 찾는 행동을 보이지 않으며, 양육자가 떠났다가 돌아와도 다가가려고 하지 않는다.

02 다음 중 온도나 지능검사의 점수를 측정할 때 사용되는 척도는? 11, 13년 기출

① 명목척도
② 서열척도
③ 등간척도
④ 비율척도

> **해설**
> **척 도**
> - 명목척도 : 사물을 구분하기 위하여 이름을 부여하는 척도(예 성별, 국적, 학교, 지역, 반, 고향, 인종 등)
> - 서열척도 : 측정치 간의 순위를 나타내는 척도로 크고 작음, 많고 적음, 선호도의 높고 낮음을 나타내는 것으로 순서(크기)는 있지만 그 간격이 얼마나 큰지는 알 수 없음(예 직위-사장/부장/과장, 학력-중졸/고졸, 등수, 친한 친구 순서 등)
> - 등간척도 : 똑같은 간격에 똑같은 단위를 부여함으로 동간성을 가지는 척도로 임의영점 존재(예 온도, IQ, 성적 등)
> - 비율척도 : 동간성을 지니고, 절대영점이 존재함(예 시청률, 투표율, 가격, 길이, 무게, 키, 시간 등)

01 ① 02 ③ **정답**

03 기억의 인출과정에 대한 설명으로 틀린 것은? 18, 23년 기출

① 인출이 이후의 기억을 증가시킬 수 있다.
② 장기기억에서 한 항목을 인출한 것이 이후에 관련된 항목의 회상을 방해할 수 있다.
③ 인출행위가 경험에서 기억하는 것을 변화시킬 수 있다.
④ 기분과 내적 상태는 인출단서가 될 수 없다.

해설
기분과 내적 상태도 인출단서로 작용한다.

04 인상형성에 관한 설명으로 틀린 것은? 23년 기출

① 인상형성 시 정보처리를 할 때 최소의 노력으로 빨리 처리하려고 하기 때문에 많은 오류나 편향을 나타내는데, 이러한 현상에서 인간을 '인지적 구두쇠'라고 보는 입장도 있다.
② 내현성격이론은 사람들이 인상형성을 할 때 타인과 관련된 다양한 정보를 통합적이고 객관적으로 평가하는 것을 말한다.
③ Anderson은 인상형성과 관련하여 가중평균모형을 주장하였다.
④ 인상형성 시 긍정적인 정보보다 부정적인 정보가 더 큰 영향을 미치는데, 이를 부정성효과라고 한다.

해설
일반적으로 타인들이 자기와 비슷하다고 판단하는 경향은 유사성 가정(Assumed Similarity)이라고 한다. 내현성격이론(Implicit Personality Theory)은 성격특성들 간의 관련성에 관한 개인의 신념으로, 한두 가지 정보를 토대로 전반적인 성격이나 행동 특성을 추측하는 것이다.
예 어떤 사람과 대화한 결과 그가 유머감각이 있다는 것을 알게 되면, 내현성격이론에 따라 그는 사교적이고 낙천적이며, 부드러운 사람일 것이라고 추측하는 것

05 Freud가 설명한 인간의 3가지 성격 요소 중 현실 원리를 따르는 것은? 15, 19, 23년 기출

① 원초아
② 자 아
③ 초자아
④ 무의식

해설
프로이트는 인간의 성격의 3요소를 원초아(Id), 자아(Ego), 초자아(Super Ego)로 보았으며, 원초아는 쾌락의 원리, 자아는 현실의 원리, 초자아는 도덕의 원리에 따른다고 주장하였다.

정답 03 ④ 04 ② 05 ②

06 성격의 결정요인에 관한 설명으로 틀린 것은?   **24년 기출**

① 유전적 영향에 대한 증거는 쌍생아 연구에 근거하고 있다.
② 초기 성격이론가들은 환경적 요인을 강조하여 체형과 기질을 토대로 성격을 분류하였다.
③ 환경적 요인이 성격에 영향을 주는 방식은 학습이론의 맥락에서 이해할 수 있다.
④ 성격은 유전적 요인과 환경적 요인의 상호작용에 의하여 결정된다.

> **해설**
> 초기 성격이론가들은 생물학적 요인을 강조하여 체형과 기질을 토대로 성격을 분류하였다. 이는 체형과 성격 특징을 연관시켰던 히포크라테스(Hippocrates)의 연구를 기원으로 하는 것으로, 이후 체형과 기질에 근거하여 특질(Trait)이라는 용어를 사용하여 성격을 설명한 셸든(Sheldon)의 연구를 거쳐 현대성격이론으로서 특질이론에 중요한 영향을 끼쳤다.

07 훈련받은 행동이 빨리 습득되고 높은 비율로 오래 유지되는 강화계획은?   **16, 23년 기출**

① 고정비율계획
② 고정간격계획
③ 변화비율계획
④ 변화간격계획

> **해설**
> ③ 변화비율계획 또는 가변비율계획(Variable-ratio Schedule) : 평균적으로 몇 번의 반응행동이 나타날 때마다 강화를 부여하는 방식으로서, 이때 정확하게 몇 번째 반응에 대해 강화가 제공되는지는 알 수 없도록 설계되어 있다. 예를 들어, 카지노의 슬롯머신이나 복권 등은 강화를 받기 위해 요구되는 반응의 수가 평균적인 범위 내에서 무작위로 변한다.
> ① 고정비율계획(Fixed-ratio Schedule) : 행동중심적 강화방법으로서, 일정한 횟수의 바람직한 반응이 나타난 다음에 강화를 부여한다. 실적에 따른 성과급이나 쿠폰을 모으면 혜택을 제공하는 것 등을 예로 들 수 있다.
> ② 고정간격계획(Fixed-interval Schedule) : 요구되는 행동의 발생빈도에 상관없이 일정한 시간 간격에 따라 강화를 부여한다. 주급, 월급, 일당, 정기적 시험 등을 예로 들 수 있다.
> ④ 변화간격계획 또는 가변간격계획(Variable-interval Schedule) : 일정한 시간 간격을 두지 않은 채 평균적으로 확인할 수 있는 시간 간격이 지난 후에 강화를 부여한다. 예를 들어, 1시간에 3차례의 강화를 부여할 경우, 25분, 45분, 60분으로 나누어 강화를 부여할 수 있다.

08 조사연구에서, 참가자의 인지기능을 측정하기 위해 그가 가입한 정당을 묻는 것은 어떤 점에서 가장 문제가 되는가?　　　　　　　　　　　　　　　　　　　　　　　　　　　　　　　23, 24년 기출

① 안면타당도
② 외적타당도
③ 공인타당도
④ 예언타당도

> **해설**
> 참가자가 가입한 정당은 참가자의 인지기능과 관련이 없으므로 안면타당도 측면에서 문제가 된다.
> ① 안면타당도 : 검사문항들이 측정하고자 하는 내용들을 얼마나 잘 평가하는지 보기 위하여 일반인에게 묻는 방법
> ② 외적타당도 : 연구의 결과에 의한 인과관계가 연구대상 이외의 경우로 확대·일반화될 수 있는 정도
> ③ 공인타당도 : 기존에 타당도를 보장받는 검사와의 유사성이나 연관성 등을 근거로 타당도를 측정하는 것
> ④ 예언타당도 : 어떤 행위가 일어날 것이라고 예측한 것과 실제 대상자가 나타낸 행동 간의 관계를 측정하는 것

09 단기기억의 특징이 아닌 것은?

① 용량이 제한되어 있다.
② 절차기억이 저장되어 있다.
③ 정보를 유지하는 시간이 제한되어 있다.
④ 망각의 일차적 원인은 간섭이다.

> **해설**
> ② 절차기억은 단기기억이 아닌 장기기억에 포함되는 개념이다.
>
> **단기기억(Short-Term Memory)**
> 감각기억으로부터 들어온 정보를 능동적으로 처리하는 활동 중 기억으로서, 일반적으로 성인의 경우 처리할 수 있는 정보의 수는 대략 5~9개이다. 또한 일시적인 저장소로서, 성인의 경우 10~20초의 정보를 저장할 수 있다.

10 현상학적 이론에 대한 설명으로 틀린 것은? 23, 24년 기출

① 인간을 성취를 추구하는 존재로 파악한다.
② 인간을 자신의 환경에 굴복하지 않고 오히려 환경을 통제하고 조정할 수 있는 적극적인 힘을 갖고 있는 존재로 파악한다.
③ 현재 개인이 경험하고, 느끼고, 행동하는 것이 중요하며, 개인의 진정한 모습을 이해하는 것도 이를 통해 가능하다고 본다.
④ 인간은 타고난 욕구에 끌려다니는 존재로 간주한다.

> **해설**
> 현상학적 이론에서는 인간이 가지고 있는 잠재된 능력과 가능성을 존중하고 믿어주며, 개인이 자신과 주변 환경을 어떻게 인식하고 해석하는지에 따라 행동이 달라진다고 본다.
>
> **현상학적 이론**
> - 정신분석이론과 행동주의이론에 대한 반발로 생겨났다.
> - Rogers는 이 세상이 개인적 현실, 즉 '현상학적 장(Phenomenal Field)'만이 존재한다고 보았다. 따라서, 현상학적 이론은 개인의 주관적 경험이나 감정, 외부환경에 대한 개인의 감정과 견해를 중요시한다.
> - 현상학적 성격이론에서는 '자기(Self)'의 중요성을 강조하며, 인간에 대한 전체론적인 관점으로 접근한다.
> - 인간이 가지고 있는 잠재된 능력과 가능성을 존중하고 믿어주며, 개인이 자신과 주변 환경을 어떻게 인식하고 해석하는지에 따라 행동이 달라진다고 본다.

11 자신과 타인의 휴대폰 소리를 구별하거나 식용버섯과 독버섯을 구별하는 것은? 04, 17, 25년 기출

① 변 별
② 일반화
③ 행동조형
④ 차별화

> **해설**
> ① 변별(Discrimination) : 둘 이상의 자극을 서로 구별하는 것으로, 조건자극과 유사한 자극에서도 조건반응이 나타나지 않는 것을 말한다.
> ② 일반화(Generalization) : 특정 조건자극에 대해 조건반응이 성립되었을 때 그와 유사한 조건자극에 대해서도 똑같은 조건반응을 보이는 학습현상을 말한다.
> ③ 행동조형(Shaping) : 목표행동에 근접하는 반응들을 강화함으로써 새로운 행동을 가르치는 것을 말한다.
> ④ 차별화(Differentiation) : 차이를 두는 것을 의미한다.

12 표본의 크기에 관한 설명으로 틀린 것은?   24, 25년 기출

① 모집단이 동질적일수록 표본 크기는 작아도 된다.
② 동일한 조건에서 표본의 크기가 클수록 통계적 검증력은 증가한다.
③ 사례수가 작으면 표준오차가 커지므로 작은 크기의 효과를 탐지할 수 있다.
④ 측정도구의 신뢰도가 낮을 경우 대규모 표본을 이용하는 것이 효과적이다.

> **해설**
> 표본의 크기는 표본의 사례수를 의미하며, 이는 표집오차(Sampling Error)와 연관된다[주의 : 표준오차(Standard Error)가 아님]. 동일한 조건에서 표본의 크기가 작을수록 통계적 검증력은 감소하며, 작은 크기의 효과를 탐지하지 못할 가능성이 있다.

13 발달의 일반적 특징으로 틀린 것은?

① 발달은 이전 경험의 누적에 따른 산물이다.
② 한 개인의 발달은 역사·문화적 맥락의 영향을 받는다.
③ 발달의 각 영역은 상호의존적이기보다는 서로 배타적이다.
④ 대부분의 발달적 변화는 성숙과 학습의 산물이다.

> **해설**
> ③ 발달의 각 영역은 상호관련성을 가진다.
>
> **발달(Development)**
> 출생에서부터 사망에 이르기까지 전 생애에 걸쳐 계속적으로 일어나는 변화의 양상 과정으로서, 신체적·지적·정서적·사회적 측면 등 전인적인 측면에서 변화하는 것으로, 인간발달은 적기성, 기초성, 불가역성, 누적성, 상호관련성의 특징을 가진다.

14 고전적 조건형성에 대한 설명으로 맞는 것은?   22, 23, 25년 기출

① 중립자극은 무조건자극 직후에 제시되어야 한다.
② 행동변화의 효과를 거두기 위해서는 적절한 반응의 수나 비율에 따라 강화가 이루어져야 한다.
③ 적절한 행동은 즉시 강화하고, 부적절한 행동은 무시함으로써 새로운 행동을 가르칠 수 있다.
④ 대부분의 정서적인 반응들은 고전적 조건형성을 통해 학습될 수 있다.

> **해설**
> ① 고전적 조건형성에서 중립자극은 무조건자극에 선행되어야 한다.
> ② 조작적 조건형성에 대한 내용이다.
> ③ 이미 하고 있는 행동을 강화시킬 수는 있지만 새로운 행동을 가르칠 수는 없다.

정답 12 ③ 13 ③ 14 ④

15 정신분석의 방어기제 중 투사에 해당하는 것은?

① 아주 위협적이고 고통스러운 충동이나 기억을 의식에서 추방시키는 것
② 반대되는 동기를 강하게 표현함으로써 자신의 동기를 숨기는 것
③ 자신이 가진 바람직하지 않은 자질들을 과장하여 다른 사람에게 부여하는 것
④ 불쾌한 현실이 있음을 부정하는 것

> **해설**
> ① 방어기제 중 억압(Repression)에 대한 설명이다.
> ② 방어기제 중 반동형성(Reaction Formation)에 대한 설명이다.
> ④ 방어기제 중 부인(Denial)에 대한 설명이다.

16 다음과 같은 연구의 종류는?

> A는 '정장 복장' 스타일과 '캐주얼 복장' 스타일 중 어떤 옷이 면접에서 더 좋은 점수를 얻게 하는지 살펴보고자 한다. A는 대학생 100명을 모집하고, 이들을 컴퓨터를 이용해 '정장 복장' 조건에 50명, '캐주얼 복장' 조건에 50명을 무선으로 배치한 후, 실제 취업면접처럼 면접자를 섭외하고 한 면접에 3명의 면접자를 배정하여 면접을 진행하였다. 이후 각 학생들이 면접자들에게 얻은 점수의 평균을 조사하였다.

① 사례연구
② 상관연구
③ 실험연구
④ 혼합연구

> **해설**
> ① 사례연구 : 하나 또는 몇 개의 대상을 집중적으로 조사하여 결론을 얻는 연구방법
> ② 상관연구 : 실험연구와는 달리 연구자가 주어진 현상을 조작통제하지 않고 자연조건 그대로의 변인 간의 관계를 연구하는 방법
> ④ 혼합연구 : 질적연구 또는 양적연구에 사용되는 기법, 접근법 등을 하나의 연구에 혼합하여 사용하는 연구방법
>
> **실험연구(실험법)**
> 실험은 연구자가 통제된 조건하에서 어느 한 변인을 조작하고, 해당변인이 다른 변인에 어떠한 영향을 미치는지를 관찰하는 것이다. 즉, 인위적으로 통제된 조건하에서 연구하고자 하는 변인을 체계적으로 변화시킬 때 그 효과가 어떻게 나타나는지를 측정한다.

17 성격심리학의 주요한 모델인 성격 5요인에 대한 설명으로 옳은 것은?   19, 23년 기출

① 5요인에 대한 개인차에서 유전적 요인은 찾아볼 수 없다.
② 성실성 점수가 높은 사람의 경우 행동을 계획하고 통제하는 것을 돕는 전두엽의 면적이 더 큰 경향이 있다.
③ 뇌의 연결성은 5요인의 특질에 영향을 미치지 않는다.
④ 정서적 불안정성인 신경증은 일생동안 계속해서 증가하고 성실성, 우호성, 개방성과 외향성은 감소한다.

> **해설**
> 성격 5요인의 성실성은 개인이 달성하려는 목표에 대하여 얼마나 인내, 끈기, 참을성 등을 가지고 관리하여 이를 성취하는지를 의미한다. 즉, 성실성은 신중함으로도 볼 수 있으며 규칙을 지키고 충동적으로 하고자 하는 것을 억제하는 성격을 말한다.

18 대뇌의 우반구가 손상되었을 때 주로 영향을 받게 될 능력은?   18, 23, 24년 기출

① 통장잔고 점검
② 말하기
③ 얼굴 재인
④ 논리적 문제해결

> **해설**
> 대뇌의 우반구 측두엽 영역은 얼굴을 지각할 수 있게 해준다. 이 영역이 손상될 경우 친숙한 얼굴을 재인하는 데 어려움을 겪게 되는 반면, 다른 대상들은 재인할 수 있다.
>
> **대뇌의 우반구 손상**
> - 공간적 구성의 장애
> - 시공간 자극 통합의 장애
> - 비언어적 지각에 대한 이해・조작의 장애

정답 17 ② 18 ③

19 비행기 여행에 두려움을 가지고 있는 환자의 경우, 정신분석적 입장에서 볼 때 이 두려움의 주된 원인으로 가정할 수 있는 것은? 18년 기출

① 두려운 느낌을 갖게 만드는 무의식적 갈등의 전이
② 어린 시절 사랑하는 부모에게 닥친 비행기 사고의 경험
③ 비행기의 추락 등 비행기 관련 요소들의 통제 불가능성
④ 자율신경계 등 생리적 활동의 이상

> 해설
> ② 학습이론적 입장
> ③ 귀인이론적 입장
> ④ 생물학적 입장

20 귀인이론에 관한 설명으로 틀린 것은?

① 성공 상황에서 노력 요인으로 귀인할 경우 학습 행동을 동기화할 수 있다.
② 귀인 성향은 과거 성공, 실패 상황에서의 반복적인 원인 탐색 경험에 의해 형성된다.
③ 귀인의 결과에 따라 자부심, 죄책감, 수치심 등의 정서가 유발되기도 한다.
④ 능력 귀인은 내적, 안정적, 통제 가능한 귀인 유형으로 분류된다.

> 해설
> ④ 능력 귀인은 내적, 안정적, 통제가 불가능한 귀인 유형으로 분류된다.

제2과목 이상심리학

21 반사회성 인격장애의 진단 기준이 아닌 것은?

① 반사회적 행동은 조현병이나 양극성장애의 경과 중에만 발생되지는 않는다.
② 10세 이전에 품행장애의 증거가 있어야 한다.
③ 사회적 규범을 지키지 못한다.
④ 충동성과 무계획성을 보인다.

> 해설
> ② 10세가 아닌 15세 이전에 품행장애의 증거가 있어야 한다.

22 이상행동 및 정신장애의 판별기준과 가장 거리가 먼 것은?   18, 23년 기출

① 적응적 기능의 저하 및 손상
② 주관적 불편감과 개인의 고통
③ 가족의 불편감과 고통
④ 통계적 규준의 일탈

> **해설**
> **이상심리의 기준**
> - 통계적 규준의 일탈 : 심리검사의 결과가 정상범위를 벗어나는 경우
> - 주관적 불편감과 개인적 고통 : 자신의 생각이나 행동으로 인해 고통을 느끼는 경우(조현병 등 몇몇 심리장애는 예외)
> - 사회·문화적 규범의 일탈 : 사회·문화적 규범에 적응하지 못하고 일탈된 행동을 하는 경우
> - 법적 기준 : 행위의 책임능력 유무를 따져서 책임능력이 없는 경우
> - 전문적 기준 : 심리학자, 정신의학자 등의 전문가가 앞의 기준도 함께 고려하여 판단하는 것을 근거로 삼아 결정

23 알츠하이머병으로 인한 신경인지장애와 주요우울장애의 증상 구분에 관한 설명으로 옳은 것은?   23년 기출

① 알츠하이머병으로 인한 신경인지장애는 기억 손실을 감추려는 시도를 하는 데 반해 주요우울장애에서는 기억 손실을 불평한다.
② 알츠하이머병으로 인한 신경인지장애는 자기의 무능이나 손상을 과장하는 데 반해 주요우울장애에서는 숨기려 한다.
③ 주요우울장애보다 알츠하이머병으로 인한 신경인지장애에서 알코올 등의 약물남용이 많다.
④ 주요우울장애에서는 증상의 진행이 고른 데 반해 알츠하이머병으로 인한 신경인지장애에서는 몇 주 안에도 진행이 고르지 못하다.

> **해설**
> **노년기의 주요 임상 질환으로서 우울증과 신경인지장애**
> - 노년기에 주로 나타나는 임상적 질환으로서 노년기 우울증(Senile Depression)과 신경인지장애(Neurocognitive Disorders)를 들 수 있다.
> - 우울증을 가진 노인은 자신의 기억 손실을 불평하는 반면, 신경인지장애를 가진 노인은 기억 손실을 감추거나 자신의 기억 손실 자체를 인지하지 못하는 경우가 많다.
> - 우울증을 가진 노인은 심리검사에서 자신의 문제해결에 소극적인 양상을 보이는 반면, 신경인지장애를 가진 노인은 자신의 인지 결함을 숨기기 위해 오히려 적극적인 양상을 보인다.
> - 질병의 치료 및 회복의 관점에서 우울증은 가역성으로 인해 회복 가능성이 상대적으로 높은 반면, 특히 알츠하이머병으로 인한 신경인지장애는 비가역성으로 인해 완치가 어렵다.

24 회피성성격장애에서 나타나는 대인관계 특징은?

① 자신의 목적을 달성하기 위해서 타인을 이용한다.
② 타인에게 과도하게 매달리고 복종적인 경향을 띤다.
③ 친밀한 관계를 바라지도 않으며 타인의 칭찬이나 비판에 무관심해 보인다.
④ 비판이나 거절, 인정받지 못함 등에 대한 두려움이 특징적이다.

> **해설**
> ④ 회피성성격장애는 불안하고 두려움을 많이 느끼는 성격특성을 나타내는 C군 성격장애 유형에 해당한다.
>
> **성격장애의 유형분류**
>
> | 구 분 | 명 칭 | 특 징 |
> | --- | --- | --- |
> | A군
(사회적으로 고립되어 있고 기이한 성격특성을 나타내는 성격장애) | 편집성성격장애 | 다른 사람의 동기를 악의가 있는 것으로 해석하는 등 타인에 대한 전반적인 불신과 의심을 나타냄 |
> | | 조현성성격장애 | 사회적 관계를 유지하지 못하며 제한된 범위의 감정만을 표현함 |
> | | 조현형성격장애 | 갑작스러운 친분관계에 불편해하며 친분유지능력 감퇴, 인지 및 지각의 왜곡, 행동이상 등 |
> | B군
(감정적이며 변화가 많은 극적인 성격특성을 나타내는 성격장애) | 반사회성성격장애 | 다른 사람의 권리를 무시하거나 침해하는 등의 행동 |
> | | 경계성성격장애 | 대인관계 및 자아의 불안정/충동성 |
> | | 연극성성격장애 | 과도한 감정표현과 주의를 끄는 행동 등 |
> | | 자기애성성격장애 | 과대성(공상 또는 행동양상), 스스로에 대한 숭배의 요구, 공감 부족 등 |
> | C군
(불안하고 두려움을 많이 느끼는 성격특성을 나타내는 성격장애) | 회피성성격장애 | 사회관계의 억제, 부적절, 부정적 평가에 예민함 등 |
> | | 의존성성격장애 | 돌봄을 받고자 하는 욕구가 강하고 복종적, 매달리는 행동유발 양상 |
> | | 강박성성격장애 | 완벽추구, 정리정돈과 조절에 집착 |
> | 기타 의학적 상태로 인한 성격의 변화 | | 의학적 상태에 따라 직접적으로 나타나는 지속적인 성격의 변화 |
> | 달리 명시된/명시되지 않은 성격장애 | | • 하나의 특정 성격장애의 진단범주에 해당되지 않는 경우
• 기존에는 존재하였으나 DSM-5에서는 언급되지 않은 성격장애 |

25 다음 중 치매의 원인에 따른 유형으로 볼 수 없는 것은?

① 알츠하이머 질환
② 혈관성 질환
③ 파킨슨 질환
④ 페닐케톤뇨증

> **해설**
> ④ 페닐케톤뇨증 : 페닐알라닌 수산화효소 부족으로 인해 발생하는 질환으로 치매의 유형이 아니다.
> ① 알츠하이머 질환 : 환자의 50% 이상을 차지하는 유형으로, 주로 기억, 사고 및 행동에 장애를 초래하는 뇌의 진행성, 퇴행 성병변으로 현재까지 밝혀진 주된 위험인자는 연령, 성별, 치매의 가족력 및 두부손상 등이다.
> ② 뇌혈관 질환 : 주요신경인지장애 및 경도신경인지장애는 알츠하이머 질환, 뇌혈관 질환, 충격에 의한 뇌 손상, HIV감염, 파킨슨 질환 등과 같은 다양한 질환에 의해 유발될 수 있다.
> ③ 파킨슨병 : 근육 등의 이상으로 발병되며, 환자의 20~60%에서 치매증상이 나타난다. 약물치료 동안 정신병적 증상이 발병되기 때문에 정신과 영역이 중요하다.

26 우울장애에 대한 설명으로 옳지 않은 것은?   **24년 기출**

① 주요우울장애의 발병은 20대에 최고치를 보인다.
② 주요우울장애의 유병률은 남자보다 여자에게서 더 높다.
③ 노르에피네프린이나 세로토닌 같은 신경전달물질이 우울장애와 관련된다.
④ 적어도 1년 동안 심하지 않은 우울을 지속적으로 경험할 때 지속성우울장애로 진단한다.

> **해설**
> ④ 지속성우울장애 또는 기분부전증(Dysthymia)은 우울증상이 2년 이상 장기간에 걸쳐 지속되는 경우에 해당한다.
> ① 유병률은 20대 연령층에서 높게 나타나고 있으며, 미국의 경우 18~29세 연령집단에서 60대 이상 연령집단보다 유병률이 3배 이상 높은 것으로 보고되고 있다.
> ② 우울장애는 남성보다 여성에게서 대략 2배 정도 많이 나타난다.
> ③ 우울증은 노르에피네프린의 부족과 관련도가 높다.

27 양극성장애에 대한 설명으로 틀린 것은? 16, 23, 25년 기출

① 조증 상태에서는 사고의 비약 등의 사고장애가 나타난다.
② 우울증 상태에서는 자살을 시도하기도 한다.
③ 조증은 서서히, 우울증은 급격히 나타난다.
④ 조증과 우울증이 반복되는 장애이다.

> **해설**
>
> **양극성장애**
> - 우울한 기분상태와 고양된 기분상태가 교차되어 나타나는 경우이다.
> - 조증 상태에서는 평소보다 말이 많아지고 빨라지며 행동이 부산해지고 자신감에 넘쳐 여러 가지 일을 벌이며 과대망상적 사고를 나타내며 잠도 잘 자지 않고 활동적으로 일하지만 이루어지는 일은 없고, 결과적으로 현실적응에 부적응적 결과를 초래한다.
> - 제1형 양극성장애 : 가장 심한 형태의 양극성장애. 한 번 이상의 조증삽화가 나타나는 모든 경우, 비정상적이고 지속적인 의기양양함, 자신만만함, 과민한 기분, 목표 지향적 행동이나 에너지의 지속적인 증가가 최소 1주일간 거의 매일, 하루 중 대부분의 시간에 나타난다.
> - 제2형 양극성장애 : 제1형 양극성장애와 유사하나 조증삽화 증상이 상대적으로 미약한 경조증 삽화를 보인다.
> - 순환감정장애 : 기분 삽화에 해당되지 않는 경미한 우울증상과 조증증상이 번갈아 가며 2년 이상(아동과 청소년은 1년 이상) 장기적으로 나타나는 만성적인 기분장애이다.
> - 주요우울장애는 여성에게 많이 나타나는 반면, 제1형 양극성장애는 대체로 남성과 여성에게 비슷하게 나타나지만 남성은 조증 삽화가 먼저, 여성은 주요 우울증 삽화가 먼저 나타나는 경우가 많다.
> - 제1형 양극성장애는 다른 유형에 비해 유전적인 영향을 가장 많이 받는다는 증거들이 보고되고 있다.
> - 양극성장애는 주요우울장애와 더불어 자살 위험성이 가장 높은 장애. 특히 주요 우울증 삽화의 시기에 자살 시도를 많이 하는 경향을 보인다.

28 사람이 스트레스 장면에 처하게 되면 일차적으로 불안해지고 그 장면을 통제할 수 없게 되면 우울해진다고 할 때 이를 설명하는 이론은? 05, 13, 23년 기출

① 학습된 무기력 이론
② 실존주의 이론
③ 사회문화적 이론
④ 정신분석 이론

> **해설**
>
> **학습된 무기력감 모델 또는 학습된 무기력 이론(Learned Helplessness Theory)**
> 1975년 셀리그먼(Seligman)이 제기한 것으로서, 개인의 수동적 태도 및 자신의 삶을 통제할 수 없다는 느낌이 이전의 통제 실패 경험이나 외상을 통해 획득된다는 가정에 근거한다. 가정은 개를 대상으로 한 조건형성 실험 과정에서 발견되었는데, 개를 묶어 놓은 채 여러 차례 반복적으로 전기충격을 주자, 이후 자유롭게 풀어놓은 상태임에도 불구하고 개가 마치 자포자기를 한 듯 도망가려고 하지 않은 채 끙끙거리면서 그대로 전기충격을 받는 것이었다. 이와 같은 실험을 통해 셀리그먼은 동물들이 스스로 통제할 수 없는 혐오자극에 직면할 때 무기력감을 획득한다고 주장하였다. 또한 무기력감이 학습을 통해 통제 가능한 스트레스 상황에서도 적절한 수행을 어렵게 하며, 우울 증상으로 이어질 수 있음을 보여주었다. 특히 셀리그먼의 실험 대상이었던 개에게서 우울증과 관련된 신경전달물질인 노르에피네프린(Norepinephrine)이 감소된 사실은 학습된 무기력과 우울증이 밀접하게 연관되어 있음을 반영한다.

29 알코올사용장애에 관한 설명으로 <u>틀린</u> 것은? **25년 기출**

① 금단 증상은 과도하게 장기간 음주하던 것을 줄이거나 양을 줄인지 4~12시간 정도 후 나타나는 것이 특징이다.
② 장기간의 알코올 사용에 따르는 비타민 B의 결핍은 극심한 혼란, 작화반응 등을 특징으로 하는 헌팅턴병을 유발할 수 있다.
③ 알코올은 중추신경계에서 다양한 뉴런과 결합하여 개인을 진정시키는 효과를 가져온다.
④ 아시아인들은 알코올을 분해하는 탈수소효소가 부족하여 알코올 섭취 시 부정적인 반응이 쉽게 나타난다.

> **해설**
> ② 헌팅턴병(Huntington's Disease)이 아닌 코르사코프 증후군(Korsakoff's Syndrome)에 대한 설명이다.
>
> **헌팅턴병(Huntington's Disease)**
> • 헌팅턴무도병(Huntington's Chorea)이라고도 알려졌다.
> • 유전자 돌연변이에 의해 나타나는 유전병 중 하나이다.
> • 중년 이후에 신경계가 퇴화되기 때문에 자신의 몸을 통제하지 못하게 되고, 얼굴, 손, 발, 혀 등의 근육이 제멋대로 움직이게 된다.
> • 이러한 모습이 춤추는 듯 보인다 하여 무도병이라는 이름이 붙었다.
> • 기억력과 판단력이 흐려지는 등 치매 증상도 나타난다.

30 신체증상 및 관련 장애에 관한 설명으로 <u>틀린</u> 것은?

① 전환장애는 스트레스 요인이 동반되지 않는 경우도 있다.
② 신체증상장애는 일상에 중대한 지장을 일으키는 신체증상이 존재한다.
③ 질병불안장애는 심각한 질병에 걸렸다는 집착이 6개월 이상 지속된다.
④ 허위성장애는 외적 보상이 쉽게 확인된다.

> **해설**
> ④ 허위성장애는 외부적 보상이 없음에도 불구하고 증상을 허위로 만들어낸다.

31 DSM-5의 조현병 진단 기준에 해당하지 <u>않는</u> 것은?

① 망상이나 환각 등의 특징적 증상들이 2개 이상 1개월의 기간 동안 상당 시간에 존재한다.
② 직업, 대인관계 등 주요한 생활영역에서의 기능수준이 발병 전에 비해 현저하게 저하된다.
③ 장애의 지속적 징후가 적어도 3개월 이상 계속된다.
④ 장애가 물질의 생리적 효과나 다른 의학적 상태로 인한 것이 아니다.

> **해설**
> DSM-5의 조현병 주요진단 기준
> 다음 중 2가지 이상의 증상이 1개월의 기간 동안 상당부분의 시간에 나타나며, 이들 중 하나는 망상, 환각 또는 와해된 언어이어야 한다.
> • 망 상
> • 환 각
> • 와해된 언어(예 빈번한 주제의 이탈이나 지리멸렬함)
> • 심하게 와해된 행동 또는 긴장증적 행동
> • 음성증상들(예 정서적 둔마 또는 무욕증)

32 성도착장애에 관한 설명으로 <u>틀린</u> 것은? 17, 24, 25년 기출

① 물품음란장애는 여성보다 남성에게서 훨씬 더 많이 나타난다.
② 동성애를 하위 진단으로 포함한다.
③ 복장도착장애는 강렬한 성적 흥분을 위해 이성의 옷을 입는 것이다.
④ 관음장애는 대부분 15세 이전에 발견되며 지속되는 편이다.

> **해설**
> 성도착장애는 성행위 대상이나 성행위 방식에서 비정상성을 나타내는 다양한 문제행동으로 관음장애, 노출장애, 접촉마찰장애, 성적 피학장애 등의 하위개념을 포함하지만 동성애는 포함하지 않는다. 동성애는 동성인 사람에 대해서 성적인 애정과 흥분을 느끼거나 성적 욕구를 충족하기 위한 성행위를 하는 경향을 말한다. 과거에는 동성애를 정신장애로 여긴 적이 있었으나, 1973년 미국정신의학협회(APA)는 동성애를 정신장애 분류체계에서 삭제하였다.

33 조현병의 양성증상에 포함되지 않는 것은?

① 망 상
② 환 각
③ 와해된 언어
④ 둔화된 정서

> **해설**
> 조현병의 양성증상
> • 정상적, 적응적 기능의 과잉 또는 왜곡을 보인다.
> • 도파민 등 신경전달물질의 이상에 의한 것으로 추정된다.
> • 스트레스 사건에 의해 급격히 발생한다.
> • 약물치료에 의해 호전되며, 인지적 손상이 적다.
> • 망상 또는 피해망상, 환각, 환청, 와해된 언어나 행동 등이 나타난다.

34 이상행동의 원인을 다음과 같이 설명하는 이론은? 16, 23, 24년 기출

> • 인간의 감정과 행동은 객관적, 물리적 현실보다 주관적, 심리적 현실에 의해서 결정된다.
> • 정신장애는 인지적 기능의 편향 및 결손과 밀접하게 연관되어 있다.

① 정신분석 이론
② 행동주의 이론
③ 인지적 이론
④ 인본주의 이론

> **해설**
> • 인지적 이론 : 인간의 역기능적 사고와 신념 등 부적응적인 인지적 활동에 의해 이상행동이나 정신장애가 발생한다고 보고, 이에 인지과정에 개입함으로써 이상행동을 치료할 수 있다고 주장한다.
> • 정신분석 이론 : 방어기제의 부적절한 사용에 의해 이상행동이나 정신장애가 발생한다고 보고, 이를 치료하기 위해 자유 연상, 꿈의 해석, 저항의 분석, 훈습 등의 기술을 사용한다.
> • 행동주의 이론 : 이상행동은 주변 환경으로부터의 잘못된 학습에서 기인되었다고 본다.
> • 인본주의 이론 : 어린 시절 자신의 욕구를 부모의 기대와 가치에 부합하도록 하는 조건적 수용이 이루어짐으로써 부적응 상태가 초래된다고 본다.

정답 33 ④ 34 ③

35 다음 사례에 가장 적절한 진단명은?   17, 23년 기출

> A는 중소기업에서 일하는 직원이다. 오늘은 동료 직원 B가 새로운 상품에 대해서 발표하기로 하였는데, 결근을 해서 A가 대신 발표하게 되었다. 평소 A는 다른 사람들이 자신의 발표에 대해 나쁘게 평가할 것 같아 다른 사람 앞에서 발표하기를 피해왔다. 발표시간이 다가오자 온몸에 땀이 쏟아지고, 숨쉬기가 어려워졌으며, 곧 정신을 잃고 쓰러질 것 같이 느껴졌다.

① 범불안장애
② 공황장애
③ 강박장애
④ 사회불안장애

해설
사회불안장애
- 다른 사람들과 상호작용하는 사회적 상황을 두려워하여 회피하는 장애(무대공포, 적면공포 등)이다.
- 부정적 평가를 받을지 모른다는 불안과 자신이 당황하게 되는 것에 대한 두려움을 가진다.
- 사회공포증(Social Phobia)이라 불리기도 한다.

36 품행장애에 대한 설명으로 틀린 것은?

① 발병연령은 일반적으로 7~15세이며, 이 진단을 받은 아동 중 3/4은 소년이다.
② 주요한 사회적 규범을 위반하고 다른 사람들의 기본적인 권리를 종종 침해한다.
③ 사람이나 동물에 대한 공격적 행동, 절도나 심각한 거짓말 등이 전형적인 행동이다.
④ 청소년기 발병형은 아동기 발병형에 비해 성인기까지 지속되는 경향이 있다.

해설
④ 아동기의 품행장애(Conduct Disorder)나 주의력 결핍 및 과잉행동장애(ADHD)가 성인기에 이르러 반사회성성격장애로 진행될 가능성이 높다.

37 물질 관련 장애에 포함되지 <u>않는</u> 것은?

① 알코올 중독(Intoxication)
② 대마계(칸나비스) 사용장애(Use Disorder)
③ 담배 중독(Intoxication)
④ 아편계 금단(Withdrawal)

> **해설**
> DSM-5에 규정된 10가지 중독성물질
> - 알코올(Alcohol)
> - 카페인(Caffeine)
> - 대마(Cannabis)
> - 환각제(Hallucinogens)
> - 흡입제(Inhalants)
> - 아편류(Opioids)
> - 진정제, 수면제 및 항불안제(Sedatives, Hypnotics, and Anxiolytics)
> - 흥분제(Stimulants)
> - 담배(Tobacco)
> - 그 밖의 다른 혹은 미상의 물질들

38 지적 장애에 관한 설명으로 옳지 <u>않은</u> 것은?

① 지적 장애 중 가장 많은 비율을 차지하는 것은 경도의 지적 장애이다.
② 지적 장애를 일으키는 염색체 이상 중 가장 일반적인 것은 다운증후군에 의한 것이다.
③ 최고도의 지적 장애인 경우, 훈련을 해도 걷기, 약간의 말하기, 스스로 먹기 같은 기초기술을 배우거나 나아질 수 없다.
④ 경도의 지적 장애를 가진 아동의 경우, 자기관리는 연령에 적합하게 수행할 수 있다.

> **해설**
> ③ 최고도 지적 장애는 지적 학습 및 사회적 적응이 거의 불가능하고, 지속적인 도움과 지도감독을 요하는 단계이다.
>
> **최고도 지적 장애**
> - 약 1~2%가 해당된다.
> - 지적 학습 및 사회적 적응이 거의 불가능하다.
> - 지속적인 도움과 지도감독을 요한다.

정답 37 ③ 38 ③

39 배설장애 중 유뇨증에 관한 설명으로 틀린 것은?

① 반복적으로 불수의적으로 잠자리나 옷에 소변을 본다.
② 유병률은 5세에서 5~10%, 10세에서 3~5%이며, 15세 이상에서는 약 1% 정도이다.
③ 야간 유뇨증은 여성에서 더 흔하다.
④ 야간 유뇨증은 종종 REM 수면 단계 동안 일어난다.

> **해설**
> ③ 상대적으로 아동기 발달이 늦은 남성에서 더 흔하다.

40 광장공포증에 관한 설명으로 가장 적합한 것은?   25년 기출

① 광장공포증의 남녀 간 발병비율은 비슷한 수준이다.
② 아동기에 발병률이 가장 높다.
③ 광장공포증이 있으면 공황장애는 진단할 수 없다.
④ 공포, 불안, 회피 반응은 전형적으로 6개월 이상 지속된다.

> **해설**
> ① 여성 발병률이 더 높다.
> ② 대부분 성인기에 발병한다.
> ③ 광장공포증은 공황장애 출현을 무시하고 개별적으로 진단될 수 있다.

제3과목 심리검사

41 집-나무-사람(HTP) 검사에 관한 설명으로 맞는 것은?   24, 25년 기출

① 집, 나무, 사람의 순서대로 그리도록 한다.
② 각 그림마다 시간제한을 두어야 한다.
③ 문맹자에게는 실시할 수 없다.
④ 머레이(H. Murray)가 개발하였다.

> **해설**
> ② 그림을 그리는 시간 자체도 검사의 해석요소에 들어가기 때문에 제한하지 않는다.
> ③ 수검자가 그림을 그리는 방식으로 진행되기 때문에 글을 모르는 수검자에게도 실시할 수 있다.
> ④ 머레이(H. Murray)가 아닌 벅(Buck)이 고안한 투사적 검사이다.

42 다음 환자는 뇌의 어떤 부위가 손상되었을 가능성이 높은가? 04, 14, 17, 23, 24년 기출

> 30세 남성이 운전 중 중앙선을 침범한 차량과 충돌하여 두뇌 손상을 입었다. 이후 환자는 매사 의욕이 없고, 할 수 있는데도 불구하고 어떤 행동을 시작하려고 하지 않으며, 계획을 세우거나 실천하는 것이 거의 안 된다고 한다.

① 측두엽
② 후두엽
③ 전두엽
④ 두정엽

해설
③ 전두엽 또는 이마엽(Frontal Lobe)
- 대뇌의 앞부분에 위치하며, 동물들에 비해 인간이 크고 기억, 추리, 사고 및 운동에 관여한다.
- 창조의 영역으로, 자율기능, 감정조절기능, 행동계획 및 억제기능 등을 담당한다.

① 측두엽 또는 관자엽(Temporal Lobe)
- 대뇌의 측면에 위치하며, 일차청각피질과 연합피질로 구성된다.
- 판단과 기억의 영역으로, 언어, 청각, 정서적 경험(감정) 등을 담당한다.

② 후두엽 또는 뒤통수엽(Occipital Lobe)
- 대뇌의 뒷부분에 위치하며, 일차시각피질과 시각연합피질로 구성된다.
- 시각영역으로 망막에서 들어오는 시각정보를 분석, 통합하는 역할을 담당한다.

④ 두정엽 또는 마루엽(Parietal Lobe)
- 대뇌피질의 윗부분 중앙에 위치하며, 이해의 영역으로서 공간지각, 운동지각, 신체의 위치판단 등을 담당한다.
- 신체 각 부위의 개별적인 신체표상을 비롯하여 입체적·공간적 사고, 수학적 계산 및 연상기능 등을 수행한다.

43 지능의 개념에 관한 연구자와 주장의 연결이 틀린 것은? 19, 23, 24년 기출

① Wechsler - 지능은 성격과 분리될 수 없다.
② Horn - 지능은 독립적인 7개 요인으로 이루어져 있다.
③ Cattell - 지능은 유동적 지능과 결정화된 지능으로 구분할 수 있다.
④ Spearman - 지적 능력에는 g요인과 s요인이 존재한다.

해설
지능은 독립적인 7개 요인으로 이루어져 있다는 것을 주장한 연구자는 서스톤(Thurstone)이다.

정답 42 ③ 43 ②

44 선로잇기검사(Trail Making Test)는 대표적으로 어떤 기능 또는 능력을 측정하기 위해 고안된 검사인가?

19년 기출

① 주의력
② 기억력
③ 언어능력
④ 시공간 처리능력

> **해설**
> 선로잇기검사(Trail Making Test)
> • 숫자와 문자의 상징적인 의미를 이해하고, 전체 화면을 주시하면서 숫자와 문자를 순서대로 연결하는 능력을 검사한다.
> • 집중력 및 정신적 추적능력을 측정한다.

45 로샤(Rorschach) 검사의 엑스너(J. Exner) 종합체계에서 유채색 반응이 아닌 것은?

① C'
② CF
③ FC
④ Cn

> **해설**
> 엑스너(J. Exner) 종합체계의 유채색 반응에는 C, CF, FC, Cn이 있다.

46 WAIS-IV의 소검사 중 언어이해 지수 척도의 보충소검사에 해당되는 것은?

25년 기출

① 공통성
② 상 식
③ 어 휘
④ 이 해

> **해설**
> K-WAIS-IV의 구성
>
> | 구 분 | 언어이해 | 지각추론 | 작업기억 | 처리속도 |
> |---|---|---|---|---|
> | 핵심소검사 | • 공통성
• 어 휘
• 상 식 | • 토막짜기
• 행렬추론
• 퍼 즐 | • 숫 자
• 산 수 | • 동형찾기
• 기호쓰기 |
> | 보충소검사 | 이 해 | • 무게비교
• 빠진 곳 찾기 | 순서화 | 지우기 |

44 ① 45 ① 46 ④

47 심리검사의 윤리에 관한 설명으로 틀린 것은? **25년 기출**

① 자격을 갖춘 사람이 심리검사를 실시해야 한다.
② 검사동의를 구할 때에는 비밀유지의 한계에 대해 알려야 한다.
③ 동의할 능력이 없는 사람에게도 평가의 본질과 목적을 알려야 한다.
④ 자동화된 서비스를 사용할 경우 검사자는 평가의 해석에 대한 책임을 지지 않는다.

> **해설**
> 검사자는 자동화된 서비스를 사용할 때에도 철저하게 채점원리를 파악하여 정확한 채점을 할 수 있어야 한다.

48 지능에 대한 설명으로 틀린 것은? **25년 기출**

① 아동기의 전반적인 인지발달은 청소년기보다 그 속도가 느리다.
② 발달규준에서는 수검자의 생활연령과 정신연령을 함께 표기한다.
③ 편차 IQ는 집단 내 규준에 속한다.
④ 추적규준은 연령별로 동일한 백분위를 갖는다고 가정한다.

> **해설**
> 아동기에 청소년기보다 많은 인지발달이 이루어지며, 그 속도는 청소년기보다 훨씬 빠르다.

49 카우프만 아동용 지능검사(K-ABC)에 관한 설명으로 틀린 것은?

① 정보처리적인 이론적 관점에서 제작되었다.
② 성취도를 평가할 수도 있다.
③ 언어적 기술에 덜 의존하므로 언어능력의 문제가 있는 아동에게 적합하다.
④ 아동용 웩슬러 지능검사(WISC)와 동일한 연령대의 아동을 대상으로 한다.

> **해설**
> 카우프만 지능검사(K-ABC)는 만 2세 6개월부터 만 12세 6개월까지의 아동의 인지능력을 평가하기 위해 고안되었으나, 아동용 웩슬러 지능검사(WISC)는 만 6세 0개월에서 만 16세 11개월까지 아동의 인지능력을 평가하기 위해 고안된 것이다. 참고로 현재 K-WISC는 5판(K-WISC-Ⅴ)까지 출시되어 있다.

정답 47 ④ 48 ① 49 ④

50 MMPI 제작 방식에 관한 설명으로 옳은 것은? 18, 23년 기출

① 정신병리 이론을 바탕으로 하여 제작되었다.
② 합리적·이론적 방식을 결합하여 제작되었다.
③ 정신장애군과 정상군을 변별하는 통계적 결과에 따라 경험적 방식으로 제작되었다.
④ 인성과 정신병리와의 상관성에 대한 선행연구 결과들을 바탕으로 하여 제작되었다.

> **해설**
>
> MMPI는 정상군과 정신장애군을 구성하여 문항선택 작업을 실시한 뒤 각 집단의 차이를 구분하는 경험적 방식으로 제작되었다.
>
> **MMPI 제작방법**
> - Hathaway와 Mckinley는 경험적 제작방법으로, 최초의 문항표본을 이전에 개발된 여러 척도들을 포함하는 다양한 자료들로부터 뽑아낸 1,000여 개 이상의 진술문을 구성한 후, 그 중에서 504개의 최종 문항을 표집하였다.
> - 다음 단계로 정상집단과 정신과적 환자집단(임상 집단)을 구성하여 각 문항에 대해 각 집단의 응답방식을 비교하고, 두 집단을 완벽하게 구별하는 항목들을 골라내는 문항선택 작업을 실시하여 기준집단과 규준집단 간의 반응빈도 차이가 통계적으로 유의미할 경우 그 항목을 임상척도에 포함하였다.
> - 이렇게 선택된 문항을 새로운 정상집단을 선발하여 다른 임상 환자 집단의 반응과 비교해 봄으로써 교차타당도를 검증하여, 정상집단과 임상집단 간에 유의미한 차이가 계속해서 나타나는 문항들만으로 최종 척도를 구성하였다.

51 표준점수에 관한 설명으로 **틀린** 것은? 16, 23년 기출

① 대표적인 표준점수로는 Z점수가 있다.
② 표준점수는 원점수를 직선변환하여 얻는다.
③ 웩슬러 지능검사의 IQ 수치도 일종의 표준점수이다.
④ Z점수가 0이라는 것은, 그 사례가 해당 집단의 평균치보다 1 표준편차 위에 있다는 것을 의미한다.

> **해설**
>
> Z점수가 0점이라는 것은 원점수가 정확히 평균치에 위치해 있음을 나타낸다.
>
> **표준점수**
> - 원점수를 주어진 집단의 평균을 중심으로 표준편차 단위를 사용하여 분포상 어느 위치에 해당하는가를 나타낸 것
> - 원점수에서 평균을 뺀 후 표준편차로 나눈 값
> - Z, T, H점수 등이 있음
> - Z점수 : 원점수를 평균이 0, 표준편차가 1인 Z분포상의 점수로 변환한 점수
> - T점수 : 소수점과 음수값을 가지는 Z점수의 단점을 보완하기 위해 Z점수에 10을 곱한 후 50을 더하여 평균이 50, 표준편차가 10인 분포로 전환한 것
> - H점수 : T점수를 변형한 것으로, 평균이 50, 표준편차가 14인 표준점수

52 노년기 인지발달에 관한 설명으로 옳은 것은?   24년 기출

① 정보처리 속도가 크게 증가한다.
② 결정지능의 감퇴가 유동지능보다 현저해진다.
③ 인지발달의 변화양상에서 개인차가 더 커지게 된다.
④ 의미기억이 일화기억보다 더 많이 쇠퇴한다.

> **해설**
> ① 정보처리 속도는 크게 감소한다.
> ② 유동지능의 감퇴가 더 현저하게 나타난다.
> ④ 의미기억보다 일화기억이 더 많이 쇠퇴한다.
>
> **노년기 인지적 · 성격적 변화**
> 노인의 지적능력의 쇠퇴는 다양한 측면에서 일어나며, 단기기억이 장기기억보다 더욱 심하게 쇠퇴한다. 인지적 능력이 감소하는 경향이 있으나 추론 능력 등 경험의 축적을 통해 습득된 능력은 비교적 유지된다.

53 성격검사에 관한 설명으로 **틀린** 것은?

① MMPI는 만 15세 수검자에게 실시 가능하다.
② CAT은 모호한 검사자극을 통해 개인의 의식 영역 밖의 정신현상을 측정하기 위한 성격검사이다.
③ 16 성격요인검사는 카텔(R. Cattell)의 성격특성 이론을 근거로 개발되었다.
④ 애니어그램은 인간의 성격유형을 8개로 설명한다.

> **해설**
> 애니어그램(Enneagram)은 9개의 점이 있는 그림을 뜻하는 말로, 인간의 성격유형을 9개로 나누어 설명한다.

54 다음에서 설명하는 검사는? 18, 23, 24, 25년 기출

> 유아 및 학령 전 아동의 발달 과정을 체계적으로 측정하기 위한 최초의 검사로서, 표준 놀이기구와 자극 대상에 대한 유아의 반응을 직접 관찰하며, 의학적 평가나 신경학적 원인에 의한 이상을 평가하기 위해 사용된다.

① Gesell의 발달 검사
② Bayley의 영아발달 척도
③ 시 · 지각 발달 검사
④ 사회성숙도 검사

해설

② 베일리의 영아발달척도(BSID-II ; Bayley Scale of Infant Development-II)
- 베일리(Bayley)가 1969년 생후 2개월에서 30개월까지의 영유아를 대상으로 한 발달척도(BSID)를 고안한 이후, 1993년 개정판(BSID-II)을 통해 생후 1개월에서 42개월까지의 영유아를 대상으로 한 표준화가 이루어졌다.
- 1969년 초판(BSID-I)은 정신척도(Mental Scale)와 운동척도(Motor Scale)로만 구성되었으나, 1993년 개정판(BSID-II)은 행동평정척도(Behavior Rating Scale)가 포함되었다.
- 검사과정은 검사자와 아이가 1:1로 마주 앉은 상태로 진행되며, 아이의 연령이나 기질 등의 다양한 요인을 고려하여 융통성 있게 전개된다.

③ 시 · 지각발달검사(DTVP ; Developmental Test of Visual Perception)
- 프로스티그(Frostig)가 1966년 개발한 것으로 3~8세의 읽고 쓰기에 문제가 있는 아동의 시 · 지각능력을 측정하여 시 · 지각장애를 조기발견하는 데 사용된다.
- 시각-운동협응검사, 도형-배경지각검사, 형태항상성검사, 공간위치지각검사, 공간관계지각검사의 5개 하위검사로 구성된다.

④ 사회성숙도검사(SMS ; Social Maturity Scales)
- 사회성이 적응행동에 미치는 영향이 크다는 것을 인식하고, 적응행동을 측정하기 위해 개발되었다.
- 이 검사는 개인의 성장이나 변화를 측정하면서 정신지체 여부나 그 정도를 판별하는 데 이용될 수 있다.
- 검사는 부모, 형제나 자매, 수검자를 잘 아는 친척이나 후견인 등이 실시한다(수검자가 자신에 관한 정보를 제공할 수 있을 정도로 성숙해 있어도 직접 수검자를 면접 대상으로 하지 않음).

55 MMPI-2의 타당도 척도 중 비전형성을 측정하는 척도에서 증상타당성을 의미하는 것은? 17년 기출

① TRIN
② FBS
③ F(P)
④ F

해설

FBS척도[증상타당도척도(Fake Bad Scale)]
- 본래 '부정왜곡 척도'로 개발되었으나 척도해석에 이론의 여지가 있어서, 약자는 그대로 유지한 채 현재 '증상타당도(Symptom Validity)척도'로 불리게 되었다.
- 개인상해 소송이나 신체장애 판정장면에서의 꾀병을 탐지하기 위한 총 43개의 문항으로 구성되어 있다.
- 문항들은 신체와 통증에 관한 내용, 신뢰나 정직함에 관한 내용 등을 포함하고 있다.
- MMPI-2의 다른 모든 척도들 가운데 사실상 가장 낮은 타당도를 보인 만큼, 현재까지 논란이 되고 있는 척도이다.

56 심리검사 선정기준으로 <u>틀린</u> 것은?

① 신뢰도와 타당도가 높은 검사를 선정한다.
② 검사의 경제성과 실용성을 고려해 선정한다.
③ 수검자의 특성과 상관없이 의뢰 목적에 맞춰 선정한다.
④ 객관적 검사와 투사적 검사의 장·단점을 고려하여 선정한다.

> **해설**
> 수검자의 연령, 성별, 문해력 등 개개인의 특성을 고려하여 심리검사를 선정하여야 한다.

57 신경심리평가 중 주의력 및 정신적 추적능력을 평가할 수 있는 검사가 <u>아닌</u> 것은?   18년 기출

① Wechsler 지능검사의 기호쓰기 소검사
② Wechsler 지능검사의 숫자 소검사
③ Trail Making Test
④ Wisconsin Card Sorting Test

> **해설**
> 위스콘신 카드분류검사(WCST ; Wisconsin Card Sorting Test)는 전두엽 실행기능을 평가하기 위한 검사이다.

58 투사적 검사에 관한 설명으로 옳은 것은?

① 벤더게슈탈트검사에서 성인이 그린 도형 A의 정상적인 위치는 용지의 정중앙이다.
② 동작성 가족화 검사는 가족의 정서적인 관계를 살펴보는 데 유용하다.
③ 아동용 주제통각검사의 카드 수는 주제통각검사와 동일하다.
④ 주제통각검사 카드는 성인 남성과 성인 여성으로만 구별된다.

> **해설**
> ① 도형 A를 정중앙에 그리는 경우 자기중심적 경향성을 시사한다.
> ③ 주제통각검사(TAT)는 백지카드를 포함한 31장의 카드로 구성되었으나, 아동용 주제통각검사(CAT)는 20장의 카드로 구성되어 있다.
> ④ 주제통각검사(TAT) 카드는 연령과 성별에 따라 9개의 종류로 구별되어 있다.

정답 56 ③ 57 ④ 58 ②

59 아동의 지적 발달이 또래 집단에 비해 지체되어 있는지, 혹은 앞서고 있는지를 평가하기 위해 Stern이 사용한 IQ 산출계산방식은?   16년 기출

① 지능지수(IQ) = [정신연령/신체연령] × 100
② 지능지수(IQ) = [정신연령/신체연령] + 100
③ 지능지수(IQ) = [신체연령/정신연령] × 100
④ 지능지수(IQ) = [신체연령/정신연령] ÷ 100

> **해설**
>
> 비율지능지수(RIQ ; Ratio IQ)
> - 비네(Binet)는 아동이 규준집단에서 얼마나 우수한지 혹은 뒤떨어져 있는지를 파악하기 위해 지능을 비율로 표현하자는 독일의 심리학자 스턴(Stern)의 견해를 받아들였다.
> - 비율지능지수는 개인의 지적능력을 정신연령(MA ; Mental Age)과 신체연령 또는 생활(실제)연령(CA ; Chronological Age)의 대비를 통해 비율로써 나타낸 것이다.
>
> $$비율지능지수(RIQ) = \frac{정신연령(MA)}{신체연령(CA)} \times 100$$

60 뇌 손상 환자의 병전지능 수준을 추정하기 위한 자료와 가장 거리가 <u>먼</u> 것은?   13, 19, 23년 기출

① 교육수준, 연령과 같은 인구학적 자료
② 이전의 직업기능 수준 및 학업 성취도
③ 이전의 암기력 수준, 혹은 웩슬러 지능검사에서 기억능력을 평가하는 소검사 점수
④ 웩슬러 지능검사에서 상황적 요인에 의해 잘 변화하지 않는 소검사 점수

> **해설**
>
> 병전지능을 추정하는 방법(병전지능 추정의 자료)
> - 인구통계학적 변인들 : 연령, 학력(교육수준), 성별, 직업 등
> - 뇌 손상에 비교적 둔감한 소검사들 : 기본지식, 어휘문제, 토막짜기 등
> - 지능과 유관한 병전 측정치들 : 이전의 직업기능 수준, 학업 성취도 등

제4과목 임상심리학

61 행동평가와 전통적 심리평가 간의 차이점으로 틀린 것은?   18, 23년 기출

① 행동평가에서 성격의 구성 개념은 주로 특정한 행동패턴을 요약하기 위해 사용된다.
② 행동평가는 추론의 수준이 높다.
③ 전통적 심리평가는 예후를 알고, 예측하기 위한 것이다.
④ 전통적 심리평가는 개인 간이나 보편적 법칙을 강조한다.

> **해설**
> 행동평가는 한 사람의 어떤 행동(표본)을 대상으로 하며 전통적 심리평가는 징후를 대상으로 한다. 따라서 행동평가는 전통적 심리검사에 비해 추론수준이 낮다.

62 우리나라 임상심리학자의 고유 역할에 해당되지 않는 것은?

① 연 구
② 자 문
③ 약물치료
④ 교 육

> **해설**
> 우리나라에서 약물치료는 임상심리학자의 역할에 해당되지 않으며, 의사들의 역할에 해당된다.
>
> **임상심리학자의 역할**
> - 진단 및 평가
> - 치 료
> - 심리재활
> - 교육 및 훈련
> - 자 문
> - 행정 및 지도
> - 연 구

정답 61 ② 62 ③

63 행동평가의 목적에 해당하지 않는 것은?

① 처치를 수정하기
② 진단명을 탐색하기
③ 적절한 처치를 선별하기
④ 문제행동과 그것을 유지하는 조건을 확인하기

> **해설**
> 행동평가의 기능
> • 목표행동의 결정
> • 결정요인의 발견
> • 치료적 전략의 고안
> • 내담자-치료자(평가자) 상호작용 촉진
> • 동일기능 행동들의 발견
> • 기능적 분석의 발달
> • 치료적 개입의 평가

64 셀리에(Selye)의 일반적응증후군의 단계로 옳은 것은?

① 경고 → 소진 → 저항
② 경고 → 저항 → 소진
③ 저항 → 경고 → 소진
④ 소진 → 저항 → 경고

> **해설**
> 스트레스에 의한 일반적응증후군의 3단계
> • 제1단계 : 경계단계(경고반응단계)
> • 제2단계 : 저항단계(저항반응단계)
> • 제3단계 : 탈진단계(소진단계)

65 HTP 검사해석으로 옳은 것은? 24년 기출

① 필압이 강한 사람은 약한 사람에 비해 억제된 성격일 가능성이 높다.
② 지우개를 과도하게 많이 사용한 사람은 대부분 자신감이 높다.
③ 집 그림 중에서 창과 창문은 내적 공상활동에 대한 정보를 제공하는 중요한 지표이다.
④ 나무의 가지와 사람의 팔은 대인관계에 대한 욕구를 탐색할 수 있는 정보를 제공한다.

> **해설**
> ① 강한 필압으로 그린 사람은 주장적이고 지배적이거나 적대적 충동성을 가졌을 가능성이 높다.
> ② 지우개를 과도하게 많이 사용한 사람은 불안감과 자신에 대한 불만을 가지며 자신감이 낮을 확률이 높다.
> ③ 창과 창문은 외부환경과 접촉하는 제2의 통로, 즉 대인관계에서의 경험을 나타내는 지표이다.

정답 63 ② 64 ② 65 ④

66 다음 중 접수면접의 주요 목적과 가장 거리가 먼 것은?

① 환자를 병원이나 진료소에 의뢰할지를 고려한다.
② 제공되는 서비스에 대한 환자의 질문에 대답한다.
③ 환자에게 신뢰, 라포 및 희망을 심어주려고 시도한다.
④ 환자가 자신이나 다른 사람을 해칠 중대한 위험상태에 있는지 결정한다.

> **해설**
>
> 접수면접은 환자로 의뢰되어 상담실에 방문한 내담자에게 임상가가 최초로 하게 되는 면접이다. 즉, 내담자에 대한 주호소 문제 등의 정보를 수집하여 적절한 상담자를 배정하기 위하여 본 상담 이전에 실시하는 초기면접과정을 말한다.
>
> **접수면접 시 고려할 점**
> - 상담실 내부적으로 접수면접자와 본 상담자 간의 역할구분이 명확해야 한다.
> - 내담자에게 접수면접은 본 상담과는 다른 별도의 절차라는 점과, 접수면접자는 상담을 시작하기 전에 내담자와 상담자를 연결하는 역할 및 상담에 필요한 내담자의 기초정보를 탐색하거나 심리적 상태를 평가하는 역할을 한다는 점을 설명해야 한다.
> - 내담자의 주호소 문제를 파악해야 하나, 내담자가 호소 문제를 필요 이상으로 상세하게 노출하면서 도움을 요청할 때는 내담자의 자기노출을 제한해야 하고 나중에 본 상담에서 자세한 이야기를 하도록 안내한다.
> - 한 번의 상담으로 상담이 끝나는 단회상담이 아닌 경우, 접수면접에서 내담자의 호소 문제를 구체화하는 개입행동은 삼가야 한다.

67 체계적 둔감법에 대한 설명으로 틀린 것은?

① 고전적 조건형성 원리에 기초한 행동치료 기법이다.
② 특정한 대상에 불안을 느끼는 경우에 효과적이다.
③ 이완훈련, 불안위계 목록 작성, 둔감화로 구성된다.
④ 심상적 홍수법과는 달리 불안유발 심상에 노출되지 않는다.

> **해설**
>
> ④ 불안유발 장면을 상상하게 하고 이완을 연습하게 하는 치료기법이다.
>
> **체계적 둔감법(Systematic Desensitization)**
> - 볼프(Wolpe)에 의해 개발된 것으로, 불안장애 가운데 특정 상황이나 동물, 대상에 대해 공포를 느끼는 특정 공포증의 치료에 효과적이다.
> - 체계적 둔감법은 심리적 불안과 신체적 이완은 병존할 수 없다는 것을 전제로 하는 상호억제(Reciprocal Inhibition)의 원리를 이용하는 기법으로, 이미 조건형성된 부적응적 반응을 해체시키는 새로운 조건형성이 이루어진다는 점에서 탈조건형성(Deconditioning)이라고 불리기도 한다.
> - 시행과정은 '1. 근육이완, 2. 불안위계목록 작성, 3. 체계적 둔감법의 시행'으로, 둔감화의 과정은 내담자가 눈을 감고 이완된 상태에서, 처음에는 불안이 없는 중립적인 장면을 상상하도록 한 후 불안위계표에 따라 가장 낮은 수준의 불안유발 장면으로부터 높은 수준의 불안유발 장면으로 점진적으로 진행한다.
> - 이때 내담자가 불안을 경험하고 있다는 신호를 보내면 중단하고 다시 이완을 반복하면서 내담자가 가장 높은 수준의 불안을 나타낸 장면에서도 이완된 상태를 지속적으로 유지할 수 있도록 하는 것이다.

68 현실치료에 관한 설명으로 틀린 것은?

24년 기출

① 내담자가 실행하지 못한 것에 대한 변명을 허용하지 않는다.
② 전행동(Total Behavior)의 '생각하기'에는 공상과 꿈이 포함된다.
③ 개인은 현실에 대한 지각을 통해 현실 그 자체를 알 수 있다.
④ 내담자 개인의 책임을 강조한다.

> **해설**
>
> ③ 현실치료는 인간이 사물을 객관적으로 지각함으로써 현실 그 자체를 알 수 있는 것이 아니라, 자신의 지식체계, 가치체계에 따라 주관적으로 지각함으로써 각자에게 독특하고 중요한 이른바 '좋은 세계(Quality World)'를 만든다고 주장한다. 이와 같이 현실치료는 일종의 선택이론에 의해 인간의 행동을 설명하는데, 글래서(Glasser)는 특히 개인의 내면적인 동기로서 욕구(Needs)를 강조하였다.
>
> **현실치료**
> - 인간은 자신의 욕구를 충족하려는 바람에 따라 내적 세계를 창조한다는 기본적 가정하에 글래서(William Glasser)에 의해 창시되었다.
> - 현실치료에서는 인간을 긍정적이고 자기결정을 하는 존재, 즉 인간이 자신의 욕구를 충족하기 위해 행동하며, 그러한 행동은 인간이 스스로 선택하고 결정한 것이라는 점을 강조한다.
> - 현실치료의 목표는 내담자가 책임질 수 있고 만족한 방법으로 자신의 심리적 욕구인 소속감, 힘, 자유, 흥미를 달성하도록 돕는 것이다.
> - 현실치료의 치료기법은 유머, 역설적 기법, 직면 등이 있다.

69 단기 심리치료에서 좋은 결과를 이끌어내기 위한 요인이 아닌 것은?

17, 23년 기출

① 치료자의 온정과 공감
② 견고한 치료적 동맹 관계
③ 문제에 대한 회피
④ 내담자의 적절한 긍정적 기대

> **해설**
>
> ③ 문제를 회피하지 않는 능동적이고 적극적인 자세가 요구된다.
>
> **단기 심리치료의 특징**
> - 내담자의 성격구조나 생활상에 대한 전반적인 통찰 등의 포괄적인 목표가 아닌 내담자가 즉시 해결하기를 희망하는 현실중심의 목표에 초점을 둔다.
> - 내담자는 보통 문제발생 이전에 기능적인 생활을 해왔다.
> - 내담자는 구체적인 호소 문제를 가지고 있다.
> - 내담자에 대한 생애발달적 접근을 통해 내담자의 심리사회적 발달단계 및 그 수준을 고려한다.
> - 문제중심 접근방식이지만 문제의 원인에 초점을 두기보다는 내담자가 가진 자원 또는 강점에 중점을 둔다.
> - 내담자가 힘을 느끼는 영역이나 성공 경험 등 내담자가 가진 자원을 조기에 활용한다.
> - 상담자와 내담자의 능동적이고 적극적인 자세가 요구된다.

70 두뇌 기능의 국재화에 관한 설명으로 옳은 것은? 11, 18, 23년 기출

① 특정 인지능력은 국부적인 뇌 손상에 수반되는 한정된 범위의 인지적 결함으로부터 발생한다고 본다.
② Broca 영역은 좌반구 측두엽 손상으로 수용적 언어결함과 관련된다.
③ Wernicke 영역은 좌반구 전두엽 손상으로 표현 언어결함과 관련된다.
④ MRI 및 CT가 개발되었으나 기능 문제 확인에는 외과적 검사가 이용된다.

> **해설**
> ② Broca 영역은 좌반구 전두엽 손상으로 표현 언어결함과 관련된다.
> ③ Wernicke 영역은 좌반구 측두엽 손상으로 수용적 언어결함과 관련된다.
> ④ MRI 및 CT 등을 포함한 뇌영상촬영법은 뇌 속의 이상을 볼 수 있게 해준다.

71 임상심리학자로서의 책임과 능력에 있어서 바람직하지 못한 것은? 18년 기출

① 서비스를 제공할 때 높은 기준을 유지한다.
② 자신의 활동결과에 대해 책임을 진다.
③ 자신의 능력과 기술의 한계를 알고 있어야 한다.
④ 자신만의 경험을 기준으로 내담자를 대한다.

> **해설**
> 임상심리학자는 지속적으로 교육수련을 받고 경험을 쌓음으로써 변화와 발전의 시대적 흐름 속에서도 항상 최신의 기술을 숙지하고 있어야 할 의무가 있다. 임상심리학자는 자신만의 경험만에 안주해서는 안 되며, 계속해서 이를 갈고 닦아야 한다.

72 방어기제에 대한 개념과 설명이 옳게 연결된 것은? 19, 23년 기출

① 투사(Projection) - 당면한 상황에서 얻게 된 결과에 대해 어쩔 수 없었다고 생각하며 행동한다.
② 대치(Displacement) - 추동대상을 위협적이지 않거나 이용 가능한 대상으로 바꾼다.
③ 반동형성(Reaction Formation) - 이전의 만족방식이나 이전 단계의 만족대상으로 후퇴한다.
④ 퇴행(Regression) - 무의식적 추동과는 정반대로 표현한다.

> **해설**
> ① 투사(Projection) : 사회적으로 인정받을 수 없는 자신의 행동과 생각을 마치 다른 사람의 것인 양 생각하고 남을 탓하는 것이다.
> ③ 반동형성(Reaction Formation) : 자신이 가지고 있는 무의식적 소망이나 충동을 본래의 의도와 달리 반대되는 방향으로 바꾸는 것이다.
> ④ 퇴행(Regression) : 생의 초기에 성공적으로 사용하였던 생각이나 감정, 행동에 의지하여 자기 자신의 불안이나 위협을 해소하려는 것이다.

정답 70 ① 71 ④ 72 ②

73 다음 중 관계를 중심으로 치료가 초점화되고 있는 정신역동적 접근방법의 단기치료가 아닌 것은? 16년 기출

① 핵심적 갈등관계 주제(Core Conflictual Relationship Theme)
② 불안유발 단기치료(Anxiety Provoking Brief Therapy)
③ 기능적 분석(Functional Analysis)
④ 분리개별화(Separation And Individuation)

> **해설**
>
> 기능적 분석(Functional Analysis)
> - 특정 문제행동의 원인과 결과를 이해하기 위해 행동에 영향을 미치는 환경 전체를 분석하는 방법. 즉 어떤 상황에서 그 행동이 일어나고 어떤 결과가 그 행동을 계속 유지하게 하는지를 분석하는 것으로 행동치료에서 사용되는 방법이다.
> - 기능적 분석은 "보다 적응적인 행동유형은 학습되고, 그렇지 못한 행동은 소거된다"는 가정에서 출발한다.
>
> 단기적 역동치료의 주요 방법
> - Luborsky : '핵심적 갈등관계 주제(Core Conflictual Relationship Theme)'라는 해석과 통찰에 초점을 두었다.
> - Malan : 전이 반응 중 특히 부모전이유대(Parent-Transference Links)의 해석과 통찰에 초점을 두었다.
> - Mann : 분리개별화(Separation and Individuation)의 갈등에 초점을 두고, 대상관계 접근의 단기치료를 제안하였다.
> - Sifneos : 분리불안과 애도반응의 극복을 목표로 불안유발 단기치료(Anxiety Provoking Brief Therapy)를 제안하였다.
> - Davanloo : 치료의 초점을 내담자의 특정한 문제로 한정하여 치료기간을 단축하는 시험치료기간(Trial Peroid of Therapy)을 제안하였다.

74 잠재적인 학습문제의 확인, 학습실패 위험에 처한 아동에 대한 프로그램 운용, 학교 구성원들에게 다양한 관점 제공, 부모 및 교사에게 특정 문제행동에 대한 대처기술을 제공하는 학교심리학자의 역할은? 24, 25년 기출

① 예 방
② 교 육
③ 부모 및 교사훈련
④ 자 문

> **해설**
>
> 예 방
> 청소년기의 중도탈락, 비행, 약물 남용, 자살 등의 심각한 문제들을 예방하기 위해 잠재적인 위험이 있는 청소년 및 일반 청소년들에게 위기상황의 극복, 문제해결능력이나 갈등해결기술 등을 가르쳐 줌으로써 문제를 예방한다.

75 임상심리학자로서 지켜야 할 내담자에 대한 비밀보장에 관한 설명으로 <u>틀린</u> 것은? `25년 기출`

① 일반적으로 상담과정에서 내담자에 대해 알게 된 사실을 다른 사람들에게 말하면 안 된다.
② 아동 내담자의 경우에도 아동에 관한 정보를 부모에게 알려서는 안 된다.
③ 자살 우려가 있는 경우 내담자의 비밀을 지키는 것보다는 가족에게 알려 자살예방조치를 취하는 것이 더 중요하다.
④ 상담 도중 알게 된 내담자의 중요한 범죄사실에 대해서는 비밀을 지킬 필요가 없다.

> **해설**
> 비밀보장 예외규정(한국심리학회 윤리강령 규정)
> - 필요한 전문적 서비스를 제공하기 위한 경우
> - 적절한 전문적 자문을 구하기 위한 경우
> - 내담자, 심리학자 또는 그 밖의 사람들을 상해로부터 보호하기 위한 경우
> - 내담자로부터 서비스에 대한 비용을 받기 위한 경우

76 행동치료를 위해 현재문제에 대한 기능분석을 하면 규명할 수 있는 요소가 <u>아닌</u> 것은? `16, 23년 기출`

① 문제행동을 일으키는 자극이나 선행조건
② 문제행동과 관련 있는 유기체 변인
③ 문제행동과 관련된 인지적 해석
④ 문제행동의 결과

> **해설**
> 스키너(Skinner)는 행동평가에서 기능분석을 강조한 바 있다. 기능분석은 행동의 결과만을 보는 것이 아니라 문제행동을 일으키는 자극이나 선행조건, 문제행동과 관련 있는 유기체 변인, 문제행동을 유지시키는 강화요인, 결과와의 관계 등에 대해서도 분석한다.
>
> **행동치료**
> - 변화시킬 구체적 목표를 강조한다.
> - 상담자는 내담자가 갖는 문제행동을 정확히 평가하고, 구체적이고 체계적인 계획에 따라 행동변화를 가져오도록 노력한다.
> - 상담자는 기능분석(혹은 행동분석)을 통해 선행사건과 문제행동 차원, 문제행동 결과에 대한 정보를 체계적으로 모아, 문제행동을 유지하게 하는 상황을 확인한다.
> - 주로 ABC모형을 활용한다.
> - 선행사건(A : Antecedents), 행동(B : Behavior), 결과(C : Consequence)로 이루어진다.
> - ABC모형은 행동이 그 이전에 일어난 어떤 사건에 의해 영향을 받고, 결과라고 하는 사건에 의해서도 영향을 받는다고 가정한다.

정답 75 ② 76 ③

77 다음에 해당하는 인지치료 기법은?

> 친한 친구와 심하게 다퉈 헤어졌을 때 마음이 많이 아프지만 이 상황을 자신의 의사소통이나 대인관계 방식을 돌아볼 수 있는 기회로 삼는다.

① 개인화
② 사고중지
③ 의미축소
④ 재구성

해설
④ 재구성이란 내담자의 행동에 대한 인식을 변화시키는 전략으로 내담자가 문제를 다른 시각으로 바라볼 수 있도록 돕는 방법이다.

78 다음 뇌 관련 장애들은 공통적으로 어떤 질환과 관련이 있는가?   17, 22년 기출

> 헌팅톤병, 파킨슨병, 알츠하이머병

① 종양
② 뇌혈관 사고
③ 퇴행성 질환
④ 만성 알코올 남용

해설
헌팅톤병(Huntington's Disease)
- 유전자 돌연변이에 의해 나타나는 유전병 중 하나이다.
- 중년 이후에 신경계가 퇴화하기 때문에 자신의 몸을 통제하지 못하게 되고, 얼굴, 손, 발, 혀 등의 근육이 제멋대로 움직이게 된다.

파킨슨병(Parkinson's Disease)
- 뇌의 흑질(Substantia Nigra)에 분포하는 도파민의 신경세포가 점차 소실되어 발생한다.
- 안정떨림, 경직, 운동완만(운동느림) 및 자세 불안정성이 특징적으로 나타나는 신경계의 만성진행성 퇴행성 질환이다.

알츠하이머병(Alzheimer's Disease)
- 치매를 일으키는 가장 흔한 퇴행성 뇌질환으로 서서히 발병하여 기억력을 포함한 인지기능의 악화가 점진적으로 진행되는 병이다.
- 초기에는 미세한 기억장애와 언어장애로 시작되어 점차 다양한 치매증세가 나타나고 말기에는 매우 심각한 치매상태로 발전한다.

79 성격평가질문지에서 척도명과 척도군의 연결이 **틀린** 것은?

① 저빈도척도(INF) – 타당도척도
② 지배성척도(DOM) – 대인관계척도
③ 자살관념척도(SUI) – 치료고려척도
④ 공격성척도(AGG) – 임상척도

> **해설**
>
> ④ 공격성척도(Aggression, AGG)는 치료척도(Treatments Scales)에 해당된다.
>
> 성격평가질문지의 치료척도(Treatments Scales)
> - 공격성(Aggression, AGG)
> - 자살관념(Suicide Ideation, SUI)
> - 스트레스(Stress, STR)
> - 비지지(Nonsupport, NON)
> - 치료거부(Treatment Rejection, RXR)

80 알코올중독 환자에게 술을 마시면 구토를 유발하는 약을 투약하여 치료하는 기법은? 〈17, 20, 23, 24년 기출〉

① 행동조성
② 혐오치료
③ 자기표현훈련
④ 이완훈련

> **해설**
>
> ② 혐오치료(Aversion Therapy) : 고전적 조건형성의 기법으로, 바람직하지 못한 행동에 혐오자극을 제시하여 부적응적인 행동을 제거하는 방법이다. 주로 흡연, 음주문제, 과식 등의 문제를 해결하기 위해 사용되며, 부적응적이고 지나친 탐닉이나 선호를 제거하는 데 효과적이다.
> ① 행동조성 또는 조형(Shaping) : 내담자가 원하는 방향 안에서 일어나는 다양한 반응들만을 강화하고, 원하지 않는 방향의 행동에 대해 강화받지 못하도록 하여 결국 원하는 방향의 행동을 할 수 있도록 하는 것이다. 행동을 구체적으로 세분화하여 단계별로 구분한 후 각 단계마다 강화를 제공함으로써 내담자가 단번에 수행하기 어렵거나 그 반응을 촉진하기 어려운 행동 또는 복잡한 행동 등을 학습하도록 하는 데 유용하다.
> ③ 자기표현훈련(Self-Expression Training) : 자기표현을 통해 다른 사람과 상호작용하는 방법을 습득하도록 하는 기법으로, 대인관계에서 비롯되는 불안요인을 제거하기 위한 것이다.
> ④ 이완훈련(Relaxation Training) : 행동주의 상담기법의 일종으로, 본래 일상생활에서 스트레스에 대처하기 위한 방법이 보편화된 것이다. 조용한 환경에서 근육을 이완하고 깊고 규칙적인 호흡을 함으로써 긴장과 이완에 따른 차이를 경험하도록 한다. 특히 점진적 이완훈련은 최면, 명상은 물론 체계적 둔감화의 행동기법과 연결된다.

제5과목 심리상담

81 청소년 비행의 원인을 현대사회의 가치관 혼란현상으로 설명하는 것은? **17년 기출**

① 아노미이론
② 사회통제이론
③ 하위문화이론
④ 사고충돌이론

> **해설**
>
> **아노미이론**
> - 문화적 가치를 획득할 합법적인 수단이 없다고 판단될 때 아노미상태(혼란, 무규범)가 일어나고 범죄로 이어진다는 이론이다.
> - 사회적으로 중요시되는 가치를 획득하고 싶은데 이러한 가치를 획득할 수 있는 기회가 제한되어 있어 성공하기 어렵다는 좌절감을 느낄 경우 비행을 저지르게 된다는 것이다.
> - 성공할 수 있는 기회의 제약 → 좌절감 → 비행

82 상담자가 내담자에 대한 치료를 중단 또는 종결할 수 있는 경우에 해당하지 <u>않는</u> 것은? **22년 기출**

① 내담자가 제3자의 위협을 받는 등 중대한 사유가 있는 경우
② 내담자가 치료과정에 불성실하게 임하는 경우
③ 내담자에 대한 계속적인 서비스가 도움이 되지 않을 경우
④ 내담자가 더 이상 심리학적 서비스를 필요로 하지 않는 경우

> **해설**
>
> **치료 종결**
> - 내담자/환자가 더 이상 심리학적 서비스를 필요로 하지 않거나, 계속적인 서비스가 도움이 되지 않거나 오히려 건강을 해칠 경우에는 치료를 중단한다.
> - 내담자/환자 또는 내담자/환자와 관계가 있는 제3자의 위협을 받거나 위험에 처하게 될 경우에는 치료를 종결할 수 있다.

83 정신분석에서 내담자가 지속적이고 반복적인 학습을 통해 자신이 이해하고 통찰한 바를 충분히 소화하는 과정은?

15, 22, 23년 기출

① 자기화
② 훈습
③ 완전학습
④ 통찰의 소화

> **해설**
> 훈습
> - 전이에 대한 통찰을 토대로 내담자로 하여금 자신의 행동과 태도를 변경하도록 유도하는 과정이다.
> - 상담자는 내담자가 통찰한 것을 실제 생활로 옮기도록 돕는다.
> - 훈습에 의해 내담자의 변화된 행동이 안정수준에 이르게 되면 종결을 준비한다.

84 항갈망제에 해당하는 것을 모두 고른 것은?

23년 기출

```
ㄱ. 노르트립틸린(Nortriptyline)
ㄴ. 날트렉손(Naltrexone)
ㄷ. 아캄프로세이트(Acamprosate)
```

① ㄱ
② ㄱ, ㄴ
③ ㄴ, ㄷ
④ ㄱ, ㄴ, ㄷ

> **해설**
> 항갈망제
> 술에 대한 갈망을 감소시켜 주는 약으로, 뇌에서 술을 강박적으로 섭취하도록 작용하는 신경 부위에 직접 작용한다. 알코올 의존성 환자의 금주 유지를 위해 사용된다. 대표적인 항갈망제로 날트렉손과 아캄프로세이트가 있다.

85 Beck의 인지적 왜곡 중 개인화에 대한 예로 적절한 것은?

22, 24년 기출

① "관계가 끝나버린 건 모두 내 잘못이야."
② "이 직업을 구하지 못하면, 다시는 일하지 못할거야."
③ "나는 정말 멍청해."
④ "너무 불안하니까, 고속도로를 달리는 것은 위험할거야."

> **해설**
> 개인화(Personalization)
> 자신과 관련시킬 근거가 없는 외부사건을 자신과 관련시키는 성향으로서, 실제로는 다른 것 때문에 생긴 일에 대해 자신이 원인이고 자신이 책임져야 할 것으로 받아들이는 것을 의미한다.

정답 83 ② 84 ③ 85 ①

86 Gottfredson의 직업포부 발달이론에서 직업과 관련된 개인발달의 단계에 해당하지 않는 것은? 25년 기출

① 힘과 크기 지향성
② 성역할 지향성
③ 개인선호 지향성
④ 내적 고유한 자아 지향성

> **해설**
> Gottfredson의 직업포부 발달 단계
> 힘과 크기 지향성 → 성역할 지향성 → 사회적 가치 지향성 → 내적 고유한 자아 지향성

87 내담자에게 바람직한 목표행동을 설정해두고, 그 행동에 근접하는 행동을 보일 때 단계적으로 차별강화를 주어 바람직한 행동에 접근해가도록 만드는 치료기법은? 24년 기출

① 역할연기
② 행동조형(조성)
③ 체계적 둔감화
④ 재구조화

> **해설**
> ① 역할연기 : 인지행동치료기법 중 하나로, 다른 사람의 역할을 해 보거나 어느 한 사람처럼 직접 행동을 실행해 보도록 하는 절차이다.
> ③ 체계적 둔감화 : Wolpe(1958)에 의해 개발, 심리적 불안과 신체적 이완은 병존할 수 없다는 것을 전제로 하는 상호억제(Reciprocal Inhibition)의 원리를 이용하는 기법으로 '근육이완 → 불안위계목록 작성 → 체계적 둔감법의 시행'으로 진행된다.
> ④ 재구조화 : 구조적 가족치료모델의 기법으로서, 가족성원들이 각기 다른 역할을 수행하는 전체의 부분으로 서로 원활하게 상호작용을 할 수 있도록 체계를 활성화시킨다.

88 임상적인 상황에서 활용되는 최면에 관한 가정과 가장 거리가 먼 것은?

① 최면상태는 자연스러운 것이나 치료자에 의해 형식을 갖춘 최면유도로만 일어날 수 있다.
② 모든 최면은 자기최면이라 할 수 있다.
③ 각 개인은 치료와 자기실현에 필요한 자원을 담고 있는 무의식을 소유하고 있다.
④ 내담자는 무의식 탐구로 알려진 일련의 과정을 진행시킬 수 있다.

> **해설**
> ① 형식을 갖춘 최면유도뿐만 아니라 자연스러운 상황과 대화 속에서 내담자가 의식하지 못하는 가운데 비지시적으로 유도하는 최면법도 존재한다.
>
> **에릭슨 최면**
> 지시적인 전통적 최면을 반대하면서 에릭슨(Erickson)이 개발한 것으로, 자연스러운 상황과 대화 속에서 내담자가 의식하지 못하는 가운데 비지시적으로 트랜스 상태로 유도하는 인간중심적이고 자연적인 최면법이다.

89 가족치료의 주된 목표와 가장 거리가 먼 것은?   23년 기출

① 가계의 특징을 파악하고 이를 재구조화한다.
② 가족 구성원 간의 잘못된 관계를 바로잡는다.
③ 특정 가족 구성원의 문제행동을 수정한다.
④ 가족 구성원 간의 의사소통 유형을 파악하고 의사소통이 잘 되도록 한다.

> **해설**
> ③ 특정 구성원이 아닌 전 가족체계를 치료의 대상으로 여기고 실시한다.
>
> **가족치료의 목표**
> - 치료자가 전 가족체계를 치료의 대상으로 여기고 실시하는 모든 형태의 치료이다.
> - 가족 내에 존재하는 역기능적인 요소를 수정 또는 변화시킴으로써 가족기능을 회복시킨다.
> - 가족집단을 기초로 하여 그 가족이 지닌 제 장애요소를 완화시키고 사회적 부적응 현상을 변화시킨다.
> - 개인을 가족이라는 보다 큰 체계의 일원으로 보며, 가족구조의 변화를 초래함으로써 개인의 위치, 행동 및 정신내적 과정의 변화를 유도한다.
> - 가족치료는 정신의학, 심리학, 사회사업에서 각기 접근을 하고 있으며, 아동, 청소년, 노인, 부부 간의 상담 등 폭이 넓다.

90 다음 사례에서 직면기법에 가장 가까운 반응은 어느 것인가?　　　　25년 기출

> 집단모임에서 여러 명의 집단원들로부터 부정적인 피드백을 받은 한 집단원에게 다른 집단원이 그의 느낌을 묻자 아무렇지도 않다고 하지만 그의 얼굴표정이 몹시 굳어 있을 때, 지도자가 이를 직면하고자 한다.

① "○○씨, 지금 느낌이 어떤지 좀 더 말씀하시면 어떨까요?"
② "○○씨, 방금 아무렇지도 않다고 말씀하셨습니다."
③ "○○씨, 이러한 일은 창피함을 느끼게 만드는 것 같습니다."
④ "○○씨, 말씀과는 달리 얼굴이 굳어있고 목소리가 떨리는군요."

해설
직면(Confrontation)
내담자의 말이나 행동이 일치하지 않은 경우 또는 내담자의 말에 모순점이 있는 경우 상담자가 그것을 지적해 주는 것이다.
예 "○○씨는 아무렇지 않다고 말하지만, 지금 얼굴이 아주 굳어 있고 목소리도 떨리는군요. 내적으로 지금 어떤 불편한 감정이 있는 것 같은데, ○○씨의 반응이 궁금하군요."

91 중학교 교사인 상담자가 학생을 상담하는 과정에서 구조화를 하는 방법으로 <u>틀린</u> 것은?

① 상담자와 내담자는 상담관계 이외에 사제관계를 맺고 있으므로 이런 이중적인 관계로 인해 예상되는 문제나 어려움을 사전에 논의한다.
② 상담에 대해 현실적으로 기대할 수 있는 바가 무엇인지, 기대의 실현을 위해 상담자와 내담자가 각각 해야 할 역할이 무엇인지에 대해 설명한다.
③ 정규적인 상담을 할 계획이라면 상담자와 내담자가 만나는 요일이나 시간을 정하고, 한번 만나면 매회 면접시간의 길이와 전체 상담과정의 길이나 횟수에 대해서도 알려 준다.
④ 상담내용에 대한 비밀보장의 원칙을 내담자에게 알려주고, 비밀보장의 한계에 대한 정보는 내담자의 솔직한 자기개방을 저해할 수 있으므로 상담관계의 신뢰성이 충분히 형성된 이후에 알려주는 것이 좋다.

해설
④ 구조화 단계에서 비밀보장의 원칙과 한계에 대하여 충분히 설명하고 이해시켜야 한다.
상담의 구조화
구조화는 상담과정의 본질, 제한조건과 방향에 대해 상담자가 내담자에게 정의를 내려 주는 것이다. 즉, 상담자가 내담자에게 상담과정의 바람직한 체계와 방향을 알려 주는 것을 의미한다.
• 구조화는 그 자체가 상담의 목적이 아니라 상담관계를 바람직한 방향으로 안정시키는 중요한 수단으로 기능한다.
• 구조화는 필요에 따라 상담과정 중에 언제나 일어날 수 있지만, 특히 상담 초기에 적절한 구조화가 이루어지는 게 필요하다.
• 구조화를 통해 상담시간, 내담자의 행동, 상담자의 역할, 내담자의 역할 및 과정목표, 비밀유지, 상담회기의 길이와 빈도, 상담의 계획된 지속기간, 내담자와 상담자의 책임, 가능한 상담 성과 및 상담 시의 행동제한 등을 설정한다.

92 청소년기 자살의 위험인자와 가장 거리가 먼 것은? 14, 22년 기출

① 공격적이고 약물남용 병력이 있으며 충동성이 높은 행동장애의 경우
② 성적이 급락하고 식습관 및 수면행동의 변화가 심한 경우
③ 습관적으로 부모에 대한 반항이나 저항을 보이는 경우
④ 동료나 가족 등 가까운 이들과 떨어져 지내는 회피행동이 증가한 경우

> **해설**
>
> 부모에 대한 이유 없는 반항이나 저항을 보이는 경우는 자살의 위험인자로 보기 어렵다.
>
> **청소년 자살의 경고 신호**
> - 죽음이나 사후세계에 대한 말을 하거나 글을 쓴다.
> - 죽음과 죽는 것에 대해 현혹되어 있다.
> - 행동과 성격에서의 극적인 변화가 나타난다.
> - 소중한 물건을 타인에게 주거나 유서를 작성한다.
> - 대인관계에서의 갈등이나 상실을 경험한다.
> - 식습관이나 수면 습관에서 변화가 나타난다.
> - 친구나 가족, 여러 활동으로부터 철수되어 있다.
> - 폭력적이거나 반항적인 행동을 한다.
> - 약물, 알코올 등의 물질을 남용한다.
> - 지속적인 지루함이나 주의집중에서의 어려움을 보인다.
> - 급격히 성적이 하락한다.
> - 즐거운 활동에 대한 흥미가 감소되었다.
> - '당신을 다시는 보지 못할 것이다.' 등과 같은 언어적 단서를 표현한다.

93 다음 알코올 중독 내담자에게 적용할만한 동기강화상담의 기법과 가장 거리가 먼 것은? 23년 기출

> "제가 술 좀 마신 것 때문에 아내가 저를 이곳에 남겨 두었다는 것을 믿을 수가 없군요. 그녀의 문제가 무엇인지 모르겠어요. 이 방에 불러서 이야기 좀 하고 싶어요. 음주가 문제가 아니라 그녀가 문제인 것이니까요."

① 반영반응(Reflection Response)
② 주창 대화(Advocacy Talk)
③ 재구성하기(Reframing)
④ 초점 옮기기(Shifting Focus)

> **해설**
>
> **동기강화상담 기법**
> ① 반영반응(Reflection Response) : 내담자가 표현한 말을 정확히 듣고 그 말 속에 담긴 의미를 해석하여 적절하게 반응하는 것이다.
> ③ 재구성하기(Reframing) : 내담자의 행동에 대한 인식을 변화시키는 전략으로 내담자가 문제를 다른 시각으로 바라볼 수 있도록 돕는 방법이다.
> ④ 초점 옮기기(Shifting Focus) : 내담자의 저항이 있을 때 내담자의 지각을 살짝 다른 쪽으로 돌리거나, 색다른 시각으로 해석해 주어 저항을 변화를 위한 힘으로 돌리는 방법이다.

94 특성-요인 상담에 관한 설명으로 틀린 것은? 08, 11, 13, 22, 23년 기출

① 상담자 중심의 상담방법이다.
② 사례연구를 상담의 중요한 자료로 삼는다.
③ 문제의 객관적 이해보다는 내담자에 대한 정서적 이해에 초점을 둔다.
④ 내담자에게 정보를 제공하고 학습기술과 사회적 적응기술을 알려 주는 것을 중요시한다.

> **해설**
> ③ 내담자에 대한 정서적 이해보다는 객관적 이해에 초점을 둔다.
>
> **특성-요인 상담**
> - 윌리암슨(Williamson)이 파슨스(Parsons)의 '개인', '직업', '개인과 직업 간의 관계'를 기본으로 하여 만든 직업이론의 원리를 토대로 발전시킨 것이다.
> - 내담자의 의사결정 능력을 향상하며, 합리적인 과정을 통해 자신의 학문적·직업적 능력에 부합하는 직업을 선택하도록 돕는 것을 목표로 한다.
> - 상담자 중심의 상담방법으로서 내담자에 대한 정서적 이해보다 문제의 객관적 이해에 중점을 둔다.
> - 특성-요인 상담의 기본은 변별진단이다. 변별진단이란 일련의 관련이 있거나 관련이 없는 사실들로부터 일관된 형식의 의미를 논리적으로 사고하는 과정 또는 하나씩 해결하는 과정이다.
> - 내담자를 객관적으로 이해하고, 올바른 예언을 하기 위해 사례나 사례연구를 상담의 중요한 자료로 삼는다.

95 학습상담 과정에 대한 설명과 가장 거리가 먼 것은? 14, 23년 기출

① 현실성 있는 상담목표를 설정해서 상담한다.
② 학습문제와 관련된 내담자의 감정을 이해하고 격려한다.
③ 내담자의 장점, 자원 등을 학습상담과정에 적절히 활용한다.
④ 학습문제와 무관한 개인의 심리적 문제들은 회피하도록 한다.

> **해설**
> ④ 학습문제는 한두 가지의 원인에 의해 발생하는 경우가 드물다. 따라서 학습문제의 원인에 대한 전반적인 탐색이 이루어져야 하며, 특히 지능검사, 학습태도검사, 학습방법검사 등을 포함한 다양한 심리검사를 통해 내담자의 현재 상태를 파악해야 한다.
> ① 상담목표는 학습의 방향, 즉 상담의 방향을 제시하는 것이다. 목표설정은 상담에서 상담자와 내담자의 행동표적이 되므로, 명료하고 구체적이어야 하며 현실적으로 실현 가능해야 한다.
> ② 청소년 내담자의 학습문제는 실패에 대한 두려움과 좌절감을 동반하는 경우가 대부분이다. 따라서 상담자는 내담자의 감정을 이해하고 격려해야 하며, 내담자로 하여금 성취감과 자신감을 회복할 수 있도록 지지해야 한다.
> ③ 학습상담은 내담자가 학습을 효과적으로 하지 못하는 이유와 함께 그러한 현상이 발생한 배경적 원인, 그리고 그로 인해 나타나는 다양한 문제들을 검토하는 절차가 필요하다. 특히 학습상담은 다른 상담에 비해 처방적인 성격이 강하므로, 이를 효과적으로 해결하기 위해 내담자의 장점과 자원 등을 최대한 활용해야 한다.

96 인간중심상담의 과정을 7단계로 나눌 때, (   )에 들어갈 내용의 순서가 올바른 것은? **25년 기출**

> 1단계 : 소통의 부재
> 2단계 : 도움의 필요성 인식 및 도움 요청
> 3단계 : 대상으로서의 경험 표현
> 4단계 : (ㄱ)
> 5단계 : (ㄴ)
> 6단계 : (ㄷ)
> 7단계 : 자기실현의 경험

① ㄱ - 지금-여기에서 더 유연한 경험 표현
   ㄴ - 감정수용과 책임증진
   ㄷ - 경험과 인식의 일치
② ㄱ - 감정수용과 책임증진
   ㄴ - 경험과 인식의 일치
   ㄷ - 지금-여기에서 더 유연한 경험 표현
③ ㄱ - 경험과 인식의 일치
   ㄴ - 지금-여기에서 더 유연한 경험 표현
   ㄷ - 감정수용과 책임증진
④ ㄱ - 감정수용과 책임증진
   ㄴ - 지금-여기에서 더 유연한 경험 표현
   ㄷ - 경험과 인식의 일치

해설

인간중심상담의 과정
- 1단계 : 소통의 부재
- 2단계 : 도움의 필요성 인식 및 도움 요청
- 3단계 : 대상으로서의 경험 표현
- 4단계 : 지금-여기에서 더 유연한 경험 표현
- 5단계 : 감정수용과 책임증진
- 6단계 : 경험과 인식의 일치
- 7단계 : 자기실현의 경험

인간중심상담
상담의 인간중심적 접근방법은 1940년대 초 미국의 심리학자 로저스(Rogers)에 의해 창안된 것으로, 내담자중심원리가 집단과정에 적용·발전된 것이다.

정답 96 ①

97 성상담을 할 때 상담자가 가져야 할 시행지침으로 옳은 것은? 22, 24년 기출

① 성과 관련된 개인적 사고는 다루지 않는다.
② 내담자의 죄책감과 수치심은 다루지 않는다.
③ 성폭력은 낯선 사람에 의해서만 발생함을 감안한다.
④ 성폭력은 성적 자기결정권의 침해임을 감안한다.

> **해설**
> ① 내담자의 억압된 감정을 표출하고 잘못된 죄의식 등을 수정하도록 도와야 한다.
> ② 수치심이나 죄책감은 전체적으로 가해자로 인한 것임을 확신시켜야 한다.
> ③ 성폭력은 낯선 사람보다 안면이 있는 사람에 의해 더욱 많이 발생한다.

98 상담 시 내담자에게 관심을 집중시키는 기술과 가장 거리가 먼 것은?

① 개방적인 몸자세를 취한다.
② 내담자를 향해서 편안한 자세로 앉는다.
③ 내담자를 지나치게 응시하지 않는다.
④ 내담자에게 잘 듣고 있다고 항상 말로 확인해 준다.

> **해설**
> ④ 태도, 표정, 억양, 눈 맞춤 등으로 충분히 관심의 표현이 가능하다.
> **생산적인 경청자로서 상담자의 바람직한 면담행동**
> • 상담자는 반응하기에 앞서 내담자로 하여금 자신에 대해 말할 충분한 시간을 제공한다.
> • 내담자의 말이 대수롭지 않은 것이라고 생각하더라도, 내담자가 심각하게 말하는 내용에 대해 주의를 기울인다.
> • 내담자의 말에 충분한 주의를 기울인다.
> • 내담자가 충분히 알아들을 수 있도록 이해 가능하고 명료한 말을 사용한다.
> • 내담자의 변화를 위해 필요한 질문 또는 그와 관련된 개방적 질문을 하며, 불필요한 질문을 삼간다.
> • 내담자에 대한 시선을 유지하며, 시계를 보는 등의 행위를 삼간다.
> • 내담자가 문제를 피력할 때 이를 가로막지 않으며, 그에 대한 논쟁을 회피하지 않는다.
> • 주제를 바꾸는 등 내담자의 문제를 회피하지 않는다.
> • 말하기 전에 생각하며, 즉각적인 충고를 삼간다.

99 다음은 가족상담 기법 중 무엇에 관한 설명인가?   06, 13년 기출

> 가족들이 어떤 특정한 사건을 언어로 표현하는 대신에 공간적 배열과 신체적 표현으로 묘사하는 기법

① 재구조화
② 순환질문
③ 탈삼각화
④ 가족조각

해설

④ 가족조각(Family Sculpture) : 경험적 가족치료모델의 기법으로서, 특정 시기의 정서적인 가족관계를 사람이나 다른 대상물의 배열을 통해 나타내는 것이다.
① 재구조화(Restructuring) : 구조적 가족치료모델의 기법으로서, 가족성원들이 각기 다른 역할을 수행하는 전체의 부분으로 서로 원활하게 상호작용을 할 수 있도록 체계를 활성화하는 것이다.
② 순환질문(Circular Questioning) : 전략적 가족치료모델의 기법으로서, 가족성원들로 하여금 문제에 대한 제한적이고 단선적인 시각에서 벗어나 문제의 순환성을 깨닫게 하기 위해 연속적으로 질문을 하는 것이다.
③ 삼각관계(Triangle) : 스트레스의 해소를 위해 두 사람 간의 상호작용체계에 다른 가족성원을 끌어들임으로써 갈등을 우회하게 하는 것이다.

100 심리치료의 발전사에 관한 설명으로 옳지 않은 것은?   23년 기출

① 인지심리학의 발전과 더불어 개발된 치료방법들은 1960~70년대 행동치료와 접목되면서 인지행동치료로 발전하였다.
② 로저스(Rogers)는 정신분석치료의 대안으로 인간중심치료를 제시하면서 자신의 치료활동을 카운슬링(Counseling)으로 지칭하였다.
③ 윌버(Wilber)는 자아초월 심리학의 이론체계를 발전시켰으며 그의 이론에 근거한 통합적 심리치료를 제시하였다.
④ 제임스(James)는 펜실베니아 대학교에 최초의 심리클리닉을 설립하여 학습장애와 행동장애 아동을 대상으로 치료활동을 시작하였다.

해설

④ 제임스(James)가 아닌 위트머(Witmer)에 대한 설명이다.

심리치료 발전사
- 1879년 : 분트(Wundt)가 독일 라이프치히에 심리학 연구를 위해 실험실을 개설하였다.
- 1883년 : 갈튼(Galton)이 「인간의 능력과 그 발달에 관한 탐구(Inquiries into Human Faculty and Its Development)」를 저술하였다.
- 1890년 : 카텔(Cattell)이 정신검사(Mental Tests)라는 용어를 처음으로 제안하였다.
- 1892년 : 미국심리학회(American Psychological Association, APA)가 창설되었다.
- 1896년 : 위트머(Witmer)가 미국 펜실베니아(Pennsylvania) 대학에 세계 최초의 심리진료소(Psychological Clinic)를 개설하였다.

좋은 책을 만드는 길, 독자님과 함께 하겠습니다.

2026 시대에듀 기출이 답이다 임상심리사 2급 1차 필기합격 한권으로 끝내기

개정13판1쇄 발행	2026년 01월 05일 (인쇄 2025년 10월 22일)
초 판 발 행	2013년 08월 05일 (인쇄 2013년 06월 14일)
발 행 인	박영일
책 임 편 집	이해욱
저 자	이용석 · 정경아 · 심리상담연구소
편 집 진 행	장민영 · 김연지
표지디자인	박종우
편집디자인	신지연 · 김휘주
발 행 처	(주)시대고시기획
출 판 등 록	제10-1521호
주 소	서울시 마포구 큰우물로 75 [도화동 538 성지 B/D] 9F
전 화	1600-3600
팩 스	02-701-8823
홈 페 이 지	www.sdedu.co.kr
I S B N	979-11-383-9950-0 (13180)
정 가	35,000원

※ 이 책은 저작권법의 보호를 받는 저작물이므로 동영상 제작 및 무단전재와 배포를 금합니다.
※ 잘못된 책은 구입하신 서점에서 바꾸어 드립니다.

13년간 16만 독자의 선택!
합격을 향한 로드맵, 시대에듀 임상심리사!

과목별 핵심이론부터 명쾌한 기출해설까지
한권으로 완성하는 시대에듀 **임상심리사** 시리즈

13년 연속 임상심리사 부분 판매량/선호도 **1위**

임상심리사 2급 1차 필기합격 단기완성
- 전 과목 핵심이론 + 이론별 핵심예제
- OX 퀴즈 + 전문가의 한마디로 빈틈없는 학습
- 최신 기출키워드 분석
- 2025년 제1회·제2회 필기시험 기출복원문제
- 유료 온라인 동영상 강의교재

임상심리사 2급 2차 실기합격 단기완성
- 전 과목 핵심이론 + 이론별 기출복원예제
- OX 퀴즈 + 전문가의 한마디로 빈틈없는 학습
- 최신 기출키워드 분석
- 2024년 제1회·제2회·제3회 실기시험 기출복원문제
- 유료 온라인 동영상 강의교재

※ 도서의 이미지와 구성은 변경될 수 있습니다.
※ 개정판 준비 중입니다.

➕ 시대에듀 임상심리사 2급 시리즈
- ✔ 임상심리사 2급 1차 필기합격 단기완성
- ✔ 기출이 답이다 임상심리사 2급 1차 필기합격
- ✔ 파이널 핵심유형 100제 임상심리사 2급 1차 필기합격
- ✔ 임상심리사 2급 2차 실기합격 단기완성
- ✔ 기출이 답이다 임상심리사 2급 2차 실기합격
- ✔ 파이널 핵심유형 100제 임상심리사 2급 2차 실기합격

합격을 위한 최고의 선택
상담심리사 합격도 역시 시대에듀에서!

상담심리사 한권으로 끝내기
- 상담심리사 대비 필수이론 기본서
- 실전대비 핵심문제 + 적중예상문제
- 시험 전에 보는 핵심요약 빨리보는 간단한 키워드 수록
- 부록 상담심리사 윤리강령

상담심리사 최종모의고사
- 상담심리사 및 관련 시험 대비
- 최종모의고사 4회 수록
- 중요한 문제만을 담은 부록 구성
- 키워드로 확인하는 핵심개념

※ 도서의 이미지와 구성은 변경될 수 있습니다.

도서 구매 및 상품 문의
www.sdedu.co.kr | 1600-3600

전문 교수진의 임상심리사 합격 전략!
시대에듀 온라인 동영상 강의!

기본개념부터 실무까지 심도 있게 풀어가는 강의

완벽한 개념정리! 핵심 노하우 완벽 전수!

정경아 교수님
- **필기**
  심리학개론/심리검사/임상심리학
- **실기**
  기초심리평가

김윤수 교수님
- **필기**
  이상심리학/심리상담
- **실기**
  기초심리상담/심리치료/자문, 교육, 심리재활

최신기출해설 동영상 1회분 무료제공
다음 합격의 주인공은 바로 여러분입니다!

최신기출 무료제공

온라인 동영상 강의

※ 강사구성 및 커리큘럼은 변경될 수 있습니다.
※ 자세한 정보는 시대에듀 홈페이지를 참고하시기 바랍니다. (www.sdedu.co.kr)